国家出版基金项目
NATIONAL PUBLICATION FOUNDATION

國家出版基金項目

教育部哲學社會科學研究重大課題攻關項目

「十一五」「十二五」「十三五」

國家重點圖書出版規劃項目·重大工程出版規劃

「十四五」

國家重點出版物出版专項規劃項目·古籍出版規劃

國家社會科學基金重大項目

北京大學「九八五工程」重點項目

儒藏

精華編一一四册

經部四書類

儒藏

精華編

北京大學《儒藏》編纂與研究中心

《儒藏》精華編第一一四册

首席總編纂　季羡林

項目首席專家　湯一介

總　編　纂　湯一介　龐　樸　孫欽善　安平秋（按年齡排序）

本册主編　孫欽善

《儒藏》精華編凡例

一、中國傳統文化以儒家思想爲中心。《儒藏》爲儒家經典和反映儒家思想、體現儒家經世做人原則的典籍的叢編。收書時限自先秦至清代結束。

二、《儒藏》精華編爲《儒藏》的一部分，選收《儒藏》中的精要書籍。

三、《儒藏》精華編所收書籍，包括傳世文獻和出土文獻。傳世文獻按《四庫全書總目》經史子集四部分類法分類，大類、小類基本參照《中國叢書綜録》和《中國古籍善本書目》，於個别處略作調整。凡單書已收入入選的個人叢書或全集者，僅存目録，並注明互見。出土文獻單列爲一個部類，原件以古文字書寫者一律收其釋文文本。韓國、日本、越南儒學者用漢文寫作的儒學著作，編爲海外文獻部類。

四、所收書籍的篇目卷次，一仍底本原貌，不選編，不改編，保持原書的完整性和獨立性。

五、對入選書籍進行簡要校勘。以對校爲主，確定内容完足、精確率高的版本爲底本，精選有校勘價值的版本爲校本。出校堅持少而精，以校正誤爲主，酌校異同。校記力求規範、精煉。

六、根據現行標點符號用法，結合古籍標點通例，進行規範化標點。專名號除書名號用角號（《》）外，其他一律省略。

七、對較長的篇章，根據文字内容，適當劃分段落。正文原已分段者，不作改動。千字以内的短文一般不分段。

八、各書卷端由整理者撰寫《校點説明》，簡要介紹作者生平、該書成書背景、主要内容及影響，以及整理時所確定的底本、校本（舉全稱後括注簡稱）及其他有關情況。重複出現的作者，其生平事蹟按出現順序前詳後略。

九、本書用繁體漢字竪排，小注一律排爲單行。

《儒藏》精華編第一一四册

經部四書類

四書總義之屬

四書集註大全

〔明〕胡　廣等　編撰
李暢然　校點

目録

一一四册

目録

校點說明

《大學章句大全》一卷，附《大學章句序》一卷、《讀大學法》一卷、《大學或問》一卷；《中庸章句大全》一卷，附《中庸章句序》一卷、《讀中庸法》一卷、《中庸或問》一卷；《論語集注大全》二十卷，附《論語序説》一卷、《讀論語孟子法》一卷；《孟子集注大全》十四卷，附《孟子序説》一卷。計三十六卷，合稱《四書集注大全》，省稱《四書大全》，明代胡廣、楊榮、金幼孜等四十二人編。永樂十二年（一四一四）十一月，明成祖諭翰林院學士胡廣和侍講楊榮、金幼孜：「五經四書皆聖賢精義要道，其傳注之外，諸儒議論有發明餘蘊者，爾等采其切當之言增附於下；其周、程、張、朱諸君子性理之言……爾等亦別類聚成編。二書務極精備，庶幾以垂後世。」十三年稿成，成祖賜名《五經四書大全》，親爲製序（《明實録》卷一五八、卷一六八）。胡廣（一三七〇—一四一八），字光大，吉水（今屬江西）人。楊榮（一三七一—一四四〇），初名子榮，字勉仁，建安（今福建建甌）人。金幼孜（一三六七—一四三一），名善，以字行，新淦（今江西峽江）人。三人同爲建文二年（一四〇〇）進士，胡廣居狀元。成祖入南京，三人俱入館閣，又屢從北征。廣永樂十四年進文淵閣大學士，十六年卒；榮與幼孜十八年進文淵閣大學士，後皆總裁諸朝實録（《明史》三人本傳）。

《五經四書大全》沿用朱熹後學慣用的集疏體，以朱熹《四書章句集注》等某家宋元人注爲主，經文大字頂格，注文大字提行低格，博采注者其他説解材料以及其他學者的説解爲疏，小字羅列於相關大字之下。由於四書五經在科考中的統治地位，諸書以《四書大全》對後世的影響最廣泛深遠。士人從中學習程朱理學的理念和話語，參照它來寫作科考文章。因此是書不僅翻刻無數，而且屢有依仿其例將後代儒者的相關説解增附於後或另爲一編者，並深深影響到明清四書講章的編纂。

《五經四書大全》歷來評價不高，如顧炎武指責諸書「僅取已成之書抄謄一過」，提出「經學之廢，實自此始」（《日知録》卷十八），《四庫全書總目》更指「由漢至宋之經術於是始盡變」（卷三十六《四書大全》提要）。不過《五經四書大全》以元人何書爲本，各書凡例中均作交代，《四書大全》的藍本是以詳博著稱之宋末吴真子《四書集成》和以簡約爲特色之元倪士毅《四書輯釋》，且非簡單沿襲。事實上，《四書大全》稱引計一百零六家，保留了大量宋元朱熹後學的經説和思想資料，對明人士風有着正面的影響（參高攀龍《崇正學闢異説疏》）。當然《四書大全》排斥了朱熹學脈之外的思想資料（參見凡例首條，其實陸九淵亦偶見引用），在今日是一缺點。

《四書大全》稿本尚有殘存。北京大學圖書館有《論語》卷六、卷七，中國國家圖書館有《大學或問》，《論語》卷八至卷十、卷十三、卷十四，以及《孟子》的序説和卷一、卷二、卷十四。自明内府刻本外，翻刻重刻增刻甚多，明代有天順二年（一四五八）黄氏仁和刻本、弘治十四年（一五〇一）劉氏慶源書堂刻本（增附元王元善《通考》、黄洵饒《附纂》）、嘉靖八年（一五二九）余氏雙桂堂刻本、十一年魏氏仁實堂刻本、萬曆間周士顯校正留畊堂周譽吾刻《周會魁校正四書大全》十八卷本、德壽堂刻本、趙敬山刻本等，清代有康熙三十七年（一六九八）嘉會堂刻陸隴其點定《三魚堂四書大全》本（增附明蔡清《蒙引》以下著作多種，故另收入《儒藏》精華編）、四十九年仿明内府刻本、康熙刻附陳仁錫《四書備考》本、乾隆四十一年（一七七六）《四庫全書》寫本、金閶五雲居刻本、劉孔敬較閲夢松軒刻本等，在朝鮮也有一八二〇年、一八六七年豐沛等多箇刻本。經抽樣對勘，校點者能見諸本可分爲三箇系統：一、内府刻本和稿本。二、明萬曆《周會魁校正四書大全》十八卷本、清康熙三十七年《三魚堂四書大全》本，後者文字爲精，明末趙敬山刻本亦屬此系統。三、弘治十四年劉氏慶源書堂本（轉據周群、王玉琴《四書大全校注》，武漢大學出版社二○○九年）、山東友誼書社一九八九年《孔子文化大全》影印本、文淵閣《四庫全書》本，末者文字較精。

各本俱不及内府本精善，加之前兩箇系統差異不大，兹以北京大學圖書館藏明内府刻本爲底本，以第三系統的影印文淵閣《四庫全書》本（簡稱「四庫本」）爲校本，取分屬三箇系統的三種版本作參校，即北京大學圖書館藏殘稿本（簡稱「稿本」）、《四庫全書存目叢書》影印山東大學圖書館藏清康熙三十七年《三魚堂四書大全》本（簡稱「陸本」）和《孔子文化大全》影印本（簡稱「孔本」）；倪士毅《四書輯釋》是《四書大全》的藍本，故亦取《續修四庫全書》影印明初刻本作參校（簡稱「《輯釋》」）。他校用書除非單獨於首見處注明，否則一律用影印文淵閣《四庫全書》本，《朱子語類》簡稱「《語類》」。校記中資料按著作年代排序，凡四書系統的資料皆省略卷第。

《四書大全》各本一般以《學》《庸》《論》《孟》爲序，唯明萬曆留畊堂本、清劉孔敬較閲夢松軒本和四庫本以《學》《論》《孟》《庸》爲序，當是改依朱熹最常講到之研讀四書的次第，並無必要。各本均無目録，今據篇目補加。

標點主要依據底本和孔本原有之圈點，疑難處參考了王星賢整理本《朱子語類》，周群、王玉琴《四書大全校注》（武漢大學出版社二○○九年）；經文標點還參考了孫欽善《論語本解》（三聯書店二○○九年）、楊伯峻《孟子譯注》（中華書局一九六○年），注文標點參考了徐德明校點的《四書章句集注》（上海古籍出版社、安徽教育出版社二○○一年）。鑒於每段引文都冠以「○」之標記，原則上不必另加引號，只於問語加引號，以清眉目；假如是引用先秦兩漢的原始文獻，則原則上只加一層引號。本稿後期，王小婷和許高雅、于周做了大量工作，謹致謝忱。

校點者　李暢然

四書集註大全凡例

一、四書大書，朱子集註諸家之説分行小書，凡《集成》、《輯釋》所取諸儒之説有相發明者，采附其下，其背戾者不取。凡諸家語録、文集内有發明經註而《集成》、《輯釋》遺漏者，今悉增入。

一、註文下凡訓釋一二字或二三句者，多取新安陳氏之説。

一、引用先儒姓氏。

朱子熹。 晦菴。 仲晦。 新安。

鄭氏玄。

孔氏穎達。

周子敦頤。 濂溪。 茂叔。

程子顥。 伯淳。 明道。 頤。 正叔。 伊川。

張子載。 横渠。 子厚。

邵子雍。 康節。 堯夫。

藍田吕氏與叔。 大臨。

和靖尹氏焞。 彦明。

上蔡謝氏良佐。 顯道。

廣平游氏酢。 定夫。 建安。

河東侯氏師聖。 仲良。

龜山楊氏時。 中立。

安定胡氏瑗。 翼之。 海陵。

華陽范氏祖禹。 淳夫。

眉山蘇氏軾。 東坡。 子瞻。

林氏之奇。 少穎。 三山。

致堂胡氏寅。 明仲。

豫章羅氏從彦。 仲素。

沙隨程氏迥。 可久。

延平李氏侗。 愿中。

象山陸氏九淵。子静。

東萊吕氏祖謙。伯恭。金華。

南軒張氏栻。敬夫。廣漢。

止齋陳氏傅良。君舉。

樂菴李氏衡。彦平。江都。

山陰陸氏佃。農師。

北溪陳氏淳。安卿。臨漳。

勉齋黄氏榦。直卿。三山。

慶源輔氏廣。潛菴。漢卿。

三山潘氏柄。瓜山。謙之。

節齋蔡氏淵。伯静。

九峯蔡氏沈。仲默。

覺軒蔡氏模。仲覺。

三山陳氏孔碩。北山。膚仲。

趙氏

潛室陳氏埴。器之。永嘉。

胡氏泳。桐原。伯量。南康。

鄭氏南升。

栝蒼葉氏賀孫。知道。味道。

莆田黄氏士毅。子洪。

格菴趙氏順孫。栝蒼。

丹陽洪氏興祖。慶善。

張氏九成。子韶。范陽。

鄧氏名亞。元亞。

西山真氏德秀。景元。建安。

葉氏夢得。石林。少藴。

邵氏甲。仁仲。新定。

兼山郭氏忠厚。立之。

蒙齋袁氏甫。廣微。四明。

張氏庭堅。才叔。

江陵項氏安世。平菴。

徽菴程氏

倪氏 雪川。

顧氏元常。平甫。新定。

仁壽李氏道傳。仲貫。
東窗李氏
陵陽李氏
温陵陳氏知柔。體仁。
陳氏用之。長樂。
譚氏惟寅。高要。
何氏夢貴。北山。新之。嚴陵。
晏氏
天台潘氏時舉。子善。
鄭氏汝諧。東谷。舜舉。古栝。
新安王氏炎。晦叔。
永嘉薛氏
歐陽氏謙之。希遜。廬陵。
諸葛氏泰。
朱氏祖義。子由。廬陵。
朱氏伸。
梅巖胡氏次焱。濟鼎。新安。

張氏彭老。
黄氏淵。
宣氏
汪氏廷直。
張氏好古。
張氏玉淵。
王氏回。
雙峯饒氏魯。仲元。廣信。
玉溪盧氏孝孫。
勿齋程氏若庸。達原。新安。
劉氏彭壽。
魯齋王氏侗。金華。
番易沈氏貴珤。毅齋。
疊山謝氏枋得。君直。廣信。
番易齊氏夢龍。節初。
邢氏昺。
蛟峯方氏逢辰。青陽。

仁山金氏履祥。吉甫。金華。
厚齋馮氏椅。奇之。南康。
四如黄氏仲元。莆田。
勿軒熊氏禾。去非。建安。
新安吴氏浩。義夫。
吴氏仲迂。可堂。番昜。
番昜李氏靖翁。思正。
番昜鄒氏季友。晉昭。
汪氏炎昶。古逸。新安。
魯齋許氏衡。平仲。
臨川吴氏澄。草廬。幼清。
歐陽氏玄。圭齋。原功。
雲峯胡氏炳文。仲虎。
新安陳氏櫟。定宇。壽翁。
張氏存中。德庸。
新安倪氏士毅。
東陽許氏謙。白雲。益之。

一、今奉勑纂脩。
翰林院學士兼左春坊大學士奉政大夫
臣胡　廣
奉政大夫右春坊右庶子兼翰林院侍講
臣楊　榮
奉直大夫右春坊右諭德兼翰林院侍講
臣金幼孜
翰林院脩撰承務郎臣蕭時中
翰林院脩撰承務郎臣陳　循
翰林院編脩文林郎臣周　述
翰林院編脩文林郎臣陳　全
翰林院編脩文林郎臣林　誌
翰林院編脩承事郎臣李　貞
翰林院編脩承事郎臣陳景著
翰林院檢討從仕郎臣余學夔
翰林院檢討從仕郎臣劉永清
翰林院檢討從仕郎臣黄壽生

翰林院檢討從仕郎臣陳　用
翰林院檢討從仕郎臣陳　璲
翰林院五經博士迪功郎臣王　進
翰林院典籍脩職佐郎臣黄約仲
翰林院庶吉士臣涂　順
奉議大夫禮部郎中臣王　羽
奉議大夫兵部郎中臣童　謨
奉訓大夫禮部員外郎臣吴　福
奉直大夫北京行部員外郎臣吴嘉静
承直郎禮部主事臣黄　裳
承德郎刑部主事臣段　民
承直郎刑部主事臣洪　順
承直郎刑部主事臣沈　升
承德郎刑部主事臣章　敞
承德郎刑部主事臣楊　勉
承德郎刑部主事臣周　忱
承德郎刑部主事臣吾　紳

文林郎廣東道監察御史臣陳道潛
承事郎大理寺評事臣王　選
文林郎太常寺博士臣黄　福
修職郎太醫院御醫臣趙友同
迪功佐郎北京國子監博士臣王復原
泉州府儒學教授臣曾　振
常州府儒學教授臣廖思敬
蘄州儒學學正臣傅　舟
濟陽縣儒學教諭臣杜　觀
善化縣儒學教諭臣顔敬守
常州府儒學訓導臣彭子斐
鎮江府儒學訓導臣留季安

讀大學法

朱子曰：《語》、《孟》隨事問答，難見要領。惟《大學》是曾子述孔子説古人爲學之大方，而門人又傳述以明其旨，前後相因，體統都具。玩味此書，知得古人爲學所向，却讀《語》、《孟》便易去聲。入。後面工夫雖多，而大體已立矣。○看這一書，又自與看《語》、《孟》不同。《語》、《孟》中只一項事是一箇道理。如孟子説仁義處，只就仁義上説道理；孔子答顏淵以克己復禮，只就克己復禮上説道理。若《大學》，却只統説，論其功用之極，至於平天下。然天下所以平，却先須治國；國之所以治，却先須齊家；家之所以齊，却先須修身；身之所以修，却先須正心；心之所以正，却先須誠意；意之所以誠，却先須致知；知之所以至，却先須格物。○《大學》是爲學綱目。先讀《大學》，立定綱領。他書皆雜説在裏許，通得《大學》了，去看他經，方見得此是格物致知事，此是誠意正心事，此是修身事，此是齊家治國平天下事。○今且熟讀《大學》作間架，却以他書填補去。○《大學》是通言學之初終，《中庸》是指本原極致處。○問：欲專看一書，以何爲先？曰：先讀《大學》，可見古人爲學首末次第，不比他書。他書非一時所言，非一人所記。

又曰：看《大學》固是著逐句看去，也須先統讀傳文教熟，方好從頭仔細看。若全不識傳文大意，便看前頭亦難。

又曰：嘗欲作一説教人，只將《大學》一日

去讀一遍，看他如何是大人之學，如何是小學，如何是明明德，如何是新民，如何是止於至善。日日如是讀，月來日去自見。所謂「温故而知新」，須是知新，日日看得新方得。却不是道理解新，但自家這箇意思長長地新。○讀《大學》，初間也只如此讀，後來也只如此讀。只是初間讀得似不與自家相關，後來看熟，見許多説話須著如此做，不如此做自不得。○讀書不可貪多，當且以《大學》爲先。逐段熟讀精思，須令了了分明，方可改讀後段。看第二段却思量前段，令文意連屬音燭。却不妨。○問《大學》稍通，方要讀《論語》。曰：且未可。《大學》稍通，正好著陟略反。下同。心精讀。前日讀時，見得前未見得後面，見得後未見得前面。今識得大綱體統，正好熟看。讀此書功深，則用博。昔尹和靖見伊川半年，方得《大學》、《西銘》看。今人半年要讀多少書？某且要人讀此，是如何？緣此書却不多，而規模周備。凡讀書初一項須著十分工夫了，第二項只費得八九分工夫，第三項便只費得六七分工夫。少間讀漸多，自通貫他書，自著不得多工夫。○看《大學》俟見大指，乃及他書。但看時須是更將大段分作小段，字字句句不可容易放過。常時暗誦默思，反覆研究。未上口時須教上口，未通透時須教通透，已通透後便要純熟。直待不思索時，此意常在心胸之間驅遣不去，方是。此一段了，又換一段看。令如此數段之後，心安理熟，覺工夫省力時，便漸得力也。又曰：《大學》是一箇腔子，而今却要填教平聲。他實。如他説格物，自家須是去格物後填教他實著，誠意亦然。若只讀得空殼子，亦無益也。○讀《大學》豈在看他言語？正欲驗之於心如何。如「好好色，惡惡臭」，試驗之吾心果能好善惡惡如此乎？「閒居爲不善」，是果有此乎？一有不至，則勇猛奮躍不已，必有長上聲。進。今不知如此，則書自書，我自我，何益之有？新安陳氏曰：凡讀書之法皆當如此，非但《大學》也。

又曰：某一生只看得這文字透，見得前賢所未到處。温公作《通鑑》，言平生精力盡在此書，某於《大學》亦然。先須通此，方可讀他書。

又曰：伊川舊日教人先看《大學》。那時未解説，而今有註解。覺大段分曉了，只在仔細看。陳氏曰：《大學章句》已示學者一定之準，只直按他見成底熟。就裏面看意思滋味，便見得無窮義理出焉。

又曰：看《大學》且逐章理會。先將本文念得，次將《章句》來解本文，又將《或問》來參《章句》。須逐一令平聲。下同。記得，反覆尋究，待他浹洽。既逐段曉得，却統看温尋過。

又曰：《大學》一書有正經，有《章句》，有《或問》。看來看去，不用《或問》，只看《章句》便了；久之，又只看正經便了；又久之，自有一部《大學》在我胸中，而正經亦不用矣。然不用某許多工夫，亦看某底不出；不用聖賢許多工夫，亦看聖賢底不出。

又曰：《大學》解本文未詳者，於《或問》中詳之。且從頭逐句理會。到不通處，却看《或問》，乃註脚之註脚。○某解書不合太多，又先准備學者爲去聲。他設疑説了，所以致得學者看得容易去聲。了。○人只說某說《大學》等不略說，使人自致思。此事大不然。人之爲學，只爭箇肯與不肯耳。他若不肯向這裏，略亦不解致思；他若肯向此一邊，自然有味，愈詳愈有味。陳氏曰：《大學》約其旨於《章句》，已的確真切；而詳其義於《或問》，又明實敷暢。《章句》中太簡，而或未喻則易枯，必於《或問》詳之；《或問》中太博，而或未貫則易泛，必於《章句》約之。○新安陳氏曰：右二條之說不同，而可互相發明。

大學章句序

《大學》之書，古之大學所以教人之法也。蓋自天降生民則既莫不與之以仁義禮智之性矣，朱子曰：天之生民，各與以性。性非有物，只是一箇道理之在我者耳。仁則是箇温和慈愛底道理，義則是箇斷制裁割底道理，禮則是箇恭敬撙節底道理，智則是箇分別是非底道理：凡此四者具於人心，乃是性之本體。○雲峯胡氏曰：朱子四書釋「仁」曰「心之德，愛之理」，「義」曰「心之制，事之宜」，「禮」曰「天理之節文，人事之儀則」，皆兼體用，獨「智」字未有明釋。嘗欲竊取朱子之意以補之曰：「智則心之神明，所以妙衆理而宰萬物者也。」番昜沈氏云：智者，涵天理動静之機，具人事是非之鑑。○新安陳氏曰：《書》云：「惟皇上帝，降衷于下民，若有恒性。」六經言性自此始。謂「天降生民而與之以性」，亦本《書》之意而言。然其氣質之禀或不能齊，是以不能皆有以知其性之所有而全之也。新安陳氏曰：性之所有，即仁、義、禮、智是也。性無智愚賢不肖之殊。惟氣有清、濁，清者能知而濁者不能知，故不能皆知；質有粹、駁，粹者能全而駁者不能全，故不能皆全。知性之所有屬知，全性之所有屬行。知、行二者，該盡一部《大學》意，已寓於此矣。一有聰明睿智、能盡其性者出於其間，則天必命之以爲億兆之君師，使之治平聲。下「治人」同。而教之以復其性。問：何處見得天命處？朱子曰：此也如何知得？只是才生得一箇恁地底人，定是爲億兆之君師，便是天命之也。他既有許多氣魄才德，決不但已，必統御億兆之衆，人亦自是歸他。如三代已前聖人，都是如此。至孔子方不然。雖不爲帝王，然也閑他不得，也做出許多事來以教天下後世，是亦天命也。○新安陳氏曰：聰明睿智，能盡其性者，是就清濁粹駁不齊中指出極清極粹者言之。聰明睿智，生知之聖也，與「知其性」相應；能盡其性，安行之聖也，與「全之」相應。常人必先知其性，方可望以全其性，故於中下一「而」字。聖人合下生知安行，不待知而方全，故只平說。天必命之以爲億兆君師，君以治之，師以教之，變化其氣質而復還其本性。以上四箇「性」字須融貫看透。三代以前聖賢之君，君、師之責兼盡；三代以後君道有畧得之者，而師道則絶無矣。此伏羲、神農、黄帝、堯、舜所以繼天立極，而司徒之職、典樂之官所由設也。《書・舜典》帝曰：「契，汝作司徒，敬敷五教在寬。」又曰：「夔，命汝典樂，教胄子。」○朱子曰：天只生得許多人物，與你許多道理。然天却自做不得，所以必得聖人爲之脩道立教以教化百姓，所謂「裁成天地之道，輔相天地之宜」是也。○古者教法，禮、樂、射、御、書、數不可闕一。就中樂之教尤親切。夔教胄子只用樂，大司徒之職也是用樂。蓋是教人朝夕從事於此物，束得心長在這上面。蓋爲樂有節奏，學他底急也不得，慢也不得，久之都换了他情性。○雲峯胡氏曰：司徒之職，統教百姓；典樂之官，專教胄子。○新安陳氏曰：上文説其理，此實之以其事。天生民而賦與之，不能教之；聖君代天立標準以主教於上，而設司徒及典樂之官以掌教於下。此時教已立，而教之法未備，學之名未聞也。三代之隆，其法寖備，然後王宫、國都以及閭巷莫不有學。人生八歲，則自王公以下至於庶人之子弟皆入小學，而教之以洒上聲，又去聲。掃去聲。應對進退之節、禮樂射御書數之文。朱子曰：古者小學已自是聖賢坯樸了，但未有聖賢許多知見。及其長也，令入大學，使之格物致知，長許多知見。○番易齊氏曰：洒掃，《内則》所謂「雞初鳴，洒掃室堂及庭」，《曲禮》所謂「爲長者糞，加帚箕上，以袂拘而退」、「以箕自向而扱之」之類是也。應對，《内則》所謂「在父母之所，有命之，應唯敬對」，《曲禮》所謂「長者負劍辟咡詔之，負，置之於背；劍，挾之於旁。口耳之間曰咡。辟咡詔之，傾頭與語。則揜口而對」之類是也。進退，《内則》所謂「在父母之所，進退周旋慎齊」，《曲禮》所謂「凡與客入者，每門讓於客」之類是也。禮，習於度數之節文，所以教之中也；樂，明於聲音之高下，所以教之和也。射法，一弓挾四矢，驗其中否以觀德行；御法，一車乘四馬，御者執轡立於車上，欲調習不失馳驅之正也。書，書字之體，可以見心畫；數，算數之法，可以盡物變。《周禮》大司徒所以教萬民而賓興之者，始以六德，繼以六行，後及於六藝，非八歲以上者所能盡究其事，不過使曉其名物而已。故上三者言節，有品節存焉；下六者言文，文者名物之謂也，非其事也。○勿軒熊氏曰：按《大戴記・保傅篇》：「古者年八歲出就外舍，學小藝焉，履小節焉；束髮就大學，學大藝焉，履大節焉。」注曰：「小學爲庠門，一作虎闈。大學在王宮之東。束髮，謂成童。《尚書大傳》曰：『公卿之太子，元士之嫡子，年十三入小學，二十入大學。』《白虎通》曰：『八歲入小學，十五入大學。』此太子之禮也。」按年數互有不同，而朱子獨以《白虎通》爲斷。及其十有五年，則自天子之元子、衆子，以至公卿大夫元士之適音的。子，與凡民之俊秀，皆入大學，新安陳氏曰：凡民惟賢者得入大學。不比小學，則無貴賤賢愚皆得入也。而教之以窮理正心、脩己治人之道。此又學校之教、大小之節所以分也。新安陳氏曰：三代有小學、大學之教法，未有書也。天子元子繼世有天下，衆子建爲諸侯，公卿大夫元士適子將有國家之責，皆在所教。民之俊秀，他日亦將用之以佐理天下國家者也。「窮理」，知之事；「正心」以下，行之事。夫音扶。以學校之設，其廣如此；教之之術，術即法也。其次第節目之詳又如此；而其所以爲教，則又皆本之人君躬行心得之餘，不待求之民生日用彝倫之外。新安陳氏曰：上言學校施教之法，此言君身爲立教之本，即所謂爲億兆君師繼天立極者也。躬行心得，謂躬行仁義禮智之道，心得仁義禮智之德，即行道而有得於心也。彝倫，常理也。是以當世之人無不學，其學焉者無不有以知其性分去聲。下同。之所固有、職分之所當爲，而各俛音免。焉以盡其力。雲峯胡氏曰：前說上之所以爲教，此說下之所以爲學。○新安陳氏曰：性分固有，即仁、義、禮、智，是理是體；職分當爲，如子職分當孝，臣職分當忠之類，是事是用。知性分、職分，是知之事；俛焉、盡力，是行之事。與前「知性之所有而全之」相照應。此古昔盛時所以治去聲。下同。隆於上，俗美於下，而非後世之所能及也。

及周之衰，賢聖之君不作，學校之政不脩，教化陵夷，風俗頹徒回反。敗。時則有若孔子之聖而不得君師之位以行其政教，於是獨取先王之法誦而傳之以詔後世。新安陳氏曰：皇、帝生當天地氣運盛時，所以達而在上，以身爲教而道行於當世。孔子當天地氣運衰時，不免窮而在下，以言爲教，傳諸其徒，而道明於後世而已。若《曲禮》、《少去聲。儀》、《内則》、《弟子職》諸篇，固小學之支流餘裔。餘制反。○番易齊氏曰：《曲禮》、《少儀》、《内則》見《禮記》，《弟子職》見《管子》。此四篇作於春秋時。三代小學之全法僅存其一二，故曰「支流餘裔」。支流，水之旁出而非正流者；餘裔，衣裾之末也。而此篇者，則因小學之成功以著大學之明法，外有以極其規模之大而内有以盡其節目之詳者也。問「外有以極其規模之大，内有以盡其節目之詳」。朱子曰：這箇須先識得外面一箇規模如此大了，而内做工夫以實之。凡人爲學，便當以明德、新民、止於至善及明明德於天下爲事。不成只要獨善其身便了，須是志於天下，所謂「志伊尹之所志，學顔子之所學」也。所以《大學》第二句便説「在新民」。○新安陳氏曰：規模之大，指三綱領；節目之詳，指八條目。孔子時，方有《大學》一章之經。○東陽許氏曰：規模、節目，以三綱、八條對言，則三綱爲規模，八條爲節目，謂八條即三綱中事也；獨以八條言之，則平天下爲規模，上七條爲節目。平天下是大學之極功，然須是有上七條節節做工夫，行至于極，然後可以天下平。三千之徒蓋莫不聞其説，而曾氏之傳獨得其宗，於是作爲傳去聲。義以發其意。曾子方有今《大學》之傳，以發明孔子之意。及孟子没，而其傳泯音閔。焉，則其書雖存而知者鮮上聲。矣。自是以來，俗儒記誦詞章之習，其功倍於小學而無用；朱子曰：自聖學不傳，爲士者不知學之有本，而所以求於書，不越乎記誦訓詁文詞之間。是以天下之書愈多而理愈昧，學者之事愈勤而心愈放，詞章愈麗，議論愈高而其德業事功之實愈無以逮乎古人。○新安陳氏曰：記誦，口耳之學；詞章，枝葉之文。異端虚無寂滅之教，其高過於大學而無實。問：異端何以高而無實？朱子曰：吾儒便著讀書，逐一就事物上理會道理。異端便都掃了，只恁地空空寂寂，便道事都了。若將些子事付之，便都没柰何。○雲峯胡氏曰：此之虚，虚而有；彼之虚，虚而無；此之寂，寂而感；彼之寂，寂而滅：所以「高」而「無實」。○新安陳氏曰：老氏虚無，佛氏寂滅。其他權謀術數，一切以就功名之説與夫音扶。百家衆技之流，所以惑世誣民、充塞先則反。下同。仁義者，又紛然雜出乎其間。朱子曰：秦漢以來隨世以就功名者，未必自其本而推之。是以天理不明而人欲熾，道學不傳而異端起，人挾其私智以馳騖於一世。○新安陳氏曰：權謀術數，謂管仲、商鞅等；百家衆技，如九流等是也。使其君子不幸而不得聞大道之要，其小人不幸而不得蒙至治之澤。晦盲眉庚反。否塞，東陽許氏曰：如月之晦，如目之盲，如氣之否，如川之塞。晦盲言不明，否塞言不行。反覆沈俗作「沉」，非。痼，音固。○東陽許氏曰：反覆，是展轉愈深而不可去底意。沈，如物没於水而不可浮；痼，如病著於身而不可愈。以及五季謂梁、唐、晉、漢、周五代季世。之衰而壞亂極矣。雲峯胡氏曰：惑世誣民，使斯民昏而不能知；充塞仁義，使斯道壅而不能行。晦盲，全無能知者；否塞，全無能行者：所以爲壞亂之極也。大道之要，是《大學》書中所載者；至治之澤，是自大學中流出者。上之人無能知此大學，故君子不得聞大道之要；上之人無能行此大學，故小人不得蒙至治之澤。

天運循環，無往不復。宋德隆盛，治教休明。於是河南程氏兩夫子出，伯子諱顥，字伯淳，號明道先生；叔子諱頤，字正叔，號伊川先生。而有以接乎孟氏之傳，實始尊信此篇而表章之，既又爲去聲。之次其簡編，發其歸趣。音娶。○新安陳氏曰：孟子没而其傳泯焉，至二程夫子出而絶學復傳，於是始拔《大學》篇於《戴記》之中而尊信之，又整頓其錯亂之簡而發揮之，但未成書耳。然後古者大學教人之法、此八字收拾序文起句。聖經賢傳去聲。之指，粲然復扶又反。明於世。雖以熹之不敏，亦幸私淑而與去聲。有聞焉。新安陳氏曰：孟子云：「予未得爲孔子徒也，予私淑諸人也。」此用其語，謂聞程子之教於延平李先生諸公。○東陽許氏曰：私淑者，私善於人。孟子不得爲孔子之徒而私善於再傳之子思，朱子不得爲程子之徒而私善於三傳之李氏。此「私淑」字最切。顧其爲書，猶頗放失。是以忘其固陋，采而輯音集。之。間亦竊附己意，補其闕略，謂補傳之第五章。以俟後之君子。極知僭踰，無所逃罪。然於國家化民成俗之意、學者脩己治人之方，則未必無小補云。「脩己治人」四字包盡《大學》體用綱目。淳熙己酉二月甲子，新安朱熹序。新安陳氏曰：此序分六節，精義尤在第二節。曰「知其性之所有而全之」，曰「教之以復其初」是也。朱子論學，必以復性初爲綱領要歸。《論語》首註「學」字，曰「人性皆善」，曰「明善而復其初」；《小學》題辭曰「仁義禮智，人性之綱」，曰「德崇業廣乃復其初」；此書首釋「明明德」亦曰「遂明之以復其初」，與此序凡四致意焉。聖人盡性，盡其本全者也；學者復其性，復而後能全也。欲知性之所有，在格物致知；欲復全其性之所有，在誠意正心脩身以力於行而已。讀此序此書者，其以知性之所有與復其性初爲要領，以知行爲工夫而融貫其旨云。

大學章句大全

大，舊音泰，今讀如字。

子程子曰：新安陳氏曰：程子上加「子」字，倣《公羊傳》註子沈子之例，乃後學宗師先儒之稱。《大學》，孔氏之遺書，而初學入德之門也。於今可見古人爲學次第者，獨賴此篇之存，而《論》、《孟》次之。學者必由是而學焉，則庶乎其不差矣。龜山楊氏曰：《大學》一篇，聖學之門户。其取道至徑，故二程多令初學者讀之。○朱子曰：《大學》首尾貫通，都無所疑，然後可及《語》、《孟》；又無所疑，然後可及《中庸》。○某要人先讀《大學》以定其規模，次讀《論語》以立其根本，次讀《孟子》以觀其發越，次讀《中庸》以求古人之微妙。○陳氏曰：爲學次序，自有其要。先須《大學》以爲入德之門，以其中說「明明德」、「新民」具其條理，實群經之綱領也。次則《論語》以爲操存涵養之實，又其次則《孟子》以爲體驗充廣之端。三者既通，然後會其極於《中庸》。又曰：《大學》規模廣大而本末不遺，節目詳明而始終不紊，學者所當最先講明者。○新定邵氏曰：他書言平天下本於治國，治國本於齊家，齊家本於脩身者有矣，言脩身本於正心者亦有矣。若夫推正心之本於誠意，誠意之本於致知，致知之在於格物，則他書未之言，六籍之中，惟此篇而已。

大學之道，在明明德，在親民，在止於至善。

程子曰：親，當作「新」。○大學者，大人之學也。明，明之也。明德者，人之所得乎天而虛靈不昧，以具衆理而應萬事者也。朱子曰：天之賦於人物者謂之命，人與物受之者謂之性，主於一身者謂之心，有得於天而光明正大者謂之明德。○問明德是心是性。曰：心與性自有分別。靈底是心，實底是性。性便是那理，心便是盛貯該載敷施發用底。心屬火，緣他是箇光明發動底物，所以具得許多道理。如向父母則有那孝出來，向君則有那忠出來，這便是性；如知道事親要孝，事君要忠，這便是心。張子曰心統性情，此說最精密。○虛靈不昧，便是心；

此理具足於中，無少欠闕，便是性；隨感而動，便是情。○虛靈自是心之本體，非我所能虛也。耳目之視聽，所以視聽者即其心也，豈有形象？然有耳目以視聽之，則猶有形象也；若心之虛靈，何嘗有物？○只「虛靈不昧」四字説「明德」意已足矣，更説「具衆理，應萬事」，包體用在其中，又却實而不爲虛。其言的確渾圓，無可破綻處。○北溪陳氏曰：人生得天地之理，又得天地之氣。理與氣合，所以虛靈。○黄氏曰：虛靈不昧，明也；具衆理，應萬事，德也。具衆理者，德之全體未發者也；應萬事者，德之大用已發者也。所以應萬事者，即其具衆理者之所爲也。未發則炯然不昧，已發則品節不差，所謂「明德」也。○玉溪盧氏曰：明德只是本心。虛者心之寂，靈者心之感。心猶鑑也，虛猶鑑之空，明猶鑑之照。不昧，申言其明也。虛則明存於中，靈則明應於外。惟虛故具衆理，惟靈故應萬事。○東陽許氏曰：「大學之道」是言大學中教人脩爲之方，如「君子深造之以道」之道。

但爲氣禀所拘，人欲所蔽，則有時而昏。然其本體之明，則有未嘗息者。故學者當因其所發而遂明之，以復其初也。

朱子曰：明德未嘗息，時時發見於日用之間。如見孺子入井而怵惕，見非義而羞惡，見賢人而恭敬，見善事而歎慕，皆明德之發見也。雖至惡之人，亦時有善念之發，但當因其所發之端接續光明之。○明德，謂本有此明德也。孩提之童無不知愛其親，及其長也無不知敬其兄。其良知良能本自有之，只爲私欲所蔽，故暗而不明。所謂「明明德」者，求所以明之也。譬如鏡焉，本是箇明底物，緣爲塵昏，故不能照。須是磨去塵垢，然後鏡復明也。○明德，是一箇光明底物事。如一把火，將去照物則無不燭，便是明德。若漸隱微，便暗了。吹得這火著，便是明其明德。○新安吴氏曰：氣禀拘之，有生之初；物欲蔽之，有生之後：不昧者所以昏也。然雖有昏昧之時，而無息滅之理。○雙峯饒氏曰：明之之功有二：一是因其發而充廣之，使之全體皆明；一是因已明而繼續之，使無時不明。○雲峯胡氏曰：《章句》釋明德以心言，而包性情在其中。虛靈不昧是心，具衆理是性，應萬事是情。有時而昏又是説心，本體之明又是説性，所發又説情。當因其所發而遂明之，即孟子言四端而謂「知皆擴而充之」也。○新安陳氏曰：常人於明德之發見，隨發而隨泯；學者於明德之發見處，當體認而充廣之，所謂「遂明之」也。氣稟拘物欲蔽，則明者昏而初者失；致其明之之功以變化其氣質，則昏者明而初者復。○東陽許氏曰：氣稟所拘，就有生之初言之；人欲所蔽，就有知之後言之。新者，革其舊之謂也。言既自明其明德，又當推以及人，使之亦有以去上聲。其舊染之污音烏。又去聲。也。朱子曰：此理人所均有，非我所得私。既自明其德，須當推以及人。見人爲氣與欲所昏，豈不惻然欲有以新之？○問：明德、新民，在我有以新之，至民之明其明德却又在他。曰：雖説是明己德、新民德，然其意自可參見。明明德於天下，自新以新其民可知。○北溪陳氏曰：「新」與「舊」對。明者昏則舊矣。感發開導，去其舊污，則昏者復明，又成一箇新底，是新之也。○玉溪盧氏曰：新民，是要人人皆明明德。民無不新，則民之明德無不明，而我之明德明於天下矣。○新安陳氏曰：《書》云：「舊染污俗，咸與維新。」《章句》本此以釋「新民」。止者，必至於是而不遷之意；至善，則事理當然之極也。朱子曰：説一箇「止」字，又説一箇「至」字，直是要到那極至處而後止，故曰「君子無所不用其極」也。○未至其地則必求其至，既至其地則不當遷動而之他也。未至此便住，不可謂「止」；至此不能守，亦不可謂「止」。○至善，如言「極好」，道理十分盡頭。善在那裏，自家須去止他。止則善與我一，未能止，善自善，我自我。○雲峯胡氏曰：必至於是，「知至至之」也；不遷，「知終終之」也。言明明德、新民皆當止於至善之地而不遷。蓋必其有以盡夫音扶。天理之極而無一毫人欲之私也。朱子曰：明德、新民非人力私意所爲，本有一箇當然之則，過之不可，不及亦不可。如孝是明德，然自有當然之則。不及固不是，若過其則，必有刲股之事。須是到當然之則處而不遷，方是止於至善。止至善包明德、新民。己也要止於至善，民也要止於至善。在他雖未能，在我所以望他，則不可不如是也。○問：明明德是自己事，可以做得到極好處；若新民則在人，如何得他到極好處？曰：且教自家先明得盡，然後漸民以仁，摩民以義，如孟子所謂「勞之來之，匡之直之，輔之翼之，又從而振德之」。如此變化他，自解到極好處。○問：至善不是明德外別有所謂善，只就明德中到極處便是否？曰：是。明德中也有至善，新民中也有至善，皆要到那極處。至善只是以其極言，不特是理會到極處，亦要做到極處。如「爲人君止於仁」，固是一箇仁，然亦多般，須是隨處看。如這一事合當如此是仁，那一事又合當如彼亦是仁。若不理會，只管執一，便成一邊去，安得謂之至善？至善只是恰好處。○雙峯饒氏曰：明德以理之得於心者言，至善以理之見於事者言。以明明德對新民，則明明德爲主；以明明德、新民對止至善，則止至善爲重。○新安吴氏曰：止至善爲明明德、新民之標的。「極」盡天理，絶無人欲，爲止至善之律令。然既言「事理當然之極」，又言「天理之極」者，蓋自散在事物者而言則曰「事理」，是理之萬殊處，一物各具一太極也；自人心得於天者而言則曰「天理」，是理之一本處，萬物體統一太極也。❶然一實萬分，故曰「事理」；衆理會萬爲一，則曰「天理」：一理而已。○新安陳氏曰：天理、人欲相爲消長。纔有一毫人欲之私，便不能盡夫天理之極，不得云「止於至善」矣。

此三者，《大學》之綱領也。

新安陳氏曰：綱以「大綱」言如網之有綱，綱舉則目張；領以「要領」言，如裘之有領，領挈而裘順。○朱子曰：明明德、新民、止至善此八字已括盡一篇之意。○玉溪盧氏曰：明明德是下文格物、致知、誠意、正心、脩身之綱領，新民是下文齊家、治國、平天下之綱領；止至善總明明德、新民而言，又八者逐條之綱領。要而言之，則明明德又爲三者之綱領，乃《大學》一書之大綱領也。○番易沈氏曰：《大學》之體在明德，其用在新民，其體用之準則在止至善。要其用力之方，在知與行而已。格物致知，知之事也；誠意正心脩身，行之事也。行以知爲先，知以行爲重。知之精則行愈達，行之力則知愈進。物格而知以至，意誠心正而身以脩，則吾德之本明者極其明，而吾身之所止者極其善矣。由身而家而國而天下，善教行焉，善政施焉，莫不革其舊染而復其性初。天下之明德非一人之明德乎？一人之至善非天下之至善乎？

知止而后有定，定而后能静，静而后能安，安而后能慮，慮而后能得。

❶「體統」，四庫本作「統體」。

止者，所當止之地，即至善之所在也。此「止」字即接上文「在止於至善」之「止」字說下來。知之則志有定向。靜，謂心不妄動。安，謂所處上聲。下同。而安。慮，謂處事精詳。得，謂得其所止。朱子曰：知止，是識得去處。既識得，心中便定，更不他求。如行路知得從這一路去，心中自是定。如求之此又求之彼，即是未定。定、靜、安、慮、得五字，是功效次第，不是工夫節目。纔知止，自然相因而見。○定、靜、安相去不遠，但有淺深耳。與《中庸》動、變、化相類，皆不甚相遠。定以理言，故曰有；靜以心言，故曰能。靜是就心上說，安是就身上說。○既見得事物有定理，而此心恁地寧靜了。看處在那裏，在這裏也安，在那裏也安。安而後能慮，慮是思之精審。今人心中搖漾不定疊，還能處得事否？人處事於叢冗急遽之際而不錯亂，非安不能也。知止，是知事物所當止之理，到臨事又須研幾審處，方能得所止。○知止，只是知有這箇道理，也須是得其所止方是。若要得其所止，直是能慮方是。能慮却是要緊。知止如知爲子而必孝，知爲臣而必忠，能得是身親爲忠孝之事。若徒知這箇道理，至於事親之際，爲私欲所汩，不能盡其孝；事君之際，爲利禄所汩，不能盡其忠：這便不是能得矣。能慮是見得此事合當如此，便如此做。○知止，如射者之於的；得止，是已中其的。○定、靜、安三字雖分節次，其實知止後皆容易進。安而后能慮，慮而后能得，此最是難進處。多是至安處住了。安而后能慮，非顔子不能之。去得字地位雖甚近，然只是難進。挽弓到臨滿時，分外難開。○勉齋黄氏曰：大學之道在於明德、新民，明德新民之功在於至善，至善之理又在於必至而不遷，故此一節但以止爲言。曰知曰得，止之兩端。定者，知所止之驗；慮者，得所止之始。曰靜曰安，則原於知而終於得，有必至不遷之意矣。○雙峯饒氏曰：譬之秤，知止是識得秤上星兩，慮是將來秤物時又仔細看，能得是方秤得輕重的當。定、靜、安在事未至之前，慮是事方至之際，四者乃知止所以至能得之脉絡。○雲峯胡氏曰：定而能靜，則事未來而此心之寂然不動者不失；安而能慮，則事方來而此心之感而遂通者不差。○新安陳氏曰：明德、新民所以得止於至善之由，其緊要處先在知止上。蓋於事事物物皆知其所當止之理，即物格而知至也。

下文「致知」、「知至」之知字，已張本於此矣。

物有本末，事有終始，知所先後，則近道矣。明德爲本，新民爲末。知止爲始，能得爲終。本、始所先，末、終所後。此結上文兩節之意。問：事、物何分別？朱子曰：對言則事是事，物是物，獨言物則兼事在其中。知止、能得，如耕而種而耘而斂，是事有箇首尾如此。明德是理會己之一物，新民是理會天下之萬物。以己之一物對天下之萬物，便有箇内外本末。知所先後，自然近道。不知先後，便倒了，如何能近道？○三山陳氏曰：新民者，自明德而推也。己德不明，未有能新民者，此明明德所以爲新民之本。能得者，原於知止而後致也。苟始焉不知止於至善，亦未見其卒於有得矣。此知止所以爲能得之始。○玉溪盧氏曰：物有本末，結第一節；事有終始，結第二節；知所先後則近道矣兩句，再總結兩節。一箇「先」字起下文六箇「先」字，一箇「後」字起下文七箇「後」字。不特結上兩節，亦所以起下文兩節之意。○仁山金氏曰：不曰此是大學之道而曰近道，蓋道者當行之路，知所先後方是見得在面前而未行於道上，所以只曰「近」。

古之欲明明德於天下者，先治其國；欲治其國者，先齊其家；欲齊其家者，先脩其身；欲脩其身者，先正其心；欲正其心者，先誠其意；欲誠其意者，先致其知；致知，在格物。治，平聲。後倣此。

明明德於天下者，使天下之人皆有以明其明德也。新安吴氏曰：由此推之，則治國是欲明明德於一國，齊家是欲明明德於一家也。○新安陳氏曰：本當云「欲平天下者先治其國」，今乃以「明明德於天下」言之，蓋以明德乃人、己所同得。明明德者，明己之明德，體也；明明德於天下者，新天下之民，使之皆明其明德，如此則天下無不平矣，用也。一言可以該《大學》之體用。可見明明德又爲綱領中之綱領也。○東陽許氏曰：不曰「欲平天下先治其國」而曰「明明德」者，是要見新民是明德中事，又見新民不過使人各明其德而已。心者，身之所主也。誠，實也。意者，心之所發也。實其心之所發，欲其必

自慊而無自欺也。雲峯胡氏曰：《中庸》言「誠身」，是兼誠意、正心、脩身而言，謂身之所爲者實；此但言「誠意」，是欲心之所發者實。《章句》「所發」二字凡兩言之。因其所發而遂明之者，性發而爲情也；實其心之所發者，心發而爲意也。朱子嘗曰：「情是發出恁地，意是主張要恁地。情如舟車，意如人使那舟車一般。」然則性發爲情，其初無有不善，即當加夫明之之功，是體統説；心發而爲意，便有善有不善，不可不加夫誠之之功，是從念頭説。○新安陳氏曰：諸本皆作「欲其一於善而無自欺也」。惟祝氏《附録》本，文公適孫鑑書其卷端云：「四書元本，則以鑑向得先公晚年絶筆所更定而刊之興國者爲據。」此本獨作「必自慊而無自欺」，可見絶筆所更定乃改此三字也。按文公年譜，謂慶元庚申四月辛酉公改「誠意」《章句》，甲子公易簀。今觀「誠意」章，則祝本與諸本無一字殊，惟此處有三字異，是所改正在此耳。「一於善」之云固亦有味，但必惡惡如惡惡臭、好善如好好色，方自快足於己。如好仁必惡不仁，方爲真切。若曰「一於善」，包涵「不二於惡」之意，似是歇後語，語意欠渾成的當。不若「必自慊」對「無自欺」，只以傳語釋經語，痛快該備，跌撲不破也。况《語録》有云：「誠與不誠、自慊與自欺，只争毫釐之間。自慊則一，自欺則二。」「自慊」正與「自欺」相對。「誠意」章只在兩箇「自」字上用功。觀朱子此語，則可見矣。**致，推極也。**推之以至極處。**知，猶「識」也。推極吾之知識，欲其所知無不盡也。格，至也。物，猶「事」也。窮至事物之理，欲其極處無不到也。此八者，大學之條目也。**朱子曰：六箇「欲」與「先」字，謂欲如此必先如此，是言工夫節次，若致知則便在格物上。「欲」與「先」字差慢，「在」字又緊得些子。○致知、誠意是學者兩箇關。致知，乃夢與覺之關；誠意，乃善與惡之關。透得致知之關則覺，不然則夢；透得誠意之關則善，不然則惡。○格物是夢覺關，誠意是人鬼關。過得此二關，上面工夫一節易如一節了。至治國平天下，地步愈闊，但須照顧得到。○格物是零細説，致知是全體説。○格物致知，於物上窮得一分之理則我之知亦知得一分，物理窮得愈多則我之知愈廣。其實只是一理，纔明彼，即曉此。○格物，十事格得九事通透，一事未通透，不妨；一事只格得九分，一分不通透，最不可，須窮盡到十分處。○因其所已知，推之至於無所不知。○人多把這道理作一箇懸空底物，《大學》不説窮理只説格物，便是要人就事物上理會，如此方見得實體。如作舟行水，作車行陸，今試以衆力共推一舟於陸，必不能行，方見得舟不可以行陸也。此之謂實體。○格物窮理，有一物便有一理，窮得到後，遇事觸物皆撞著這道理。事君便遇忠，事親便遇孝。居處便恭，執事便敬，與人便忠。以至參前倚衡，無往而不見這箇道理。若窮不至，則所見不真，外面雖爲善而内實爲惡。○問：物者理之所在，人所必有而不能無者，何者爲切？曰：君臣、父子、兄弟、夫婦、朋友皆人所不能無者，但學者須要窮格得盡。事父母則當盡其孝，處兄弟則當盡其友，如此之類，須是要見得盡。若有一毫不盡，便是窮格不至也。○物，謂事物也。須窮極事物之理到盡處，便有一箇是，一箇非。凡自家身心上，皆須體驗得一箇是非。若講論文字、應接事物，各各體驗，漸漸推廣，地步自然寬闊。如曾子三省，只管如此體驗去。○致知、格物只是一事，非是今日格物，明日又致知。格物以理言也，致知以心言也。○致知格物是窮此理，誠意正心脩身是體此理，齊家治國平天下是推此理：要做三節看。○於格物、致知、誠意、正心、脩身之際，要常見一箇明德隱然流行於五者之間，方分明。○自格物至平天下，聖人亦是畧分箇先後與人看。不成做一件凈盡無餘方做一件，如此何時做得成？○「明明德於天下」以上皆有等級，到致知格物處便親切，故不曰「致知者先格其物」，只曰「致知在格物」也。○北溪陳氏曰：心以全體言，意是就全體上發起一念慮處言。格物必如吾身親至那地頭見得親切，方是格。○玉溪盧氏曰：八者以心爲主。自天下而約之以至於身，無不統於一心；自意而推之以至於萬事萬物，無不管於一心。曰格曰致曰誠，皆正心上工夫；曰脩曰齊曰治曰平，皆自正心中流出。○雲峯胡氏曰：孟子「盡心」章《集註》：「心者，人之神明，具衆理而應萬事。」即《章句》所謂「虚靈不昧，以具衆理而應萬事」。此章《或問》又曰：「知者心之神明，所以妙衆理而宰萬物。」其釋「知」字與釋「明德」相應。蓋此心本具衆理而妙之則在知，此心能應萬事而宰之亦在知。具者其體之立，有以妙之則其用行；應者用之行，有以宰之則其體立。明德中自具全體大用。「致知」云者，欲其知之至而全體大用無不明也。《大學》前分事與物言，若事自事物自物；此獨言物，物猶事也。有一事必有一理，理本非空虛無用之物。《大學》教人即事以窮理，亦惟恐人爲空虛無用之學。所以《章句》釋「明德」則兼理與事，釋「至善」亦曰「事理」，釋「格物」亦曰「窮至事物之理」。心外無理，理外無事。即事以窮理，明明德第一工夫也。「致知在格物」，此「在」字又與章首三「在」字相應。《大學》綱領所在，莫先於「在明明德」；而明明德工夫所在，又莫先於「在格物」。○新安陳氏曰：《大學》八條目，格物爲知之始，致知爲知之極；誠意爲行之始，正心脩身爲行之極；齊家爲推行之始，治國平天下爲推行之極。不知則不能行，既知又不可不行。誠正脩，行之身也；齊治平，行之家國與天下也。知行者，推行之本；推行，其知行之驗歟！

物格而后知至，知至而后意誠，意誠而后心正，心正而后身脩，身脩而后家齊，家齊而后國治，國治而后天下平。治，去聲。後倣此。

物格者，物理之極處無不到也；知至者，吾心之所知無不盡也。知既盡則意可得而實矣，意既實則心可得而正矣。勿軒熊氏曰：「知」字就心之知覺不昧上説，「意」字是就心之念慮方萌處説。○雲峯胡氏曰：《章句》「可得」二字，蓋謂知此理既盡，然後意可得而實，非謂知已至則不必加誠意之功也；意既誠則心之用可得而正，非謂意已誠，則不必加正心之功也。然不曰「知既盡然後實其意，意既實而後正其心」者，蓋知行二者貴於並進，但畧分先後。非必了一節無餘，然後又了一節。是當會於言意之表也。脩身以上，上聲。明明德之事也；齊家以下，新民之事也。此四句包括上一節。物格知至，則知所止矣；意誠以下，則皆得所止之序也。新安陳氏曰：意誠、心正、身脩，明明德所以得止至善之次序；家齊、國治、天下平，新民所以得止至善之次序也。「皆」之一字包明明德、新民而言。此四句包括此一節也。是二節可見三綱之統八目而八目之隸三綱矣。○朱子曰：致知者，理在物而推吾之知以知之也；知至者，理雖在物而吾心之知已得其極也。○問物未格時，意亦當誠。曰：固然。豈可説物未格，意便不用誠？但知未至時，雖欲誠意，其道無由。如人夜行，雖知路從此去，但黑暗行不得，所以要致知。知至則道理明白，坦然行之。今人知未至者，也知道善當好，惡當惡。然臨事不能如此者，只是實未曾見得。若實見得，則行處無差。○問「物格知至」。曰：格物時方是區處理會，到得知至時却已自有箇主宰會去分別取舍。初間或只見得表不見得裏，只見得粗不見得精，到知至時方知得到，能知得到方會意誠。可者必爲，不可者決不肯爲。到心正則胸中無些子私蔽，洞然光明正大，截然有主而不亂。此身便脩，家便齊，國便治，而天下可平。○知至，謂天下事物之理知無不到之謂。若知一而不知二，知大而不知細，❶知高遠而不知幽深，皆非知之至也。須要無所不知，乃爲至耳。○物格知至是一截事，意誠心正身脩是一截事，家齊國治天下平又是一截事。自知至交誠意，又是一箇過接關子；自脩身交齊家，又是一箇過接關子。○知至意誠是凡、聖界分。未過此關，雖有小善，猶是黑中之白；已過此關，雖有小過，亦是白中之黑。○意誠後推盪得査滓伶俐，心盡是義理。意是指發處，心是指體言。意是動，心該動靜。身對心言則心正是內能如此，身脩是外。若不各自做一節工夫，不成說我意已誠矣，心將自正，恐懼哀樂引將去，又却邪了；不成說心正矣，身不用管，外面更不顧，而心與迹有異矣。須是無所不用其功。○到正心時節已好了，只是就好裏面又有許多偏。如水已淘去濁，十分清了，又怕於清裏面有波浪動盪處。○意未誠時如人犯私罪，意既誠而心猶動如人犯公罪，亦有間矣。○「物格而後知至」至「心正而後身脩」著「而」字，則是先爲此而後能爲彼也。蓋即物而極致其理矣，而後吾之所知無不至；吾知無不至矣，而後見善明，察惡盡，不容有所自欺而意誠；意無不誠矣，而後念慮隱微慊快充足而心正；心得其本然之正矣，而後身有所主而可得而脩。○雙峯饒氏曰：上一節就八目逆推工夫，後一節就八目順推功效。○玉溪盧氏曰：物格則理之散在萬物而同出於一原者無不明矣，知至則理之會在吾心而管乎萬物者無不明矣，此明明德之端也；意誠則明德之所發無不明矣，心正則明德之所存無不明矣，意誠心正而身脩，此明明德之實也。家齊則明德明於一家矣，國治則明德明於一國矣，天下平則明德明於天下矣。「齊」

❶「大」，原作「夫」，今據四庫本、孔本、陸本及《語類》卷一五改。

字有整然肅然之意，父父子子、兄兄弟弟、夫夫婦婦，無一不正之謂也。國者家之推，家親而國疎，故曰「治」；天下者國之推，國小而天下大，故曰「平」。所以齊之治之平之，一而已矣。「物格」至「身脩」，則明德明而新民之體立；「家齊」至「天下平」，則民新而明明德之用行。物格知至，則知止之事。意誠則意得所止，心正身脩則心身得所止，是明明德得所止之序也；家齊國治天下平則家國天下各得所止，是新民得所止之序也。自物格以至心正，斂之不外乎方寸；自心正以至天下平，充之彌滿乎六合。八者之條目收來放去，惟一心耳。○東陽許氏曰：凡言「必先」、「而后」，固是謂欲如此必先如此，既如此了然後如此。然而致知力行並行不悖，若曰必格盡天下之物然後謂之知至，心知無有不明然後可以誠意，則或者終身無可行之日矣。聖賢之意，蓋以一物之格便是吾之心知於此一理爲至。及應此事，便當誠其意、正其心、脩其身也。須一條一節逐旋理會，他日湊合，❶將來遂全其知而足應天下之事矣。

自天子以至於庶人，壹是皆以脩身爲本。

壹是，一切也。《漢書·平帝紀》「一切」，顔師古註云：「猶以刀切物，取其齊整。」**正心以上，皆所以脩身也；齊家以下，則舉此而措之耳。**勉齋黄氏曰：天子、庶人貴賤不同，然均之爲人，則不可以不脩身。誠意正心所以脩身，治國平天下亦自齊家而推之。○雙峯饒氏曰：此一段是於八者之中揭出一箇總要處。蓋天下之本在國，國之本在家，家之本在身，是皆當以脩身爲本。前兩段是「詳説之」，此一段是「反説約」也。○新安陳氏曰：「此」字指脩身言。天子諸侯卿大夫士庶人一切皆以脩身爲本，而齊家以下之效不期而必至矣。單提脩身，而上包正心誠意致知格物之工夫，下包齊家治國平天下之效驗，皆在其中矣。

其本亂而末治者，否矣；其所厚者薄而其所薄者厚，未之有也。

本，謂身也；接上文「本」字。**末，謂天下國家。所厚，謂家也。**三山陳氏曰：國、天下本非所薄，自家視之則爲薄也。○新安陳氏曰：以家與國天下分

❶「湊」，原作「揍」，今據四庫本、陸本及元許謙《讀大學叢説》改。

厚薄。此兩節結上文兩節之意。雙峯饒氏曰：上一節與此節上一句是教人以脩身爲要，下句是教人以齊家爲要。周子曰：「治天下有本，身之謂也；治天下有則，家之謂也。」得此意矣。〇雲峯胡氏曰：以朱子之言推之，經一章中綱領第一節三句說工夫，第二節五句說功效；條目第一節六箇「先」字是逆推工夫，第二節七箇「后」字是順推功效。至此兩節，前節則於工夫中拈出脩身正結，後節則於功效中拈出身與家反結也。〇新安陳氏曰：此兩節結八目。前於家言齊，正倫理也；此於家言所厚，篤恩義也。亦如《書》所謂「惇叙九族」，叙即「齊」之意，惇即「厚」之意歟？

右經一章，蓋孔子之言而曾子述之。凡二百五字。其傳去聲。十章，則曾子之意而門人記之也。「蓋」字，疑辭；「則」字，決辭。舊本頗有錯簡，今因程子所定而更考經文，別必列反。爲序次如左。凡一千五百四十六字。

凡傳文雜引經傳，若無統紀。然文理接續，血脉貫通，深淺始終至爲精密。熟讀詳味，久當見之。今不盡釋也。新安陳氏曰：傳十章朱子有不盡釋處，然其不可不知者，未嘗不釋也。學者於其所釋者熟讀精思，則其不盡釋者自當得之矣。

《康誥》曰：「克明德。」

《康誥》，《周書》。克，能也。朱子曰：此「克」字雖訓「能」，然比「能」字有力。見人皆有是明德而不能明，惟文王能明之。克只是真箇會底意。〇西山真氏曰：要切處在「克」之一字。〇新安陳氏曰：《康誥》本文云「克明德慎罰」，此只取上三字。下文引《太甲》「顧諟天之明命」，亦去「先王」字，皆引經之活法。〇東陽許氏曰：《康誥》者，周武王封弟康叔於衛而告之之書。「克明德」，言文王之能明其德也。引之解明德。「克」字有力。「明」字即上「明」字。「德」字包「明德」字。

《大甲》曰：「顧諟天之明命。」大，讀作「泰」。諟，古「是」字。

《大甲》，《商書》。顧，謂常目在之也。朱子曰：常目在之，古註語，極好。如一物在此，惟恐人偷去，兩眼常常覷在此相似。**諟，猶「此」也，**從古「是」字之説。**或曰審也。**《廣韻》註也，今不必從。**天之明命，即天之所以與我而我之所以爲德者也。常目在之，則無時不明矣。**朱子曰：上下文都説「明德」，這裏却説「明命」。蓋天之所以與我便是「明命」，我所得以爲性者便是「明德」。命與德皆以「明」言，是這箇物本自光明，我自昏蔽了他。○「顧諟」者，只是長存此心，知得有這道理光明不昧。方其未接物，此理固湛然清明；及其遇事應接，此理亦隨處發見。只要常提撕省察，念念不忘，存養久之，則道理愈明，雖欲忘之而不可得矣。○只是見得道理長在目前，❶不被事物遮障了，不成是有一物可見其形象。○雙峯饒氏曰：静存動察皆是「顧」。其静也，聽於無聲，視於無形，戒謹不睹，恐懼不聞；其動也，即物觀理，隨事度宜，於事親見其當孝，於事兄見其當弟：此之謂「常目在之」。○玉溪盧氏曰：天之明命，即明德之本原。自我之得乎天者言曰「明德」，自天之與我者言曰「明命」，名雖異而理則一。日用動静語默之間，孰非明德之發見，亦孰非明命之流行；日用動静語默之間，孰非顧諟明命之所，亦孰非明明德之所？○新安吴氏曰：言「德」則「命」在其中，故釋「明德」曰「人之所得乎天」；言「命」則「德」在其中，故釋「明命」曰「天之所以與我而我之所以爲德」。○新安陳氏曰：傳引《康誥》、《帝典》之「克明」，皆釋上一「明」字，乃「明之」之明，而明德之本體則未嘗説破，惟以「顧諟天之明命」言之。蓋明命即明德之本原，顧諟即明之之工夫也，貫天命己德而一之。《或問》謂「天未始不爲人，人未始不爲天」，可謂精矣。子思言「天命之謂性」，其亦祖述此意也歟？○東陽許氏曰：顧諟，動静皆顧，一息之頃、一事之毫末放過，便不是顧。天之明命雖是就付與我處言，然此明命即是萬物之理在裏面，故於應事處才有照管不到，便損了此明命。

《帝典》曰：「克明峻德。」峻，《書》作「俊」。**《帝典》，《堯典》，《虞書》。峻，大也。**新安陳氏曰：明德，以此德本體之明言；峻德，以此德全體

❶「長」，四庫本、孔本、陸本作「常」。

之大言：一也。德之全體，本無限量。克明之，是盡己之性，通貫明徹，無有不明處而全體皆明也。

皆自明也。

結所引書。皆言自明己德之意。雙峯饒氏曰：引三書先後不倫，取其辭意，不以人代之先後拘。後凡引《詩》、《書》，皆當以此例之。○玉溪盧氏曰：自明，是「爲仁由己，而由人乎哉」之意。明者是自明，昏亦是自昏。玩一「自」字，使人警省。要而言之，「克明德」是自明之始事，「克明峻德」是自明之終事，「顧諟明命」之句在中間，是自明工夫。此章雜引三書而斷以一言，其文理血脉之精密如此。○東陽許氏曰：第一節平說明明德；第二節是明之之功，學者全當法此而用功；第三節言明其德以至於大，此明明德之極功；皆自明也，雖結上文，自字有力，明德須是自去明之方可。○臨川吴氏曰：此章《康誥》言文王之獨能明其明德以明人當求所以克明其德，發明明德之端也；《太甲》承上文言欲求所以克明其德者，必常目在乎天所以與我之明德，示明明德之方也；《帝典》承上文言能常目在夫天所以與我之明德而明之，則是能如堯之克明其大德矣，著明明德之效也；而又結之曰此皆自明之事也。蓋自明者所以自新，使民皆有以明其明德者所以新民。然欲使民皆有以明其明德而新民，必先有以自明而自新，故以「自明」二字結上文「明德」之傳而起下章「盤銘自新」之意也。

右傳之首章，釋「明明德」。

此通下三章至「止於信」，舊本誤在「没世不忘」之下。

湯之盤銘曰：「苟日新，日日新，又日新。」

盤，沐浴之盤也。新定邵氏曰：日日盥頮，人所同也；日日沐浴，恐未必然。《内則篇》記子事父母，不過「五日燂湯請浴，三日具沐」而已。斯銘也，其殆刻之盥頮之盤歟？○雲峯胡氏曰：「沐浴之盤」本孔註。邵說雖無關於日新大旨，然於「盤」字或有小補云。銘，名其器以自警之辭也。苟，誠也。《論語》「苟志於仁」，「苟」亦訓「誠」。湯以人之洗濯其心以去上聲。下同。惡，如沐浴其身以去垢，故銘其盤，言誠能一日有以滌其舊染之污而自新，則當因其已新者而日日新之，又日新之，不可略有間去聲。斷徒玩反。也。問：盤銘見於何書？朱子曰：只見於《大學》。緊要在一「苟」字。首句是爲學入頭處。誠能日新，則下兩句工夫方能接續做去。今學者却不去「苟」字上著工夫。○苟日新，新是對舊染之污而言。日日新、又日新，只是要常常如此無間斷也。○西山真氏曰：身有垢皆知沐浴以去之，心者神明之舍，乃甘爲私欲所污，是以形體爲重、心性爲輕也，豈不謬哉？○雙峯饒氏曰：所新雖在民，作而新之之機實在我，故自新爲新民之本。我之自新有息，則彼之作新亦息矣。所以釋新民先言自新，相關之機蓋如此。○雲峯胡氏曰：盤銘三句，「苟」字是志意誠確於其始，「又」字是工夫接續於其終。○新安陳氏曰：「德日新」之蘊自仲虺發之，湯采之爲此銘，伊尹又本之以告太甲曰：「惟新厥德，終始惟一，時乃日新。」説者謂孟子所言萊朱即仲虺，與斯道之傳者也。明明德爲體，新民爲用，體用元不相離，故於平天下以明明德於天下爲言，由體而達於用，同一明也；於新民之端以日新、又新爲言，因用而原其體，同一新也。移明己德之明字以言明民德，又移新民之新字以言新己德，體用之不相離可見矣。

《康誥》曰：「作新民。」

鼓之舞之之謂作，言振起其自新之民也。朱子曰：鼓之舞之，如擊鼓然，自然能使人跳舞踊躍。上之人之於民，時時提撕警發之，則下之觀瞻感化，各自有以興起同然之善心而不能自已耳。○陳氏曰：自新之民已能改過遷善，又從而鼓舞振作之，使之亹亹不能自已，是作其自新之民也。此正新民用工夫處。○雲峯胡氏曰：前言「顧諟」，是時時提撕警覺其在我者；此所謂「作」，是時時提撕警覺其在民者也。○新安倪氏曰：《易・繫辭》云：「鼓之舞之以盡神。」摘此四字以釋「作」字。振起之，即孟子稱堯「勞來、匡直、輔翼，使自得之，又從而振德之」之意。○東陽許氏曰：第二節《章句》以新民爲自新之民，蓋民心皆有此善，才善心發見，便是自新之機，因其欲新而鼓舞之。「作」字是前「新」字意。

《詩》曰：「周雖舊邦，其命維新。」

《詩》、《大雅・文王》之篇。言周國雖舊，至於文王，能新其德以及於民，此是推本說。而始受天命也。「始」字貼「新」字。○朱子曰：是新民之極，和天命也新。○北溪陳氏曰：三節有次第：盤銘言新民之本，《康誥》言新民之事，《文王》詩言新民成效之極。○雙峯饒氏曰：明命是初頭稟受底，以理言；命新是末稍膺受底，以位言。要之只是一箇，天下無性外之物。○東陽許氏曰：第三節言文王明明德而及於民，政教日新，初受天命。

是故君子無所不用其極。

自新、新民，皆欲止於至善也。朱子曰：明明德便要如湯之日新，新民便要如文王之周雖舊邦，其命維新，各求止於至善之地而後已也。○玉溪盧氏曰：前言止至善，此言用其極，二義互相發。止則不紛紛擾擾矣，用則非槁木死灰矣。○雲峯胡氏曰：上章釋「明明德」，故此章之首曰「日新，又新」，所以承上章之意；下章釋「止於至善」，故此章之末曰「無所不用其極」，又所以開下章之端。文理接續，血脉貫通，此亦可見。○臨川吴氏曰：此章盤銘承上章言自明者所以自新，而欲新民者必先自新，是發新民之端也；《康誥》承上文言自新既至，則可推以作興自新之民，示新民之方也；《文王》詩承上文言既能自新而推以新民，則民德皆新而天命亦新，著新民之效也。盤銘言自新，《康誥》言新民，《文王》詩自新新民之極也。極即「至善」之云也。用其極者，求其止於是之謂也。故以「用其極」結上文自新新民之義，而起下章所止之說也。

右傳之二章，釋「新民」。東陽許氏曰：此章釋新民，而章內五「新」字皆非新民之新。盤銘以自新言，《康誥》以民之自新言，詩以天命之新言，然新民之意却只於中可見。

《詩》云：「邦畿千里，惟民所止。」

《詩》，《商頌·玄鳥》之篇。邦畿，王者之都也。止，居也。言物各有所當止之處也。新安陳氏曰：引《詩》謂邦畿爲民所止之處，以比事物各有所當止之處，且泛說「止」字。○東陽許氏曰：王者所居地方千里，謂之王畿。居天下之中，四方之人環視內向皆欲歸止於其地，猶事有至善之理，人當止之也。

《詩》云：「緡蠻黃鳥，止于丘隅。」子曰：「於止知其所止，可以人而不如鳥乎？」緡，《詩》作「綿」。

《詩》，《小雅·緡蠻》之篇。緡蠻，鳥聲。丘隅，岑鋤林反。蔚紆弗反。之處。「岑蔚」二字本古註。○北溪陳氏曰：土高曰丘。隅，謂丘之一角峻處。山岑高而木森蔚，所謂林茂鳥知歸也。「子曰」以下，孔子說《詩》之辭。言人當知所當止之處也。雲峯胡氏曰：此傳不特釋「止至善」，并「知止」至「能得」皆釋之。故首引孔子之言曰「知其所止」，而《章句》於下文亦以知其所止與所以得止至善之由言之。○新安陳氏曰：此比人當知所止，重在「知」字。

《詩》云：「穆穆文王，於緝熙敬止。」爲人君，止於仁；爲人臣，止於敬。爲人子，止於孝；爲人父，止於慈。與國人交，止於信。「於緝」之於音烏。

《詩》，《文王》之篇。穆穆，深遠之意。以德容言。於，歎美辭。緝，繼續也。熙，光明也。緝，不容已之誠也；熙，不容掩之明也。敬止，言其無不敬而安所止也。朱子曰：緝熙是工夫，敬止是功效。○西山真氏曰：「敬止」之「敬」舉全體言，「無不敬」之「敬」也；「爲人臣止於敬」專指敬君言，敬之一事也。文王之敬，包得仁敬孝慈信。○新安陳氏曰：「安」字見文王安行之氣象，非勉焉用力之比。引此而言聖人之止，無非至善。五者，乃其目之大者也。學者於此究其精微之蘊委粉、於問二反。而又推類以盡其餘，則於天下之事皆有以知其所止而無疑矣。朱子曰：爲人君止於仁，仁亦有幾多般，須隨處看。這一事合當如此是仁，那一事又合當如彼是仁。爲人臣止於敬，敬亦有多少般，不可止道擎跽曲拳是敬。如陳善閉邪、納君無過皆是敬。若止執一，便偏了，安得謂之至善？○節齋蔡氏曰：「緝熙敬止」者，所以爲止至善之本；仁、敬、孝、慈、信，所以爲止至善之目。○西山真氏曰：理之淺近處易見而精微處難知。若只得其皮膚便以未善爲已善，須窮究至精微處。「推類」者，此説君臣父子而已，夫婦則止於有別，長幼則止於有序。廣而推之，萬事萬物莫不各有當止處也。○雲峯胡氏曰：仁敬孝慈信五者，人所當止莫大於此，故當於此五者之中究其精微之蘊；人所當止不盡於此，故又當於五者之外推類以盡其餘。○新安陳氏曰：「學者於此」以下乃朱子推廣傳文言外之意。

《詩》云：「瞻彼淇澳，菉竹猗猗。有斐君子，如切如磋，如琢如磨。瑟兮僩兮，赫兮喧兮。有斐君子，終不可諠兮。」如切如磋者，道學也；如琢如磨者，自脩也。瑟兮僩兮者，恂慄也；赫兮喧兮者，威儀也。有斐君子終不可諠兮者，道盛德至善，民之不能忘也。澳，於六反。菉，《詩》作「綠」。猗，叶韻，音阿。僩，下版反。喧，《詩》作「咺」；「諠」，《詩》作「諼」，並况晚反。恂，鄭氏讀作峻。

《詩》，《衛風·淇澳》之篇。淇，水名；澳，隈烏回反。也。猗猗，美盛貌。興去聲。也。新安陳氏曰：此於《詩》之六義屬興，借淇竹起興以美衛武公有文之君子也。斐，文貌。雙峯饒氏曰：有斐，是説做成君子之人所以斐然有文者，其初自切磋琢磨中來也。切以刀鋸，居御反。琢以椎直追反。鑿，皆裁物使成形質也；磋以鑢音慮。鍚，他浪反。磨以沙石，皆治物使其滑澤也。治骨角者既切而復扶又反。下同。磋之，治玉石者既琢而復磨之，皆言其治之有緒而益致其精也。切與琢是治之有端緒，磋與磨是益致其精細。瑟，嚴密之貌；僩，武毅之貌。嚴密，不麤疎也；武毅，不怠弛也。○東陽許氏曰：嚴密是嚴厲縝密，武毅是剛武彊毅。以「恂慄」釋「瑟僩」，而朱子謂恂慄者嚴敬存乎中，金仁山謂所守者嚴密，所養者剛毅，嚴密是不麤疎，武毅是不頹惰，以此展轉體認，則瑟僩之義可見。赫喧，宣著盛大之貌。雙峯饒氏曰：宣著釋「赫」字，盛大釋「喧」字。諠，忘也。道，言也。學，謂講習討論之事；自脩者，省星上聲。察克治之功。新安陳氏曰：學，所以致知。知視行爲易，故以切磋比之。治骨角猶易於治玉石也。自脩，所以力行。行視知爲難，故以琢磨比之。治玉石則難於治骨角矣。恂慄，戰懼也。戰懼之意嚴於中。威，可畏也；儀，可象也。西山真氏曰：威者，正衣冠，尊瞻視，儼然人望而畏之，非徒事嚴猛而已；儀者，動容周旋中禮，非徒事容飾而已。○蛟峯方氏曰：瑟是工夫細密，僩是工夫强毅，恂慄是兢兢業業。惟其兢業戒懼，所以工夫精密而强毅。○新安陳氏曰：有威而可畏謂之威，有儀而可象謂之儀，本《左傳》語。威儀之美形於外。引《詩》而釋之，以明此「明」字謂發明。明明德者之止於至善。道學、自脩言其所以得之之由，恂慄、威儀言其德容表裏之盛。恂慄在裏，德也；威儀見於表，容也。卒乃指其實謂盛德至善。而歎美之也。朱子曰：切而不磋，未到至善處；琢而不磨，亦未到至善處。瑟兮僩兮，則誠敬存於中矣；未至於赫兮喧兮，威儀輝光著見於外，亦未爲至善。至於民之不能忘，若非十分至善，何以使民久而不能忘？○玉溪盧氏曰：切磋則知至善之所止，琢磨則得至善之所止。恂慄見至善之德脩於中，威儀見至善之容著於外。德容表裏之盛，一至善耳。卒指至善之實非盛德之外有至善，亦非明德之外有盛德也。○新安吴氏曰：理在事物則爲至善，身體此理而有所得則爲盛德。如君之至善是仁，能極其仁即君之盛德也。明德是得於稟賦之初者，盛德是得於踐履之後者，亦只一理而已。○新安陳氏曰：此章釋「止至善」，亦有釋「知止能得」之意。於止知其所止，知止也。引《淇澳》而釋之：學與自脩，言明明德所以得止至善之由；恂慄威儀，盛德至善，指其得止至善之實；民不能忘，已開新民得止至善之端，下文方極言之耳。《章句》「所以得之」之「得」字，正與經文「能得」之「得」字相照應。○東陽許氏曰：此節工夫全在切、磋、琢、磨四字上。《章句》謂「治之有緒而益致其精」，治之有緒謂先切琢而後可以磋磨，循序而進，工夫不亂；益致其精謂既切琢而又須磋磨，求其極至，工夫不輟。切磋以喻學，是就知上説止至善。講習討論，窮究事物之理，自淺以至深，自表以至裏，直究至其極處。琢磨是就行上説止至善。謂脩行者省察克治，至於私欲浄盡，天理流行，直行至極處。「瑟兮僩兮」謂恂慄，是德存於中者完；「赫兮喧兮」謂威儀，是德見於外者著。

《詩》云：「於戲，前王不忘！」君子賢其賢而親其親，小人樂其樂而利其利，此以没世不忘也。於戲，音烏呼。樂音洛。

《詩》，《周頌·烈文》篇。於戲，歎辭。前王，謂文武也；君子，謂其後賢後王；小人，謂後民也。此言前王所以新民者，止於至善，能使天下後世無一物不得其所，所以既没世而人思慕之，愈久而不忘也。朱子曰：没世而人不能忘，如堯、舜、文、武之德，萬世尊仰之，豈不是賢其賢；如周后稷之德，子孫宗之以爲先祖之所自出，豈不是親其親？○玉溪盧氏曰：此兩節相表裏，上節即此節之本原，此節即上節之效驗。然則新民之至善，豈在明明德、止至善之外哉？○仁山金氏曰：賢其賢者，高山仰止，景行行止，崇其德也；親其親者，敬其所尊，愛其所親，象其賢也。樂其樂者，風清俗美，上安下順，樂其遺化也；利其利者，分井受廛，安居樂業，沐其餘澤也。○新安陳氏曰：後賢賢其賢，後王親其親，下「賢」、「親」二字指前王之身；後民樂其樂而利其利，下「樂」、「利」二字指前王之澤。傳文雖未嘗言新民止於至善之工夫事實，然就親、賢、樂、利上見得前王不特能使當世天下無一物不得其所，而後世尚且如此，可見新民止於至善之效驗矣。此兩節咏歎淫泆，其味深長，當熟玩之。《記·樂記》：「咏歎之，淫泆之。」○雙峯饒氏曰：咏歎言其詞，淫泆言其義。淫泆者，意味溢乎言詞之外也。

右傳之三章，釋「止於至善」。雙峯饒氏曰：明德、新民兩章釋得甚畧，此章所釋，節目既詳，工夫又備，可見經首三句重在此一句上。節目謂仁、敬、孝、慈等，工夫謂學與自脩。○玉溪盧氏曰：此章凡五節。第一節言物各有所當止之處；第二節言人當知所當止之處，以知止之事而言也；第三節言聖人之止無非至善，以得其所止之事而言也；第四節言明明德之止於至善，乃至善之體所以立；第五節言新民之止於至善，乃至善之用所以行。○雲峯胡氏曰：此章釋明德、新民之止於至善，兼釋知止能得，又兼釋八者條目。其中學是致知格物之事，自脩是誠意正心脩身之事，親其親以至利其利是化及於家國天下。○臨川吴氏曰：此章《綿蠻》詩承上文物各有所止之意，以明人當知所止之義，而起下文實指人所當止者之説，此蓋發止於至善之端也。《文王》詩以下承上文人當知所當止之義而實指人所當止之處。《淇澳》切、磋、琢、磨，承上文實指人所當止之處而言求止於所當止者之由，此蓋示止於至善之方也；瑟、僩以下言明明德得止於至善之極而發新民之端。《烈文》詩以下，承上文民不能忘之説而言新民得止於至善之極，以著明明德之效，此蓋極言止於至善之效也。

此章内，自引《淇澳》詩以下，舊本誤在「誠意」章下。

子曰：「聽訟，吾猶人也。必也使無訟乎？」無情者不得盡其辭，大畏民志，此謂知本。

猶人，不異於人也。情，實也。引夫子之言而言聖人能使無實之人不敢盡其虚誕之辭。蓋我之明德既明，此推本言之。明明德爲本，乃傳者言外之意。自然有以畏服民之心志，此即新民。故訟不待聽而自無也。觀於此言，可以知本末之先後矣。朱子曰：聖人説聽訟我也無異於人，當使其無訟之可聽方得。聖人固不曾錯斷了事，只是他所以無訟者，却不在於善聽訟，在於意誠心正，自然有以薰炙漸染，大服民志，故自無訟之可聽耳。○使民無訟，在我之事，本也，此所以聽訟爲末。○無情者不得盡其辭，便是説那無訟之由。然惟先有以服其心志，所以能使之不得盡其虚誕之辭。○如成人有其兄死而不爲衰者，聞子皐將爲成宰，遂爲衰。子皐又何曾聽訟了致然？只是自有感動人處耳。○雙峯饒氏曰：聽訟，末也；使無訟理，其本也。傳者舉輕以明重，然引而不發，知此則見明德、新民之相爲本末矣。問「無情」。曰：情與僞對。情，實也；僞，不實也。《論語》曰：「民莫敢不用情。」○玉溪盧氏曰：有訟可聽，非新民之至善；無訟可聽，方爲新民之至善。無訟則民新矣。使民無訟，惟明明德者能之。聽訟、使無訟之本末先後，即明德、新民之本末先後也。經文「物有本末」上有「知止」、「能得」一節，前章釋止至善而知止能得之義已在其中。經文「物有本末」下有「終始」、「先後」，又有「脩身爲本」及「本亂末治者否矣」，此言「知本」，則不特終始先後之義在其中，而爲本及本亂末治者否之意亦在其中矣。○東陽許氏曰：本即明明德也。我之德既明，則自能服民志而不敢盡其無實之言。如虞芮争田，不敢履文王之庭，是文王之德大畏民志，自然無訟。○臨川吴氏曰：上章《烈文》以新民之所止言之，而著明明德之效者，是能新民者皆本於明明德也。故此章言聖人能使民德自新，而無實之人不敢盡其虛誕之辭，自然有以畏服其心志，是以訟不待聽而自無者，蓋本於能明其明德也。故朱子曰：「觀於此言，可以知本末之先後矣。」

右傳之四章，釋「本末」。新安陳氏曰：此章釋「本末」，以結句四字知之。知本之當先，則自知末之當後矣。

此章舊本誤在「止於信」下。

此謂知本，

程子曰：衍文也。衍，延面反。亦作「羨」。

此謂知之至也。

此句之上，别有闕文，此特其結語耳。

右傳之五章，蓋釋格物致知之義，而今亡矣。

此章舊本通下章，誤在經文之下。

間嘗竊取程子之意以補之曰：所謂「致知在格物」者，言欲致吾之知，在即物而窮其理也。即物，如「即事」、「即景」，隨吾所接之事物也。蓋人心之靈莫不有知，而天下之物莫不有理。惟於理有未窮，故其知有不盡也。是以《大學》始教，須看「始教」字，此是《大學》第一件下工夫處。必使學者即凡天下之物，莫不因其已知之理，已知，即上文「人心之靈，莫不有知」之知。而益窮之以求至乎其極。至於用力之久，而一旦豁然貫通焉，則衆物之表裏精

粗無不到，而吾心之全體大用無不明矣。新安陳氏曰：「久」字與「一旦」字相應。用力積累多時，然後一朝脱然通透。吾心之全體，即釋「明德」《章句》所謂「具衆理」者；吾心之大用，即所謂「應萬事」者也。**此謂物格，此謂知之至也。**問：所補第五章，何不效其文體？朱子曰：亦嘗效而爲之，竟不能成。○《大學》不説「窮理」而謂之「格物」，只是使人就實處窮究。○格物只是就一物上窮盡一物之理；致知便只是窮得物理盡後我之知識亦無不盡處。○《大學》是聖門最初用功處，格物又是《大學》最初用功處。試考其説，就日用間如此作功夫，久之意思自别。○問：經文「物格而後知至」，却是知至在後。今乃云因其已知而益窮之，則又在格物前。曰：知元自有。纔要去理會，便是這些知萌露。若懵然全不向著，便是知之端未曾通。纔思量著，便這箇骨子透出來。且如做些事錯，纔知道錯，便是向好門路，却不是方始去理會箇知。只是如今須著因其端而推致之，使四方八面千頭萬緒無有些不知，無有毫髮窒礙。孟子所謂「知皆擴而充之，若火之始然，泉之始達」，擴而充之便是「致」字意思。○表者人物所共由，裏者吾心所獨得。有人只就皮殼上用工，於理之所以然者全無見處；有人思慮向裏去，多於事物上都不理會，此乃説玄説妙之病。二者都是偏。若到物格知至，則表裏精粗無不盡。○北溪陳氏曰：理之體具於吾心，而其用散在事物。精粗巨細，都要逐件窮究其理。若一事不理會，則此心闕一事之理；一物不理會，則闕一物之理。非揀精底理會而遺其粗，大底理會而遺其小也。頭緒雖多，然進亦有序。先易而後難，先近而後遠，先明而後幽。○西山真氏曰：《大學》教人以格物致知，蓋即物而理在焉。庶幾學者有著實用功之地，不至馳心於虚無之境。若不就事物上推求義理，則極至處亦無緣知得盡。○雙峯饒氏曰：格物窮至那道理恰好闔奥處，自表而裏，自粗而精。然裏之中又有裏，精之中又有至精。透得一重，又有一重。且如爲子必孝，爲臣必忠，此是臣子分上顯然易見之理，所謂表也。然所以爲孝爲忠，則非一字所能盡。如居則致其敬，養致樂，病致憂，喪致哀，祭致嚴，皆是孝裏面節目，所謂裏也。

然所謂居致敬，又如何而致敬？如進退周旋慎齊，升降出入揖遊，不敢噦噫嚏咳，不敢欠伸跛倚，寒不敢襲，癢不敢搔之類，皆是致敬中之節文。如此，則居致敬又是表，其間節文之精微曲折又是裏也。然此特敬之見於外者耳，至於洞洞屬屬，如執玉奉盈如弗勝，以至視於無形，聽於無聲，又是那節文裏面骨髓。須是格之又格以至於無可格，方是極處。精粗亦然。如養親一也，而有所謂養口體，有所謂養志。口體雖是粗，然粗中亦有精。養志雖是精，然精中更有精。若見其表不窮其裏，見其粗不窮其精，固不盡。然但究其裏而遺其表，索其精而遺其粗，亦未盡。須是表裏精粗無所不到，方是物格。○玉溪盧氏曰：心外無理，故窮理即所以致知；理外無物，故格物即所以窮理。知者，心之神明，乃萬理之統會而萬事萬物之主宰。言窮理則易流於恍惚，言格物則一歸於真實。表也粗也，理之用也；裏也精也，理之體也。衆理之體即吾心之體，衆理之用即吾心之用。心之全體大用無不明，則明明德之端在是矣。物格、知至雖二事而實一事，故結之曰「此謂物格，此謂知之至也」。

所謂誠其意者，毋自欺也。如惡惡臭，如好好色。此之謂自謙。故君子必慎其獨也。

「好」、「惡」上字，皆去聲。謙，讀爲「慊」，苦劫反。

誠其意者，自脩之首也。 雙峯饒氏曰：心之正不正，身之脩不脩，只判於意之誠不誠。所以《中庸》、《孟子》只説「誠身」，便貫了誠意、正心、脩身。此章雖專釋誠意，而所以正心、脩身之要實在於此。故下二章第言心不正、身不脩之病而不言所以治病之方，以已具於此章故也。○雲峯胡氏曰：《大學》條目有八，只作六傳。格物、致知二者實是一事，故統作一傳。自正心以下五者，工夫次第相接，故統作四傳。唯誠意獨作一傳，然誠意者自脩之首，已兼正心、脩身而言矣。章末曰潤身，曰心廣，提出身與心二字，意已可見。○新安陳氏曰：前章云「如琢如磨」者，自脩也。誠意、正心、脩身皆自脩之事而誠意居其始，故曰「自脩之首」。**毋者，禁止之辭。「自欺」云者，知爲善以去惡，**上聲。下同。此「知」字帶從上章「致知」之「知」字來。**而心之所發有未實也。**雲峯胡氏曰：

「毋自欺」三字釋「誠意」二字。「自」字與「意」字相應，「欺」字與「誠」字相反。○新安陳氏曰：自欺，自謾也。○東陽許氏曰：誠意是致知以後事，故《章句》曰「知爲善以去惡而心之所發有未實也」。謙，快也，足也。朱子曰：「誠意」章在兩箇「自」字上用功。○新安陳氏曰：「謙」字與「慊」字同音同義，爲「快」字說不盡，又添「足」字。快而且足，方是自謙。獨者，人所不知而己所獨知之地也。新安陳氏曰：地，即處也。此「獨」字指心所獨知而言，非指身所獨居而言。言欲自脩者知爲善以去其惡，則當實用其力而禁止其自欺，使其惡惡則如惡惡臭，好善則如好好色，皆務決去而求必得之，以自快足於己。不可徒苟且以徇外而爲去聲。人也。不求自慊，便是爲人。然其實與不實，蓋有他人所不及知而己獨知之者，故必謹之於此此，指「獨」字。以審其幾平聲。焉。新安陳氏曰：周子云：「幾善惡。」己所獨知，乃念頭初萌動，善惡誠僞所由分之幾微處。必審察於此，以實爲善去惡。如別歧途之始分處起脚不差，行方能由乎正路。否則起脚處一差，差毫釐而繆千里矣。○朱子曰：「幾者動之微」，是欲動未動之間便有善惡，便須就這處理會。若到發出處，更怎生奈何得？○問：知至了，如何到誠意又說毋自欺？曰：到這裏方可著手下工夫。不是知至了，下面許多一齊掃去。下面節節有工夫在。○譬如一塊物，外面是銀，裏面是鐵，便是自欺。須表裏如一，方是不自欺。須是見得分曉，如知烏喙不可食，水火不可蹈，則自不食不蹈；如寒欲衣，饑欲食，則自是不能已。人果見善如饑欲食、寒欲衣，見惡如烏喙不可食、水火不可蹈，則此意自是實矣。烏喙，藥名，食之能殺人。○自欺，是半知半不知底人。知道善我所當爲，却又不十分去爲善；知道惡不可爲，却又自家舍他不得：這便是自欺。不知不識，只喚做不知不識，不喚做自欺。新安陳氏曰：以上語以知爲重，見得物格知至爲意誠之根基也。○纔說不自欺，則其好善惡惡只要求以自快自足，如寒而思衣以自温，饑而思食以自飽，非有牽强苟且，姑以爲人之意也。○如鑄私錢，做官會，此是大故無狀小人，豈自欺之謂耶？此處工夫極細，未便説到粗處。前後學者説差了，緣賺連下文「小人閒居」一節看了，所以差也。○如有九分義理，雜了一分私意，便是自欺。到得厭然揜著之時，又其甚者。○十分爲善，有一分不好底意潛發於其間，便由邪徑以長，這箇却是實，前面善意却是虚矣。○凡惡惡之不真，爲善之不勇，外然而中實不然，或有爲而爲之，或始勤而終怠，皆不實而自欺之患也。○論自欺細處，且如爲善，自家也知得是當爲，也勉强去做，只是心裏又有些「便不消如此做也不妨」底意思；如爲不善也，知得不當爲而不爲，心中也又有些「便爲也不妨」底意思，便是自欺，便是虚僞不實矣。○自謙與《孟子》「行有不慊於心」相類，亦微不同。《孟子》訓滿足意多，《大學》訓快意多。問：自謙只是真實爲善去惡，無牽滯於己私，只是快底意，方始心下滿足？曰：是。○自謙是合下好惡時便是要自謙了，非謂做得善了方能自謙。「自謙」正與「自欺」相對。所謂誠其意，便是要毋自欺，非是誠其意了，方能不自欺也。自謙者，外面如此，中心也是如此，表裏一般；自欺者，外面如此，中心其實有些子不願，只此便是二心，誠僞之所由分也。○謹獨，則於善惡之幾，察之愈精愈密。○如與衆人對坐，自心中發一念或正或不正，此亦是獨處。○北溪陳氏曰：誠者，自表而裏真實如一之謂。自欺，誠之反也。大抵此章在自慊而無自欺。首言如好好色、惡惡臭，是就人情分曉處譬之。好色人所同好，好則求。必得之；惡臭人所同惡，惡則求必去之，而後快足吾意。意所快足處是自家表裏真實恁地，非苟且徒爲此也。人之好善惡惡，亦須表裏真實如此，自求快足，方是誠意。如稍有不真實，胸次間便自覺有欠缺處，如何會快足？此便是自欺。果能自表而裏，斷斷然真實恁地，始快足吾意，此便是自謙，便是誠。然自謙自欺，皆自家心裏事，非他人所知而己獨知之，所以君子貴就那獨處便謹審其幾之發也。○徽庵程氏曰：慎不但訓謹，有審之意焉。○問：毋自欺還是須從戒謹恐懼上做起，抑戒謹恐懼即是毋自欺境界？潛室陳氏曰：戒謹恐懼與謹獨是兩項地頭。戒謹恐懼是自家不睹不聞之時，存誠養性氣象如此；謹獨是衆人不聞不覩之際，存誠工夫如此。《中庸》兼已發未發説，故動息皆有養；《大學》只就意之所發説，故只防他罅漏處。○雙峯饒氏曰：此章用功之要在謹獨上。凡人於顯然處致謹，其意未必果出於誠。若能於獨處致謹，方是誠意。○

雲峯胡氏曰：君子小人所以分，只在自欺與自慊上。兩「自」字與「自脩」之「自」相應。自欺者，誠之反，自脩者不可如此；自慊者，誠之充，自脩者必欲如此。「獨」字便是「自」字，便是「意」字，所以《中庸》論誠首尾言「慎獨」，此章論誠意亦兩言「慎獨」。○東陽許氏曰：誠意只是著實爲善，著實去惡。自欺是誠意之反。毋自欺是誠意工夫。二「如」，是誠意之實。自慊是自欺之反，而誠意之效。慎獨是誠意地頭。○欺、慊皆言「自」，是意之誠不誠皆自爲之。自欺者適害己，不自慊者徒爲人。○惡惡臭、好好色，人人皆實有此心，非僞也。二「如」字，曉學者當實爲善去惡，若惡惡臭、好好色之爲也。

小人閒居爲不善，無所不至。見君子，而后厭然揜其不善而著其善。人之視己，如見其肺肝然，則何益矣？此謂誠於中，形於外。故君子必慎其獨也。閒音閑。厭，鄭氏讀爲「黶」，於簡反。

閒居，獨處上聲。也。新安陳氏曰：獨處是身所獨居，與上文「己所獨知」之獨不同。厭然，消沮上聲。閉藏之貌。雙峯饒氏曰：「黶」字有黑暗遮閉之意。○新安陳氏曰：四字形容小人見君子羞愧遮障之情狀。此言小人陰爲不善而陽欲揜之，閒居爲陰，見君子爲陽。則是非不知善之當爲與惡之當去上聲。也，非不知，乃其秉彝之天不可泯没者。但不能實用其力以至此耳。然欲揜其惡而卒不可揜，欲詐爲善而卒不可詐，則亦何益之有哉？此君子所以重去聲。以爲戒而必謹其獨也。朱子曰：小人閒居爲不善，是誠心爲不善也；揜其不善而著其善，是爲善不誠也。爲惡於隱微之中而詐善於顯明之地，將虛假之善來蓋真實之惡，自欺以欺人也。然人豈可欺哉？○閒居爲不善，便是惡惡不如惡惡臭；揜不善著其善，便是好善不如好好色。○君子、小人之分，却在誠其意處。誠於爲善便是君子，不誠底便是小人。○雙峯饒氏曰：閒居爲不善，自欺也。厭然則不自慊矣。掩其不善而著其善，是又欺人也。自欺與欺人常相因，始焉自欺，終焉必至於欺人。「此謂誠於中形於外」，此

「誠」字是兼善惡説。○「厭然」與「心廣體胖」爲對。厭然是小人爲惡之驗，心廣體胖是君子爲善之驗。○雲峯胡氏曰：前章未分君子小人，此章分别君子小人甚嚴。蓋誠意爲善惡關，過得此關方是君子，過不得此關猶是小人。傳末章「長國家而務財用」之小人，即此「閒居爲不善」之小人也。意有不誠，已害自家心術；他日用之，爲天下國家害也必矣。○玉溪盧氏曰：兩言慎獨，讀上節固當直下承當，讀此節尤當痛自警省。○新安陳氏曰：上一節毋自欺説得細密，乃自君子隱然心術之微處言之；此一節言小人之欺人説得粗，乃自小人顯然詐僞之著者言之。無上一節毋自欺而必自謙之工夫，則爲惡詐善之流弊，其極必將至此。所以君子必先自慎其獨，至此又重以小人爲戒而尤必慎其獨。

曾子曰：「十目所視，十手所指，其嚴乎！」

引此以明上文之意。言雖幽獨之中，而其善惡之不可揜如此。可畏之甚也。朱子曰：此是承上文人之視己如見其肺肝之意，不可説人不知，人曉然共知如此。人雖不知，我已自知，自是甚可皇恐了，其與十目十手所視所指何異哉？○玉溪盧氏曰：實理無隱顯之間，人所不知、己所獨知之地即十目十手共視共指之地。故爲善於獨者不求人知而人自知之，爲不善於獨者惟恐人知而人必知之，其可畏之甚如此！曾子所以戰兢臨履，直至啓手足而後已者，此也。○雲峯胡氏曰：《中庸》所謂「莫見乎隱，莫顯乎微」蓋本諸此。上文「獨」字便是隱、微，此所謂十目十手即是莫見、莫顯。○新安陳氏曰：幽獨之中，勿謂無視之無指之者，當常如十目所共視、十手所共指。可畏之甚，釋「其嚴乎」。

富潤屋，德潤身。心廣體胖。故君子必誠其意。胖，步丹反。

胖，安舒也。言富則能潤屋矣，德則能潤身矣。三山陳氏曰：財積於中則屋潤於外，德積於中則身亦潤於外矣。潤，猶「華澤」也。○新安陳氏曰：此借富潤屋以起下句德潤身之意。德如孟子所謂「仁義禮智根於心」，潤身如所謂「其生色見面盎背」是也。下文心廣體胖，乃申言之。故心無愧怍則廣大寬平，而體常舒泰，德之潤身者然也。

蓋善之實於中而形於外者如此，故又言此以結之。朱子曰：「富潤屋」以下是説意誠之驗如此。心本是闊大底物事，只因愧怍便卑狹，被他隔礙了，所以體不能得安舒。○毋自欺是誠意，自慊是意誠。○「小人閒居」以下是形容自欺之情狀，「心廣體胖」是形容自慊之意。○無愧怍是無物欲之蔽，所以能廣大。○三山陳氏曰：心，在内者也，以理之無歉，故能廣大；體，在外者也，以心之既廣，故能舒泰。人之一心少有所歉，則視聽怵迫而舉動跼蹐，雖吾四體將不得其所安矣，皆自然之應也。○上説小人實有是惡，故其惡形見於外；此説君子實有是善，故其善亦形見於外。○雙峯饒氏曰：心不正，何以能廣；身不脩，何以能胖？心廣體胖，即心正身脩之驗。所以能心廣體胖，只在於誠其意，以此見誠意爲正心脩身之要。○玉溪盧氏曰：前兩言必慎其獨，此申言必誠其意。三言「必」字，示人可謂真切。○仁山金氏曰：「小人閒居」以下，自欺敗露之可畏；「德潤身，心廣體胖」，自慊快足之可樂。○雲峯胡氏曰：孟子説浩氣處與此章意合。不自欺，即「自反而縮」；自欺，即「自反而不縮」。厭然，即是「氣餒」；心廣體胖，即是「浩然之氣」。○新安陳氏曰：上文誠於中、形於外，是惡之實中形外者，此是善之實中形外者。

右傳之六章，釋「誠意」。朱子曰：許多病痛都在「誠意」章一齊説了，下面有些小病痛亦輕可。此章最緊切，若透過此一關，此去做工夫便易了。由是而之，便駸駸進於善而決不至下陷於惡矣。○雙峯饒氏曰：傳之諸章釋八事，每章皆連兩事而言，獨此章單舉誠意。蓋知至、意誠固是相因，然致知屬知，誠意屬行。知行畢竟是二事，當各自用力，不可謂知了便自然能行。所以「誠意」章不連致知説者爲此。正心誠意雖皆屬行，然誠意不特爲正心之要，自脩身至平天下皆以此爲要。故程子論天德與王道，皆曰「其要只在謹獨」。天德即心正身脩之謂，王道即齊家治國平天下之謂，謹獨即誠意之要旨。若只連正心説，則其意促狹，無以見其功用之廣大如此也。此章乃《大學》一篇之緊要處，傳者於此章説得極痛切。始言謹獨，誠意之方也；中言小人之意不誠，所以爲戒也；終言誠意之效驗，所以爲勸也。

經曰：「欲誠其意，先致其知。」又曰：「知至而后意誠。」蓋心體之明有所未盡，則其所發必有不能實用其力而苟焉以自欺者。朱子曰：《大學》雖使人戒夫自欺，而推其本則必其有以用力於格物致知之地，然後理明心一而所發自然莫非真實。不然，則正念方萌而私意隨起，亦非力之所能制矣。○若知有不至，則其不至之處，惡必藏焉，以爲自欺之主。雖欲致其謹獨之功，亦且無主之能爲而無地之可據矣。此又傳文之所未發而其理已具於經者，皆不可以不察也。○新安陳氏曰：此言知不至則意不誠。然或已明而不謹乎此，則其所明又非己有而無以爲進德之基。三山陳氏曰：於知已至後，亦非聽之自誠，蓋無一刻不用其戒謹之功。○新安陳氏曰：此言知至後又不可不誠其意，蓋誠意者進德之基本也。故此章之指必承上章而通考之，然後有以見其用力之始終。其序不可亂而功不可闕如此云。玉溪盧氏曰：由致知方能誠意，此序之不可亂；既致知又不可不誠意，此功之不可闕。誠意至平天下，序皆不可亂，功皆不可闕。序不可亂則不可躐等而進，功不可闕則不可半途而廢云。

所謂「脩身在正其心」者，身有所忿懥則不得其正，有所恐懼則不得其正，有所好樂則不得其正，有所憂患則不得其正。忿，弗粉反。懥，勑值反。好、樂，並去聲。

程子曰：「身有」之身當作「心」。○忿懥，怒也。「懥」字，《廣韻》、《玉篇》並陟利反。○雙峯饒氏曰：忿者怒之甚，懥者怒之留。蓋是四者皆心之用而人所不能無者，然一有之而不能察，三山陳氏曰：《章句》緊要説一「察」字，亦非從外講來，蓋因下文「心不在焉」一句發出。察者，察乎理也。○新安陳氏曰：「察」之一字乃朱子推廣傳文之意，使學者有下手處耳。則欲動情勝，而其用之所行或不能不失其正矣。問：有所忿懥、恐懼、好樂、憂患，心不得其正，是要無此數者心乃正乎？程子曰：非是謂無，只是不以此動其心。學者未到不動處，須是執持其志。○朱子曰：《大學》格物、誠意都已錬成，到得正心脩身章都易了。意有善惡之殊，意或不誠則易於爲惡；心有偏正之異，心有不正則爲物欲所動，未免有偏處，却未必爲惡。○四者只要從無處發出，不可先有在心下。須看「有所」二字。如有所忿怒，因人有罪而撻之，纔了其心便平，是不有。若此心常常不平，便是有。○所謂「有所」，是被他爲主於內，心反爲他動也。○心纔繫於物，便爲所動。所以繫於物者有三事：未來先有箇期待之心，或事已應過又留在心下不能忘，或正應事時意有偏重，都是爲物所繫縛，便是有這箇物事。到別事來到面前，應之便差了，如何心得其正？聖人之心，瑩然虛明，看事物來若大若小，四方八面，莫不隨物隨應，此心元不曾有這物事。○如顏子不遷怒，可怒在物，顏子未嘗爲血氣所動而移於人也，則豈怒而心有不正哉？○今人多是才怒，雖有可喜事亦所不喜；才喜，雖有當怒之事來亦不復怒：便是蹉過事理了。蓋這物事纔私，便不去，只管在胸中推盪，終不消釋。使此心如大虛，則應接萬務，各止其所，而我無所與可也。看此一章，只是要人不可先有此心耳。○問：忿、好自己事，可勉强不爲。憂患、恐懼自外來，不由自家。曰：便是自外來，須要我有道理處之。事來亦合當憂懼，但只管累其本心，亦濟甚事？孔子畏於匡，文王囚羑里，死生在前，聖人元不動心，處之恬然。○或問：《大學》不要先有恐懼，《中庸》却要恐懼，何也？西山真氏曰：《中庸》只是未形之時常常持敬，令心不昏昧而已。《大學》之恐懼却是俗語「恐怖」之類，自與《中庸》有異。○喜怒憂懼乃心之用，非惟不能無，亦不可無。但平居無事之時不要先有此四者在胸中。如平居先有四者，即是私意。人若有些私意塞在胸中，便是不得其正。須是涵養此心，未應物時湛然虛静，如鑑之明，如衡之平。到得應物之時方不差錯，當喜而喜，當怒而怒，當憂而憂，當懼而懼，恰好則止，更無過當。如此，方得本心之正。○玉溪盧氏曰：心者，身之主而明德之所存也。未應物之前，「寂然不動」，無所忿懥恐懼，則心之本體無不正而明德之本體無不明；方應物之際，「感而遂通」，當忿懥而忿懥，當恐懼而恐懼，則心之妙用無不正而明德之妙用無不明；既應物之後，依舊寂然不動，未嘗有所忿懥恐懼，則心之本體終始無不正而明德之本體終始無不明也。人患不識其本心耳。唯虚故靈，纔失其虚便失其靈，此心之所以爲心而明德之所以爲明德也。○雲峯胡氏曰：心之體，無不正。所謂正心者，正其心之用爾。「在正其心」，此「正」字是説正之之工夫。蓋謂心之用或有不正，不可不正之也。「不得其正」，此「正」字是説心之體本無不正而人自失之者也。曰「正其」，曰「其正」，自分體用。心之體本如大虚。或景星慶雲，或烈風雷雨，而大虚自若。人之一心豈能無喜怒憂懼？然可怒則怒，怒過不留；可喜則喜，喜已而休。喜怒憂懼皆在物而不在我。我雖日接乎物而不物於物，此所以能全其本體之虚而無不正也。或疑《中庸》首章先言存養而後言省察，《大學》誠意言省察而欠存養。殊不知此章正自有存養省察工夫。忿懥恐懼等之未發也，不可先有期待之心；其將發也，不可一有偏繫之心；其已發也，不可猶有留滯之心。事之方來，念之方萌，是省察時節；前念已過，後事未來，是存養時節。存養者，存此心本體之正；省察者，惟恐此心之用或失之不正而求以正之也。宜仔細看《章句》之二「察」字及三四「存」字。

心不在焉，視而不見，聽而不聞，食而不知其味。

心有不存，則無以檢其身。是以君子必察乎此而敬以直之，然後此心常存而身無不脩也。朱子曰：心若不存，一身便無主宰。○敬，是常要此心在這裏；直，是直上直下無纖毫委曲。○問：視而不見，聽而不聞，只是説知覺之心，却不及義理之心。曰：才知覺，義理便在此；才昏，便不見了。○雙峯饒氏曰：四「不得其正」，言心不正也；「視不見」以下，言身不脩也。言此而不言所以正心脩身者，已具於「誠意」章故也。聲色臭味，事物之粗而易見者耳。心之精神知覺一不在此，則於粗而易見者已不能見，況義理之精者乎？傳者之意，蓋借粗以明精耳。○蛟峯方氏曰：上一節説有心者之病，「心不在焉」一節説無心者之病。上節説心不可有所偏主，此節説心不可無所存主。不可有者，私主也；不可無者，「主宰」之主也。心有存主則羣妄自然退聽而心正身脩矣。然則中虚而有主宰者，其正心之藥方也歟？○新安陳氏曰：朱子於此。又下一「察」字，且曰「敬以直之」，以足《大學》本文未言之意。提出正心之要法，以示萬世學者。

此謂「脩身在正其心」。

右傳之七章，釋「正心」、「脩身」。

此亦承上章以起下章。蓋意誠則真無惡而實有善矣，所以能存是心以檢其身。朱子曰：意誠然後心得其正，自有先後。○新安陳氏曰：此言意誠而後心可得而正，蓋其序之不可亂者。然或但知誠意而不能密察此心之存否，則又無以直內而脩身也。新安陳氏曰：此言誠意又不可不正其心，乃其功之不可缺者。○或謂意誠則心正。朱子曰：不然。這幾句連了又斷，斷了又連，雖若不相連綴，中間又自相貫。譬如一竿竹，雖只是一竿，然其間又有許多節。意未誠則全體是私意，更理會甚正心？然意雖誠了又不可不正其心。○或謂誠意則心之所發已無不實，又何假於正心之功？雲峯胡氏曰：意欲實而心本虛。實其意則好惡不偏於方發之初，虛其心則喜怒不留於已發之後。新安陳氏曰：下一句只說得末一邊，未見得四者心之用，先本自虛中發出。當添一句云：虛其心則本體不偏於未發之先，妙用不留於已發之後。○東陽許氏曰：蓋「意誠」以下言誠意然後能正心，「然或」以下言既誠意又須正心。自此以下，並以舊文爲正。

所謂「齊其家在脩其身」者，人之其所親愛而辟焉，之其所賤惡而辟焉，之其所畏敬而辟焉，之其所哀矜而辟焉，之其所敖惰而辟焉。故好而知其惡，惡而知其美者，天下鮮矣。辟，讀爲「僻」。「惡而」之惡、敖、好，並去聲。鮮，上聲。

人，謂衆人。之，猶「於」也。辟，猶「偏」也。朱子曰：古註辟音譬，窒礙不通，只是「辟」字便通。況此篇自有「僻」字，「辟則爲天下僇」是也。五者在人本有當然之則，然常人之情，惟其

所向而不加察焉，新安陳氏曰：此章朱子亦以「察」字言之。興國本作「察」，他本作「審」者非。**則必陷於一偏而身不脩矣。**西山真氏曰：「偏」之一字爲脩身齊家之深病。○朱子曰：正心脩身兩段，大概差錯處皆非在人欲上，皆是人合有底事，如在官街上差了路。○忿懥等是心與物接時事，親愛等是身與物接時事。○之所親愛，如父子當主於愛。然父有不義，不可以不争；子有不肖，亦不可不知教之。之所敬畏，如君固當敬畏，然若當正救責難，也只管敬畏不得。賤惡固可，惡或尚可教，或有長處，亦當知之。○問：敖惰恐非好事。曰：此如明鏡之懸，妍醜隨其來而應之。不成醜者至前，亦唤做妍者、又敖惰是輕，賤惡是重。既賤惡得，如何却不得敖惰？然傳者猶戒其僻，則須檢點，不可有過當處。○哀矜，如有大姦方欲懲之，被他哀鳴懇告又却寛之，這便是哀矜之偏處。○五者各自有當然之則，只不可偏。如人饑而食，只合當食，食纔過些子便是偏；渴而飲，飲纔過些子便是偏。如愛其人之善，若愛之過則不知其惡，便是因其所重而陷於所偏。惡惡亦然。下面説人莫知其子之惡，莫知其苗之碩，上面許多偏病不除，必至於此。○北溪陳氏曰：敖，只是簡於爲禮；惰，只是懶於爲禮。有一等人，上非可愛，次非可敬，只是平平人，接之自令人簡慢。○問：「人之其所親愛而辟焉」一章，終未見身與物接意思。潛室陳氏曰：接此五種人，便有此五種辟，豈不是身與物接？○玉溪盧氏曰：好而知其惡，是親愛之不偏；惡而知其美，是賤惡之不偏：二不偏，惟明德無不明者能之。所好且知其惡，則一家孰敢爲惡；所惡且知其美，則一家孰不爲善？如此則明德明於一家矣。○勿軒熊氏曰：親愛、畏敬、哀矜指所愛之人言有此三等，賤惡、敖惰指所惡之人言有此二等。偏於愛則不知其人之惡，偏於惡則不知其人之善。上下文相照應如此。○雲峯胡氏曰：或疑敖惰不當有。殊不知本文「人」字非爲君子言，乃爲衆人言。《章句》曰「衆人」，又曰「常人」，是也。衆人中固自有偏於敖惰之人。如下文「人莫知其子之惡、苗之碩」，亦泛言多溺愛貪得之人也。兩「人」字示戒深矣。

故諺有之曰：「人莫知其子之惡，莫知其苗之碩。」諺，音彦。碩，叶韻，時若反。

諺，俗語也。溺愛者不明，貪得者無厭。是則偏之爲害而家之所以不齊也。雙峯饒氏曰：之其親愛等而辟者，言身之不脩也；莫知其子之惡，言家之不齊也。大意謂惟其溺於一偏，故好不知其惡，惡不知其美。惟其身不脩，故家不齊。當看兩「故」字。人之其所親愛而辟，爲凡爲人者言；莫知子之惡，姑舉家之一端言之。○玉溪盧氏曰：子之惡、苗之碩，皆就家而言。○雲峯胡氏曰：心與物接，唯怒最易發而難制，所以前章以忿懥先之；身與事接，唯愛最易偏，故此章以親愛先之。至引諺曰，只是説愛之偏處。人情所易偏者，愛爲尤甚。況閨門之内，義不勝恩，情愛比昵之私，尤所難克。身所以不脩、家所以不齊者，其深病皆在於此。

此謂「身不脩，不可以齊其家」。

問：如何脩身專指待人而言？朱子曰：脩身以後，大概説向接物待人去，又與只説心處不同。要之根本之理則一，但一節説闊一節去。○錢氏曰：上章四箇「有所」字，此章六箇「辟」字，其實皆心之病。但上四者只是自身裏事，此六者却施於人，即處家之道也。○雙峯饒氏曰：身以心爲之主，而心以意爲之機。人所以之其親愛等而辟者，以其心之不正耳；心所以有忿懥等則不得其正者，以其意之不誠耳。意苟誠矣，則忿懥等之必謹其獨而毋敢失其正，親愛等之必謹其獨而毋敢流於僻，是知誠意即正心脩身之要也。《章句》所以丁寧之以密察加察，即謹獨之謂也。有所忿懥等而能密察，是謹獨以正其心也。之其所親愛等而能加察，是謹獨以脩其身也。《章句》於二章「察」之一字凡四言之。省察之工夫，豈非自「誠意」章之謹獨而發哉！不特正心脩身章爲然也，由是而齊家、治國、平天下，無往不自謹獨出焉。傳於釋「齊家治國」章曰「心誠求之」，釋「平天下」章曰「忠信以得之」，曰「誠求」，曰「忠信」，皆誠其意之謂也。誠其意，即謹獨之謂也。故程子論天德王道，皆曰「其要只在謹獨」，論出門使民，亦曰「惟謹獨便是守之之法」，可謂得其要矣。

右傳之八章，釋「脩身齊家」。

所謂「治國，必先齊其家」者，其家不可教而能教人者，無之。故君子不出家而成教於國。孝者，所以事君也；弟者，所以事長也；慈者，所以使衆也。弟，去聲。長，上聲。身脩，則家可教矣。因家不可教，而推家所以可教之由，實自脩身始。孝、弟、慈，所以脩身而教於家者也。然而國之所以事君、事長、使衆之道，不外乎此。「此」字指孝、弟、慈而言。此所以家齊於上而教成於下也。朱子曰：上面説「不出家而成教於國」，下面便説所以教者如此。此三者便是教之目。○孝者所以事君，弟者所以事長，慈者所以使衆，此道理皆是我家裏做成了，天下人看著自能如此。不是我推之於國。○孝以事親而使一家之人皆孝，弟以事長而使一家之人皆弟，慈以使衆而使一家之人皆慈：是乃成教於國者也。○陳氏曰：在我事親之孝，即國之所以事君者；在我事兄之弟，即國之所以事長者；在我愛子之慈，即國之所以使衆者。能脩之於家，則教自行於國矣。○玉溪盧氏曰：孝、弟、慈三者，明德之大目，人倫之大綱。舉此可該其餘矣。○雲峯胡氏曰：脩身以上皆是學之事，齊家治國方是教之事，所以此章首拈出「教」之一字。然其所以爲教者，又只從身上説來。孝、弟、慈，所以脩身而教於家者也。獨舉三者，蓋從齊家上説。一家之中有父母，故曰孝；有兄長，故曰弟；有子弟僕隸，故曰慈。事君、事長、使衆方從治國上説。○吴氏曰：傳只言治國先齊其家，《章句》并脩身言之，推本之論也。孝、弟、慈體之身，則爲脩其身；行之家，則爲齊其家；推之國，則爲治其國。天理人倫，一以貫之而已。況家有父猶國有君，家有兄猶國有長，家有幼猶國有衆，分雖殊，理則一也。

《康誥》曰：「如保赤子。」心誠求之，雖不中，不遠矣。未有學養子而后嫁者也。中，去聲。

此引《書》而釋之。又明立教之本不假强上聲。爲，在識其端而推廣之耳。朱子曰：孝弟雖人所同有，能守而不失者鮮。惟保赤子罕有失者，故特即人所易曉者以示訓，亦與孟子言見孺子入井之意同。○保赤子，慈於家也；如保赤子，慈於國也。保赤子是慈，如保赤子是使衆，心誠求赤子所欲，於民亦當求其不能自達者，此是推慈幼之心以使衆也。○此且只説動化爲本，未説到推上，後方全是説推。○黄氏曰：言但以誠心求之，則自然得赤子之心，不待勉强而後知之也。○三山陳氏曰：赤子有欲不能自言，慈母獨得其所欲，雖不中，亦不遠者，愛出於誠，彼己不隔，以心求之，不待學而後能也。○玉溪盧氏曰：引《書》即慈之道以明孝弟之道也。立教之本，本者，明德是已；在識其端，端者，明德之發見爲孝、弟、慈是已。○仁山金氏曰：此段《章句》本章首「教」字，三者俱作教説，不作推説。立教之本，説孝、弟、慈；不假强爲，説未有學養子而后嫁；在識其端而推廣之，説心誠求之。○雲峯胡氏曰：孝、弟、慈皆人心之天，此獨言慈者，世教衰，孝弟或有失其天者，獨母之保赤子，慈之天未有失者也。大要只在「心誠求之」一句上。舉其慈之出於天者，庶可以觸其孝弟之天。孝弟亦在乎誠而已。○新安陳氏曰：立教之本，總言孝、弟、慈。傳引《書》只言慈幼，《章句》乃總三者言之。蓋因慈之良知良能而知孝弟之良知良能皆不假於强爲，只在識其端倪之發見處而從此推廣去耳。○東陽許氏曰：保赤子是父母愛子之心，如保者是言君養民亦當如父母之保赤子。赤子不能言，父母保之雖不中不遠；況民之能言而意易曉者，所欲與之聚，所惡勿施，雖不中民之心，亦不遠矣。

一家仁，一國興仁；一家讓，一國興讓；一人貪戾，一國作亂：其機如此。此謂「一言僨事，一人定國」。僨音奮。

一人，謂君也。機，發動所由也。僨，覆敗也。此言教成於國之效。朱子曰：「一家仁一國興仁，一家讓一國興讓」，自家禮讓有以感之，故民亦如此興起。自家好争利，却責民間禮讓，如何得他應？○「一家仁」以上是推其家以治國，「一家仁」以下是人目化之也。○雙峯饒氏曰：仁、讓是本上文孝弟而言。仁屬孝，讓屬弟。貪戾者，慈之反也。上言不出家而成教於國底道理，此言不出家而成教於國底效驗。○玉溪盧氏曰：仁讓，善也，接上文孝弟言；貪戾，惡也。貪則不讓，戾則不仁。有善無惡之理雖原於天，而爲善爲惡之機實由於君。仁讓之化，必待行於家而後行於國；貪戾之失，才自於君而即見於國。從善如登，見其難；從惡如崩，見其易。機之所在，可畏如此，可不謹歟？僨事、定國，蓋古語。觀「此謂」二字可見。引以證上文。○仁山金氏曰：定國謂之一人，蓋總一身而論；僨事謂之一言，則不過片言之間。善惡功效之難易，尤爲可懼也已。○新安陳氏曰：一家仁讓而一國仁讓，家齊而國治也；一人才貪戾而一國即作亂，身不脩則家國即不齊不治也。機者弩牙，矢之發動所由。譬仁讓之興，其機由一家；悖亂之作，其機由一人，故總斷云「其機如此」。一言僨事，結「作亂」句；一人定國，結興「仁讓」句。○東陽許氏曰：仁讓必一家方能一國化，貪戾只一人便能一國亂，至於僨事又只在人之一言，以此見爲善難爲惡易，不可忽如此。

堯舜帥天下以仁而民從之，桀紂帥天下以暴而民從之，其所令反其所好而民不從。是故君子有諸己而後求諸人，無諸己而后非諸人。所藏乎身不恕而能喻諸人者，未之有也。好，去聲。

此又承上文「一人定國」而言。新安陳氏曰：民之仁暴，唯上所帥。帥之以所好，則民從；如好暴而令以仁，所令與所好反，民弗從矣。有善於己，然後可以責人之善；無惡於己，然後可以正人之惡：皆推己以及人，所謂恕也。蛟峯方氏曰：此章是如治己之心以治人之恕，「絜矩」章是如愛己之心以愛人之恕。不如是則所令反其所好而民不從矣。喻，曉也。問：此章言治國乃言帥「天下」以仁，又似説平天下，言有諸己又似説脩身，何也？朱子曰：聖賢之文簡暢。身是齊、治、平之本。治國平天下自是相關，豈可截然不相入？○尋常人若有諸己，又何必求諸人；無諸己，又何必非諸人？如孔子説「躬自厚而薄責於人」、「攻其惡無攻人之惡」。至於《大學》之説，是有天下國家者勢不可以不責他。大抵治國者禁人惡、勸人善，便是求諸人、非諸人。○三山陳氏曰：己有此善然後可以求人有此善，己無此惡然後可以非人有此惡：皆己先之也。○雙峯饒氏曰：無善而欲責人，有惡而欲禁人，是無己可推而欲及人也。此章雖釋齊家治國，然自「一人貪戾」以下，皆歸重人主之身。此乃極本窮原之論。問恕者推己及人，却説「所藏乎身」。曰：恕有首有尾。藏乎身者其首，及人者其尾也。忠是恕之首，治國平天下章皆説恕。此章言「有諸己」、「無諸己」，是要人於脩己上下工夫，其重在首。下章言「所惡於上，無以使下」等，是要人於及人上下工夫，其重在尾。兩章互相發明。○仁山金氏曰：治國者必有法制號令，以禁民爲非而律民以善，雖桀紂之世亦所必有。但其所好則不若此，故民從其所好，不從其所令。所以治國者在反求諸己，乃政令之本。○藏乎身者，自其盡己處言之；恕者，自其推己處言之。「所藏」是指「有諸己」、「無諸己」者也，恕是指「求諸人」、「非諸人」者也。「所藏乎身不恕」，謂所藏於己者未有可推以及人，如何能喻諸人？然所謂「堯、舜帥天下以仁」，以己及物者也，仁也；所謂「有諸己而後求諸人，無諸己而後非諸人」，推己及物者也，恕也。至所謂「桀、紂帥天下以暴」，不仁者也；「所藏乎身不恕」，反上文也。○雲峯胡氏曰：此一「恕」字，人皆知其以推己之恕言，不知「藏乎身」三字已帶盡己之忠言矣。此章「有」、「無」二字，必自「誠意」章相貫說來。天下未有無忠之恕。上文「心誠求之」即是「誠意」之誠，非有二也。誠意者如惡惡臭、如好好色，皆務決去而求必得之。求必得之則有諸己矣，務決去之則無諸己矣。○新安陳氏曰：有善無惡於己，盡己之忠也；推己以責人正人，由忠以爲恕也。忠即恕之藏於內者，恕即忠之顯於外者。所藏乎身不恕，無藏於內之忠而欲爲恕，是乃程子所謂「無忠，做恕不出」者也，其能喻人者無之。

故「治國在齊其家」。

通結上文。

《詩》云：「桃之夭夭，其葉蓁蓁。之子于歸，宜其家人。」宜其家人，而后可以教國人。夭，平聲。蓁音臻。

《詩》，《周南・桃夭》之篇。夭夭，少去聲。好貌。少，嫩也。蓁蓁，美盛貌。興去聲。也。於六義屬興。之子，猶言「是子」，此指女子之嫁者而言也。婦人謂嫁曰歸。宜，猶「善」也。玉溪盧氏曰：可以教國人，應其家不可教而能教人者無之之意。

《詩》云：「宜兄宜弟。」宜兄宜弟，而后可以教國人。

《詩》，《小雅・蓼音六。蕭》篇。

《詩》云：「其儀不忒，正是四國。」其爲父子

兄弟足法，而后民法之也。

《詩》，《曹風・鳲音尸。**鳩》篇。忒，差也。**

問：父子兄弟足法而後民法之，然堯、舜不能化其子，周公不能和兄弟，是如何？ 朱子曰：聖賢是論其常，堯、舜、周公是處其變。如不將天下與其子而傳賢，便是能處變得好。若周公不辟管叔，周如何不亂？ 是不得已著恁地。而今且理會常底。今未解有父如瞽瞍，兄弟如管蔡，未論到變處。○三山陳氏曰：說正四國及仁帥天下，皆是說到極處。○玉溪盧氏曰：父子兄弟足法，儀之不忒也；民法之，四國之正也。教國人是治國之事，所以明明德於其國；民法之是國治之事，則明德明於其國矣。○新安陳氏曰：足法，家齊而可以示法於人也；民法之，國人取法於己也。

此謂「治國在齊其家」。

此三引《詩》，皆以詠歎上文之事，而又結之如此，其味深長，最宜潛玩。 三山陳氏曰：古人凡辭有盡而意無窮者，多援《詩》以吟詠其餘意。○玉溪盧氏曰：此章言治國甚略，言齊家甚詳，所以明齊家之道即治國之道，以人同此心，心同此明德故也。○仁山金氏曰：三引《詩》，首引「之子宜家」，繼引「宜兄宜弟」，何也？ 蓋天下之未易化者婦人，而人情之每易失者兄弟。齊家而能使之子之宜家，兄弟之相宜，則家無不齊者矣。宜乎其儀不忒而足以正是四國也。自脩身而齊家，自齊家而治國而平天下，有二道焉：一是化，一是推。化者自身教而動化也，推者推此道而廣充之也。故此一章並含兩意。自章首至成教於國一節是化，三「所以」是推。如保赤子繼慈者使衆而言是推，「一家仁」以下一節是化。「帥天下」一節是化，「有諸己」一節繼「所令反其所好」而言是推。三引《詩》是化。惟化則可推，惟推則皆化。非化則推不行，非推則化不周。○雲峯胡氏曰：《中庸》引《詩》明行遠自邇之意，必先妻子好合而後兄弟既翕。此三引《詩》，首以婦人之宜家人而繼以宜兄弟，蓋家人離，必起於婦人。非「刑於寡妻」者，未易「至于兄弟」，亦未易「御于家邦」也。其示人以治國之在齊其家也益嚴矣。○東陽許氏曰：三引《詩》，自內以至外。婦人女子最難於化，而夫婦之間，常人之情最易失於動不以正。化能行於閨門，則德盛矣。故引《詩》言夫婦爲首，而兄弟次之，總一家言者又次之。

右傳之九章，釋「齊家治國」。

所謂「平天下在治其國」者，上老老而民興孝，上長長而民興弟，上恤孤而民不倍。是以君子有絜矩之道也。長，上聲。弟，去聲。「倍」與「背」同。絜，胡結反。

老老，所謂「老吾老」也。興，謂有所感發而興起也。孤者，幼而無父之稱。絜，度待洛反。下同。也。矩，所以爲方也。矩者，制方之器，俗呼「曲尺」。此借以爲喻。言此三者上行下效，捷疾業反。於影響，所謂家齊而國治也。新安陳氏曰：上行，謂老老、長長、恤孤；下效，謂民興孝、興弟、不倍。此即上章孝、弟、慈所以不出家而成教於國者。《章句》接上章說下來。亦可以見人心之所同而不可使有一夫之不獲矣。新安陳氏曰：可見人同欲遂其孝、弟、慈之心，便當平其政以處之，不可使有一人之不得其所也。是以君子必當因其所同，推以度物，物即人也。使彼我之間各得分去聲。願，則上下四旁均齊方正而天下平矣。朱子曰：老老、長長、恤孤方是就自家切近處說，所謂家齊也；民興孝、興弟、不倍是就民之感發興起處說，治國而國治之事也。上行下效，感應甚速，可見人心所同者如此。「是以君子有絜矩之道也」，此句方是引起絜矩事，下面方說絜矩而結之云「此之謂絜矩之道」。○絜矩之說不在前數章，却在治國平天下章。到此是節次成了，方用得。○先說上行下效，到絜矩處是就政事上說。若但興起其善心，不使得遂其心，雖能興起，亦徒然耳。如政煩賦重，不得養其父母、畜其妻子，又安得遂其善心？須是推己之心以及於彼，使彼仰足以事、俯足以育方得。○能使人興起者，聖人之教化也；能遂其興起之心者，聖人之政事也。○矩者，心也。我心所欲即他人所欲。我欲孝、弟、慈，必使他人皆如我之孝、弟、慈，不使一夫之不獲方可。只我能如此，他人不能如此，即是不平矣。○絜矩不是外面別有箇道理，只便是前面正心脩身底推而措之。○問：絜矩之道是廣仁之用否？曰：此乃求仁工夫，正要著力。若仁者只是舉而措之耳，不待絜矩而自無不平矣。絜矩，正是恕者之事。○興孝、興弟、不倍，上行下效之意，上章已言之矣。此章再舉之者，乃欲引起下文君子必須絜矩，然後可以平天下之意。不然，則雖民化其上以興於善，而天下終不免於不平也。故此一章首尾皆以絜矩之意推之而未嘗復言躬行化下之説。○問：「上老老而民興孝」下面接「是以君子有絜矩之道也」，似不相續，如何？曰：這箇便是相續。絜矩是四面均平底道理，教他各得老其老，各得長其長，各得幼其幼。不成自家老其老，教他不得老其老，長其長教他不得長其長，幼其幼教他不得幼其幼，便不得。「是以」二字是結上文，猶言君子爲是之故，所以有絜矩之道。○絜矩，如自家好安樂，便思他人亦欲安樂，當使無老稚轉乎溝壑，壯者散而之四方之患。制其田里，教之樹畜，皆比以推之。○雙峯饒氏曰：矩，所以爲方之具也。匠欲爲方，必先度之以矩。欲平天下者以何物爲矩而度之？亦惟此心而已。絜者以索圍物而知其大小，度之義也。匠之度物，以矩爲矩；君子之度人，以心爲矩。○玉溪盧氏曰：矩，猶則也。明德至善，吾心本然之則也。以此齊家，絜矩於家也；以此治國，絜矩於國也；以此平天下，絜矩於天下也。絜矩之道即明明德於天下之道也。○仁山金氏曰：首三句是化，絜矩是推。既有以化之而興其孝弟不倍之心，必有以推之而遂其孝弟不倍之願。推之者莫大於從其所好，勿施所惡。所好在因其利，所惡在奪其利。○雲峯胡氏曰：此章當分爲八節。右第一節言所以有絜矩之道。「夫子十五志學」即此所謂「大學」，「志學」以下分知行，到末節方言「不踰矩」，是生知安行之極致；《大學》「格物」而下亦分知行，到末章亦言「絜矩」，是致知力行之極功。矩者何？人心天理當然之則也。吾心自有此天則，聖人隨吾心之所欲，自不踰乎此則，故曰「不踰矩」；人心同有此天則，學者即吾心之所欲以爲施於人之則，故曰「絜矩」。只是一箇「矩」字，但「不踰矩」之矩渾然在聖人方寸中，是矩之體；「絜矩」之矩，於人己交接之際見之，是矩之用。規、矩皆法度之器，此獨曰矩者，規圓矩方，圓者動而方者止。不踰矩即是明德之止至善，絜矩即是新民之止至善。

所惡於上，毋以使下；所惡於下，毋以事上。所惡於前，毋以先後；所惡於後，毋以從前。所惡於右，毋以交於左；所惡於左，毋以交於右：此之謂「絜矩之道」。惡、先，並去聲。

此覆解上文「絜矩」二字之義。如不欲上之無禮於我，則必以此度下之心而亦不敢以此無禮使之；不欲下之不忠於我，則必以此度上之心而亦不敢以此不忠事之。至於前後左右，無不皆然。則身之所處，上聲。上下四旁、上下已見上文，前後左右爲四旁。四旁即四方也。長短廣狹，彼此如一而無不方矣。彼同有是心而興起焉者，又豈有一夫之不獲哉？新安陳氏曰：有此絜矩之道以處之，則始焉興起其孝弟不倍之心者，今果得以遂其心矣。所操平聲。者約而所及者廣，雲峯胡氏曰：只一「矩」字，此心「所操者約」；加一「絜」字，此心「所及者廣」。此平天下之要道也。故章內之意皆自此而推之。朱子曰：上下前後左右都只一樣心，只是將那頭折轉來比這頭。在我上者使我如此而我惡之，更不將來待在下之人。如此則自家在中央，上面也占許多地步，下面也占許多地步，便均平方正。若下之事我如此而我惡之，我若將去事上，便下面長上面短，不方了。左右前後皆然。○譬如交代官，前官之待我既不善，吾毋以前官所以待我者待後官也。左右如東西鄰，以鄰國爲壑，是所惡於左，毋以交於右可也。上下前後左右做九箇人來看便見。○「己欲立而立人，己欲達而達人」，是兩摺說，只以己對人言。若絜矩，則上之人所以待我，我又思以待下之人，是三摺說。如《中庸》「所求乎子以事父未能」，亦是此意。但《中庸》是言其所好，此言其所惡也。人莫不有在我之上者，莫不有在我之下者。如親在我之上，子孫在我之下。我欲子孫孝於我而我却不能孝於親，我欲親慈於我而我却不能慈於子孫，便是一畔長，一畔短，不是絜矩。○問：長短廣狹如一而無不方，在人有天子、諸侯、大夫、士、庶人之分，何以使之均平？曰：非言上下之分欲使之均平，蓋事親事長當使之均平，上下皆得行之。上之人得事其親，下之人也得事其親，但各隨其分得盡其事親事長之意耳。○雙峯饒氏曰：以上下左右前後言，則我當其中。上之使我猶我之使下，下之事我猶我之事上，至於左右前後皆然，故皆不當以所惡者及之。然以上之使我者使下而不以事上，以下之事我者事上而不以使下，則上下之分殊矣；以前之先我者先後而不以從前，以後之從我者從前而不以先後，則前後之分殊矣。是理一之中又有分殊者存，此所以異於墨氏之兼愛、佛法之平等也。○雲峯胡氏曰：右第二節，言此之謂絜矩之道，須看「是以」「有」、「此之謂」六字。人之心本無間於己，「是以有絜矩之道」；己之心能不間於人，「此之謂絜矩之道」。○新安陳氏曰：下文節節提掇能絜矩與不能絜矩者之得與失，皆是自此一節而推廣之。

《詩》云：「樂只君子，民之父母。」民之所好好之，民之所惡惡之，此之謂民之父母。樂音洛。只音紙。好、惡，並去聲。下並同。

《詩》，《小雅·南山有臺》之篇。只，語助辭。言能絜矩而以民心爲己心，則是愛民如子，而民愛之如父母矣。此言能絜矩之效。○東陽許氏曰：言上之人能如愛子之道愛其民，則下民愛其上如愛父母。然愛民之道，不過順其好惡之心而已。大約言之，民所好者，飽暖安樂；所惡者，饑寒勞苦。使民常得其所好而不以所惡之事加之，則愛民之道也。

《詩》云：「節彼南山，維石巖巖。赫赫師尹，民具爾瞻。」有國者不可以不慎，辟則爲天下僇矣。節，讀爲「截」。辟，讀爲「僻」。「僇」與「戮」同。

《詩》，《小雅·節南山》之篇。節，截然高大貌。師尹，周太師尹氏也。具，俱也。辟，偏也。言在上者人所瞻仰，不可不謹。若不能絜矩而好惡徇於一己之偏，則身弒國亡，爲天下之大戮矣。此言不能絜矩之禍，與上一節正相反者也。

《詩》云：「殷之未喪師，克配上帝。儀監于殷，峻命不易。」道得衆則得國，失衆則失國。喪，去聲。儀，《詩》作「宜」。峻，《詩》作「駿」。易，去聲。

《詩》，《文王》篇。師，衆也。配，對也。配上帝，言其爲天下君而對乎上帝也。監，視也。峻，大也。不易，言難保也。道，言也。引《詩》而言此，以結上文兩節之意。有天下者能存此心而不失，則所以絜矩而與民同欲者自不能已矣。雙峯饒氏曰：未喪師則克配上帝，是得衆則得國，能絜矩而爲民父母者也；喪師則不能配上帝，是失衆則失國，不能絜矩而辟則爲天下僇者也。○玉溪盧氏曰：殷之喪師，紂之失人心也；其未喪師，先王之得人心也。得人心所以配上帝，失人心所以不能。天命之去留判於人心之向背，人心之向背又在君之能絜矩與否而已。得衆得國，應《南山有臺》之意；失衆失國，應《節南山》之意。存此而不失，明德之體所以立；絜矩而與民同欲，明德之用所以行。○雲峯胡氏曰：右第三節，就好惡言絜矩。蓋「好」、「惡」二字已見「誠意」、「脩身」二章。特「誠意」章是好惡其在己者，「脩身」章推之以好惡其在人者，此章又推之以好惡天下之人者也。「誠意」章主慎獨，其爲好惡也一誠無僞；此章主絜矩，其爲好惡也一公無私。「脩身」章是言不能慎獨則好惡之辟不足以齊其家，此章是言不能絜矩則好惡之辟不足以平天下。所謂血脉貫通者，又於此見之，不可不詳味也。慎獨是「敬以直内」，絜矩是「義以方外」。

是故君子先慎乎德。有德此有人，有人此有土，有土此有財，有財此有用。

先謹乎德，承上文「不可不謹」而言。德，即所謂「明德」。有人，謂得衆；有土，謂得國。應上文「得衆則得國」。有國則不患無財用矣。朱子曰：爲國絜矩之大者又在於財用，所以後面只管説財。○自家若意誠心正身脩家齊了，則天下之人安得不歸於我？如湯、武之東征西怨，則自然有人有土。○雙峯饒氏曰：格致誠正脩，所以謹此德也。「此有人」等「此」字，此猶「斯」也。○玉溪盧氏曰：德即明德，謹德即謂明明德。先謹乎德，以平天下之大本而言也。有德則能絜矩，所以得衆而得國。○新安陳氏曰：揭「明德」訓此「德」字，見明明德爲《大學》一書之綱領。此章言財用始於此。財用之有，本於慎德而有之，非私有也。○東陽許氏曰：言爲人上者，明德爲本而財用爲末。財固是國家所必用而不可無者，但當脩德爲本，絜矩而取於民有制。

德者，本也；財者，末也。

本上文而言。新安陳氏曰：有德而後有人有土，有土而後方有財，可見德爲本而財爲末矣。

外本内末，争民施奪。

人君以德爲外，以財爲内，則是争鬭其民而施之以劫奪之教也。蓋財者人之所同欲，不能絜矩而欲專之，則民亦起而争奪矣。朱子曰：民本不是要争奪，惟上之人以德爲外而暴征横斂，民便效尤相攘相奪，是上教得他如此。○三山陳氏曰：財，人所同欲，上欲專之則不均平，便是不能絜矩。

是故財聚則民散，財散則民聚。

外本内末，故財聚；争民施奪，故民散。反是則有德而有人矣。栝蒼葉氏曰：爲國者豈可惟知聚財而不思所以散財？此有天下者之大患也。○東陽許氏曰：財聚民散，言不能絜矩，取於民無制之害；財散民聚，言能絜矩，取於民有制之利。散財，不是要上之人把財與人，只是取其當得者而不過。蓋土地所生只有許多數目，上取之多則在下少。

是故言悖而出者亦悖而入，貨悖而入者亦悖而出。

悖，逆也。此以言之出入明貨之出入也。自「先謹乎德」以下至此，又因財貨以明能絜矩與不能者之得失也。問：絜矩如何只管説財利？朱子曰：畢竟人爲這箇較多。所以生養人只是這箇，所以殘害人亦只是這箇。○此章大概是專從絜矩上來。蓋財者，人之所同好也，而我欲專其利則民有不得其所好者矣。大抵有國有家所以生起禍亂，皆是從這裏來。○三山陳氏曰：以惡聲加人，人必以惡聲加己；以非道取人之財，人必以非道奪之。言與貨其出入雖不同，而皆歸諸理，其爲不可悖一也。○吴氏曰：慎德而有人有土與財散民聚，能絜矩者之得也；内末而争民施奪與財聚民散、悖入悖出，不能絜矩者之失也。○東陽許氏曰：此以言之出入比貨出入，不能絜矩、取於民無制之害。

《康誥》曰：「惟命不于常。」道善則得之，不善則失之矣。

道，言也。因上文引《文王》詩之意而申言之，其丁寧反覆之意益深切矣。雙峯饒氏曰：此「得」、「失」字串前「得」、「失」字。以德爲本則善，善則得衆得國矣；以財爲本則不善，不善則失衆失國矣。○玉溪盧氏曰：有德則能絜矩，是之謂善，所以得人心在此，所以得天命亦在此；無德則不能絜矩，是謂不善，所以失人心在此，所以失天命亦在此。人心歸則天命歸，人心去則天命去，是天命之不常乃所以爲有常也。此引《康誥》之書以結前五節之意，與前引《文王》詩相應。命不于常，即「峻命不易」之理。善則得，不善則失，即「得國」、「失國」之意。此所謂善，即「止至善」之善。○雲峯胡氏曰：右第四節，就財用言絜矩。若好惡不能絜矩，任己自私，不可以平天下；財用不能絜矩，瘠民自肥，亦不可以平天下。欲平天下者不可不深自警省也。

楚書曰：「楚國無以爲寶，惟善以爲寶。」

楚書，楚語。三山陳氏曰：楚史官所記之策書也。○古栝鄭氏曰：楚書，楚昭王時書也。言不寶金玉而寶善人也。《國語・楚語》：王孫圉聘於晉，定公饗之。趙簡子鳴玉以相，問曰：「楚之白珩猶在乎？其爲寶也幾何矣？」曰：「楚之所寶者曰觀射父，能作訓辭以行事於諸侯，使無以寡君爲口實。又有左史倚相，能通訓典以叙百物，以朝夕獻善敗于寡君，使無忘先王之業。若諸侯之好幣具而導之以訓辭，寡君其可以免罪於諸侯而國民保焉？此楚國之寶也。若夫白珩，先王之玩也，何寶之焉？」王孫圉，楚大夫。趙簡子，名鞅，鳴玉以相，鳴佩玉以相禮也。珩，佩玉之横者。

舅犯曰：「亡人無以爲寶，仁親以爲寶。」

舅犯，晉文公舅狐偃，字子犯。亡人，文公時爲公子名重耳。出亡在外也。仁，愛也。事見形甸反。《檀弓》。《禮記・檀弓》篇：晉獻公之喪，秦穆公使人弔公子重耳，且曰：「寡人聞之：『亡國恒於斯，得國恒於斯。』雖吾子儼然在憂服之中，喪亦不可久也，時亦不可失也。孺子其圖之！」以告舅犯，舅犯曰：「孺子其辭焉。喪人無寶，仁親以爲寶。父死之謂何？又因以爲利，而天下其孰能説之？

孺子其辭焉。」重，平聲。「喪亦」、「喪人」之「喪」，並去聲。喪即出亡也。父死而欲反國求爲後，是因以爲利也。説，如字，猶「解」也。○古栝鄭氏曰：文公時避驪姬之讒，亡在翟而獻公薨。秦穆公使子顯弔之，勸之復國。舅犯爲之對此辭也。○四明李氏曰：楚爲《春秋》所惡，舅犯特霸主之佐耳。《大學》參稽格言以垂訓萬世，乃於此乎取，何歟，蓋天下之善無窮，君子之取善亦無窮。猶《書》記帝王而繼之以《秦誓》，故下文及之。此兩節又明不外本而内末之意。雙峯饒氏曰：寶者，指財而言。此就財上説來，却接用人説去。蓋天下惟理財、用人二事最大。○玉溪盧氏曰：不以金玉爲寶而以善人爲寶，不以得國爲寶而以愛親之道爲寶，是能内本而外末者也。○雲峯胡氏曰：右第五節，當連上文善與不善看。在我者惟善則得之，在人者亦當惟善是寶。兩「寶」字結上文財用，「惟善」、「仁親」又起下文之意。蓋第三節言好惡，第四節言財用，此則兼財用、好惡言也。

《秦誓》曰：「若有一个臣，斷斷兮無他技。其心休休焉，其如有容焉。人之有技，若己有之；人之彥聖，其心好之，不啻若自其口出。寔能容之，以能保我子孫黎民，尚亦有利哉！人之有技，媢疾以惡之；人之彥聖，而違之俾不通。寔不能容，以不能保我子孫黎民，亦曰殆哉！」个，古賀反。《書》作「介」。斷，丁亂反。媢音冒。

《秦誓》，《周書》。斷斷，誠一之貌。彥，美士也；聖，通明也。三山陳氏曰：「聖」字專言之則爲衆善之極，對衆善而言則止於通明之一端。○新安陳氏曰：孟子云：「大而化之之謂聖。」此專言之者也。《周禮》六德：「知仁聖義中和。」此對衆善而言之者也。尚，庶幾平聲。也。媢，忌也。違，拂戾也。殆，危也。問：絜矩以好惡、財用、媢疾、彥聖爲言，何也？朱子曰：如桑弘羊聚斂以奉武帝之好，若是絜矩底人，必思許多財物必是侵過著民底，滿得我好，民必惡。言財用者蓋如自家在一鄉之間却專其利，便是侵過著他底，便是不絜矩。言媢疾彥聖者，蓋有善人則合當舉之使之得其所，今則不舉他使失其所，是侵善人之分，便是不絜矩。此不特言其好惡財用之類當絜矩，事事亦當絜矩。○玉溪盧氏曰：一个，挺然獨立而無朋黨之謂。斷斷無他技，德有餘而才不足也。「休休」二字，其義深長，❶有淡然無欲之意，又有粹然至善之意。曰如有容，其量之大不可得而測，亦不可得而名言也。有技若己有之，能容天下有才之人，則天下之才皆其才也。若己有之，不特不媢疾而已。彦聖心好，不啻若自其口出，能容天下有德之人，則天下之德皆其德也。不啻若自其口出，好善有誠而口不足以盡其心也。能以天下之才、德爲己之才、德，信乎其能容矣。前言「如有容」，此言「寔能容」，二句相應。人君用此人，其有益於人國可知。有技疾惡之，彦聖俾不通，不能以天下之才、德爲才、德，人君而用此人，國家豈不危殆？能容者用之其利如此，不能容者用之其害又如此，人主在擇一相者此也。此又絜矩之先務也。○蛟峯方氏曰：其如有容，其，疑辭也。有甚物似他有容者，言無可比他有容之大。○新安陳氏曰：有容者，能絜矩而人所同好者也；媢疾者，不能絜矩而人所同惡者也。人君能好有容者而用之，惡媢疾者而舍之，是又絜矩之大者。○東陽許氏曰：此專言爲政者好惡之公私。「尚亦有利哉」以上一截，言能絜矩而以公心好人；以下一截，言不能絜矩而以私心惡人。

唯仁人放流之，迸諸四夷，不與同中國。此謂「唯仁人爲能愛人，能惡人」。迸，讀爲「屏」，古字通用。屏，必正反，除也。

迸，猶「逐」也。言有此媢疾之人妨賢而病國，則仁人必深惡而痛絶之。以其至公無私，故能得好惡之正如此也。北溪陳氏曰：此能公其好惡而能絜矩者也。○雙峯饒氏曰：惡人之所同惡，好人之所同好，即舜之去四凶、舉十六相是也。○玉溪盧氏曰：此承上節下一截而言。媢疾之人待之宜如此，謂之「能惡人」可也，而謂之能愛人，何也？蓋小人不去則君子不進，去小人不能絶之則雖進君子而不能安之。去小人固所以進君子，絶小人乃所以安君子。吾之威在媢疾之人，吾之恩在天下後世矣。惟吾心純乎天理之公，故吾之好惡與天下爲公。此仁人所以能愛惡人也。○新安陳氏曰：此引《家語》孔子之言，故以「此謂」冠之。乃引援古語之例。○東

❶「義」，四庫本、孔本、陸本作「意」。

陽許氏曰：言能絜矩而惡惡得其正。所謂放流，即媢疾蔽賢之人。朝廷之上，惡人既去，則善人方得通。又以「仁人」總結之，言能絜矩者也。

見賢而不能舉，舉而不能先，命也；見不善而不能退，退而不能遠，過也。遠，去聲。

命，鄭氏云當作「慢」，程子云當作「怠」，未詳孰是。命、慢聲相近，近是。若此者知所愛惡矣而未能盡愛惡之道，蓋君子而未仁者也。朱子曰：先，是早底意，是不能速用之。○雙峯饒氏曰：見賢而不能舉，見不善而不能退，如漢元帝知蕭望之之賢而不能用，知弘恭、石顯之姦而不能去是也。○新安陳氏曰：舉不先，未盡愛之道；退不遠，未盡惡之道。上文能愛惡，仁人也，此不能盡愛惡之道，所以爲「君子而未仁者」也。

好人之所惡，惡人之所好，是謂拂人之性，菑必逮夫身。菑，古「災」字。夫音扶。

拂，逆也。好善而惡惡，人之性也；至於拂人之性，則不仁之甚者也。自《秦誓》至此，又皆以申言好惡公私之極，以明上文所引《南山有臺》、《節南山》之意。朱子曰：斷斷者是能絜矩，媢疾者是不能絜矩；仁人放流之是大能絜矩，好人所惡、惡人所好是大不能絜矩。○栝蒼葉氏曰：上一節雖未盡好惡之極，猶能知所好惡，尚不至於拂人好惡之常性。今有人焉，於人之所當好所同好者反從而惡之，於人之所當惡所同惡者反從而好之，如此等人，不仁之甚。○雙峯饒氏曰：好惡與人異，菑必逮夫身，桀、紂是也。○玉溪盧氏曰：人性本有善而無惡，故人皆好善而惡惡。仁人之能好惡，不過順人之性耳。苟好惡惡善而拂人之性，則失其本心甚矣，非不仁之甚而何？菑必逮身，爲天下僇是也。自古有天下者未嘗不以用君子而興，用小人而亡。能愛惡人則君子進小人退，而天下蒙其利，此能絜矩者之所爲也；好人所惡、惡人所好則君子退小人進，而天下受其禍，此不能絜矩者之所爲也。自《秦誓》至此凡四節。《秦誓》一節見君子小人之分，次節言用舍之能盡其道者，又次節言用舍之不盡其道者，此節則言用舍之全失其道者：皆因絜矩之義而申明好惡公私之極，以申明平天下之要道也。○雲峯胡氏曰：右第六節，就用人言好惡。《大學》於此提出「仁」之一字，而《章句》又以君子之未仁、小人之不仁者言之，蓋絜矩是恕之事，恕所以行仁，故特以「仁」結之。

是故君子有大道，必忠信以得之，驕泰以失之。

君子，以位言之。此謂治國平天下之君子。道，謂居其位而脩己治人之術。道，即「大學之道」。脩己，明明德之事；治人，新民之事也。發己自盡爲忠，循物無違謂信。朱子曰：發於己心而自盡則爲忠，循於物理而不違背則爲信。忠是信之本，信是忠之發。伊川見明道此語尚晦，故更云「盡己之謂忠，以實之謂信」，便是穩當。驕者，矜高；泰者，侈肆。此因上所引《文王》、《康誥》之意而言。章内三言得、失而語益加切，蓋至此而天理存亡之幾平聲。決矣。朱子曰：初言得衆失衆，再言善則得、不善則失，已切矣。終之以忠信、驕泰，分明是就心上説出得失之由以決之。忠信乃天理之所以存，驕泰乃天理之所以亡。○北溪陳氏曰：忠信者絜矩之本，能絜矩者也；驕泰者任己自恣，不能絜矩者也。○雙峯饒氏曰：此「得」、「失」字，又串前兩段「得」、「失」字而言。由上文觀之，固知得衆得國而又知善則得之矣，然所以得此善者，亦曰忠信則得善之道，驕泰則失善之道矣。忠信即是誠意，驕泰乃忠信之反也。以此觀之，可見誠意不特爲正心脩身之要，而又爲治國平天下之要。○雲峯胡氏曰：右第七節。不分言好惡與財用之絜矩，但言「君子有大道」。此「道」字即章首「絜矩之道」也。忠信以得之者，在己有矩之心而發己自盡則爲忠；在物有矩之理而循物無違則爲信。驕泰以失之者，驕者矜高，不肯下同民之好惡，非絜矩之道也；泰者侈肆，必至於横斂乎民之財用，非絜矩之道也。前兩言「得」「失」，人心天命存亡之幾也；此言「得」、「失」，吾心天理存亡之幾也。《章句》此一「幾」字當與「誠意」章「幾」字參看。

生財有大道。生之者衆，食之者寡；爲之者疾，用之者舒：則財恒足矣。恒，胡登反。

吕氏曰：吕氏，名大臨，字與叔。藍田人。「國無遊民則生者衆矣，朝音潮。無幸位則食者寡矣；不奪農時則爲之疾矣，量入爲出則用之舒矣。」愚按，此因「有土」、「有財」而言，以明足國之道在乎務本而節用，新安陳氏曰：務本，謂生者衆，爲者疾，所以開財之源也；節用，謂食者寡，用者舒，所以節財之流也。疾謂速，舒謂緩。非必外本内末而後財可聚也。自此以至終篇，皆一意也。陳氏曰：此古人生財之政也。蓋與後世異矣。○雙峯饒氏曰：財者，末也。財雖是末，亦是重事。若要生財，亦自有箇大道理。「生衆」至「用舒」，此四者不可缺一，乃生財之正路，外此皆邪徑也。○玉溪盧氏曰：國無遊民而不奪農時，民之財所以足；朝無幸位而量入爲出，國之財所以足。○仁山金氏曰：天地間自有無窮之利，有國家者亦本有無窮之財。但勤者得之，怠者失之；儉者裕之，奢者耗之。故傳之四語，萬世理財之大法也。

仁者以財發身，不仁者以身發財。

發，猶「起」也。仁者散財以得民，不仁者亡身以殖承職反。貨。朱子曰：仁者不是特地散財買人歸己，只是不私其有，人自歸之而身自尊。是言散財之效如此。不仁者只務聚財，不管身危亡也。○雙峯饒氏曰：財散民聚，此以財發身；財聚民散，此以身發財。○新安陳氏曰：紂聚鹿臺之財以亡，武散之以興，即其證也。

未有上好仁而下不好義者也，未有好義其事不終者也，未有府庫財非其財者也。

上好仁以愛其下，則下好義以忠其上，所以事必有終而府庫之財無悖出之患也。問：如何上仁下便義？朱子曰：只是一箇道理。在上便喚做仁，在下便喚做義；在父便謂之慈，在子便謂之孝。○陳氏曰：惟上之人不妄取民財而所好在仁，則下皆好義以忠其上矣；下既好義，則爲事無有不成遂者矣。天下之人皆能成遂其上之事，則府庫之財亦無悖出之患而爲我有矣。非若不好仁之人，財悖而入，亦悖而出也。○玉溪盧氏曰：此所謂循天理則不求利而自無不利者也。○新安陳氏曰：此章自「仁人放流」之後，言仁不一，與此節皆當参玩。

孟獻子曰：「畜馬乘，不察於雞豚；伐冰之家，不畜牛羊；百乘之家，不畜聚斂之臣。與其有聚斂之臣，寧有盜臣。」此謂「國不以利爲利，以義爲利」也。畜，許六反。乘、斂，並去聲。

孟獻子，魯之賢大夫仲孫蔑也。畜馬乘，士初試爲大夫者也；伐冰之家，卿大夫以上上聲。喪祭用冰者也。新安陳氏曰：孔氏疏曰：「按《書傳》『士飾車駢馬』，《詩》云『四牡騑騑』，大夫以上乃得乘四馬。今下云『伐冰之家』是卿大夫，今別云『畜馬乘』，故知士初試爲大夫者也。《左》昭四年『大夫命婦喪浴用冰』，《喪大記》云『士不用冰』，故知卿大夫也。士若恩賜，亦得用之，但非其常。故《士喪禮》賜冰，則『夷槃可也』。」○《禮・喪大記》：「君設大槃，造冰焉；大夫設夷槃，造冰焉；士併瓦槃，無冰。」造，猶「納」也。禮，自仲春之後，納冰槃中，乃設牀於其上而遷尸焉。秋凉而止。士不用冰，以瓦爲槃，併以盛水耳。○《周禮・天官》：「凌人，掌冰。正歲十有二月，令斬冰，三其凌。春始治鑑，凡内外饔之膳羞鑑焉。凡酒漿之酒醴亦如之。祭祀共冰鑑，賓客共冰，大喪共夷槃冰。」凌，冰室也。鑑，如甀，大口。以盛冰，置食物酒醴于中，以禦熱氣，防失味變色也。甀音縋，今大瓦盆屬。鄭氏曰：「夷之言『尸』也。實冰於盤中，置於尸牀之下，所以寒尸。尸之槃曰『夷槃』，牀曰『夷牀』，移尸曰『夷于堂』，皆依『尸』而言也。」○夷槃，廣八尺，長一丈二尺。百乘之家，有采地者也。采音菜。采地，臣之食邑也。君子寧亡己之財而不忍傷民之力，故寧有盜臣而不畜聚斂之臣。「此謂」以下，釋獻子之言也。朱子曰：如食禄之家又畜牛羊，却是與民争利，便是不絜矩。所以道以義爲利者，「義以方外」也。○雙峯饒氏曰：此段大意在「不畜聚斂之臣」，見用人與理財相關。○玉溪盧氏曰：「國不以利爲利，以義爲利」，蓋古語，觀「此謂」字可見。引之以證獻子之言也。獻子嘗師子思，能知義利之分，故能知絜矩之道。○東陽許氏曰：言上之人當絜矩，不可侵下之利。雖養雞豚之小利，尚不可與民争，而况爲君者專事聚斂以虐民乎？○以利爲利，快目前之意而爲禍深；以義爲利，儉目前之用而福自遠。

長國家而務財用者，必自小人矣。彼爲善

之。小人之使爲國家，菑害並至。雖有善者，亦無如之何矣。此謂「國不以利爲利，以義爲利」也。長，上聲。

彼爲善之，此句上下疑有闕文誤字。○自，由也。言由小人導之也。此一節深明以利爲利之害而重直容反。言以結之，其丁寧之意切矣。玉溪盧氏曰：長國家不務絜矩而務財用，小人導之也。務絜矩者，義也；務財用者，利也。「君子喻義」，人主用君子則能絜矩矣；「小人喻利」，人主用小人則不能絜矩矣。此天下治亂之分也。又曰：財者，天所生而民所欲，事聚斂則失人心而干天怒，故菑害並至。菑由天降，害自人作。既已並至，此時雖用君子亦晚矣，無救於禍矣。所謂徇人欲則求利未得而害已隨之者此也。國不以利爲利、以義爲利，上所引就理上説，固足明絜矩之當務；下所引就利害上説，尤足明絜矩之不容不務。言愈丁寧，遏人欲而存天理之意愈深切矣。自「生財有大道」以後凡四節，前兩節自君身言，後兩節自君之用人言。進君子退小人，乃與民同好惡之大者，是又所以爲絜矩之要道也。故此章言絜矩之道必以進君子退小人終焉既致嚴於君子小人之辨復致嚴於義利、理欲之辨者，乃《大學》反本窮源之意。即本心存亡之幾，決天下治亂之幾，正以明德、新民皆當止於至善故也。○勿軒熊氏曰：指用人而言，又結以務財用必自小人始而深致嚴於義利之辨。用君子則自有義中之利，用小人則利未得而害已隨之。此章前以理財、用人分爲二節，後乃合而言之，其實能用人則能理財，不過一道而已。○雲峯胡氏曰：右第八節。生財大道亦即絜矩之道，能使天下之人皆務本，而上之人自不節用，非絜矩矣。第六節言「仁人」，此節言「仁者」，皆因絜矩而言也。絜矩爲恕之事，恕爲仁之方。好惡不能恕，安能如仁人能愛人、能惡人；財用不能恕，安能如仁者以財發身？末又舉獻子之言者，用人亦當取其絜矩也。於好惡不能絜矩者，媢疾之人也；於財用不能絜矩者，聚斂之臣也：皆小人不仁之甚者也。故曰「菑必逮身」，曰「菑害並至」，皆指其不能絜矩之禍言之，爲戒深矣。義利之辨，《大學》之書以此終，《孟子》之書以此始，道學之傳有自來矣。○東陽許氏曰：言有天下者當用善人。若用惡人，至於天災見於上，人害生於下，國勢將崩。此時雖有聖賢欲來扶持，亦不可爲。再三戒用人之詳也。○災，如日食星變、水旱蝗疫皆是；害，如民心怨叛、寇賊姦宄、兵戈變亂皆是。

右傳之十章，釋「治國平天下」。

此章之義，務在與民同好惡而不專其利，皆推廣絜矩之意也。能如是則親賢樂利各得其所，而天下平矣。

朱子曰：「絜矩」章專言財用，繼言用人，蓋人主不能絜矩者皆由利心之起，故徇己欲而不知有人，此所以專言財用也。人才用舍最係人心向背。若能以公滅私，好惡從衆，則用舍當於人心矣，此所以繼言用人也。○陳氏曰：此章之義甚博，大意則在於絜矩。其所以説絜矩之道在於分義利、别好惡。其所惡者利，所好者義，須是能公好惡、别義利如此，則天下均平而無一夫不遂其所矣。○此章反覆援引、出入經傳者幾千言，意若不一。然求其緒，卒不過好惡、義利之兩端；又從而要其歸，則亦不出於絜矩之道而已。絜矩之道，以己知彼，以彼反己，而好惡義利之理明矣。○雙峯饒氏曰：《大學》一書多説好惡。「誠意」章説如好好色、惡惡臭；「齊家」章説好知其惡，惡知其美，所令反其所好；「平天下」章説民之所好好之，所惡惡之，與好人所惡、惡人所好：畢竟天下道理不過善惡兩端。初言格物致知時便要分别此二件分明，自「誠意」章以後只是好其所當好、惡其所當惡而已。又曰：此章大要不過理財、用人二事。自「先慎乎德」以下是説理財，自《秦誓》以下是説用人，自「生財有大道」以下又説理財，二事反覆言之。然所用者君子，則君子之心公，必能均其利於人；所用者小人，則小人之心私，必至專其利於己。所以末後又説長國家而務財用必自小人矣。如此則理財、用人又只是一事。○玉溪盧氏曰：絜矩，所以明明德於天下。親賢、樂利各得其所而天下平，則明德明於天下而無不止於至善矣。○東陽許氏曰：此章大意，治天下在乎絜矩，而絜矩於用人取財處爲要。然得失之幾全在忠信、驕泰上。發於心者忠，接於物者信，則事皆務實，好善惡惡皆得其正而能盡絜矩之道；存於心者矜驕，行之以侈肆，必不能絜矩，則遠正人而讒諂聚斂之人進矣。故忠信、驕泰，治、亂之原也。

凡傳十章：前四章統論綱領旨趣，音娶。後六章細論條目工夫。其第五章乃明善之要，格物致知爲明善之要法。第六章乃誠身之本，誠正脩皆所以誠身，而誠意爲之本始。在初學尤爲當務之急。讀者不可以其近而忽之也。節齋蔡氏曰：明善之要、誠身之本，朱子於篇末尤懇切爲學者言之，何耶？蓋道之浩浩，何處下手？學者用工夫之至要者，不過明善、誠身而已。明善即致知也，誠身即力行也。始而致知，所以明萬理於心而使之無所疑；終而力行，所以復萬善於己而使之無不備。知不致則真是真非莫辨，而後何所從適；行不力則雖精義入神，亦徒爲空言。此《大學》第五章之明善、第六章之誠身所以爲學者用功之至切至要。○玉溪盧氏曰：十章之傳，綱目相維。讀者須即綱領而考其條目，即條目而貫諸綱領，使一書之義了然於胸中，庶幾有受用處。第五章明善之要，是明明德之端；第六章誠身之本，是明明德之實。明善誠身之旨，《大學》、《中庸》所以相表裏者在此，曾子、子思所以授受者亦在此。故朱子揭此以示學者急先之當務云。○雲峯胡氏曰：明善、誠身，《中庸》言之，孟子又言之，其說元自《大學》致知誠意來。《章句》之末舉此二者，以見曾、思、孟三子之相授受焉。

大學章句大全

大學或問

或問：「大學之道，吾子以爲大人之學，何也？」曰：此對「小子之學」言之也。曰：「敢問其爲小子之學，何也？」曰：愚於序文已略陳之。而古法之宜於今者，亦既輯而爲書矣，即今之《小學》書。學者不可以不之考也。曰：「吾聞君子務其遠者大者，小人務其近者小者。今子方將語音御。人以大學之道，而又欲其考乎小學之書，何也？」朱子曰：《小學》書是做人底樣子。○問小學、大學之別。曰：小學、大學只是一箇事。小學是學事親事長，大學便就上面講究委曲其所以事親事長是如何。○古人由小學而進於大學，其於洒掃、應對、進退之間持守堅定，涵養純熟，固已久矣。大學之序，特因小學已成之功。○陳氏曰：《小學》書綱領甚好，最切於日用，雖至大學之成亦不外是。曰：學之大小固有不同，然其爲道則一而已。是以方其幼也，不習之於小學則無以收其放心，養其德性，而爲大學之基本；或曰：放心者，或心起邪思妄念，耳聽邪言，目觀亂色，口談不道之言，以至手足動之不以禮：皆是「放」也。收者，便於邪思妄念處截斷不續，耳目言動皆然，此謂之「收」。既能收其放心，德性自然養得，不是收放心外又養箇德性也。朱子曰：然。○西山真氏曰：德性謂得之於天者，仁、義、禮、智、信是也。德性在心本皆全備，緣放縱其心不知操存，是致賊害其性。若能收其放心，即是養其德性，非二事也。及其長上聲。下同。也，不進之於大學則無以察夫音扶。義理，措諸事業，而收小學之成功。玉溪盧氏曰：察夫義理，大學始事，格致是也；措諸事業，大學終事，齊治平是也。是則學之大小所以不同，特以少去聲。長所習之異宜而有高下淺深、先後緩急之殊。非若古今之辨、義利之分，判然如薰蕕音猶。冰炭之相反而不可以相入也。薰，香草；蕕，臭草。今使幼學之士必先有以自盡乎洒上、去二聲。掃去聲。應對進退之間，禮樂射御書數之習，俟其既長而後進乎明德、新民以止於至善。是乃次第之當然，又何爲而不可哉？曰：「幼學之士以子之言而得循序漸進以免於躐等陵節之病，則誠幸矣。若其年之既長而不及乎此者，欲反從事於小學，則恐其不免於扞格，不勝勤苦難成之患；《記·學記》：「發然後禁則扞格而不勝，時過然後學則勤苦而難成。」扞，胡半反。格，胡客反。勝，平聲。人欲既發而後禁之，則扞拒堅强而不勝也。欲直從事於大學，則又恐其失序無本而不能以自達也：則如之何？」曰：是其歲月之已逝者則固不可得而復扶又反。下同。追矣，若其工夫之次第條目則豈遂不可得而復補耶？朱子曰：古人於小學自能言便有教，一歲有一歲工夫，到二十來歲，聖賢資質已自有二三分，大學只出治光采。而今都蹉過了，不能更轉去做得。只據而今地頭便劄住立定脚跟做去，栽種後來根株，填補前日欠缺。如二十歲覺悟，便從二十歲立定脚跟做去，如三十歲覺悟亦然。便年八九十歲覺悟，亦只據現定劄住硬寨做去。

蓋吾聞之，「敬」之一字，聖學之所以成始而成終者也。爲小學者不由乎此，固無以涵養本源，即前所謂「收放心」、「養德性」。而謹夫音扶。下同。灑掃應對進退之節與夫六藝之教；爲大學者不由乎此，亦無以開發聰明，格致之事。進德誠正脩。脩業，齊治平。而致夫明德新民之功也。是以程子發明格物之道而必以是爲説焉。問：「敬」字當不得小學。朱子曰：看來小學却未當得敬，敬已自包得小學。敬是徹上徹下工夫。雖做到聖人田地，也只放下這敬不得。〇問：《大學》首云「明德」，却不曾説「主敬」，莫是已具於小學否？❶曰：然。自小學不傳，伊川却是帶補一「敬」字。○北溪陳氏曰：程子只説一箇主敬工夫，何以補小學之缺。蓋主敬工夫可以收放心而立大本，大本既立然後工夫循序而進，無往不通。大抵主敬之功貫始終、一動静、合内外，小學、大學皆不可無也。○玉溪盧氏曰：敬者定志慮、攝精神而存養本心之道，故爲聖學之始終。百倍其功，只在主敬。篇首三言爲《大學》一書之綱領，「明明德」一句爲篇首三言之綱領，朱子「敬」之一字則又明明德之綱領也。

不幸過時而後學者，誠能用力於此以進乎大而不害兼補乎其小，則其所以進者將不患於無本而不能以自達矣。其或摧頽已甚而不足以有所兼，則其所以固其肌膚之會、筋骸之束而養其良知良能之本者，亦可以得之於此而不患其失之於前也。《記·禮運》：「故禮義也者，人之大端也，所以講信脩睦而固人之肌膚之會、筋骸之束也。」會，合也，物合其則也，如頭容宜合於直之類。束，收斂也，如手容宜恭之類。顧以七年之病而求三年之艾，非百倍其功不足以致之。若徒歸咎於既往，而所以補之於後者又不能以自力，則吾見其扞格勤苦日有甚焉，而身心顛倒，眩瞀務、茂二音。迷惑，終無以爲致知力行之地矣。況欲有以及乎天下國家也哉？問：人於已失學後，須如此勉强奮勵方得。朱子曰：失時而後學，必著如此趲補得前許多欠缺處。人一能之己百之，人十能之己千之。若不如是，悠悠度日，一日不做得一日工夫，只見没長進，如何要補前面？○今人不曾做得小學工夫，一旦學大學，是以無下手處。今且當自持敬始，使端的純一静專，然後能致知格物。「敬」字是徹頭徹尾工夫，自格物至平天下皆不外此。曰：「然則所謂敬者，又若何而用力耶？」曰：程子於此，嘗以「主一無適」言之矣，程子曰：主一之謂敬，無適之謂一。○朱子曰：主一只是心專一，

❶「具」，四庫本作「見」。

不以他念雜之。無適只是不走作，如讀書時只讀書，著衣時只著衣，了此一件又做一件。身在這裏，心亦在這裏。○今講學更須於主一上做工夫。若無主一工夫，則講底義理無安著處，都不是自家物事；若有主一底工夫，則外面許多義理方始爲我有，都是自家物事。工夫到時纔主一，便覺意思好，卓然精明。○北溪陳氏曰：主一是心只在此，不二不三；無適是心只在此，不東不西。主一無適只展轉相解釋要分明，非主一外又別有無適之功也。**嘗以「整齊嚴肅」言之矣。**程子曰：只整齊嚴肅則心便一，一則無非僻之干矣。○玉溪盧氏曰：主一無適未易曉，故又就事實上教人，使只就眼前做工夫。如正衣冠、尊瞻視，足容重、手容恭之類，皆是内外一致。外面整齊嚴肅則内面便一，内面才一則外面便無非僻之干。**至其門人謝氏之説，則又有所謂「常惺惺法」者焉；**上蔡謝氏曰：敬是常惺惺法。○朱子曰：惺惺乃心不昏昧之謂，只此便是敬。整齊嚴肅固是敬，然心若昏昧，燭理不明，雖强把捉，豈得爲敬？○學問須是警省。且如瑞巖和尚每日常自問主人翁惺惺否，又自答曰惺惺。今時學者却不能如此。○或問佛氏亦有此語。曰：其喚醒此心則同，其爲道則異。吾儒喚醒此心，欲他照管許多道理；佛氏則空喚醒在此，無所作爲。異處在此。○心既常惺惺，又以規矩繩檢之，此内外交相養之道也。○今人心聳然在此，尚無惰慢之氣，況曰心常能惺惺者乎？故心常惺惺，自無客慮。○陳氏曰：是就心地上做工夫處。蓋心常惺惺在這裏，便常惺惺恁地活。若不在，便死了。心纔在這裏，則萬理便森然於其中矣。**尹氏之説，則又有所謂其心收斂不容一物者焉。**祈寬問：「如何是主一？」和靖尹氏曰：只收斂身心便是「主一」。且如人到神祠致敬時，其心收斂更著不得毫髮事，非主一而何？○朱子曰：心主這一事，不爲他事攙亂，便是不容一物。○問：心收斂不容一物。曰：這心都不著一物便收斂。他上文云：「今人入神祠，當那時直是更著不得些子事，只有箇恭敬。」此最親切。今人若能專一，此心便收斂緊密，都無些子空罅。若這事思量未了，又走做那邊去，心便成兩路。**觀是數説，足以見其用力之方矣。**

問：程子、謝氏、尹氏所説敬處。朱子曰：譬如此屋四方皆入得。若從一方入到這裏，則那三方入處都在這裏了。○問：「敬，諸先生之説各不同。然總而言之，常令此心常存是否？」曰：其實只一般。若是敬時，自然主一無適，自然整齊嚴肅，自然常惺惺，其心收斂不容一物。但程子「整齊嚴肅」與謝氏、尹氏之説又更分曉。○問：「程子、謝氏之説，謝氏尤切當。」曰：如某所見，程子説得切當。整齊嚴肅，此心便存，便能惺惺。未有外面整齊嚴肅而内不惺惺者。人一時間外面整肅便一時惺惺，一時放寬了便昏怠也。新安陳氏曰：朱子深取「整齊嚴肅」之説者，蓋以有著實下手處耳。○勿齋程氏曰：「整齊嚴肅」及「收斂不容一物」，皆敬之始也；「主一無適」及「常惺惺」者，皆敬之成也。主一無適者敬之純，常惺惺者敬而明也。然主一亦有淺深，以初學言之則欲主乎一，以成德言之則所主者一。○黃氏曰：且將自家身心去體察，見得如何是主一無適，如何是整齊嚴肅，如何是常惺惺，如何是其心收斂不容一物。是四者皆以有所畏而然。朱子晚年言「敬」字之義，惟「畏」字近之。其意精矣。○西山真氏曰：持敬之道，合三先生之言而用力焉，然後内外交相養之功始備。曰：

「敬之所以爲學之始者然矣，其所以爲學之終也奈何？」曰：敬者，一心之主宰而萬事之本根也。知其所以用力之方，則知小學之不能無賴於此以爲始；知小學之賴此以始，則夫音扶。大學之不能無賴乎此以爲終者，可以一以貫之而無疑矣。蓋此心既立，由是格物致知以盡事物之理，則所謂「尊德性而道問學」；新安陳氏曰：尊德性，持敬以涵養本原也。道問學，窮格以開發聰明也。由是誠意正心以脩其身，則所謂「先立其大者而小者不能奪」；新安陳氏曰：先立其大者，持敬以誠其意正其心也。小者不能奪，百體從心君所令而身脩也。由是齊家治國以及乎天下，則所謂「脩己以安百姓，篤恭而天下平」：是皆未始一日而離去聲。乎敬也。然則「敬」之一字，豈非聖學始終之要也哉？朱子曰：敬者始終之要，未知則敬以知之，已知則敬以守之。若不敬，則其心顛倒昏昧而不自知。未知者非敬無以知，已知者非敬無所守。○陳氏曰：心之爲物，虛靈知覺，所以爲一身之主宰也。身無此以爲之主宰，則四肢百體皆無所管攝矣。然所以爲心者，又當由我有以主宰之。我若何而主宰之乎？所謂敬者是又一心之主宰也。

○曰：「然則此篇所謂『在明明德，在新民，在止於至善』者，亦可得而聞其説之詳乎？」曰：天道流行，發育萬物。其所以爲造化者，陰陽五行而已。黄氏曰：天道是理，陰陽五行是氣，合而言之，氣即是理，一陰一陽之謂道是也；分而言之，理自爲理，氣自爲氣，形而上下是也。○未有五行，只得喚做陰陽；既有五行，則陰陽在五行之中矣。而所謂陰陽五行者，又必有是理而後有是氣。及其生物，則又必因是氣之聚而後有是形。故人物之生必得是理然後有以爲健順、仁義禮智之性，必得是氣然後有以爲魂魄、五臟百骸之身。周子所謂「無極之真，二五之精，妙合而凝」者，正謂是也。問：必有是理然後有是氣是如何？朱子曰：此本無先後之可言，然必欲推其氣之所從來，則須説先有是理。然理又非别爲一物，即存乎是氣之中，無是氣則是理亦無掛搭處。氣則爲金、木、水、火，理則爲仁、義、禮、智。○理未嘗離乎氣，然豈無先後？理無形，氣便粗，有查滓。○就原頭定體上説，則未分五行時只謂之陰、陽，未分五性時只謂之健、順；及分而言之，則陽爲木、火，陰爲金、水，健爲仁、禮，順爲智、義。○問陰陽五行、健順五常之性。曰：健是稟得那陽之氣，順是稟得那陰之氣，五常是稟得五行之理。人、物皆稟得健順五常之性。○天地之間，有理有氣。理也者，形而上之道也，生物之本也；氣也者，形而下之器也，生物之具也。故人物之生，必稟此理然後有性，必稟此氣然後有形。其性其形雖不外乎一身，然道器之間分際甚明，不可亂也。○北溪陳氏曰：人始於氣感，則得魂爲先；既而體凝焉，則魄次之。魂主乎動，所以行乎此身之中隨所貫而無不生者也；魄主乎静，所以實乎此身之中隨所注而無不定者也。〇節齋蔡氏曰：先有理後有氣者，形而上爲道、形而下爲器之謂也；有則俱有者，道即器之謂也。蓋不分先後則理氣不明，不合理氣則判爲二物。如性之與情，未發已發自有先後，固不可道性情同時也。然情之本實具於性，非先有此性而後別生一情，是有此性即有此情也。〇東窗李氏曰：天之運五行，其實陰、陽而已；人之性五常，其實健、順而已。仁之油然生意不可遏，禮之粲然明盛不可亂，健之爲也；義不拂乎可否之宜，智不外乎是非之別，順之爲也。若夫信，則體是理而不易者健也，循是理而不違者順也。〇玉溪盧氏曰：魂，陽之靈；魄，陰之靈。五臟，五行之質；百骸，萬物之象也。真以理言而理不雜氣，精以氣言而氣不離理。妙者，理氣之莫測；合者，理氣之無間；凝則有是形而各一其性矣。〇周子之言見《太極圖說》。

然以其理而言之則萬物一原，固無人物貴賤之殊；以其氣而言之則得其正且通者爲人，得其偏且塞先則反。**者爲物，是以或貴或賤而不能齊也。**

朱子曰：以理言之則無不全，以氣言之則不能無偏。〇人得其氣之正，故是理通而無所塞；物得其氣之偏，故是理塞而無所通。且如人頭圓象天，足方象地，平正端直，以其受天地之正氣，所以識道理、有知識；物受天地之偏氣，所以禽獸橫生，草木頭生向下，尾反向上。物之間有知者不過只通得一路。如烏之知孝，獺之知祭，犬但能守禦，牛但能耕而已。人則無不知無不能。人所以與物異，所爭者此耳。〇論萬物之一原，則理同而氣異；觀萬物之異體，則氣猶相近而理絕不同。方賦與萬物之初，天命流行只是一般，故理同；二五之氣有清濁純駁，故氣異。萬物已得之後雖有清濁純駁之不同，而同此二五之氣，故氣相近。以其昏明開塞之甚遠，故理絕不同。氣相近，如知寒暖、識飢飽，好生惡死、趨利避害，人與物都一般。理不同，如蜂蟻之君臣只是他義上有一點子明，虎狼之父子只是他仁上有一點子明，其他更推不去。〇新安倪氏曰：理雖不雜乎氣，而亦不離乎氣。以不雜者言之則理同而氣異，以不離者言之則得氣之正者理亦全，得氣之偏者理亦不全矣。朱子後一條與《或問》之說略有不同者，而亦未嘗不互相發也。

彼賤而爲物者既梏

於形氣之偏塞，而無以充其本體之全矣，唯人之生乃得其氣之正且通者，而其性爲最貴。故其方寸之間，虛靈洞徹，萬理咸備。北溪陳氏曰：此八字只是再詳「虛靈不昧以具衆理」之意。虛靈洞徹，蓋理與氣合而有此妙用耳，非可專指氣。如心恙底人亦有氣存，何故昏迷顛錯無此虛靈洞徹耶？

蓋其所以異於禽獸者正在於此，而其所以可爲堯舜而能參天地以贊化育者亦不外焉：是則所謂「明德」者也。然其通也或不能無清濁之異，其正也或不能無美惡之殊，故其所賦之質清者智而濁者愚，美者賢而惡者不肖，又有不能同者。朱子曰：人雖皆是天地之正氣，但衮來衮去便有昏明厚薄之異。蓋氣是有形之物，纔是有形之物，便自有美惡也。○問：智愚賢不肖是所禀之氣有清濁美惡之不同，不歸於所禀而歸於所賦，何邪？曰：賦，如俗語云「分俵均敷」之意。○問：有人聰明通曉是禀氣之清矣，然却所爲過差，或流於小人之歸，又有爲人賢而不甚聰明通曉，何也？曰：《或問》中所謂知愚賢不肖之殊是也。蓋其所賦之質，便有此四樣。聰明曉了者，智也，而或不賢，便是禀賦中欠了清和温恭之德。又有人極温和而不甚曉事，便是賢而不智。爲學便是要克化教此等氣質令恰好耳。○有是理而後有是氣，有是氣必有是理。但禀氣之清者爲聖爲賢，此如寶珠在清泠水中；禀氣之濁者爲愚不肖，此如寶珠在濁水中。所謂「明明德」者，是就濁水中揩拭此珠也。物亦有是理。又如寶珠在至污處，然其所禀有些明處，就上面便自不昧。如虎狼之父子、蜂蟻之君臣是也。○黄氏曰：美惡是有生之初便分了，非以性言，是以氣言。譬如玉之與石則美惡固分，而玉之中又有美惡分焉。○格庵趙氏曰：通塞偏正，判人物之大分而言；其清濁美惡，又就人中分別。

必其上智大賢之資，乃能全其本體而無少不明。其有不及乎此，則其所謂「明德」者已不能無蔽而失其全矣。況乎又以氣質有蔽之心，接乎事物無窮之變，則其目之欲色、耳之欲聲、口之欲味、鼻之欲臭、四肢之欲安佚：所以害乎其德者又豈可勝平聲。言也哉？二者相因，反覆深固，是以此德之明日益昏昧，而此心之靈其所知者不過情欲利害之私而已。是則雖曰有人之形，而實何以遠於禽獸；雖曰可以爲堯舜而參天地，而亦不能有以自充矣。然而本明之體，得之於天，終有不可得而昧者。是以雖其昏蔽之極，而介然之頃介音甲，倏然之頃也。一有覺焉，則即此空去聲。隙之中而其本體已洞然矣。問：「介然之頃一有覺焉，則其本體已洞然矣」，須是就這些覺處便致知充廣將去？朱子曰：然。如擊石之火只是些子，纔引著便可以燎原。若必欲等大覺了方去格物致知，如何等得這般時節？那箇覺是物格知至了大徹悟，到恁地時，事都了。若是介然之覺，一日之間其發也無時無數，只要人識認得操持充養將去。是以聖人施教既已養之於小學之中，而復扶又反。開之以大學之道。其必先之以格物致知之説者，所以使之即其所養之中而因其所發以啓其明之之端也；繼之以誠意正心脩身之目者，則又所以使之因其已明之端而反之於身以致其明之之實也。夫音扶。既有以啓其明之之端而又有以致其明之之實，則吾之所得於天而未嘗不明者，豈不超然無有氣質物欲之累而復得其本體之全哉？是則所謂「明明德」者，而非有所作爲於性分去聲。之外也；然其所謂「明德」者，又人人之所同得而非有我之得私也。向也俱爲物欲之所蔽，則其賢愚之分固無以大相遠者；今吾既幸有以自明矣，則視彼衆人之同得乎此而不能自明者，方且甘心迷惑没溺於卑污音烏。苟賤之中而不自知也，豈不爲去聲。之惻然而思有以救之哉？故必推吾之所自明者以及之，始於齊家，中於治國，而終及於平天下，使彼有是明德而不能自明者亦皆有以自明而去上聲。其舊染之污焉。是則所謂「新民」者，而亦非有所付畀必至反。增益之也。玉溪盧氏曰：非彼本無而我付畀之，非彼本少而我增益之，以其本體之明無不全也。然德之在己而當明與其在民而當新者，則又皆非人力之所爲；而吾之所以明而新之者，又非可以私意苟且而爲也。是其所以得之於天而見形甸反。於日用之間者，固已莫不各有本然一定之則。西山真氏曰：則者，法也。天下之理皆天實爲之，莫不有一定之法，非人力所可增損，故曰「則」。○玉溪盧氏曰：至善乃太極之異名而明德之本體。得之於天而有本然一定之則者，至善之體，乃吾心體統之太極；見於日用之間而各有本然一定之則者，至善之用，乃事事物物各具之太極也。程子所謂「以其義理精微之極有不可得而名者，故姑以至善目之」，而傳去聲。所謂君之仁、臣之敬、子之孝、父之慈與人交之信，乃其目之大者也。衆人之心固莫不有是，而或不能知；學者雖或知之，而亦鮮上聲。能必至於是而不去。此爲大學之教者所以慮其理雖粗上聲，略也。復而有不純，己雖粗克而有不盡，且將無以盡夫音扶。脩己治人之道，故必指是而言以爲明德新民之標的也。欲明德而新民者誠能求必至是而不容其少有過不及之差焉，則其所以去上聲。人欲而復天理者，無毫髮之遺恨矣。朱子曰：至善只是極好處，十分端正恰好，無一毫不是處，無一毫不到處。且如事君必當如舜之所以事堯而後喚做敬，治民必當如堯之所以治民而後喚做仁。不獨如此，凡理皆有箇極好處。○陳氏曰：所謂「姑以至善目之」

者，所以極形容其精微爾，非謂精微之不爲善而借此以形容之也。○又曰：自其大者言之，如仁敬慈孝，即君臣父子所當止之處。自其小者言之，如足容重、手容恭，重與恭即手足所當止之處；視思明、聽思聰，聰與明亦視聽所當止之處。大抵《大學》一篇之指，總而言之不出乎八事；而八事之要，總而言之又不出乎此三者。此愚所以斷都玩反。然以爲《大學》之綱領而無疑也。然自孟子没而道學不得其傳，世之君子各以其意之所便者爲學，於是乃有不務明其明德而徒以政教法度爲足以新民者，又有愛身獨善自謂足以明其明德而不屑乎新民者，又有略知二者之當務，顧乃安於小成、狃女九反。於近利而不求止於至善之所在者：是皆不考乎此篇之過。其能成己成物而不謬者，鮮上聲。矣。朱子曰：不務明其明德而以政教法度爲足以新民，如管仲之徒便是；自謂能明其明德而不屑於新民，如佛、老便是；略知明德新民而不求止於至善，如王通便是。看他於己分上亦甚修飾，其論爲治本末亦有條理，甚有志於斯世，只是規模淺窄，不曾就本原上著工，便做不徹。須是無所不用其極方是。古之聖賢明明德便欲無一毫私欲，新民便欲人於事事物物上皆是當也。○玉溪盧氏曰：成己謂明德，成物謂新民，不止至善，故不謬者鮮。○曰：「程子之改『親』爲『新』也，何所據？子之從之又何所考而必其然耶？且以己意輕改經文，恐非傳疑之義，奈何？」新安倪氏曰：《春秋·穀梁傳》云：「信以傳信，疑以傳疑。」此「傳疑」二字所本也。曰：若無所考而輒改之，則誠若吾子之譏矣。今「親民」云者，以文義推之則無理；「新民」云者，以傳去聲。文考之則有據。程子於此，其所以處上聲。之者亦已審矣，矧未嘗去上聲。其本文而但曰「某當作某」，是乃漢儒釋經不得已之變例，而亦何害於傳疑耶？若必以不改爲是，則世蓋有承誤踵之隴反。訛，吾禾反。心知非是而故爲穿鑿附會以求其說之必通者矣。其侮聖言而誤後學也益甚，亦何足取以爲法邪？○曰：「『知止而后有定，定而后能靜，靜而后能安，安而后能慮，慮而后能得』，何也？」曰：此推本上文之意，言明德、新民所以止於至善之由也。蓋明德、新民固皆欲其止於至善，然非先有以知夫音扶。下同。至善之所在，則不能有以得其所當止者而止之；如射者固欲其中去聲。下同。夫正鵠，正音征。鵠音谷。然不先有以知其正鵠之所在，則不能有以得其所當中者而中之也。「知止」云者，物格知至而於天下之事皆有以知其至善之所在，是則吾所當止之地也。能知所止，則方寸之間事事物物皆有定理矣。新安陳氏曰：《章句》云「知之則志有定向」，此云「事物皆有定理」，合二說其義方備。能知所止則此心光明，見得事物皆有定理，而志方有定向。理既有定，則無以動其心而能靜矣。心既能靜，則無所擇於地而能安矣。能安，則日用之間從七恭反。容閒音閑。暇，事至物來有以揆之而能慮矣。能慮，則隨事觀理，極深研幾，平聲。無不各得其所止之地而止之矣。問：「知止」與「能慮」，先生昨以比《易》中「深」與「幾」，《或問》中却兼下「極深」、「研幾」字，覺未穩。朱子曰：極深、研幾，是更審一審。當時下得未子細，要之只著得「研幾」字。○陳氏曰：物果格而無一理之不窮，無一見之不盡，則於天下之事所謂至善所當止者，皆灼然有以知之矣。○理既有定則心之所主更無外慕，凡外物皆無以動之而能靜矣；身既能安則向者知所當止之事物或接乎吾前，而吾從容以應之，自能精於慮而不錯亂矣。然既真知所止，則其必得所止，固已不甚相遠。其間四節，蓋亦推言其所以然之故有此四者，非如孔子之「志學」以至「從心」，孟子之善、信以至聖、神，實有等級之相懸，爲終身經歷之次序也。朱子曰：如「志學」至「從心」，中間許多便是大階級，步却闊。「知止」至「能得」，只如志學至立、立至不惑相似。定、静、安大抵皆相類，只是就一級中間細分耳。○某事當如此，某事當如彼，如君當仁，此是知止；事至物來對著胸中恰好底道理，將這箇去應他，此是得其所止。○曰：「『物有本末，事有終始，知所先後，則近道矣』，何也？」曰：此結上文兩節之意也。明德、新民兩物而內外相對，故曰「本末」；知止、能得一事而首尾相因，故曰「終始」。誠知先其本而後其末，先其始而後其終也，則其進爲有序而至於道也不遠矣。朱子曰：知工夫先後次第，則進爲有序，不忽近務遠、處下窺高，而其入道爲不遠矣，謂至道之近也。○黄氏曰：知所先後，方是曉得爲學之道，未能遂得夫道也。然既知其進爲之序，則有至之階矣，故云「去道不遠」。○曰：「『古之欲明明德於天下者，先治其國，欲治其國者先齊其家，欲齊其家者先脩其身，欲脩其身者先正其心，欲正其心者先誠其意，欲誠其意者先致其知，致知在格物』，何也？」曰：此言大學之序其詳如此，蓋綱領之條目也。格物、致知、誠意、正心、脩身者，明明德之事也；齊家、治國、平天下者，新民之事也。格物致知，所以求知至善之所在；自誠意以至於平天下，所以求得夫至善而止之也。朱子曰：格物、致知，是求知其所止；誠意、正心、脩身至平天下，是求得其所止。物格知至，是知所止；意誠、心正、身脩、家齊、國治、天下平，是得其所止。所謂「明明德於天下」者，自明其明德而推以新民，使天下之人皆有以明其明德也。人皆有以明其明德，則各誠其意，各正其心，各脩其身，各親其親，各長上聲。下同。其長，而天下無不平矣。問：明德之功果能若是，不亦善乎？然以堯、舜之聖，閨門之内或未盡化，況謂天下之大，能服堯、舜之化而各明其德乎？朱子曰：《大學》明明德於天下，只是且説箇規模如此。學者須有如此規模，不如此便是欠了。且如伊尹思匹夫不被其澤，如己推而納之溝中，伊尹也只大概要恁地，又如何使得無一人不被其澤？又如説「比屋可封」，也須有一家半家不恁地者，只是見得自家規模自當如此，到做不去處却無可奈何。規模自是著恁地，工夫便却用寸寸進。若無規模次第，只管去細碎處走，便入世之計功謀利處去；若有規模而又無細密工夫，又只是一箇空規模。外極規模之大，内推至於事事物物處莫不盡其工夫，此所以爲聖賢之學。○新安陳氏曰：不言各格物致知者，民可使由不可使知之意也。親親長長，即齊家之大者。然天下之本在國，故欲平天下者必先有以治其國；國之本在家，故欲治國者必先有以齊其家；家之本在身，故欲齊家者必先有以脩其身。至於身之主則心也，

一有不得其本然之正則身無所主，雖欲勉强上聲。下同。以脩之，亦不可得而脩矣。故欲脩身者必先有以正其心。而心之發則意也，一有私欲雜乎其中而爲善去上聲。惡或有未實，則心爲所累，雖欲勉强以正之，亦不可得而正矣。故欲正心者必先有以誠其意。若夫音扶。知則心之神明，妙衆理而宰萬物者也。人莫不有而或不能使其表裏洞然無所不盡，則隱微之間真妄錯雜，雖欲勉强以誠之，亦不可得而誠矣。故欲誠意者必先有以致其知。致者，推致之謂，如「喪致乎哀」之致，言推之而至於盡也。朱子曰：「神」是恁地精彩，「明」是恁地光明。○道理固本有，用知方發得出來，所以謂之「妙衆理」。妙猶言「能運用衆理」也，「運用」字有病，故只下得「妙」字。○問：宰是「主宰」之宰、「宰制」之宰。曰：主便是宰，宰便是制。○問：

知如何宰物？曰：無所知覺則不足以宰制萬物，要宰制他也須要知覺。○心之爲物，至虛至靈，神妙不測，常爲一身之主以提萬事之綱，而不可有頃刻之不存者也。一不自覺而馳騖飛揚以徇物欲於軀殼之外，則一身無主，萬事無綱，雖其俯仰顧盼之間，蓋已不自覺其身之所在。○黄氏曰：理是不動底物，不著「妙」字，如何發得許多理出來？○陳氏曰：致知言表裏洞然，以心之內外而言。知不致則無以識是非善惡之真，將從何而趨，從何而捨？必有錯認人欲作天理而不自覺者。○三山陳氏曰：欲意之誠而不始於致知，則有善否未明而誤於所向者多矣。推之而至於盡，有所用力之辭。○玉溪盧氏曰：心之神明，即所得於天而虛靈不昧者也。心固具衆理而應事物，所以妙衆理而宰事物者，非心之神明乎？其表與裏洞然無不盡，則心之用與體無不明矣。「神明」字與「虛靈」字相爲表裏。虛主理言，靈兼氣言。先言「虛」後言「靈」，見心之體不離用。神兼氣言，明主理言。先言「神」後言「明」，見心之用不離體。○新安陳氏曰：心本神明之物，知又心之所以神明者。惟神明，所以妙也。**至於天下之物，則必各有所以然之故與其所當然之則，所謂「理」也。人莫不知，而或不能使其精粗隱顯究極無餘，則理所未窮，知必有蔽，雖或勉强以致之，❶亦不可得而致矣。**朱子曰：所當然之則，如君之仁、臣之敬；所以然之故，如君何故用仁，臣何故用敬。如君之所以仁，蓋君是箇主腦，百姓人民皆屬他管，他自是用仁愛，非説是爲君了不得已以仁愛行之。自是合如此，若天使之然。又如父之所以慈、子之所以孝，蓋父子本同一氣，只是一人之身分成兩箇，其恩愛相屬，自有不期然而然者。其他大倫皆然，皆天理使之如此，豈容强爲哉？○玉溪盧氏曰：粗也，顯也，即事物當然之則也；精也，隱也，即事物所以然之故也。○新安陳氏曰：所當然之則，理之實處；所以然之故，乃其上一層，理之源頭也。**故致知之道，在乎即事觀理**

❶「或」，四庫本、孔本、陸本及《四書或問》、宋趙順孫《四書纂疏》、真德秀《四書集編》、元詹道傳《四書纂箋》作「欲」。

以格夫物。格者，極至之謂，如「格于文祖」之格，見《書·舜典》。言窮之而至其極也。栝蒼葉氏曰：但能隨事觀理，盡與理會，卒之天下事物之理不惟知得一件兩件，若隱若顯，蓋將無所不知矣；一事一物之間不惟知得一分兩分，若精若粗，蓋將無所不知矣。此《大學》之條目，聖賢相傳所以教人爲學之次第，至爲纖悉。然漢魏以來，諸儒之論未聞有及之者。至唐韓子名愈，字退之。乃能援音袁。以爲説而見形甸反。於《原道》之篇，則庶幾其有聞矣。然其言極於正心誠意而無曰致知格物云者，則是不探音貪。其端而驟語其次，亦未免於「擇焉不精，語焉不詳」之病矣，何乃以是而議荀、揚哉？韓《文集》：「荀與揚也，擇焉而不精，語焉而不詳。」○荀子，名况，字卿，戰國時趙人也。揚子，名雄，字子雲，西漢成都人也。各有所著之書，今傳於世。○朱子曰：《原道》舉《大學》，却不説格物致知；蘇氏《古史》舉《中庸》「不獲乎上」，却不説明善誠身：這樣都是無頭學問。○

曰：「『物格而后知至，知至而后意誠，意誠而后心正，心正而后身脩，身脩而后家齊，家齊而后國治，國治而后天下平』，何也？」曰：此覆説上文之意也。物格者，事物之理各有以詣其極而無餘之謂也。理之在物者既詣其極而無餘，則知之在我者亦隨所詣而無不盡矣。知無不盡，則心之所發能一於理而無自欺矣。意不自欺，則心之本體物不能動而無不正矣。心得其正，則身之所處上聲。不至陷於所偏而無不脩矣。身無不脩，則推之天下、國家亦舉而措之耳，豈外此而求之智謀功利之末哉？曰：「篇首之言『明明德』以『新民』爲對，則固專以自明爲言矣，後段於平天下者，復扶又反。以『明明德』言之，則似新民之事亦在其中。何其言之不一而辨之不明邪？」曰：篇首三言者，《大學》之綱領也；而以其賓主對待、先後次第言之，則明明德者又三言之綱領也。至此後段然後極其體用之全而一言以舉之，以見形甸反。夫音扶。天下雖大而吾心之體無不該，事物雖多而吾心之用無不貫。蓋必析之有以極其精而不亂，然後合之有以盡其大而無餘。此又言之序也。陳氏曰：天下事物無一之不格，幽明巨細有以洞灼其表裏。其知之至也，瑩萬理於胸中，是極其所真是而不可移，非極其所真非而不容易，善極其本之所由來而無不徹，惡極其幾之所從起而無少遁。物果格，知果至，由是而往，則意極其誠而無一念之或欺，心極其正而無一息之不存，身極其脩而無一動之或偏矣。此書首三言固當無所不盡，而所謂明明德者又通爲一篇之統體。又曰：體具於方寸之間，萬物無所不備而無一物能出乎是理之外；用發於方寸之間，萬事無所不貫而無一理不行乎其事之中：此心之所以爲妙。○玉溪盧氏曰：言「明明德」與「新民」對，則《大學》之體用猶二；言明明德於天下，則《大學》之體用非二矣。吾心之體即明德之虛而具衆理者也，吾心之用即明德之靈而應萬事者也。能析之極其精而不亂，則知吾心之用無不貫矣；能合之盡其大而無餘，則知吾心之體無不該矣。不析之而遽欲合之，則有虛空恍惚之病；徒析之而不能合之，則有支離破碎之病。「必析之極其精，然後合之盡其大」，此二句其義無窮。真西山嘗誦此而繼之曰「小德川流，大德敦化」，又繼之曰「吾道一以貫之」，其旨深矣。○曰：「『自天子以至於庶人，一是皆以脩身爲本，其本亂而末治者否矣，其所厚者薄而其所薄者厚未之有也』，何也？」曰：此結上文兩節之意也。以「身」對「天下」、「國家」而言，則身爲本而天下國家爲末；以「家」對「國」與「天下」而言，則其理雖未嘗不一，然其厚薄之分亦不容無等差楚宜反。矣。故不能格物致知以誠意正心而脩其身，則本必亂而末不可治；不親其親，不長上聲。下同。其長，則所厚者薄而無以及人之親長：此皆必然之理也。孟子所謂「於所厚者薄，無所不薄」，其言蓋亦本於此云。三山陳氏曰：脩身者，自格物致知誠意正心而積也。不如是則身不可脩，身之不脩則其本亂矣。本之既亂，如國家何？事父母而不能孝，事兄長而不能弟，則是於其所厚者薄矣。所厚者猶薄，奚望其親天下之親、長天下之長哉？ ○曰：「治國平天下者，天子諸侯之事也，卿大夫以下蓋無與音預。焉。今《大學》之教乃例以『明明德於天下』爲言，豈不爲思出其位，犯非其分去聲。而何以得爲如字。爲去聲。己之學哉？」曰：天之明命，有生之所同得，非有我之得私也。是以君子之心豁呼括反。然大公，其視天下無一物而非吾心之所當愛，無一事而非吾職之所當爲。雖或勢在匹夫之賤，而所以堯舜其君堯舜其民者，亦未嘗不在其分去聲。内也。又況大學之教，乃爲去聲。天子之元子衆子、公侯卿大夫士之適音的。子與國之俊選去聲。而設。是皆將有天下國家之責而不可辭者，則其所以素教而預養之者，安得不以天下國家爲己事之當然而預求有以正其本、清其源哉？後世教學不明，爲人君父者慮不足以及此而苟徇於目前，是以天下之治去聲。日常少，亂日常多，而敗國之君、亡家之主常接迹於當世，亦可悲矣！論者不此之監而反以聖法爲疑，亦獨何哉？大抵以學者而視天下之事以爲己事之所當然而爲之，則雖甲兵錢穀籩豆有司之事皆爲去聲。己也；以其可以求知於世而爲之，則雖割股廬墓、弊車羸力爲反。馬，亦爲去聲。下同。人耳。善乎，張子敬夫之言曰：張子，名栻，字敬夫，號南軒，廣漢人。乃朱子同志之友也。「爲己者，無所爲而然者也。」此其語意之深切，蓋有前賢所未發者。學者以是而日自省悉井反。焉，則有以察乎善利之間而無毫釐之差矣。問爲己爲人一條。朱子曰：這須要自看。如一日之間，小事大事只道我合當做便如此做，這便是無所爲。如讀書只道自家合當如此讀，合當如此理會身己，纔説要人知，便是有所爲。如世上人纔讀書，便安排這箇好做時文，此又爲人之甚者。○如甲兵錢穀籩豆有司，到當自家理會便理會，不是爲别人了理會。如割股廬墓，一是不忍其親之病，一是不忍其親之死，這都是爲己者。若因要人知了去恁地，便是爲人。○問刲股事如何。❶曰：刲股固自不是，若誠心爲之，不求人知，亦庶幾。今有以此要譽者。○南軒此言擴前聖所未發，而同於孟子性善、養氣之功者歟！

◯曰：「子謂正經蓋夫子之言而曾子述之，其傳去聲。後凡言「傳文」、「經傳」之類皆同。則曾子之意而門人記之，何以知其然也？」曰：正經辭約而理備，言近而指遠，非聖人不能及也。然以其無他左佐同。驗，且意其或出於古昔先民之言也，故疑之而不敢質。至於傳文或引曾子之言，而又多與《中庸》、《孟子》者合，則知其成於曾氏門人之手而子思以授孟子無疑也。蓋《中庸》之所謂「明善」即格物致知之功，其曰「誠身」即誠意正心脩身之效也。孟子之所謂「知性」者，物格也；「盡心」者，知至也；「存心」、「養性」、「脩身」者，誠意正心脩身也。朱子曰：知性者，物格也，「物」字對「性」字；盡心者，知至也，「知」字對「心」字。○物理之極處無不到，知性也；吾心之所知無不盡，盡心也。其他如「謹獨」之云、「不慊」口簟、口劫二反。

❶「刲」，四庫本、孔本、陸本及《語類》卷一七作「割」。下一「刲」字同。

之說、義利之分、常言之序，新安倪氏曰：孟子云：「人有常言，皆曰『天下國家』，天下之本在國，國之本在家，家之本在身。」此「常言之序」也。亦無不脗武粉反，又音泯。合焉者。故程子以爲孔氏之遺書，學者之先務，而《論》、《孟》猶處上聲。其次焉，亦可見矣。曰：「程子之先是書而後《論》、《孟》，又且不及乎《中庸》，何也？」曰：是書，垂世立教之大典，通爲去聲。天下後世而言者也；《論》、《孟》應機接物之微言，或因一時一事而發者也。是以是書之規模雖大，然其首尾該備而綱領可尋，節目分明而工夫有序，無非切於學者之日用。《論》、《孟》之爲去聲。人雖切，然而問者非一人，記者非一手，或先後淺深之無序，或抑揚進退之不齊，其間蓋有非初學日用之所及者。此程子所以先是書後《論》、《孟》，蓋以其難易去聲。下同。緩急言之而非以聖人之言爲有優劣也。至於《中庸》，則又聖門傳授極致之言，尤非後學之所易得而聞者。故程子之教未遽及之，豈不又以爲《論》、《孟》既通然後可以及此乎？蓋不先乎《大學》，無以提挈綱領而盡《論》、《孟》之精微；不參之《論》、《孟》，無以融貫會通而極《中庸》之歸趣。然不會其極於《中庸》，則又何以建立大本、盡性也。經綸大經立教也。而讀天下之書、論天下之事哉？以是觀之，則務講學者固不可不急於四書，而讀四書者又不可不先於《大學》，亦已明矣。今之教者乃或棄此不務而反以他說先焉，其不溺於虛空、流於功利而得罪於聖門者幾平聲。希矣。

或問：「一章而下以至三章之半，鄭本元在『沒世不忘』之下，而程子乃以次於『此謂知之至也』之文，子獨何以知其不然而遂以爲傳之首章也？」曰：以經統傳，以傳附經，則其次第可知，而二説之不然審矣。○曰：「然則其曰『克明德』者，何也？」曰：此言文王能明其德也。蓋人莫不知德之當明而欲明之，然氣禀拘之於前，物欲蔽之於後，是以雖欲明之而有不克也。文王之心渾上聲。然天理，亦無待於克之而自明矣。然猶云爾者，亦見其獨能明之而他人不能，又以見夫音扶。未能明者之不可不致其克之之功也。問：「克明德」，克，能也，《或問》中却作「能致其克之之功」，又似「克治」之「克」，如何？朱子曰：此「克」字雖訓「能」字，然「克」字重，是他人不能而文王獨能之。若只作能明德，語意便都弱了。凡字有文義一般而聲響頓異，如云「克宅心」、「克明德」之類可見。○人所以不能明其德者，何哉？蓋氣偏而失之太剛，則有所不克；氣偏而失之太柔，則有所不克。聲色之欲蔽之，則有所不克；貨利之欲蔽之，則有所不克。不獨此耳。凡有一毫之偏蔽得以害之，則有所不克。唯文王無氣禀物欲之偏蔽，故能有以勝之而無疑。○西山真氏曰：明德，人所同有，其所以爲聖愚之分者，但以克明與不能明之異爾。常人所以不能明者，一則以氣禀昏弱之故，二則以物欲蔽塞之故。雖是蔽塞之餘，若一旦悔悟，欲自明其德，亦無不可者，患在自暴自棄而不肯爲耳。○格庵趙氏曰：文王自誠而明者，故其心渾然天理，表裏澄瑩，不待克之而自明。若大賢而下未能如文王，則不可無克之之功矣。○曰：「『顧諟天之明命』，何也？」曰：人受天地之中以生，故人之明德非他也，即天之所以命我而至善之所存也。是其全體大用，蓋無時而不發見形甸反。於日用之間。陳氏曰：於寂然不動之時則合萬殊爲一本，而渾然之全體常昭融於方寸之間；及感而遂通之際則散一本爲萬殊，而縱横曲直莫非大用之所流行矣。又曰：天理本體常生生而無一息之已，而其大用亦無一息不流行乎日用之間。人惟不察於此，是以汩音骨。於人欲而不知所以自明。常目在之而真若見其參於前、倚於衡也，則成性存存而道義出矣。問：如何是體，如何是用？朱子曰：體與用不相離。且如身是體，要起行去便是用。赤子匍匐將入井，皆有怵惕惻隱之心，只此一端，體用便可見。如喜怒哀樂是用，所以喜怒哀樂是體。○若見其參前倚衡，此豈有物可見？但凡人不知省察，常行日用每與是德相忘，亦不自知其有是也。今所謂「顧諟」者，只是心裏常常存著此理，一出言，一行事，皆必有當然之則，不可失也。初豈實有一物之可見其形象耶？○問：「成性存存，道義出矣」，何如？曰：天之所命，我之所得於己，只是一箇道理，人只要存得這些在這裏。才存得在這裏，則事君必會忠，事親必會孝，見孺子入井則怵惕之心便發，見穿窬之類則羞惡之心便發，合恭敬處便自然會恭敬，合辭遜處便自然會辭遜。須要常存得此心，則便見得此性發出底都是道理。若不存得這些，待做出那箇會合道理？○西山真氏曰：成性者，言天之與我者自有渾成之性，如俗言「見成渾淪」之物是也。我但當存之又存，不令頃刻失之，則天下之道義皆從此出。道義，如事君忠、事親孝之類。○玉溪盧氏曰：天地之中，太極是已。天之命我，此也；我之明德，此也；謂之至善，亦此也。道者體，善者用。成性存存而道義出，則明德之全體大用無不明矣。○曰：「『克明峻德』，何也？」曰：言堯能明其大德也。朱子曰：人之爲德未嘗不明，而其明之爲體亦未嘗不大。但人自有以昏之，是以既不能明而又自陷於一物之小。唯堯爲能明其大德而無昏暗狹小之累，是則所謂「止於至善」。○玉溪盧氏曰：能明其大德，只是明明德到十分盡處，非明德之外有峻德也。○曰：「是三者固皆自明之事也，然其言之亦有序乎？」曰：《康誥》通言明德而已，《太甲》則明天之未始不爲人而人之未始不爲天也，《帝典》則專言成德之事而極其大焉。其言之淺深亦略有序矣。問：「天未始不爲人而人未始不爲天」，何也？朱子曰：只是言人性本無不善，而其日用之間莫不有當然之則，所謂天理也。人若每事做得是，則便合天理。天人本一理。若理會得此意，則天何嘗大，人何嘗小也？〇天即人，人即天。人之始生，得於天也；既生此人，則天又在人矣。凡語言動作視聽，皆天也。顧，是常要看得光明燦爛照在目前。〇黄氏曰：本文三引《書》，乃斷章取義以明經文「明明德」之意。其言之序則自淺而深，最爲有用。「克明德」者，泛言之；曰「顧諟」則言明之之功，曰「明命」則言明德之故；次之曰「峻德」，加一「峻」字則又見明德之極，乃所謂「止於至善」者也。

或問：「盤之有銘，何也？」曰：盤者，常用之器；銘者，自警之辭也。古之聖賢兢兢業業，固無時而不戒謹恐懼。然猶恐其有所怠忽而或忘之也，是以於其常用之器，各因其事而刻銘以致戒焉。欲其常接乎目，每警乎心，而不至於忽忘也。曰：「然則沐浴之盤，而其所刻之辭如此，何也？」曰：人之有是德，猶其有是身也。德之本明，猶其身之本潔也。德之明而利欲昏之，猶身之潔而塵垢音苟。污音烏，又去聲。之也。一旦存養省悉井反。察之功真有以去上聲。下同。其前日利欲之昏而日新焉，則亦猶其疏平聲。瀹音藥。澡音早。雪而有以去其前日塵垢之污也。然既新矣，而所以新之之功不繼，則利欲之交將復扶又反。下同。有如前日之昏，猶既潔矣而所以潔之之功不繼，則塵垢之集將復有如前日之污也。故必因其已新而日日新之，又日新之，使其存養省察之功無少間斷，間，去聲。斷，徒玩反。後凡二字相連者並同。則明德常明而不復爲利欲之昏。亦如人之一日沐浴而日日沐浴，又無日而不沐浴，使其疏瀹澡雪之功無少間斷，則身常潔清而不復爲舊染之污也。昔成湯所以反之而至於聖者，正惟有得於此。故稱其德者有曰「不邇聲色，不殖承職反。貨利」，又曰「以義制事，以禮制心」，有曰「從諫弗咈，音佛。改過不吝」，又曰「與人不求備，檢身若不及」：此皆足以見其日新之實。至於所謂「聖敬日躋」牋西反。云者，則其言愈約而意愈切矣。躋，升也。聖人能敬其德，日愈升於高明也。然本湯之所以得此，又其學於伊尹而有發焉，故伊尹自謂與湯「咸有一德」，而於復如字。政太甲之功，復扶又反。下同。以「終始惟一，時乃日新」爲丁寧之戒。蓋於是時，太甲方且自怨自艾音乂。於桐，處上聲。仁遷義而歸，是亦所謂「苟日新」者，故復推其嘗以告于湯者告之，欲其日進乎此，無所間斷，而有以繼其烈祖之成德也。其意亦深切矣。朱子曰：成湯工夫全在「敬」字上。看來大段是箇脩飭底人，故當時人說他做工夫處，如云「以義以禮」、「不邇不殖」等，可見日新之功。《或問》中所以詳載，非說道人不知，亦欲學者經心耳。○格庵趙氏曰：塵垢之污其害淺，利欲之昏其害深。塵垢之污人知求以去之，而利欲之昏則不知所以去之。唯聖人則以爲德之不可不新，甚於身之不可不潔也。且人之潔身也，既知疏瀹澡雪以去前日塵垢之污矣，然其潔之之功不繼，則塵垢復集將又如前日之污，故必日加疏瀹澡雪之功無少間斷，而後其身常潔而不污。況欲去利欲之昏而復本然之明，則存養省察之功其可一日而有間斷哉？○玉溪盧氏曰：「不邇聲色」等八句是敬之目，「聖敬日躋」一句是敬之綱。合而言之即「顧諟明命」之事也。其後周之武王踐阼存故反。之初，受師尚父丹書之戒曰：尚父，太公望呂氏，詳見《孟子·離婁上》篇。「敬勝怠者吉，怠勝敬者滅；義勝欲者從，欲勝義者凶。」問「從」字意。朱子曰：從，順也。敬便立起，怠便放倒。以理從事是義，不以理從事便是欲。這處敬與義是箇體用。○須是將敬來做本領，涵養得貫通時，纔「敬以直內」，便「義以方外」。義便有敬，敬便有義。如居仁便由義，由義便居仁。敬者，守於此而勿失之謂；義者，施於彼而合宜之謂。○西山真氏曰：武王之始踐阼也，訪丹書於太公，可謂急於聞道者矣，而太公望所告不出敬與義之一言。蓋敬則萬善俱立，怠則萬善俱廢；義則理爲之主，欲則物爲之主。上古聖人已致謹於此矣。武王聞之，若湯之戒懼而銘之器物以自警焉，蓋恐斯須不存而怠與欲得乘其隙也。○新安陳氏曰：敬、義對言，其理甚精。孔子於《坤·文言》曰：「敬以直内，義以方外。」實自此發。退而於其几席、觴豆、刀劒、户牖莫不銘焉。蓋聞湯之風而興起者。今其遺語尚幸頗見形甸反。於《禮》書，願治去聲。之君、志學之士皆不可以莫之考也。張氏存中。曰：《大戴禮·武王踐祚》篇：武王踐祚三日，召師尚父而問焉，曰：「黄帝顓帝之道可得而見與？」曰：「在丹書，王欲聞之則齊矣。」王齊三日，師尚父奉書而入，道書之言曰：「敬勝怠者吉，怠勝敬者滅；義勝欲者從，欲勝義者凶。凡事不强則枉，弗敬則不正。枉者滅廢，敬者萬世。」王聞書之言，惕若恐懼，而爲戒書於席四端爲銘焉。銘曰：「安樂必敬，無行可悔。一反一側，亦不可不志。殷監不遠，視爾所代。」鑑銘曰：「見爾前，慮爾後。」盤銘曰：「與其溺於人也，寧溺於淵。溺於淵猶可游也，溺於人不可救也。」楹銘曰：「毋曰胡殘，其禍將然；毋曰胡害，其禍將大；毋曰胡傷，其禍將長。」牖銘曰：「隨天之時，以地之財。敬祀皇天，敬以先時。」劒銘曰：「帶之以爲服，動必行德。行德則興，倍德則崩。」倍，與「背」同。銘凡十有四，今摘其辭義之易知者于此。

曰：「此言『新民』，其引此何也？」曰：此自其本而言之，蓋以是爲自新之至而新民之端也。

○曰：「《康誥》之言作『新民』，何也？」曰：武王之封康叔也，以商之餘民染紂污俗而失其本心也，故作《康誥》之書而告之以此，欲其有以鼓舞而作興之，使之振奮踴躍以去上聲。其惡而遷於善，舍上聲。其舊而進乎新也。然此豈聲色號令之所及哉？亦自新而已矣。曰：「孔氏小序以《康誥》爲成王周公之書，而子以武王言之，何也？」曰：此五峯胡氏之説也。胡氏，名宏，字仁仲，建安人。文定公安國之子也。其説見《皇王大紀》。蓋嘗因而考之，其曰「朕弟」、「寡兄」云者，皆爲武王之自言，乃得事理之實，而其他証亦多。小序之言不足深信，於此可見。然非此書大義所關，故不暇於致詳。當別爲去聲。讀書者言之耳。○曰：「《詩》之言『周雖舊邦，其命維新』，何也？」曰：言周之有邦，自后稷以來千有餘年，至于文王，聖德日新而民亦丕變，新安陳氏曰：此乃推本言之。《詩》無日新、丕變意，蓋承上文「日新」、「作新」説來。故天命之以有天下，是其邦雖舊而命則新也。蓋民之視效在君而天之視聽在民，君德既新則民德必新，民德既新則天命之新亦不旋日矣。問：天之視聽在民，與「天視自我民視，天聽自我民聽」若有不同，如何？朱子曰：天豈曾有耳目以視聽？只是自民之視聽便是天之視聽。如帝命文王，豈天諄諄然命之？只是文王要恁地便是理合恁地，便是帝命之也。又曰：若一件事，民人皆以爲是，便是天以爲是；若民人皆歸往之，便是天命也。○曰：「所謂『君子無所不用其極』者，何也？」曰：此結上文《詩》、《書》之意也。蓋《盤銘》言自新也，《康誥》言新民也，《文王》之詩，自新、新民之極也，故曰「君子無所不用其極」。極即「至善」之云也。用其極者，求其止於是而已矣。朱子曰：觀上文三引《詩》、《書》而此以「無所」二字總而結之，則於自新、新民皆欲用其極可知矣。

或問：「此引《玄鳥》之詩，何也？」曰：此以民之止於邦畿而明物之各有所止也。○曰：「引《緜蠻》之詩而系以孔子之言，孔子何以有是言也？」曰：此夫子説詩之辭也。蓋曰鳥於其欲止之時猶知其當止之處，豈可人爲萬物之靈而反不如鳥之能知所止而止之乎？其所以發明人當知止之義亦深切矣。○曰：「引《文王》之詩而繼以君臣父子與國人交之所止，何也？」曰：此因聖人之止以明至善之所在也。蓋天生烝民，有物有則，是以萬物庶事莫不各有當止之所。但所居之位不同則所止之善不一，故爲人君則其所當止者在於仁，爲人臣則其所當止者在於敬，爲人子則其所當止者在於孝，爲人父則其所當止者在於慈，與國人交則其所當止者在於信：是皆天理人倫之極致，發於人心之不容已者，而文王之所以爲法於天下可傳於後世者亦不能加毫末於是焉。但衆人類爲氣稟物欲之所昏，故不能常敬而失其所止；唯聖人之心表裏洞然，無有一毫之蔽，故連續光明，自無不敬，而所止者莫非至善，不待知所止而後得所止也。新安陳氏曰：學者必先知所止，而後方得所止。聖人安於所止，則不待先知而後得也。故傳引此《詩》而歷陳所止之實，使天下後世得以取法焉。學者於此誠有以見其發於本心之不容已者而緝熙之，使其連續光明無少間斷，則其敬止之功是亦文王而已矣。《詩》所謂「上天之載，無聲無臭」、「儀刑文王，萬邦作孚」，正此意也。

曰：「子之説《詩》，既以『敬止』之『止』爲語助之辭，而於此書又以爲所止之義，何也？」曰：古人引《詩》斷音短。章，或姑借其辭以明己意，未必皆取本文之義也。

曰：「五者之目，詞約而義該矣。子之説乃復扶又反。有所謂『究其精微之藴而推類以通之』者，何其言之衍而不切耶？」曰：舉其德之要而總名之，則一言足矣；一言，謂一字，如「仁」字、「敬」字之類。論其所以爲是一言者，則其始終本末豈一言之所能盡哉？得其名而不得其所以名，則仁或流於姑息，敬或墮於阿諛，孝或陷父而慈或敗子，且其爲信亦未必不爲尾生、白公之爲也。《莊子》：「尾生與女子期於梁下，女子不來，水至不去，抱梁柱而死。」梁，橋也。○《左傳》：哀公十六年，鄭人殺子木。楚平王太子建也。因遇讒出奔而至鄭。其子曰勝在吴，子西欲召之。楚令尹子西。曰：「吾聞勝也信而勇，不爲不利。」葉公曰：葉音攝。「周仁之謂信，率義之謂勇。吾聞勝也好復言，言之所許，必欲復行，不顧道理。而求死士，殆有私乎？復言非信也，期死非勇也，子必悔之。」弗從，使處吴竟，音境。爲白公。白，楚邑也。邑宰僭稱「公」。請伐鄭，子西許之。未起師，晉人伐鄭，楚救之。勝怒曰：「鄭人在此，讎不遠矣。」勝自厲劍，子期之子平見之曰：「王孫何自厲也？」曰：「勝以直聞。不告女，音汝。庸爲直乎？將以殺爾父。」平以告子西，子西不悛。吴人伐慎，白公敗之，請以戰備獻，許之。遂作亂，殺子西、子期于朝。又况傳之所陳，姑以見形甸反。物各有止之凡例。其於大倫之目猶且闕其二焉，苟不推類以通之，則亦何以盡天下之理哉？節齋蔡氏曰：所謂得其名而不得其所以名，若細推之，如爲人君止於仁，固同一仁也。然仁亦何止一端？生之育之固仁也，刑之威之亦仁也。若執著其仁之一端，不能隨處止其仁之所止，安得謂止於仁之至善？爲人臣止於敬，固同一敬也。然敬亦何止一端？鞠躬盡瘁固敬也，陳善閉邪亦敬也。若執著其敬之一端，不能隨處止其敬之所止，安得謂止於敬之至善？爲人子止於孝，固同一孝也。然孝亦何止一端？先意承志固孝也，幾諫不違亦孝也。若執著其孝之一端，不能隨處止其孝之所止，安得謂止於孝之至善？以至爲人父止於慈、與國人交止於信，皆當如此。而又推類以及其餘，則凡天下之事無大無小，雖千條萬緒，皆有以知其所當止而無不止於至善矣。○曰：「復扶又反。引《淇澳》之詩，何也？」曰：上言止於至善之理備矣。然其所以求之之方與其得之之驗，則未之及，故又引此詩以發明之也。夫音扶。「如切如磋」，言其所以講於學者已精而益求其精也；「如琢如磨」，言其所以脩於身者已密而益求其密也。此其所以擇善固執，擇善，即講學之事；固執，即脩身之事。日就月將而得止於至善之由也。朱子曰：「如切如磋」者，道學也；「如琢如磨」者，自脩也。既學而猶慮其未至，則復講習討論以求之。猶治骨角者既切而復磋之，切是切得一箇璞在這裏，似亦可矣，又磋之使至於滑澤，這是治骨角者之至善也。既脩而又慮其未至，則又省察克治以終之。猶治玉石者既琢而復磨之，琢是琢得一箇璞在這裏，似亦得矣，又磨之使至於精細，這是治玉石者之至善也。取此以喻君子之止於至善，既格物以求知所止矣，又日用力以求得其所止焉。○陳氏曰：「切」是窮究事物之理，逐件分析有倫有序；「磋」是講究到純熟處，道理瑩徹：所以如切而又磋。「琢」是克去物欲之私，使無瑕纇；「磨」是磨礲至那十分純粹處：所以如琢而又磨。○學是知止於至善所在，自脩是止於至善所在。○西山真氏曰：如切如磋，道學也，主知而言；如琢如磨，自脩也，主行而言：言致知力行當並進也。知到十分精處而行處有一分未密，亦未得爲至善。須是知極其至，行亦極其至，方謂之「至善」。恂慄者，嚴敬之存乎中也；威儀者，輝光之著乎外也。此其所以睟雖萃反。面盎背，施於四體，而爲止於至善之驗也。盛德至善，民不能忘，蓋人心之所同然。聖人既先得之，而其充盛宣著又如此，是以民皆仰之而不能忘也。盛德，以身之所得而言也；至善，以理之所極而言也。切磋琢磨，求其止於是而已矣。問：切、磋、琢、磨是學者事，而盛德至善乃指聖人言之，何也？朱子曰：後面說得來大，非聖人不能，此是連上文文王「於緝熙敬止」說。然聖人也不是插手掉臂做到那處，也須學始得。如孔子所謂「德之不脩，學之不講，聞義不能徙，不善不能改，是吾憂也」，此有甚緊要？聖人却憂者，何故？惟其憂之，所以爲聖人。所謂「生而知之」者便只是知得此而已。故曰：

「惟聖罔念作狂，惟狂克念作聖。」○盛德至善言聖人事，蓋渾然一理不可得而分者。但以人言則曰德，以理言則曰善，又不爲無辨矣。

曰：「切磋、琢磨，何以爲學問、自脩之別彼列反。也？」曰：骨角脉理可尋而切磋之功易，去聲。所謂「始條理」之事也；玉石渾上聲。全堅確克角反。而琢磨之功難，所謂「終條理」之事也。問：「切磋是始條理，琢磨是終條理，終條理較密否？」朱子曰：始終條理都要密。講貫而益講貫，脩飭而益脩飭。○問：琢磨後更有瑟僩赫咺，何故爲終條理之事？曰：那不是做工夫處，是成就後氣象自如此。○新安陳氏曰：此與《論語》引《詩》之意異。此以比講學之先後難易，又證之以孟子之始終條理，以見二者之當兼盡而不可偏廢也。

○曰：「引《烈文》之詩而言『前王』之『沒世不忘』，何也？」曰：賢其賢者，聞而知之，仰其德業之盛也；親其親者，子孫保之，思其覆敷救反。育之恩也；朱子曰：如孔子仰文、武之德，是賢其賢；成、康以後思其恩而保其基緒，便是親其親。樂其樂者，含哺蒲故反。鼓腹而安其樂也；利其利者，耕田鑿井而享其利也：此皆先王盛德至善之餘澤，故雖已沒世而人猶思之，愈久而不能忘也。上文之引《淇澳》以明明德之得所止言之而發新民之端也，此引《烈文》以新民之得所止言之而著明明德之效也。朱子曰：《淇澳》言明明德而可以新民，以見明明德之極功；《烈文》因言非獨一時民不能忘，而後世之民亦不能忘，以見新民之極功。

○曰：《淇澳》、《烈文》二節，鄭本元在「誠意」章後，而程子置之卒章之中，子獨何以知其不然而屬音蜀。下同。之此也？曰：二家所繫，文意不屬，音燭。故有不得而從者。且以所謂「道盛德至善，沒世不忘」者推之，則知其當屬乎此也。

或問：「『聽訟』一章，鄭本元在『止於信』之後、正心脩身之前，程子又進而寘之經文之下、『此謂知之至也』之上，子不之從而寘之於此，何也？」曰：以傳之結語考之，則其爲釋本末之義可知矣；以經之本文乘之，則其當屬音蜀。於此可見矣。二家之説有未安者，故不得而從也。

曰：「然則聽訟無訟，於明德新民之義何所當也？」曰：聖人德盛仁熟，所以自明者皆極天下之至善，故能大有以畏服其民之心志而使之不敢盡其無實之辭。是以雖其聽訟無以異於衆人，而自無訟之可聽。蓋己德既明而民德自新，則得其本之明效也。或不能然而欲區區於分爭辯訟之間以求新民之效，其亦末矣。此傳者釋經之意也。陳氏曰：聽訟，末也；明德，本也。不能明己之德而專以智能決訟者，抑末矣。

曰：「然則其不論夫終始者，何也？」曰：古人釋經，取其大略，未必如是之屑屑也。且此章之下有闕文焉，又安知其非本有而并失之也邪？

或問：「『此謂知本』，其一爲『聽訟』章之結語，則聞命矣；其一鄭本元在經文之後、『此謂知之至也』之前，而程子以爲衍文，何也？」曰：以其複音福。出而他無所繫也。曰：「『此謂知之至也』，鄭本元隨『此謂知本』繫於經文之後而下屬音蜀。下同。誠意之前，程子則去上聲。其上句之複而附此句於『聽訟知本』之章，以屬『明德』之上：是必皆有説矣。子獨何據以知其皆不盡然而有所取舍上聲。於其間邪？」曰：此無以他求爲也。考之經文，初無再論「知本」、「知至」之云者，則知屬之經後者之不然矣。觀於「聽訟」之章，既以「知本」結之，而其中間又無「知至」

之說，則知再結「聽訟」者之不然矣。且其下文所屬「明德」之章，自當爲傳文之首，又安得以此而先之乎？故愚於此皆有所不能無疑者。獨程子上句之所删，鄭氏下文之所屬，則以經傳之次求之而有合焉，是以不得而異也。曰：「然則子何以知其爲釋『知至』之結語而又知其上之當有闕文也？」曰：以文義與下文推之而知其釋「知至」也，以句法推之而知其爲結語也，以傳之例推之而知其有闕文也。○曰：「此經之序，自『誠意』以下，其義明而傳悉矣。獨其所謂『格物致知』者字義不明而傳復扶又反。下同。闕焉。且爲最初用力之地而無復上文語緒之可尋也。子乃自謂取程子之意以補之，則程子之言何以見其必合於經意，而子之言又似不盡出於程子，何邪？」曰：

或問於程子曰：「學何爲而可以有覺也？」程子曰：「學莫先於致知。能致其知則思日益明，至於久而後有覺爾。《書》所謂『思曰睿，睿作聖』，見《周書·洪範》篇。董子所謂『勉强上聲。下同。學問，則聞見博而智益明』，正謂此也。《西漢書》董仲舒廣川人。以賢良對策曰：「勉强學問，則聞見博而智益明；勉强行道，則德日起而大有功。此皆可使還至而立有效者也。」學而無覺，則亦何以學爲也哉？」朱子曰：能致知則思自然明。至於久而後有覺，是積累之多，自有箇覺悟時節。○格菴趙氏曰：知是識其所當然，覺是悟其所以然。○玉溪盧氏曰：覺者，知至之事。「思曰睿」，所以致知；「睿作聖」，則知至矣。勉强學問，所以致知；聞見博、智益明，則知至矣。或問：「忠信則可勉矣，而致知爲難，柰何？」程子曰：「誠敬固不可以不勉，然天下之理不先知之，亦未有能勉以行之者也。故《大學》之序，先致知而後誠意，其等有不可躐者。苟無聖人之聰明睿知而徒欲勉焉以踐其行事之迹，則亦安能如彼之動容周旋無不中去聲。禮也哉？惟其燭理之明，乃能不待勉彊而自樂音洛。下同。循理爾。夫音扶。下同。人之性本無不善，循理而行，宜無難者。惟其知之不至而但欲以力爲之，是以苦其難而不知其樂耳。知之而至，則循理爲樂，不循理爲不樂，何苦而不循理以害吾樂耶？昔嘗見有談虎傷人者，衆莫不聞，而其閒一人神色獨變。問其所以，乃嘗傷於虎者也。夫虎能傷人，人孰不知？然聞之有懼有不懼者，知之有真有不真也。學者之知道，必如此人之知虎，然後爲至耳。若曰知不善之不可爲而猶或爲之，則亦未嘗真知而已矣。」朱子曰：今人有知不善之不當爲，及臨事又爲之，只是知之未至。人知烏喙之殺人不可食，斷然終於不食，是真知之也。知不善不可爲而猶或爲之，是特未能真知也。所以未能真知者，緣於道理上只就外面理會，裏面却未理會得十分瑩淨。此兩條者，皆言格物致知所以當先而不可後之意也。又有問進脩之術何先者，程子曰：「莫先於正心誠意。然欲誠意，必先致知；而欲致知，又在格物。致，盡也；格，至也。凡有一物，必有一理。窮而至之，所謂『格物』者也。然而格物亦非一端。如或讀書講明道義，或論古今人物而別彼列反。其是非，或應接事物而處上聲。其當去聲。否：皆窮理也。」朱子曰：格物之理，所以致我之知。○而今且只就事物上格去。如讀書便就文字上格，聽人說話便就說話上格，接物便就接物上格：精粗大小都要格，久後貫通，粗底便是精，小底便是大，這便是理之「一本」處。○陳氏曰：事事物物固皆有理，而聖賢書中又見成理義所萃而皆事物之則也。在初學者窮理工夫，先且就聖賢言語實處爲準則，於幽閒静一之中虛心而詳玩，隨章逐句一一實下講明工夫。果實有得，則是非邪正大分已明，而胸中權度稍定，然後次而及於論古今人物以相參質，則其褒貶去取方可有定論。最其後也，乃及於應接事物更相證訂，則其裁處剖決方中節而不至於差謬，故以我之見有以照彼之情，而歷練感觸處有以長吾之見，內外交相發，將何所往而非吾窮格之益也？程子之言，其有序矣。曰：「格物者，必物物而格之耶，將止格一物而萬理皆通邪？」曰：「一物格而萬理通，雖顔子亦未至此。惟今日而格一物焉，明日又格一物焉，積習既多，然後脱然有貫通處耳。」朱子曰：一日一件者，格物工夫次第也；脱然貫通者，知至效驗極致也。不循其序而遽責其全，則爲自罔；但求粗曉而不期貫通，則爲自畫。○程子此語便是真實做工夫來，不說格一件後便貫通，也不說盡格得天下物理後方始通，只云積習既多，然後脱然有箇貫通處。○問：一理通則萬理通，其說如何？曰：伊川嘗云雖顔子亦未到此，天下豈有一理通便解萬理皆通？也須積累將去。如顔子高明，不過聞一知十，亦是大段聰明了。學問却有漸，無急迫之理。○窮理者，因其所已知而及其所未知，因其所已達而及其所未達。人之良知本所固有。然不能窮理者只是足於已知已達而不能窮其未知未達，故見得一截，不曾又見得一截，此其所以於理未精也。然仍須工夫日日增加，今日既格得一物，明日又格得一物，工夫更不住地做。如左脚進得一步，右脚又進一步；右脚進得一步，左脚又進接續不已：自然貫通。○問：無事時見得是如此，臨事又做錯了，如何？曰：只是斷置不分明，所以格物便要閑時理會，不是要臨時理會。閑時看得道理分曉，則事來時斷置自易。格物只是理會未理會得底，不是從頭都要理會。如水火，人自是知其不可蹈，何曾有錯去蹈水火？格物只是理會當蹈水火與不當蹈水火，臨事時斷置教分曉。程子所謂「今日格一件，明日格一件」，亦是如此。○積習既多，自然脱然有貫通處，乃是零零碎碎湊合將來，不知不覺自然醒悟。其始固須用力，及其得之也又却不假用力。此箇事不可欲速，欲速則不達。須是慢慢做去。又曰：「自一身之中以至萬物之理，理會得多，自當豁然有箇覺處。」朱子曰：一身之中是仁義禮智、惻隱羞惡辭遜是非與視聽言動，皆所當理會。至夫萬物之榮悴與夫動植小大，這底是如何使，那底是如何用，車之可以行陸，舟可以行水，皆當理會。○玉溪盧氏曰：至豁然覺處，則一身之理與夫萬物之理通貫而爲一矣。又曰：「窮理者非謂必盡窮天下之理，又非謂止窮得一理便到，但積累魯水反。後凡言「積累」者音同。多後，自當脱然有悟處。」問：知至若論極盡處，聖賢亦難言，如孟子未學諸侯喪禮與未詳班爵之制。朱子曰：如何要一切知得？然理會得已多，萬一有插一件差異底事來，也識得他破。只是貫通，便不通底亦通將去。某舊亦有此疑。後看程子説「格物非欲窮盡天下之理，積累多後自當脱然有悟處」，方理會得。如十事已窮得八九，其一二雖未窮將來湊合都自見得。○王氏曰：右三條皆要工夫多積，自能貫通覺悟，却自是三樣。第一是漸漸格，第二是合内外格，第三是不泛不漏格。又曰：「格物非欲盡窮天下之物，但於一事上窮盡，其他可以類推。至於言孝，則當求其所以爲孝者如何。若一事上窮不得，且別窮一事。或先其易去聲。者，或先其難者，各隨人淺深。譬如千蹊萬徑皆可以適國，但得一道而入則可以推類而通其餘矣。蓋萬物各具一理而萬理同出一原，此所以可推而無不通也。」朱子曰：既是教人類推，不是窮盡一事便了。且如盡得箇孝底道理，故忠可移於君，又須盡得忠。以至兄弟、夫婦、朋友從此推之無不盡窮始得。○問：程子若一事上窮不得且別窮一事之説，與《中庸》弗得弗措相發明否？曰：看來有一樣底。若弗得弗措，一向思量這箇，少間便會擔閣了。若謂窮一事不得便掉了別窮一事，又輕忽了，也不得。程子爲見學者有恁地底，不得已説此話。○問：「致」之爲言推而致之以至於盡也。於窮不得處正當努力，豈可遷延逃避別求一事邪？曰：這是隨人之量，非曰遷延逃避也。蓋於此處既理會不得，若專一守在這裏，却轉昏了。須著別窮一事，又或可以因此而明彼也。○問：伊川説與延平李先生説如何？曰：這説自有一項難窮底事。如造化禮樂度數等卒急難曉，只得且放住。李先生説是窮理之要。若平常遇事，這一件理會未透又理會第二件，第二件理會未得又理會第三件，恁地終身不長進。○問：千蹊萬徑皆可以適國，國是譬理之一原處，不知從一事上便窮到一原處否？曰：也未解便至如此，只要以類而推。理固是一理，然其間曲折甚多。須是把這箇做樣子，却從這裏推去始得。且如事親固當盡其事之之道，若得於親是如何，不得於親又當如何。以此而推之於事君，則知得於君是如何，不得於君又當如何。推以事長亦是如此。推去莫不皆然。○萬物皆有此理，理皆同出一原。但所居之位不同，則其理之用不一。如爲君須仁，爲臣須敬，爲子須孝，爲父須慈。物物各具此理而物物各異其用，然莫非一理之流行者也。又曰：近而一身之中，遠而八荒之外，微而一草一木之衆，莫不各具此理。如此四人在坐，各有這箇道理，某不用假借於公，公不用求於某。然雖各有這一道理，又却同出於一箇理耳。如排數器水相似，這盂也是這樣水，那盂也是這樣水，各各滿足，不待求假於外。然打破放裏也只是這箇水，此所以可推而無不通也。所以謂格得多後自能貫通，只爲是一理。○玉溪盧氏曰：「一事上窮盡，他可類推」，此貫通覺悟之機也；「如言孝則求其所以爲孝者如何」，此格物致知要法；「一事上窮不得，且別窮一事」，此格物致知活法。「萬物各具一理」，萬物各具之太極也；「萬理同出一原」，萬物統體之太極也。「推而無不通」，則有脱然豁然處矣。

又曰：「物必有理，皆所當窮，若天地之所以高深、鬼神之所以幽顯是也。若曰天吾知其高而已矣，地吾知其深而已矣，鬼神吾知其幽且顯而已矣，則是已然之詞，又何理之可窮哉？」又曰：「如欲爲孝則當知所以爲孝之道，如何而爲奉養去聲。之宜，如何而爲温清七性反。之節：《禮記》：「凡爲人子者，冬温而夏清。」莫不窮究，然後能之。非獨守夫音扶。『孝』之一字而可得也。」朱子曰：聖人言孝，其實精粗本末只是一理。人皆有良知而前此未嘗知者，只爲不曾推去耳。愛親、從兄誰無是心？於此推去，則温清定省之事亦不過是。自其所知推而至於無所不知，皆由人推耳。○陳氏曰：如事親當孝，非是空守一箇「孝」字，必須窮格所以爲孝之理當如何，凡古人事親條目皆無一不講，然後可以實能盡孝。

或問：「觀物察己者豈因見物而反求諸己乎？」曰：「不必然也。物我一理，纔明彼，即曉此，此『合内外之道』也。語其大，天地之所以高厚；語其小，至一物之所以然：皆學者所宜致思也。」曰：「然則先求之四端，可乎？」曰：「求之情性，固切於身，然一草一木亦皆有理，不可不察。」朱子曰：天地之所以高厚、一物之所以然，只是舉至大與至細者言之。學者之窮理，無一物而在所遺也。○問格物須合内外始得。曰：未嘗不合。自家知得物之理如此，則因其理之自然而應之，便是合内外之理。目前事事物物皆有至理，如一草一木、一禽一獸皆有理。草木春生秋殺，好生惡死，仲夏斬陽木，仲冬斬陰木，皆是順陰陽道理。自家知得萬物均氣同體，見生不忍見死，聞聲不忍食肉，非其時不伐一木，不殺一獸，胎不殀，不覆巢：此便是合内外之道。

又曰：「致知之要，當知至善之所在，如父止於慈、子止於孝之類。若不務此而徒欲汎然以觀萬物之理，則吾恐其如大軍之遊騎，去聲。出太遠而無所歸也。」朱子曰：格物之論，伊川意雖謂眼前無非是物，然其格之也，亦須有緩急先後之序。如今爲學而不窮天理、明人倫、論聖言、通世故，乃兀然存心於一草木器用之間，此是何學問？○天下之理偪塞滿前，耳之所聞、目之所見無非物也，若之何而窮之哉？須當察之於心，使此心之理既明，然後於物之所在從而察之，則不至於汎濫矣。○「致知」一章是《大學》最初下手處。若理會透徹，後面便容易。故程子此處説得節目甚多，皆是因人之資質了説，雖若不同，其實一也。見敏者太去理會外事，則教之去父慈子孝上理會，曰若不務此而徒泛觀萬物之理，恐如遊騎出太遠而無所歸；見人專去裏面理會，則教之以求之性情固切於身，然一草木亦皆有理：要之内事外事皆是自己合當理會底。但須是六七分去裏面理會，三四分去外面理會方可。若是工夫中半時亦自不可，况在外面工夫多，在内工夫少邪？此尤不可也。

又曰：「格物莫若察之於身，其得之尤切。」朱子曰：前既説當察物理，不可專在性情，至此又言莫若察之於身爲尤切，皆是互相發處。○王氏曰：前數條是推開去用工，此兩條是收歸來用工，皆隨人偏處教他。

此九條者，皆言格物致知所當用力之地與其次第工程也。玉溪盧氏曰：用力之地者，讀書應接事物之類是也；次第工程者，今日格一物明日又格一物之類是也。

又曰：「格物窮理但立誠意以格之，其遲速則在乎人之明暗耳。」問：知至而後意誠，而程子又云「格物窮理但立誠意以格之」，何也？朱子曰：此「誠」字説較淺，未説得深處。只是確定其志，朴實去做工夫。如胡氏「立志以定其本」，便是這意。此與經文「誠意」之説不同也。又曰：誠意不立，如何能格物？所謂立誠意者只是要著實下工夫，不要若存若亡。遇一物須是真箇即此一物究極得箇道理了，方可言「格」。若「物格而後知至，知至而後意誠」，《大學》蓋言其所止之序。其始則必在於立誠。○玉溪盧氏曰：立誠意，即主敬之謂。

又曰：「入道莫如敬。未有能致知而不在敬者。」朱子曰：今人將持敬、致知來做兩事。持敬時只塊然獨坐，更不去思量，却是今日持敬，明日去思量道理也，豈可如此？但一面自持敬，一面自思量道理：二者本不相妨。○莫若且收斂身心，盡掃雜慮，令其光明洞達，方能作得主宰，方能見理。

又曰：「涵養須用敬，進學則在致知。」朱子曰：學者工夫惟在居敬、窮理二事。此二事互相發。能窮理則居敬工夫日益進，能居敬則窮理工夫日益密。○問「涵養在致知之先」。曰：涵養合下在先。古人從少以敬涵養，父兄漸教之讀書識義理。今若説待涵養了方去致知，也無限期，須兩下用工。○涵養本原，思索義理，須用齊頭做，方能互相發。程子下「須」字、「在」字，便是要齊頭著力。○問：涵養、體認，致知、力行，雖云互相發明，然畢竟當於甚處著力？曰：四者不可先後，又不可無先後，須當以涵養爲先。若不涵養而專於致知，則是徒然思索；若專於涵養而不致知，則却鶻突去了。以某觀之，四事只是三事，蓋體認便是致知也。○無事時且存養在這裏，提撕警覺不要放肆；到那講習應接，便當思量義理，用義理做將去；無事便著存養，收拾此心。又曰：「致知在乎所養，養知莫過於寡欲。」問：「養知」是既知後如此養否？朱子曰：此不分先後。未知之前若不養之，此知如何養得；既知之後若不養，又差了。不可道未知之前便不必如此。○「致知」者，推致其知識而至於盡也；「將致知」者，必先有以養其知。有以養之則所見益明，所得益固。欲養其知者惟寡欲而已矣。欲寡則無紛擾之雜而知益明矣，無變遷之患而得益固者矣。又曰：二者自是箇兩頭說話。本若無相干，但得其道則交相爲養，失其道則交相爲害。○玉溪盧氏曰：欲致知固在有所養，知既至又不可無所養。欲多則心無所養而知昏，欲寡則心有所養而知明。又曰：「格物者，適道之始。思欲格物則固已近道矣。是何也？以收其心而不放也。」新安陳氏曰：纔思量要格物，便已近道，只就格物上便可收其放心。此條與上四條微不同。此五條者，又言涵養本原之功，所以爲格物致知之本者也。凡程子之爲説者不過如此，其於「格物致知」之傳詳矣。問程子致知格物之説不同。曰：當時答問，各就其人而言之，今須是合就許多不同處來看作一意爲佳。且如既言不必盡窮天下之物，又云一草一木亦皆有理。今若以一草一木上理會，有甚了期？但其間有積習多後自當脱然有貫通處者爲切當耳。今以十事言之，若理會得七八件，則那兩三件觸類可通；若四旁都理會得，則中間所未通者其道理亦是如此。蓋長短小大，自有準則。如忽然遇一件事來時，必知某事合如此，某事合如彼，則此方來之事亦有可見者矣。聖賢於難處之事，只以數語盡其曲折，後人皆不能易者，以其於此理素明故也。又曰：所謂「格物」者，常人於此理或能知一二分，即其一二分之所知者推之，直要推到十分，窮得來無去處，方是「格物」。○問：伊川説格物致知許多項當如何看？曰：説得已自分曉。如初間説知覺及誠敬，固不可不勉。然天下之理必先知之而後有以行之，這許多説不可不格物致知。中間説物物當格及反之吾身之説，却是指出格物箇地頭如此。又曰：此項兼兩意，又見節次格處。自「立誠意以格之」以下，却是做工夫合如此。又曰：用誠敬涵養爲格物致知之本。今也尋其義理既無可疑，考其字義亦皆有據。至以他書論之，則《文言》所謂「學聚問辨」、《易·文言》：「學以聚之，問以辨之。寬以居之，仁以行之。」《中庸》所謂「明善」、「擇善」，《孟子》所謂「知性」、「知天」，又皆在乎固守力行之先，而可以驗夫音扶。《大學》始教之功爲有在乎此也。愚嘗反覆考之而有以信其必然，是以竊取其意以補傳文之缺。不然則又安敢犯不韙之罪，爲無證之言，以自託於聖經賢傳之間乎？韙音偉，是也。「犯不韙」之説出《春秋左氏傳》。曰：「然則吾子之意，亦可得而悉聞之乎？」曰：吾聞之也，天道流行，此以理言。造化發育，此以氣言。凡有聲色貌象而盈於天地之間者，皆物也；既有是物，則其所以爲是物者莫不各有當然之則而自不容已：是皆得於天之所賦而非人之所能爲也。朱子曰：物，乃形氣；則，乃理也。物之理，方爲則。○理之所當爲者自不容已，如孩提之愛，及長知敬，自有住不得處。○問：人物之生莫不得其所以生者以爲一身之主，是此性隨所生處便在否？曰：一物各具一太極。「天生烝民，有物有則」，蓋視有當視之則，聽有當聽之則。如是而視，如是而聽，便是；不如是而視，不如是而聽，便不是。謂如「視遠惟明，聽德惟聰」，能視遠謂之明，所視不遠不謂之明；能聽德謂之聰，所聽非德不謂之聰。視聽是物，聰明是則。推之至於口之於味、鼻之於臭，莫不各有當然之則。所謂窮理者，窮此而已。○玉溪盧氏曰：物者形而下之器，則者形而上之道。形而上者不出於形而下者之外，所謂「有物必有則」也。今且以其至切而近者言之，則心之爲物實主於身，其體則有仁、義、禮、智之性，其用則有惻隱、羞惡、恭敬、是非之情，渾上聲。然在中，隨感而應，各有攸主而不可亂也。西山真氏曰：圓外竅中者，心之形體，可以物言；備具衆理、神明不測者，此心之理，不可以物言。然有此形體方包得此理。〇玉溪盧氏曰：心之爲物主於身，形而下者也；其體用性情，形而上者也。渾然在中，其體初無仁、義、禮、智之分；隨感而應，其用始有惻隱等四者之別。仁爲惻隱之主，義爲羞惡之主，禮、智爲恭敬、是非之主，而皆不可亂，所謂「則」也。次而及於身之所具，則有口、鼻、耳、目、四肢之用；又次而及於身之所接，則有君臣、父子、夫婦、長幼、朋友之常：是皆必有當然之則而自不容已，所謂「理」也。玉溪盧氏曰：耳、目等乃吾身所具之物，君臣等乃吾身所接之物。「口容止」，口之則也；「氣容肅」，鼻之則也；「聽思聰，視思明」，耳、目之則也；「非禮勿動」，四肢之則也。「君臣有義」，是君臣之則；「父子有親」，是父子之則；「有別」、「有序」、「有信」，是夫婦、長幼、朋友之則：皆所謂有物必有則也。吾心之則乃此身體統一太極，❶吾身所具所接者之則乃物物各具一太極也。其體統者乃各具者之所自出，其各具者初未嘗在體統者之外也。外而至於人，則人之理不異於己也；遠而至於物，則物之理不異於人也，極其大則天地之運、古今之變不能外也，盡於小則一塵之微、一息之頃不能遺也。格菴趙氏曰：一塵之微、一息之頃不能遺者，理無物不在，無時不然。大而天地之一開一闔、古今之一否一泰，小而一塵之或飛或伏、一息之或呼或吸，皆此理之所寓也。〇新安陳氏曰：天地及一塵是橫説，古今及一息是直説。是乃上帝所降之衷、《書·湯誥》：「惟皇上帝，降衷于下民。」烝民所秉之彝，《詩·烝民》：「民之秉彝。」劉子所謂「天地之中」、《左傳》成公十三年：劉康公、成肅公會晉侯伐秦。劉、成，食采之邑名。康、肅，皆其謚也。成子受脤于社不敬，脤，市軫反，宜社之肉也。劉子曰：「吾聞之，民受天地之

❶「體統」，四庫本作「統體」。下二「體統」同。

中以生，所謂命也，是以有動作禮義威儀之則以定命也。能者養之以福，不能者敗以取禍。」夫子所謂「性與天道」、子思所謂「天命之性」、孟子所謂「仁義之心」、程子所謂「天然自有之中」、程子曰：楊子拔一毛不爲，墨子又摩頂放踵爲之，此皆是不得中。至如子莫執中，欲執此二者之中，不知怎麽執得？識得，則事事物物上皆天然有箇中在那上，不待人安排也，安排著則不中矣。張子所謂「萬物之一原」、張子，名載，字子厚。家于鳳翔府郿縣橫渠鎮。世號「橫渠先生」。○《正蒙·誠明》篇：「性者，萬物之一原，非有我之得私也。」邵子所謂「道之形體」者。邵子，名雍，字堯夫，謚康節。河南人。○「性者，道之形體」，見《擊壤集·序》。但其氣質有清濁偏正之殊，物欲有淺深厚薄之異，是以人之與物、賢之與愚相與懸絶而不能同耳。問：「降衷」、「秉彝」一段，其名雖異，要之皆是一理。朱子曰：誠是一理，豈可無分別？須各曉其名字訓義之所以異，方見其所謂同。○「衷」字只是箇無過不及之中，是箇恰好底道理。天生人物，箇箇有一副當恰好無過不及道理降與你。今人言「折衷」，「折衷」者，以中爲則而取其正也。「天生烝民，有物有則」，「則」字却似「中」字。天之生此物，必有箇當然之則，故民執之以爲常道，所以無不好此懿德。「降衷于下民」，緊要在「降」字上，故自天而言謂之「降衷」，自人受此衷而言則謂之「性」，緣各據來處與受處而言也。○問：彝而言「秉」，何也？曰：渾然一理具于吾心，不可移奪，若秉執然。○問：劉子云「天地之中」，程子云「天然自有之中」，此「中」字同否？曰：天地之中是未發之中，天然自有之中是時中。天地之中是指道體，天然自有之中是指事物之理。○「性與天道」，性便是自家底，天道便是上面腦子。其流行者是天道，人得之爲性。○諸先生説這道理，邵子説得最著實。這道理空虚無形影，惟是説「性者道之形體」，却見得實。只反諸吾身求之，是實有這道理還是無這道理。故嘗爲之説曰：欲知此道之實有者，當求之吾性分之内。邵子忽自於《擊壤集·序》内説出幾句云：「性者，道之形體也；心者，性之郛郭也；身者，心之區宇也；物者，身之舟車也。」此説極好。○氣質清濁偏正，本《正蒙》

中語，亦是將人物賢不肖智愚相對而分言之如此。若大概而論，則人清而物濁，人正而物偏。又細論之，則智乃清之清，賢乃正之正；愚乃清之濁，不肖乃正之偏。而張子所謂物有近人之性者，又濁之清、偏之正者也。物欲淺深厚薄，乃通爲衆人而言。〇陳氏曰：天命即天道之流行而賦予於物者，受於天而爲我所有，故謂之「性」。又曰：道者，事物中所當然之理，人之所共由者也；性，即在我之理具於吾心而道之所總會也。所謂「形體」正如此。〇西山真氏曰：《詩》謂「秉彝」，言衆民皆秉執此常理。孟子謂「仁義之心」，言人既得陰陽之理以爲性，則自然有仁義之心。只舉「仁義」二字者，仁包禮，義包智故也。禮是仁之著，智是義之藏。程子所謂「天然之中」，言凡百事物皆有箇恰好底道理，不可過不可不及也。張子所謂「萬物之一原」，凡人物之性皆自此流出，如百川之同一原也。以其理之同，故以一人之心而於天下萬物之理無不能知；以其稟之異，故於其理或有所不能窮也。理有未窮，故其知有不盡；知有不盡，則其心之所發必不能純於義理而無雜乎物欲之私：此其所以意有不誠，心有不正，身有不脩，而天下國家不可得而治也。昔者聖人蓋有憂之，是以於其始教，爲之小學而使之習於誠敬，則所以收其放心、養其德性者已無所不用其至矣。玉溪盧氏曰：此格物致知之本原。及其進乎大學，則又使之即夫音扶。事物之中，因其所知之理推而究之以各到乎其極，則吾之知識亦得以周遍精切而無不盡也。若其用力之方，則或考之事爲之著，或察之念慮之微；問：關於事爲者不外乎念慮，而入於念慮者往往皆是事爲，此分爲二項，意如何？朱子曰：固是都相關，然也有做在外底，也有念慮方動底。念慮方動，便須辨别那箇是正，那箇是不正：這只就始末上大約如此說。問：只就著與微上看？曰：有箇顯，有箇微。或求之文字之中，或索山客反。之講論之際：玉溪盧氏曰：此四句，格物致知之條目。使於身心性情之德、人倫日用之常，以至天地鬼神之變、鳥獸草木之宜，自其一物之中，莫不有以見其所當然而不容已與其所以然而不可易者。

朱子曰：今人未嘗看見當然而不容已者，只是就上較量一箇好惡耳。如真見得這底是我合當爲，則自有所不可已者矣。如爲臣而必忠，非是謾説如此，蓋爲臣不可以不忠；爲子而必孝，亦非是謾説如此，蓋爲子不可以不孝也。○問：「所以然而不可易者」是指理而言，「所當然而不容已者」是指人心而言否？曰：下句只是指事而言。凡事固有所當然而不容已者，然又當求其所以然者何故。其所以然者，理也。理如此，故不可易。又如人見赤子入井，皆有怵惕惻隱之心，此其事所當然而不容已者也。然其所以如此者何故？必有箇道理之不可易者。○陳氏曰：在身，謂手容合當恭、足容合當重之類；在心，如體合當寂、用合當感之類；性，如仁合當愛、義合當斷之類；情，如見赤子入井合當惻隱、見大賓客合當恭敬之類；人倫，如君合當止仁、臣合當止敬之類；日用，如居處合當恭、執事合當敬之類；天地，如天合當高、地合當厚；鬼神二氣，如陽合當伸、陰合當屈；鳥獸，如牛合當耕、馬合當乘；草木，如春合當生、秋合當殺等類：皆有理存乎其間也。○西山真氏曰：如爲君當仁、臣當敬之類，乃道理合當如此。不如此則不可，故曰「所當然」；然仁、敬等非是人力强爲，有生之初即稟此理，是乃天之所與也，故曰「所以然」。知所當然是知性，知所以然是知天，謂知其理所自來也。

必其表裏精粗無所不盡，而又益推其類以通之，至於一日脱然而貫通焉，則於天下之物皆有以究其義理精微之所極，玉溪盧氏曰：「極」即「至善」之謂。而吾之聰明睿智亦皆有以極其心之本體而無不盡矣。朱子曰：不可盡者心之事，可盡者心之理。理既盡後，謂如一物初不曾識，來到面前便識得此物，盡吾心之理。○新安陳氏曰：此格物致知之效驗。

此愚之所以補乎本傳闕文之意，雖不能盡用程子之言，然其指趣要歸，則不合者鮮上聲。矣。讀者其亦深考而實識之哉！曰：「然則子之爲學，不求諸心而求諸迹，不求之内而求之外，吾恐聖賢之學不如是之淺近而支離也。」曰：人之所以爲學，心與理而已矣。心雖主乎一身而其體之虚靈足以管乎天下之理，理雖散在萬物而其用之微妙實不外乎一人之心，初不可以内外精粗而論也。問：「用之微妙」是心之用否？朱子曰：理必有用，何必又説是心之用乎？心之體具乎是理，理則無所不該而無一物之不在，然其用實不外乎人心。蓋理雖在物而用實在心也。然或不知此心之靈而無以存之，則昏昧雜擾而無以窮衆理之妙；不知衆理之妙而無以窮之，則偏狹固滯偏，一作「褊」。而無以盡此心之全：此其理勢之相須，蓋亦有必然者。是以聖人設教，使人默識此心之靈而存之於端莊静一之中，以爲窮理之本；使人知有衆理之妙而窮之於學問思辨之際，以致盡心之功：巨細相涵，動静交養，初未嘗有内外精粗之擇。及其真積力久而豁然貫通焉，則亦有以知其渾然一致而果無内外精粗之可言矣。今必以是爲淺近支離而欲藏形匿影，别爲一種上聲。幽深恍惚、艱難阻絶之論，務使學者莽模黨反。然措其心於文字言語之外而曰道必如此然後可以得之，則是近世佛學詖淫邪遁之尤者，而欲移之以亂古人明德新民之實學，其亦誤矣！問：陸象山不取伊川格物之説，以爲若隨事討論則精神易弊，不若但求之心，心明則無不照。其説亦似省力。朱子曰：不去隨事討論，便聽他胡做，話便信口説，脚便信步行，冥冥地去都不管他。○節齋蔡氏曰：盡心者，言其心之所存，更無一毫之不盡也。然若要盡得，須先知得，所以學者要先窮理也。又曰：存此心於端莊静一之中以立其本，窮此理於學問思辨之際以達其用，反之於身以踐其實，則巨細相涵，動静交養。

及其真積力久而豁然融會，然後可以造乎一之妙。○陳氏曰：古人每言學必欲其博，所以極盡乎此心無窮之量也。所謂「盡心」者，須是盡得箇極大無窮之量，無一理之或遺，方是實能盡得心。○西山真氏曰：存心、窮理二者當表裏用工。蓋知窮理而不知存心，則思慮紛擾，物欲交攻，此心昏亂，如何窮理；但知存心而不務窮理，雖能執持靜定，亦不過如禪家之空寂而已。故必二者交進，則心無不正、理無不通。學之大端，惟此而已。○「端莊」主容貌言，「靜一」主心言，表裏交正之義。合而言之，則敬而已。○玉溪盧氏曰：存心於端莊靜一，主敬之工夫也；窮理於學問思辨，格致之工夫也。「巨」以此心言，「細」以衆理言；「動」以格物工夫言，「靜」以主敬工夫言。豁然貫通而果無內外精粗之可言，則明德明矣。○曰：「近世大儒有爲格物致知之說者，曰格猶『扞』音汗。也，『禦』也。能扞禦外物而後能知至道也。問：温公以格物爲「扞格」之格，不知「格」字有訓「扞」義否？朱子曰：亦有之，如「格鬭」之「格」是也。又有推其說者，曰人生而靜，其性本無不善，而有爲不善者，外物誘音酉。之也。所謂『格物以致其知』者，亦曰扞去上聲。外物之誘而本然之善自明耳。孔周翰說。是其爲說不亦善乎？」曰：「天生烝民，有物有則」，則、物之與道固未始相離去聲。也。格菴趙氏曰：物與理未嘗相離。若離物以求理，則空虛而無據，豈得一切扞而去之？今曰禦外物而後可以知至道，則是絕父子而後可以知孝慈，離如字。君臣而後可以知仁敬也，是安有此理哉？若曰所謂外物者不善之誘耳，非指君臣父子而言也，則夫音扶。外物之誘人，莫甚於飲食男女之欲，然推其本則固亦莫非人之所當有而不能無者也，但於其間自有天理人欲之辨而不可以毫釐力之反。正作「氂」。差耳。問：飲食之間，孰爲天理，孰爲人欲？朱子曰：飲食者，天理也；要求美味，人欲也。惟其徒有是物而不能察於吾之所以行乎其間者孰爲天理，孰爲人欲，是以無以致其克復之功而物之誘於外者得以奪乎天理之本然也。今不即物以窮其原而徒惡去聲。物之誘乎己，乃欲一切扞而去上聲。之，則是必閉口枵虛驕反。腹然後可以得飲食之正，絶滅種上聲。類然後可以全夫婦之别筆列反。也。是雖裔以制反。戎無君無父之教有不能充其説者，況乎聖人大中至正之道而得以此亂之哉？

◯曰：「自程子以格物爲窮理，而其學者傳之，見形甸反。於文字多矣。是亦有以發其師説而有助於後學者耶？」曰：程子之説，切於己而不遺於物，本於行事之實而不廢文字之功，極其大而不略其小，究其精而不忽其粗。學者循是而用力焉，則既不務博而陷於支離，亦不徑約而流於狂妄；既不舍上聲。其積累之漸，而其所謂豁然貫通者又非見聞思慮之可及也。新安陳氏曰：務博陷於支離，博物洽聞之徒；徑約流於狂妄，禪學頓悟之徒。二句説盡世人爲學之弊。是於説經之意、入德之方，其亦可謂反復芳服反。亦作「覆」。後凡言「反復」，音同。詳備而無俟於發明矣。朱子曰：博學亦非欲求異聞雜學方謂之博。博之與約，初學且須作兩途理會。一面博學，又自一面持敬守約，莫令兩下相靠，須兩路進前用工，塞斷中間，莫令相通，將來成時便自會有通處。若不如此兩下用工，成甚次第？若其門人雖曰祖其師説，然以愚考之，則恐其皆未足以及此也。蓋有以必窮萬物之理同出於一爲格物，知萬物同出乎一理爲知至。如合内外之道，則天人物我爲一；通晝夜之道，則死生幽明爲一；達哀樂音洛。好惡並去聲。之情，則人與鳥獸魚鼈爲一；求屈伸消長上聲。之變，則天地山川爲一者：似矣。呂與叔說。然其欲必窮萬物之理而專指外物，則於理之在己者有不明矣；但求衆物比類之同而不究一物性情之異，則於理之精微者有不察矣。不欲其異而不免乎四說之異，必欲其同而未極乎一原之同，則徒有牽合之勞而不睹貫通之妙矣。其於程子之說何如哉？又有以爲窮理只是尋箇是處，然必以恕爲本而又先其大者，則一處理通而觸樞玉反。處皆通者。謝顯道說。其曰尋箇是處者則得矣，而曰以恕爲本，則是求仁之方而非窮理之務也。又曰先其大者，則不若先其近者之切也。又曰一處通而一切通，則又顔子之所不能及、程子之所不敢言，非若類推積累之可以循序而必至也。朱子曰：謝氏尋箇是處之說甚好，與呂與叔必窮萬物之理同出於一爲格物、知萬物同出乎一理爲知至，其所見大段不同。但尋箇是處者須是於其一二分是處，直窮到十分是處方可。又有以爲天下之物不可勝平聲。窮，然皆備於我而非從外得也；所謂格物，亦曰反身而誠，則天下之物無不在我者：是亦似矣。楊中立說。然反身而誠乃爲物格知至以後之事，言其窮理之至無所不盡，故凡天下之理反求諸身，皆有以見其如目視耳聽、手持足行之畢具於此而無毫髮之不實耳。固非以是方爲格物之事，亦不謂但務反求諸身而天下之理自然無不誠也。《中庸》之言明善，即物格知至之事；其言誠身，即意誠心正之功。故不明乎善則有反諸身而不誠者，其功夫地位固有序而不可誣矣。今爲格物之說，又安得遽以是而爲言哉？又有以今日格一物、明日格一物爲非程子之言者，尹彦明說。

則諸家所記程子之言，此類非一，不容皆誤。且其爲説，正《中庸》學問思辨、弗得弗措之事，無所咈音佛。於理者，不知何所病而疑之也？豈其習於持敬之約而厭夫音扶。下同。觀理之煩耶，抑直以己所未聞而不信他人之所聞也？夫持敬、觀理不可偏廢，程子固已言之。若以己偶未聞而遂不之信，則以有子之似聖人，而速貧速朽之論猶不能無待於子游而後定，今又安得遽以一人之所未聞而盡廢衆人之所共聞者哉？《禮記·檀弓》：有子問於曾子曰：「問當作「聞」。喪去聲。於夫子乎？」喪，謂失位去國。曰：「聞之矣。喪欲速貧，死欲速朽。」有子曰：「是非君子之言也。」曾子曰：「參也與子游聞之。」有子曰：「然。然則夫子有爲去聲。言之也。」曾子以斯言告於子游，子游曰：「甚哉，有子之言似夫子也！昔者夫子居於宋，見桓司馬宋向戌之孫，名魋。自爲石槨，三年而不成。夫子曰：『若是其靡也，死不如速朽之愈也。』死之欲速朽，爲桓司馬言之也。南宮敬叔反，魯仲孫閲，嘗失位去國而得反。必載寶而朝。夫子曰：『若是其貨也，喪不如速貧之愈也。』喪之欲速貧，爲敬叔言之也。」曾子以子游之言告於有子，有子曰：「然，吾固曰非夫子之言也。」又有以爲物物致察而宛轉歸己，如察天行以自强，察地勢以厚德者，亦似矣。胡安國説。然其曰物物致察，則是不察程子所謂不必盡窮天下之物也。又曰宛轉歸己，則是不察程子所謂「物我一理，纔明彼即曉此」之意也。又曰察天行以自强，察地勢以厚德，則是但欲因其已定之名，擬其已著之迹，而未嘗如程子所謂「求其所以然與其所以爲者之妙」也。獨有所謂即事即物，不厭不棄，而身親格之以精其知者，爲得「致」字向裏之意。而其曰格之之道必立志以定其本，居敬以持其志，志立乎事物之表，敬行乎事物之內，而知乃可精者：胡仁仲說。又有以合乎所謂「未有致知而不在敬」者之指。但其語意頗傷急迫，既不能盡其全體規模之大，又無以見其從七恭反。容潛玩、積久貫通之功耳。朱子曰：身親格之，說得「親」字急迫，不成是倩人格？○此段本說得精，然却有病者只說得向裏來，不曾說得外面，所以語意頗傷急迫。蓋致知本廣大，須說得表裏內外周遍兼該方得。其曰「志立乎事物之表，敬行乎事物之內」，此語極好；而曰「知乃可精」，便有局促氣象。他須要就這裏便精其知，殊不知致知之道不如此急迫，須是寬其程限，大其度量，久久自然通貫。他只說得裏面一邊極精，遺了外面一邊，所以其規模之大不如程子。且看程子所說「今日格一物，明日格一物，積久自貫通」，此言該內外，寬緩不迫，有涵泳從容之意。所謂「語小，天下莫能破；語大，天下莫能載」也。○問「立志以定其本，居敬以持其志」。曰：人之爲事，必先立志以爲本。志不立則不能爲得事。雖能立志，苟不能居敬以持之，此心亦泛然而無主，悠悠終日，亦只是虛言。立志必須高出事物之表而居敬則常存於事物之中，令此敬與事物皆不相違，言也須敬，動也須敬，坐也須敬，頃刻去他不得。嗚呼，程子之言，其答問反復之詳且明也如彼，而其門人之所以爲說者乃如此！雖或僅有一二之合焉，而不免於猶有所未盡也。是亦不待七十子喪去聲。而大義已乖矣，出《家語·後序》。尚何望其能有所發而有助於後學哉？朱子曰：程子說更不可易。某當初於呂、謝、楊、尹說段段録出，句句比對，逐字秤停過，方見程子說攧撲不破，諸說挨著便成粉碎。諸說皆失了程子意。此正是入門欵，於此既差，他可知矣。○程子諸門人說得都差，不曾精曉程子之說，亦緣當時諸公所聞於程子者語意不全，所以多差。後來集諸家語録，湊起衆說，此段工夫方是渾全。然則當時親炙未爲全幸，生先生之後者未爲不幸也。間獨惟念昔聞延平先生之教，李先生，名侗，字愿中。延平人。朱子之師也。以爲：爲學之初且當常存此心，勿爲他事所勝。凡遇一事即當且就此事反復推尋以究其理，待此一事融釋脱落，然後循序少進而别窮一事。如此既久，積累之多，胸中自當有洒然處，非文字言語之所及也。詳味此言，雖其規模之大、條理之密若不逮於程子，然其功夫之漸次、意味之深切則有非他説所能及者。惟嘗實用力於此者爲能有以識之，未易去聲。以口舌争也。格菴趙氏曰：程子言若一事窮未得，且别窮一事；延平則言且就一事推尋，待其融釋脱落然後别窮一事：其言不同。蓋程子以人心各有明處有暗處，若就明處推去則易爲力，非謂一事未窮得而可貳以二、參以三也。若延平則專爲不能主一者之戒。讀者不可以辭害意。曰：「然則所謂格物致知之學與世之所謂博物洽聞者奚以異？」曰：此以反身窮理爲主而必究其本末是非之極摯，與「至」同。彼以徇外誇多爲務而不覈下革反。其表裏真妄之實。然必究其極，是以知愈博而心愈明；不覈其實，是以識愈多而心愈窒。陟力反。此正爲去聲。下同。己爲人之所以分，不可不察也。潛室陳氏曰：格物致知，研窮義理，心學也；記誦博識，口耳外馳，喪志之學也：二者正相反。

或問：「六章之旨，其詳猶有可得而言者邪？」曰：天下之道二，善與惡而已矣。然揆厥所元而循其次第，則善者天命所賦之本然，惡者物欲所生之邪穢也。是以人之常性莫不有善而無惡，其本心莫不好去聲。下並同。善而惡惡。上去聲，下如字。此後「可惡」、「其惡」、「惡之」、「不惡」、「而惡」、「好惡」，並去聲。然既有是形體之累而又爲氣稟之拘，是以物欲之私得以蔽之而天命之本然者不得而著，其於事物之理固有瞢莫中反。然不知其善惡之所在者，亦有僅識其粗而不能真知其可好可惡之極者。夫音扶。下同。不知善之真可好，則其好善也雖曰好之，而未能無不好者以拒之於内；不知惡之真可惡，則其惡惡也雖曰惡之，而未能無不惡者以挽音晚。之於中：是以不免於苟焉以自欺，而意之所發有不誠者。北溪陳氏曰：造化流行，生育賦與，更無别物，只是箇善而已。所謂善者，以實理言。人受得此理以爲善，亦本善而無惡。如外好善而内不好善，外惡惡而内不惡惡，便是不真實。一等未實見道理人，雖分明有好善之心，終是不能徹表裏。須是真知善惡分明，然後有真好真惡之功。夫好善而不誠，則非唯不足以爲善而反有以賊乎其善；惡惡而不誠，則非唯不足以去上聲。惡而適所以長上聲。乎其惡：是則其爲害也徒有甚焉，而何益之有哉？聖人於此蓋有憂之，故爲《大學》之教而必首之以格物致知之目以開明其心術，使既有以識夫善惡之所在與其可好可惡之必然矣。至此而復扶又反。進之以必誠其意之説焉，則又欲其謹之於幽獨隱微之奥以禁止其苟且自欺之萌。而凡其心之所發，如曰好善，則必由中及外無一毫之不好也；如曰惡惡，則必由中及外無一毫之不惡也。夫好善而中無不好，則是其好之也如好好色之真欲以快乎己之目，初非爲去聲。人而好之也；惡惡而中無不惡，則是其惡之也如惡惡臭之真欲以足乎己之鼻，初非爲人而惡之也。新安陳氏曰：「慊」字兼快、足之義。此以快與足分屬好惡言之，蓋對舉而互相備也。所發之實既如此矣，而須臾之頃、纖芥之微，念念相承又無敢有少間斷焉，則庶乎内外昭融，表裏澄澈而心無不正、身無不脩矣。意誠則心正身脩之本皆已在此，故於此便究言之。若彼小人，幽隱之間實爲不善而猶欲外託於善以自蓋，則亦不可謂其全然不知善惡之所在，但以不知其真可好惡而又不能謹之於獨以禁止其苟且自欺之萌，是以淪陷至於如此而不自知耳。此章之說，其詳如此，是固宜爲自脩之先務矣。然非有以開其知識之真，則不能有以致其好惡之實，故必曰「欲誠其意者先致其知」，又曰「知至而后意誠」。然猶不敢恃其知之已至而聽其所自爲也，故又曰「必誠其意」、「必謹其獨」而「毋自欺」焉：則《大學》工夫次第相承，首尾爲一而不假他術以雜乎其間，亦可見矣。後此皆然，今不復扶又反。重平聲。出也。後此皆然，如「意誠而后心正」，意既誠，又不可不正其心，「心正而后身脩」倣此。

◯曰：「然則『慊』之爲義或以爲少，又以爲恨，與此不同，何也？」曰：「慊」之爲字，有作「嗛」口簟反。者，而字書以爲口銜物也。然則「慊」亦但爲心有所銜之義，而其爲快爲足、爲恨爲少，則以所銜之異而別筆列反。下同。之耳。孟子所謂「慊於心」、樂毅所謂「慊於志」，則以銜其快與足之意而言者也；《史記·列傳》：樂毅遺燕惠王書曰：「自五伯音霸。以來，功未有及於先王者也。先王以爲慊於志。」先王，燕昭王也。孟子所謂「吾何慊」、《漢書》所謂「嗛栗姬」，《史記》、《西漢·外戚傳》：景帝立齊栗姬男爲太子，王夫人男爲膠東王。長公主嫖有女，欲與太子爲妃，栗姬謝不許；長公主欲與王夫人，夫人許之。會薄皇后廢，長公主日譖栗姬短。景帝嘗屬諸姬曰：「吾百歲後，善視之。」栗姬怒不肯，應言不遜。景帝心銜之而未發也。長公主日譽王夫人男之美，帝亦自賢之。王夫人知「嗛栗姬」，又陰使人趣大臣立栗姬爲皇后。大臣奏事文曰：「子以母貴，母以子貴。今太子母宜號爲皇后。」帝怒曰：「是乃所當言耶？」遂案誅大臣而廢太子爲臨江王，栗姬以憂死，卒立王夫人爲皇后，男爲太子。則以銜其恨與少之意而言者也。朱子曰：字有同一義而二用者，如「銜」字或爲銜恨，或爲銜恩，亦同此義。讀者各隨所指而觀之，則既並行而不悖矣。字書又以其訓快與足者讀與「愜」同，則義愈明而音又異，尤不患於無別也。

或問：「人之有心，本以應物，而此章之傳以爲有所喜怒憂懼便爲不得其正，然則其爲心也，必如槁木之不復扶又反。下同。生，死灰之不復然乃爲得其正邪？」曰：人之一心，湛丈減反。然虛明，如鑑之空，如衡之平，以爲一身之主者，固其真體之本然；真體，乃其本體之不雜於人僞者也。而喜怒憂懼隨感而應，妍蚩充之反。俯仰因物賦形者，亦其用之所不能無者也。故其未感之時，至虛至静，所謂鑑空衡平之體，雖鬼神有不得窺其際者，固無得失之可議；及其感物之際而所應者又皆中去聲。節，則其鑑空衡平之用流行不滯，正大光明，是乃所以爲天下之達道，亦何不得其正之有哉？唯其事物之來有所不察，應之既或不能無失，且又不能不與俱往，則其喜怒憂懼必有動乎中者，而此心之用始有不得其正者耳。朱子曰：人心如一箇鏡，先未有一箇影象，有物事來方始照見妍醜。若先有箇影象在裏面，如何照得？人心本是湛然虛明，事物之來，隨感而應，自然照得高下輕重。事過便當依前恁地虛，方得。若事未來先有一箇忿懥好樂恐懼憂患之心在這裏，及忿懥好樂恐懼憂患之事到來，又以這心相與衮合，便失其正。事了又只若留在這裏，如何得正？○北溪陳氏曰：感自外入，以彼物之至吾前而言；應由中出，以此心之接彼物而言。○節齋蔡氏曰：鑑之空，方能照人。若先有人形滯其中，則人之繼至者不復可得而照矣。衡之平，方能稱物。若先有物重滯於上，則物之繼至者不復可得而稱矣。以鑑空衡平喻心體之虛明，最爲精切。○陳氏曰：此章只是四者感物而應不中其節，則此心便爲四者所動而不得其正矣。若世俗心慮昏昏莫克主宰，體用動静無復準則，目隨物視，耳隨物聽，行信足步，言信口説矣。○西山真氏曰：鑑空衡平之體用，切須玩味。蓋未應物時此心只要清明虛静，不可先有一物。如鑑未照物，只是一箇空；如衡未稱物，只是一箇平。此乃心之本體，即喜、怒、哀、樂未發之中，所謂「鑑空衡平之體」也。及事物之來，隨感而應，因其可喜而喜，可怒而怒，在我本未嘗先有此心，但隨物所感而應之耳，故其發無不中節，此所謂「鑑空衡平之用」也。○徽菴程氏曰：未發之前，氣未用事，心之本體不待正而後正；發而中節，則心之用無不正，亦不待正之而後正。夫有不正而後正。心體静而未發，何待於正乎？惟此心之用發不中節，始有不正而待於正耳。《章句》曰「用之所行或失其正」，《或問》曰「此心之用不得其正」，未嘗言體之不正也。惟經之《或問》有曰「不得其本然之正」，曰「心之本體物不能動而無不正」，或者遂執之以爲正心乃静時工夫，如《中庸》未發之中、《太極圖》之「主静」，而經之所謂「定」、「静」、「安」也，傳之「心不在焉」，乃心不在腔子裏時也。殊不知聖人教人多於動處用功。格、致、誠、正、脩皆教人用功於動者，定、静、安亦非但言心之静也。若静時工夫，則戒謹恐懼而已，存之養之守之而已，不待乎正其所不正也。聖賢之動固主乎静，元亨誠之通固主乎利貞誠之復。而誠、正、脩云者，正、誠，通之事；既誠、正而脩矣，始有誠復之明。若當誠意之後，厭動而求静，棄事而冥心，收視反聽而曰「吾將以正心焉」，此乃異端之事，非吾儒事也。況「心不在焉」，亦曰心不在視則視而不見，心不在聽則聽而不聞，豈静在腔中之謂哉？《或問》所謂「本然」、「本體」亦指此心之義理而言，孟子言「本心」亦指仁義之心而言，豈一於静之謂乎？○玉溪盧氏曰：湛然虛明者，心之體；隨感而應者，心之用。如鑑之空，則妍蚩因物而空者自如；如衡之平，則俯仰因物而平者自若。真體之本然，吾心之太極也。隨感而應，則本體之真在在呈露而太極亦無不在矣。未感之時，鬼神不得窺其際，乃天下之大本，是明德之體「寂然不動」者也，寂之中有能感者存；感物之際流行不滯，正大光明，乃天下之達道，是明德之用，「感而遂通」者也，感之中未嘗無寂者存。傳者之意，固非以心之應物便爲不得其正而必如枯木死灰然後乃爲得其正也。惟是此心之靈既曰一身之主，苟得其正而無不在是，則耳目鼻口、四肢百骸莫不有所聽命以供其事，而其動静語默出入起居，唯吾所使而無不合於理。如其不然，則身在於此而心馳於彼，血肉之軀無所管攝，其不爲「仰面貪看鳥，回頭錯應人」者幾平聲。希矣。所引二句乃杜子美詩。孔子所謂「操則存，舍則亡」，孟子所謂「求其放心」、「從其大體」者，蓋皆謂此。學者可不深念而屢省悉井反。之哉？

或問：「八章之『辟』，舊讀爲『譬』，而今讀爲『僻』，何也？」曰：舊音舊説以上章例之而不合也，以下文逆之而不通也，是以間者竊以類例文意求之而得其説如此。蓋曰人之常情於此五者一有所向，則失其好去聲。下同。惡去聲。下「於惡」、「好惡」同。之平而陷於一偏，是以身有不脩，不能齊其家耳。蓋偏於愛則溺焉而不知其惡矣，偏於惡則阻焉而不知其善矣。是其身之所接，好惡取舍上聲。之間將無一當去聲。於理者。而況於閨門之内，恩常掩義，亦何以勝其情愛暱尼質反。比音鼻。之私而能有以齊之哉？北溪陳氏曰：治家非如治國。治國可用刑威，治家則刑威不可得而施，只是公其心而已。○格菴趙氏曰：閨門之内，義常不勝乎恩。情愛暱比之私，尤所難克。使一有偏焉，則長幼親疎，欲其心之齊一，不可得矣。蓋至近至密之地，一毫之僞無所容欺，此常情之所易忽而君子之所甚謹也。

曰：「凡是五者，皆身與物接所不能無而亦既有當然之則矣，今曰『一有所向便爲偏倚而身不脩』，則是必其接物之際，此心漠然都無親疎之等貴賤之別，筆列反。

然後得免於偏也。且心既正矣則宜其身之無不脩，今乃猶有若是之偏，何哉？」曰：不然也。此章之義實承上章，其立文命意大抵相似。蓋以爲身與事接而後或有所偏，非以爲一與事接而必有所偏。所謂「心正而后身脩」，亦曰心得其正乃能脩身，非謂此心一正則身不待檢而自脩也。朱子曰：《大學》所以有許多節次，正欲教人逐節用功，非如一無節之竹，使人才能格物便知平天下也。人蓋有意誠而心未正者，故於忿懥等誠不可不隨事而排遣；有心正而身未脩者，故於好惡間誠不可不隨人而節制；齊家以下皆是教人省察用功。故經之序但言心正者必自誠意而來，脩身者必自正心而來，非謂意既誠則心無事乎正，心既正則身無事乎脩也。○

曰：「親愛賤惡、畏敬哀矜，固人心之所宜有。若夫音扶。敖惰，則凶德也，曾謂本心而有如是之則哉？」曰：敖之爲凶德也，正以其先有是心，不度待洛反。所施而無所不敖爾。若因人之可敖而敖之，則是常情所宜有而事理之當然也。今有人焉，其親且舊未至於可親而愛也，其位與德未至於可畏而敬也，其窮未至於可哀而其惡未至於可賤也，其言無足去上聲。❶取而其行去聲。無足是非也，則視之泛然如塗之人而已爾。又其下者，則夫子之取瑟而歌，孟子之隱去聲。几而卧，蓋亦因其有以自取而非吾故有敖之之意，亦安得而遽謂之凶德哉？又況此章之旨，乃爲去聲。慮其因有所重而陷於一偏者發，其言雖曰有所敖惰而其意則正欲人之於此更加詳審，雖曰所當敖惰而猶不敢肆其敖惰之心也，亦何

❶「上」，四庫本、孔本作「去」。

病哉？

或問：「『如保赤子』，何也？」曰：程子有言，赤子未能自言其意而爲之母者慈愛之心出於至誠，則凡所以求其意者雖或不中去聲。而不至於大相遠矣，豈待學而後能哉？若民則非如赤子之不能自言矣而使之者反不能無失於其心，則以本無慈愛之實而於此有不察耳。傳之言此，蓋以明夫音扶。使衆之道不過自其慈幼者而推之，而慈幼之心又非外鑠式約反。而有待於强上聲。爲也。事君之孝、事長之弟亦何以異於此哉？既舉其細，則大者可知矣。細，謂慈；大，謂孝弟。○三山陳氏曰：長民者往往不得下之情，蓋亦視之不切於己，不若慈母之心耳。孝弟與慈初無二心，苟自切己推之，則舉慈可以見孝弟矣。○曰：「仁讓言家，貪戾言人，何也？」曰：善必積而後成，惡雖小而可懼，古人之深戒也。《書》所謂「爾惟德罔小，萬邦惟慶；爾惟不德罔大，墜厥宗」，亦是意爾。朱子曰：惟德罔小，言其不可小也。○三山陳氏曰：爲惡之効，捷於爲善。仁讓必積而刑於一家，而後可以化一國；貪戾則纔出於一人之身而一國已作亂矣。見爲善者不可無悠久之積，爲惡者不可有斯須之暫也。○曰：「此章本言上行下效，有不期然而然者，今曰『有諸己而后求諸人，無諸己而後非諸人』，則是猶有待於勸勉程督音篤。察也，勸也。而后化，且內適自脩而遽欲望人之皆有，己方僅免而遂欲責人以必無也。」曰：此爲去聲。治其國者言之，則推吾所有，與民共由，其條教法令之施、賞善罰惡之政固有理所當然而不可已者。但以所令反其所好則民不從，故又推本言之，欲其先成於己而有以責人，固非謂其專務脩己、都不治人而拱手以俟其自化，亦非謂其矜己之長、愧人之短而脅之以必從也。故先君子之言曰：文公父，名松，字喬年，號韋齋先生。「有諸己不必求諸人，以爲求諸人而無諸己則不可也；無諸己不必非諸人，以爲非諸人而有諸己則不可也。」正此意也。玉溪盧氏曰：有諸己而求諸人、無諸己而非諸人者，恕也；求諸人而無諸己則不可、非諸人而有諸己則不可者，必先有忠而後有恕也。曰：「然則未能有善而遂不求人之善，未能去上聲。惡而遂不非人之惡，斯不亦恕而終身可行乎哉？」曰：「恕」字之旨，以「如心」爲義。蓋曰如治己之心以治人，如愛己之心以愛人，而非苟然姑息之謂也。然人之爲心，必嘗窮理以正之，使其所以治己愛己者皆出於正，然後可以即是推之以及於人，而恕之爲道有可言者。故《大學》之傳最後兩章始及於此，則其用力之序亦可見矣。至即此章而論之，則欲如治己之心以治人者，又不過以强上聲。下同。於自治爲本。蓋能强於自治，至於有善而可以求人之善，無惡而可以非人之惡，然後推己及人，使之亦如我之所以自治而自治焉，則表端景正，「景」即「影」字，古只作「景」，至晉葛洪始加「彡」。源潔流清，而治己治人無不盡其道矣，所以終身力此而無不可行之時也。今乃不然而直欲以其不肖之身爲標準，視吾治教所當及者一以姑息待之，不相訓誥，不相禁戒，將使天下之人皆如己之不肖而淪胥以陷焉，是乃大亂之道，而豈所謂終身可行之恕哉？近世名卿之言有曰：范純仁，字堯夫，謚忠宣公。「人雖至愚，責人則明；雖有聰明，恕己則昏。苟能以責人之心責己，恕己之心恕人，則不患不至於聖賢矣。」此言近厚，世亦多稱之者。但「恕」字之義本以「如心」而得，故可以施之於人而不可以施之於己。今曰「恕己則昏」，則是已知其如此矣，而又曰以恕己之心恕人，則是既不知自治其昏而遂推以及人，使其亦將如我之昏而後已也。乃欲由此以入聖賢之域，豈不誤哉？藉令平聲。其意但爲欲反此心以施於人，則亦止可以言下章愛人之事，而於此章治人之意與夫音扶。《中庸》「以人治人」之説則皆有未合者。蓋其爲恕雖同，而一以及人爲主，一以自治爲主：則二者之間毫釐之異，正學者所當深察而明辨也。若漢之光武，亦賢君也。一旦以無罪黜其妻，其臣郅音質。惲委粉反。不能力陳大義以救其失而姑爲緩辭以慰解之，是乃所謂「不能三年而緦功是察，放飯流歠而齒決是憚」者。光武乃謂惲爲善恕己量主，則其失又甚遠而大啓爲人臣者不肯責難陳善以賊其君之罪。一字之義有所不明，而其禍乃至於此，可不謹哉？《後漢書·郅惲傳》：郭皇后廢，光武之后，以寵衰數懷懟而廢。惲乃言於帝曰：「臣聞夫婦之好，父不能得之於子，況臣能得之於君乎？是臣所不敢言。雖然，願陛下念其可否之計，無令天下有議社稷而已。」帝曰：「惲善恕己量主，知我必不有所左右而輕天下也。」○問「如心爲恕」。朱子曰：如，比也。比自家心上推去，仁之與恕，只爭些子。自然底是仁，比而推之便是恕。○問：范忠宣以恕己恕人，此語固有病。但上文先言以責人之心責己，則連下句亦未害。曰：上句自好，下句自不好。蓋才恕己便已不是。若横渠云「以愛己之心愛人則盡仁，以責人之心責己則盡道」，語便不同。蓋恕是推去底，我有是善，亦要他人有是善。推此計度之心，此乃恕也。於己不當下「恕」字。○玉溪盧氏曰：心必窮理以正之者，格物致知之事治己愛己皆出於正者，誠意正心脩身之事；即是推之；以及人者，齊家治國平天下之事也。治己愛己皆出於正，是盡己之忠即是推之以及於人，是推己之恕。忠者體，恕者用。表端源潔，忠也，景正流清，恕也。忠者，明德之事；恕者，新民之事：《大學》之道，一忠恕而已。此章言治國，下章言治國平天下，皆明明德之推而恕之事也。此章之義則欲如治己之心以治人，下章絜矩之義則欲如愛己之心以愛人。蓋治國乃平天下之本，故此章以治人言，下章以愛人言，義各有攸當也。○新安陳氏曰：《大學》傳至「治國平天下」章方言「恕」，觀此言「恕」則隱然見脩身以前之當言「忠」矣。盧氏之説正是即後之言以發明前之所未言者也。○曰：「既結上文而復扶又反。引《詩》者三，何也？」曰：古人言必引《詩》，蓋取其嗟嘆咏歌、優游厭飫依據反。有以感發人之善心，非徒取彼之文證此之義而已也。夫音扶。以此章所論齊家治國之事，文具而意足矣，復三引《詩》，非能於其所論之外別有所發明也。然嘗試讀之，則反覆吟咏之間，意味深長，義理通暢，使人心融神會，有不知手舞而足蹈者，是則引《詩》之助與音預。爲多焉。蓋不獨此，他凡引《詩》云者，皆以是求之，則引者之意可見而詩之爲用亦得矣。曰：「三《詩》亦有序乎？」曰：首言家人，次言兄弟，終言四國，亦「刑于寡妻，至于兄弟，以御于家邦」之意也。新安陳氏曰：所引《詩》見《大雅・思齊篇》，孟子嘗引之。《集註》云：「御，治也。」於「御」字無音。《詩傳》云：「御，迎也。」於「御」字音牙嫁反，當依《集註》如字讀。

或問：「上章論齊家治國之道，既以孝弟慈爲言矣，此論治國平天下之道而復扶又反。以是爲言，何也？」曰：三者，人道之大端，衆心之所同得者也。自家以及國，自國以及天下，雖有大小之殊，然其道不過如此而已。但前章專以己推而人化爲言，❶此章又申言之以見形甸反。人心之所同而不能已者如此，是以君子不唯有以化之，而又有以處上聲。下同。之也。新安陳氏曰：老老長長、恤孤躬行於上而民興孝弟、不倍於下，是有以化之絜矩，是乃處之之道也。蓋人之所以爲心者，雖曰未嘗不同，然貴賤殊勢，賢愚異稟，苟非在上之君子真知實蹈有以倡尺亮反。之，則下之有是心者亦無所感而興起矣。以上詳說「有以化之」。幸其有以倡焉而興起矣，然上之人乃或不能察彼之心而失其所以處之之道，則彼其所興起者或不得遂而反有不均之歎。是以君子察其心之所同而得夫音扶。絜矩之道，然後有以處此而遂其興起之善端也。以上詳說「有以處之」。曰：「何以言絜之爲度待洛反。下同。也？」曰：此莊子所謂「絜之百圍」、賈子所謂「度長絜大」者也。《莊子·名周。人間世》篇：「匠石之齊至于曲轅，見社櫟樹其大蔽牛，絜之百圍。」註：「絜，圍束也。是將一物圍束以爲之則也。」賈子名誼。西漢洛陽人。《過秦論》：「試使山東之國與陳涉度長絜大，比量權力，則不可同年而語矣。」前此諸儒蓋莫之省悉井反。而强上聲。訓以挈，口結反。殊無意謂。先友太史范公名如圭，文公父韋齋之友。乃獨推此以言之，而後其理可得而通也。蓋絜，度也；矩，所以爲方也。以己之心度人之心，知人之所惡去聲。下同。者不異乎己，則不敢以己之所惡者施之於人。使吾之身一處乎此，則上下四方、物我之際各得其分，去聲。不相侵越而各就其中。校音教。其所占之地，則其廣狹長短又皆平均如一，截然方正而無有餘不足之處：去聲。是則所

❶「前」，原作「首」，今據四庫本、孔本、陸本及《輯釋》、《四書或問》、《四書纂疏》、《四書纂箋》改。

謂「絜矩」者也。夫音扶。爲天下國家而所以處心制事者一出於此，則天地之間將無一物不得其所，而凡天下之欲爲孝弟不倍者皆得以自盡其心而無不均之歎矣，天下其有不平者乎？然君子之所以有此，亦豈自外至而强上聲。爲之哉？亦曰物格知至，故有以通天下之志而知千萬人之心即一人之心；意誠心正，故有以勝一己之私而能以一人之心爲千萬人之心：其如此而已矣。格庵趙氏曰：天下之志萬殊，理則一也，物格知至者能燭理，則視衆人之心猶一心而明絜矩之義；公則一致，私則萬殊，意誠心正者能克己，則以一心爲衆人之心而盡絜矩之道。一有私意存乎其間，則一膜音莫。之外便爲胡越，雖欲絜矩，亦將有所隔礙牛代反。而不能通矣。若趙由之爲守則易去聲。尉而爲尉則陵守，王肅之方於事上而好去聲。人佞己，推其所由，蓋出於此。而充其類，則雖桀紂盗跖音隻。之所爲，亦將何所不至哉？《史記·酷吏傳》：周陽由者，其父趙兼以淮南王舅父侯周陽，故因姓周陽氏。由爲郎，事孝文及景帝。景帝時爲郡守。武帝即位，吏治尚循謹甚。然由居二千石中最爲酷暴驕恣，所居郡必夷其豪，爲守視都尉如令，爲令必陵太守，奪之治。由後爲河東都尉時，與其守勝屠公勝屠，即「申屠」也。相告言罪。勝屠公當抵罪，義不受刑，自殺，而由棄市。○《魏志·王肅傳》：肅太和中拜散騎常侍。肅，字子雍。東海郡人。史評曰：「劉寔以爲肅方於事上而好下佞己，此一反也。」

曰：「然則『絜矩』之云，是則所謂恕者已乎？」曰此固前章所謂如愛己之心以愛人者也。夫子所謂「終身可行」、程子所謂「充拓音托。得去則天地變化而草木蕃，音煩。充拓不去則天地閉而賢人隱」，皆以其可以推之而無不通耳。朱子曰：推得去則物我貫通，自有箇生生無窮底意思，便有「天地變化草木蕃」氣象。天地只是這樣道理。若推不去，物我隔絶。欲利於己，不利於人；欲己之富，欲人之貧；欲己之壽，欲人之夭：似這氣象，全然閉塞隔絶了，便似「天地閉，賢人隱」。然必自其窮理正心者而推之，則吾之愛惡取舍上聲。皆得其正，而其所推以及人者亦無不得其正，是以上下四方以此度音鐸。之而莫不截然各得其分。去聲。若於理有未明而心有未正，則吾之所欲者未必其所當欲，吾之所惡者未必其所當惡，乃不察此而遽欲以是爲施於人之準則，則其意雖公而事則私，是將見其物我相侵、彼此交病，而雖庭除之内、跬丘弭反。步之間，亦且參、商參音森。參、商，二星名。矛盾盾，食允反。二者，皆兵器名。而不可行矣，尚何終身之望哉？是以聖賢凡言「恕」者又必以「忠」爲本，而程子亦言「忠恕兩言，如形與影，欲去上聲。其一而不可得」。蓋唯忠而後所如之心始得其正，是亦此篇先後本末之意也。所當先而爲本者，忠也；所當後而爲末者，恕也。然則君子之學，可不謹其序哉？朱子曰：忠是本體，恕是枝葉。非是别有枝葉，乃是本根中發出枝葉。○陳氏曰：大概忠恕只是一物，就中截作兩片則爲二物。蓋存諸中者既忠則發出外來便是恕，應事接物處不恕則是在我者必不十分真實，若發出忠底心便是恕底事，做成恕底事便見忠底心。○曰：「自身而家，自家而國，自國而天下，均爲推己及人之事，而傳之所以釋之者，一事自爲一説，若有不能相通焉者，何也？」曰：此以勢之遠邇、事之先後而所施有不同耳，實非有異事也。蓋必審於接物，好惡二字，並去聲。下同。不偏，然後有以正倫理、篤恩義而齊其家。其家已齊，事皆可法，然後有以立標準、胥教誨而治其國。其國已治，去聲。民知興起，然後可以推己度待洛反。物、舉此加彼而平天下：此以其遠近先後而施有不同者也。然自國以上上聲。則治於內者嚴密而精詳，自國以下則治於外者廣博而周遍，亦可見其本末實一物，首尾實一身矣：何名爲異說哉？格庵趙氏曰：嚴密精詳，所以爲廣博周遍之地。治內者疎畧苟簡，則治外者雖欲廣博周遍，得乎？〇曰：「所謂『民之父母』者，何也？」曰：君子有絜矩之道，故能以己之好惡知民之好惡，又能以民之好惡爲己之好惡也。夫音扶。好其所好而與之聚之，惡其所惡而不以施焉，則上之愛下真猶父母之愛其子矣，彼民之親其上豈不亦猶子之愛其父母哉？三山陳氏曰：父母之於子，其所好惡無有不知者，體氣同也。至於民之好惡，其君常有所不知，無他，制於形體之異耳。能絜矩則能以民之心爲心而可以父母斯民，民亦父母之矣。〇曰：「此所引《節南山》之詩，何也？」曰：言在尊位者人所觀仰，不可不謹。若人君恣己徇私，不與天下同其好惡，則爲天下僇，如桀紂幽厲也。〇曰：「得衆得國、失衆失國，何也？」曰：言能絜矩則民父母之而得衆得國矣，不能絜矩則爲天下僇而失衆失國矣。〇曰：「所謂『先慎乎德』，何也？」曰：上言有國者不可不謹，此言其所謹而當先者尤在於德也。「德」即所謂「明德」，所以謹之，亦曰格物、致知、誠意、正心以脩其身而已矣。〇曰：「此其深言務財用而失民，何也？」曰：有德而有人有土，則因天分地不患乎無財用矣；然不知本末而無絜矩之心，則未有不爭鬭其民而施之以刼奪之教者也。《易大傳》曰：「何以聚人？曰財。」《春秋外傳》曰：即《國語》。「王人者，將以導利而布之上下者也。」故財聚於上則民散於下矣，財散於下則民歸於上矣。「言悖而出者亦悖而入，貨悖而入者亦悖而出」，鄭氏以爲「君有逆命則民有逆辭，上貪於利則下人侵畔」，得其旨矣。○曰：「前既言命之不易矣，此又言命之不常，何也？」曰：以天命之重而致其丁寧之意，亦承上文而言之也。蓋善則得之者，有德而有人之謂也；不善則失之者，悖入而悖出之謂也。然則命之不常，乃人之所自爲耳，可不謹哉？○曰：「其引《秦誓》，何也？」曰：言好去聲。下同。善之利及其子孫，不好善之害流於後世，亦由絜矩與否之異也。曰：「媢疾之人誠可惡去聲。下並同。矣，然仁人惡之之深至於如此，得無疾之已甚之亂邪？」曰：小人爲惡，如字。下「惡人」、「其惡」、「善惡」，並同。千條萬端，其可惡者不但媢疾一事而已。仁人不深惡乎彼而獨深惡乎此者，以其有害於善人，使民不得被其澤，而其流禍之長及於後世而未已也。然非殺人于貨之盜則罪不至死，故亦放流之而已。然又念夫音扶。彼此之勢雖殊而苦樂音洛。之情則一，今此惡人放而不遠，則其爲害雖得不施於此，而彼所放之地其民復扶又反。何罪焉？故不敢以己之所惡施之於人，而必遠而置之無人之境以禦魑抽知反。魅音媚。而後已。蓋不惟保安善人，使不蒙其害，亦所以禁伏凶人，使不得稔其惡。雖因彼之善惡而有好惡之殊，然所以仁之之意亦未嘗不行乎其間也。此其爲禦亂之術至矣，而何致亂之有？曰：「『迸』之爲『屏』，必正反。下同。何也？」

曰：古字之通用者多矣。漢石刻詞有引「尊五美、屏四惡」者而以「尊」爲「遵」，以「屏」爲「迸」，則其證也。曰：「仁人之能愛人、能惡人，何也？」曰：仁人者，私欲不萌而天下之公在我，是以是非不謬靡幼反。而舉措得宜也。○曰：「『命』之爲『慢』與其爲『怠』也，孰得？」曰：大凡疑義，所以決之不過乎義理、文勢、事證三者而已。今此二字欲以義理、文勢決之則皆通，欲以事證決之則無考，蓋不可以深求矣。若使其於義理、事實之大者有所鄉許亮反。背音佩。而不可以不究，猶當視其緩急以爲先後。况於此等字既兩通而於事義無大得失，則亦何必苦心極力以求之，徒費日而無所益乎？以是而推，他亦皆可見矣。曰：「好善惡好、惡，並去聲。下同。惡，如字。人之性然也。有拂人之性者，何哉？」曰：不仁之人，阿黨媢疾有以陷溺其心，是以其所好惡戾於常性如此，與民之父母能好惡人者正相反。使其能勝私而絜矩，則不至於是矣。○曰：「忠信、驕泰之所以爲得失者，何也？」曰：忠信者，盡己之心而不違於物，絜矩之本也；驕泰則恣己徇私，以人從欲，不得與人同好惡矣。○曰：「上文深陳財用之失民矣，此復扶又反。言生財之道，何也？」曰：此所謂有土而有財者也。夫音扶。《洪範》八政，食貨爲先；見《尚書·洪範》篇三「八政」疇。子貢問政而夫子告之，亦以足食爲首。蓋生民之道不可一日而無者，聖人豈輕之哉？特以爲國者以利爲利，則必至於剥民以自奉而有悖出之禍，故深言其害以爲戒耳。至於崇本節用，崇本，生之衆、爲之疾也；節用，食之寡、用之舒也。有國之常政，所以厚下而足民者則固未嘗廢也。吕氏之説得其旨矣。吕説已見《章句》中。有子曰：「百姓足，君孰與不足？」孟子曰：「無政事則財用不足。」正此意也。然孟子所謂政事，則所以告齊、梁之君使之制民之産者是已，豈若後世頭會古外反。箕斂、力驗反。厲民自養之云哉？《前漢書·陳餘傳》：秦爲亂政，外内騷動，百姓罷敝。罷音疲。頭會箕斂以供軍費。秦吏到民家計人頭數以箕斂之而供軍需。財匱力盡。○曰：「『仁者以財發身，不仁者以身發財』，何也？」曰：仁者不私其有，故財散民聚而身尊；不仁者惟利是圖，故捐身賈音古。禍以崇貨也。然亦即財貨而以其效言之爾，非謂仁者真有以財發身之意也。曰：「『未有府庫財非其財者』，何也？」曰：上好去聲。下同。仁則下好義矣，下好義則事有終矣，事有終則爲君者安富尊榮而府庫之財可長保矣：此以財發身之效也。上不好仁則下不好義，下不好義則其事不終，是將爲天下僇之不暇，而況府庫之財又豈得爲吾之財乎？若商紂以自焚而起鉅橋、鹿臺之財，德宗以出走而豐瓊林、大盈之積，皆以身發財之效也。《史記》：紂使師涓作新淫聲，北里之舞，靡靡之樂。厚賦税以實鹿臺之財，而盈鉅橋之粟。以酒爲池，縣肉爲林，爲長夜之飲。百姓怨望而諸侯有畔者。周武王於是遂率諸侯伐紂，紂亦發兵距之牧野。甲子日，紂兵敗，紂走登鹿臺，衣其寶玉衣自焚而死。武王遂斬紂頭縣之白旗，又書《武成篇》，此篇記武王功成之事。乃反商政，政由舊。散鹿臺之財，發鉅橋之粟，大賚于四海而萬姓悦服。○《唐書·陸贄傳》：始帝播遷，帝，德宗也。朱泚反，帝出走在外。府藏委棄。至是天下貢奉稍至，乃於行在夾廡署瓊林、大盈二庫，別藏貢物。贄諫以爲今師旅方殷，瘡痛呻吟之聲未息，遽以珍貢私別庫，恐羣下有所觖望，不滿所望。請悉出以賜有功、給軍賞。帝悟，即撤其署。◯曰：「其引孟獻子之言，何也？」曰：雞豚牛羊，民之所畜許六反。養以爲利者也。既已食君之禄而享民之奉矣，則不當復扶又反。與之争。此公儀子所以拔園葵、去上聲。下同。織婦，而董子因有「與之齒者去其角，傅之翼者兩其足」之喻，皆絜矩之義也。《史記》：公儀休爲魯相。食茹而美，食其菜曰茹。拔其園葵而棄之。見其家織布好而疾出其家婦，燔其機，云：「欲令農夫工女安所讎其貨乎？」讎，售也。謂食禄者不得與下民争利。◯《西漢書》：董仲舒以賢良對策曰：「夫天亦有所分。去聲。予上聲。之齒者去其角，言天生物賦予有分定。牛無上齒者則有角，其餘無角則有上齒。傅之翼者兩其足，傅，讀曰「附」。附，著也。言鳥不四足。是所受大者不得取小也。古之所予禄者不食於力，不勤於末，末謂工商之業。是亦受大者不得取小，與天同意者也。」聚斂之臣，剥民之膏血以奉上而民被其殃；盗臣，竊君之府庫以自私而禍不及下。仁者之心，至誠惻怛，當葛反。寧亡己之財而不忍傷民之力，所以「與其有聚斂之臣，寧有盗臣」，亦絜矩之義也。昔孔子以臧文仲之妾織蒲而直斥其不仁，事詳見《論語・公冶長》篇。以冉求聚斂於季氏而欲鳴鼓以聲其罪。以聖人之宏大兼容，温良博愛，而所以責二子者疾痛深切，不少假借如此，其意亦可見矣。三山陳氏曰：織紝亦儉矣，而君子疾之，以其主於利也。冉求之聚斂，未必有後世掊克之事。但聚斂藏於季氏之家而不能布之於下，則聖人疾而欲攻之，況剥民力以自富乎？◯西山真氏曰：近世所謂善理財者，何其僭乎此也？元元已病而科斂日興，不知皮將盡而毛無所附也。出新巧以籠愚民，苟邀倍稱之入，不知朝四暮三之無益也。孟子曰：「我能爲君充府庫，今之所謂『良臣』，古之所謂『民賊』也。」曰：「『國不以利爲利，以義爲利』，何也？」曰：以利爲利則上下交征、不奪不饜，以義爲利則不遺其親，不後其君，蓋惟義之安而自無所不利矣。程子曰：「聖人以義爲利。義之所安，即利之所在。」正謂此也。孟子分別筆列反。義利，拔本塞源之意，其傳蓋亦出於此云。朱子曰：只萬物皆得其分便是利。君得其爲君，臣得其爲臣，父得其爲父，子得其爲子，何利如之？這「利」字即《易》所謂「利者義之和」。利便是義之和處。○曰：「此其言『菑害並至』，『無如之何』，何也？」曰：怨已結於民心，則非一朝一夕之可解矣。聖賢深探其實而極言之，欲人有以審於未然而不爲無及於事之悔也。以此爲防，人猶有用桑羊、孔僅、宇文融、楊矜、陳京、裴延齡之徒以敗其國者。桑弘羊、楊慎矜，朱子以在宋避諱，故各去一字。○張氏存中。曰：桑弘羊，洛陽賈人之子。漢武帝朝爲治粟都尉，領大司農。盡管天下鹽鐵，後爲御史大夫。昭帝朝與燕王旦謀反，坐誅。○孔僅，漢武帝朝爲大農丞，領鹽鐵事。後爲大農令。○宇文融，辨給多詐。唐玄宗朝爲覆田勸農使，擢兵部員外郎兼侍御史，又兼租地安輯户口使，拜御史中丞。有司劾融交不逞，作威福，貶平樂尉。司農發融在汴州給隱官息錢巨萬，給事中馮紹烈深文推證。詔流嵓州，道廣州。惶恐而卒。○楊慎矜，唐玄宗朝爲御史知雜事，後授御史中丞。以蓄讖緯妖言賜死。○陳京事唐德宗。帝討李希烈，財用屈。京爲給事中，與户部侍郎趙贊請稅民屋間架，籍賈人資力，以率貸之。後以事罷爲秘書少監，卒。○裴延齡，唐德宗朝爲司農少卿領度支。取宿姦老吏與謀，以固帝幸。延齡資苛刻，專剥下附上。肆騁譎怪，時人側目。及死，人語以相安，惟帝悼不已。故陸宣公之言曰：陸公，名贄，字敬輿。蘇州嘉興人。事唐德宗，謚曰宣。其言見《奏議》。「民者邦之本，財者民之心。其心傷則其本傷，其本傷則枝幹凋瘁秦醉反。而根柢蹷居月反。拔矣。」呂正獻公之言曰：呂公，名公著，字晦叔，謚正獻。河南人。其言見《奏劄》。「小人聚斂以佐人主之欲，人主不悟，以爲有利於國而不知其終爲害也，賞其納忠而不知其大不忠也，嘉其任怨而不知其怨歸於上也。」嗚呼！若二公之言，則可謂深得此章之指者矣。有國家者可不監哉？格庵趙氏曰：興利之臣不過以聚斂爲長策，以掊克爲善謀，唯求取媚於上而不顧結怨於下。人主以其奉己之欲，悦而寵之，不知其失民心而蠹國脉，菑害並至，匪一朝一夕之可解，有必然之理者。此桑羊之徒所以誤人之天下國家至於極也。陸、吕二公之言可謂當矣。如司馬公闢善理財者不加賦之説，則亦所當知。其言曰：「天地所生財貨百物，止有此數，不在民則在官。譬如雨澤，夏澇則秋旱。」此古今之至言也。後世之臣有以言利媒人主者，其尚以《大學》此章之旨與三君子之言察之！○玉溪盧氏曰：聖賢千言萬語，其論道只在遏人欲以存天理，其論治只在進君子而退小人。

○曰：「此章之文，程子多所更平聲。下同。定，而子獨以舊文爲正者，何也？」曰：此章之義博，故傳言之詳。然其實則不過好惡、並去聲。義利之兩端而已。但以欲致其詳，故所言已足而復扶又反。更端以廣其意，是以二義相循，間去聲。見形甸反。下同。層出，有似於易置而錯陳耳。然徐而考之，則其端緒接續，脉絡貫通，而丁寧反復爲去聲。人深切之意，又自别見於言外，不可易也。必欲二説中判，以類相從，自始至終畫爲兩節，則其界辨雖若有餘，而意味或反不足：此不可不察也。

大學或問

中庸章句序

《中庸》何爲去聲。而作也？子思子憂道學之失其傳而作也。朱子曰：曾子學於孔子而得其傳，子思又學於曾子而得其所傳於孔子者。既而懼夫傳之久遠而或失其真也，於是作爲此書。○雲峯胡氏曰：唐虞三代之隆，斯道如日中天，《中庸》可無作也。至孔子時始曰「攻乎異端」，然其説猶未敢盛行。至子思時則有可憂者矣。憂異端之得肆其説，所以憂道學之不得其傳也。蓋自上古聖神繼天立極，而道統之傳有自來矣。「道統」二字爲此序綱領，後面屢提掇照應。其見形甸反。於經則「允執厥中」者，堯之所以授舜也；「人心惟危，道心惟微，惟精惟一，允執厥中」者，舜之所以授禹也。堯之一言至矣盡矣，而舜復扶又反，又也。後凡遇此字當釋爲又字之義者並同。益之以三言者，則所以明夫音扶。序中除「夫子」之「夫」如字外，並同音。堯之一言，必如是而後可庶幾平聲。也。朱子曰：「中」只是箇恰好底道理，「允」是真箇執得。堯告舜只一句，舜已曉得，所以不復更説；舜告禹又添三句，這三句是「允執厥中」以前事，是舜教禹做工夫處，便是怕禹尚未曉得，故恁地説。○舜禹相傳只就這心上理會，也只在日用動静之間求之，不是去虛空中討一箇物事來。○只是一箇心，有道理底人心，即是道心。○勿齋程氏曰：人生而静，氣未用事，未有人與道之分，但謂之心而已。感物而動，始有人心、道心之分焉。精一執中，皆是動時工夫。○雲峯胡氏曰：六經言道統之傳自《虞書》始。不有《論語》表出「堯曰允執其中」，則後世孰知舜之三言所以明堯之一言哉？朱子於《論語》「執中」無明釋，至《孟子》「湯執中」始曰「守而不失」，意可見矣。堯之執中，不可以賢者之固執例論。自堯之心推之，則聖不自聖，愈見堯之所以爲聖爾。況中無定體，儻不言「執」，人將視之如風如影，不可捕詰矣。然執之工夫只在精一上。堯授舜曰「允執厥中」，如夫子語曾子以一貫；舜授禹必由精一而後執中，是猶曾子告門人必由忠恕而達於一貫也。**蓋嘗論之，心之虛靈知覺，一而已矣。**勿齋程氏曰：虛靈心之體，知覺心之用。○格庵趙氏曰：知是識其所當然，覺是悟其所以然。**而以爲有人心、道心之異者，則以其或生於形氣之私，或原於性命之正，**問：形氣是耳、目、鼻、口、四肢之屬，未可便謂之私欲。朱子曰：但此數件事屬自家體段上，便是私有底物，不比道便公共，故上面便有箇私底根本。如飢飽寒煥之類，皆生於吾之血氣形體而他人無與焉，所謂私也。亦未便是不好，但不可一向徇之耳。○形氣非皆不善，只是靠不得。蔡季通曰：形氣之有善，皆自道心出。由道心則形氣善，不由道心，一付於形氣，則爲惡。形氣猶船也，道心猶柂也。船無柂，縱之行，有時入於波濤，有時入於安流，不可一定。惟有一柂以運之，則雖入波濤無害。故曰：「天生烝民，有物有則。」物乃形氣，則乃理也。○西山真氏曰：私，猶言「我之所獨」耳。今人言「私親」、「私恩」之類，非惡也。如六經中「遂及我私」、「言私其豵」，此類以惡言之，可乎？○雲峯胡氏曰：生，是氣已用事時方生。原是從大本上説來，就氣之中指出不雜乎氣者言之。○新安陳氏曰：有形氣之私方有人心，故曰生；自賦命受性之初便有道心，故曰原。○東陽許氏曰：人心發於氣，如耳目口鼻四肢之欲是也。然此亦是人身之所必有，但有發之正不正爾，非全不善，故但云危，謂易流入於不善而没其善也。道心發於理，如惻隱、羞惡、辭遜、是非之端是也。亦存乎氣之中，爲人心之危者晦之，故微而難見。心只是一箇心，上加「人」字、「道」字看，便見不同。若只順讀「人心」、「道心」字，却似有二心矣。謂之道則是天理之公，謂之人則是我身之私。雖我身之私，亦非全是不善。因身之所欲者發而正，即合乎道而爲道心之用矣。大抵人心可善可惡，道心全善而無惡。**而所以爲知覺者不同，**朱子曰：只是這一箇心，知覺從耳目上去便是人心，知覺從義理上去便是道心。○新安陳氏曰：前言「虛靈」、「知覺」，總心之體用而言；此單言「所以爲知覺」者，專以心之用言也。體無不同，用始有不同。知覺從形氣之私而發者曰人心，知覺從性命之正而發者曰道心，所以此只言知覺而不及虛靈。**是以或危殆而不安，**

或微妙而難見耳。朱子曰：危未便是不好，只是危險，在欲墮未墮之間，易流於不好耳；微者難明，有時發見些子，使自家見得，有時又不見了。○雲峯胡氏曰：朱子以前多便指人心爲人欲，殊不知氣以成形是之謂人，理亦賦焉是之謂道。非人無以載此道，故言道心必先言人心；非道則其爲人不過血氣之軀爾，故言人心必言道心。如飲食男女，人心也；飲食男女之得其正，道心也。人心之發，危而不安，而發之正者又微而難見，實非有兩心也。然人莫不有是形，故雖上智不能無人心；亦莫不有是性，故雖下愚不能無道心。朱子曰：道心是義理上發出來底，人心是人身上發出來底。雖聖人不能無人心，如飢食渴飲之類；雖小人不能無道心，如惻隱之心是。二者雜於方寸之間，而不知所以治之，陳氏曰：人心、道心，二者無日無時不發見呈露，非是判然不相交涉，只在人別識之。○新安陳氏曰：不知所以治之者，不知以精一之理治之也。則危者愈危，微者愈微，危愈危，流於惡；微愈微，幾於無。而天理之公卒無以勝夫人欲之私矣。朱子曰：人心之危者，人欲之萌也；道心之微者，天理之奥也。○雲峯胡氏曰：人心未便是人欲。到不知所以治之，方説得人欲。上文「形氣之私」，與「性命之正」對言，「私」字未爲不好；此云「人欲之私」，與「天理之公」對言，「私」字方是不好耳。精，則察夫二者之間而不雜也；一，則守其本心之正而不離去聲。也。朱子曰：「精」是精察分明，「一」是要守得不離。○陳氏曰：要分別二者界分分明，不相混雜，專守道心之正而無以人心二之。○雲峯胡氏曰：孟子曰「利與善之間」，所謂「間」者，猶易剖析。此所謂「二者之間」，方雜於方寸，非精以察之不可也。本心之正，即上文所謂「原於性命之正」者，蓋其本也真而静，其未發也五性具焉。此所謂「性命之正」，即吾心之正也。形既生矣，外物觸其形而動於中，於其發也始有人心、道心之異。必能專一於道心，是即「守其本心之正而不離」也。從事於斯，斯指精、一。無少間去聲。斷，徒玩反。必使道心常爲一身之主而人心每聽命焉，問人心可以無否？朱子曰：如何無得？但以道心爲主，而人心每聽道心之區處方可。○有道心而人心爲所節制，人心皆道心也。○人心是此身有知覺嗜欲者，豈能無？但爲物誘而至於陷溺則爲害爾。故聖人以爲，此人心有知覺嗜欲，然無所主宰則流而忘反，不可據以爲安，故曰「危」；道心則是義理之心，可以爲人心之主宰而人心據以爲準者也。然道心却雜出於人心之間，微而難見，故必須精之一之而後中可執。然此又非有兩心也，只是義理與人欲之辨爾。則危者安，微者著，而動静云爲自無過不及之差矣。朱子曰：不待擇於無過不及之間，自然無不中矣。○陳氏曰：如此則日用之間無往非中。凡聲之所發便合律，身之所行便合度。凡由人心而出者，莫非道心之流行。○雲峯胡氏曰：人心本危，能收斂入來則危者安；道心本微，能充拓出去則微者著。中如何執？只精一便是執之之工夫，所以朱子於此不復釋「執」字。然上文曰「守其本心之正而不離」，下一「守」字，便見得執中之功，先在「惟精」而重在「惟一」。○新安陳氏曰：朱子引《禹謨》四句以見《中庸》之宗祖，以標道統之淵源，可謂「考諸三王而不繆，百世以俟聖人而不惑」者矣。夫堯、舜、禹，天下之大聖也；以天下相傳，天下之大事也。以天下之大聖行天下之大事，而其授受之際，丁寧告戒不過如此，則天下之理豈有以加於此哉？雲峯胡氏曰：天下之理豈有以加於此者？「中」之一字，聖聖相傳之道莫加於此也；「精」、「一」二字，聖聖相傳之學莫加於此也。自是以來，聖聖相承。若成湯、文、武之爲君，皋陶、伊、傅、周、召音邵。之爲臣，既皆以此而接夫道統之傳；新安陳氏曰：若《孟子》末章所標列聖之君、聖賢之臣，見而知之、聞而知之者不過只是知此耳。「以此」之「此」指三聖相授受之説，「道統」二字再提出與前相照應。若吾夫子，則雖不得其位，而所以繼往聖，開來學，其功反有賢於堯、舜者。雲峯胡氏曰：未論六經之功有賢於堯、舜，只如此「執中」一語，夫子不於《論語》之終發之，孰知其爲堯之言？不於堯曰執中之後而繼之湯、武誓師之意與其施於政事者，又孰知夫堯、舜之授受者此中，而湯、武之征伐者亦此中也哉？姑即此一節言之，其功賢於堯、舜可知矣。然當是時，見而知之者惟顔氏、曾氏之傳得其宗。雲峯胡氏曰：夫子以前傳道統者皆得君師之位而斯道以行，夫子以後傳道統者不得君師之位而斯道以明。故明堯、舜、禹、湯、文、武之道者，夫子六經之功；而明夫子之道者，曾子《大學》、子思《中庸》之功也。○新安陳氏曰：顔子博文，精也；約禮，一也。曾子格致，精也；誠正，一也。及曾氏之再傳，而復得夫子之孫子思，則去聖遠而異端起矣。子思懼夫愈久而愈失其真也，發首二句意。於是推本堯、舜以來相傳之意，質以平日所聞父師之言，更平聲。互演以淺反。繹，音亦。作爲此書以詔後之學者。蓋其憂之也深，故其言之也切；其慮之也遠，故其説之也詳。其曰天命、率性，則道心之謂也；雲峯胡氏曰：「性」是心未發時此理具於心，「道心」是心已發時此心合乎理。○新安陳氏曰：上文云道心「原於性命之正」，可見天命謂性、率性謂道即是「道心」之謂。○東陽許氏曰：「切」言深要，「詳」言周備。「憂深」，爲道之不明也，故言之深而要；「慮遠」，恐久而復失也，故説之周而備。其曰擇善固執，則精一之謂也；朱子曰：「擇善」即「惟精」，「固執」即「惟一」。其曰君子時中，則執中之謂也。朱子曰：時中是無過不及底中，執中亦然。○雲峯胡氏曰：「執中」二字堯言之，「時中」二字夫子始言之。道不合乎中，異端之道，非堯舜之道；中不合乎時，子莫之執中，非堯舜之執中。世之相後千有餘年，而其言之不異如合符節。歷選前聖之書，所以提挈苦結反。綱維，開示蘊委粉、於問二反。奥，未有若是之明且盡者也。自是而又再傳以得孟氏，爲能推明是書以承先聖之統。此「統」字又指道統言之。○格庵趙氏曰：《中庸》深處多見於孟子，如道性善，原於天命之性也；存心、收放心，致中也；擴充其仁義之心，致和也；誠者天之道，思誠者人之道一章，其義悉本於《中庸》，尤足以見淵源之所自。及其没，而遂失其傳焉，新安陳氏曰：惟精以審擇，惟一以固守，此自堯舜以來所傳，未有他議論時先有此言，聖人心法，無以易此，後來孔門教人先後次第皆宗之。《中庸》「博學」至「明辨」，皆「惟精」也；「篤行」，「惟一」也。明善，精也；誠身，一也；顔子擇中庸便是精，得一善服膺便是一。《大學》格物致知非惟精不可，能誠意則惟一矣。學只是學此，孟子以後失其傳亦只是失此。則吾道之所寄，不越乎言語文字之間，而異端之説日新月盛，以至於老、佛之徒出，則彌近理而大亂真矣。朱子曰：便是他那道理也有相似處，只是説得來別。須是看得他那彌近理而大亂真處始得。○陳氏曰：彌近理而大亂真，甚相似而絶不同也。然非物格知至、理明義精者不足以識破。然而尚幸此書之不泯，音閔。故程夫子兄弟者出，得有所考，以續夫千載上聲。不傳之緒；音序。緒，即斯道之統緒。得有所據，以斥夫二家似是之非。老、佛二家彌近理，故似是；大亂真，本全非也。蓋子思之功於是爲大，而微程夫子則亦莫能因其語而得其心也。惜乎其所以爲説者不傳，朱子曰：明道不及爲書，伊川雖言《中庸》已成書，自以不滿其意而火之矣。而凡石氏之所輯音集。録，即石子重《集解》。僅出於其門人之所記，是以大義雖明而微言未析。至其門人所自爲説，則雖頗詳盡而多所發明，然倍音佩。其師説而淫於老、佛者亦有之矣。熹自蚤與「早」通。歲即嘗受讀而竊疑之。沈俗作「沉」，非。潛反復，芳服反。亦作「覆」。蓋亦有年。一旦恍然似有得其要領者，東陽許氏曰：裳之要、衣之領，皆是總會處。然後乃敢會衆説而折其衷。既爲去聲。定著《章句》一篇，以俟後之君子；而一二同志復取石氏書，删其繁亂，名以《輯略》；且記所嘗論辨取舍上聲。之意，別爲《或問》，以附其後：然後此書之旨支分節解，脉絡貫通，詳略相因，巨細畢舉，而凡諸説之同異得失亦得以曲暢旁通而各極其趣。東陽許氏曰：《章句》、《輯略》、《或問》三書既備，然後《中庸》之書如支體之分，骨節之解，而脉絡却相貫穿通透。雖於道統之傳不敢妄議，雖謙言不敢與道統之傳，實有不容辭其責者。然初學之士或有取焉，則亦庶乎行遠升高之一助云爾。「行遠自邇，升高自卑」，引《中庸》語以結《中庸序》尤切。○雲峯胡氏曰：《大學》中不出「性」字，故朱子於序言性詳焉；《中庸》中不出「心」字，故此序言心詳焉。淳熙己酉公時年六十。春三月戊申新安朱熹序。

讀中庸法

朱子曰：《中庸》一篇，某妄以己意分其章句。是書豈可以章句求哉？然學者之於經，未有不得於辭而能通其意者。南軒張氏曰：《中庸》一書，聖學之淵源也，體用隱顯、成己成物備矣。雖然，學者欲從事乎此，必知所從入而後可以馴致焉。其所從入奈何？子思以「不睹、不聞」之訓著于篇首，又於篇終發明「尚絅」之義，且曰「君子之所不可及者，其惟人之所不見乎」，而推極夫「篤恭」之效，其示來世可謂深切著明矣。○勉齋黄氏曰：《中庸》之書，《章句》、《或問》言之悉矣。學者未有不曉其文而能通其義者也，然此書之作，脉絡相通，首尾相應，子思子之所述非若《語》、《孟》問答之言章殊而指異也。苟徒章分句析而不得一篇之大旨，則亦無以得子思著書之意矣。程子以爲「始言一理，中散爲萬事，末復合爲一理」，朱子以「誠」之一字爲此篇之樞紐，示人切矣。○西山真氏曰：《中庸》始言天命之性，終言無聲無臭，宜若高妙矣，然曰戒慎，曰恐懼，曰謹獨，曰篤恭，則皆示人以用力之方。蓋必戒懼謹獨而後能全天性之善，必篤恭而後能造無聲無臭之境，未嘗使人馳心窈冥而不踐其實也。

又曰：《中庸》，初學者未當理會。○《中庸》之書難看。中間説鬼説神，都無理會。學者須是見得箇道理了，方可看此書將來印證。○讀書之序須是且著力去看《大學》，又著力去看《論語》，又著力去看《孟子》。看得三書了，這《中庸》半截都了，不用問人，只畧畧恁看過。不可掉了易底，却先去攻那難底。《中庸》多説無形影，説下學處少，説上達處多。若且理會文義則可矣。○讀書先須看大綱，又看幾多間架。如「天命之謂性，率性之謂道，脩道之謂教」，此是大綱。夫婦所知所能與聖人不知不能處，此類是間架。譬人看屋先看他大綱，次看幾多間，間内又有小間，然後方得貫通。勉齋黄氏曰：《中庸》自是難看。石氏所集諸家説尤亂雜未易曉，須是胸中有權衡尺度方始看得分明。今驟取而讀之，精神已先爲所亂，却不若子細將《章句》研究，令十分通曉，俟首尾該貫後，却取而觀之可也。○《中庸》與他書不同。如《論語》是一章説一事，《大學》亦然。《中庸》則大片段，須是衮讀方知首尾，然後逐段解釋，則理通矣。今莫若且以《中庸》衮讀，以《章句》子細一一玩味，然後首尾貫通。

又曰：《中庸》自首章以下多對説將來，直是整齊。某舊讀《中庸》以爲子思做，又時復有箇「子曰」字。讀得熟後，方見得是子思參夫子之説著爲此書。自是沈潛反覆，遂漸得其旨趣，定得今《章句》。擺布得來，直恁麽細密。○近看《中庸》，於章句文義間窺見聖賢述作傳授之意，極有條理，如繩貫棊局之不可亂。○《中庸》當作六大節看。首章是一節，説中和。自「君子中庸」以下十章是一節，説中庸。「君子之道費而隱」以下八章是一節，説費隱。「哀公問政」以下七章是一節，説誠。「大哉聖人之道」以下六章是一節，説大德小德。末章是一節，復申首章之義。三山陳氏曰：《中庸》三十三章，其血脉貫通之處，朱子既爲之《章句》，又提其宏綱。如言某章是援引先聖之言，某章是子思發明之説，具有次序。○王氏曰：是篇分爲四大支。第一支，首章子思立言，下十一章引夫子之言以終此章之義。第二支，十二章子思之言，下八章引夫子之言以明之。第三支，二十一章子思承上章夫子天道人道以立言，下十二章子思推明此章之義。第四支，三十三章子思因前章極致之言反求其本，復自下學立心之始推言戒懼慎獨之事，以馴致其極。

問《中庸》、《大學》之别。曰：如讀《中庸》求義理，只是致知功夫。如謹獨脩省，亦只是誠意。問只是《中庸》直説到「聖而不可知」處。曰：如《大學》裏也。有如前王不忘，便是篤恭而天下平底事。雙峯饒氏曰：《大學》是説學，《中庸》是説道。理會得《大學》透徹，則學不差；理會得《中庸》透徹，則道不差。○東陽許氏曰：《中庸》、《大學》二書規模不同。《大學》綱目相維，經傳明整，猶可尋求。《中庸》贊道之極，有就天言者，有就聖人言者，有就學者言者，廣大精微，開闔變化，高下兼包，巨細畢舉，故尤不易窮究。

中庸章句大全

中者，不偏不倚、無過不及之名。朱子曰：名篇本是取「時中」之「中」。然所以能時中者，蓋有那未發之中在，所以先説未發之中，然後説君子之時中。○北溪陳氏曰：「中和」之「中」是專主未發而言。「中庸」之「中」却是含二義，有在心之中，有在事物之中。所以文公必合内外而言，謂不偏不倚、無過不及，可謂確而盡矣。○雲峯胡氏曰：朱子於《語》、《孟》釋「中」字，但曰「無過不及」，蓋以用言；《中庸》有所謂未發之中與時中，故添「不偏不倚」四字，兼體用言，以釋名篇之義。○新安陳氏曰：不偏不倚，未發之中，以心論者也，中之體也；無過不及，時中之中，以事論者也，中之用也。**庸，平常也。**朱子曰：庸是依本分不爲怪異之事。堯、舜、孔子只是庸，夷、齊所爲都不是庸了。○北溪陳氏曰：文公解「庸」爲平常，非於「中」之外復有所謂「庸」，只是這中底便是日用平常道理。「平常」與「怪異」字相對。平常是人所常用底，怪異是人所不曾見，忽然見之便怪異。如父子之親、君臣之義、夫婦之別、長幼之序、朋友之信，皆日用事，便是平常底道理，都無奇特底事。如五穀之食、布帛之衣，可食可服而不可厭者，無他，只是平常耳。

子程子曰：「不偏之謂中，不易之謂庸。中者天下之正道，庸者天下之定理。」問：「正道、定理，恐道是總括之名，理是道裏面却有許多條目？」朱子曰：緊要在「正」字、「定」字上。中只是箇恰好道理，爲不見得是亘古今不可變易底，故更著箇「庸」字。○東陽許氏曰：程子謂不偏之謂中，固兼舉動静；朱子不偏不倚，則專指未發者。**此篇乃孔門傳授心法，**北溪陳氏曰：卑不失之污賤，高不溺於空虚，真孔門傳授心法也。**子思恐其久而差也，故筆之於書以授孟子。**新安陳氏曰：於七篇中觀其議論淵源所自，則可知其以此授孟子矣。**其書始言一理，中散爲萬事，末復合爲一理。放之則彌六合，卷**上聲。**之則退藏於密。**

其味無窮，皆實學也。善讀者玩索色窄反。而有得焉，則終身用之有不能盡者矣。朱子曰：始言一理，指天命謂性；末復合爲一理，指上天之載。始合而開，其開也有漸；末開而合，其合也亦有漸。○中散爲萬事，便是《中庸》所説許多事。如知仁勇許多爲學底道理，與爲天下國家有九經，及祭祀鬼神許多事，中間無些子罅隙，句句是實。○雲峯胡氏曰：《中庸》全體大用之書，首言一理，中散爲萬事，是由體之一而達於用之殊；末復合爲一理，是由用之殊而歸於體之一。放之則彌六合，感而遂通天下之故，心之用也；卷之則退藏於密，寂然不動，心之體也。此乃孔門傳授心法，故於心之體用備焉。

天命之謂性，率性之謂道，脩道之謂教。

命，猶令也。朱子曰：命如朝廷差除。又曰：命猶誥勑。○北溪陳氏曰：命如分付命令他一般。性，即理也。朱子曰：有是性便有許多道理總在裏許。○北溪陳氏曰：性即理也，在心喚做性，在事喚做理。○北溪陳氏曰：性即理也，何以不謂之理而謂之性？蓋理是泛言天地間人物公共之理，性是在我之理。只這道理受於天而爲我所有，故謂之性。天以陰陽五行化生萬物，氣以成形而理亦賦焉，猶命令也；於是人物之生，因各得其所賦之理以爲健順五常之德，所謂「性」也。朱子曰：伊川云：「天所賦爲命，物所受爲性。」理一也，自天所賦予萬物言之謂之命，以人物所稟受於天言之謂之性。○天命與氣質亦相衮同。纔有天命便有氣質，不能相離。若闕一，便生物不得。既有天命，須是有此氣，方能承當得此理。若無此氣，則此理如何頓放？天命之性本未嘗偏，但氣質所稟却有偏處。○天命謂性，是就人身中指出這箇是天命之性，不雜氣稟而言，是專言理。若云兼言氣，便説率性之道不去。如太極不離乎陰陽而亦不雜乎陰陽也。○天命之謂性，此只是從原頭説，萬物皆只同這一箇原頭。聖人所以盡己之性則能盡人之性，由其同一原故也。○若論本原，即有理然後有氣；若論稟賦，則有是氣而後理隨以具。故有是氣則有是理，無是氣則無是理。○問：「『五常之德』何故添却『健順』二字？」曰：五行乃五常也，健順乃陰陽二字。既有陰陽，須添此二字始得。○健順之體即性也。合而言之則曰健順，分而言之則曰仁義禮智。仁禮健而義智順也。○北溪陳氏曰：天固是上天之天，要之即理是也。然天如何而命於人？蓋藉陰陽五行之氣，流行變化以生萬物。理不外乎氣。「氣以成形，理亦賦焉」，便是上天命令之也。○西山真氏曰：自昔言性者曰五常而已，朱子乃益之以「健順」。蓋陽之性健，木火屬焉，在人爲仁禮；陰之性順，金水屬焉，在人爲義智。土則二氣之沖和，信亦兼乎健順。陰陽不在五行外，健順豈在五常外乎？○東窗李氏曰：仁之油然生意不可遏、禮之粲然明盛不可亂，健之爲也；義不拂乎可否之宜、知不外乎是非之別，順之爲也。若夫信則體是理而不易者健也，循是理而無違者順也。○雲峯胡氏曰：孟子性善之論自子思此首一句來，然須看開端一「天」字。程子曰「《中庸》始言一理，末復合爲一理」，所謂「一理」者即此一「天」字；又曰「萬物各具一理，萬理同出一原」，所謂「一原」者即此一「天」字。按朱子曰《穀梁》言天不以地對。所謂天者，理而已，成湯所謂「上帝降衷」，子思所謂「天命之性」是也。是爲陰陽之本，而其兩端循環不已者爲之化焉。○東陽許氏曰：人物之生雖皆出於天理，而氣有通塞之不同，則有人物之異。氣通者爲人而得人之理，氣塞者爲物亦得物之理。雖曰有理然後有氣，然生物之時其氣至而後理有所寓。氣是載理之具也，故《章句》先言「氣以成形」，後言「理亦賦焉」。○健順，本上文陰陽而言也。五常固已具健順之理。分而言之，仁禮爲陽爲健，義智爲陰爲順，信則沖和而兼健順也，錯而言之，則五常各有健順。義斷智明，非健乎？仁不忍而用主於愛，禮分定而節不可踰，非順乎？**率，循也。**北溪陳氏曰：循，猶隨也。**道猶路也。**孟子曰「夫道，若大路然」，本此以釋「道」字。**人物各循其性之自然，則其日用事物之間莫不各有當行之路，是則所謂「道」也。**朱子曰：「率性」非人率之也。「率」只訓「循」，循萬物自然之性之謂道，此「率」字不是用力字。伊川謂便是「仁者人也，合而言之道也」。「循」字非就行道人說，只是循吾本然之性，便自有許多道理。或以率性爲順性命之理則爲道，如此却是道因人方有也。○道之得名，正以人生日用當然之理，猶四海九州百千萬人當行之路爾。○道即理也，以人所共由而言則謂之道，以其各有條理而言則謂之理。其目則不出乎君臣、父子、兄弟、夫婦、朋友之間，而其實無二物也。○性，是箇渾淪底物。循性之所有其許多分派條理，即道也。「性」字通人物而言。但人物氣稟有異，不可道物無此理，只爲氣稟遮蔽，故所通有偏正不同。然隨他性之所通，道亦無所不在也。○人與物之性皆同。循人之性則爲人之道，循牛馬之性則爲牛馬之道。若不循其性，使馬耕牛馳，則失其性，非牛馬之道矣。○陳氏曰：天命謂性，是説渾淪一大本底；率性謂道，是就渾淪大本裏分別箇條貫脉絡處，隨人物所得之性，皆從大本中流出。如天油然作雲，沛然下雨，此皆大化流行處；隨他溪澗科坎，小大淺深，所得之雨便有許多脉絡之不齊，皆是此雨水也。○如隨物之性則牛可耕，馬可乘，鷄可司晨，犬可司夜，其所發皆有自然之理。如隨草木之性則桑麻可衣，穀粟可食，春宜耕，夏宜耘，秋宜穫，凡物皆有自然之理。○潛室陳氏曰：率性不要作工夫看。人率循其人之性，物率循其物之性，此即人物各各當行道理，故謂之道。○西山真氏曰：朱子於《告子》「生之謂性」章深言人物之異，而於此章乃兼人物而言。生之謂性，以氣言者也；天命之謂性，以理言者也。以氣言之則人物所稟之不同，以理言之則天之所命一而已矣。然則虎狼之搏噬、馬牛之踶觸非道耶？曰：子思之所謂「率性」云者，循其天命之性也。若有搏噬踶觸，則氣稟之所爲而非天命之本然矣。豈獨物爲然？凡人之爲善者，皆循天命之性也；其爲不善，則發乎氣稟之性矣。以是而觀，則此章兼人物而言，尚何疑哉？○雙峯饒氏曰：子思「率性之謂道」一語專爲訓道名義。蓋世之言道者，高則入於荒唐，卑則滯於形氣。入於荒唐則以爲無端倪之可測識，老、莊之論是也；滯於形氣則以爲是人力之所安排，告、荀之見是也。是以子思於此首指其名義以示人，言道者非他，乃循性之謂也。○雲峯胡氏曰：《易》曰：「一陰一陽之謂道，繼之者善也，成之者性也。」子思之論蓋本於此。但《易》先言道而後言性，此「道」字是「統體一太極」；子思先言性而後言道，此「道」字是「各具一太極」也。

脩，品節之也。三山潘氏曰：品節之者，如親親之殺，尊賢之等，隨其厚薄輕重而爲之制，以矯其過不及之偏者也。雖若出於人爲，而實原於命性道之自然本有者。○雙峯饒氏曰：脩，裁制之也。聖人因人所當行者而裁制之，以爲品節也。

性、道雖同而氣稟

或異，故不能無過不及之差。聖人因人物之所當行者而品節之以爲法於天下，則謂之「教」。若禮樂刑政之屬是也。問：「明道云：『道即性也。若道外尋性，性外尋道，便不是。』如此，即性是自然之理，不容加工。揚雄言『學者所以脩性』，故伊川謂揚雄爲不識性。《中庸》却言『脩道之謂教』，如何？」朱子曰：性不容脩，脩是揠苗。道亦是自然之理，聖人於中爲之品節以教人耳。○「脩道謂教」專就人事上言，就物上亦有品節。先王所以使「鳥獸魚鱉咸若」，周禮掌獸、掌山澤各有官，周公驅虎豹犀象，「草木零落然後入山林，昆蟲未蟄不以火田」之類，各有箇品節使萬物各得其所，亦所謂教也。所以謂之「盡物之性」。但於人較詳，於物較畧；於人較多，於物較少。○黄氏曰：「脩道」二字須就道上及人氣禀上兼看。道是大綱之名。如孝是事父之道，然孝中有多少曲折？人氣禀不同，柔者過於和，剛者過於嚴，則於孝道之曲折必有不中節者，此所以著爲品節，使之盡其道也。○新安陳氏曰：禮樂正是中和之教，刑所以弼教，政亦教之寓。此章命、性、道、教皆當兼人物而言而必以人爲主。然苟不兼及於物，則道理便該不盡。只以此篇後章證之，盡己之性，盡人之性，必説到盡物之性，則可見矣。蓋人知己之有性而不知其出於天，就性上移上一級，説己性原於天命。知事之有道而不知其由於性，又就道上移上一級，説道由於己之性。知聖人之有教而不知其因吾之所固有者裁之也，又就教上移歸一步，説因吾之所固有之道而裁之。故子思於此首發明之，而董子所謂「道之大原出於天」，亦此意也。漢董仲舒策中此語，大意亦可謂知道之原者，故引以爲證。○朱子曰：子思此三句乃天地萬物之大本大根，萬化皆從此出。人若能體察，方見聖賢所説道理皆從自己胸中流出，不假他求。○三山陳氏曰：此章乃《中庸》之綱領，此三句又一章之綱領也。聖賢教人，必先使之知道所自來，而後有用力之地。此三句蓋與「孟子道性善」同意。○王氏曰：此書皆言道之體用。第一句天是體，性是用；第二句性是體，道是用；第三句道是體，教是用。○雙峯饒氏曰：性、道、教，

「道」字重。《中庸》一書大抵説道。性原於天，而流行於事物則謂之「道」，脩此道以教人則謂之「教」。所以下文便説「道也者」。如「君子之道費而隱」、「大哉聖人之道」，皆提起「道」字説，以此見重在「道」字。○雲峯胡氏曰：開端雖不露出「中」字，天命謂性即未發之中。因率性之道而品節之即時中之中也。○番昜李氏曰：《大學》入德之書，學者事也，故首曰「大學之道」，而教在其中；《中庸》明道之書，教者事也，故首曰「脩道之謂教」，而學在其中。《中庸》一書，性、道、教三言爲一篇之綱領，而「道」之一字爲三言之綱領。道由性而出，言道而不言性，則人不知道之本原而或索之於淺近；道由教而明，言道而不言教，則人不知道之功用而或索之於高虚。言性於道之先，言教於道之後，而下即繼之曰「道也者，不可須臾離也」，子思子立言之旨可得而識矣。○新安陳氏曰：「道」字上包「性」字，下包「教」字，推其本原必歸之天命。○朱子此總斷之語。元本云：「蓋人之所以爲人，道之所以爲道，聖人之所以爲教，原其所自，無一不本於天而備於我。學者知之，則其於學知所用力而自不能已矣。故子思於此首發明之，讀者所宜深體而默識也。」今以後來本校之，疏密淺深，大有間矣。然「無一不本於天而備於我」，此語亦包括要切。《或問》所謂「其本皆出乎天而實不外乎我」，與此語無異，是仍存之於《或問》中矣。他本多依元本，惟祝氏《附録》從定本耳。蓋嘗論之，前聖如舜，首言道言教而未言命、性；至商湯君臣始言「天之明命」，又曰「上帝降衷于民，若有恒性，克綏厥猷」，雖包涵命性道教之意，未始別白融貫言之。至孔子傳《易》曰「各正性命」、「一陰一陽之謂道，繼善，成性」、「習教事」、「教思無窮」，然言命自命，性自性，道教亦然。至子思子始言性本於命，道率乎性，教脩乎道，發前聖未發之蘊以開示後世學者於無窮。朱子於此三言既逐字逐句剖析於先，復融貫會通於後。元本含蓄未盡，至定本則盡發子思之意無復餘藴，故今一遵定本云。

道也者，不可須臾離也，可離非道也。是故君子戒慎乎其所不睹，恐懼乎其所不聞。

離，去聲。

道者，日用事物當行之理，皆性之德而具於心。上句言道之用，下句言道之體。無物不有，言道之大，橫説。無時不然，言道之久，直説。

所以不可須臾離也。若其可離，則豈「率性」之謂哉？新安陳氏曰：元本作「則爲外物而非道矣」，兩句宜兼存之。云「若其可離則爲外物而非道矣，豈率性之謂哉」，如此尤爲明備。是以君子之心常存敬畏，敬謂戒慎，畏謂恐懼。雖不見聞，亦不敢忽，所以存天理之本然北溪陳氏曰：未感物時，渾是天理。而不使離於須臾之頃也。朱子曰：此道無時無之，然體之則合，背之則離也。一有離之，則當此之時失此之道矣，故曰「不可須臾離」。君子所以戒慎不睹、恐懼不聞，則不敢以須臾離也。○可離與不可離，道與非道，各相對待而言。離了仁便不仁，離了義便不義，公私善利皆然。○戒慎恐懼，不須説得太重，此只是畧畧收拾來便在這裏。伊川所謂道箇「敬」字，也不大段用得力。孟子曰「操則存」，「操」字亦不是著力把持。所「不睹」、「不聞」不是閉耳合眼時，只是萬事皆未萌芽，自家便先恁地戒慎恐懼。不睹不聞之時便是喜怒哀樂未發處，常要提起此心在這裏，防於未然，所謂「不見是圖」也。○戒慎恐懼是未發，然只做未發也不得，便是所以養其未發。只是聳然提起在這裏，這箇未發底便常在，何曾發？或問：「恐懼是已思否？」曰：思又別，思是思索了。戒慎恐懼正是防閑其未發。曰：「即是持敬否？」曰：亦是。○北溪陳氏曰：道是日用事物所當行之路，即「率性」之謂，而得於天之所命者，而其總會於吾心。大而父子君臣夫婦長幼朋友，微而起居飲食，蓋無物不有。自古及今流行天地之間，蓋無時不然。戒謹恐懼只是主敬，是提撕警覺使常惺惺，則天命之本體常存在此。若不戒懼，則易至於離道遠也。○潛室陳氏曰：道只是當行底理。天下事事物物與自家一身凡日用常行，那件不各有當行底道理，那曾一歇走離得？纔離得，便物非物，事非事，吾身日用常行者皆非是矣。故道即路之謂也。之燕之越，無非是路。纔無路，便是荆棘草莽。聖人之道只是眼前當然底，一時走離不得。○問：「當不睹不聞而戒懼，愚謂如鑑之照物，當不照時光自常存，不可欺以妍醜，上蔡惺惺法者豈謂此乎？」曰：若如此説，則是他自常存了，何用戒慎恐懼？道理固自常在，但人須用提撕照管，不可謂目無睹、耳無聞，一齊都放下。須當此時常自惺惺地也。○問：

「《大學》不要先有恐懼，《中庸》却要恐懼，何也？」西山真氏曰：《大學》之恐懼與《中庸》之恐懼不同。《中庸》「戒慎乎其所不睹，恐懼乎其所不聞」，只是事物未形之時，常常持敬，令人不昏昧而已。《大學》之「恐懼」只是俗語所謂「怖畏」之意，自與《中庸》有異。○雙峯饒氏曰：君子常存敬畏，雖當事物既往，思慮未萌，目無所睹，耳無所聞，暫焉之頃亦不敢忽。事物既往，是指前面底説，思慮未萌是指後面底説，不睹不聞正在此二者之間。看上文「道不可須臾離」，則是自所睹所聞以至於所不睹不聞，皆當戒懼，而此不睹不聞在事物既往之後；看下文「喜怒哀樂未發」，則此不睹不聞又在思慮未萌之前。故須看此二句，方説得上下文意貫串。緊要在「須臾之頃」四字，於此見得子思所以發「須臾」兩字之意。

莫見乎隱，莫顯乎微，故君子慎其獨也。見音現。

隱，暗處也；微，細事也。獨者，人所不知而己所獨知之地也。問：「謹獨，莫只是十目所視、十手所指處也，與那暗室不欺時一般否？」朱子曰：這「獨」也不只是獨自時，如與衆人對坐，自心中發念或正或不正，此亦是獨處。如一片止水，中間有一點動處，此最緊要着工夫處。言幽暗之中，細微之事，跡雖未形而幾平聲。則已動，人雖不知而己獨知之，則是天下之事無有著見明顯而過於此者。朱子曰：事之是與非，衆人皆未見得，自家自是先見得分明。○三山陳氏曰：曰隱曰微，則此念已萌矣，特人所未知，隱而未見，微而未顯耳。然人雖未知而我已知之，則固已甚見而甚顯矣。此正善惡之幾也。○三山潘氏曰：幽暗之中、細微之事，其是非善惡皆不能逃乎此心之靈，所以當此之時尤爲昭灼顯著也。若其發之既遠，爲之既力，則在他人十目所視、十手所指雖甚昭灼，而在我者心意方注於事爲，精神方運於酬酢，其是非得失反有不自覺者矣。○雙峯饒氏曰：此又對上文而言。隱暗之地，雖人之所不睹；微密之事，雖人之所不聞，然其幾既動則必將呈露於外而不可掩，昭晰於中而不可欺。是道固不可須臾離，而其形見明顯尤莫有甚於此者。○子思云「道也者」，提起「道」字，見得下面「莫見乎隱，莫顯乎微」，見與顯皆是此道。是以君子既常戒懼，指上文一節。而於此尤加謹焉，指此一節。所以遏人欲於將萌，新安陳氏曰：未發之前私欲不萌，只是存天理而已；幾動之初天理人欲由此而分，此處加謹，則人欲將萌動，便從而遏絕之矣。而不使其潛滋暗長上聲。於隱微之中，元本只云「滋長」，定本加「潛」、「暗」二字。以至離道之遠也。朱子曰：「道不可須臾離」是言道之至廣至大者，「莫見乎隱，莫顯乎微」是言道之至精至密者；道不可離是説不可不存養，「是故」以下是教人戒懼做存養工夫；「莫見莫顯」是説不可不省察，「故君子」以下是教人謹獨察私意起處防之；只看兩「故」字可見。○既言道不可離，只是精粗隱微之間皆不可離，故言戒懼不睹不聞以該之。若曰自其思慮未起之時早已戒懼，非謂不戒懼乎所睹所聞而只戒懼乎不睹不聞也。此兩句是結上文「不可須臾離也」之意。下文又提起説無不戒懼之中，隱微之間，念慮之萌，尤不可忽，故又欲於其獨而謹之，又結上文隱微意。此分明是兩節事，前段有「是故」字，後段有「故」字，且兩提起「君子」字。若作一段説，亦成是何文字？問：「如此分兩節工夫，則致中、致和工夫方各有着落，而天地位、萬物育亦各有歸着？」曰：是。○問：「戒懼是體統做工夫，謹獨是又於其中緊切處加工夫？」曰：然。○戒懼是防之於未然以全其體，謹獨是察之於將然以審其幾。○問：「戒懼者，所以涵養於喜、怒、哀、樂未發之前，當此之時寂然不動，只下得涵養工夫；謹獨者，所以省察於喜、怒、哀、樂已發之時，當此之時一毫放過，則流於欲矣，判別義利全在此時。不知是如此否？」曰：此説甚善。○問：「涵養工夫實貫初終，而未發之前只須涵養，纔發處便須用省察工夫。至於涵養愈熟，則省察愈精矣。」曰：是。又問：「未發時當以義理涵養？」曰：未發時着義理不得。纔知有義理，便是已發。當此時有義理之源，未有義理條件。只一箇主宰嚴肅，便有涵養工夫。○存養是靜工夫，省察是動工夫。○陳氏曰：雖是平時已常戒懼，至此又當十分加謹，則所發便都是善，不加謹，則所發便流於惡。○潛室陳氏曰：戒慎恐懼與謹獨，是兩項地頭。戒慎恐懼，是自家不覩不聞之時；謹獨，是衆人不覩不聞之際。○蛟峯方氏曰：戒懼是保守天理，慎獨是檢防人欲。○雙峯饒氏曰：戒慎恐懼，便是「慎獨」

之「慎」。詳言之則曰「戒慎恐懼」，約言之只是「慎」之一字。道者，率性之謂，其體用具在吾身；敬者，所以存養其體，省察其用，乃體道之要也。戒懼存養之事，慎獨省察之事。《中庸》始言「戒懼」、「慎獨」，而終之以「篤恭」，皆敬也。《中庸》以「誠」爲一篇之體要。惟其敬，故能誠。○《大學》只言「慎獨」不言「戒」、「懼」，初學之士且令於動處做工夫。○勿軒熊氏曰：按《大學》「誠意」章言「慎獨」，子思傳授蓋本於此。○雲峯胡氏曰：首三句重在一「道」字。天命謂性，是道之體；脩道謂教，是道之用。所以於此獨提起「道也者」三字，下文却分爲兩節言之。「道也者不可須臾離」，所以君子必戒慎所不睹，恐懼所不聞。「不睹」、「不聞」四字，正是釋「須臾」二字。人有目豈不睹，有耳豈不聞？不睹不聞，特須臾之頃爾。「道也者，莫見乎隱，莫顯乎微，所以君子必慎其獨。」此一「獨」字，正是說「隱」、「微」二字。隱微，却是人之所不睹不聞，而我之獨睹獨聞之時之處也。《章句》於《大學》曰「審其幾」，此曰「幾則已動」，一「幾」字是喫緊爲人處。上文曰「君子之心常存敬畏」，一「敬」字是教人用工夫處。戒懼不睹、不聞，是幾未動而敬；慎獨，則幾已動而敬也。曰「常存敬畏，雖不見聞，亦不敢忽」，當看「常」字與「亦」字；曰「君子既常戒懼，而於此尤加謹焉」，當看「常」字與「尤」字；曰「存天理之本然，遏人欲於將萌」，當看「存」字與「遏」字。然皆不離乎敬而已。大抵君子之心常存此敬，不睹不聞時亦敬，獨時尤敬。所以未發時渾是本然之天理，此敬足以存之；纔發時便有將然之人欲，此敬足以遏之也。朱子《敬齋箴》與此無不合。戒懼是静而敬，慎獨是動而敬；戒懼是惟恐須臾之有間，慎獨是惟恐毫釐之有差。

喜怒哀樂之未發謂之「中」，發而皆中節謂之「和」。中也者，天下之大本也；和也者，天下之達道也。樂音洛。「中節」之中，去聲。

喜怒哀樂，情也；其未發，則性也。無所偏倚，故謂之「中」。發皆中節，情之正也。無所乖戾，故謂之「和」。大本者，天命之性，推本於「天命之謂性」一句。天下之理皆由此出，道之體也；達道者，循性之謂，推本於「率性之謂道」一句。天下古今之所共由，道之用也。此言性情之德，中爲性之德，和爲情之德。以明道不可離之意。延平李氏曰：方其未發，是所謂中也，性也。及其發而中節也，則謂之和；其不中節也，則有不和矣。和不和之異皆既發焉而後見之，是情也，非性也。孟子故曰「性善」，又曰「情可以爲善」，其説蓋出於子思。○朱子曰：喜、怒、哀、樂渾然在中，未感於物，未有倚着一偏之患，亦未有過與不及之差，故特以「中」名之而又以爲天下之大本。程子所謂「中者在中」之義，所謂「只喜、怒、哀、樂未發便是中」，皆謂此也。林擇之謂「在中」之義是裏面底道理，看得極子細。○喜怒哀樂未發，如處室中，東西南北未有定向，不偏於一方，只在中間，所謂「中」也。及其既發，如已出門，東者不復西，南者不復北，然各行所當然，無所乖逆，所謂「和」也。○中和是承上兩節説。中所以狀性之德而形道之體，和所以語情之正，而顯道之用，子思欲學者於此識得心也。心也者，妙性情之德也，所以致中和、立大本而行達道者也，天理之主宰也。○心包性情。性是體，情是用。心字是一箇字母，故「性」「情」皆從「心」。○問：「中和者，性情之德也，寂感者，此心之體用也。此心存則寂然時皆未發之中，感通時皆中節之和；心有不存則寂然木石而已，大本有所不立也，感通馳騖而已，達道有所不行也。故動静一主於敬。戒謹恐懼而謹之於獨，則此心存而寂感無非性情之德也。」曰：是。○問：「惻隱羞惡，喜怒哀樂固是心之發，曉然易見處；如未惻隱羞惡，喜怒哀樂之前，便是寂然而静時。然豈得皆塊然如槁木？其耳目亦必有自然之聞見，其手足亦必有自然之舉動。不審此時喚作如何？」曰：喜、怒、哀、樂未發只是這心未發耳，其手足運動自是形體如此。○静而無不該者，性之所以爲中也，寂然不動者也；動而無不中者，情之發而得其正也，感而遂通者也。静而常覺，動而常止者，心之妙也，寂而感，感而寂者也。○北溪陳氏曰：節者，限制也，其人情之準的乎？只是得其當然之理，無些過不及，與是理不相咈戾，故曰和。○情之中節是從本性發來，其不中節是感物欲而動。須有戒懼工夫，方存得未發之中；須有謹獨工夫，方有已發之和。○問：「發時有中節不中節之分，未發時還有分否？」潛室陳氏曰：既是未發，更有何物可分？但有渾然之理在中不曾倚着耳。○蒙齋袁氏曰：喜、怒、哀、樂未發則渾然在中，及發則有中節不中節，而惟中節者爲和。○雙峯饒氏曰：四者皆中節方謂之和。譬之四時，三時得宜，一時失宜，亦不得謂之和矣。○雲峯胡氏曰：上文説君子主敬之功，見人心之於道不可離；此説在人性情之德，又見道之在人心本不可離也。發而中節之和即是無過不及之中，故周子曰：「中也者和也，中節也，天下之達道也。」達道即率性之道。前言率性之道必自天命上説來，此言達道必自大本説來，體用一源，非知道者，孰能識之？

致中和，天地位焉，萬物育焉。

致，推而極之也。位者，安其所也；育者，遂其生也。自戒懼而約之，以至於至静之中無所偏倚而其守不失，則極其中而天地位矣；自謹獨而精之，以至於應物之處無少差謬靡幼反。而無適不然，則極其和而萬物育矣。黄氏曰：《章句》「無少偏倚」、「無少差謬」是横致，「其守不失」、「無適不然」是直致。横致如一箇物打迸了四圍，恁地潔净相似；直致則是今日如此潔净，後日亦如此，以至無頃刻不如此。○雲峯胡氏曰：《章句》「精之」、「約之」，只是釋一「致」字。約之則存養之功益密，精之則省察之功益嚴。「至静之中無少偏倚」，已是約之之至；「而其守不失」，所以約之者愈至；「應物之處無少差謬」，已是精之之至；「而無適不然」，所以精之者愈至。此之謂中和之致也。○新安陳氏曰：收斂近裏貴乎「約」，審察幾微貴乎「精」，二字下得尤不苟。○東陽許氏曰：致中和，是戒懼慎獨推行積累至乎極處，則有天地位、萬物育之效驗。蓋天地萬物本吾一體，吾之心正致中。則天地之心亦正矣，天地位。吾之氣順致和。則天地之氣亦順矣。天地氣順則萬物育。故其效驗至於如此。此學問之極功、聖人之能事，初非有待於外，不出吾性之外。而脩道之教亦在其中矣。陳氏曰：致中，即天命之性；致和，即率性之道；及天地位、萬物育，則脩道之教亦在其中矣。○雲峯胡氏曰：致吾之中，如何天地便位；致吾之和，如何萬物便育？蓋以天地萬物本吾一體故也。朱子此八字是從天命之性説來。性，一而已。天地萬物與吾有二乎哉？**是其一體一用雖有動静之殊，然必其體立而後用有以行，則其實亦非有兩事也。**三山陳氏曰：體之立，所以爲用之行之地；用之行，所以爲體之立之驗。○新安陳氏曰：體静用動，分言也；體立而後用行，合言也。致中則必能致和，中和一理；天地位則必萬物育，位育一機，非兩事也。**故於此合而言之以結上文之意。**問：「『致中和，天地位，萬物育』，與喜、怒、哀、樂不相干。」朱子曰：世間何事不係在喜、怒、哀、樂上？且如人君喜一人而賞之則千萬人勸，怒一人而罰之則千萬人懼，以至哀矜鰥寡、樂育人材，這便是萬物育。以至君臣父子夫婦長幼，相處相接無不是這箇。即這喜怒中節處便是實理流行。○問：「『致中和，天地位，萬物育』，此以有位者言。如一介之士，如何得如此？」曰：若致得一身中和，便充塞一身；致得一家中和，便充塞一家；若致得天下中和，便充塞天下。有此理便有此事，有此事便有此理。如一日克復，如何便得天下歸仁？爲有此理故也。○問：「堯、湯不可謂不能致中和，而亦有水旱之災。」曰：經言其常，堯、湯遇非常之變也。大抵致中和，自吾一念之間培植推廣以至裁成輔相、匡直輔翼，無一事之不盡，方是至處。○「致中和，天地位焉，萬物育焉」，便是形和氣和，則天地之和應。○「天地位，萬物育」便是裁成輔相以左右民底工夫。若不能致中和，則山崩川竭者有矣，天地安得而位；胎夭失所者有矣，萬物安得而育？問：「如此則須專就人主身上説方有此功夫？」曰：規模自是如此，然人各隨一箇地位去做。不道人主致中和，士大夫便不致中和。○西山真氏曰：致中和之所以用功，不過曰敬而已。不睹不聞而戒懼，静時敬也；謹獨，動時敬也。静無不敬，所以致中；動無不敬，所以致和。自然天地位、萬物育。如《洪範》所謂肅、乂、哲、謀、聖，而雨、暘、燠、寒、風之時若應之；董仲舒所謂「人君正心以正朝廷，正百官、正萬民，而陰陽和，風雨時，諸福之物畢至」：皆是此理。○雙峯饒氏曰：致中和而能使天地位、萬物育，是有此理。但所居位有高下，則力之所至有廣狹。如爲一家之主則能使一家之天地位、萬物育，爲一國之主則能使一國之天地位、萬物育，爲天下主則能使天地位、萬物育。父父子子、夫夫婦婦，此一家之天地位也；妻子臣妾人人各得其所，此一家之萬物育也。一國亦然。極而至於天下，然後天地位、萬物育，始充其量。如孔子在當時雖不見位育極功，然道明於萬世，能使三綱五常終古不墜，是即位育之極功也。○雲峯胡氏曰：中和雖有體用動静之殊，然深觀其所從來，則天地萬物之所以位育有不得而析者，故曰「必其體立而後用有以行」，亦非有兩事也。《中庸》一書本只言率性之道，而必推原天命之性；本只言時中之中，而必推原未發之中：皆謂體立而後用有以行也。○新安陳氏曰：由教而入之學者，其於致中和位育之事業雖未敢遽望及此，然學問志向之初，亦所當考而以之爲標的也。○東陽許氏曰：位育以有位者言之，固易曉；若以無位者言之，則一身一家皆各有天地萬物。以一身言，若心正氣順則自然睟面盎背，動容周旋中禮，是位育也；以一家言，以孝感而父母安，以慈化而子孫順，以弟友接而兄弟和，以敬處而夫婦正，以寬御而奴僕盡其職，及一家之事莫不當理，皆位育也：但不如有位者所感大而全爾。

右第一章，子思述所傳之意以立言。

首明道之本原出於天而不可易，首三句。其實體備於己而不可離，「道不可離，可離非道」二句。次言存養省悉井反。察之要，戒懼慎獨二節。終言聖神功化之極。中和位育三句。○黄氏曰：此章字數不多，而義理本原、功夫次第與夫效驗之大，無不該備。蓋欲學者於此反求諸身而自得之，以去上聲。夫音扶。外誘之私而充其本然之善。新安陳氏曰：中之大本原於天命之性，和之達道即率性之道也。「反求諸身」，身本有之；「自得之」者，即自得乎此也；「去外誘之私」，慎獨以遏人欲而已；「充本然之善」，致大本之中、達道之和也。楊氏時。所謂「一篇之體要」是也。陳氏曰：此章乃子思總括一篇之義。○新安陳氏曰：《中庸》一書，造聖道之閫奧。其首章，子思子自著之格言也。首三句祖述《湯誥》「惟皇上帝降衷于下民，若有恒性，克綏厥猷惟后」之言，而推明性、道、教三字，血脉貫通，名義精當，則實過之，真是發從古聖賢之所未發。「慎獨」曾子雖嘗言之，然只就意之動處言之耳。前一截静時工夫未之言也。子思先就戒懼處言静時之涵養，方就慎獨處言動時之省察。動静相涵，交致其力，視曾子之言益加密焉，亦本其所已發而盡發其所未發也。自古書中多言無過不及之中，中之用耳。子思則先言未發之中以見中之體，後言時中之中以見中之用。言未發之中，本體淵深，除《中庸》外，他固罕見，豈非亦發前古聖賢之所未發乎？静致其中，動致其和，極其功至於位天地，育萬物，參贊化育之大功，其本原實自存養天理，遏絶人欲者基之。精乎大哉！一章大指，有本原，有工夫，有功用，歷選聖賢之書，無能肩之者。聖師有此賢孫，其有功於道統之傳，萬世實不可磨云。其下十章，蓋子思引夫子之言以終此章之義。雙峯饒氏曰：首章論聖人傳道立教之原，君子涵養性情之要，以爲一篇之綱領，當爲第一大節。

仲尼曰：「君子中庸，小人反中庸。

中庸者，不偏不倚、無過不及而平常之理，陳氏曰：中庸只是一箇道理，所以不析開説。乃天命所當然、精微之極致也。新安陳氏曰：提掇篇首一句以爲綱領，乃天命所賦當然之理，所謂極至之德也。唯與「惟」通。君子爲能體之。新安陳氏曰：體之，謂以身當而力行之，如「仁以爲己任」之意。小人反是。雲峯胡氏曰：第二章以下十章皆述夫子之説，獨此章與第三十章揭「仲尼」二字。「仲尼曰」，仲尼之言也，所言者中庸也；「仲尼祖述堯、舜」以下，仲尼之行也，所行者皆中庸也。中和之論發於子思，中庸之論本於仲尼，然發而中節之和即是時中之中。子思「中」、「和」二字亦只是説仲尼一「中」字，故曰「中庸」之中兼中和之義。而《章句》必先曰「不偏不倚」而後曰「無過不及」，可謂精矣。

「君子之中庸也，君子而時中；小人之中庸也，小人而無忌憚也。」

王肅本作「小人之反中庸也」，程子亦以爲然，今從之。此是正解説上兩句。○君子之所以爲中庸者，以其有君子之德而又能

隨時以處上聲。**中也；小人之所以反中庸者，以其有小人之心而又無所忌憚**徒案反。**也。**程子曰：「可以仕則仕，可以止則止；可以久則久，可以速則速」，此皆時也，未嘗不合中，故曰「君子而時中」。君子之於中庸也，無適而不中，則其心與中庸無異體矣；小人之於中庸，無所忌憚，則與戒慎恐懼者異矣，是其所以反中庸也。○朱子曰：「君子」只是説箇好人，「時中」只是説箇做得恰好底事。○爲善者君子之德，爲惡者小人之心。君子而處不得中者有之，小人而不至於無忌憚者亦有之。○當看「而」字，既是「君子」又要「時中」，既是「小人」又「無忌憚」。二「又」字不用亦可，但恐讀者不覺，故特下此字，要得分明。○新安陳氏曰：朱子蓋就兩箇「而」字上咀嚼出意味來。**蓋中無定體，隨時而在，是乃平常之理也。**問：「何謂時中？」程子曰：猶之過門不入，在禹之世爲中也；時而居陋巷，則過門不入非中矣。居於陋巷，在顔子之時爲中也；時而當過門不入，則居於陋巷非中矣。○朱子曰：堯授舜，舜授禹，都是當其時合當如此做，做得來恰好，所謂「中」也。「中」即平常也。湯、武亦然。如當盛夏時須要飲冷衣葛，隆冬時須要飲湯重裘，不如此便失其中，便是差異矣。○「中庸」之中本是無過不及之中，大旨在「時中」上；若推其本，則自喜怒哀樂未發之中而爲「時中」之中。未發之中是體，時中之中是用。「中」字兼中和言之。○南軒張氏曰：「中」字若統體看，是渾然一理也；若散在事物上看，事事物物各有正理存焉。君子處之權其所宜，悉得其理，乃隨時以處中也。○雙峯饒氏曰：中庸之理即率性之謂，而天下之達道也，惟君子爲能體之。中庸之中只是時中，如舜用中于民，亦只是中之用。問：「言『中』而不及『庸』，何也？」曰：庸不在中之外。惟其隨時處中，所以可常行而不可易也。○東陽許氏曰：既曰「隨時以處中」，又曰「中隨時而在」，此「隨時」字含兩意：謂君子每應事之時各隨其事以處乎中，是一日之間事事皆處乎中也；又同此一事，今日應之如此爲中，它日應之乃如彼爲中，凡一事各於時宜不同者處乎中也。**君子知其在我，故能戒謹不覩、恐懼不聞而無時不中；小人不知有此，則肆欲妄行而無所忌憚矣。**蔡氏曰：此章上二句孔子之言，下四句乃子思釋孔子之言。○三山潘氏曰：君子致存養省察之功，是以無時而不中；小人放肆而無忌憚，是以與中庸相反。○新安陳氏曰：前六句已正解此節文義明白，此又推其本而以知此理爲重。如《論語》「三畏」章，君子惟知天命故畏天命，小人惟不知天命所以不畏也。君子惟知此理在我，故能戒懼以存養此中之體，而隨時以裁處此中之用，「戒懼」即畏天命也；小人惟不知有此理，所以縱肆人欲而無忌憚，無忌與戒慎反，無憚與恐懼反，是即不知天命而不畏者也。○魯齋許氏曰：時有萬變，事有萬殊，而中無定體。當此時則此爲中，於彼時則非中矣；當此事則此爲中，於他事則非中矣。是以君子戒慎恐懼，存於未發之前，察於既發之際，大本立而達道行。故堯、舜、湯、武之征讓不同而同於中；三仁之生死不同，顏、孟之語默不同，其同於中則一也。明乎此則可論聖賢之時中矣。

右第二章。此下十章皆論「中庸」以釋首章之義，文雖不屬音燭。而意實相承也。變「和」言「庸」者，游氏曰「以性情言之則曰中和，以德行去聲。言之則曰中庸」是也。然「中庸」之中，實兼「中」、「和」之義。「中庸」之中兼已發、未發二義。○陳氏曰：「中和」是分體用動静相對説，「中庸」是兼德性行事相合説。○黄氏曰：性情天生底，德行人做底。性情人人一般，德行人人不同。○雙峯饒氏曰：中庸者，道之準的。古今聖賢所傳只是此理，子思所作《中庸》亦只爲發明此二字。首章中和是性情之德而中庸之根本，蓋特推其所自來耳。游氏所謂「德即性情之德，中和是也；行即見諸行事者，時中是也」。以「中庸」兼此二者而得名，故曰「中庸」之中實兼「中和」之義。然中和以性情言，人心本然純粹之德也；中庸以事理言，天下當然之則，不可過亦不可不及者也。二者雖同此中理，而所指各異。故致中和者則欲其戒懼慎獨以涵養乎性情，踐中庸者則欲其擇善固執以求合乎事理：二者，内外交相養之道也。此下十章是聖人立中庸，使過者俯而就，不肖者企而及，乃變化氣質之方也。○新安倪氏曰：惟君子能因性情之自然而致中和，是以能全德行之當然而踐中庸。究其用功，惟在主乎敬而已。戒謹恐懼，敬也；擇善固執，非主敬者能之乎？若小人則全無主敬之功，宜其無忌憚而反中庸也。饒氏以中和、中庸二者分析而論，故今又以二者融貫而論之云。

子曰：「中庸，其至矣乎！民鮮能久矣！」

鮮，上聲。下同。

過則失中，不及則未至，故惟中庸之德爲至。然亦人所同得，初無難事。但世教衰，民不興行，去聲。故鮮能之，今已久矣。《論語》無「能」字。北溪陳氏曰：「至」者，天下之理無以加之謂。○仁壽李氏曰：自物則言之，則過與不及皆不可以言至；自末世言之，則過乎則者少，不及乎則者多。學者試以事君之敬、事父之孝、與人交之信反己而自省焉，則其至與否可見矣。○雙峯饒氏曰：此章言中庸之道非特小人反之，而衆人亦鮮能之，以起下章之意。○格庵趙氏曰：此章無「之爲德也」四字，故下句有「能」字。意《論語》是夫子本文，此是子思櫽括。○雲峯胡氏曰：此比《論語》添一「能」字。惟民氣質偏，故鮮能知能行。仍須看下章許多「能」字，方見子思之意。「鮮能知味」是不能知者，「不能期月守」是不能行者；「中庸不可能」，非義精仁熟者不能知、不能行；「惟聖者能之」，是專言聖人知之盡、仁之至，故獨能知能行。至於「人一能之己百之，人十能之己千之」、「果能此道矣，雖愚必明，雖柔必强」，是愚者本不能知，能百倍其功則能知，柔者本不能行，惟百倍其功則能行。後面「至誠能盡其性」是能知之盡，能行之至；「唯至聖爲能聰明睿知」是能知，能「寬裕温柔」以下是能行，「惟至誠爲能經綸天下之大經」是能行，非「聰明聖知，達天德者，孰能知之」又説能知。看許多「能」字，則子思此章添一「能」字，固有旨哉！

右第三章。

子曰：「道之不行也，我知之矣，知者過之，愚者不及也；道之不明也，我知之矣，賢者過之，不肖者不及也。「知者」之知，去聲。

道者，天理之當然，中而已矣。雲峯胡氏曰：只是一「道」字，首章釋「道也者」曰「道者事物當然之理，皆性之德而具於心」，爲下文「不可須臾離」而言也；此章釋「道」字，曰「道者天理之當然，中而已矣」，爲下文「過」、「不及」而言也。然事物當然之理，即是天理之當然；性之德而具於心亦中而已矣。特具於心者是不偏不倚之中，此是無過不及之中。《章句》錙銖不差也。知愚賢不肖之過不及，則生禀之異而失其中也。知者知之過，既以道爲不足行，愚者不及知，又不知所以行，此道之所以常不行也；賢者行之過，既以道爲不足知，不肖者不及行，又不求所以知，此道之所以常不明也。三山陳氏曰：世之高明洞達、識見絶人者，其持論常高，其視薄物細故若浼焉，則必不屑爲中庸之行。如老、佛之徒，本知者也，則又蔽於一曲，而暗於大理，是又不及矣。二者皆不能求以達理而反滅人類，非過乎？至於昏迷淺陋之人，行道。世之刻意厲行，勇於有爲者，其操行常高，其視流俗污世若將浼焉，則必不復求於中庸之理。如晨門荷蓧之徒本賢者也，果於潔身而反亂大倫，非過乎？至於闒茸卑污之人，則又安於故常而溺於物欲，是又不及矣。二者皆不能明道。○雙峯饒氏曰：此章承上二章明小人所以反中庸，與衆人所以鮮能中庸者，皆以氣質之有偏，以起下六章之意。然專以過不及爲言，似言「中」而不及「庸」。蓋中即所以爲庸，非有二也。或問：「愚者不及知此中，不肖者不及行此中，『費隱』章又云夫婦之愚不肖可以與知能行，何也？」曰：彼以夫婦之事言，此以道之全體言。問：「賢合屬行，知合屬明，夫子却交互説者，何故？」曰：如此則人皆曉得，夫子何以曰我知之矣，緣天下人皆不知，此夫子所以有此嘆。行不是説人去行道，是説道自流行於天下；明不是説人自知此道，是説道自著明於天下。人多差看了，須要見得知行相因。○新安王氏曰：自世俗觀之，過疑勝於不及；自道言之，其不合於中庸則一也。○雲峯胡氏曰：此章分道之不行、不明，而下章即舜之知言道之所以行，即回之賢言道之所以明，兼後面欲説知仁勇，此章爲此三者發端而言。知者知之過，以道爲不足行，不仁也；賢者行之過，以道爲不足知，不智也；愚不肖者安於不及，不能勉而進，不勇也。○東陽許氏曰：道不行者，知之過與不及；道不明者，行之過與不及，是固然矣。然下乃結之曰：「人莫不飲食也，鮮能知味也。」是又總於「知」。蓋二者皆欠真知爾。若真知理義之極至，則賢者固無過，知者亦必篤於行，不徒知之而已矣。

「人莫不飲食也，鮮能知味也。」

道不可離，人自不察，朱子曰：以「飲食」譬日用，「味」譬理。是以有過不及之弊。三山陳氏曰：道曷嘗離人哉？特百姓日用而不知耳。〇晏氏曰：知者專於明道，或怠於行道；賢者專於行道，或忽於明道。鮮能知味，以喻不能知道。道既不能明，安能行乎？末專言「知味」，以見明道爲先。惟不明，故不行也。〇新安陳氏曰：「道不可離」，又提此句以爲頭腦；「人自不察」，如飲食而不知味。是以有過不及之弊，又繳上前一節去。知者氣清而質欠粹，故知之過而行不及；賢者質粹而氣欠清，故行之過而知不及也。

右第四章。

子曰：「道其不行矣夫？」音扶。

由不明，故不行。雙峯饒氏曰：此章承上章「鮮能知味」之知而言道由不明，所以不行。

右第五章。此章承上章而舉其不行之端，以起下章之意。三山陳氏曰：此一句自爲一章，子思取夫子之言比而從之，蓋承上章以起下章之義。若曰道不遠人，猶日用飲食也；由而不知，故「鮮能知味」耳。惟其不知，是以不行，故以「道其不行」之言繼之。蓋所以承上章之義也。必如下章舜之事，則知而行矣。蓋又所以起下章之義。〇雲峯胡氏曰：前章民鮮能，是兼知行言；鮮能知味，是指知而言；此章道其不行，又指行而言。

子曰：「舜其大知也與？舜好問而好察邇言，隱惡而揚善。執其兩端，用其中於民。其斯以爲舜乎？」知，去聲。與，平聲。好，去聲。

舜之所以爲大知者，以其不自用而取諸人也。朱子曰：舜本自知，又能合天下之知爲一人之知而不自用其知，此其知之所以愈大也。若只據一己所有，便有窮盡。邇言者，淺近之言，猶必察焉，其無遺善可知。朱子曰：雖淺近言語，莫不有至理寓焉。人之所忽，而舜好察之，非洞見道體無精粗差别，不能然也。孟子曰：「自耕稼陶漁以至爲帝，無非取諸人者。」又曰：「聞一善言，見一善行，若決江河，沛然莫之能禦。」此皆「好察邇言」之實也。○伊川先生曰：「造道深後，雖聞常人言語，莫非至理。」然於其言之未善者則隱而不宣，其善者則播而不匿。其廣大光明又如此，則人孰不樂音洛。告以善哉？朱子曰：言之善者播揚之，不善者隱匿之，則善者愈樂告以善，而不善者亦無所愧而不惜言也。求善之心廣大光明如此，人安得不盡言來告，而吾亦安得不盡聞人之言乎？○新安陳氏曰：隱惡，見其廣大能容；揚善，見其光明不蔽。兩端，謂衆論不同之極致。蓋凡物皆有兩端，如小大厚薄之類。於善之中，又執其兩端而量度徒洛反。以取中，然後用之，則其擇之審而行之至矣。然非在我之權度精切不差，何以與音預。此？此知如字。之所以無過不及，而道之所以行也。朱子曰：執其兩端而用其中，如天下事，一箇人說東，一箇說西，自家便把東西來斟酌，看中在那裏。○兩端，只是箇「起」、「止」二字，猶云起這頭至那頭也。自極厚以至極薄，極大以至極小，極重以至極輕，於此厚薄大小輕重之中，擇其說之是者而用之，乃所謂「中」。若但以極厚極薄爲兩端，而中摺其中間以爲中，則是「子莫執中」矣。中間如何見得便是中？蓋極厚者說是，則用極厚之說；極薄者說是，則用極薄之說；厚薄之中說是，則用厚薄之中之說。輕重大小莫不皆然。蓋惟其說之是者用之，不是察其兩端不用，而但取兩頭之中者用之也。且如有功當賞，或說合賞萬金，或說合賞千金，或說百金，或說十金。萬金至厚，十金至薄也，則執其兩端自至厚至至薄，而精權其厚薄之中。合賞萬金，便賞萬金；合賞十金，也只得賞十金。合賞千金、百金皆然。若但去兩頭只取中間，則這頭重那頭輕，這頭偏多那頭偏少，是乃所謂不中矣。或曰：「孔子所謂『兩端』與此同否？」曰：「竭其兩端」，是自精至粗，自大至小，自上至下，都與他說無一毫之不盡；「執兩端」，是取之於人者，自精至粗，自大至小，總括以盡，無一善之或遺。又問：「所謂衆論不同，都是善一邊底？」曰：惡底已自隱而不宣了。○葉氏曰：兩端，非如世俗說是非善惡之兩端，乃是事已是而不非，已善而非惡，已皆當爲之事。自斯道之不明，往往以是非善惡爲兩端而執其中，則半是半非、半善半惡之論興，君子不必爲十分君子，小人不必爲十分小人，乃「鄉原賊德」之尤者也，可不辨哉？○雙峯饒氏曰：中無定體，隨時而在。如《萃》之時用大牲吉，則中在那極厚處，如《損》之時二簋可用享，則中在那極薄處。他可類推。執，是執其言；用，亦是用其言。執其兩端，則有以見其寬弘博大，兼總衆善而無遺；用其中，則有以見其精密詳審，極於至當而無偏。○黄氏曰：因道之不行，起於知者之過，愚者之不及。故必知如大舜，而後可以望斯道之行。○雲峯胡氏曰：知仁勇，學者入德之事。下章回之仁、子路之勇，皆學者事。大舜之知，自是聖人事，姑借以爲言耳。故《章句》於回與由，則曰「擇」曰「守」，於舜則曰「擇之審而行之至」，不以「守」言也。然此章正是學者用力之始，正當以聖人自期。擇之審，舜之「精」也；行之至，舜之「一」也。此所以爲舜之中也。顔淵曰：「舜何人也，予何人也？有爲者亦若是。」此章言舜，而下章言回，學者正好將顔淵之語以通看二章云。

右第六章。此章言知之事。

子曰：「人皆曰予知，驅而納諸罟擭陷阱之中而莫之知辟也；人皆曰予知，擇乎中庸而不能期月守也。」「予知」之知，去聲。罟音古。擭，胡化反。阱，才性反。辟、避同。期，居之反。

罟，網也。擭，機檻也。陷阱，坑坎也。皆所以揜取禽獸者也。格庵趙氏曰：此譬禍機所伏。擇乎中庸，辨別彼列反。衆理以求所謂中庸，即上章「好去聲。問」、「用中」之事也。期月，匝作答反。一月也。新安陳氏曰：匝，周也期年，是周一年；期月，是周一月。言知禍而不知辟，以況能擇而不能守，皆不得爲知也。仁壽李氏曰：中不可不擇，又不可不守。擇而不守，終非己物。能擇能守，然後可以言「知」。夫子嘗因「仁」以言「知」矣，曰：「擇不處仁，焉得知？」擇而不處，謂之知不可也。孟子嘗因仁義以言知矣，曰：「知之實，知斯二者弗去是也。」知而去之，謂之知不可也。夫子之所謂「處」、孟子之所謂「弗去」、《中庸》之所謂「守」，其義一也。○雙峯饒氏曰：知屬貞，貞者正而固。「正」、「固」二字，方訓得「貞」字。知得雖是正了，仍舊要固守。所以說「貞者事之幹」。又曰：分而言之，則擇固謂之知；然能擇而不能守，亦不得謂之知。此章雖引起下章仁能守之說，然仍舊重在「知」字。○新安陳氏曰：此章如《詩》之有興，借上一事譬喻，以引起下一事也。

右第七章。承上章大知而言，又舉不明之端以起下章也。雲峯胡氏曰：此章兩「人」字，蓋借知禍而不知辟之人，以況能擇而不能守之人也。上章言舜聖人，下章言回賢人，此章兩「人」字，衆人也。上章舜能擇爲知，起下章回能守爲仁，此章結上章之所謂「知」，起下章之所謂「仁」。

子曰：「回之爲人也，擇乎中庸，得一善則拳拳服膺而弗失之矣。」

回，孔子弟子顏淵名。拳拳，奉持之貌。服，猶「著」陟略切。也。膺，胸也。奉持而著之心胸之間，言能守也。顏子蓋真知之，故能擇能守如此。此行之所以無過不及，而道之所以明也。程子曰：大凡於道，擇之則在乎知，守之則在乎仁，斷之則在乎勇。○朱子曰：「舜大知」章，是行底意多；「回擇中」章，是知底意多。用其中者，舜也；擇乎中庸，得一善拳拳服膺而不失者，顏子也。夫顏子之學所以求爲舜者，亦在乎精擇而敬守之耳。蓋擇之不精，則中不可得；守不以敬，則雖欲其一日而有諸己且將不能，尚何用之可致哉？○雙峯饒氏曰：每得一善，則「著之心胸之間」而不失，不是只守一善，亦不是著意去守這一善。○黄氏曰：道之不明，起於賢者之過，不肖者之不及。故必賢如顏子，而後可以望斯道之明。○雲峯胡氏曰：舜達而在上，擇乎中庸而用之民，聖人之道所以行也；顏淵窮而在下，擇乎中庸而不失於己，聖人之學所以傳也。子思以回繼舜之後，其意深矣。

右第八章。新安陳氏曰：此章言仁之事。擇中庸，知之意；弗失，勇之意也。

子曰：「天下國家可均也，爵祿可辭也，白刃可蹈也，中庸不可能也！」

均，平治也。三者亦知仁勇之事，天下之至難也。陳氏曰：可均似知，可辭似仁，可蹈似勇。然皆倚於一偏，故資之近而力能勉者，皆足以能之。至於中庸雖若易去聲。下同。能，「天下之至難也」以下，元本云：「然不必其合於中庸，則質之近似者皆能以力爲之；若中庸，則雖不必皆如三者之難。」然非義精仁熟而無一毫人欲之私者，不能及也。三者難而易，中庸易而難，此民之所以鮮上聲。能也。朱子曰：中庸便是三者之間，非是別有一箇道理。只於三者做得恰好處，便是中庸。○三者亦就知仁勇上説來。蓋賢者過之之事，只是就其所長處著力做去，而不擇乎中庸耳。○三者也是知仁勇之事，只是不合中庸；若合中庸，便盡得知仁勇。○問中庸如何「不可能」。曰：只是説中庸之難行，急些子便過，慢些子便不及，所以難也。○北溪陳氏曰：三者似知仁勇，然亦不必泥説「知」、「仁」、「勇」。大意只謂國家至大，難治也，而資稟明敏者能均之；爵祿人所好，難却也，而資稟廉潔者能辭之；白刃人所畏，難犯也，而資稟勇敢者能蹈之。是三者雖難，而皆可以力爲。至於中庸乃天命人心之當然，不可以資稟勉强力爲之，須是學問篤至，到那義精仁熟，真有以自勝其人欲之私，方能盡得。此所以若易而實難也。○雲峯胡氏曰：即《論語》中如「管仲一匡天下」，是「天下國家可均也」；如晨門荷蓧之徒，是「爵祿可辭也」；如召忽死子糾之難，是白刃可蹈也。然夫子則以爲民鮮能於中庸久矣，蓋深嘆夫中庸之「不可能也」。饒氏謂《章句》言「義精仁熟」，似欠「勇」字意。竊謂擇之審者，「義精」也；行之至者，「仁熟」也。不賴勇而裕如者也。學者於義必精之，於仁必熟之，便是知仁中之勇。故《章句》於此釋中庸之「不可能」，曰「非義精仁熟，無一毫人欲之私者不能及」。於下章言勇處則曰「此則所謂『中庸』之『不可能』者，非有以自勝其人欲之私者不能擇而守之」。反復細玩，朱子之意可見矣。

右第九章。亦承上章以起下章。

子路問强。

子路，孔子弟子仲由也。子路好去聲。勇，故問强。

子曰：「南方之强與，北方之强與，抑而强與？與，平聲。

抑，語辭。而，汝也。新安王氏曰：夫子嘗患不得中行而與之。師堂堂，曾晳嘐嘐，子路行行，皆不合乎中庸。夫子於門人一言一藥。如子路者，嘗以好勇過我儆之，以兼人抑之，以不得其死戒之，以死而無悔責之。然其習氣融釋不盡，以强爲問，則「行行」之勇猶在也。夫子是以設三端問之。○新安陳氏曰：汝之强，謂學者之强也。下文四「强哉矯」，照應結束此句。

「寬柔以教，不報無道，南方之强也。君子居之。

寬柔以教，謂含容巽順以誨人之不及也；不報無道，謂橫去聲。逆之來，直受之而不報也。南方風氣柔弱，故以含忍之力勝人爲强。君子之道也。朱子曰：此雖未是理義之强，然近理也。人能「寬柔以教，不報無道」，亦是箇好人，故爲「君子」之事。○三山陳氏曰：既曰「寬柔」，何「强」之云？蓋守其氣質而不變，是亦强也。○雲峯胡氏曰：此「君子」是泛說，下文「君子和而不流」，是說成德之君子。如《論語》首章「不亦君子乎」，是說成德；後章「君子不重則不威」，是泛說也。

「衽金革，死而不厭，北方之强也。而强者居之。

衽，而審反。席也。金，戈兵之屬；革，甲冑直又反。之屬。衽金革如云枕戈。○三山陳氏曰：卧席曰衽。○倪氏曰：衽，衣衽也。金，鐵也。革，皮也。聯鐵爲鎧甲，被之於身如衣衿然，故曰「衽」。北方風氣剛勁，故以果敢之力勝人爲强。强者之事也。雙峯饒氏曰：陽剛陰柔，理之常也。而南方風氣反柔弱，北方風氣反剛勁，何也？蓋陽體剛而用柔，陰體柔而用剛。如坤至柔而動也剛，便見得陰體柔而用剛矣。才說風便是用了。陽主發生，故其用柔；陰主肅殺，故其用剛也。問：「一味含忍，何以爲强？」曰：固是含忍，然却以此勝人，所謂「柔能勝剛」也。此亦未是中道。若是中道，則無道當報亦只著報，所謂「以直報怨」是也。○雲峯胡氏曰：南北之强，固皆非中。然以含忍勝人，猶不失爲君子之道，以果敢勝人，不過爲强者之事。「道」與「事」二字，下得有輕重。然南方豈無果敢者，北方豈無含忍者？亦不過舉其風氣之大概而言耳。要之，氣質之用小，學問之功大。南北之强，氣質之偏也。下文四者之强，學問之正，所以變化其氣質者也。

「故君子和而不流，强哉矯；中立而不倚，强哉矯。國有道不變塞焉，强哉矯；國無道至死不變，强哉矯！」

此四者汝之所當强也。新安陳氏曰：此乃君子之事，中庸之道，是汝之所當强。應「抑而强與」一句。矯，舉小反。强貌。《詩》曰「矯矯虎臣」是也。《詩·泮水》篇云：「明明魯侯，克明其德。既作泮宮，淮夷攸服。矯矯虎臣，在泮獻馘。」傳云：「矯矯，武貌。」○朱子曰：「强哉矯」，贊歎之辭。倚，偏著直略反。也。塞，悉則反。未達也。國有道不變未達之所守，國無道不變平生之所守也，此則所謂「中庸」之「不可能」者。非有以自勝其人欲之私，不能擇而守也。君子之强，孰大於是？陳氏曰：此「君子」指成德之君子，與前泛言「君子居之」者不同。夫子以是告子路者，所以抑其氣血之剛，而進之以德義之勇也。朱子曰：和便易流。若是中便自不倚，何必又說「不倚」？蓋柔弱底中立，則必欹倒。若能「中立而不倚」，方見硬健。問：「和而不流，中立而不倚，夷惠正是如此。」曰：是。問：「惠和而不流甚分明，夷如何是中立不倚處？」曰：如文王善養老他便來歸，及武王伐紂他又自不從而去，只此便是他中立不倚處。○人多有所倚靠，如倚於勇、倚於智者皆是。中道而立，初縱無倚，把捉不住，久處畢竟又靠取一偏。此所以要硬在中立而無所倚也。○問：「此四者勇之事，必如此乃能擇中庸而守之乎？」曰：此乃能「擇」後工夫。大智之人無俟乎守，只是安行；賢者能擇能守，無俟乎强勇；至此樣資質人，則能擇能守後，須用如此自勝，方能徹頭徹尾不失。○陳氏曰：和則易至於流。和光同塵，易太軟而流蕩。和而不流，方謂之强。中立在無所依倚。弱則易至倒東墜西。惟剛勁底人，則能獨立於中而無所倚也。國有道達而在上，則不變未達時所守，是「富貴不能淫」；國無道窮而在下，守死而不變平生所守，是「貧賤不能移、威武不能屈」。〇雙峯饒氏曰：四者亦有次第，一件難似一件。中立不倚，難於和而不流；國有道不變塞，又難於上二者；國無道至死不變，即所謂「遯世不見知而不悔」，唯聖者能之，此是最難處。南北方之强，皆是氣之偏處，是要勝人；下面君子之强，是能自勝其氣質之偏。〇雲峯胡氏曰：「流」字、「倚」字、「變」字，皆與「强」字相反。「不流」、「不倚」、「不變」，三「不」字有骨力，是之謂自强。南北以勝人爲强，其强也囿於風氣之中；君子以自勝爲强，其强也純乎義理，而出乎風氣之外。此變化氣質之功所以爲大也。

右第十章。此章言勇之事。

子曰：「素隱行怪，後世有述焉。吾弗爲之矣。

素，按《漢書》當作「索」。山客反。蓋字之誤也。《前漢·藝文志》：「孔子索隱行怪，後世有述焉，吾不爲之矣。」顔師古曰：「索隱，求索隱暗之事。」索隱行怪，言深求隱僻之理，而過爲詭古委切。異之行去聲。也。朱子曰：深求隱僻，如戰國鄒衍推五德之事，後漢讖緯之書，便是。〇三山陳氏曰：詭異之行，如荀子所謂「苟難」者，於陵仲子、申屠狄、尾生之徒，是也。〇格庵趙氏曰：深求隱僻之理，是求知乎人之所不能知；過爲詭異之行，是求行乎人之所不能行。然以其足以欺世而盗名，故後世或有稱述之者。此知之過而不擇乎善，行之過而不用其中，不當强而强者也。聖人豈爲之哉？朱子曰：索隱，是知者過之；行怪，是賢者過之。

「君子遵道而行，半塗而廢。吾弗能已矣。

遵道而行，則能擇乎善矣；半塗而廢，則力之不足也。此其知雖足以及之，而行有不逮，當强而不强者也。雙峯饒氏曰：此智足以擇乎中庸，而仁不足以守之。蓋君子而未仁者也。冉求自謂説夫子之道而力有不足，正夫子之所謂畫者。〇雲峯胡氏曰：此「君子」亦是泛説。下文「君子依乎中庸」，方是説成德。已，止也。聖人於此非勉焉而不敢廢，蓋「至誠無息」，自有所不能止也。問：「半塗而廢，可謂知及之而仁不能守。」朱子曰：只爲他知處不親切，故守得不曾安穩，所以半塗而廢。若大智之人，一下知了，千了萬當。所謂「吾弗能已」者，只是見到了自住不得耳。

「君子依乎中庸，遯世不見知而不悔。唯聖者能之。」

不爲索隱行怪，則依乎中庸而已；不能半塗而廢，是以遯世不見知而不悔也。程子曰：「素隱行怪」，❶是過者也；「半塗而廢」，是不及者也；「不見知不悔」，是中者也。○朱子曰：此兩句結上文意。依乎中庸，便是「吾弗爲」之意；遯世不見知而不悔，便是「吾弗能已」之意。○陳氏曰：不見知而或悔，則將半塗而廢矣。此中庸之成德，知去聲。之盡、仁之至，不賴勇而裕如者，正吾夫子之事而猶不自居也。故曰唯與「惟」通。後倣此。聖者能之而已。雙峯饒氏曰：既曰「君子依乎中庸」，又曰「唯聖者能之」，何也？蓋言君子之依乎中庸，未見其爲難；遯世不見知而不悔，方是難處，故曰「唯聖者能之」。聖人德盛禮恭，雖處既聖之地，未嘗有自聖之心也。○蔡氏曰：此再辨知仁勇而總結之。索隱之知，非君子之知；行怪之行，非君子之仁；半塗而廢，非君子之勇。君子之知仁勇，則「依乎中庸，遯世不見知而不悔」者，是也。○雲峯胡氏曰：第五章爲知仁勇開端，❷則言知者賢者之過，愚者不肖者之不及；此章結之，則言聖者之中庸，首尾相應如此。兼之前此説「鮮能」、「不能」、「不可能」，此則結之曰「唯聖者能之」，又以見中庸非終不可能也。夫子不爲於彼，便自弗能已於此。即此弗能已處，便見非夫子不能。○新安陳氏曰：依乎中庸，知仁兼盡；不見知而不悔，不待勇而自裕如也。

右第十一章。子思所引夫子之言，以明首章之義者止此。蓋此篇大旨，以知、去聲。下同。仁、勇三達德爲入

❶「素」，據正文當作「索」。
❷「五」，四庫本作「四」。

道之門，故於篇首即以大舜、顏淵、子路之事明之。舜，知也；顏淵，仁也；子路，勇也。三者廢其一，則無以造七到反。道而成德矣。餘見形甸反。第二十章。三山潘氏曰：中庸之道，至精至微，非知者不足以知之；至公至正，非仁者不足以體之；其爲道也，非須臾可離，非一蹴可到，故惟勇者然後有以自强而不息焉。大抵知仁勇三者，皆此性之德也。中庸之道，即「率性」之謂者也。非有是德，則無以體是道。○雲峯胡氏曰：自第二章至此，大要欲人由知仁勇以合乎中。知則能知此中，仁則能體此中，勇則能勉而進於此中。然夫子於舜之知，讚之也；於回之仁，許之也；於由之勇，抑而進之也。○雙峯饒氏曰：以上十章論道以中庸爲主，而氣質有過不及之偏，當爲第二大節。

君子之道費而隱。費，符味反。

費，用之廣也；雲峯胡氏曰：「費」字，當讀作「費用」之「費」，芳味切。《說文》：「散財用也。」隱，體之微也。朱子曰：道者，兼體用，該費隱而言也。費是道之用，隱是道之所以然而不見處。○或説形而下者爲費，形而上者爲隱。曰：形而下者甚廣，其形而上者實行乎其間，而無物不具，無處不有，故曰「費」。就其中形而上者，有非視聽所及，故曰「隱」。○陳氏曰：此章就費隱上説，申明首章「道不可離」之意。○雙峯饒氏曰：首章由體以推用，故先中而後和；此章由用以推體，故先費而後隱。蓋中間十章極論君子中庸之事，皆道之用故也。○新安陳氏曰：斯道廣大之用昭著於可見，而其體藏於用之中者，則隱微而不可見。

夫婦之愚，可以與知焉，及其至也，雖聖人亦有所不知焉。夫婦之不肖，可以能行焉。及其至也，雖聖人亦有所不能焉。天地之大也，人猶有所憾。故君子語大，天下莫能載焉；語小，天下莫能破焉。與，去聲。

君子之道，近自夫婦居室之間，遠而至於聖人天地之所不能盡，其大無外，其小無內，可謂費矣。然其理之所以然，則隱而莫之見也。朱子曰：莫能載，是無外；莫能破，是無内。如物有至小而可破作兩者，是中着得一物在；若曰無内，則是至小更不容破了。○勿軒熊氏曰：此章有「大」、「小」、「費」、「隱」四字。大處有費隱，小處亦有費隱。○新安陳氏曰：全段皆是説費，在不言之表而不可見者爲隱。蓋可知可能者，道中之一事；及其至而聖人不知不能，則舉全體而言，聖人固有所不能盡也。朱子曰：人多以至爲道之精妙處。若是精妙處有所不知不能，便與庸人無異，何足爲聖人？這至只是道之盡處。不知不能，是没緊要底事。他大本大根處元無欠缺。只是古今事變，禮樂制度，便也須學。○夫婦之與知能行，是萬分中有一分；聖人不知不能，是萬分中欠一分。○陳氏曰：可知可能道中之一事，是就日用間一事上論，如事親事長之類。○東陽許氏曰：聖人不能知行，非就一事上説，是就萬事上説。如孔子不如農圃，及百工技藝細瑣之事，聖人豈盡知盡能？若君子之所當務者，則聖人必知得徹，行得極。侯氏曰：「聖人所不知，如孔子問禮問官之類；《家語·觀周篇》：孔子謂南宫敬叔曰：「吾聞老聃博古知今，則吾師也。今將往矣。」敬叔與俱至周，問禮於老聃。○《左傳》：昭公十七年秋，郯子來朝，公與之宴。昭公問焉曰：「少昊氏鳥名官何故也？」郯子曰：「吾祖也，我知之。昔者黄帝氏以雲紀，故爲雲師而雲名；炎帝氏以火紀，故爲火師而火名；共工氏以水紀，故爲水師而水名；太皞氏以龍紀，故爲龍師而龍名。我高祖少昊摯之立也，鳳鳥適至，故紀於鳥，爲鳥師而鳥名。自顓頊以來，不能紀遠乃紀於近，爲民師而命以民事，則不能故也。」仲尼聞之，見於郯子而學之。既而告人曰：「吾聞之，『天子失官，學在四夷』，尤信。」所不能，如孔子不得位、堯舜病博施去聲。之類。」問：「以孔子不得位爲聖人所不能，禄、位、壽乃在天者，聖人如何能必得？」朱子曰：《中庸》明説「大德必得其位」，孔子有大德而不得其位，如何不是不能？愚謂人所憾胡暗反。於天地，如覆敷救反，蓋也。後凡當釋爲覆蓋之義者並同。載生成之偏，及寒暑災祥之不得其正者。朱子曰：道無所不在，無窮無盡，聖人亦做不盡，天地亦做不盡，此是此章緊要意思。○雙峯饒氏曰：此章就夫婦所知所能而推之以至於天地之大，先語小而後語大也；「大哉聖人之道」章從「發育萬物，峻極于天」而斂歸「禮儀三百，威儀三千」，先語大而後語小也。○新安陳氏曰：天覆而生物，地載而成物。以天地之無私，而生成之物或有偏而不均者。當寒而寒，當暑而暑，作善降祥，作不善降災，正也；乃有當寒而不寒，當暑而不暑，善而不祥，不善而不災者，是不得其正也，是皆人所不能無憾於天地者。

《詩》云：「鳶飛戾天，魚躍于淵。」言其上下察也。鳶，余專反。

《詩》，《大雅·旱麓》音鹿。之篇。鳶，鴟處脂反。類。戾，至也。察，著也。雙峯饒氏曰：察是自然昭著，便是誠之不可揜。子思引此詩，以明化育流行，上下昭著，莫非此理之用，所謂「費」也；然其所以然者，則非見聞所及，所謂「隱」也。問：「『鳶飛魚躍』，必氣使之然。」朱子曰：所以飛、所以躍者，理也。氣便載得許多理出來。若不就鳶飛魚躍上看，如何見得此理？問：「程子云『若說鳶上面更有天在，說魚下面更有地在』，是如何？」先生默然微誦曰：「天有四時，春秋冬夏，風雨霜露，無非教也；地載神氣，神氣風霆，風霆流形，庶物露生，無非教也。」便覺有竦動人處。○鳶飛可見，魚躍亦可見。而所以飛所以躍，果何物也？○鳶飛魚躍，費也。必有一箇什麼物事使得它如此，此便是隱。○問：「許多都說費處，却不說隱處，所謂隱者只在費中否？」曰：惟是不說，乃所以見得隱在其中。舊來多將聖人不知不能處做隱說，覺得下面都說不去。且如鳶飛天、魚躍淵，亦何嘗隱來？○鳶飛魚躍，無非道體之所在，猶言「動容周旋，無非至理；出入語默，無非妙道」。言其上下察也，此一句只是解上面。察者著也，言其昭著徧滿於天地之間，非「察察」之察。《詩》中之意本不爲此，《中庸》借此兩句形容道體。○「事地察」、「天地明察」，與此「上下察」、「察乎天地」，皆明著之意。○三山陳氏曰：有一物，必有一理。有已然者，必有所以然者。鳶則天而不能淵，魚則淵而不能天，此其用也，已然者也。是必有所以然者以爲之體。然體之隱，初不離於用之顯也。○温陵陳氏曰：中庸之道，只在日用之間而不可他求；雖曰日用之間，而有至微至隱者存焉。亦猶鳶魚之飛躍皆在目前，初不離性分之内。○潛室陳氏曰：凡説道之費處，其體之隱則在其中矣，故不言「隱」。非於費之外别有所謂隱也。使有隱可見，有隱可言，則非「體用一源，顯微無間」矣。○雙峯饒氏曰：此兩句引得妙。若以人來證也證不得，若引植物來證也證不得。蓋人有知識，植物又不動，須以動物證之。且如鳶魚何嘗有知識？但飛則必戾天，躍則必于淵，自然如此，又不是人教他，要必有使之然者。須於此默而識之。○問：「子思如何獨舉鳶魚而言？」蛟峯方氏曰：只且提起一二以示人。天下萬物皆如此，何獨鳶魚？○雲峯胡氏曰：《中庸》言「道」字，皆自率性之道説來。費，用之廣也，是説率性之道；隱，體之微也，是説天命之性。纔説費，隱即在其中；纔説率性之道，天命之性即在其中，非有二也。故近自夫婦居室之間，遠而至於聖人天地之所不能盡，而道無不在，即朱子所謂「天下無性外之物，而性無不在」者也。饒氏謂無性外之物，是「萬物統體一太極」；性無不在，是「一物各具一太極」是也。性無不在，費也；而性之所以爲性，則隱也。如鳶率鳶之性必飛，魚率魚之性必躍，於此見物物有自然之天，物物有天命之性。首章言天命之性、率性之道。自第二章以至第十章，無非率性之道，亦無非因其天命之性也。天地間無非是此性之著見處。造端乎夫婦，則是盡性之始事。朱子曰：「幽闇之中、衽席之上，或褻而慢之，則天命有所不行。」非知性命之理者，不足與語此。○新安陳氏曰：鳶飛魚躍，天機自動。鳶飛天，見此理之著於上；魚躍淵，見此理之著於下。詩人此二句，興體也，本以興君子之作成人才也。子思引之，借以言此理之昭著，非興也，亦非比喻也。理無形體，於有形體之物上見得無形體之理。偶引《詩》以鳶、魚二物指言之耳。捨鳶魚而言固不可，泥鳶魚而言亦不可。充滿天地，無一物不可見此理之昭著。如程子於「子在川上」章論道體，言「日往月來，寒往暑來，水流物生，皆道體之顯然者」是也。此「察」字實對首句「隱」字。體之隱者於此物上昭著出來，則隱而不可見者於此著察而可見矣。然其所以然之妙，則終非見聞所及。雖察也，而實隱也。

故程子曰：「此一節子思喫緊居忍反。爲去聲。**人處活潑潑**普活反。**地。讀者其致思焉。」**朱子曰：喫緊爲人處，是要人就此瞥地便見箇天理全體。活，只是不滯於一隅。○潛室陳氏曰：大要不欲人去昏默窈冥中求。道理處處平平，會得時多少分明快活！○問：「如何是喫緊爲人處?」雙峯饒氏曰：以道體示人也。觀鳶魚而知道之費而隱，猶觀川流而知道體之不息。○雲峯胡氏曰：道體每於動處見本自活潑潑地。聖賢教人，每欲人於動處用功，亦是活潑潑地。鳶飛魚躍，道之自然，本無一毫私意。勿忘勿助，學者體道之自然，亦着不得一毫私意。○新安陳氏曰：《章句》引程子説，蓋前面已説得文義分曉了。恐人只容易讀過，故引此語使讀者更加涵泳。又恐枝葉太繁，則本根漸遠，故引而不發，使學者於此致思焉。

君子之道，造端乎夫婦。及其至也，察乎天地。

結上文。朱子曰：君臣父子，人倫日用間無所不該。特舉夫婦而言，以見其尤切近處。○夫婦，人倫之至親至密者也。人之所爲，蓋有不可以告其父兄，而悉以告其妻者。人事之至近，而道行乎其間，非知幾謹獨之君子其孰能體之?○新安陳氏曰：總結上文，謂君子之道始乎夫婦居室之間。及其極至，則昭著乎天高地下之大。造端夫婦，結「夫婦與知、能行」及「語小莫能破」數句；察乎天地，結「聖人不能知、行」及「語大莫能載」，包到「鳶魚」「上下察」處，該括盡矣。人苟知道造端乎夫婦，則見道之不可離，而男女居室之間有不敢忽者矣。

右第十二章，子思之言，蓋以申明首章「道不可離」之意也。其下八章雜引孔子之言以明之。雙峯饒氏曰：始言中和，以見此道管攝於吾心；次言中庸，以見此道著見於事物；此言費隱，以見此道充塞乎天地。知道之管攝於吾心，則存養省察之功不可以不盡，故以戒懼謹獨言之；知道之著見於事物，則致知力行之功，不可以不加，故以知仁勇言之；知道之充塞乎天地，則致知力行之功不可以不周，故自違道不遠以極於達孝。又曰：費隱，是申「道不可離」之意。然道不可須臾離，是無時不然；君子之道費而隱，是無物不有。無時不然，故德欲其久；無物不有，故業欲其廣。德欲其久，故敬以直内之功，由動而静，由静而動，不可有須臾間斷。戒謹不睹，恐懼不聞而慎獨是也。業欲其廣，故義以方外之功，自近而遠，若小若大，不可毫髮放過，造端夫婦，至達乎諸侯大夫及士庶人是也。○此章論道之費隱小大，以爲下七章之綱領。

子曰：「道不遠人。人之爲道而遠人，不可以爲道。

道者，率性而已，固衆人之所能知、能行者也，故常不遠於人。若爲道者厭其卑近以爲不足爲，而反務爲高遠難行之事，則非所以爲道矣。朱子曰：此三句是一章之綱，下面三節只是解此三句，然緊要處又在「道不遠人」一句。「人之爲道」之爲如「爲仁由己」之爲；「不可以爲道」如「克己復禮爲仁」之爲。○黄氏曰：「率性之謂道」，道何嘗遠人？此「人」字兼人己而言。自己觀之，便具此道；自人觀之，人亦具此道也。又曰：此指爲道之人己身而言。己之身便具此道，又豈可遠此身以爲道？○陳氏曰：此道常昭著於日用人事之間，初無高遠難行之事。若欲離人事而求之高遠，便非所以爲道。如老、莊言道在太極先之類，無非高遠。此三句語脉猶「道不可離，可離非道」之謂。○雙峯饒氏曰：「道不遠人」以道言也，「人之爲道而遠人，不可以爲道」以學道者言也。「遠人」之人是指衆人，「人之爲道」之人是指爲道之人。○雲峯胡氏曰：上章言性無不在，其廣大也如此；此章言率性只在人倫日用之間，其篤實也又如此。○東陽許氏曰：「人之爲道而遠人」，此「爲」字重，猶言「行道」；「不可以爲道」，此「爲」字輕，猶言謂之道。

「《詩》云：『伐柯伐柯，其則不遠。』執柯以伐柯，睨而視之，猶以爲遠。故君子以人治人，改而止。睨，研計反。

《詩》，《豳悲巾反。風·伐柯》音哥。之篇。柯，斧柄；則，法也。睨，邪視也。言人執柯伐木以爲柯者，彼柯長短之法在此柯耳。然猶有彼此之別，彼列反。下同。故伐者視之猶以爲遠也。若「以人治人」，則所以爲人之道各在當去聲。人之身，初無彼此之別。故君子之治人也，即以其人之道還治其人之身，其人能改，即止不治。蓋責之以其所能知能行，非欲其遠人以爲道也。張子所謂「以衆人望人則易去聲。從」是也。程子曰：「執柯伐柯，其則不遠」，人猶以爲遠。君子之道本諸身，發諸心，豈遠乎哉？道初不遠於人之身。人之爲道而不近求之於其身，尚何所爲道？故有伐柯睨視之譬。知道之不遠人，則人與己本均有也，故「以人治人」。○朱子曰：緊要處全在「道不遠人」一句。言人人本自有許多道理，只是不曾依得這道理，却做從不是道理處去。如人之孝，他本有此孝，他却不曾行得這孝，却亂行從不孝處去。君子治之，非是別討箇孝去治他，只是與他說你這箇不是，你本有此孝，却如何錯行從不孝處去。其人能改，即是孝矣。不是將別人底道理治他，我但因其自有者還以治之而已。及我自治其身，亦不是將他人底道理來治我，亦只是將我自有底道理自治我之身而已。所以說：「執柯伐柯，其則不遠。」執柯以伐柯，不用更別去討法則，只那手中所執者便是則。然執柯以伐柯，睨而視之猶以爲遠。若此箇道理人人具有，纔要做底便是，初無彼此之別。故《中庸》一書初間便說「天命之謂性，率性之謂道」，只是說人人各具此箇道理，無有不足故耳。從上頭說下來，只是此意。○「君子以人治人，改而止」，如水本東流，失其道而西流，從西邊遮障得歸來東邊便了。○陳氏曰：「能改即止」，不以高遠難行底責他，只把他能知能行底去治他。○蒙齋袁氏曰：不曰「我治人」而曰「以人治人」，我亦人耳。道不離吾身，亦不離各人之身。吾有此則，人亦有此則。以則取則，天則自然。非彼柯假此柯之比也。人有過焉，能改則止。若責人已甚，違天則矣。故曰：「忠恕，違道不遠。」○潛室陳氏曰：衆人，即「天生烝民」、「凡厥庶民」之謂。只將他共有底道理治他，乃天理人倫之類。若以蠢蠢昏昏者爲衆人，非張子意。○雲峯胡氏曰：衆人同此性，即同此當然之則。以衆人望人，不敢遽以聖人責人也。《章句》分三節，皆提起「不遠人」、「以爲道」一句。第一節言以人治人，皆欲其不遠人以爲道；第二節言己之施於人者，不遠人以爲道；第三節言雖聖人所以責之己者，亦不遠人以爲道也。○東陽許氏曰：柯有彼此之異，尚猶是遠；道在人身而不可離，又非柯之比。故教者只消就衆人自身所有之道而治之耳。行道者不假外求，治人者無可外加。

「忠恕違道不遠。施諸己而不願，亦勿施於人。

盡己之心爲忠，推己及人爲恕。違，去也，如《春秋傳》去聲。「齊師違穀七里」之違，言自此至彼相去不遠，非背音佩。而去之之謂也。《左傳》哀公二十七年，晉荀瑶帥師伐鄭，次于桐丘。鄭駟弘請於齊，乃救鄭。及留舒，齊地。違穀七里，穀人不知。及濮，水名。智伯聞之，乃還，曰：「我卜伐鄭，不卜伐齊。」智伯，智襄子也，即荀瑶。道，即其不遠人者是也。此章以「道不遠人」爲綱領，故《章句》節節提掇。施諸己而不願，亦勿施於人，忠恕之事也。朱子曰：忠者盡己之心無少僞妄，只是盡自家之心不要有一毫不盡。須是十分盡得，方始是盡。若七分盡得，三分未盡，也是不忠。恕者推己及物各得所欲，知得我是要恁地，想人亦要恁地，而今不可不教他恁地。三反五折，便是推己及物。

○問：「此只是恕，如何作忠恕説？」曰：忠恕兩箇離不得。方忠時未見得恕，及至恕時，忠行乎其間。「施諸己而不願，亦勿施於人」，非忠者不能也。○北溪陳氏曰：忠是就心説，是盡己之心無不真實者；恕是就待人接物處説，只是推己心之真實者以及人物而已。○東陽許氏曰：行道之方，惟在忠恕。自此行之則可至中庸之道，故曰「違道不遠」。「施諸己而不願，亦勿施於人」，推己之恕也。然非忠爲本，則亦無可推者矣。蓋忠以心之全體言，恕就每事上言。所接之事萬有不同，皆自此心而推。然應一事時盡己之心推之，則心之全體却又只在此。故恕非忠無以本，忠非恕不能行。二者相須，缺一不可。所以經以「施諸己」兩句總言「忠恕」，而《章句》亦曰：「施諸己而不願，亦勿施於人，忠恕之事也。」以己之心度徒洛反。人之心，未嘗不同，則道之不遠於人者可見。故己之所不欲則勿以施於人，亦不遠人以爲道之事。黄氏曰：此即己之身而得待人之道。待人之道不必遠求，不過推己以及人而已。張子所謂「以愛己之心愛人則盡仁」是也。問《論語》、

《中庸》言忠恕不同。朱子曰：「盡己」、「推己」，此言「違道不遠」是也，是學者事。忠恕工夫到底只如此，曾子取此以明聖人一貫之理耳。若聖人之忠恕，只說得「誠」字與「仁」字，「盡」字、「推」字用不得。若學者則須推。故程子曰：「以己及物，仁也；推己及物，恕也，違道不遠是也。」自是兩端說此只說「下學而上達」，是子思掠下教人處，《論語》則曰「一以貫之」。又曰：「勿」者，禁止之辭，豈非學者事？《論語》分明言「夫子之道」，豈非聖人事？○問：「到得忠恕已是道，如何云違道不遠？」曰：仁是道，忠恕正是學者下工夫處。「施諸己而不願，亦勿施於人」，子思之說，正是工夫。「夫子之道，忠恕而已矣」，却不是恁地。曾子只是借這箇說。「維天之命，於穆不已」，「乾道變化，各正性命」，便是天之忠恕；「純亦不已」，萬物各得其所，便是聖人之忠恕；「施諸己而不願，亦勿施於人」，便是學者之忠恕。○凡人責人處急，責己處緩。愛己則急，愛人則緩。若拽轉頭來，便自道理流行。○潛室陳氏曰：此因恕而言仁耳。恕是求仁之事，推愛己之心以愛人，恕者之事也；以愛己之心愛人，仁者之事也。「忠恕違道不遠」，轉一過即仁矣。故張子以仁言。○雙峯饒氏曰：道是天理，忠恕是人事。天理不遠於人事，故曰「道不遠人」；人事盡則可以至天理，故曰「忠恕違道不遠」。其理甚明。

「君子之道四，丘未能一焉。所求乎子，以事父未能也；所求乎臣，以事君未能也；所求乎弟，以事兄未能也；所求乎朋友，先施之未能也。庸德之行，庸言之謹，有所不足，不敢不勉，有餘不敢盡。言顧行，行顧言，君子胡不慥慥爾？」子、臣、弟、友四字絕句。

求，猶「責」也。道不遠人，凡己之所以責人者皆道之所當然也，故反之以自責而自脩焉。黄氏曰：此即人之身而得治己之道。治己之道初不難見，觀其責人者而已。庸，平常也。行者，踐其實；謹者，擇其可。德不足而勉，則行益力；言有餘而訒，忍也，難也。則謹益至。謹之至，則「言顧行」去聲。「行顧」、「言行」之「行」同。矣；行之力，則「行顧言」矣。慥慥，篤實貌。言君子之言行如此，豈不慥慥乎？贊美之也。凡此皆不遠人以爲道之事。三山陳氏曰：人之言常有餘，行常不足。言顧行則言之有餘者將自損，行顧言則行之不足者將自勉。此章語若雜出，而意脉貫通，反復於人己之間者詳盡明切而有序，其歸不過致謹於言行以盡其實耳。張子所謂「以責人之心責己則盡道」是也。朱子曰：「未能一焉」固是謙辭，然亦可見聖人之心有未嘗滿處。「所求乎子，以事父未能也」，每常人責子必欲其孝於我，然不知我之所以事父者曾孝否乎？以我責子之心而反推己之所以事父，此便是則也。「所求乎臣，以事君未能也」，常人責臣必欲其忠於我，然不知我之所以事君者盡忠否乎？以我責臣之心而反之於我，則其則在此矣。又曰：事父未能，須要如舜之事父，方盡得子之道；事君未能，須要如周公之事君，方盡得臣之道。若有一毫不盡，便是道理有所欠缺，便非子與臣之道矣。無不是如此，只緣道理當然，自是住不得。○南軒張氏曰：此章大意謂道雖不遠人，而其至則聖人亦有所不能。而實亦不遠於人，故君子只於言行上篤實做工夫，此乃實下手處。○格庵趙氏曰：我之所望於人者，即我所當自盡之則。不是將他人道理來治我，蓋以得於天之所同然者而自治其身耳。○雙峯饒氏曰：「施諸己而不願」二句是恕之事。「君子道四」一節是忠之事，所以爲恕之本者也。忠爲恕之本，先論勿施於人而後反之以責其所以盡己者，語意尤有力。《大學》自「明明德於天下」而反推之至於誠意致知，《中庸》自獲上治民而反推之至於誠身明善，皆此意。○朱氏伸。曰：言「未能」者，欲先盡己也。能盡乎己，則恕可推矣。○雲峯胡氏曰：《論語》說忠恕是曾子借此二字形容聖人至妙處，此則是子思就此二字說歸聖道至實處。推愛己之心愛人，推己及物之恕也，而忠即行乎其間；以責人之心責己，發己自盡之忠也，而恕即不外乎此。君臣父子兄弟朋友之倫，人人性分之所固有者，而曰「丘未能一焉」，亦曰吾之反求諸己，未能如其所以責人者爾。學者之心常如聖人以爲未能，則必深體而力行之。惟恐庸言之不謹而言未能顧其行，惟恐庸德之未行而行未能顧其言，此皆盡己之心而恕之本也。饒氏謂夫子責己以勉人，前四語是責己，「庸德」以下是勉人。

右第十三章。「道不遠人」者，夫婦所能；「丘未能一」者，聖人所不能：皆費也。而其所以然者，則至隱存焉。下章放上聲，與「倣」同。此。雙峯饒氏曰：此章實承上章。上章說道如此費，恐人以闊遠求道，故此章說道不遠人。上章以費隱明道之體用，而此章以忠恕違道不遠繼之，以明學者入道之方，蓋即夫子告曾子以「一貫」，而曾子告門人以「忠恕」之意也。意子思得其傳於曾子，而於此發明之歟？○新安陳氏曰：「丘未能一」，固聖人謙辭，然實足以見聖人愈至而愈不自至之誠。如朱子所謂必如舜之事父、周公之事君方爲盡道，語其極，誠聖人所不敢自以爲能也。

君子素其位而行，不願乎其外。

素，猶「見形甸反。下同。在」也。如今人言「素來」之意。言君子但因見在所居之位而爲其所當爲，無慕乎其外之心也。此二句一章之綱，下文分應之。

素富貴，行乎富貴；素貧賤，行乎貧賤。素夷狄，行乎夷狄；素患難，行乎患難。君子無入而不自得焉。難，去聲。

此言素其位而行也。北溪陳氏曰：「素富貴，行乎富貴」，如舜之被袗衣鼓琴，若固有之是也。「素貧賤，行乎貧賤」，如舜之飯糗茹草，若將終身是也。「行乎夷狄」，如孔子欲居九夷，曰「何陋之有」是也。「行乎患難」，如孔子曰「天未喪斯文，匡人其如予何」是也。蓋君子無所往而不自得，惟爲吾之所當爲而已。○雙峯饒氏曰：四者之中，只有富貴是順境，三者皆逆境。問：「上言四事，下文『在上位』以下只暗說富貴貧賤，如何？」曰：人之處世，不富貴則貧賤，如夷狄、患難不常有之。素夷狄謂適然陷於夷狄，如蘇武、洪忠宣事。問：「『入』字是入四者之中否？」曰：「入」字闊。上四者特舉其概，隨其所在而樂存焉。○倪氏曰：順居一，逆居三，以見人少有不經憂患者。「君子居易俟命」，以能視順逆爲一也。

在上位不陵下，在下位不援上。正己而不求於人，則無怨。上不怨天，下不尤人。援，平聲。

此言「不願乎其外」也。陳氏曰：吾居上位則不陵忽乎下，吾居下位則不攀援於上，惟反自責於己，初無求取於人之心，自然無怨。蓋有責望於天而不副所望，則怨天；有求取於人而人不我應，則尤人。君子無責望於天之心，無求取於人之意，又何怨尤之有？此處見君子胸中多少洒落明瑩，真如光風霽月，無一點私累。

故君子居易以俟命，小人行險以徼幸。易，去聲。

易，平地也。居易，「素位而行」也；俟命，「不願乎外」也。問：「『君子居易俟命』，與《大易》『樂天知命』似否？」潛室陳氏曰：居易俟命，學者事；樂天知命，聖人事。○格庵趙氏曰：君子胸中平易，所居而安，「素位而行」也；富貴貧賤惟聽天之所命，「不願乎外」也。徼，堅堯反。求也。幸，謂所不當得而得者。朱子曰：言强生意智，取所不當得。○朱氏伸。曰：「易者，中庸也；俟命者，待其分之所當得，故無怨尤。險者，反中庸也；徼幸者，求其理之所不當得，故多怨尤。

子曰：「射有似乎君子。失諸正鵠，反求諸其身。」正音征。鵠，工毒反。

畫胡卦反。布曰正，棲皮曰鵠，皆侯之中、射之的也。《詩》傳：「侯，張布而射之者也。正，設的於侯中而射之者也。大射則張皮侯而設鵠，賓射則張布侯而設正。」○雙峯饒氏曰：正乃是鳱字，小而飛最疾，最難射，所以取爲的。鵠取革置於中，正則畫於布以爲的。子思引此孔子之言，以結上文之意。陳氏曰：射有不中，只是自責，如君子行有不得，反求諸己。蓋以證上文正己而不求於人，是亦「不願乎其外」之意也。

右第十四章。子思之言也。凡章首無「子曰」字者，放此。雙峯饒氏曰：上章道不遠人是就身上説，此章素位而行是就位上説，比身放開一步。然位是此身所居之地，猶未甚遠。下章言行遠登高，卑近可以至於高遠，迤邐放開去。

君子之道，辟如行遠必自邇，辟如登高必

自卑。

辟、譬同。新安陳氏曰：承上章言道無不在，而進道則有序。以君子之道提起，言凡君子之道皆當如此也。

《詩》曰：「妻子好合，如鼓瑟琴。兄弟既翕，和樂且耽。宜爾室家，樂爾妻帑。」好，去聲。耽，《詩》作「湛」，亦音耽。樂音洛。

《詩》，《小雅·常棣》之篇。鼓瑟琴，和也。翕，亦「合」也，耽，亦「樂」也。帑，與「孥」通。子孫也。

子曰：「父母其順矣乎！」

夫子誦此《詩》而贊之曰：人能和於妻子，宜於兄弟如此，則父母其安樂音洛。之矣。子思引《詩》及此語，以明「行遠自邇，登高自卑」之意。三山陳氏曰：「行遠自邇，登高自卑」，凡君子之道，其推行之序皆然。引《詩》以明之，特舉一事而言耳。○雙峯饒氏曰：「行遠自邇，登高自卑」説得闊，只引《詩》來形容却是切。惟「妻子好合，如鼓瑟琴」，故能「宜爾室家」；惟「兄弟既翕，和樂且耽」，故能「樂爾妻孥」。室家宜，妻孥樂，皆下面事；父母順，是上面事。欲上面順，須下面和始得。即「行遠自邇，登高自卑」之意。○新安陳氏曰：兄弟妻子之間，日用常行之事，道無不在，不可忽其爲卑近。雖高遠，實自於此。「堯舜之道，孝弟而已」，正此意也。子思引《詩》及夫子贊詩語，蓋偶指一事而言，非以自邇自卑之義爲止於此《詩》所云而已也。

右第十五章。雙峯饒氏曰：自「道不遠人」而下至此凡三章，皆近裏就實，學者所當用功。○東陽許氏曰：此章專言行道必自近始。未有目前日用細微處不合道，而於遠大之事能合道者也。君子之道，其理勢必當如此。故於「費隱」之後，十三章先言修己治人必恕以行之，而謹其庸德庸言，次十四章則言正己不求於外，此章則言自近及遠，是言凡行道皆當如是也。引《詩》本是比喻説，然於道中言治家，則次序又如此。

子曰：「鬼神之爲德，其盛矣乎？

程子曰：「鬼神，天地之功用，而造化之迹也。」朱子曰：功用只是論發見者，如寒來暑往，日往月來，春生夏長皆是。○風雨霜露、日月晝夜，此鬼神之迹也。○造化之妙不可得而見，於其氣之往來屈伸者足以見之。微鬼神則造化無迹矣。問：「何謂迹？」曰：鬼神是天地間造化，只是二氣屈伸往來。神是陽，鬼是陰，往者屈，來者伸，便有箇迹恁地。○北溪陳氏曰：造化之迹，以陰陽流行著見於天地間者言之。**張子曰：「鬼神者，二氣之良能也。」**朱子曰：「良能」是説往來屈伸，乃理之自然，非有安排措置。二氣則陰陽，良能是其靈處。○鬼神論來只是陰陽屈伸之氣，謂之陰陽亦可也。然必謂之「鬼神」者，以其良能功用而言也。○屈伸往來，是二氣自然能如此。一伸去便生許多物事，一屈來便無了一物，便是良能功用，便是陰陽往來。○雙峯饒氏曰：「造化之迹」指其屈伸者而言，「二氣良能」指其能屈能伸者而言。程子只説他屈伸之迹，不説他靈處，張子説得精。**愚謂以二氣言則鬼者陰之靈也，神者陽之靈也；**朱子曰：二氣謂陰陽對待各有所屬。如氣之呼吸者爲魂，魂即神也，而屬乎陽；耳目口鼻之類爲魄，魄即鬼也，而屬乎陰。○北溪陳氏曰：靈只是自然屈伸往來恁地活爾。**以一氣言則至而伸者爲神，反而歸者爲鬼，其實一物而已。**張子曰：物之初生，氣日至而滋息；物生既盈，氣日反而遊散。至之謂神，以其伸也；反之謂鬼，以其歸也。天地不窮，寒暑耳；衆動不窮，屈伸耳。鬼神之實，不越乎二端而已矣。○朱子曰：二氣之分，實一氣之運。以二氣言，陰之靈爲鬼，陽之靈爲神。以一氣言，則方伸之氣亦有伸有屈，其方伸者神之神，其既伸者神之鬼；既屈之氣亦有屈有伸，其既屈者鬼之鬼，其來格者鬼之神。○天地間如消底是鬼，息底是神；生底是神，死底是鬼。四時春夏爲神，秋冬爲鬼。人之語爲神，默爲鬼；動爲神，静爲鬼；呼爲神，吸爲鬼。○新安陳氏曰：二氣以陰陽之對待者言，一氣以陰陽之流行者言。**爲德，猶言性情功效。**朱子曰：性情乃鬼神之情狀。能使天下之人齊明盛服以承祭祀，便是功效。○視不見，聽不聞，是性情；體物而不可遺，是功效。○性情便是二氣之良能，功效便是天地之功用。人須是於良能功用上認取其德。鬼神之德，言鬼神實然之理。○蛟峯方氏曰：性情言其體，功效言其用。《易》曰「鬼神之情狀」，「情」即「性情」，「狀」即「功効」也。鬼神生長斂藏，是孰使之然？是他性情如此。若生而成春，長而成夏，斂而成秋，藏而成冬，便是鬼神之功効。

「視之而弗見，聽之而弗聞，體物而不可遺。

鬼神無形與聲，然物之終始莫非陰陽合散之所爲，新安陳氏曰：陰陽之合，爲物之始；陰陽之散，爲物之終。是其爲物之體而物之所不能遺也。其言「體物」，猶《易》所謂「幹事」。問「體物而不可遺」。朱子曰：只是這一箇氣，入毫釐絲忽裏去也是這陰陽，包羅天地也是這陰陽。有是理便有是氣，有是氣便有是理，無非實也。○天下豈有一物不以此爲體？天地之升降、日月之盈縮、萬物之消息變化，無一非鬼神之所爲者。是以鬼神雖無形聲而遍體乎萬物之中，物莫能遺也。○此三句指鬼神之德而言。視不見，聽不聞，無形聲臭味之可聞可見也；然却體物而不遺，則甚昭然而不可揜也。所謂「體物」者固非先有是物而後體之，亦非有體之者而後有是物。萬物之體即鬼神之德，猶云即氣而不可離也，可離則無物矣。所謂「不可遺」者，猶云無闕遺滲漏，蓋常自洋洋生活，不問乎晦明代謝也。物之聚散始終，無非二氣之往來伸屈，是鬼神之德爲物之體，而無物能遺之也。○不見不聞，此正指隱處，如前後章只舉費以明隱。○雙峯饒氏曰：前章詳於費而不及隱，引而不發之意也；此章推隱而達於費，以發前章未發之意也。然弗見弗聞已足以形容其隱矣，而復以體物而不可遺言者，明隱非空無之謂也。故下文言「微之顯」而復以「誠之不可揜」申之，明隱之所以不能不費者，正以其實理之不可揜故也。又曰：道是形而上者，鬼神是形而下者。此章即鬼神之費隱，以明道之費隱。言觀鬼神之體至隱而其用至費如此，則道之用所以至費者，豈非有至隱以爲之體乎？○朱氏伸。曰：視弗見，聽弗聞，德之微也；體物不可遺，德之顯也。○新安陳氏曰：鬼神爲物之體，故此曰「體物」；猶貞爲事之幹，故《乾卦·文言》曰「貞固足以幹事」。張子曰：「天體物而不遺，猶仁體事而無不在也。」味其語意，可互相發明。

「使天下之人齊明盛服以承祭祀，洋洋乎如

在其上，如在其左右。齊，側皆反。齊音齋。下「其齊」同。之爲言「齊」也，所以齊不齊而致其齊也。出《禮記·祭統》篇，謂齊其不齊之思慮以極致其齊也。明，猶「潔」也。明潔其心。○陳氏曰：齊明是肅於内，盛服是肅於外，内外交致之功也。洋洋，流動充滿之意。能使人畏敬奉承而發見形甸反。下同。昭著如此，乃其「體物而不可遺」之驗也。問：「『洋洋如在其上，如在其左右』，似亦是感格意思，❶是自然如此。」朱子曰：固是。然亦須自家有以感之始得。○雙峯饒氏曰：「使天下之人」，「使」字最好看，見得他靈處。○陳氏曰：「承祭祀」，如天子祭天地，諸侯祭社稷，大夫祭五祀，士祭其先之類。隨所當祭者誠敬以集自家精神，則彼之精神亦集，便「洋洋流動充滿」，如神在焉。○新安陳氏曰：此章自「體物而不可遺」以上所説鬼神，所包甚闊，凡天地造化、日月風雨、霜露雷霆、四時寒暑晝夜，潮水消長、草木生落，人生血氣盛衰，萬物生死，無非鬼神。自「使人齊明」以下，方是就無所不包之鬼神中提出所當祭祀之鬼神來説，見得鬼神隨祭而隨在，流動充滿，昭著發見，無所不在。所謂「體物而不可遺」者，豈不可驗之於此哉？○東陽許氏曰：「如在上，如在左右」，此是於祭祀時見體物不可遺處。所以《章句》言「乃其體物不可遺之驗」。○前以天地造化二氣一氣言，是言鬼神之全；後所謂「承祭祀」者，如天神地示人鬼及諸祀亦皆鬼神，却是從全體中指出祭祀者，使人因此識其大者。孔子曰：「其氣發揚于上爲昭明，焄音熏。蒿，悽愴，初亮反。此百物之精也，神之著也。」《禮記·祭義》篇，孔子答宰我問鬼神之語。正謂此爾。朱子曰：鬼神之露光景是昭明，其氣蒸上感觸人者是焄蒿，使人精神凜然竦然，如《漢書》所謂神君至，其風颯然之意，是悽愴。○問：「『鬼神』章首尾皆主二氣屈伸往來而言，而中間『洋洋如在其上』乃引『其氣發揚于上爲昭明、焄蒿、悽愴』，此乃人物之死氣，似與前後意不合，何也？」曰：死便是屈，感召得來便是伸。祖宗氣只存在子孫

❶「亦」，原作「不」，今據《語類》卷六三改。

身上，祭祀時只是這氣便自然又伸。自家極其誠敬，肅然如在其上是甚物？那得不是伸？此便是神之著也。

「《詩》曰：『神之格思，不可度思。矧可射思？』」度，待洛反。射音亦。《詩》作「斁」。

《詩》，《大雅·抑》之篇。格，來也。矧，況也。射，厭也，言厭怠而不敬也。思，語辭。陳氏曰：言神明之來，視不見，聽不聞，皆不可得而測度，矧可厭斁而不敬乎？

「夫微之顯，誠之不可揜，如此夫！」夫，音扶。

誠者，真實無妄之謂。陰陽合散無非實者，故其發見之不可揜如此。此「誠」字，指鬼神之實理而言。延平李氏曰：《中庸》發明微顯之理於承祭祀時爲言者，只謂於此時鬼神之理昭然易見，令學者有入頭處爾。○朱子曰：鬼神只是氣之屈伸。其德則天命之實理，所謂「誠」也。○鬼神主乎氣，爲物之體；物主乎形，待氣而生。蓋鬼神是氣之精英。所謂「誠之不可掩」者，誠，實也，言鬼神是實有者也。屈是實屈，伸是實伸，合散無非實者，故其發見昭昭不可掩如此。○上下章恁地說，忽插一段「鬼神洋洋如在其上，如在其左右」在這裏，也是「鳶飛魚躍」意思，所以末稍只說「微之顯，誠之不可掩，如此夫」。○陳氏曰：此理雖隱微而甚顯，以陰陽之往來屈伸皆是真實而無妄，所以發見之不可揜如此。「《詩》云」三句，「視弗見，聽弗聞」意；「微之顯，誠之不可揜」，說「如在上，在左右」意。○雙峯饒氏曰：《中庸》「誠」之一字方見於此，蓋爲自此以後言誠張本也。後章「誠」字即此章「誠」字。但此章「誠」字是費之所以然處，以理言也；後章「誠」字是以貫衆費而有諸己處，以德言也。皆所謂隱也。○雲峯胡氏曰：「誠」者《中庸》一書之樞紐，而首於此章見之。漢儒皆不識「誠」字。宋李邦直始謂「不欺之謂誠」，徐仲車謂「不息之謂誠」，至子程子始曰「無妄之謂誠」，子朱子又加以「真實」二字，誠之說盡矣。六經言「誠」自《商書》始。《書》但言鬼神享人之「誠」，而《中庸》直言鬼神之「誠」，其旨微矣。鬼神者，造化陰陽之氣；誠者，即造化陰陽之理也。實有是理則實有是氣，其體甚微，其用甚顯。視不見，聽不聞，微也，前之所謂隱也；體物而不可遺，顯也，前之所謂費也。前言「君子之道」，以人道言；此言「鬼神之德」，以天道言。人道其用也，故先言用之費，而體之隱者即在費之中；天道其體也，故先言體之微，而用之顯者亦不出乎微之外。言固各有當也。「體物而不可遺」，《章句》以爲「體物」猶《易》所謂「幹事」，木非幹不立，築非幹易傾，「幹」字釋「體」字最有力，此是指鬼神之顯處以示人。人之齊明盛服，鬼神未嘗使之而若有使之者。洋洋如在，鬼神精爽，直與人之齊明相接，《章句》謂此即其「體物而不可遺」之驗也。蓋前此所謂鬼神無所不包，此又就無所不包之中提出當祭祀之鬼神來説，是又指鬼神之最顯處示人。然此其顯也，必有所以顯者。末斷之曰「微之顯，誠之不可揜如此夫」，鬼神無聲無形，於天下之物如之何其體之，於天下之人又如之何其使之？顯然一至誠之不可揜如此也。凡物之終始莫非陰陽合散之所爲，而陰陽合散莫非真實無妄之理。後世此理不明，有瀆鬼神於佛、老而競爲淫祀以徼福者，一何怪誕不經至此哉？嗚呼！使天下後世而皆知天命之性，則知佛氏之空者非性矣；皆知率性之道，則知老氏之無者非道矣；皆知鬼神之誠，則知後世淫祀之幻妄者非誠矣。朱子以爲憂之也深，而慮之也遠，信哉！○新安陳氏曰：末二句又該貫上章首五句去，雖因祭祀而發，不止爲祭祀言也。視弗見，聽弗聞，鬼神之妙雖無形而難知，其爲體物而不可遺則顯著而可見。「微」字與「誠」字對，「顯」字與「不可揜」對。自其妙言之曰「微」，自其實言之曰「誠」。鬼神之德，誠而已矣。實有是理，故實有是陰陽之氣；實有是氣，則實有是鬼神。其所以爲物之體而不可遺，其所以洋洋如在之發見顯著而不可揜者，無非以其實故也。鬼神之德，豈有出於誠之外者哉？

右第十六章。不見不聞，隱也；體物如在，則亦費矣。此前三章以其費之小者而言，此後三章以其費之大者而言，此一章兼費隱、包大小而言。胡氏曰：此前三章説費之小處，言日用之間道無不在；此後三章説費之大處，言道之至近而放乎至遠。中間此一章以鬼神之微顯明道之費隱，而包大小之義，所以發上章未發之蘊而貫前後六章之指，且爲下文諸章之論誠者張本也。○新安陳氏曰：前章非小也，以後章校之，則前章之身位與家，比後章之大關天下萬世則爲小耳。包大小者，體物而不可遺，總而言之，所該甚大；即一物言之，亦鬼神實爲之體，兹非小歟？以承祭祀，天子祭天地，大也；士庶所祭亦是祭祀，又非小歟？

子曰：「舜其大孝也與？德爲聖人，尊爲天子，富有四海之内，宗廟饗之，子孫保之。

與，平聲。

子孫，謂虞思、陳胡公之屬。舜子孫不止乎此，故以「之屬」二字該之。〇《左傳》哀公元年，夏后少康逃奔有虞，虞思於是妻去聲。之以二姚，二女也。姚，虞姓。而邑諸綸。邑名。有田一成，方十里。有衆一旅。五百人。〇襄公二十五年曰：子産之言。「昔虞閼父爲周陶正以服事我先王。我先王賴其利器用也，與其神明之後也，庸以元女大姬配胡公，庸，用也。元女，武王之長女也。胡公，閼父之子，滿也。而封諸陳以備三恪。周封夏、殷二王後，又封舜後，皆以示敬而已，故謂之「三恪」。則我周之自出，至于今是賴。」〇西山真氏曰：舜以聖德居尊位，其福禄上及宗廟，下延子孫，所以爲大孝。舜所知，孝而已，禄位名壽天實命之，非舜有心得之也。〇宣氏曰：《書》、《孟子》論舜之孝，言孝之始，指事親之實也；《中庸》言孝之終，發明其功用之大也。〇新安陳氏曰：孟子稱舜爲「大孝」，以親底豫天下化言；此稱舜爲「大孝」，以德爲聖人尊爲天子，富有四海之内，宗廟饗之，子孫保之言，何也？常人使人稱願然曰幸哉有子，如此尚謂之孝；舜德爲聖人而能尊富饗保如此，豈不可爲大孝乎？

「故大德必得其位，必得其禄，必得其名，必得其壽。

舜年百有十歲。《書·舜典》：「舜生三十徵庸，三十在位，五十載陟方乃死。」〇問：「大德者必得位禄名壽，乃理之常。然獨孔子有德而不得位禄與壽，惟得聖人之名耳，此乃氣數之變。」仁山金氏曰：此所謂聖人所不能也。然爲教無窮，而萬世享之，子孫保之，此又大德必得之驗也。

「故天之生物，必因其材而篤焉。故栽者培之，傾者覆之。

材，質也。篤，厚也。栽，植也。氣至而滋息爲培，氣反而游散則覆。朱子曰：因其材而篤焉，是因其材而加厚。○物若扶植種在土中，自然生氣湊泊他；若已傾倒，則生氣無所附着，從何處來相接？如人疾病，若自有生氣，則藥力之氣依之而生氣滋長；若已危殆，則生氣流散而不復相湊矣。○永嘉薛氏曰：天人之應至難言也，而聖賢常若有可必之論，曰「積善之家必有餘慶，積不善之家必有餘殃」，今曰「大德」而謂之「必得其位」、「必得其禄與名壽」，聖賢何若是爲必然之論，而亦豈能盡取必於天哉？天之生物必因其材質而加厚焉，其本固者，雨露必滋培之；其本傾者，風雨必顛覆之。其培之也非恩之也，其覆之也非害之也，皆理之必然者也。○新安陳氏曰：以理言則必然，以數言則或不必然。理者其常而數者其變也。

「《詩》曰：『嘉樂君子，憲憲令德。宜民宜人，受禄于天。保佑命之，自天申之。』」

《詩》，《大雅·假樂》音洛。之篇。假，當依此作「嘉」。憲，當依《詩》作「顯」。申，重去聲。也。雙峯饒氏曰：栽培傾覆，只將天之生物喻天之眷聖人。「嘉樂君子，憲憲令德」，便是「栽」；「受禄」、「保佑」、「申之」，便是「培」。○東陽許氏曰：可嘉可樂之君子，其令善之德顯顯昭著，宜於人民，故受天之禄而爲天下之主。既受天禄矣，而天又保之佑之，復申重之，其所以反覆眷顧之者如此，又重明上文大德必得四者之一節也。

「故大德者必受命。」

受命者，受天命爲天子也。問：「舜之大德受命，正是爲善受福。《中庸》却言天之生物栽培傾覆，何也？」朱子曰：只是一理。此亦非有物使之然，但物之生時自節節長將去，恰似有物扶持他；及其衰也，則自節節消磨將去，恰似有物推倒他，理自如此。惟我有受福之理，故天既佑之，又申之。董仲舒曰：「爲政而宜於民，固當受禄于天。」他說得自有意思。○陳氏曰：孔子德與舜同，而名位禄壽乃與舜反，何也？蓋有舜之德而必得其應者，理之常；有孔子之德而不得其應者，理之不得其常也。大抵聖人之生，實關天地大數。天地之氣，自伏羲至堯、舜正是長盛時節。堯、舜禀氣清明，故爲聖人；又得氣之高厚，所以得位得禄；又得氣之長遠，所以得壽。周衰以至春秋，天地之大氣數已微，雖孔子亦禀氣清明，本根已栽植，然適當氣數之衰，雖培擁之而不可得，所以不得祿位，僅得中壽。蓋理之不得其常也。○雲峯胡氏曰：前言父母之順，在於宜兄弟，樂妻帑，❶不過目前之事，費之小者也；此言孝之大，在於宗廟饗，子孫保，則極其流澤之遠，費之大者也。前言費之小，則曰居易以俟命，學者事也；此言費之大，則曰大德必受命，聖人事也。「栽者培之」，是言有德者天必厚其福，可爲「居易」者勸；「傾者覆之」，是言不德者天必厚其毒，可爲「行險」者戒矣。所引《詩》專爲「栽者培之」而言也。○新安陳氏曰：必者，決然之辭。「必得其位」至「必受命」六「必」字，皆是常理之必然者。此一句總結上文意。○東陽許氏曰：自「舜其大孝」至「子孫保之」一節，言舜之事實；自「故大德」至「必得其壽」一節，泛言理之必然；自「故天之生物」至「覆之」一節，言善惡之應所必至；後引《詩》又證有德之應如此，故以「大德者必受命」結之。

右第十七章。此由庸行去聲。之常，孝也。推之以極其至，新安陳氏曰：「大孝也」、「德爲聖人」以下，皆是推極其至。見道之用廣也。而其所以然者，則爲體微矣。後二章亦此意。

子曰：「無憂者，其惟文王乎？以王季爲父，以武王爲子，父作之，子述之。

此言文王之事。《書》言「王季其勤王家」，蓋其所作亦積功累魯水反。仁之事也。海陵胡氏曰：舜、禹父則瞽、鯀，堯、舜子則朱、均，所以惟文王爲無憂。○兼山郭氏曰：「憂勤」者，文王也；「無憂」者，後人之言文王也。○雲峯胡氏曰：文王父作子述，人倫之常也；舜之父子，人倫之變也。舜惟順於父母可以解憂，此所以曰「無憂者其惟文王」也。

「武王纘大王、王季、文王之緒，『壹戎衣』而有天下。身不失天下之顯名，尊爲天子，富有四海之內。宗廟饗之，子孫保之。大音泰。下同。

此言武王之事。纘，作管反。繼也。大王，

❶「帑」，據上文當作「孥」。

王季之父也。《書》云：「大王肇基王迹。」《詩》云：「至于大王，實始翦商。」《書·武成》篇王若曰：「嗚呼，羣后！惟先王建邦啓土，公劉克篤前烈，至于大王肇基王迹，王季其勤王家。」○《詩·閟宫》篇：「后稷之孫，實維大王，居岐之陽，實始翦商。至于文武，纘大王之緒，致天之届，于牧之野。」緒，業也。戎衣，甲胄之屬。壹戎衣，《武成》文，言壹著陟畧反。戎衣以伐紂也。問：「『身不失天下之顯名』，與『必得其名』須有些等級不同。」朱子曰：看來也是有些異。如堯、舜與湯、武，真箇爭分數有等級。只看聖人説「謂《韶》盡美矣，又盡善也，謂《武》盡美矣，未盡善也」處便見。○三山陳氏曰：周家之業，自大王遷岐從如歸市，是時人心天意已有爲王之基。武王一擐戎衣以有天下，此蓋天命人心之極不得而辭者。○蔡氏曰：大王雖未有翦商之志，然大王始得民心，王業之成實基於此。○問：「孔子於舜言『必得其名』，於武王言『身不失天下之顯名』，語意似有斟酌？」雙峯饒氏曰：「反之」不若「性之」之純，征伐不若揖遜之順。

「武王末受命。周公成文武之德，追王大王、王季，上祀先公以天子之禮。斯禮也，達乎諸侯大夫及士庶人。父爲大夫，子爲士，葬以大夫，祭以士；父爲士，子爲大夫，葬以士，祭以大夫。期之喪達乎大夫，三年之喪達乎天子，父母之喪無貴賤，一也。」「追王」之王，去聲。

此言周公之事。末，猶「老」也。追王，蓋推文武之意以及乎王迹之所起也。新安陳氏曰：「蓋」者疑辭，以意推之，觀《武成》稱大王、王季、文王可見矣。先公，組音祖。紺古暗反。以上至后稷也。《史記·周本紀》：后稷別姓姬氏。后稷卒，子不窋立。不窋卒，子鞠陶立。鞠陶卒，子公劉立。公劉卒，子慶節立，國於豳。慶節卒，子皇僕立。皇僕卒，子差弗立。差弗卒，子毀隃立。毀隃卒，子公非立。公非卒，子高圉立。高圉卒，子亞圉立。亞圉卒，子公叔祖類立。公叔祖類卒，子古公亶父立。「組紺」，即公叔祖類，乃大王之父也。上祀先公以天子之禮，又推大王、王季之意以及於無窮也。問：「組紺以上祀先公以天子之禮，所謂葬以士、祭以大夫之義。」朱子曰：然。《周禮》祀先王以衮冕，祠先公以鷩冕，則祀先公依舊止用諸侯之禮。鷩冕，諸侯之服，但乃是天子祭先公之禮耳，蓋不敢以天子之服臨其先公。鷩冕旒玉與諸侯不同。天子之旒十二玉，雖諸侯同是七旒，但天子七旒十二玉，諸侯七旒七玉耳。○新安陳氏曰：無窮，謂自大王以上及乎前無窮盡直至於后稷也。制爲禮法以及天下，使葬用死者之爵，祭用生者之禄。喪服自期居之反。以下，新安陳氏曰：上言葬祭禮，此言喪服禮。諸侯絶，大夫降。而父母之喪上下同之，推己以及人也。朱子曰：夏商而上，只是親親長長之意，到周又添得許多貴貴底禮數。如始封之君不臣諸父昆弟，封君之子不臣諸父而臣昆弟。期之喪天子諸侯絶，大夫降。然諸侯大夫尊同，則亦不絶不降；姊妹姪在諸侯者，亦不絶不降。此皆貴貴之義。上世想皆簡畧，未有許多降殺貴貴底禮數。凡此皆天下之大經，前世所未備，到得周公搜剔出來立爲定制，更不可易。○陳氏曰：周公推文、武、大王、王季之意，追尊其先王先公，又設爲禮法通行此意於天下，所謂推己以及人也。此章言文、武、周公能盡中庸之道。○山陰陸氏曰：經不言追王文王者，以上言「周公成文、武之德」，追王之意文王與焉故也。○新安王氏曰：追王之禮，夏商未有。武王晚而受命，初定天下，追王及於文考。至周公因文王之孝、武王之志，追王上及大王、王季。不言武王追王者，禮制定於周公故也。大王以上追王不及，而《武成》稱后稷爲「先王」，蓋史官删潤之辭。然追王止於三王，而祀用天子之禮，則上及先公，蓋喪從死者，祭從生者，天下之達禮也。父爲大夫子爲士，葬以大夫而祭以士，非貶也；父爲士子爲大夫，葬以士而祭以大夫，非僭也。武王爲天子，則祭先公用天子之禮，其義當然。祭禮殺於下而上致其隆，喪禮詳於下而上有所畧。若夫父母之喪，則自天子至於庶人，賤無加隆，貴無降殺，孟子所謂「三代共之」者也。○潛室陳氏曰：伸情於父母，獨三年之喪上達於天子；其他各有限節等衰，不可盡伸也。○雲峯胡氏曰：周家自大王以至周公世世修德，古所無也。周公追王之禮特以義起，古所無也。所以《中庸》特表而出之。此段須看《章句》「推」字與「及」字。周公推文武之意以及大王王季，於是始行追王之禮；又推大王之意以及組紺以至后稷，於是祀以天子之禮。又推此及諸侯大夫士庶人使各得以行喪祭之禮，孝心上下融徹，禮制上下通行，此周公所以謂之「達孝」也。此章之末數「達」字，所以有下章之首一「達」字。○新安陳氏曰：三年之喪自庶人上達於天子，蓋以子於父母喪服無貴賤之分，一而已。末二句只是申明上二句。父母之喪，即三年之喪。朱子謂《中庸》之意只是主父母而言，未必及其他者也。

右第十八章。

子曰：「武王、周公，其達孝矣乎？

達，通也。承上章而言武王、周公之孝，乃天下之人通謂之「孝」，猶孟子之言「達尊」也。西山真氏曰：人君以光祖宗、遺後嗣爲孝。舜之孝如天之不可名，故曰「大」；武王、周公之孝，天下稱之無異辭，故曰「達」。○江陵項氏曰：舜爲人道之極，萬世仰之不可加也；周爲王制之備，萬世由之不能易也。此蓋古之盡倫盡制者，故舉之以爲訓也。○雙峯饒氏曰：「達孝」，是承上章三「達」字而言，言其孝不特施之家，又能達之天下。如「斯禮達乎諸侯大夫及士庶人」，是自上達下；「期之喪」至「達乎天子」，是自下達上。能推吾愛親之心而制爲喪制之禮以通乎上下，使人人得致其孝，故謂之「達孝」。如所謂「德教加於百姓，刑于四海」，此天子之孝是也。

「夫孝者，善繼人之志，善述人之事者也。

上章言武王纘大王、王季、文王之緒以有天下，而周公成文、武之德以追崇其先祖，此繼志述事之大者也。下文又以其所制祭祀之禮通于上下者言之。西山真氏曰：當持守而持守，固繼述也；當變通而變通，亦繼述也。○新安陳氏曰：祖父有欲爲之志而未爲，子孫善繼其志而成就之；祖父有已爲之事而可法，子孫善因其事而遵述之。

「春秋脩其祖廟，陳其宗器，設其裳衣，薦其時食。

祖廟，天子七，諸侯五，大夫三，適音的。士二，官師一。《禮記・王制》：「天子七廟，三昭三穆，與大祖之廟而七；諸侯五廟，二昭二穆，與大祖之廟而五；大夫三廟，一昭一穆，與大祖之廟而三；士一廟；此謂諸侯之中士、下士，名曰官師者。若上士，則二廟。庶人祭於寢。」○《祭法》：「適士二廟一壇，曰考廟，曰王考廟，享嘗乃止。顯考無廟，官師一廟，曰考廟。王考無廟。」○問：「官師一廟得祭父母而不及祖，無乃不盡人情耶？」朱子曰：位卑則流澤淺，其理自然如此。又問：「今士庶人家亦祭三代，却是違禮？」曰：雖祭三代却無廟，亦不可謂之僭。古所謂廟，體面甚大，皆具門堂寢室，非如今人但以一室爲之。○官師，謂諸有司之長，止及禰，却於禰廟併祭祖。適士二廟祭祖祭禰，皆不及高曾。大夫一昭一穆，與太祖之廟而三。大夫亦有始封之君，如魯季氏則公子友，仲孫氏則公子慶父，叔孫氏則公子牙，是也。《王制》天子七廟，三昭三穆與太祖之廟而七，諸侯大夫士降殺以兩。而《祭法》又有適士二、官師一廟之文。大抵士無太祖，而皆及其祖考也。○新安王氏曰：先王先公，有廟有祧。廟則有司脩除，祧則守祧黝堊，此「脩其祖廟」也。

宗器，先世所藏之重器。若周之赤刀、大訓、天球、音求。《河圖》之屬也。《書·顧命》：「越玉五重：陳寶、赤刀、大訓、弘璧、琬琰，在西序；大玉、夷玉、天球、《河圖》在東序。」赤刀，赤削也。武王誅紂時以赤爲飾。大訓，三皇五帝之書，訓誥亦在焉。文武之訓亦曰「大訓」。天球，鳴球，玉磬也。《河圖》，伏羲時龍馬負圖出於河。

裳衣，先祖之遺衣服，祭則設之以授尸也。授尸使神依焉。

時食，四時之食各有其物，如春行羔豚、膳膏香之類是也。《周禮·天官冢宰》庖人：「凡用禽獸，春行羔豚，膳膏香，夏行腒鱐膳膏臊，行，猶用也。腒，音渠，乾雉也。鱐音搜，乾魚也。臊，犬膏，治腒鱐以犬膏也。秋行犢麛膳膏腥，冬行鱻羽膳膏羶。」犢，牛子。麛，音迷，鹿子。腥，雞膏。鱻，音鮮，魚也。羽，鴈也。羶，羊脂也。又《禮記·內則》篇亦云。○格庵趙氏曰：四時之食各有其物，以奉人者薦神，蓋以生事之也。羔，稚羊；豚，稚豕。嫩而肥，故春用之。香，謂牛膏也。調膳之物，各以物之所便而和之。○朱氏伸。曰：此以下併前章論喪葬之禮，脩道之教也。

「宗廟之禮，所以序昭穆也；序爵，所以辨貴賤也；序事，所以辨賢也；旅酬下爲上，所以逮賤也；燕毛，所以序齒也。昭，如字。

爲，去聲。宗廟之次，左爲昭，右爲穆，而子孫亦以爲序。有事於太廟，則子姓兄弟群昭群穆咸在，而不失其倫焉。格庵趙氏曰：左昭右穆者，死者之昭穆也；群昭群穆者，生者之昭穆也。宗廟之禮非特序死者之昭穆，亦所以序生者之昭穆。○新安陳氏曰：《王制》所謂三昭三穆，昭在左，左爲陽，昭者陽明之義；穆在右，右爲陰，穆者陰幽之義。以周言之，《書》於文王曰「穆考文王」，《詩》於武王曰「率見昭考」，父穆則子昭，父昭則子穆也。子孫亦以爲序，《祭統》所謂「昭與昭齒，穆與穆齒」是也。爵，公侯卿大夫也。事，宗祝有司之職事也。新安陳氏曰：宗，宗伯、宗人之屬；祝，大祝、小祝也。並見《周禮》。祭祀以任職事爲賢，次序與祭之職事，所以辨其人之賢也。旅，衆也。酬，導飲也。旅酬之禮，賓弟子、兄弟之子各舉觶音至。飲器也。於其長上聲。下同。而衆相酬。祭將畢時行衆相酧之禮。蓋宗廟之中以有事爲榮，故逮及賤者使亦得以申其敬也。朱子曰：旅酧禮，下爲上交勸，先一人如鄉吏之屬升觶，或二人舉觶獻賓。賓不飲，却以獻執事。執事一人受之以獻於長。以次獻至于沃盥者，所謂逮賤也。○問「酧導飲也」。曰：主人酌以獻賓，賓酢主人曰酢。主人又自飲而復飲賓曰酧。其主人又自飲者，是導賓使飲也。賓受之奠於席前至旅而後舉。主人飲二杯，賓只飲一杯，疑後世所謂主人倍食於賓者此也。燕毛，祭畢而燕，則以毛髮之色別彼列反。長幼爲坐次也。齒，年數也。雲峯胡氏曰：序爵所以貴貴，賤者宜在所畧；旅酧下爲上，賤者亦得以伸其敬矣。序事所以賢賢，老者若在所簡；燕毛，則於老者獨加敬矣。禮意周浹如此，亦通乎上下而言也。○新安陳氏曰：辨貴賤，以爵序也；辨賢，以德序也；序齒，以齒序也。「達尊三」亦見於祭禮中者如此。○東陽許氏曰：祭畢而燕，今不知其儀，亦於《楚茨》之詩見其大意，云「皇尸載起，神保聿歸」，然後言「諸父兄弟，備言燕私」。下章曰「樂具入奏」，說者謂祭時在廟，燕當在寢，故祭時之樂皆入奏於寢也。所謂燕禮其可知之仿佛若此。

○「宗廟之禮」一節五事，禮意至爲周密。序昭穆，既明同姓之尊卑；序爵，是合同姓異姓之貴賤。蓋皆指助祭陪位者而言。至於序賢，則分別群臣之賢否。廟中奔走執事，必擇德行之優、威儀之美、趨事之純熟者爲之。賢者既有事，則不賢者亦自能勸。雖然，既以有事爲榮，則事不及之者豈不有耻？則又有序爵以安其心。執事者既榮，無事有爵而在列者，及賤而役於廟中者，皆得與旅酬，至此賢不賢皆恩禮之所逮。然此合同姓異姓而通言。至祭禮已畢，尸既出，異姓之臣皆退，獨燕同姓，是親親之禮又厚於疏遠者，見制禮之意文理密察，恩意周備，仁至義盡，而文章粲然。

「踐其位，行其禮，奏其樂。敬其所尊，愛其所親。事死如事生，事亡如事存。孝之至也。

踐，猶履也。其，指先王也。所尊、所親，先王之祖考子孫臣庶也。始死謂之死，既葬則曰反而亡焉，皆指先王也。朱子曰：《記》曰：「反哭升堂，反諸其所作也；室婦入于室，反諸其所養也。」須知得這意，則所謂「踐其位，行其禮」等事行之自安，方見得「繼志述事」之事。○陳氏曰：事死如生，居喪時事；事亡如存，葬祭時事。此結上文兩節，皆「繼志述事」之意也。雙峯饒氏曰：「踐其位」三句，是善述事；「敬所尊」三句，是善繼志。○新安陳氏曰：善繼志、述事至於如此，所以爲「孝之至」也。

「郊社之禮，所以事上帝也；宗廟之禮，所以祀乎其先也。明乎郊社之禮、禘嘗之義，治國其如示諸掌乎？」

郊，祭天；社，祭地。不言「后土」者，省文也。朱子曰：《周禮》只說「祀昊天上帝」，不說祀后土，先儒說祭社便是。如「郊特牲而社稷大牢」，又如「用牲于郊牛二」，乃社于新邑，此乃明驗。五峯言無北郊，只社便是祭地，此說却好。○新安陳氏曰：首句提郊與社，則次句宜云「所以事上帝后土也」。今不然，乃省文。禘，天子宗廟之大祭，追祭太祖之所自出於太廟，而以太祖配之也。詳見《語》「問禘」章。太祖，即始祖也。嘗，秋祭也。

四時皆祭，舉其一耳。禮必有義，對舉之互文也。示，與「視」同。視諸掌，言易去聲。見也。此與《論語》文意大同小異，記有詳畧耳。此申言武王與周公能盡中庸之道。○朱子曰：游氏説郊社之禮，所謂惟聖人爲能饗帝；禘嘗之義，所謂惟孝子爲能饗親。意思甚周密。○譚氏曰：治道不在多端，在夫致敬之間而已。當其執圭幣以事上帝之時其心爲何如，當其奠斝以事祖宗之時其心爲何如？是心也，舉皆天理，無一毫人僞介乎其間，鬼神之情狀、天地萬物之理，聚見於此。推此心以治天下，何所往而不當？○雙峯饒氏曰：序昭穆、序爵、序事、序齒、下爲上，此親親、長長、貴貴、尊賢、慈幼、逮賤之道，便是治天下之經。敬其所尊，敬也；愛其所親，仁也；事死亡如生存，誠也。盡是三者，孝也。仁、孝、誠、敬，指心而言，是又治天下之本。一祭祀之間而治天下之道具於此，故結之曰：「明乎此者，治國其如示諸掌乎？」○雲峯胡氏曰：上文「孝之至也」，已結了「達孝」二字，此又別是一意。蓋上章與此章上文專以宗廟之禮言，此則兼以郊禘之禮言。周公制爲禮法，未嘗不通上下之情，亦未嘗不嚴上下之分。祭祀之禮，通上下得行；事上帝，惟天子得行之。故特先後而言之曰：此所以事上帝也，此所以祀乎其先也。名分截然不可犯也。「明乎郊社之禮」，胡爲先郊而後社？郊，祭天，惟天子得行之；社，則自侯國以至於庶人各有社，上下可通行也。「明乎禘嘗之義」，胡爲先禘而後嘗禘？大祭，惟天子得行之；嘗，宗廟之秋祭，上下可通行也。前章末言三年之喪庶人得以通乎天子，必有父也；此章末言郊禘之祭諸侯不得以通乎天子，必有君也。但言周公之制禮如此，而不足於魯之郊禘非禮，其意自見於不言之表，此所以爲聖人之言也。○張氏存中。曰：《禮記·王制》：「天子諸侯宗廟之祭，春曰礿，夏曰禘，秋曰嘗，冬曰烝。」此蓋夏殷之祭名。周則改之，春曰祠，夏曰礿，秋、冬同。《詩·小雅》曰：「禴、祠、烝、嘗，于公先王。」此乃周四時祭宗廟之名也。《祭統》所載與《王制》同。礿、禴同。

右第十九章。雙峯饒氏曰：以上八章，自第十二章至此，皆以道之費隱言，當爲第三大節。

哀公問政。

哀公，魯君，名蔣。

子曰：「文武之政，布在方策。其人存，則其政舉；其人亡，則其政息。

方，版也；策，簡也。葉氏少蘊。曰：木曰方，竹曰策。策大而方小。《聘禮》：「束帛加書，百名以上書於策，不及百名書於方。」《既夕禮》：「書賵於方，書遣於策。」蓋策以衆聯，方一而已。息猶滅也。有是君有是臣則有是政矣。

「人道敏政，地道敏樹。夫政也者，蒲盧也。

夫音扶。

敏，速也。蒲盧，沈括以爲蒲葦是也。以人立政，猶以地種樹，其成速矣；而蒲葦又易去聲。下同。生之物，其成尤速也。言人存政舉其易如此。顧氏曰：以蒲葦喻政之敏，猶孟子以置郵喻德之速。

「故爲政在人，取人以身；修身以道，修道以仁。

此承上文「人道敏政」而言也。爲政在人，《家語》作「爲政在於得人」，語意尤備。人，謂賢臣；身，指君身。道者，天下之達道；仁者，天地生物之心而人得以生者，所謂「元者善之長」上聲。也。此句見《易·乾》文言。○朱子曰：元、亨、利、貞皆是善，而元則爲善之長，亨、利、貞皆是那裏來；仁、義、禮、智亦皆善也，而仁則爲萬善之首，義、禮、智皆從這裏出爾。言人君爲政在於得人，而取人之則又在脩身。三山陳氏曰：爲政雖在得賢，然使吾身有所未修，則取舍不明，無以爲取人之則。能仁其身，則有君有臣而政無不舉矣。問：「仁亦是道，如何説脩道以仁？」朱子曰：道是泛説，仁是切要底。道是統言義理公共之名，仁是直指人心親切之妙。○問：「這箇『仁』字是偏言底？」曰：「仁者人也，親親爲大」，如此説則是偏言。○象山陸氏曰：仁，人心也。人者政之本，身者人之本，心者身之本。不造其本而從事其末，不可得而治矣。○西山真氏曰：道與仁非有二致，道者衆理之總名，仁者一心之全德。志乎道而弗他，知所向矣；仁則其歸宿之地，而用功之親切處也。○新安陳氏曰：「仁其身」三字精妙，以三字包括「脩身以道，脩道以仁」八字。脩道以仁，如志道據德而依於仁。脩身工夫至於以仁，可謂能仁其身，而身與仁爲一矣。能仁其身，則君身脩，是有君也；以身爲取人之準則，則得其人，是有臣也。有君有臣，則人存而宜乎政舉。此所以繳結上文，照應前「有是君有是臣則有是政」之説。○新安倪氏曰：此「仁」字以上文觀之，曰「脩身以道，脩道以仁」，是自身上説歸心上，兼「心之德，愛之理」而言。故《章句》曰：「仁者天地生物之心而人得以生者，所謂元者善之長也。」而真氏亦曰：「仁者，一心之全德。」以下文觀之，曰「仁者人也，親親爲大」，是又從身上説到親親上，方以愛之理言。故《章句》曰：「人指人身而言，具此生理自然便有惻怛慈愛之意。」而朱子亦曰：「是偏言。」詳玩之則可見矣。

「仁者，人也，親親爲大；義者，宜也，尊賢爲大。親親之殺，尊賢之等，禮所生也。殺，去聲。

人，指人身而言，具此生理，自然便有惻怛當葛反。慈愛之意，深體味之可見。朱子曰：以「生」字説仁，生自是上一節事。當來天地生我底意，我如今須要自體認得。○西山真氏曰：人之所以爲人，以其有此仁也。有此仁而後命之曰人，不然則非人矣。○雙峯饒氏曰：「人」字之義難訓。但凡字須有對待，即其所對之字觀之，其義可識。孔子曰：「未能事人，焉能事鬼？」此「仁」字正與「鬼」字相對，❶生則爲人，死則爲鬼。仁是生底道理，所以以「人」訓「仁」。人若不仁，便是自絶其生理。○東陽許氏曰：「仁者人也」，此是古來第一箇訓字，言混成而意深密，深體味之，則具人之形必須盡乎仁。其所以盡仁，則不過盡人道而已。宜者，分別彼列反。事理各有所宜也。禮，則節文斯二者而已。朱子曰：宜，指事物當然之理，道理宜如此。節者，等級也；文者，不直截而回互之貌，是裝裹得好，如升降揖遜。○問：「『脩道以仁』繼以『仁者人也』，何爲下面又添説義

❶ 「仁」，四庫本及元胡炳文《四書通》作「人」。

禮？」曰：仁便有義，陽便有陰。親親仁之事，尊賢義之事。親之尊之，其中自有箇降殺等差，這便是禮。親親，在父子如此，在宗族如彼，所謂殺也；尊賢，有當事之者，有當友之者，所謂等也。○北溪陳氏曰：親親則有隆殺，三年與期、功、緦是也；尊賢亦有等級，如大賢爲吾師，次賢爲吾友是也。纔有隆殺等級，便有節文而禮生乎其間矣。禮，所以節文斯二者使無過不及之患。節則無大過，文則無不及也。○雙峯饒氏曰：等殺是人事，禮是天理。人事之輕重高下，皆天理有以節文之。

「在下位不獲乎上，民不可得而治矣。」

鄭氏曰：此句在下，誤重平聲。在此。

「故君子不可以不脩身。思脩身，不可以不事親；思事親，不可以不知人；思知人，不可以不知天。」

「爲政在人，取人以身」，故「不可以不脩身」；「脩身以道，脩道以仁」，故「思脩身不可以不事親」。事親即是以親親之仁事其親。欲盡「親親」之仁，必由「尊賢」之義，故又當「知人」；陳氏曰：知人有賢否之別，賢者近之，不肖者遠之。有師友之賢，則親親之道益明；與不肖處，則必辱其身以及其親矣。「親親之殺，尊賢之等」，皆天理也，故又當「知天」。程子曰：不知天，則於人之愚智賢否有所不能知，雖知之有所不盡，故「思知人不可以不知天」。不知人，則所親者或非其人，所由者或非其道，而辱身危親者有之，故「思事親不可以不知人」。故曰：不信乎友，不悦乎親矣。○朱子曰：此一節却是倒看，根本在脩身。然脩身得力處，却是知天。知天，是物格知至，知得箇自然道理。學若不知天，便記得此又忘彼，得其一失其二。未知天，見事頭緒多。既知天了，這裏便都定，這事也定，那事也定。○知天是起頭處。能知天，則知人、事親、脩身皆得其理矣。聞見之知，非真知也。只要知得到，信得及，如君之仁、子之孝之類，人所共知而多不能盡者，非真知故也。○三山陳氏曰：脩身而不本於事親，則施之無序，失爲仁之本矣；事親之仁不由尊賢之義，則善惡不明，失事理之宜矣；事親、知人而等殺不明，不知天理者也。《書》曰「天秩有禮」，故於此又當知天。所謂「秩」，即等殺也。自「禮所生也」以上，推其理之所由生；自「君子不可不脩身」以下，繹其義之所以貫。○雙峯饒氏曰：孔子對哀公之語至不可不知天處，其間項目雖多，然大意不過兩節而已。始言政之舉、息在乎人，而其下自「爲政在人」推之以至於「脩道以仁」，所以明爲政之本在於仁也。繼言仁義之等殺生乎禮，而其下自「君子不可不脩身」推而至於「不可不知天」，所以又明爲仁之端在於智也。故兩節各以「故」字承之，蓋爲下明善誠身張本。明善，智也；誠身，仁也。問：「章首專歸重於人而以人訓仁，下文又説義説禮，今又謂爲仁以智爲先，何也？」曰：義者仁之對，有箇仁自然有箇義，禮又節文斯二者。禮者天理自然之節文，不是人安排，故於事親知人歸宿於知天。然非智不能知，故末句發兩「知」字。前賢截從知天斷，朱子合作一章亦有深意。「九經」與「爲政」相應，前面説脩身、親親、尊賢，故後面九經節節發明。脩身也，尊賢也，親親也，只是此三者爲綱目；敬大臣，體羣臣，懷諸侯，乃自「尊賢之等」推之也；子庶民，來百工，柔遠人，乃自「親親之殺」而推之也。天下之達道五，便是脩身之道；天下之達德三，便是事親之仁，知天之智，只添得箇「勇」字。○雲峯胡氏曰：上文「脩道以仁」，即是率性之道；「知天」之「天」字，即是天命之性。但天命之性是渾然者，此從等殺上説是粲然者。然其粲然者，即其渾然者。亦非有二天也。

「天下之達道五，所以行之者三。曰君臣也，父子也，夫婦也，昆弟也，朋友之交也，五者，天下之達道也。知、仁、勇，三者，天下之達德也。所以行之者，一也。」知，去聲。

達道者，天下古今所共由之路，即《書》所謂「五典」，孟子所謂「父子有親，君臣有義，夫婦有別，彼列反。長上聲。幼有序，朋友有信」是也。知，所以知如字。此也；仁，所以體此也；勇，所以强此也。「此」字，指五達道。體，謂以身體而躬行之。謂之「達德」者，天下古今所同得之理也。一，則誠而已矣。達道雖人所共由，然無是三德，則無以行之；達德雖人所同得，然一有不誠，則人欲間去聲。之，而德非其德矣。程子曰：「所謂誠者，止是誠實此三者。三者之外，更別無誠。」朱子曰：知底屬智，行底屬仁。勇是勇於知，勇於行。仁智了，非勇便行不到。○知仁勇，是做的事；誠，是行此三者真實的心。○蔡氏曰：達道本於達德，達德又本於誠。誠者，達道達德之本，而一貫乎達道達德者也。○西山真氏曰：道雖人所共由，然其智不足以及之，則君當仁、臣當敬之類，未必不昧其所以然。知及之而仁不能守，仁守之而勇不能斷，則於當行之理，或奪於私欲，或蔽於利害，以至蔑天常，敗人紀者多矣。德雖人所同得，然或不誠而勉强矯飾，則知出於術數，仁流於姑息，勇過於强暴，而德非其德矣，故行之必本於誠。一者，誠也。三者皆真實而無妄，是之謂誠。○雲峯胡氏曰：《虞書》曰「五教」，曰「五典」，未嘗列五者之目。至此則曰「天下之達道五」，始列其目言之。蓋曰「天叙有典」，是言天命之性不離此五者；曰「敬敷五教」，是言脩道之教不離此五者；此曰「達道」，是言率性之道不離乎此五者也。

「或生而知之，或學而知之，或困而知之。及其知之，一也。或安而行之，或利而行之，或勉强而行之。及其成功，一也。」强，上聲。

知之者之所知，行之者之所行，謂達道也。以其分扶問反。而言，則所以知者知去聲。下「知也」同。也，所以行者仁也，所以至於知之成功而一者勇也。知之透徹，行之成功，便是勇。以其等而言，則生知安行者知也，如舜之大知。學知利行者仁也，如顏子之克復爲仁。困知勉行者勇也。困知勉行，非勇則做不徹。○朱子曰：生知安行，主於知而言，不知如何行。安行者，只是安而行之，不用着力。然須是知得，乃能行得也。學知利行，主行而言。雖是學而知得，然須著意去力行，則所學而知得者不爲徒知也。○問：「諸說皆以生知安行爲仁，學知利行爲知，先生獨反是，何也？」曰：《論語》說「仁者安仁，知者利仁」，與

《中庸》説知仁勇意思自别。生知安行，便是仁在知中；學知利行，便是仁在知外。既是生知必能安行，所以謂「仁在知中」；若是學知便是知得淺些子，須是力行方始到仁處，所以謂「仁在知外」。○生知安行，以知爲主；學知利行，以仁爲主；困知勉行，以勇爲主。○北溪陳氏曰：就知仁勇等級而言之，生知安行爲知，知主於知，就知上放重，蓋先能知之而後能行之也；學知利行爲仁，仁主於行，以行處爲重，故知得須是行得也；困知勉行爲勇，此氣質昏懦之人，昏不能知，懦不能行，非勇則不足以進道。○雙峯饒氏曰：生知安行，隱然之勇；學知利行，非勇不可到；困知勉行，全是勇做出來。蓋人性雖無不善，而氣稟有不同者，故聞道有蚤莫，與「早暮」同。行道有難易，去聲。然能自强如字。不息，則其至一也。陳氏曰：人性雖無不善而氣稟有不同。惟其有清濁厚薄之分，所以有知行三等之别。上等之人稟氣清明，所以義理昭著，不待教而後知，故曰生知；賦質純粹，所以安於義理，不待學習而能，故曰安行。此聖人地位也。其次者清多而濁少，於事物當然之理必待學而後知，故曰學知；賦質純多而駁少，蓋真知道理而篤好之如嗜欲然，故曰利行。此大賢地位也。又有一等人稟氣濁多而清少，須是困心衡慮，然後發憤以求知，故曰困知；賦質駁多而純少，未能利行，且須黽勉强力而爲之，故曰勉行。此又其次等人地位也。凡此皆其氣質之不同者，然本然之性無有不善。或生知，或學知，或困知，及已知處則一般；或安行，或利行，或勉行，及其行之成功則一般。至此爲能復其本然之初矣。吕氏曰：「所入之塗雖異，而所至之域則同，此所以爲中庸。若乃企生知安行之資爲不可幾平聲。及，輕困知勉行謂不能有成，此道之所以不明不行也。」雲峯胡氏曰：以其分而言，是説知行之屬有先後；以其等而言，是説氣質之屬有高下。至於知之成功而一，是知行之功足以變化氣質。天命之性本一也，至是則不見其氣質之不一者，惟見其天命之本一者矣。知行之不可不勇也如此夫！

子曰：「好學近乎知，力行近乎仁，知恥近乎勇。好、「近乎知」之「知」，並去聲。

「子曰」二字衍文。○此言未及乎達德而求以入德之事，朱子曰：上既言達德之名，恐學者無所從入，故又言其不遠者以示之，使由是而求之，則可以入德也。聖人之言淺深遠近之序，不可差欠如此。○西山真氏曰：既言三達德，又教以入德之路。夫知必上智，仁必至仁，勇必大勇，然後爲至。然豈易遽及哉？苟能好學不倦，則亦近乎智；力行不已，則亦近乎仁；以不若人爲恥，則亦近乎勇。蓋好學所以明理，力行所以進道，知恥所以立志。能於此三者用功，則三達德庶可漸至矣。通上文三知爲知，去聲。下「非知」同。三行爲仁，則此三「近」者，勇之次也。節齋蔡氏曰：三知主知，三行主仁，三近主勇。生知者，知之知也；學知者，仁之知也；困知者，勇之知也。安行者，仁之仁也；利行者，知之仁也；勉行者，勇之仁也。好學者，知之勇也；力行者，仁之勇也；知恥者，勇之勇也。呂氏曰：「愚者自是而不求，自私者徇人欲而忘返，懦奴臥、奴亂二反。者甘爲人下而不辭。故好學非知，然足以破愚；力行非仁，然足以忘私；朱子曰：仁則力行工夫多，知則致知工夫多。好學近乎知，力行近乎仁，意自可見。○三山陳氏曰：所謂「力行」「足以忘私」者，蓋世之怠惰不爲者，皆所以自便其所欲，故曰私。○問：「此章以力行言仁，前章服膺勿失，又以守言仁，何也？」雙峯饒氏曰：守也屬行。以擇爲知則當以守爲仁，以知爲知則當以行爲仁，各有所當。問：「守與行如何屬仁？」曰：仁者無私欲。心無私欲，然後能守能行。今人行不去，只是被私欲牽制；守不住，只是被私欲牽引耳。○問：「呂氏元本云『自私者以天下非吾事』，朱子改之曰『自私者徇人欲而忘返』，如何？」蛟峰方氏曰：呂公以公爲仁，有我爲不仁。力行雖未是仁，然足以去我。朱子以純乎天理爲仁，有欲便是不仁。力行足以去欲，故近仁。呂氏就愛上用上說仁，朱子就本體上說仁也。知恥非勇，然足以起懦。朱子曰：知恥，如「舜，人也；我，亦人也」，舜爲法於天下，可傳於後世，我猶未免爲鄉人也，是則可憂也。既恥爲鄉人，進學安得不勇？○雲峯胡氏曰：達德自是人所同得之理，而此復以其近者言之，誘人之進也。蓋雖昏惰之極亦未有不進者，但患無恥耳。周子曰：「必有恥則可教。」侯氏曰：「知恥非勇也，能恥不若人則勇矣。」嗚呼彼悠悠者，豈非無恥之甚哉？○東陽許氏曰：「非知」、「非仁」、「非勇」，不曰「不是」知仁勇，蓋知仁勇，是德已至之定名。若好學、力行、知恥，亦知仁勇之事，但未全爾，此體貼三「近」字説。

「知斯三者，則知所以脩身；知所以脩身，則知所以治人；知所以治人，則知所以治天下國家矣。

斯三者，指三「近」而言。人者，對「己」之稱。天下國家，則盡乎人矣。言此以結上文脩身之意，起下文九經之端也。雲峯胡氏曰：黄氏云：此章當一部《大學》。《大學》以脩身爲本，此章自首至此皆以脩身爲要。上文言脩身而曰「不可不知天」者，即《大學》逆推脩身之工夫至於格物致知者也；此言脩身而曰治人治天下國家者，即《大學》順推脩身之功効至於家齊國治天下平者也。

「凡爲天下國家有九經。曰脩身也，尊賢也，親親也，敬大臣也，體羣臣也，子庶民也，來百工也，柔遠人也，懷諸侯也。

經，常也。廣平游氏曰：經者其道有常而不可易，其序有條而不可紊。○三山陳氏曰：施之治天下國家可以常行而不變，故曰「經」。○倪氏曰：經者，常也，即所謂「庸」也。體，謂設以身處上聲。其地而察其心也。子，如父母之愛其子也。雲峯胡氏曰：羣臣相去疎遠，休戚不相知，必如以身處其地而察其心則可耳；庶民相去尤遠，休戚愈不可知，必如父母之愛其子乃可耳。「體」字、「子」字，皆心誠求之者也。柔遠人，所謂「無忘賓旅」者也。「無忘賓旅」，本齊桓公葵丘載書中語。○三山陳氏曰：遠人非四夷，乃商賈賓旅，皆是離家鄉而來，須寬恤之。若謂四夷，不應在諸侯之上。此列九經之目也。

呂氏曰：「天下國家之本在身，故脩身爲九經之本。然必親師取友，然後脩身之道進，故尊賢次之。三山陳氏曰：下文既有大臣，又有羣臣，而此先云尊賢者，非臣之之謂，正《書》所謂「能自得師」，《禮》所謂「當其爲師則不臣」者也。道之所進莫先其家，故親親次之。由家以及朝音潮。廷，故敬大臣、體羣臣次之。由朝廷以及其國，故子庶民、來百工次之。由其國以及天下，故柔遠人、懷諸侯次之。此九經之序也。問：「《中庸》九經先尊賢而後親親，何也？」程子曰：道孰先於親親？然不能尊賢，則不知親親之道。○陳氏曰：經有九，其實總有三件，三件合來其歸一件。蓋敬大臣、體羣臣，其本從尊賢來；子庶民、來百工、柔遠人、懷諸侯，其本從親親來。而親親尊賢之本，又從脩身來。視群臣猶吾四體，視百姓猶吾子，此視臣視民之別彼列反。也。朱子曰：體羣臣，《章句》與吕說「體」字雖小不同，然吕說大意自好，不欲廢也。○新安陳氏曰：視臣猶四體，移之股肱大臣豈不可乎？朱子所訓不可易矣。觀下文「忠信重祿所以勸士」，釋云「待之誠而養之厚」，蓋以身體之而知其所賴乎上者如此也，則「體」字謂以身處其地而察之，可移易否乎？

「脩身則道立，尊賢則不惑，親親則諸父昆弟不怨，敬大臣則不眩，體群臣則士之報禮重，子庶民則百姓勸，來百工則財用足，柔遠人則四方歸之，懷諸侯則天下畏之。

此言九經之效也。道立，謂道成於己而可爲民表，新安陳氏曰：表，儀也。如《書》所謂「表正萬邦」之表。所謂「皇建其有極」是也。《書·洪範》：「五、皇極，皇建其有極。」不惑，謂不疑於理；新安陳氏曰：得賢以師資講明，故不疑於理。不眩，音縣。謂不迷於事。北溪陳氏曰：不惑，是理義昭著無所疑也；不眩，是信任專，政事舉，無所眩迷也。敬大臣，則信任專而小臣不得以間去聲。之，故臨事而不眩也。來百工，則通功易事，農末相資，故財用足。朱子曰：若百工聚，則事事皆有，豈不足以足財用乎？

如織紝可以足布帛，工匠可以足器皿之類。○雙峯饒氏曰：「財用」是兩字，財是貨財，用是器用。一人之身，豈能百工之所爲備？如農夫之耕，農器缺一不可。農得用以生財，工得財以贍用，推此可見其餘。蓋農工相資，則上下俱足。柔遠人，則天下之旅皆悦而願出於其塗，故「四方歸」。懷諸侯，則德之所施去聲。者博，而威之所制者廣矣，故曰「天下畏之」。陳氏曰：報禮重，「君視臣如手足，臣視君如腹心」也。百姓勸，君待民如子，則民愛君如父母，「庶民子來」是也。○雲峯胡氏曰：道，即前五者，天下之達道立，是吾身於此五者各盡其道，而民皆於吾身取則也。《章句》以爲即是「皇建其有極」。皇極建而九疇叙，君道立而九經行，其旨一也。尊賢尤與脩身相關，脩身則道成於己，尊賢則見道分明而無疑。《章句》曰「此九經之效也」，道立是脩身之效，以下皆道立之效。

「齊明盛服，非禮不動，所以脩身也；去讒遠色，賤貨而貴德，所以勸賢也；尊其位，重其禄，同其好惡，所以勸親親也；官盛任使，所以勸大臣也；忠信重禄，所以勸士也；時使薄斂，所以勸百姓也；日省月試，既稟稱事，所以勸百工也；送往迎來，嘉善而矜不能，所以柔遠人也；繼絶世，舉廢國，治亂持危，朝聘以時，厚往而薄來，所以懷諸侯也。齊，側皆反。去，上聲。遠、好、惡、斂，並去聲。既，許氣反。省，悉井反。稟，彼錦、力錦二反。稱，去聲。朝音潮。

此言九經之事也。北溪陳氏曰：九經之事，是做工夫處。齊，齊其思慮。明，明潔其心。齊明以一其內，盛服以肅其外，內外交相養也。齊明盛服，是靜而未應接之時；以禮而動，是動而已應接之時。動靜交相養也，如此所以脩身。○雲峯胡氏曰：齊明盛服，靜而敬也，即首章戒懼存養之事；非禮不動，動而敬也，即首章慎獨省察之事。官盛任使，謂官屬衆盛，足任使令平聲。也。蓋大臣不當親細事，故所以優之者如此。忠信重祿，謂待之誠而養之厚，蓋以身體之而知其所賴乎上者如此也。既，讀曰「餼」。餼稟，稍去聲。食也。《周禮・天官》宮正：「幾其出入，均其稍食。」○「內宰掌書版圖之法，以治王內之政令，均其稍食，分其人民以居之。」稍食，吏祿廩也。稍者，出物有漸之謂。○朱子曰：餼，牲餼也。如今官員請受有生羊肉。稟，即廩給折送錢之類是也。稱事，如《周禮・稾古老反。人》職曰「考其弓弩以上下其食」是也。《夏官》：「稾人掌受財于職金以齎音咨。其工，弓六物爲三等，弩四物亦如之。矢八物皆三等，箙亦如之。箙，盛矢器。春獻素，秋獻成，書其等以饗工。乘其事，試音考。其弓弩，以上下其食而誅賞。乃入工于司弓矢，及繕人。」稾，讀爲「芻稾」之「稾」。箭幹謂之稾。○新安陳氏曰：食必與事稱，有功不可負，無功不可濫。往則爲去聲。之授節以送之，朱子曰：遠人來，至去時有節以授之，過所在爲照，如漢之出入關者用繻，唐謂之「給過所」是也。來則豐其委去聲。積子賜反。以迎之。新安陳氏曰：委積，畜聚也。《周禮》遺人「掌牢禮委積」，註云：「委積，謂牢米薪芻給賓客。」又司徒註：「少曰委，多曰積。」朝，謂諸侯見形甸反。於天子；聘，謂諸侯使大夫來獻。《王制》：「比毗至反。年一小聘，三年一大聘，五年一朝。」比年，每年也。厚往薄來，謂燕賜厚而納貢薄。

「凡爲天下國家有九經，所以行之者一也。

一者，誠也。一有不誠，則是九者皆爲虛文矣。此九經之實也。三山潘氏曰：三德行之者一，所以實其德；九經行之者一，所以實其事。○雲峯胡氏曰：脩身不實，則欲得以間理；尊賢不實，則邪得以間正；親親不實，則疎得以間親。推之莫不皆然。○新安陳氏曰：《中庸》一書，「誠」爲樞紐。論誠雖「至誠者天之道」處而始詳，而「誠」之名已見於「鬼神」章「誠之不可掩」之一言，「誠」之意已兩見於三德九經「行之者一」之二言矣。誠之不可揜，以實理言；兩行之者一，皆以實心言也。

「凡事豫則立，不豫則廢。言前定則不跲，事前定則不困，行前定則不疚，道前定則不窮。跲，其劫反。行，去聲。

凡事，指達道、達德、九經之屬。豫，素定也。跲，躓音致。也。疚，病也。此承上文言凡事皆欲先立乎誠，如下文所推是也。朱子曰：言前定，句句著實不脱空也。纔一語不實，便説不去。事前定則不困，閒時不曾做得，臨時自是做不徹，便至於困。行前定則不疚，若所行不前定，臨時便易得屈折枉道以從人矣。道前定則不窮，此一句又連那上三句都包在裏面，是有箇妙用千變萬化而不窮之謂，事到面前都理會得。○陳氏曰：上「凡事」一句，乃包達道、達德、九經而言；下「事前定」一句，乃指其事而言之也。○項氏曰：言誠而必言豫者，教人素學之也。知之素明，行之素熟，而後取之則不窮矣。○雲峯胡氏曰：上文言達道、達德、九經之所以行，此則總言凡事之所以立。蓋曰是誠也，非一朝一夕之故，戒懼慎獨養之者有素矣。如此則先立乎誠而後事可立，可立則可行矣。《章句》以「先立」二字釋前定，正與上二行字相應。○新安陳氏曰：四「前定」字，所以申明上「豫」字也。非以豫與前定爲誠，乃是所當豫、所當前定者，謂先立乎誠也。

「在下位不獲乎上，民不可得而治矣；獲乎上有道，不信乎朋友，不獲乎上矣；信乎朋友有道，不順乎親，不信乎朋友矣；順乎親有道，反諸身不誠，不順乎親矣；誠身有道，不明乎善，不誠乎身矣。

此又以在下位者推言素定之意。反諸身不誠，謂反求諸身，而所存所發未能真實而無妄也；朱子曰：反諸身，是反求於心；不誠，是不曾實有此心。如事親孝，須實有這孝之心；若外面假爲孝之事，裏面却無孝之心，便是不誠矣。○新安陳氏曰：「所存所發」，指心而言。所存，靜而涵養時也；所發，動而應接時也。不明乎善，謂不能察於人心天命之本然，此又推本從「天命謂性」之源頭處來。而真知至善之所在也。問：「凡事豫則立，言與事、行與道，皆欲先定於其初，則不跲不困、不疚不窮，斯有必然之驗。故自不獲乎上、不信乎朋友、不順乎親而推之，皆始於不誠乎身而已。然則『先立乎誠』，爲此章之要旨。而不明乎善，則不可以誠乎身矣。今欲進乎明善之功，要必格物以窮其理，致知以處其義。夫然後真知善之爲可好而好之，則如好好色；真知惡之爲可惡而惡之，則如惡惡臭。明善如此，夫安得而不誠哉？以是觀之，則《中庸》所謂『明善』，即《大學》致知之事，《中庸》之所謂『誠身』，即《大學》誠意之功。要其指歸，其理則一而已。」朱子曰：得之。○陳氏曰：此一節又推明誠不可不前定之意，須自誠身明善始。緊要在於明善。善者，天命率性之本然。須是格物致知，真知至善之所在。否則好善不能如好好色，惡惡不能如惡惡臭，雖欲誠身而身不可得而誠矣。故必明善乃能誠身。至於事親信友，獲上治民，無所往而不通，而達道達德九經凡事亦一以貫之而無遺矣。○雙峯饒氏曰：前言「思脩身不可以不事親」，此曰「身不誠不順乎親」。以入德之本言，則脩身必先事親；以成德之效言，則身誠然後親順。○雲峯胡氏曰：此以在下位者言，見得上文九經是在上位者。《中庸》之道，通上下皆當行也，故上言尊賢，此則言信乎朋友；上言親親，此則言順親；上言脩身，此則言誠身：其道一也。勉齋云：此一章當一部《大學》，誠身是包《大學》誠意、正心、脩身而言，心是所存，意是所發，故《章句》釋「誠身」必兼「所存所發」言之。上文曰「知天」，而此曰「明善」，善即天命之性，天命無有不善，學者當知夫至善之所在，是即《大學》所謂「格物致知」也。天不可不知，善不可不明，又見三德必以知爲先也。

「誠者，天之道也；誠之者，人之道也。誠者，不勉而中，不思而得，從容中道，聖人也；誠之者，擇善而固執之者也。中，並去聲。從，七容反。

此承上文「誠身」而言。誠者，真實無妄之謂，天理之本然也；誠之者，未能真實無妄，而欲其真實無妄之謂，人事之當然也。聖人之德，渾上聲。然天理，真實無妄，不待思勉而從容中道，則亦天之道也。未至於聖，則不能無人欲之私，而其爲德不能皆實。故未能不思而得，則必擇善然後可以明善；問：「明善、擇善何者爲先？」朱子曰：譬如十箇物事，五箇善，五箇惡，須揀此是善，此是惡，方分明。○東陽許氏曰：擇善然後可以明善，擇者謂致察事物之理，明者謂洞明吾心之理，合外内而言之。擇善，是格物；明善，是知至。未能不勉而中，則必固執而後可以誠身。此則所謂「人之道」也。三山陳氏曰：善不擇，則有誤認人欲爲天理者矣；執不固，則天理有時奪於人欲矣。不思而得，「生知」也；不勉而中，「安行」也。擇善，「學知」以下之事；固執，「利行」以下之事也。《章句》兩「以下」字該困知勉行在其中。○朱子曰：「誠者天之道」，誠是實理自然，不假脩爲者也；「誠之者人之道」，是實其實理，則是勉而爲之者也。孟子言「萬物皆備於我」，便是誠；「反身而誠」，便是「誠之」。反身，只是反求諸己；誠，只是萬物具足無所虧欠。○問：「在天固有真實之理，在人當有真實之功。聖人不思不勉而從容中道，無非實理之流行，則聖人與天爲一，即天之道也。未至於聖人，必擇善而後能明是善，必固執然後能實是善，此人事當然，即人之道也。」曰：善。○北溪陳氏曰：天道人道有數樣分別。且以上天言之，「維天之命，於穆不已」，自元亨而利貞，貞而復元，萬古循環無一息之間，凡天下之物洪纖高下，飛潛動植，青黄白黑，萬古皆常然不易；又如日往月來，寒往暑來，萬古皆然，無一息之差繆：此皆理之真實處，乃天道之本然也。以人道相對，誠之乃人分上事；若就人論之，則天道流行賦予於人而人受之以爲性，此天命之本然者便是誠。故五峯謂「誠者命之道」。蓋人得天命之本然無非實理，如孩提知愛，及長知敬，皆不思而得，不學而能，即在人之天道也。其做工夫處，則盡己之忠，以實之信，凡求以盡其誠實，乃人道也。又就聖賢論之，聖人生知安行，純是天理，徹内外本末皆真實無一毫之妄，不待勉而自中，不待思而自得。如人行路，須照管方行得路中，否則蹉向一邊去。聖人如不看路，自然路中行，所謂「從容中道」，此天道也。自大賢以下，氣稟不能純乎清明，道理未能渾然真實無妄。故知有不實，須做擇善工夫；行有不實，須做固執工夫。擇善是辨析衆理而求其所謂善，致知之功也；固執是所守之堅而不爲物所移，力行之功也。須是二者並進，乃能至於真實無妄，此人道也。○雙峯饒氏曰：不勉而中，安行之仁也；不思而得，生知之知也；從容中道，自然之勇也。或疑從容非勇。曰：今有百鈞於此，一人談笑而舉之，力有餘也；一人竭蹷而不能舉，力不足也。然則聖人之於道也，衆皆勉强而己獨從容，非天下之大勇而何？擇善近知，固執近仁，而勇在其中。論「誠」者則先仁而後知，以成德之序言也；論「誠之」者則先知而後仁，以入德之序言也。○雲峯胡氏曰：自此以前十六章言。「誠之不可揜」，是以天道言誠；上文「誠身」，是以人道言誠。所以於此總兩者言之曰「誠者天之道，誠之者人之道」也。不勉而中者，安行之仁；不思而得者，生知之知；從容中道者，自然之勇。此以上皆言知仁勇，學者入德之事；此以下兼言仁知勇，聖人成德之事。《論語》曰：「知者不惑，仁者不憂，勇者不懼」，學之序也；此以上見之，又曰：「仁者不憂，知者不惑，勇者不懼」，德之序也。此以下見之。下章「盡性」，仁也；「前知」，知也；「無息」，勇也。「博厚」，仁也；「高明」，知也；「悠久」，勇也。「如地之持載」，仁也；「如天之覆幬」，知也；如「日月之代明，四時之錯行」，勇也。往往皆言仁知勇，而於此始焉。至論學知利行之事，擇善爲知，固執爲仁，又依舊先知而後仁，其所以開示學者至矣。

「博學之，審問之，慎思之，明辨之，篤行之。

此「誠之」之目也。學、問、思、辨，所以擇善而爲知，去聲。學而知如字。也；篤行，所以固執而爲仁，利而行也。程子曰：「五者廢其一，非學也。」朱子曰：五者無先後，有緩急。不可謂博學時未暇審問，審問時未暇謹思，謹思時未暇明辨，明辨時未暇篤行，五者從頭做將去，初無先後也。○陳氏曰：擇善，有博學、審問、慎思、明辨工夫，儘用功多；固執，只有篤行一件工夫。是擇善處真能知之，則行處功自易也。○雙峯饒氏曰：學必博，然後有以聚天下之見聞而周知事物之理；問必審，然後有以訂其所學之疑；思必謹，然後有以精研其學問之所得而自得於心；辨必明，然後有以別其公私義利是非真妄於毫釐疑似之間而不至於差繆。擇善至此，擇之可謂精矣。如是而加以篤行，則日用之間，由念慮之微以達於事爲之著，必能去利而就義，取是而舍非，不使一毫人欲之私得以奪乎天理之正，而凡學問思辨之所得者，皆有以踐其實矣。所執如此，其固爲何如！此學知利行以求至於誠者之事也。○項氏曰：學而又問，則取於人者詳；思而又辨，則求於心者精。如是而後可以行矣。

「有弗學，學之弗能弗措也；有弗問，問之弗知弗措也；有弗思，思之弗得弗措也；有弗辨，辨之弗明弗措也；有弗行，行之弗篤弗措也。人一能之，己百之；人十能之，己千之。

君子之學不爲則已，爲則必要其成，故常百倍其功。此困而知、勉而行者也，勇之事也。朱子曰：此一段是應上面「博學之」五句反説起，如云不學則已，學之弗能而定不休。如云「有不戰，戰必勝矣」之類也。○陳氏曰：學問思辨，智之事；篤行，仁之事；弗措，勇之事。○雙峯饒氏曰：達道有五，知此者曰知，行此者曰仁，勉於此者曰勇，實知實行而實勉者曰誠。博學審問慎思明辨以擇乎善，所以求實知也；篤行以固執之，所以求實行也；五「弗措」，所以求實勉之也。知之實，行之實，勉之實，則達德之實體立，而達道之實用行矣。

「果能此道矣，雖愚必明，雖柔必强。」

明者，「擇善」之功；强者，「固執」之效。朱子曰：雖愚必明，是致知之效；雖柔必强，是力行之效。○新安陳氏曰：自「人一能之」以下，乃子思子喫緊爲氣質昏弱者言。「果能此道」一句尤警策，只恐不能百倍其功耳。若真能於此五者下百倍於人之功，則學力之至到，決可變化氣質之昏弱矣。子思子豈欺我哉？

呂氏曰：「君子所以學者，爲去聲。能變化氣質而已。德勝氣質，則愚者可進於明，柔者可進於强；不能勝之，則雖有志於學，亦愚不能明，柔不能立而已矣。蓋均善而無惡者性也，人所同也；昏明强弱之稟不齊者才也，人所異也。『誠之』者，所以反其同而變其異也。夫音扶。以不美之質求變而美，非百倍其功不足以致之。今以鹵音魯。莽莫古、莫後二反。滅裂之學《莊子・則陽》篇：「君爲政焉勿鹵莽，治民焉勿滅裂。昔予爲禾，耕而鹵莽之，則其實亦鹵莽而報予；芸而滅裂之，其實亦滅裂而報予。」鹵莽，不用心也。滅裂，輕薄也。或作或輟以變其不美之質，及不能變，則曰：『天質不美，非學所能變。』是果於自棄，其爲不仁甚矣！」新安陳氏曰：成己，仁也。進學不勇，卒也不能成己，是自棄其身於不肖之歸，非不仁而何？○朱子曰：某年十五六時，見呂與叔解得此段痛快，讀之未嘗不竦然警厲奮發。人若有向學之志，須是如此做工夫方得。○雲峯胡氏曰：前曰「鮮能」，曰「不可能」，此能百倍其功，則果能此道矣。雖愚必明，亦可謂知矣，充之而義精可也；雖柔必强，亦可謂仁矣，充之而仁熟可也。以此見得中庸非不可能，能之者在乎人，人之所以能之者在乎勇。

右第二十章。此引孔子之言以繼大舜、文、武、周公之緒，明其所傳之一致，舉而措之亦猶是爾。陳氏曰：此説孔子能盡中庸之道，子思引此以明道統之傳也。○雲峯胡氏曰：上章所述文、武、周公，皆是「舉而措之」之事；此引孔子之言謂「所傳一致」，使得「舉而措之」，則亦猶是耳。至第三十章曰「仲尼祖述堯舜，憲章文武」，則愈可見其所傳之一致焉。○新安陳氏曰：《論語・堯曰》篇歷叙堯、舜、禹、湯，武王之事而以孔子荅子張問政繼之。子思此章，正此意也。蓋包費隱，兼小大，以終十二章之意。或問：「《章句》第十六章『兼費隱，包大小而言』，至此則曰『包費隱，兼小大』，何也？」雲峯胡氏曰：十六章則兼費隱而言，不言小大而包小大於其中；此章則兼小大而言，不言費隱而包費隱在其中。「兼」字、「包」字，各有攸當也。章内語「誠」始詳，而所謂「誠」者，實此篇之樞紐女九反。也。如户之有樞，如衣之有紐。○黄氏曰：《中庸》著一「誠」字鎖盡。○格庵趙氏曰：《中庸》一篇無非説「誠」。自篇首至十六章始露出「誠」字。然專説鬼神，是以天道言。至此章説許多事，末乃説誠身工夫，乃是人道。自此以下數章，分説天道、人道極爲詳悉。又按，《孔子家語》亦載此章，而其文尤詳。「成功一也」之下，有：「公曰：『子之言美矣至矣，寡人實固不足以成之也。』」故其下復以「子曰」起答辭。今無此問辭而猶有「子曰」二字，蓋子思删其繁文以附于篇，而所删有不盡者，今當爲衍文也。「博學之」以下，《家語》無之，意彼有闕文，抑此或子思所補也歟？《家語》：哀公問政於孔子。孔子對曰：「文武之政，云云。其人亡，則其政息。天道敏生，人道敏政，地道敏樹。夫政也者，猶蒲盧也，待化以成。故爲政在於得人，取人以身，脩身以道，脩道以仁。云云。親親之殺，尊賢之等，禮所以生也。禮者，政之本也。是以君子不可以不脩身，云云。及其成功一也。」公曰：「子之言美矣至矣，寡人實固不足以成之也。」孔子曰：「好學近乎知，云云。知所以治人，則能成天下國家者矣。」公曰：「政其盡此而已乎？」孔子曰：「凡爲天下國家有九經，云云。懷諸侯則天下畏之。」公曰：「爲之柰何？」孔子曰：「齊明盛服，云云。爵其能，重其禄，同其好惡，所以篤親親也。云云。從容中道，聖人之所以定體也。誠之者，擇善而固執之者也。」公曰：「子之教寡人備矣，敢問行之所始。」孔子曰：「立愛自親始，教民睦也；立敬自長始，教民順也。教之慈睦而民貴有親，教以敬而民貴用命。民既孝於親，又順以聽命，措諸天下無所不可。」公曰：「寡人既聞此言也，懼不能果行而獲罪咎。」○朱子曰：前輩多是逐段解去。某初讀時只覺首段合與次段首意相接。如云「政也者蒲盧也，故爲政在人，取人以身，脩身以道，脩道以仁」，便説「仁者人也，親親爲大；義者宜也，尊賢爲大」，都接續説去。❶又思「脩身」段後便繼以「天下之達道

❶「續」，原作「統」，今據《語類》卷六四改。

五」，知此三者段後便繼以「爲天下國家有九經」，亦似相接續。自此推去，疑只是一章。後讀《家語》方知是孔子一時間所説，乃是本來一段也。

自誠明謂之性，自明誠謂之教。誠則明矣，明則誠矣。

自，由也。德無不實而明無不照者，聖人之德所性而有者也，如孟子謂「堯舜性之」之性。天道也；先明乎善而後能實其善者，賢人之學由教而入者也，人道也。朱子曰：此「性」字是「性之」也，此「教」字是「學知」也，與首章「天命謂性，脩道謂教」二字義不同。○葉氏曰：聖人全體無一不實，而明睿所照無一不盡，此自誠而明也；學者先明乎善無不精察，故踐履之際始無不實，此自明而誠也。謂之「性」者，全於天之賦予；謂之「教」者，成於己之學習。○雙峯饒氏曰：「自誠明謂之性」，指誠者而言；「自明誠謂之教」，指誠之者而言。誠則無不明矣，明則可以至於誠矣。朱子曰：「自誠明謂之性」，誠實然之理，此堯舜以上事；學者則「自明誠謂之教」，明此性而求實然之理。○以誠而論明，則誠明合而爲一；以明而論誠，則誠明分而爲二。○陳氏曰：下二句結上意。「可以至於誠」，「可以」，是做工夫處。○三山陳氏曰：自誠明者，由其内全所得之實理以照事物，如天開日明自然無蔽，此性之所以名，天之道也；自明誠者，由窮理致知去其私欲以復全其所得之實理，必由學而能，此教之所以立，人之道也。自誠明者，誠即明也，非曰誠而後至於明；自明誠者，尚須由明而後至於誠。雖然，及其成功一也。○勿軒熊氏曰：首章言性、道、教。「道」之一字前章備言。此但言「性」與「教」。誠明謂之性，生知安行之事，先仁而後知；明誠謂之教，學知利行之事，先知而後仁。○雲峯胡氏曰：此性即天命之性。但天命之性，人物所同；此則「性之」者也，聖人所獨。此教即脩道之教。但教是聖人事，此則由教而入，學者事也。

右第二十一章。子思承上章夫子「天道」、「人道」之意而立言也。朱子曰：《中庸》言天道處，皆自然無節次；言人道處，皆有下工夫節次。○陳氏曰：此章兼天道、人道而言。自此以下十二章皆子思之言，以反覆推明此章之意。雙峯饒氏曰：此章大意是繳上章言「誠者天之道，誠之者人之道」。一向分兩路説去，則天人爲二也。到此章方合説，「誠則明矣，明則誠矣」，指人道可至於天道，合天人而一之也。下章「至誠盡性」章言天道，「致曲」章言人道，而末合之曰「唯天下至誠爲能化」。此下又分别天道、人道。

唯天下至誠爲能盡其性。能盡其性，則能盡人之性；能盡人之性，則能盡物之性；能盡物之性，則可以贊天地之化育；可以贊天地之化育，則可以與天地參矣。

天下至誠，謂聖人之德之實，天下莫能加也；朱子曰：「至誠」之至，乃「極至」之至，如「至道」、「至德」之比。○葉氏曰：至誠者，蓋聖人之全德無一之不實，極其至之謂，舉天下無以加，亘古今莫能及者也。盡其性者，德無不實，故無人欲之私，而天命之在我者察之由之，巨細精粗無毫髮之不盡也。新安陳氏曰：《章句》又推本「天命謂性」一句而言。天命之在我者，即天理之賦予於我而爲性者是也。「察之」，謂生知；「由之」，謂安行。乃借孟子所謂舜「察於人倫，由仁義行」之「察」、「由」二字用之，❶謂知之與行之皆無不盡也。人物之性亦我之性，但以所賦形氣不同而有異耳；能盡之者，謂知之無不明，而處上聲。之無不當去聲。也。贊，猶「助」也。與天地參，謂與天地並立而爲三也。此自誠而明者之事也。問：「盡性，即孟子『盡心』否？」朱子曰：盡心，是就知上説；盡性，是就行上説。能盡得真實本然之全體，是盡性；能盡得虚靈知覺之妙用，是盡心。「盡性」、「盡心」之「盡」，不是做工夫之謂，蓋言上面工夫已至，至此方盡得耳。○盡己之性，如在君臣則義，在父子則親之類；盡人之性，如「黎民於變時雍」；盡物之性，如「鳥獸魚鼈咸若」。○性只一般，人

❶「二」，原作「三」，今據四庫本及《輯釋》改。

物氣稟不同。人雖稟得氣濁，本善之性終在，有可開通之理，是以聖人有教化去開通他，使復其善。物稟氣偏，無道理使開通，只是處之各當其理，且隨他所明處使之。他所明處亦只是這箇善，聖人便用他善底。如馬悍者用鞭策方乘得，此亦教化，是隨他天理流行發見處使之也。○「贊天地之化育」，人在天地間雖只是一理，然天人所爲，各自有分。人做得底，却有天做不得底。如天能生物而耕必用人，水能潤物而灌必用人，火能熯物而爨必用人，財成輔相皆人，非贊而何？○陳氏曰：此乃有德有位之聖人之事，惟堯、舜足以當之。○雙峯饒氏曰：此與首章一般。至誠盡性，便是「致中和」；贊化育，便是「天地位，萬物育」。○問：「盡己之性，可以兼知行言；盡人物之性，恐只是主知而言。且如人物之性，我如何行得他底？」曰：盡其性者，是知之行之無不盡之云也；盡人物之性者，知之無不明，處之無不當之云也。如「新民止於至善」相似，不是民之自新止於至善，乃是新之止於至善。問：「如何盡人之性？」曰：如教以人倫，使之父子有親，君臣有義之類皆是。問：「如何盡物之性？」曰：如仲冬斬陽木，仲夏斬陰木；獺祭魚，然後漁人入澤梁；豺祭獸，然後田獵之類皆是也。○雲峯胡氏曰：天命之性本真實而無妄，故聖人之心真實無妄之至，始於本然之性爲能盡耳，非有所加也。盡兼知行而言。察之無不盡，故於人物之性知之無不明；由之無不盡，故於人物處之無不當。人物之性亦我之性，聖人之盡之，亦非有加也。天地能賦人物以性，不能使人物各盡其性；聖人能盡之，則可以贊天地之化育，而可以與天地參而爲三矣。○東陽許氏曰：兩章「性」字不同。前如孟子「性之」之性，是帶用說。此乃指性之體而言。

右第二十二章。言天道也。或疑此章以後言天道人道間見迭出。潛室陳氏曰：道理縱橫説之無盡，如何立定樣範？只合逐章體認，纔不費力處便是天道，著力處便是人道。

其次致曲。曲能有誠，誠則形，形則著，著則明，明則動，動則變，變則化。唯天下至誠爲能化。

其次，通大賢以下凡誠有未至者而言也。致，推致也；曲，一偏也。形者，積中而發外；形見。著，則又加顯矣；明，則又有光輝發越之盛也。動者，誠能動物；變者，物從而變；化，則有不知其所以然者。朱子曰：動是方感動他；變則已改其舊俗，然尚有痕迹在；化則都消化了，無復痕迹矣。○孟子「明則動」矣，未變也；顔子「動則變」矣，未化也。○北溪陳氏曰：自形著至變化，以致曲之效言。○新安陳氏曰：形著明相似而有漸，皆誠之全體呈露於大用者也。形著明是一類，動變化是一類。明者形著之盛，化者動變之妙。蓋人之性無不同，而氣則有異，故惟聖人能舉其性之全體而盡之。其次則必自其善端發見形甸反。之偏，而悉推致之以各造七到反。其極也。新安陳氏曰：當看「悉」字、「各」字。悉是一一推致，各是各要造極。曲無不致，則德無不實，新安陳氏曰：解「曲能有誠」一句，承「致曲」而言，曲無往而不致，則德無往而不實。偏曲者皆貫通乎全體矣。而形著動變之功自不能已。積而至於能化，則其至誠之妙亦不異於聖人矣。程子曰：「其次致曲」者，學而後知之也，而其成也與生而知之者不異焉。故君子莫大於學，莫害於畫，莫病於自足，莫罪於自棄。學而不止，此湯、武所以聖也。○朱子曰：至誠盡性，則全體著見；次於此者，未免爲氣質所隔。只如人氣質温厚，其發見多是仁；氣質剛毅，其發見多是義。隨其善端發見，便就上推致以造其極。非是止就其發見一處推致之也。如「充無欲害人之心而仁不可勝用，充無穿窬之心而義不可勝用」，此正是致曲處。如從惻隱處發，便就此發見處推致其極，從羞惡處發亦然，孟子謂擴充其四端是也。雲峯胡氏曰：曰「端」，則於其發之初即推之；曰「曲」，則於其發之偏悉推之也。○曲不是全體，只是一偏之善。就一偏之善能一一推之以致乎其極，則能貫通乎全體矣。○問：「『曲能有誠』，若屬上句，則曲是能有誠；若屬下句，則曲若能有誠。二意不知孰爲穩當？」曰：曲也是能有誠，但不若屬下句意。○問顔、曾以下皆是致曲。曰：顔子體段已具。曾子却是致曲，一一推之，至答一貫之時則渾全矣。○王氏曰：孟子曰：「至誠未有不動者，不誠未有能動者也。」蓋發明子思意也。動則變，使之改不善而從善也；變則化，使之遷善遠罪而不知爲之者也。變則改易之迹顯，化則陶染之功深。能化，雖與至誠相似。然至誠之化無待乎明而動，動而變，變而後化也。故「立之斯立，道之斯行，綏之斯來，動之斯和」，唯夫子能之。○新安陳氏曰：「唯天下至誠」與上章五字同。然上章是聖人之至誠，此章是大賢致曲有誠之極亦同乎聖人之至誠，所謂「及其成功一也」，故亦與聖人並稱「至誠」歟？○東陽許氏曰：此章重明自明而誠之意。「誠」以下皆言效驗。形、著、明，就己上說；動、變、化，就物上說。

右第二十三章。言人道也。

至誠之道，可以前知。國家將興，必有禎祥；國家將亡，必有妖孽。見乎蓍龜，動乎四體，禍福將至，善必先知之，不善必先知之。故至誠如神。見音現。

禎祥者，福之兆；妖孽者，禍之萌。妖亦作「祅」。孽，魚列反。《說文》作「蠥」，云：「衣服歌謠草木之怪謂之妖，禽獸蟲蝗之怪謂之蠥。」○兆朕，萌芽，皆幾之先見者。蓍，所以筮；龜，所以卜。四體，謂動作威儀之間，如執玉高卑、其容俯仰之類。《左傳》定公十四年，邾隱公來朝，邾子執玉高，其容仰；公受玉卑，其容俯。子貢曰：「以禮觀之，二君皆有死亡焉。」是年定公薨。哀公七年，魯伐邾，以邾子益來。凡此皆理之先見形甸反。者也。然唯誠之至極而無一毫私僞留於心目之間者，乃能有以察其幾平聲。焉。神，謂鬼神。興國本無此四字。○問「至誠之道可以前知」。朱子曰：在我無一毫私僞，故常虛明自能見得。如禎祥妖孽與蓍龜所告，四體所動，皆是此理已形見，但人不能見耳。聖人至誠無私僞，所以自能見得。且如蓍龜所告之吉凶甚明，但非至誠人却不能見也。○格庵趙氏曰：惟誠之至者，無一毫之不實，則萬物兆朕無不形見。否則已然之事則不覺悟，尚何能察其幾哉？○雙峯饒氏曰：聖人清明在躬，無一毫嗜欲之蔽，故志氣如神，便與明鏡相似，纔有些影來便知；衆人如昏鏡，所以無所知。○雲峯胡氏曰：禎祥者，興之幾；妖孽者，亡之幾。蓍龜、四體，莫非善不善之幾。知幾其神，至誠者能之。即周子《通書》所謂「無慾故靜虛，靜虛則明，明則通」，亦即所謂「誠精故明，神應故妙，幾微故幽，誠、神、幾曰『聖人』」。但《通書》所謂神以妙用謂之神，此所謂神以功用謂之鬼神。言「誠」自第十六章始。彼言誠者鬼神之所以爲鬼神，此則言聖人之至誠，聖人之所以如鬼神也。此章與第十六章文不相屬，而意實相承云。○新安陳氏曰：至誠之道可先事之未然而知其幾，蓋亦誠之明處。誠無不極而明無不照也祥。孽皆是幾，或見蓍龜，或動四體，善不善必先知之，至誠之人先知之也。能知幾如神明，蓋以理知之，非如術數揣測之知也。○東陽許氏曰：至誠前知，亦必於動處見。所謂「幾者動之微」，吉凶之先見者也。聖人知來者如此，非有異也，故爲中庸。

右第二十四章。言天道也。

誠者自成也，而道自道也。「道也」之道音導。

言誠者物之所以自成，而道者人之所當自行也。誠以心言，本也；道以理言，用也。朱子曰：誠者，是箇自然成就道理，不是人去做作安排底物事；道却是箇無情底道理，却須是人自去行始得。○「誠者自成也」，是孤立懸空説這一句。蓋有是實理則有是天，有是實理則有是地，凡物都是如此，故曰「誠者自成」，蓋本來自成此物。到得「道自道」，便是有這道在這裏，人若不自去行，便也空了。問：「既説『物之所以自成』，下文又云『誠以心言』，莫是心者物之所存主處否？」曰：誠以心言，是就一物上説，凡物必有是心，有是心然後有是事。○誠者自成，如這箇草樹所以有許多根株枝葉條幹，皆是自實有底。如人便自有耳目鼻口，手足百骸，都是你自實有底。道雖是自然底道理，然却須是你自去做始得。○雲峯胡氏曰：此「誠」字即是「天命之性」，是物之所以自成；此「道」字是「率性之道」，是人之所當自行。物之所以自成，是全不假人爲；人之所當自行，爲之全在乎人。「誠以心言」本也，「道以理言」用也，專爲人之所當自行者而言，所以朱子曰「誠者自成」，且是懸空説此一句。蓋凡天下之物有此實理，方成此物。若人之所當自行者無此實心，如何能實此理？故《章句》提起「心」之一字言之。饒氏疑「誠者自成」不必添入一「物」字，誠即道也，似不必分本與用。殊不知程子曰：「誠者物之終始，猶俗語『徹頭徹尾』，不誠更有甚物也？」饒氏之病，正坐於便以誠爲己所自成而欠一「物」字。愚謂誠有以實理言者，有以實心言者以實理言，誠即道也，似不必分本與用；以實心言，必實有是心，然後能實有是理。況「誠者物之所以自成」，本下文「誠者物之終始」，泛指物之所以自成言也；「誠以心言」，本下文「不誠無物，君子誠之爲貴」，專指人之有以自成者言也。泛指在物者，則以物之所以自成者爲本，而以人之所當自行者爲用亦可；專指在人者，如下文《章句》所謂「人之心能無不實，乃爲有以自成，而道之在我者亦無不行矣」。若是則以心之誠爲本，而道之行爲用，又何疑之有？

誠者，物之終始。不誠無物，是故君子誠之爲貴。

天下之物皆實理之所爲，故必得是理然後有是物。所得之理既盡，澌盡。則是物亦盡而無有矣。兩「盡」字，是釋「終始」之終字。故人之心一有不實，則雖有所爲亦如無有，而君子必以誠爲貴也。蓋人之心能無不實，乃爲有以自成，而道之在我者亦無不行矣。朱子曰：有是理則有是物，徹頭徹尾皆實理之所爲。未有無此理而有此物也。大意若曰：實理爲物之終始，無是理則無是物，故君子必當實乎此理也。○「誠者物之終始」，凡有一物，則其成也必有所始，其壞也必有所終。而其所以始者，實理之至而向於有也；其所以終者，實理之盡而向於無也。若無是理，則亦無是物矣。此誠所以爲物之終始，而人心不誠，則雖有所爲，皆如無有也。○誠則有物，不誠則無物。且如而今對人說話，若句句說實，皆自心中流出，這便是「有物」。若是脱空誑誕不說實話，雖有兩人相對說話，如無物也。又曰：且如草木自萌芽發生以至枯死朽腐歸土，皆是有此實理方有此物。若無此理，安得有此物？○「不誠無物」，以在人者言之，謂無是誠則無是物。如視不明則不能見是物，聽不聰則不能聞是物，謂之無物亦可。又曰：孝而不誠於孝則無孝，弟而不誠於弟則無弟，推此類求之可見。○問：「『誠者物之終始，不誠無物』，此二句是泛說；『君子誠之爲貴』，却說從人上去。先生於『不誠無物』亦以人言，何也？」曰：「誠者物之終始」固泛說。若「不誠無物」，這「不」字是誰「不」他？須有箇人「不」他方得。○「誠者物之終始」，是解「誠者自成」一句；「不誠無物」，已是說「自道」句了。蓋人則有不誠，理無不誠者，恁地看覺得前後文意相應。○北溪陳氏曰：「誠者物之終始」，此「誠」字以實理言；「不誠無物」、「誠之爲貴」，此二「誠」字以實心言。蓋有是理而後有是物，以造化言之，天地間萬物生成，自古及今無一物不實，皆是實理所爲。大而觀之，自太始至無窮，莫不皆然。就一物觀之亦然。以一株花論，春氣流注到則生花，春氣盡則花亦盡。就一花蘂論，氣實行到此則花開，氣實消則花謝。凡物之終始，皆是一箇實理如此。「不誠無物」，是就人心論，凡人做事自首徹尾純是一箇真實心，方有此事。若實心間斷，雖做此事如不做一般。如《祭義》云「其立之也敬以詘，至已徹而退，敬齊之色不絶於面」，此是祭之終始，皆一真實之心，則祭之爲物方成一箇物而非虚設。若季氏祭終而跛倚以臨祭，則是不誠，與不祭何異？

誠者，非自成己而已也，所以成物也。成己，仁也；成物，知也。性之德也，合内外之道也，故時措之宜也。知，去聲。

誠雖所以成己，然既有以自成，則自然及物而道亦行於彼矣。仁者體之存，知者用之發，是皆吾性之固有而無内外之殊。既得於己，則見形甸反。於事者以時措之而皆得其宜也。朱子曰：誠雖所以成己，然在我者真實無僞，自能及物。自成己言之，盡己而無一毫之私僞，故曰仁；自成物言之，因物成就各得其當，故曰知。○問：「成己合言『知』而言『仁』，成物合言『仁』而言『知』，何也？」曰：「克己復禮爲仁」，豈不是成己；「知周乎萬物」，豈不是成物？○成己成物之道無不備，故能合内外之道而得時措之宜，蓋融徹洞達、一以貫之而然也。○問：「『時措之宜』，是顏子閉户，禹稷纓冠之義否？」曰：亦有此意。須知、仁具，内、外合，然後有箇時措之宜。○雙峯饒氏曰：成己成物，己與物雖有内外之殊，而仁知之德則具於己性分之内，乃合内外而爲一底道理。○起頭説「誠自成」，其下説「成物」，説「道自道」，其下説「合内外之道」，見得誠不但成己，道不但自道，又能成物而合内外之道也。○知居仁先者以好學言，入德之知也；知居仁後者以成物言，成德之知也。○雲峯胡氏曰：子貢曰：「學不厭，知也；教不倦，仁也。」與此言仁、知若異。朱子以子貢之言主於知，子思之言主於行，故各就其所重而有賓主之分。蓋知主知，仁主行。學與教皆以知言，故先知後仁；知爲體，仁爲用，成己成物皆以行言，故先仁後知，仁爲體，知爲用。二者互爲體用，愈見其性中之所有而無内外之殊者矣。「時措」之時字即「時中」之時。性之德，是未發之中；時措之宜，是發而合乎時中之中。○譚氏曰：誠之體爲仁，誠之用爲知。誠之實理可據曰「德」，誠之實理可由曰「道」。○顧氏曰：外，成物也；内，成己也。分言之，則曰「成己仁也，成物知也」；合言之，則曰「性之德也，合内外之道也」。合者，兼總之意。○新安陳氏曰：深繹此章誠本自成己也，誠之爲道本自道於己也，此爲己之學也。天命之性，具此實理。誠者此理之實也。實有諸己，故曰「自成」。率性之道躬自行之，道者行此者也，躬行於己，故曰「自道」。言皆自己分内事也。誠者物之根榦，是乃事物之徹始徹終而無間斷者也。不誠，則心一虛僞，有物如無物矣。是以君子必鑒此而以「誠之爲貴」。此「誠之」字，如前章「誠之者」之「誠之」。誠之，正君子事也。誠固曰自成，然非徒自成己而已也。既自成己，則必成物。性者萬物之一原，非有我之得私也，立必俱立，成不獨成。成己所以爲仁，而體以立；成物所以爲知，而用以行。成己而不成物是有體而無用矣。仁知乃天命之性中固有之德也。成己之仁存於内，而道自行於己；成物之知發於外，而道亦行於彼。固無内外之殊，所以合内外而同一道也。誠亦成物，豈徒自成而已？道亦合内與外，豈徒自道而已？既能由體達用，由内合外，則見於隨時以舉而措之者，豈不皆得其宜也哉？由成己之仁發爲成物之知，則知固自仁中出，又能合乎時措之宜，則義又從是而生，而義亦自仁中出矣。仁也，知也，義也，一以貫之皆實理之條目也。

右第二十五章。言人道也。

故至誠無息。

既無虛假，自無間去聲。斷。徒玩反。後凡言「間斷」音同。○陳氏曰：凡假僞底物，久則易間斷。真實自無間斷。○問：「『至誠無息』説天地得否？」雙峯饒氏曰：人之誠有至有不至，聖人誠之至，故可説「至誠」。天地只是誠，無至不至。○雲峯胡氏曰：首句上便有「故」字，承上章而言也。言「誠」自第十六章始，二十章至二十五章言「誠」莫詳焉。此章特因上章言至誠之功用，於是以「故」字先之。○新安陳氏曰：自「至誠無息」，至「博厚則高明」，言聖人之道。○東陽許氏曰：至誠無息，惟至誠所以無息。有虛假則間斷矣。惟無息，乃見誠之至；有息，則非至誠矣。

不息則久，久則徵，

久，常於中也；徵，知盈反。**驗於外也。**朱子曰：久然後有徵驗。只一日二日工夫，如何有徵驗？○問：「『至誠無息，不息則久』，果有分別否？」曰：不息，只如言「無息」。○北溪陳氏曰：道理真積力久，充實於內，自然著見於外。如「見面盎背」之類，是徵驗處。

徵則悠遠，悠遠則博厚，博厚則高明。

此皆以其驗於外者言之。鄭氏所謂「至誠之德，著於四方」者是也。朱子曰：此是言聖人功業著見。諸家多作進德節次說。只一箇「至誠」已該了，豈復有許多節次？不須說入裏面來。古註不可易。**存諸中者既久，**接上文「久則徵」說來。**則驗於外者益悠遠而無窮矣。**朱子曰：久，是就他骨子裏說鎮常如此之意；悠遠，是自今觀後見其無終窮之意。又曰：悠，是擬始以要終；久，是隨處而常在。○蛟峯方氏曰：悠，是其勢寬緩而不促迫；遠，是長遠。大率功效氣象之促迫者，便不長遠。如三代之治氣象寬緩，五霸之治氣象促迫，故三代之治長，五霸之治短。如地勢悠緩則其勢遠，斗峻則其勢絕，皆是惟「悠」故「遠」之義。**悠遠，故其積也廣博而深厚；博厚，故其發也高大而光明。**朱子曰：呂氏說有如是廣博，則其勢不得不高；有如是深厚，則其精不得不明。此兩句甚善。《章句》中雖用他意，然當初只欲辭簡，反不似他說得分曉。譬如爲臺觀，須大做根基，方始上面可以高大；又如萬物精氣蓄於下者深厚，故其發越於外者自然光明。○自徵則悠遠至博厚高明無疆，是皆功業著見如此，故云「德著於四方」。

博厚所以載物也，高明所以覆物也，悠久所以成物也。

「悠久」即「悠遠」，兼內外而言之也。三山潘氏曰：久，是久於內；悠，是久於外。○潛室陳氏曰：「不息則久」，是誠積於內；「徵則悠遠」，是誠積於外。下却變文爲「悠久」，則是兼上文內外而言。本以悠遠致高厚，而高厚又悠久也。此言聖人與天地同用。問：「以存諸中者言，則悠遠在高明博厚之前；以見諸用者言，則悠久在博厚高明之後。如何？」朱子曰：此所以爲悠久也。若始初悠久，末梢不悠久，便是不悠久矣。○北溪陳氏曰：初頭本是悠遠方能至於高厚，今又由高厚以至於悠遠也。物至久則成而不壞，不久則雖成而易壞。至此則與天地同用矣。此處似説得太高妙。然至誠之德在我能極其至，其功效氣象著見於天下自然如此。能盡其道者，惟堯舜爲然。蓋堯、舜在位日久，自有許多博厚高明悠久氣象也。○雙峯饒氏曰：此章承上二章而言，所以劈頭下箇「故」字。蓋盡性仁之至，前知知之至，而無息勇之至也。又自「無息」推之曰「不息則久，久則徵，徵則悠遠」，已自關了「悠久」字在其中，言積之久則驗於外。悠有長之意，長而且遠，則博；長遠而不息，則所積者厚；博厚，則發達之盛而高且明。此推其無息之效，故其序如此。下一截指其成德而言，故先博厚、高明而後悠久。○不息則久，久字指誠而言，是在內。悠久，指功用而言。高明博厚皆是見之於外，便見得悠久是指外面底。○新安陳氏曰：自博厚所以載物至無爲而成，言聖人配天地之道。

博厚配地，高明配天，悠久無疆。

此言聖人與天地同體。龜山楊氏曰：配，合也，與孟子「配義與道」之「配」同。○陳氏曰：同用以功言，同體以德言。○問：「此章以博厚居高明之前，後章以持載居覆幬之前，何也？」雙峯饒氏曰：博厚持載指仁而言，高明覆幬指知而言。以入德言則知先乎仁，以成德言則仁先乎知。此博厚持載之仁，所以居高明覆幬之前也。而悠久無疆，代明錯行，又仁知之勇也。○新安陳氏曰：悠久，即博厚高明之悠久，無疆即天地之無疆。

如此者，不見而章，不動而變，無爲而成。見音現。

見，猶「示」也。不見而章，以配地而言也；不動而變，以配天而言也；無爲而成，以無疆而言也。陳氏曰：「不見而章」，是不待有所示而功用自然章著，此處與地一般；「不動而變」，動則猶有形迹，至於不動，則如天之變化萬物無形迹，此處與天爲一般；「無爲而成」，有所爲而成，尚有形迹，無所爲而成，其功用至於悠久，自不見其形迹，此亦「悠久無疆」言之也。○問：「以『不見』指博厚，『不動』指高明易曉。『無爲而成』，與『悠久無疆』似不相貫。」雙峯饒氏曰：悠久，是貫天地而言。不見不動，便是無爲。惟其博厚、高明、悠久，所以能成物。不見而章，是「品物流形」；不動而變，是「雲行雨施」；無爲而成，是「各正性命」。○雲峯胡氏曰：無息便是久，久便自然證驗於外。不息則久，是存於中者久也；悠久成物，是驗於外者久也。凡功用豈無積之博厚、發之高明者？其博厚高明未必能久，無他，不自真積力久中來也。惟實於中者久，故證於外者亦久。內外此誠，內外悠久；終始此誠，終始悠久。朱子曰：「博厚高明，猶人之形體；悠久，猶人之元氣。」有旨哉！上章成己成物，「誠之」者之事；此悠久成物，「誠」者之事。曰成物，曰無疆，曰無爲而成，皆指悠久之成功而言，皆指博厚高明之悠久而言。○東陽許氏曰：不見不動，只是言聖人無爲。下句又總上二句。地未嘗有意於生物，而百穀草木禽獸昆蟲皆粲然可觀，是不見而章也；天未嘗有意變化萬物，而有生之類皆稟命於天，是不動而變也。

天地之道，可一言而盡也。其爲物不貳，則其生物不測。

此以下復以天地明「至誠無息」之功用。天地之道可一言而盡，不過曰「誠」而已。不貳，所以誠也。誠故不息，而生物之多有莫知其所以然者。節齋蔡氏曰：不貳，則無間斷，所以不息。○新安陳氏曰：不貳者，一也，一即誠也。惟其爲物誠一而不貳，所以不息，而其生物之多所以不可得而測度也。生物不測，下文「今夫天」以後詳言之。○自「天地之道可一言而盡」至「貨財殖焉」，專言天地之道。觀此及下文兩提起「天地之道」，可見上文皆是說聖人之道。

天地之道，博也，厚也，高也，明也，悠也，久也。

言天地之道誠一不貳，故能各極其盛而有下文生物之功。新安陳氏曰：「誠一不貳」，接上文説來，所以博極其博，厚極其厚，高明悠久，各極其盛，而有生物之功如下文所云也。

今夫天，斯昭昭之多。及其無窮也，日月星辰繫焉，萬物覆焉。今夫地，一撮土之多，及其廣厚，載華嶽而不重，振河海而不洩，私列反。萬物載焉。今夫山，一卷石之多。及其廣大，草木生之，禽獸居之，寶藏興焉。今夫水，一勺之多。及其不測，黿音元。鼉湯何反。蛟龍魚鼈生焉，貨財殖焉。夫音扶。華、藏，並去聲。卷，平聲。勺，市若反。

昭昭，猶「耿耿」，小明也，此指其一處而言之；及其無窮，猶十二章「及其至也」之意，蓋舉全體而言也。振，收也。如「玉振」之振。卷，區也。此四條皆以發明由其不貳不息以致盛大而能生物之意。然天地山川實非由積累魯水反。而後大，讀者不以辭害意可也。朱子曰：管中所見之天也是天，恁地大底也只是天。○問：「『天斯昭昭』是指其一處而言，『及其無窮』是舉全體而言。向來將謂天地山川皆因積累而後致。」曰：舉此全體而言，則其氣象功效自是如此。○三山陳氏曰：大意蓋言天地聖人皆具此實理，無有駁雜，無有間斷，故能有此功用耳。

《詩》云：「維天之命，於穆不已。」蓋曰天之所以爲天也。「於乎，不顯，文王之德之純。」蓋曰文王之所以爲文也，純亦不已。於音烏。乎音呼。

《詩》，《周頌·維天之命》篇。於，歎辭。穆，深遠也。不顯，猶言豈不顯也。純，純一不雜也。引此以明「至誠無息」之意。黄氏曰：誠，便是「維天之命」；不息，便是「於穆不已」。程子曰：「天道不已，文王純於天道亦不已。純則無二無雜，不已則無間斷先後。」西山真氏曰：純是至誠無一毫人僞。維其純誠無雜，自然能不已。如天之春而夏，夏而秋，秋而冬，晝而夜，夜而晝，循環運轉一息不停，以其誠也聖人之自壯而老，自始而終，無一息之間，亦以其誠也。既誠，自然能不已。○雲峯胡氏曰：上文言聖人之至誠無息，而於天地之道曰不貳；此言天命之於穆不已，而於聖人之德則曰純，互而言之也。純則不貳，不貳所以誠，此文王之所以爲文也，此天之所以爲天也。○新安陳氏曰：子思引《詩》以明天地與聖人之道同一至誠無息而已。維天命之流行實深遠難測而萬古不已，釋之曰此天之所以爲天也，深意在「所以」字。天之所以爲天，惟在至誠無息焉耳。於乎，豈不顯著乎，文王之德之純一不貳也！又釋之曰：此文王之所以爲文也，深意亦在「所以」字。文王所以爲文，亦在至誠無息焉耳。遂揭「於穆不已」之「不已」字，與「之德之純」之「純」字，總紐之曰：「純亦不已」，下一「亦」字妙。文王惟其德之純也，故亦能如天道之「於穆不已焉」。文王之所以爲文，非把文王之謚來詠狀，乃是「文不在兹乎」之文。道之顯者謂之文。所謂「豈不顯」者，即此文之顯也。作如此分撥玩味，意了然矣。前之「不貳」，此之「純」，皆以至誠言。不已，即「無息」、「不息」也。聖人所以與天道合一者，此而已。自引《詩》至章末言聖人之道合乎天地之道。雖單言天，實以天包地；雖專言文王，實借一文王以證羣聖人也。

右第二十六章。言天道也。葉氏曰：言聖人與天地合德，所以爲天道。○新安倪氏曰：按饒氏以「哀公問政」章至此爲第四大節。

大哉，聖人之道！

包下文兩節而言。雙峯饒氏曰：道即「率性」之謂，雖天下之所共由，而非聖人不能盡，故獨舉而歸之聖人。亦猶前章言「君子之道」，以道雖愚夫愚婦之所可知可行，而非君子不能知不能行也。

洋洋乎，發育萬物，峻極于天！

峻，高大也。此言道之極於至大而無外也。朱子曰：洋洋是流動充滿之意。聖道發育，即春生夏長，秋收冬藏，便是「聖人之道」。不成須要聖人使他發育？峻極于天，只是充塞天地底意思。○陳氏曰：此一節言道體之大處，流動充滿乎天地之間而無所不在，蓋極於至大而無外也。○雙峯饒氏曰：發育萬物，以道之功用而言。萬物發生養育於陰陽五行之氣，道即陰陽五行之理。是氣之所流行，即是理之所流行也。峻極于天，以道之體段而言。天下之物，高大無過於天者。天之所以爲天，雖不過陰陽五行渾淪旁薄之氣，而有是氣必具是理，是氣之所充塞，即此理之所充塞也。此言道之大用全體極於至大而無外有如此者，即前章「語大，天下莫能載」之意也。

優優大哉，禮儀三百，威儀三千！

優優，充足有餘之意。禮儀，經禮也；威儀，曲禮也。格庵趙氏曰：經禮，如冠昏喪祭，朝覲會同之類；曲禮，如進退升降，俯仰揖遜之類。此言道之入於至小而無間去聲。也。問：「前既言『大哉聖人之道』矣，而復以『優優大哉』冠於禮儀之上者，蓋言道體之大散於禮儀之末者如此？」朱子曰：得之。○禮儀，便是儀禮中士冠禮、諸侯冠禮、天子冠禮之類，大節有三百條。如始加，再加，三加，又如坐如尸，立如齊之類，皆是其中之小目有三千條。○陳氏曰：此一節言道體之小處，雖三千三百之儀而無物不有，蓋入於至小而無間也。○雙峯饒氏曰：三百三千，莫非天理自然之節文，何適而非此道所形見者，此言道雖至大，而其間節目至精至密極其至小而無內有如此者，即前章「語小，天下莫能破」之意也。然三千三百雖以道之至小者言，而上句乃以優優大哉發之，疑若語大而非語小者。蓋此章本以聖道之大爲言，然不合衆小，則無以成其大，如太山之高以衆土之積，滄海之深以衆流之會。使是道之中包含蘊蓄容有一理之不備，亦何以見其爲大之實哉？此三千三百雖指至小而言，而其實乃所以形容其大也，安得不以「優優大哉」發之耶？

待其人而後行。

總結上兩節。陳氏曰：道之大處小處，皆須待其人而後行。○雙峯饒氏曰：必得如是之人，而後可行如是之道也。

故曰：苟不至德，至道不凝焉。

至德，謂其人。至道，指上兩節而言。凝，聚也，成也。朱子曰：「發育」、「峻極」、「三千」、「三百」，皆至道。苟非至德之人，則不能凝此道而行之。「凝」字最緊。若不能凝，更没些子屬自家。須是凝方得。又曰：道非德不凝，故下文遂言脩德事。○雙峯饒氏曰：德者，得是道於己也。道之小大各極其至，故曰至道；德之大小各極其至，斯爲至德。有是至德，然後足以凝聚是至道而爲己有。否則道自道，己自己，判然二物，豈復爲吾用也哉？

故君子尊德性而道問學，致廣大而盡精微，極高明而道中庸，温故而知新，敦厚以崇禮。尊者，恭敬奉持之意；德性者，吾所受於天之正理。道，由也。温，猶「燖温」之温，火熟物曰燖。似廉、似林二切。謂故學之矣，復時習之也。敦，加厚也。尊德性，所以存心而極乎道體之大也；道問學，所以致知而盡乎道體之細也。二者，脩德凝道之大端也。朱子曰：「尊德性而道問學」一句是綱領。下五句上截皆是大綱工夫，❶下截皆是細密工夫。致廣大、極高明、温故、敦厚，此是尊德性；盡精微、道中庸、知新、崇禮，此是道問學。如程先生言「涵養須用敬，進學則在致知」。道之爲體其大無外，其小無內，無往而不在焉。故君子之學既能尊德性以全其大，便須道問學以盡於小。○黄氏曰：存心，則一念全，萬理具；致知，則逐物皆當理會。不以一毫私意自蔽，不以一毫私欲自累，涵泳乎其所已知，敦篤乎其所已能，此皆存心之屬也。朱子曰：致廣大，謂心胸開闊無此疆彼界之殊。極高明，謂無一毫人欲之私以累於此。纔汩於人欲，便卑汙矣。○雲峯胡氏曰：或疑「不以一毫私意自蔽」若可以移解高明，「不以一毫私欲自累」若可以移解廣大。愚謂二者雖總説尊德性，亦有先後之序。意者萌動之始，止可言蔽，一爲意所蔽，則廣大處已被窒塞了；欲則不止於意，而爲物所昏，無所謂高明者矣，所以方可言「自累」。析理則不使有毫釐之差，處上聲。事則不使有過不及之謬，理義則日知其所未知，節文則日謹其所未謹，此皆致知之屬也。朱子曰：極高明，是言心；道中庸，是學底事。立心超乎萬物之表而不爲物所蔽累，❷是高明；及行事則恁地細密無過不及，是中庸。厚，是資質朴實；敦，是愈加厚重培其本根。有一般人實是敦厚純

❶「下」，《語類》卷六四作「此」。「五」，《四書通》作「四」。

❷「表」，原作「長」，今據四庫本及《語類》卷六四、《四書通》改。

朴，然或箕踞不以爲非，便是不崇禮；若只去理會禮文而不敦厚，則又無以居之。所以「忠信之人可以學禮」。

蓋非存心無以致知，而存心者又不可以不致知。故此五句，大小相資，首尾相應。東陽許氏曰：「大小相資，首尾相應」，大言上五節，小言下五節。首言尊德性道問學一句，尾言下四句。**聖賢所示入德之方，莫詳於此，學者宜盡心焉。**朱子曰：「尊德性」至「敦厚」，此上一截是渾淪處；「道問學」至「崇禮」，此下一截便是詳密處。道體之大者直是難守，細處又難窮究。若有上一截無下一截，只管渾淪，則茫然無覺；若有下一截而無上一截，只管要纖悉皆知，則又空無所寄。〇陳氏曰：存心以極道體之大，應前「洋洋」一節；致知以盡道體之細，應前「優優」一節。〇雲峯胡氏曰：讀此者，往往因陳氏謂存心是力行工夫，遂疑高明、温故知新屬知。殊不知《章句》但曰「存心」、「致知」，未嘗曰「力行」、「致知」。朱子不曰「尊德性所以力行」，而必曰「存心」，何也？《大學》補傳取程子或問十二節即致知之事，末後五節所以涵養本原之地，即存心之事也。若謂存心便是力行，下文有曰「非存心無以致知」，謂之「非力行無以致知」可乎？大抵先要看本文「大」字與「尊」字。道體至大，心體本亦至大。尊之則能存此心之大，所以能極乎此道之大，恐未便説到力行處。竊以爲存心不過是存其心體之本然者，致知是推極夫事理之當然者。心體本自廣大，不以私意蔽之，即謂之「致」；心體本自高明，不以私欲累之，即謂之「極」。已知者温之，而涵泳之味深；已厚者敦之，而持守之力固。此皆存其心之本然者也。然心之廣大自具精微之理，不學則於理便有毫釐之差；心之高明自有中庸之則，不學則於事易有過不及之謬。「故」之中有無限新意，不學則不能知新，雖「温故」亦不能以「盡精微」。「敦厚」之外有多少節文，不學則不能「崇禮」，雖「敦厚」亦不能以「道中庸」。中庸即是精微之極致，究其極一而已矣。凡此皆推極其事理之當然者也。蓋道體極於至大而無外，非淺陋之胸襟所能容，所以不可不存夫心體之本然者；道體入於至細而無間，非粗疎之學問所能悉，所以不可不極夫事理之當然者。要之，存心不大故用力，不自蔽，不自累足矣；涵泳乎此，敦篤乎此足矣。不必於其中又分知與行。若致知工夫，其中却自兼行而言，非十分細密不可也。或曰：「書以《中庸》名，自第二章以後提起中庸言者凡七，皆孔子之言也。中庸之道，在知與行。子思於此以『道中庸』偏爲學問致知之事，何也？」愚謂首章子思所言，未發之中也，即此所謂德性是也。「戒慎恐懼」，即此所謂「恭敬奉持」之意。其引孔子言中庸，皆已發之中。擇而行之，莫先於致知。此以道中庸屬學問之事何疑？曰：「『尊德性』以下皆有『而』字，見得存心致知是兩事。末於『敦厚』、『崇禮』不曰『而』，而曰『以』，何也？」愚謂下「而」字，則重在下股，謂存心不可以不致知；下「以」字，則重在上股，謂非存心無以致知也。

是故居上不驕，爲下不倍。國有道，其言足以興；國無道，其默足以容。《詩》曰：「既明且哲，以保其身。」其此之謂與？倍與「背」同。與，平聲。

興，謂興起在位也。《詩》，《大雅・烝民》之篇。朱子曰：「居上不驕」至「默足以容」，言小大精粗一齊理會過貫徹了後，盛德之效自然如此。○不倍，謂忠於上而不背叛。興，如「興賢」、「興能」之「興」。○「明哲」，只是曉天下事理。順理而行，自然灾害不及其身。今人以邪心讀《詩》，謂「明哲」是見幾知微，先占便宜，如楊雄説「明哲煌煌，旁燭無疆，遜于不虞，以保天命」，便是占便宜説話，所以他被這幾句誤。然「明哲保身」，亦只是常法。若到那舍生取義處，又不如此論。○尊德性，所以充其「發育」、「峻極」之大；道問學，所以盡其「三千」、「三百」之小。以其大小兼該，精粗不二，故居上居下有道無道，無所不宜。○新安陳氏曰：引《詩》以證「無道默容」，子思其亦有感於所逢之時而有是言歟？

右第二十七章。言人道也。雙峯饒氏曰：一篇之中，論問學之道，綱目備而首尾詳，無有過於此章者也。

子曰：「愚而好自用，賤而好自專，生乎今之世反古之道，如此者裁及其身者也。」好，去聲。裁，古「灾」字。

以上孔子之言，子思引之。反，復也。陳氏曰：愚者無德，賤者無位，當聽上之所爲。生今世而欲復古道，裁必及身，歎時不可爲。「自用」、「自專」，皆非「明哲保身」之道也。承上章末意而引此。○東陽許氏曰：「生乎今之世」以下，是通説上二句。蓋愚賤者不可作禮樂，則居今之世，當遵守當代之法。若欲反用古之道，即是改作矣，必獲罪於上，故曰「烖及其身」。

非天子不議禮，不制度，不考文。

此以下子思之言。禮，親踈貴賤相接之體也。《禮記》云：「禮也者，猶體也。」度，品制。「不制度」之制字活字作也。文，書名。朱子曰：「書名」，是字底名字，如「大」字唤做「大」字，「上」字唤做「上」字，「下」字唤做「下」字，易得差，所以每歲使大行人之屬巡行天下考過這字，是正與不正。○看此段先須識取聖人功用之大，氣象規模廣闊處。「非天子不議禮制度、考文」，是甚麽樣氣象，使有王者作，改正朔，易服色等事，一齊改换一番。其切近處，則自吾一念之微而無毫釐之差；其功用之大，則天地萬物一齊被他翦截裁成過。先須看取他這樣大意思方有益。

今天下車同軌，書同文，行同倫。行，去聲。

今，子思自謂當時也。軌，轍迹之度；倫，次序之體。三者皆同，言天下一統也。朱子曰：次序，如等威節文之類；體，如辨上下、定民志、君臣父子貴賤尊卑相接之體皆是。天子制此禮通上下共行之，故其次序之體、等威節文，皆如一也。○新安陳氏曰：「車同軌」與「制度」應，車亦制度之一端也；「書同文」與「考文」應，「行同倫」與「議禮」應。

雖有其位，苟無其德，不敢作禮樂焉；雖有其德，苟無其位，亦不敢作禮樂焉。

鄭氏曰：「言作禮樂者，必聖人在天子之位。」朱子曰：有位無德而作禮樂，所謂「愚而好自用」；有德無位而作禮樂，所謂「賤而好自專」；居周世而欲行夏殷禮，所謂「居今世反古道」。道即議禮制度、考文之事。議禮所以制行，故「行同倫」；制度所以爲法，故「車同軌」；考文所以合俗，故「書同文」。

子曰：「吾説夏禮，杞不足徵也；吾學殷禮，有宋存焉；吾學周禮，今用之，吾從周。」

此又引孔子之言。杞，夏之後。徵，證也。宋，殷之後。三代之禮，孔子皆嘗學之而能言其意。但夏禮既不可考證。殷禮雖存，又非當世之法。惟周禮乃時王之制，今日所用。孔子既不得位，則從周而已。朱子曰：言「有宋存焉」，便見杞又都無了。如今《春秋傳》中宋猶有些商禮在。○問：「前輩多以夫子損益四代之制以告顔子，而又曰吾從周，其説似相牴牾者。然以此章『吾學周禮，今用之，吾從周』之意觀之，則夫子之從周特以當時所用而不得不從耳，非以爲盡當從周。若答爲邦之問，乃其素志耳。」曰：得之。○雙峯饒氏曰：「無德」是「愚」，無「位」是「賤」，「作禮樂」是自用自專。問：「非天子不議禮制度考文，專指賤者而不及愚者，何也？」曰：此章爲在下位者言，故於賤者特詳，而末引孔子作箇樣子。問：「『今用之，吾從周』，想是不敢議禮，但從周而已？」曰：當世用周禮，吾亦從周禮，蓋有德無位，不敢作禮樂也。○雲峯胡氏曰：孔子所學周禮，即周公所制之禮。第十八、十九章言周公制周之禮，有其位而有其德也；此章言孔子從周之禮，有其德而無其位者也。章末數語較之《論語》有二疑。《語》曰「夏禮吾能言之，杞不足徵也；殷禮吾能言之，宋不足徵也」，此曰「杞不足徵」而「有宋存焉」，豈非以春秋之時杞去夏已遠，而宋去殷猶未遠歟；杞文獻不足，宋或典籍散逸而文籍猶有存歟；或先哲凋謝，而賢者猶有存歟！《語》曰「如用之則吾從先進」，此曰「今用之，吾從周」，豈不以周禮至春秋之時已非復周公制作之舊？「如用之」者，孔子設言其或用禮樂則如此；「今用之」者，孔子明言天下之所通用者今如此也。孔子雖不欲徇時俗之弊，而亦不敢不循時王之制，此所以爲孔子之時中也。

右第二十八章。承上章「爲下不倍」而言，亦人道也。

王天下有三重焉，其寡過矣乎？王，去聲。

吕氏曰：「三重，謂議禮、制度、考文。惟天子得以行之，則國不異政，家不殊俗，而人得寡過矣。」

上焉者雖善無徵，無徵不信，不信民弗從；下焉者雖善不尊，不尊不信，不信民弗從。

上焉者，謂時王以前，如夏商之禮雖善而

皆不可考；文獻不足徵。下焉者，謂聖人在下，如孔子雖善於禮而不在尊位也。三山陳氏曰：上乎周爲夏商，禮非不善，然於今無可徵，民將駭而不信。下而不達，如孔子德非不善，然不得顯位以行之，民亦將玩而不信。○問：「程子以『上焉者』爲三王以前，『下焉者』爲五霸諸侯之事，朱子之說不同，何也？」蛟峯方氏曰：上焉者無徵，則夏商也，經已言之；下焉者不尊，舍孔子誰當之？若五霸則其善不足稱矣。故上焉者無徵，則當以時言；下焉者不尊，則當以位言。

故君子之道本諸身，徵諸庶民，考諸三王而不謬，建諸天地而不悖，質諸鬼神而無疑，百世以俟聖人而不惑。

此「君子」，指王天下者而言。其「道」即議禮、制度、考文之事也。本諸身，有其德也；徵諸庶民，驗其所信從也。建，立也，立於此而參於彼也。天地者，道也；鬼神者，造化之迹也。百世以俟聖人而不惑，所謂「聖人復起，不易吾言」者也。朱子曰：此「天地」只是道耳。謂吾建於此而與天地之道不相悖。○問：「鬼神只是龜從筮從，『與鬼神合其吉凶』否？」曰：亦是。然不專在此，只是合鬼神之理。○此段第一句第二句，是以人已對言；第三第六句，是以已往方來對言；第四第五句，是以隱顯對言。○雲峯胡氏曰：朱子謂先須識取聖人功用之大，及其氣象規模廣闊處，蓋大而議禮制度，小而考文，莫不有以新天下之視聽而能一天下之心。徵諸庶民而庶民合，建諸天地鬼神而天地鬼神合，前聖之已往、後聖之未來無不合者，其功用如此宏大悠遠，而其本領只在人主一身上。前章曰「有其德」，此曰「本諸身」，《章句》曰「本諸身」者，「有其德也」。前章言無德位而作禮樂，其終也灾必逮身；此言有德有位而作禮樂，其始也必本諸身。事有不本諸身而爲之者，其末也灾不逮身者鮮矣。○東陽許氏曰：「本諸身」以下六節，只是「本諸身」一句是致力處，下五節皆以爲徵驗爾。「君子之道」，即上三重。謂有位之君子行此三重之道，必本於此身之有德，則自有下五者之應。若下五者不應，是身無其德也，則用其力以脩德。

質諸鬼神而無疑，知天也；百世以俟聖人而不惑，知人也。

知天、知人，知其理也。朱子曰：此段説知天知人處，雖只舉後世與鬼神言，其實是總結上四句之義。○北溪陳氏曰：鬼神，天理之至也；聖人，人道之至也。惟知天理之至，所以無疑；惟知人道之至，所以不惑。

是故君子動而世爲天下道，行而世爲天下法，言而世爲天下則，遠之則有望，近之則不厭。

動，兼言、行而言；道，兼法、則而言。法，法度也；則，準則也。三山潘氏曰：行有成迹，故可效法。言只言其理如此，未有事迹可據，故人準則之。○陳氏曰：遠者悦其德之被，故有企慕之意；近者習其行之常，故無厭斁之心。○雲峯胡氏曰：上文言「質鬼神」、「俟百世」，要其終也。故中言「徵庶民」之意，原其始也。

《詩》曰：「在彼無惡，在此無射。庶幾夙夜，以永終譽。」君子未有不如此而蚤有譽於天下者也。惡，去聲。射音妬。《詩》作「斁」。

《詩》，《周頌·振鷺》之篇。射，厭也。所謂「此」者，指「本諸身」以下六事而言。陳氏曰：「在彼無惡」，是應「遠之則有望」；「在此無射」，是應「近之則不厭」；「庶幾」、「終譽」，是應「世爲天下道」三句意；「蚤有譽」，又總結「以求終譽」意。先師曰：永終譽，要其終而言；蚤有譽，由其始而言。蚤有譽尚易，永終譽尤難。君子之道，本不欲干譽也，自然有譽者，乃本諸身之驗，所謂「徵諸庶民」是也。○雲峯胡氏曰：引《詩》「在彼無惡，在此無射」，「以永終譽」，「徵諸民」也；「庶幾夙夜」，「本諸身」也。

右第二十九章。承上章「居上不驕」而言，亦人道也。新安倪氏曰：按番易李氏云：「《章句》取二十七章結語分屬後二章。以『愚好自用』章言『爲下不倍』，然有位無德，則『居上不驕』者也。以『三重』章言『居上不驕』，然下焉者雖善不尊，則『爲下不倍』者也。妄謂此二章皆平應『居上不驕，爲下不倍』二語，不必分屬二章。」李氏斯言，亦不爲無理；但聖賢立言，自有賓主。前章有位無德，不敢作禮樂，與章首「愚好自用」一句相應而相反，是固以居上而言。然全章除此語外，於賤者特詳實，則主「爲下不倍」而言也。此章「下焉者雖善不尊」，「不信」而「民不從」，以對「上焉者雖善無徵」，是固以爲下而言。然全章除此語外，於王天下之君子尤詳實，則主「居上不驕」而言也。以是觀之，何用必疑於《章句》之分屬哉？

仲尼祖述堯舜，憲章文武，上律天時，下襲水土。

祖述者，遠宗其道；憲章者，近守其法。律天時者，法其自然之運；襲音習。水土者，因其一定之理：皆兼內外，該本末而言也。朱子曰：「下襲水土」，是因土地之宜。所謂「安土敦乎仁」，無往而不安。○北溪陳氏曰：前言堯、舜、文、武、周公能體中庸之道，此言孔子法堯、舜、文、武以體中庸之道也。宗師堯、舜之道，堯、舜，人道之極也；效法文、武之法，三代，法度至周而備也。天時者，春夏秋冬之四時，聖人法其自然之運；水土者，東西南北之四方，聖人因其一定之理。朱子謂此「兼內外，該本末而言」。其律天時，如「不時不食」，「迅烈必變」；其襲水土，如「居魯逢掖，居宋章甫」，乃其事也。其律天時，如仕止久速皆當其可；其襲水土如用舍行藏，隨遇而安。乃其行也。行以內言，本也；事以外言，末也。蓋聖人能盡中庸之道，所以精處如此，粗處亦如此。○潛室陳氏曰：「祖述」者，法在其中；「憲章」者，道在其內。律天時者，大則顯晦屈伸，小則飲食寢處；襲水土者，大則坎止流行，小則採山釣水。細底道理爲「本」爲「內」，麤底道理爲「末」爲「外」。○雙峯饒氏曰：上二句言學之貫乎古今，下二句言學之該乎穹壤。○雲峯胡氏曰：「中」之一字，堯舜始發之。自堯、舜至文、武相傳，只是此中。「天時」、「水土」，亦只是此中。「於堯舜」曰「祖述」，於「文武」曰「憲章」，於「天時」曰「上律」，於「水土」曰「下襲」，便見夫子之時中。「遠宗其道」，法不在乎道之外；「近守其法」，道皆寓乎法之中。此「兼內外，該本末」而言也。律天時，如不時不食，是末；夫子聖之時，是本。襲水土，如居魯而逢掖，是末；安土敦乎仁，是本。此「兼內外，該本末」而言也。○蛟峯方氏曰：中庸之道，至仲尼而集大成，故此書之末以仲尼明之。

辟如天地之無不持載，無不覆幬。辟如四時之錯行，如日月之代明。辟音譬。幬，徒報反。錯，猶「迭」也。陳氏曰：如四時之相交錯，寒往則暑來，暑往則寒來；如日月之更相代，日升則月沉，月升則日沉。此言聖人之德。雙峯饒氏曰：此章言孔子之德。「如地之無不持載」，謂乘載得天下許多道理無一之不盡；「如天之無不覆幬」，謂括得天下許多道理無一之或遺。「錯行」、「代明」，謂夫子之道無所不備，當剛而剛，當柔而柔，可仕而仕，可止而止，亦如寒暑之迭用、日月之互照。然持載如地，「博厚」之至也；覆幬如天，「高明」之至也；錯行代明如日月，「悠久」之至也。○新安陳氏曰：此所取譬，上二句以天地之定位言，下二句以陰陽之流行言。

萬物並育而不相害，道並行而不相悖。小德川流，大德敦化。此天地之所以爲大也。悖，猶「背」音佩。也。天覆地載，萬物並育於其間而不相害，四時日月錯行代明而不相悖。北溪陳氏曰：天無不覆，地無不載。大化流行，萬物止其所而不相侵害也。四時錯行，日月代明，一寒一暑，一晝一夜，似乎相反，而實非相違悖也。所以不害不悖者，小德之川流；所以並育並行者，大德之敦化。小德者，全體之分；大德者，萬殊之本。新安陳氏曰：小德，如言「小節」；大德，如言全體。此言天地造化之理。小德者，一本之散於萬殊者也；大德者，萬殊之原於一本者也。川流者，如川之流，脉絡分明而往不息也；敦化者，敦厚其化，根本盛大而出無窮也。此言天地之道，以見形甸反。上文取譬之意也。朱子曰：大德是敦那化底，小德是流出那敦化底出來。這便如忠恕，忠便是做那恕底，恕便是流出那忠來底。如中和，中便是大德敦化，和便是小德川流。只是一箇道理。○此言天地之大如此，言天地則見聖人矣。○黃氏曰：天命之性，即大德之敦化；率性之道，即小德之川流。大德敦化，是體；

小德川流，是用。大德是心之本體。無許多大底，亦做不得小底出來。○雲峯胡氏曰：天能覆而不能載，地能載而不能覆，春夏生長，秋冬肅殺，日明乎晝，月明乎夜，是各得陰陽之偏。而聖人之德，則會夫陰陽之全。小德川流，是其粲然者也；大德敦化，是其渾然者也。渾然者所以並育並行，而粲然者已包於其中。粲然者所以「不害」、「不悖」，而亦不過自渾然中流出。故粲然者全體之分，即所謂「率性之道」，即所謂「時中」之中；渾然者萬殊之本，即所謂「天命之性」，即所謂「未發之中」。「大德敦化」四字，即是首章「大本」二字。《章句》以謂「根本盛大而出無窮」，即首章《章句》所謂「天下之理皆由此出」者也。始以天地喻夫子，終謂夫子即天地。且不曰「天地之大」，而曰「天地所以爲大」，夫子其即太極矣乎？

右第三十章。言天道也。東陽許氏曰：二十六章言聖人至誠與天地同道，自「天地之道可一言而盡」以下但言天地之盛大，則聖人之盛大自見。此章先言聖人與天地同道，自「萬物並育」以下亦但言天地之大，則聖人之大自見。前章則引《文王》之詩以結之，此章則以孔子之所行起之，二章相表裏，無非形容聖人之德也。

唯天下至聖爲能聰明睿知，足以有臨也；寬裕温柔，足以有容也；發强剛毅，足以有執也；齊莊中正，足以有敬也；文理密察，足以有別也。知，去聲。齊，側皆反。別，彼列反。

聰明睿知，生知如字。之質。臨，謂居上而臨下也。其下四者，乃仁義禮智之德。文，文章也。理，條理也。密，詳細也。察，明辨也。朱子曰：「仁義禮知」之「知」，與「聰明睿知」便是這一箇。禮知，是通上下而言；睿知，是擴充得較大。睿只訓通，對知而言。知是體，睿是深通處。文理密察，此是聖人於至纖至悉處無不詳審。且如一物初破作兩箇，又破作四片，若未恰好又破作八片，只管詳密。文是文章，如物之文縷；理，是條理。每事詳密審察，故曰「足以有別」。○陳氏曰：上一句包説下四句，方細破分仁義禮知説。仁則度量寬大，故曰「有容」；義則操執牢固，故曰「有執」；禮之施敬而已，故曰「有敬」；智足以分別事物，故曰「有別」。四者皆從「聰明睿知」中細破分條貫說來。〇雙峯饒氏曰：《章句》以四者爲仁義禮智之德，如此則只是四德；於「溥博」之下又言五者之德，何也？此章專說小德。就五者而論，則「聰明睿知」又是小德之大德。聽屬耳，明屬目，睿知屬心，睿則能思，知則能知。思屬動，魂之爲也；知屬静，魄之爲也。心者，魂魄之合。魂能知來，有所未知則思索而知之，陽之靈也；魄能藏往，其已知則存而記之，陰之靈也。一陰一陽，相爲配對。〇新安陳氏曰：唯至聖之德有此生知仁義禮智之體，故見於「有臨」、「有容」、「有執」、「有敬」、「有別」之用也。

溥博淵泉，而時出之。

溥博，周徧而廣闊也。淵泉，静深而有本也。朱子曰：泉，便有箇發達不已底意。〇新安陳氏曰：泉之出，必有本原也。「溥博淵泉」四字，總詠狀上所列五德之體段。出，發見形甸反。下同。也。言五者之德充積於中，「溥博淵泉」。而以時發見於外也。新安陳氏曰：當用仁時則仁發見，當用義時則義發見之類。

溥博如天，淵泉如淵。見而民莫不敬，言而民莫不信，行而民莫不說。見音現。說音悅。

言其充積極其盛，而發見當其可也。新安陳氏曰：溥博則如昊天，淵泉則如深淵，非極其盛而何？見，言行皆發見也。民所以莫不「敬」、「信」、「悅」，以「當其可」也。當其可之謂「時」，是接上文「時出」字而發揮之。下文「莫不尊親」，極言其敬、信、說也。

是以聲名洋溢乎中國，施及蠻貊。舟車所至，人力所通，天之所覆，地之所載，日月所照，霜露所隊，凡有血氣者莫不尊親，故曰「配天」。施，去聲。隊音墜。

「舟車所至」以下，蓋極言之。配天，言其德之所及廣大如天也。新安陳氏曰：有是聖德之實，是以有是聖德之名。凡有血氣，人類也。尊之爲君，親之如父母，極覆載人所及處皆然，豈非德之所及廣大如天乎？此章言達而在上之大聖人，其盛德之全體大用如此，可謂極至而無以加矣。可以當此者，其惟堯、舜乎？

右第三十一章。承上章而言「小德」之「川流」，亦天道也。新安陳氏曰：非謂五者之德爲小也。蓋以此五者分別而言之，又以發用言。比下章之渾淪言之而純乎本體者，則此爲「小德之川流」，而下章爲「大德之敦化」，章章明矣。

唯天下至誠爲能經綸天下之大經，立天下之大本，知天地之化育。夫焉有所倚？夫音扶。焉，於虔反。

經、綸，皆治絲之事。經者，理其緒而分之；綸者，比毗至反。其類而合之也。經，常也。大經者，五品之人倫；大本者，所性之全體也。惟聖人之德極誠無妄，故於人倫各盡其當然之實，而皆可以爲天下後世法，所謂「經綸」之也。朱子曰：「經綸」是用，「立」、「本」是體。大本，即「中」也；大經，即「庸」也。「經綸」、「大經」，「立大本」，即是盡此中庸之道。○北溪陳氏曰：經是分疏條理，綸是牽連相合。大經，即君臣父子兄弟夫婦朋友之大倫；大本即是「中者天下之大本」一般。中乃未發之中，就性論。今所謂「大本」，以所性之全體論。如君是君，臣是臣，父是父，子是子，兄是兄，弟是弟，夫是夫，婦是婦，各有條理一定而不亂，故曰「經」；如君臣之相敬，父子之相親，夫婦之相唱和，兄弟之相友睦，朋友之相切磋琢磨，牽比其倫類自然相合，故曰「綸」。惟聖人極誠無妄，於人倫各盡其所當然之實，皆可爲天下後世之標準，故人皆取法之。○雙峯饒氏曰：如君君、臣臣，父父、子子，是「分」而「理」之；君仁於臣，臣敬其君，父慈其子，子孝其父，是「比」而「合」之也。其於所性之全體無一毫人欲之僞以雜之，而天下之道千變萬化皆由此出，所謂「立」之也。其於天地之化育，則亦其極誠無妄者有默契焉，非但聞見之知而已。北溪陳氏曰：「知」字不可以聞見之知論，如肝膽相照一般。聖人之德極誠無妄，其於天地造化生育萬物之功，與之脗合交契，渾融一體，所謂「知」也。此皆至誠無妄自然之功用，

夫音扶。**豈有所倚著**直略反。**於物而後能哉？**問「夫焉有所倚」。朱子曰：自家都是實理無些欠缺。「經綸」自「經綸」，「立本」自「立本」，「知化育」自「知化育」，不用「倚」靠别物事，然後能如此，如「爲仁由己，而由人乎哉」之意。日用間底都是君臣父子夫婦人倫之理，更不倚著人。只從此心中流行於經綸人倫處，便是法則。此身在這裏，便是立本。知天地化育，是自知得飽相似，何用靠他物？黄直卿云：便是不思不勉意思，謂更不靠心力去思勉他，這箇實理自然經綸、立本、知化育更不用心力。○問：「《中庸》兩處説『天下之至誠』，而其結語一曰『贊化育』，一曰『知化育』，贊與知如何分？」曰：盡其性者，是從裏面説將出去，故盡其性，則能盡人物之性，以「贊」化育也；「經綸」、「大經」，是從下面説上去，如「脩道之教」是也。立天下之大本，是静而無一息之不中處；知化育，則知天理之流行矣。○雙峯饒氏曰：「大經」是道，「大本」是性。性乃大經之本也。天地化育，是命，又大經大本之所自來也。○雲峯胡氏曰：首章由造化説聖人，故曰命，曰性，曰道，由體之隱達於用之費也。此章言聖人之所以爲造化，則曰道，曰性，而後曰命，由用之費而原其體之隱也。前曰「贊化育」，此曰「知化育」。「贊」云者，至誠之功有補於造化也；「知」云者，至誠之心無間於天地也。前章以時出之，是「小德之川流」，是「時中」之中；此章「大本」，是「大德」之「敦化」，是「未發」之中。首章曰「中者天下之大本」，此則加以「立」之一字。大本是所性之全體，本無一毫人欲之僞；立之者，聖人所性之全體無一毫人欲以雜之也。「立」字不是用力字。

肫肫其仁，淵淵其淵，浩浩其天。肫，之純反。

肫肫，懇至貌，以「經綸」而言也；朱子曰：「肫肫其仁」者，人倫之間若無些仁厚意，則父子兄弟不相管攝矣。○鄭氏曰：「肫肫，懇誠貌。」程氏曰：「厚也。」吕氏曰：「純全之義。」一云：「渾厚無間斷之貌。」○北溪陳氏曰「經綸」、「大經」，須加懇切詳細之功，不可有急迫躁切之意。○雙峯饒氏曰：「肫肫其仁」，如何以配「經綸」、「大經」？蓋「仁者，人也」。大經只是箇人道。人而不仁，何足以爲人？**淵淵，静深貌，以「立本」而言也；浩浩，廣大貌，以「知化」而言也。**北溪陳氏曰：静深，則有根本而不竭，故「以立本言」；此誠與天地同其大，故其生育變化與天地同其功，故「以知化言」。其淵、其天，則非特「如」之而已。潛室陳氏曰：「如天」、「如淵」，猶是二物；「其天」、「其淵」，即聖人便是天淵。○雙峯饒氏曰：肫肫其仁，是説道；淵淵其淵，是説性；浩浩其天，是説命。問：「性命如何分天淵？」曰：性是成之者性，指已定之理而言也；命是繼之者善，指理之流行而賦於物者言也。二者有動静之分，故一屬地，一屬天。自聖人言之，則静定而存主處即是性，應用而流行處即是命。其與天地之理一也，故曰「其淵」、「其天」。前章曰「如淵」、「如天」，猶是聖人與天地相比並；至此曰「其淵」、「其天」，則聖人與天地爲一矣。

苟不固聰明聖知達天德者，其孰能知之？

「聖知」之知，去聲。

固，猶「實」也。鄭氏曰：「唯聖人能知聖人也。」玉淵張氏曰：上章云「凡有血氣者莫不尊親」，此云「苟不固聰明聖知達天德者其孰能知之」。上章言「小德」，條理分明，人所易見；此章言「大德」，無聲無臭，非聖人不能知也。○新安陳氏曰：上章言「至聖」，故以「聰明睿知」言。《書》曰：「睿作聖。」睿進一步即聖也。此章言「至誠」，見至誠即是至聖，故以「聰明聖知」言。變「睿」言「聖」，直指其爲聖人。唯至聖能知至誠也。此章述聖人至誠之功用，亦謂達而在上之聖人；而以「唯聖人能知聖人」結之，可以當此者，其唯以孔子而知堯舜乎？

右第三十二章。承上章而言「大德」之「敦化」，亦天道也。前章言至聖之德，此章言至誠之道。然至誠之道非至聖不能知，至聖之德非至誠不能爲，則亦非二物矣。此篇言聖人天道之極致，至此而無以加矣。

朱子曰：「至誠」、「至聖」，只是以表裏言。至聖，是德之發見乎外者。故人見之，但見其「溥博如天」，至「莫不尊親」，此見於外者。至誠，則是那裏面骨子。聰明睿知，却是那裏發出去。至誠處，非聖人不自知也。○「至聖」一章説發見處，

「至誠」一章說存主處。聖以德言，誠則所以爲德也。以德而言，則外人觀其表，但見其「如天」「如淵」；誠所以爲德，故自家裏面却真箇是「其天」、「其淵」。惟其「如天」、「如淵」，故「日月所照，霜露所墜，凡有血氣者莫不知尊而親之」，謂自其表而觀之則易也；惟「其天」、「其淵」，故「非聰明聖知達天德者不足以知之」，謂自其裏而觀之則難也。又曰：此不是兩人事。上章是以聖言之，聖人德業著見於世，其盛大自如此；下章以誠言之，是就實理上說「其天」、「其淵」，實理自是如此。〇葉氏曰：至聖，指發用神妙而言；至誠，指大經大本之實理而言。非至聖無以顯至誠之全體，非至誠無以全至聖之妙用，其實非二物也。〇新安倪氏曰：按饒氏以「大哉聖人之道」章至此爲五大節。

《詩》曰「衣錦尚絅」，惡其文之著也。故君子之道，闇然而日章；小人之道，的然而日亡。君子之道，淡而不厭，簡而文，溫而理。知遠之近，知風之自，知微之顯，可與入德矣。衣，去聲。絅，口迥反。惡，去聲。闇，於感反。

前章言聖人之德極其盛矣。此復自下學立心之始言之，而下文又推之以至其極也。葉氏曰：上二章極言孔子體天之德，與至聖至誠之功用，中庸之道至矣盡矣。子思又慮學者馳騖於高遠而忘下學之功夫，或失其指歸也，故此章復自下學立心之始務由至親至切者言之，以漸進於上達高妙至精至微不可擬議之地，蓋再敘入德成德之序也。《詩》，《國風·衛·碩人》、《鄭》之《丰》，皆作「衣錦褧衣」。褧、絅同，禪衣也。朱子曰：禪衣，所以襲錦衣者。「禪」字與「單」字同。沈括謂「絅」與「檾」同，是用檾麻織疏布爲之。尚，加也。古之學者爲去聲。己，故其立心如此。尚絅，故闇然；衣錦，故有日章之實。淡、簡、溫，絅之襲於外也不厭而文且理焉，錦之美在中也。小人反是，則暴蒲卜反。於外而無實以繼之，是以的然而日亡也。

朱子曰：惡其文之著，亦不是無文，也自有文在。淡則不厭，簡則不文，温則不理，而今却不厭而文且理，只緣有錦在裏面。○陳氏曰：衣錦而加絅衣以蔽之，衣錦者，美在其中；尚絅者，不求知於外。古之學者只欲此道理實得於己，不是欲求人知。惟其不求人知，所以闇然。雖曰闇然，而道理自彰著而不可揜。猶衣錦尚絅，而錦之文采自然著見於外也。○新安陳氏曰：君子爲己，不求人知，雖闇然若暗昧，而美實在中，自日著而不可揜，如尚絅而錦美在中，自不容揜於外也；小人爲人，惟求人知，雖的然分明表暴於外，而無實以繼之，日見其亡失泯没而已。君子小人之分，爲己爲人之不同耳。君子有若無，實若虛，有與實終不可揜；小人無爲有，虛爲盈，有與盈豈能有常？日亡必矣。常情淡薄無味則易厭，簡略則無文采，温厚渾淪則無條理。君子之道雖淡而人不厭，雖簡而自有文，雖温而自有條理。淡、簡、温，皆「尚絅」、「闇然」意；不厭、文、理，皆「錦之美」實「在中」意也。 **遠之近，見**形甸反。**於彼者由於此也；風之自，著乎外者本乎内也；微之顯，有諸内者形諸外也。有爲己之心，**本起語意説來。**而又知此三者，則知所謹而可入德矣。**朱子曰：知遠之近，是以己對物言之，知在彼之是非，由在我之得失；知風之自，是知其身之得失，由其心之邪正；知微之顯，又專指心説就裏來。○「知遠之近，知風之自」，據表而知裏也；「知微之顯」，由内以達外也。○陳氏曰：君子立心只是爲己，又能知道理之見於遠者自近始，故自近而謹之；著見於風化者由身始，故自身而謹之；有諸内者甚微，而見於外者甚顯，故自微而謹之。知此三者而致其謹，則可與之入德矣。○新安陳氏曰：下文言「謹獨」意已萌於此。 **故下文引《詩》言「謹獨」之事。**雲峯胡氏曰：《中庸》分君子小人而言者凡二。第二章言君子中庸，小人反中庸，是其爲君子小人者可見於行事之際；此則言其所以爲君子小人者，已見於立心之始。淡而無味，其味最長；簡而無文，其文自章；温不求其理，而無有不合於條理者。此君子爲己之學也，不求其文之著而自不能不著者也。小人則反是矣。《中庸》既舉其立心之始當如此，而又提起三「知」字，曰「知遠之近，知風之自，知微之顯」，而下文遂以慎獨戒懼之事繼之，即《章句》所謂「知其在我者，則戒慎恐懼而無時不中」者也。《章句》之旨融徹如此，學者不可不細玩。

《詩》云：「潛雖伏矣，亦孔之昭。」故君子内省悉井反。不疚，無惡於志。君子之所不可及者，其唯人之所不見乎？惡，去聲。

《詩》，《小雅·正月》之篇。再引《詩》。承上文言「莫見乎隱，莫顯乎微」也。疚，病也。無惡於志，猶言「無愧於心」。此君子謹獨之事也。三山陳氏曰：「潛雖伏矣」，即首章隱微意；「亦孔之昭」，即首章「莫見」「莫顯」意。言隱伏之間，理甚昭明。君子内省此處須無一毫疚病，方無愧於心。「君子所以不可及」，只是能於獨致其謹耳。上言入德之門，此以下言入德之事。此一節言人之所不見處，又申明首章「謹獨」意；下一節言己之所不見處，又申言首章「戒謹恐懼」意。○新安陳氏曰：人所不見，人所不知也。己之志向，己所獨知也。○東陽許氏曰：《詩》本言魚之潛於淵可謂伏藏之深，然亦甚昭然而易見，言禍亂之不可逃也；此借之以言幾之存於心者雖深而莫見顯乎隱微，言獨之不可不慎也。

《詩》云：「相在爾室，尚不愧于屋漏。」故君子不動而敬，不言而信。相，去聲。

《詩》，《大雅·抑》之篇。三引《詩》。相，視也。屋漏，室西北隅也。朱子曰：古人室在東南隅開門。東南隅爲突，西北隅爲屋漏，西南隅爲奥。人纔進便先見東南隅，却到西南隅，然後始到西北隅，此是深密之地。《曾子問》謂之「當室之白」，孫炎曰：「當室之日光所漏入也。」承上文又言君子之戒謹恐懼，無時不然，不待言動而後敬信，則其爲己之功益加密矣。故下文引《詩》并去聲。言其效。朱子曰：潛雖伏矣，便覺有善有惡，須用察；相在爾室，只是教做存養工夫。○北溪陳氏曰：《抑》詩，即是首章「戒謹其所不覩，恐懼其所不聞」意。屋隅，❶人迹所不到之地，此處蓋己之所不睹，須是真實無妄，常加戒謹恐懼，方能無愧怍。君子爲己

❶「隅」，原作「陋」，今據《四書纂疏》改。

之功至此不待於動而應事接物方始敬，蓋於未應接之前無人處已無非敬矣。不待見於發言而後信實，蓋於未發言之前本來真實，無非信矣。○此處一節密一節。首章先説戒懼，後説謹獨，是從内面發出來；此處先説謹獨，後説戒懼，是從外面説入。○雲峯胡氏曰：上文引《詩》，但見學者有爲己之心。此兩引《詩》，方見學者有爲己之學。首章言慎獨，此言「人之所不見」，即是「獨」；「内省不疚」即是「慎獨」。内省而少有一髮之疚，則是胸中猶有可惡之惡。故必無疚，然後無惡，此爲己之功也。首章言「戒慎不睹，恐懼不聞」，蓋動則有可睹，此「不動而敬」，即是「戒慎乎其所不睹」；言則有可聞，此「不言而信」，即是「恐懼乎其所不聞」。諸家以「敬」「信」爲民敬信，《章句》以爲己之「敬」、「信」，與下文「篤恭」相應，此又爲己之功益加密者也。首章先戒懼而後慎獨，由静時工夫説到吾心方動之幾；此章先慎獨而後戒懼，由動時工夫説到吾心至静之極。愈静愈敬，其爲己之功可謂密矣！○東陽許氏曰：不動敬，不言信，是信敬在言動之前。

《詩》曰：「奏假無言，時靡有爭。」是故君子不賞而民勸，不怒而民威於鈇鉞。假，格同。鈇，方無切。

《詩》，《商頌·烈祖》之篇。四引《詩》。奏，進也。承上文而遂及其效。言進而感格於神明之際，極其誠敬，無有言説而人自化之也。威，畏也。鈇，莝音剉。斫刀也。鉞，斧也。新安陳氏曰：其所以感人動物不待賞而民自勸，不待怒而民自畏者，以其自修有謹獨戒懼之本也。

《詩》曰：「不顯惟德，百辟其刑之。」是故君子篤恭而天下平。

《詩》，《周頌·烈文》之篇。五引《詩》。不顯，説見形甸反。二十六章，言豈不顯也。此借引以爲幽深玄遠之意。以爲真幽隱不顯。承上文言天子有不顯之德而諸侯法之，則其德愈深而效愈遠矣。朱子曰：「不顯」二字，二十六章者别無他義，故只用《詩》意。卒章所引，自章首「尚絅」之云與章末「無聲無臭」，皆有隱微深密之意，故知當別爲一義，與前章不同。**篤，厚也。篤恭，言不顯其敬也。**陳氏曰：篤恭，是申解「不顯」二字。雖無人之境亦恭，是篤厚其恭也。○東陽許氏曰：《章句》「篤恭，言不顯其敬也」，謂自厚於恭敬，未嘗見於言動之間。**篤恭而天下平，乃聖人至德淵微自然之應，中庸之極功也。**朱子曰：此章到「篤恭而天下平」，已是極處結局了。所謂「不顯其德」者，幽深玄遠無可得而形容，雖下面「不大聲以色」、「德輶如毛」，皆不足以形容，直是「無聲無臭」到無迹之可尋然後已。○北溪陳氏曰：篤恭，是「不顯惟德」意；天下平，是「百辟其刑」意。此章至此凡五引《詩》，一節密一節。首節說學須爲己，不求人知，第二節說致謹於人所不見處，三節說致敬於己所不見處，四節說不待言說而人自化，五節說「不顯」「篤恭」其功效有自然之應，乃中庸之極功也。○雲峯胡氏曰：此兩引《詩》，承上文「不動而敬，不言而信」而極其效也。惟其不言亦信，所以無言而人自信之，有不待賞罰而化者；惟其不動亦敬，故「篤恭」「不顯其敬」也而「天下」自「平」。篤恭而天下平，即首章「致中和而天地位，萬物育」也。特首章是致其中而後致其和，此之謂「篤恭」者，已致其和而益致其中也。爲己之功愈密，則德愈深而效愈遠如此。夫德顯而「百辟」「刑之」，宜也。「不顯」而「天下」自「平」，其妙殆有不可測者。要之中者「性之德」。不顯之德，即未發之中。戒慎恐懼，是於喜怒哀樂未發之時而敬也。此時而敬，是不顯其敬，此所以爲至德之淵微而有自然之應也。○新安陳氏曰：「不顯」「篤恭」，實原於「尚絅」「闇然」與慎獨戒懼深密之功。下文更三引《詩》，不過形容此「不顯」「篤恭」之妙而已。

《詩》云：「予懷明德，不大聲以色。」子曰：「聲色之於以化民，末也。」《詩》云：「德輶如毛。」毛猶有倫。上天之載，無聲無臭。至矣。輶，由、酉二音。

《詩》，《大雅·皇矣》之篇。六引《詩》。**引之以明上文所謂「不顯之德」者，正以其不大聲與色也。**古「以」、「與」字通用。**又引孔子**

之言以爲聲色乃化民之末務。今但言不大之而已，則猶有聲色者存，是未足以形容「不顯」之妙。不若《烝民》之《詩》所言「德輶如毛」，七引《詩》。輶，輕也。則庶乎可以形容矣。而又自以爲謂之毛，則猶有可比者，倫，比也。是亦未盡其妙。不若《文王》之《詩》所言「上天之事，無聲無臭」，八引《詩》。然後乃爲「不顯」之至耳。蓋聲臭有氣無形，在物最爲微妙，而猶曰「無」之，故惟此可以形容「不顯」「篤恭」之妙。非此德之外，又別有是三等然後爲至也。朱子曰：「無聲無臭」，本是說天道。彼其所引《詩》自說須是「儀刑文王」，然後「萬邦作孚」。詩人意初不在「無聲無臭上」也。《中庸》引之以結中庸之義，嘗細推之，蓋其意自言謹獨以修德，至《詩》曰「不顯惟德，百辟其刑之」，乃「篤恭而天下平」也。後面節節贊歎其德如此。故至「予懷明德」，以至「『德輶如毛』，毛猶有倫，『上天之載，無聲無臭』至矣」，蓋言夫德之至而微妙之極難爲形容如此。今爲學之始未知所有而遂欲一蹴至此，吾見其倒置而終身迷亂矣。○此章八引《詩》，一步退似一步，都用那般「不言」、「不動」、「不顯」、「不大」底字，直說到「無聲無臭」則「至矣」。○自「衣錦尚絅」以下，皆只暗暗地做工夫去。然此理自掩蔽不得，故曰「闇然而日章」；小人未曾做得，已報得滿地人知，故曰「的然而日亡」。「淡而不厭，簡而文，溫而理」，皆是收斂近裏。「知遠之近，知風之自，知微之顯」，一句緊一句，學者能如此收斂，雖未可便謂之德，亦可以入德矣。其下方言「不愧屋漏」，方能以慎獨涵養。其曰「不動而敬，不言而信」，蓋不動不言時已是敬信底人了，又引《詩》「不顯惟德」、「予懷明德」、「德輶如毛」言之，一章之中皆只是發明箇「德」字。然所謂「德」者，實無形狀，故以「無聲無臭」終之。○首章是自裏說出外面，蓋自天命之性說到天地位萬物育處；末章却自外面一節收斂入一節，直約到裏面「無聲無臭」處，此與首章實相表裏也。○雙峯饒氏曰：「上天之載，無聲無臭」，此便是未發之中，便是天命之性，蓋一篇之歸宿也。○王氏曰：此章是結尾，舉一篇工夫之要約而言之，所謂「藏於密」者也。○雲峯胡氏曰：此章當作四節看，節節意相承。第一節承上章極致之言，恐學者騖於高遠，引「尚絅」之詩言下學立心之始，結之以「知微之顯」。第二節承「知微之顯」之語，引「潛雖伏矣，亦孔之昭」以實之，自慎獨説歸戒慎恐懼，而結之以「不動而敬，不言而信」。第三節承「不動」「不言」之語，引《詩》云「無言」「不顯」以極其效如此。第四節承「不顯」之語，三引《詩》至於「無聲無臭」，以形容「不顯」之妙至如此。朱子又恐學者因「無聲無臭」之語而又騖於高遠也，故結之曰：「非此德之外，有此三等然後爲至也。」蓋所引之《詩》，似有等級。然其妙非杳冥昏默之謂，非虛無寂滅之謂也。故必提起「德」之一字言之。首章曰「道」，此章曰「德」。「道」字説得廣闊，「德」字説得親切。德者，得此道於心者也。首章開端一「天」字，❶原其所自也，此道之在我者無不本諸天也；此章結末一「天」字，要其所成也，德之成則能不失其道之在我而本諸天者也。至此則我本於天，天備於我，又不過即其初天命之性耳。是「無聲無臭」之天，即吾「不顯」之德；而「不顯之德」，即吾渾然未發之中者也。子思子首章獨提此一「中」字，即周子所謂「無極而太極」也；末又約而歸之於此，即周子所謂「太極本無極」也。子思始引夫子之言曰「中庸之德，其至矣乎」，衆人之所可至也；此言中庸之極功，故以「不顯」之「德」贊其至，聖人之所獨至也。然聖人之所以爲德之至者，不過敬之至而已。敬者，聖學之所以成始而成終也，故此書以慎獨戒懼始終焉。

右第三十三章。子思因前章極致之言，反求其本，復自下學爲己謹獨之事推而言之，以馴致乎「篤恭而天下平」之盛，又贊其妙至於「無聲無臭」而後已焉。蓋舉一篇之要而約言之。其反復芳復反。丁寧示人之意至深切矣，學者其可不盡心乎？黄氏曰：《中庸》始言戒懼謹獨，次言知仁勇，終之以誠，此數字括盡千古聖人教人之指。先師曰：《中庸》説下學處少，説上達處多。然説下學處雖少，而甚切。如二十章「明善」「誠身」、「擇善

❶「一」，原爲空格，今據四庫本及《四書通》補。

固執」一段，與二十七章「尊德性、道問學」一段，無非提綱挈領切要之言也。說上達處雖多，亦豈渙散無統，玄妙不可究詰之論哉？學者果能字字審察，句句精研，章章融會，由下學而上達焉，則程子所謂「始言一理，中散爲萬事，末復合爲一理」者，見其理皆實理而爲事之體，非高虛也，事皆實事而爲理之用，非粗淺也。所謂「其味無窮，皆實學」者，的非虛言矣。童而習之，今猶有白首紛如之嘆。吁，豈易言哉？○雲峯胡氏曰：右須看「極致」、「馴致」四字。「極致」者，上達之事也；「馴致」者，下學而上達之事也。天理不離乎人事。下學人事，即所以上達天理。雖其妙至於「無聲無臭」，然其本「皆實學也」。朱子教人之深意備見於篇首所採子程子之語，及此篇末之語，學者當合始終而參玩之，以求無負於朱子之教云。○新安倪氏曰：按饒氏以此章爲第六大節。

中庸或問

或問：「名篇之義，程子專以不偏爲言，呂氏專以無過不及爲説，二者固不同矣。子乃合而言之，何也？」曰：「中」一名而有二義，程子固言之矣。今以其説推之，「不偏不倚」云者，程子所謂「在中」之義，朱子曰：在中，是言在裏面底道理，未動時恰好處。纔發時，不偏於喜則偏於怒，不得謂之在中矣。非以「在中」釋「中」字。未發之前無所偏倚之名也；無過不及者，程子所謂「中之道」也，道以由行之用言。見形甸反。諸行事各得其中之名也。蓋不偏不倚，猶立而不近四旁，心之體，地之中也；無過不及，猶行而不先不後，理之當，去聲。下「有當」同。事之中也。

故於未發之大本，則取「不偏不倚」之名；於已發而時中，則取「無過不及」之義。語固各有當也。然方其未發，雖未有無過不及之可名，而所以爲無過不及之本體實在於是。及其發而得中也，雖其所主不能不偏於一事，然其所以無過不及者，是乃無偏倚者之所爲，而於一事之中亦未嘗有所偏倚也。新安陳氏曰：此以不偏不倚與無過不及交互發明，以見非截然而二。故程子又曰：「言和，則中在其中；言中，則含喜怒哀樂在其中。」而呂氏亦云：「當其未發，此心至虛，無所偏倚，故謂之中。以此心而應萬物之變，無往而非中矣。」是則二義雖殊，而實相爲體用。此愚於名篇之義，所以不得取此而遺彼也。朱子曰：未發之中是體，已發之中是用。○格庵趙氏曰：未發之中，只可言不偏不倚，却下不得過不及字；及發出來，此事合當如此，彼事合當如彼，方有箇恰好準則，無大過不及處。○曰：「『庸』字之義，程子以『不易』言之，而子以爲『平常』，何也？」曰：唯其平常，故可常而不可易。若驚世駭俗之事，則可暫而不得爲常矣。二說雖殊，其致一也。但謂之「不易」則必要平聲。於久而後見；不若謂之「平常」，則直驗於今之無所詭古委反。異，而其常久而不可易者可兼舉也。朱子曰：譬之飲食，五穀是常，自不可易。若珍異不常得之物，則可暫一食，焉能久乎？○北溪陳氏曰：程子以「不易」解「庸」字，亦是謂萬古常然而不可易。但其義未盡，不若「平常」字最親切，可包得「不易」字。蓋天下事物之理，惟平常，然後可以常而不易；若怪異之事，人所罕見，但可暫而不可常耳。平常、不易，本作一意看。況「中庸」之云，上與「高明」爲對，而下與「無忌憚」者相反。新安陳氏曰：「極高明而道中庸」，是中庸與高明對。「君子中庸，小人無忌憚」者「反中庸」。

其曰「庸德之行，庸言之謹」，又以見形甸反。夫音扶。雖細微而不敢忽。則其名篇之義以「不易」而爲言者，又孰若「平常」之爲切乎？曰：「然則所謂『平常』，將不爲淺近苟且之云乎？」曰：不然也。所謂「平常」，亦曰事理之當然而無所詭異云爾。是固非有甚高難行之事，而亦豈同流合汙音烏。之謂哉？既曰「當然」，則自君臣父子日用之常，推而至於堯舜之禪時戰反。授、湯武之放伐，其變無窮，亦無適而非平常矣。朱子曰：中庸只是一箇道理，以其不偏不倚故謂之「中」，以其不差異可常行故謂之「庸」。未有中而不庸者，亦未有庸而不中者。惟中，故平常。○問：「堯舜禪授、湯武放伐，皆聖人非常之變，而謂之平常，何也？」曰：堯舜禪授、湯武放伐，雖其事異常，然皆是合當如此，便只是常事。如伊川說「經權」字，合權處便即是經。○曰：「此篇首章先明中和之義，次章乃及中庸之説。至其名篇乃不曰《中和》而曰《中庸》者，何哉？」曰：「中和」之中，其義雖精；新安陳氏曰：未發之中，乃古人所未言之精義。而「中庸」之中，實兼體用。且其所謂「庸」者，又有平常之意焉。則比之中和其所該者尤廣，而於一篇大指精粗本末，無所不盡。此其所以不曰《中和》，而曰《中庸》也。朱子曰：「中庸」該得「中和」之義。庸是見於事，和是發於心。「庸」該得「和」。○以性情言之謂之「中和」，以理言之謂之「中庸」，其實一也。○曰：「張子之言如何？」張子曰：學者如《中庸》文字輩，直須句句理會過，使其言互相發明。曰：其曰「須句句理會，使其言互相發明」者，真讀書之要法。不但可施於此篇也。○曰：「呂氏爲己爲人之説如何？」爲，並去聲。下「爲人」同。○藍田呂氏曰：爲己者，心存乎德行，而無意乎功名；爲人者，心存乎功名而未及乎德行，若後世有未及乎爲人而濟其私欲者。今學聖人之道，而先以私欲害之，則語之而不入，導之而不行，教之者亦何望哉？聖人之學，不使人過，不使人不及。立喜怒哀樂未發之中以爲之本，使學者擇善而固執之，其學固有序矣。學者盍亦用心於此乎？用心於此，則義理必明，德行必脩。與夫自輕其身，涉獵無本，徼幸一旦之利者，果何如哉？曰：爲人者，程子以爲欲見知於人者是也。呂氏以志於功名言之，而謂今之學者未及乎此，則是以爲人爲及物之事，而涉獵徼幸以求濟其私者，又下此一等也。殊不知夫子所謂「爲人」者，正指此下等人爾。若曰未能成己，而遽欲成物，此特可坐去聲。以不能「知所先後」之罪。原其設心，猶愛而公；視彼欲求人知以濟一己之私而後學者，不可同日語矣。至其所謂「立喜怒哀樂未發之中以爲之本，使學者擇善而固執之」

者，亦曰欲使學者務先存養以爲窮理之地耳。而語之未瑩，烏定反，潔也。乃似聖人强上聲。立此中以爲大本，使人以是爲準而取中焉，則中者豈聖人之所强立，而未發之際，亦豈容學者有所擇取於其間哉？但其全章大指，則有以切中去聲。今時學者之病。覽者誠能三復而致思焉，亦可以感悟而興起矣。

或問：「『天命之謂性，率性之謂道，脩道之謂教』，何也？」曰：此先明性、道、教之所以名，以見形甸反。其本皆出乎天，而實不外於我也。天命之謂性，言天之所以命乎人者，是則人之所以爲「性」也。蓋天之所以賦與萬物而不能自已者，命也；吾之得乎是命以生而莫非全體者，性也。朱子曰：天之生此人，如朝廷之命此官；人之有此性，如官之有此職。○格庵趙氏曰：天於賦予處周流而不已，斯之謂「命」；人於稟受處該全而不偏，斯之謂「性」。故以命言之，則曰元亨利貞，而四時五行，庶類萬化，莫不由是而出；以性言之，則曰仁義禮智，而四端五典，萬物萬事之理，無不統於其間。黄氏曰：在天爲元亨利貞，在人爲仁義禮智，特殊其名以別天人之分耳。○天地而非元亨利貞，不能以行四時，生萬物；人而非仁義禮智，又何以充四端，制萬事哉？○北溪陳氏曰：若就造化論，則天命之大目只是元亨利貞。此四者就氣上論也得，就理上論也得。就氣上論，則物之初生爲元，於時爲春；物之發達爲亨，於時爲夏；物之成就爲利，於時爲秋；物之斂藏爲貞，於時爲冬。貞者，正而固也。自其生意之已定者而言，故謂之「正」；自其斂藏者而言，故謂之「固」。就理上論，則元者生理之始，亨者生理之通，利者生理之遂，貞者生理之固。人性之大目只是仁義禮智四者而已。得天命之元在我謂之仁，得天命之亨在我謂之禮，得天命之利在我謂之義，得天命之貞在我謂之智。人性之有仁義禮智，只是天地元亨利貞之理。真實一致，非引而譬之也。蓋在天在人雖有性命之分，而其理則未嘗不一；在人在物雖有氣禀之異，而其理則未嘗不同。此吾之性所以純粹至善，而非若荀揚、韓子之所云也。荀子論性，詳見《孟子·告子》篇《集註》。○朱子曰：論萬物之一原，則理同而氣異。○北溪陳氏曰：性與命本非二物，在天謂之命，在人謂之性。又曰：性命只是一箇道理，不分看則不分曉，不合看又離了不相干涉。須是就渾然一理中，看得界分不相亂。率性之謂道，言循其所得乎天以生者，則事事物物莫不自然各有當行之路，是則所謂「道」也。蓋天命之性，仁義禮智而已。循其仁之性，則自父子之親以至於仁民愛物，皆道也；循其義之性，則自君臣之分扶問反。以至於敬長上聲。尊賢，亦道也；循其禮之性，則恭敬辭讓之節文，皆道也；循其智之性，則是非邪正之分別，彼列反。下「有別」同。亦道也。蓋所謂「性」者無一理之不具，故所謂「道」者不待外求而無所不備；此言性與道之全體。所謂「性」者無一物之不得，故所謂「道」者不假人爲而無所不周。此言性與道之大用。雖鳥獸草木之生，僅得形氣之偏而不能有以通貫乎全體，然其知覺運動、榮悴秦醉反。開落，亦皆循其性而各有自然之理焉。至於虎狼之父子、仁。蜂蟻之君臣、義。豺牀皆反。獺他達反。之報本，禮。雎七余反。鳩之有別，智。則其形氣之所偏，又反有以存其義理之所得，《莊子·天運》篇：商太宰蕩問「仁」於莊子。莊子曰：「虎狼仁也。」曰：「何謂也？」莊子曰：「父子相親，何爲不仁？」○《化書》曰：「蜂有君，禮也；螻蟻之有君也，一拳之宮，與衆處之；一塊之臺，與衆臨之；一粒之食，與衆蓄之；一蟲之肉，與衆咂之；一罪無疑，與衆戮之。」○《禮記·月令》：「季秋之月，豺乃祭獸戮禽。」「孟春之月，魚上冰，獺祭魚。」〇《詩傳》云：「雎鳩，水鳥。今江淮間有之。生有定偶而不相亂，偶常並游而不相狎。故毛傳以爲『摯而有別』。」「『摯』字與『至』通，言其情意深至也。」尤可以見天命之本然初無間去聲。隔，而所謂道者亦未嘗不在是也。是豈有待於人爲，而亦豈人之所得爲哉？朱子曰：性是體，道是用。道便是裏面做出底道理。〇問：「鳥獸亦有知覺，但他知覺有通塞。草木亦有知覺否？」曰：亦有。如一盆花，得些水澆灌便敷榮，若摧折他便枯悴，謂之無知覺可乎？周茂叔窗前草不除去，云「與自家意思一般」，便是有知覺。只是鳥獸底知覺，不如人底；草木底知覺，又不如鳥獸底。〇問：「虎狼蜂蟻之類雖得其一偏，然徹頭徹尾得義理之正。人合下具此天命之全體，而爲物欲氣禀所昏，反不能如物之能通其一處而全盡，何也？」曰：只有這一處通，便却專。人却事事理會得些，便却泛泛，所以易昏。〇潛室陳氏曰：飛潛動植各一其性而不可換，便是「率」處。若飛者潛之，動者植之，即是違其性，非物之所謂「率性」矣。脩道之謂教，言聖人因是道而品節之，以立法垂訓於天下，是則所謂「教」也。蓋天命之性、率性之道，皆理之自然，而人物之所同得者也。人雖得其形氣之正，然其清濁厚薄之禀亦有不能不異者。是以賢知去聲。者或失之過，愚不肖者或不能及，而得於此者，亦或不能無失於彼，是以私意人欲或生其間，而於所謂性者不免有所昏蔽錯雜，「昏蔽」其天理，「錯雜」以人欲。而無以全其所受之正。性有不全，則於所謂道者，因亦有所乖戾舛尺淺反。逆而無以適乎所行之宜。惟聖人之心，清明純粹，「清明」以氣言，「純粹」以質言。天理渾上聲。然，無所虧闕。故能因其道之所在而爲之品節防範以立教於天下，使夫音扶。下同。過不及者有以取中焉。蓋有以辨其親踈之殺，所戒反。而使之各盡其情，則仁之爲教立矣；

有以别彼列反。下同。其貴賤之等，而使之各盡其分，扶問反。則義之爲教行矣；爲之制度文爲，使之有以守而不失，則禮之爲教得矣；爲之開導禁止，使之有以别而不差，則知去聲。下「無知」同。之爲教明矣。夫如是，是以人無知愚，事無大小，皆得有所持循據守，以去上聲。其人欲之私，而復乎天理之正。推而至於天下之物，則亦順其所欲，違其所惡，去聲。因其材質之宜以致其用，制其取用之節以遂其生，皆有政事之施焉。此則聖人所以財成天地之道，而致其彌縫輔贊之功。然亦未始外乎人之所受乎天者而强上聲。爲之也。陳氏曰：因人生氣質之異，而有過不及之差。故於「性」有昏蔽而不能全，而所謂「道」者亦乖戾而失其本然也。聖人清明純粹見理分明，故因其性之自然者爲之品節而歸之中，使無過不及，以爲天下後世法，使萬世皆得以通行，是謂之「教」。○辨其親疏之殺，如爲之立五服，自斬衰至緦麻之類；别其貴賤之等，如爲之立君臣上下長幼之序；爲之制度文爲，如三千三百之儀，輕重疏密各有等級之不同；爲之開導禁止，如司徒教民以任卹睦姻之行，及糾民以不孝不弟之刑；因其材質之宜、制其取用之節，如教人春耕夏耘，秋斂冬藏，穿牛鼻，絡馬首之類。子思以是三言著於篇首，雖曰姑以釋夫三者之名義，然學者能因其所指而反身以驗之，則其所知豈獨名義之間而已哉？蓋有得乎「天命」之説，則知天之所以與我者無一理之不備，而釋氏所謂空者非性矣；有以得乎「率性」之説，則知我之所得乎天者無一物之不該，而老氏所謂無者非道矣；有以得乎「脩道」之説，則知聖人之所以教我者莫非因其所固有而去上聲。其所本無，背音佩。其所至難而從其所甚易，去聲。○新安陳氏曰：所固有，謂道；所本無，謂私欲。所至難，謂異端之空寂；所甚易，謂吾道之教。而凡世儒之訓詁詞章、管商之權謀功利、老佛之清浄寂滅與夫百家衆技之支離偏曲，皆非所以爲教矣。陳氏曰：釋氏以空爲宗，以未有天地之先爲吾真體；以天地萬物皆爲幻，人事都爲粗迹，盡欲屏除了，一歸於真空。老氏以無爲宗，以道爲超乎天地形器之外。如云道在太極之先，却是説未有天地萬物之初，有箇虚空道理，都與人物不相干涉。不知道只是人事之理耳。又曰：老氏清虚厭事，釋氏屏棄人事。世儒或訓詁解析而理不明，或詞章綴緝而義不通。管商功利之徒，雖做得事業，亦只是權謀智術之私，而非胸中義理去做。皆非所謂教矣。○西山真氏曰：朱子論性、道、教，皆必曰仁義禮智。其視佛老以空寂爲「性」，以虚無爲「道」，管商以刑名功利爲「教」者，真妄是非不辨而明矣。由是以往，因其所固有之不可昧者而益致其學問思辨之功，因其所甚易之不能已者而益致其持守推行之力，朱子曰：因其所固有，謂今人把學問來做外面添底事看了。聖賢千言萬語，只是使人反其固有而復其性耳。因其所甚易，是日用常行合做底道理，是不可已者。非空守着這一箇物性。○新安陳氏曰：學問思辨，致知之事也；持守推行，力行之事也。則夫天命之性、率性之道，豈不昭然日用之間，而脩道之教，又將由我而後立矣。

○曰：「率性、脩道之説不同，孰爲是邪？」曰：程子之論「率性」，正就私意人欲未萌之處，指其自然發見形甸反。下同。各有條理者而言，以見道之所以得名。非指脩爲而言也。程子曰：「生之謂性。」「人生而静」以上不容説，纔説性時，便已不是性也。此理，天命也。順而循之則道也。又曰：天降是於下，萬物流形各正性命者，是所謂「性」也；循其性，是所謂道也。此亦通人物而言。循性者，馬則爲馬之性，又不做牛底性；牛則爲牛底性，又不做馬底性。此所謂「率性」也。○朱子曰：程子説『人生而静』以上」，是人物未生時，只可謂之「理」，未可名爲「性」，所謂「在天曰命」也；「纔説性時」，便是「人生」以後，此理已墮在形氣之中，不全是性之本體矣，所謂「在人曰性」也。○程子説物物皆有箇道理，即此便是道。循性者，是循其理之自然。○道是性中分派條理。隨分派條理去，皆是道也。

呂氏「良心之發」以下至「安能致是」一節亦甚精密。但謂人雖受天地之中以生，而梏於形體，又爲私意小知去聲。所撓，故與天地不相似，而發不中去聲。下並同。節，必有以不失其所受乎天者然後爲道。則所謂「道」者又在脩爲之後，而反由教以得之，非復扶又反，又也。後不及音者宜以意推之。子思、程子所指人欲未萌、自然發見之意矣。藍田呂氏曰：性與天道，本無有異。但人雖受天地之中以生，而梏於蕞爾之形體，常有私意小智撓乎其間，故與天地不相似，所發遂至乎出入不齊而不中節。如使所得於天者不喪，則何患乎不中節乎？故良心所發，莫非道也。在我者惻隱、羞惡、辭遜、是非，皆道也；在彼者君臣、父子、夫婦、昆弟、朋友之交，亦道也。在物之分，則有彼我之殊；在性之分，則合乎内外一體而已。是皆人心所同然，乃吾性之所固有。隨喜怒哀樂之所發，則愛必有差等，敬必有節文。所感重者，其應也亦重；所感輕者，其應也亦輕。自斬至緦，喪服異等，而九族之情無所憾；自王公至皁隸，儀章異制，而上下之分莫敢争。非出於性之所有，安能致是乎？○朱子曰：只是隨性去皆是道。呂氏説以人行道，若然，則未行之前，便不是道乎？○潛室陳氏曰：呂氏只就人性起，蓋不見天地大化。故其説性，説道，説教，皆不周普流通。此朱子所以不取。

游氏所謂「無容私焉則道在我」，楊氏所謂「率之而已」者，似亦皆有呂氏之病也。廣平游氏曰：天之命萬物者道也，而性者具道以生也。因其性之固然而無容私焉，則道在我矣；若出於人爲，則非道矣。○龜山楊氏曰：性，天命也；命，天理也；道則性命之理而已。謂性有不善者，誣天也。性無不善，則不可加損也。無俟乎脩焉，率之而已。

至於「脩道」，則程子「養之以福」，「脩而求復」如字。之云，却似未合子思本文之意。程子曰：民受天地之中以生，「天命之謂性」也。「人之生也直」，意亦如此。若以「生」爲「生養」之生，却是「脩道之謂教」也。至下文始自云能者養之以福，不能敗以取禍。又曰：脩道之謂教，此則專在人事，以失其本性，故脩而求復之，則入於學。若元不失，則何脩之有？ 獨其一條所謂「循此脩之，各得其分」，扶問反。而引舜事以通結之者，爲得其旨。故其門人亦多祖之。但所引舜事或非《論語》本文之意耳。程子曰：循此而脩之，各得其分，則「教」也。自「天命」以至於「教」，我無加損焉。此「舜有天下而不與焉」者也。○朱子曰：脩道雖以人事言，然其所以脩之者，莫非天命之本然，非人私智所能爲也。然非聖人有不能盡，故程子以舜事明之。○陵陽李氏曰：此又自其性之本然者而推言之。所引《論語》雖非本文之意，大率以爲一循其本然，非私智所能與耳。 呂氏所謂「先王制禮」，「達之天下，傳之後世」者，得之。但其本說「率性」之「道」處已失其指，而於此又推本之，以爲率性而行雖已中節，而所稟不能無過不及，若能心誠求之，自然不中不遠。但欲達之天下，傳之後世，所以又當脩道而立教焉，則爲太繁複音福。而失本文之意耳。藍田呂氏曰：循性而行，無物撓之，雖無不中節者，然以稟於天者不能無厚薄昏明，則應於物者亦不能無小過小不及。故品節斯，斯之謂禮。閔子除喪而見孔子，予之琴而彈之，切切而言曰：「先王制禮，不敢過也。」子夏除喪而見孔子，予之琴而彈之，侃侃而言曰：「先王制禮，不敢不及也。」故心誠求之，雖不中不遠矣。然將達之天下，傳之後世，慮其所終，稽其所敝，則其小過不及者，不可以不脩，此先王所以制禮。 改本又以時位不同爲言，似亦不親切也。藍田呂氏改本云：道之在人有時與位之不同，必欲爲法於後世，不可不脩。

○曰：「楊氏所論王氏之失，如何？」龜山楊氏曰：臨川王氏云：「天使我有是之謂命，命之在我之謂性。」是未知性命之理。其曰「使我」正所謂「使然」

也。使然者，可以爲命乎？以命在我爲性，則命自一物。若《中庸》言「天命之謂性」，性即天命也，又豈二物哉？如云「在天爲命，在人爲性」，此語似無病。然亦不須如此説。性命初無二理，第所由之者異耳。率性之謂道，如《易》所謂「聖人之作易，將以順性命之理」是也。曰：王氏之言固爲多病，然此所云「天使我有是」者，猶曰「上帝降衷」云爾，豈真以爲有或使之者哉？其曰「在天爲命，在人爲性」，則程子亦云，而楊氏又自言之，蓋無悖於理者。今乃指爲王氏之失，不惟似同浴而譏裸魯果反。裎，音呈。亦近於意有不平而反爲至公之累矣。且以「率性之道」爲「順性命之理」，文意亦不相似。若游氏以「遁天倍音佩。情」爲「非性」，廣平游氏曰：「惟皇上帝，降衷于下民」，則天命也。若遁天倍情，則非性矣。則又不若楊氏「人欲非性」之云也。龜山楊氏曰：天命之謂性，人欲非性也。○曰：「然則吕、游、楊、侯，四子之説孰優？」曰：此非後學之所敢言也。但以程子之言論之，則於吕稱其深潛縝密。上止忍反。於游稱其穎悟温厚。謂楊不及游，而亦每稱其穎悟。謂侯生之言但可隔壁聽。今且熟復其言，究覈下革反。其意，而以此語證之，則其高下淺深亦可見矣。過此以往，則非後學所敢言也。

或問：「既曰『道也者，不可須臾離也，可離非道也，是故君子戒慎乎其所不睹，恐懼乎其所不聞』矣，而又曰『莫見乎隱，莫顯乎微，故君子慎其獨也』，何也？」曰：此因論「率性」之「道」以明由「教」而入者，其始當如此。蓋兩事也。其先言道不可離，而君子必戒謹恐懼乎其所不睹不聞者，所以言道之無所不在，無時不然，學者當無須臾毫忽之不謹而周防之，以全其本然之體也。又言「莫見乎隱，莫顯乎微」，而「君子必謹其獨」者，所以言隱微之間，人所不見而己獨知之，則其事之纖悉無不顯著，又有甚於他人之知者，學者尤當隨其念之方萌而致察焉，以謹其善惡之幾平聲。也。蓋所謂「道」者，率性而已。性無不有，故道無不在。大而父子君臣，小而動静食息，不假人力之爲而莫不各有當然不易之理，所謂「道」也。是乃天下人物之所共由，充塞先則反。天地，貫徹古今，而取諸至近則常不外乎吾之一心。循之則治，去聲。失之則亂，蓋無須臾之頃可得而暫離也。若其可以暫合暫離而於事無所損益，則是人力私智之所爲者，而非「率性」之謂矣。聖人之所「脩」以爲「教」者，因其不可離者而品節之也；君子之所由以爲學者，因其不可離者而持守之也。三山陳氏曰：君子必欲存養持守以保全之者，正爲其不可離而去之，如飢食渴飲之不可無也。〇新安陳氏曰：持守，指戒謹恐懼。是以日用之間，須臾之頃，持守工夫一有不至，則所謂「不可離者」雖未嘗不在我，而人欲間去聲。之，則亦判然二物而不相管矣。是則雖曰有人之形，而其違禽獸也何遠哉？是以君子戒慎乎其目之所不及見，恐懼乎其耳之所不及聞，瞭音了。然心目之間，常若見其不可離者，而不敢有須臾之間去聲。以流於人欲之私，而陷於禽獸之域。若《書》之言防怨而曰「不見形甸反。是圖」，《禮》之言事親而曰「聽於無聲，視於無形」，蓋不待其徵於色，發於聲，然後有以用其力也。《五子之歌》云：

「一人三失，怨豈在明？不見是圖。」○《曲禮》曰「凡爲人子者，居不主奧，坐不中席」云云，「聽於無聲，視於無形」。○朱子曰：「不見是圖」，既是不見，安得有圖？只是要於未有兆朕，無可睹聞時，先戒懼耳。❶ ○「聽於無聲，視於無形」，只是照管所不到，念慮所不及處，正如防賊相似，須要塞其來路。 夫音扶。 既已如此矣，則又以謂道固無所不在，而幽隱之間乃他人之所不見而己所獨見；道固無時不然，而細微之事乃他人之所不聞而己所獨聞。是皆常情所忽以爲可以欺天罔人而不必謹者，而不知吾心之靈，皎如日月，既已知之，則其毫髮之間無所潛遁，又有甚於他人之知矣。又況既有是心，藏伏之久，則其見形甸反。下「以見」同。於聲音容貌之間，發於行事施爲之實，必有暴著而不可揜者，又不止於念慮之差而已也。朱子曰：隱微顯著未嘗有異，豈怠於顯而偏於獨哉？蓋獨者至用之源，而人所易忽。於此而必謹焉，則亦無所不謹矣。 是以君子既戒懼乎耳目之所不及，則此心常明，不爲物蔽。而於此尤不敢不致其謹焉，必使其幾微之際，無一毫人欲之萌，而純乎義理之發，則下學之功盡善全美，而無須臾之間去聲。矣。二者相須，皆反躬爲去聲。己，遏人欲存天理之實事，蓋體道之功，莫有先於此者，亦莫有切於此者。故子思於此首以爲言，以見君子之學必由此而入也。朱子曰：「幾者，動之微」，是欲動未動之間。○陳氏曰：此兩節是做工夫處，見得聖賢體道之功甚密。○新安陳氏曰：體道者，以身任此道，如《文言》所謂「體仁」。曰：「諸家之説皆以『戒慎不睹，恐懼不聞』，即爲『謹獨』之意。子乃分之以

❶「耳」，原作「取」，今據《語類》卷六二、《四書纂疏》改。

爲兩事，無乃破碎支離之甚邪？」曰：既言「道不可離」，則是無適而不在矣；而又言「莫見乎隱，莫顯乎微」，則是要切之處，尤在於隱微也。既言「戒謹不睹，恐懼不聞」，則是無處而不謹矣；又言「謹獨」，則是其所「謹」者，尤在於「獨」也。是固不容於不異矣。若其同爲一事，則其爲言又何必若是之重平聲。複音福。邪？且此書卒章「潛雖伏矣」，「不愧屋漏」，亦兩言之，正與此相首尾。朱子曰：戒懼是未有事時，「相在爾室，尚不愧于屋漏」，「不動而敬，不言而信」之時；謹獨，便已有形迹了，「潛雖伏矣，亦孔之昭」。詩人言語只是大綱說；子思又就裏面別出這話來教人，又較緊密。○陳氏曰：「潛雖伏矣」一節，申明首章謹獨意；「不愧屋漏」一節，申明首章戒懼不睹不聞意。但諸家皆不之察。獨程子嘗有「『不愧屋漏』與『謹獨』是持養氣象」之

言，其於二者之間特加「與」字，是固已分爲兩事，而當時聽者有未察耳。程子曰：要脩持他這天理則在德，須有「不言而信」者。言難爲形狀。養之則須直。「不愧屋漏」與「謹獨」，這是箇持養底氣象。曰：「子又安知『不睹』、『不聞』之不爲『獨』乎？」曰：其所「不睹」、「不聞」者，己之所不睹不聞也。故上言「道不可離」，而下言君子自其平常之處無所不用其戒懼，而極言之以至於此也。獨者，人之所不睹不聞也。故上言「莫見乎隱，莫顯乎微」，而下言君子之所謹者，尤在於此幽隱之地也。是其語勢自相唱和，去聲。各有血脉，理甚分明。如曰是兩條者皆爲謹獨之意，則是持守之功無所施於平常之處，而專在幽隱之間也。且雖免於破碎之譏，而其繁複偏滯而無所當去聲。亦甚矣。朱子曰：「其」之一字便見得是說己

不睹不聞處。○不睹不聞，是提其大綱説；謹獨，乃審其細微。方不睹不聞，不惟人所不知，自家亦有所未知。若所謂獨，即人所不知，己所獨知，極是要戒懼。自來人説「不睹」、「不聞」與「謹獨」只是一意，無分別。則便不是「戒謹不睹，恐懼不聞」，非謂於睹聞之時不戒謹也。言雖不睹不聞之際亦致其謹，則睹聞之際其謹可知也。○陳氏曰：「莫見乎隱，莫顯乎微」，對「道不可須臾離，可離非道」句；「君子必慎其獨」，對「戒慎乎其所不睹，恐懼乎其所不聞」句。惟其「道不可須臾離，可離非道」，所以「戒慎其所不睹，恐懼其所不聞」；惟其「莫見乎隱，莫顯乎微」，所以必「慎其獨」。

○曰：「程子所謂『隱微之際』，若與吕氏改本及游、楊氏不同，而子一之，何邪？」曰：以理言之，則三家不若程子之盡；以心言之，則程子不若三家之密。是固若有不同者矣。然必有是理然後有是心，有是心而後有是理。則亦初無異指也。合而言之，亦何不可之有哉？

程子曰：人只以耳目所見聞者爲顯見，所不見聞者爲隱微。然不知理却甚顯也。且如昔人彈琴見螳螂捕蟬，而聞者以爲有殺聲。殺在心而人聞其琴而知之，豈非顯乎？人有不善，而自謂人不知之。然天地之理甚著，不可欺也。○藍田吕氏曰：此章明道之要不可不誠。道之在我，猶飲食居處之不可去，可去皆外物也。誠以爲己，故不欺其心。人心至靈，一萌之思，善與不善莫不知之，他人雖明，有所不與也。故慎其獨者，知爲己而已。○廣平游氏曰：人所不睹，可謂隱矣。而心獨知之，不亦見乎？人所不聞，可謂微矣。而心獨聞之，不亦顯乎？○龜山楊氏曰：獨非交物之時，有動于中，其違未遠也。雖非視聽所及，而其幾固已瞭然心目之間矣。其爲顯見，孰加焉？雖欲自蔽，吾誰欺？欺天乎？此君子必慎其獨也。○問：「程子舉彈琴殺心處，是就人知處言；吕、游、楊氏所説，是就己自知處言。《章句》是合二者而言否？」朱子曰：有動于中，己固先自知，亦不能揜人之知，所謂「誠之不可揜」也。○問：「『迹雖未形，幾則已動』，上兩句是程子意；『人雖不知，己獨知之』，下兩句是游氏意否？」曰：然。兩事只是一理，幾既動，則己必知之；己既知則人必知之。○

曰：「他説如何？」曰：呂氏舊本所論「道不可離」者得之。但專以過不及爲離道，則似未盡耳。其論「天地之中」、「性與天道」一節，最其用意深處。然經文所指「不睹不聞」隱微之間者，乃欲使人戒懼乎此，而不使人欲之私得以萌動於其間耳。非欲使人虛空其心反觀於此，以求見夫音扶。所謂「中」者而遂執之，以爲應事之準則也。呂氏既失其指，而所引用「不得於言」、「必有事焉」、「參前倚衡」之語，亦非《論》、《孟》本文之意。至謂「隱微之間」有「昭昭而不可欺，感之而能應者」，則固心之謂矣。而又曰「正惟虛心以求，則庶乎見之」，是又別以一心而求此一心，見此一心也。豈不誤之甚哉？

藍田呂氏曰：「率性之謂道」，則四端之在我者，人倫之在彼者，皆吾性命之理，受乎天地之中，所以立人之道，

不可須臾離也。絶類離倫，無意乎君臣父子者，過而離乎此者也。賊恩害義，不知有君臣父子者，不及而離乎此者也。雖過不及有差，而皆不可以行於世。故曰「可離非道」也。「非道」者，非天地之中而已。非天地之中而自謂有道，惑也。又曰：所謂「中」者，「性與天道」也。謂之有物，則「不得於言」；謂之無物，則「必有事焉」。不得於言者，「視之不見，聽之不聞」，無聲形接乎耳目而可以道也；必有事焉者，「莫見乎隱，莫顯乎微」，「體物而不可遺」者也。古之君子立則見其參於前，在輿則見其倚於衡，是何所見乎；「洋洋乎如在其上，如在其左右」，是果何物乎？學者見乎此，則庶乎能擇中庸而執之。隱微之間，不可求之於耳目，不可道之於言語。然有所謂昭昭而不可欺，感之而能應者，正惟虛心以求之，則庶乎見之。故曰：「莫見乎隱，莫顯乎微。」〇朱子曰：心者，人之所以主乎身者也，一而不二者也，爲主而不爲客者也，命物而不命於物者也。故以心觀物，則物之理得。今復有物以反觀乎心，則是此心之外，復有一心而能管乎此心也。然則所謂「心」者爲一耶，爲二耶？爲主耶，爲客耶？爲命物者耶，爲命於物者耶？若「參前倚衡」之云者，則爲忠信篤敬而

發也。蓋曰忠信篤敬不忘乎心，則無所適而不見其在是云爾，亦非有以見其心之謂也。且身在此而心參於前，身在輿而心倚於衡，是果何理也耶？若楊氏「無適非道」之云，則善矣。然其言似亦有所未盡。蓋衣食作息、視聽舉履，皆物也；其所以如此之義理準則，乃道也。若曰所謂道者不外乎物，而人在天地之間不能違物而獨立，是以無適而不有義理之準則，不可頃刻去之而不由，則是中庸之旨也。若便指物以爲道，而曰人不能頃刻而離此，百姓特日用而不知耳，則是不惟昧於形而上上聲。下之別，筆列反。而墮於釋氏「作用是性」之失，且使學者誤謂道無不在，雖欲離之而不可得，吾既知之，則雖猖音昌。狂妄行亦無適而不爲道，則其爲害將有不可勝平聲。言者，不但文義之失而已也。龜山楊氏曰：夫盈天地之間，孰非道乎？道而可離，則道有在矣。譬之四方有定位焉，適東則離乎西，適南則離乎北，斯則可離也。若夫無適而非道，則烏得而離耶？故寒而衣，飢而食，日出而作，晦而息，耳目之視聽，手足之舉履，無非道也。此百姓所以日用而不知。○問：「龜山言飢食渴飲，手持足行，便是道。竊謂手持足履未是道，『手容恭，足容重』，乃是道也；目視耳聽未是道，視明聽聰，乃是道也。或謂不然，其説云手之不可履，猶足之不可持，此是天職。『率性之謂道』，只循此自然之理耳。不審如何？」朱子曰：不然。桀紂亦會手持足履，目視耳聽，如何便唤做道？若便以爲道，是認欲爲道也。伊川云：「夏葛冬裘，飢食渴飲，若著些『私吝心』，便是廢天職。」須看著些「私吝心」字。○衣食動作只是物，物之理乃道。將物唤做道則不可。且如這箇椅子有四隻脚，可以坐，此椅之理也。若除去一隻脚坐不得，便失其椅之理矣。「形而上爲道，形而下爲器」。就這形而下之器中，便有那形而上之道。若便將形而下之器作形而上之道，則不可。所謂「格物」，便是要就這形而下之器窮得那形而上之道理而已。飢而食，渴而飲，日出而作，日入而息，其所以飲食作息者，皆道之所在也。

若便謂飲食作息者是道，則不可。與龐居士神通妙用，運水搬柴之類一般，亦是此病。如徐行後長，與疾行先長，都一般是行。只是徐行後長方是道，若疾行先長便不是道。豈可説只認得行處便是道？神通妙用，運水搬柴，須是運得水是，搬得柴是，方是神通妙用。若運得不是，搬得不是，如何是神通妙用？佛家所謂「作用是性」，便是如此。他都不理是和非，只認得這衣食作息，視聽舉履，便是道；儒家則須是就這上尋討道理，方是道。龜山云：「伊尹之耕于莘野，此農夫田父之所日用者而樂在是。」如此，則世之伊尹甚多矣。龜山説話大概有此病。○曰：「呂氏之書，今有二本。子之所謂『舊本』則無疑矣。所謂『改本』，則陳忠肅公所謂程氏明道夫子之言而爲之序者，子於石氏《集解》雖嘗辨之，而論者猶或以爲非程夫子不能及也，柰何？」曰：是則愚嘗聞之劉、李二先生矣。「舊本」者，呂氏太學講堂之初本也；「改本」者，其後所脩之別本也。陳公之序，蓋爲傳者所誤而失之。及其兄孫幾平聲叟具以所聞告之，然後自覺其非，則其書已行而不及改矣。近見胡仁仲所記侯師聖語亦與此合。蓋幾叟之師楊氏，實與呂氏同出程門。師聖則程子之内弟。而劉、李之於幾叟，仁仲之於師聖，又皆親見而親聞之，是豈胸臆私見口舌浮辨所得而奪哉？若更以其言考之，則二書詳略雖或不同，然其語意實相表裏。如人之形貌昔腴音臾，肥也。今瘠，音夕，瘦也。而其部位神采初不異也。豈可不察而遽謂之兩人哉？又況改本厭前之詳而有意於略，故其詞雖約而未免反有刻露峭急之病。至於詞義之間失其本指，則未能改於其舊者尚多有之。校音教。之明道平日之言，平易去聲。從七容反。容而自然精切者，又不翅通作「啻」。施智反。

碔砆音武夫，石之次玉者。之與美玉也。於此而猶不辨焉，則其於道之淺深，固不問而可知矣。

或問：「『喜怒哀樂之未發謂之中，發而皆中節謂之和。中也者天下之大本也，和也者天下之達道也。致中和，天地位焉，萬物育焉。』何也？」曰：此推本天命之性以明由教而入者，其始之所發端，中和。終之所至極，位育。皆不外於吾心也。蓋天命之性，萬理具焉。喜怒哀樂各有攸當。去聲。下「其當」同。方其未發，渾然在中，渾，上聲。後凡言「渾然」音同。無所偏倚，故謂之「中」；及其發而皆得其當，無所乖戾，故謂之「和」。謂之「中」者，所以狀性之德，道之體也。以其天地萬物之理無所不該，故曰「天下之大本」。謂之「和」者，所以著情之正，道之用也。以其古今人物之所共由，故曰「天下之達道」。蓋天命之性純粹至善，而具於人心者，其體用之全本皆如此，不以聖愚而有加損也。然靜而不知所以存之，則天理昧而大本有所不立矣；動而不知所以節之，則人欲肆而達道有所不行矣。朱子曰：未發時是那靜有箇體在裏了。若靜而不失其體，便是天下之大本立焉；或失其體，則大本便昏了。已發時是那動有許多用。若動而不失其用，便是天下之達道行焉；或失其用，則達道便乖了。○大本不立，達道不行，則雖天理流行未嘗間斷，而在我者或幾乎息矣。惟君子自其不睹不聞之前，而所以戒謹恐懼者愈嚴愈敬，以至於無一毫之偏倚，而守之常不失焉，則爲有以致其中，而大本之立日以益固矣；尤於隱微幽獨之際，而所以謹其善惡之幾平聲。者愈精愈密，以至於無一毫之差謬，靡幼反。而行之每不違焉，則爲有以致其和，而達道之行日以益廣矣。潛室陳氏曰：戒懼於不睹不聞時，此則未發時工夫；謹獨於隱微時，此即已發時工夫。非戒懼何以見其致中，非謹獨又何以爲致和，血脉相承如此？○格庵趙氏曰：愈嚴愈敬，是自其未發之體而存養之；愈精愈密，是自其已發之用而省察之。致者，用力推致而極其至之謂。致焉而極其至，至於静而無一息之不中，則吾心正而天地之心亦正，故陰陽動静各止其所，而天地於此乎位矣；動而無一事之不和，則吾氣順而天地之氣亦順，故充塞無間，去聲。驩與「歡」通。欣交通，而萬物於此乎育矣。朱子曰：和則交感而萬物育矣。○新安陳氏曰：中者，心之德。吾之心通乎天地之心，正則俱正矣。吾氣順，和之驗也。以吾之和氣感召天地之和氣，順則俱順矣。此萬化之本原，一心之妙用，聖神之能事，學問之極功，新安陳氏曰：由位育推其本於致中和，故曰「萬化之本原」；自致中和極其功於位育，故曰「一心之妙用」。究極之，惟大聖人能與於此，乃聖神之能事。降聖人一等而論之，由教而入者，果能盡致中和之工夫，則其學問之極功，亦可庶幾乎此也。固有非始學所當議者。然射者之的，行者之歸，如射者志於中的，行者志於歸家。亦學者立志之初所當知也。故此章雖爲一篇開卷之首，然子思之言亦必至此而後已焉，其指深矣。○曰：「然則『中』、『和』果二物乎？」曰：觀其一體一用之名，則安得不二？察其一體一用之實，則此爲彼體，彼爲此用。如耳目之能視聽，視聽之由耳目，初非有二物也。陳氏曰：體用未嘗相離，有是體方有是用，有是用方見是體。○曰：「『天地位萬物育』，諸家皆以其理言，子獨以其事論。然則自古衰亂之世，所以病乎中和者多矣，天地之位，萬物之育，豈以是而失其常耶？」曰：三辰失行，山崩川竭，則不必天翻地覆然後爲不位矣；兵亂凶荒，胎殰卵殈，則不必人消物盡然後爲不育矣。《樂記》曰：「胎生者不殰而卵生者不殈。」殰音獨，内敗也。殈，呼壁、況狄二反，裂也。凡若此者，豈非不中不和之所致，而又安可誣哉？今以事言者，固以爲有是理而後有是事；彼以理言者，亦非以爲無是事而徒有是理也。但其言之不備，有以啓後學之疑，不若直以事言而理在其中之爲盡耳。曰：「然則當其不位不育之時，豈無聖賢生於其世，而其所以致夫音扶。下同。中和者乃不能有以救其一二，何邪？」曰善惡感通之理，亦及其力之所至而止耳。彼達而在上者既曰有以病之，則夫災異之變，又豈窮而在下者所能救也哉？但能致中和於一身，則天下雖亂，而吾身之天地萬物不害爲安泰；春秋戰國時之孔孟是也。其不能者，天下雖治，去聲。而吾身之天地萬物不害爲乖錯。唐虞之四凶、有周之管蔡是也。其間一家一國莫不皆然。此又不可不知耳。朱子曰：尊卑上下之大分，即吾身之天地也；應變曲折之萬端，即吾身之萬物也。○黄氏曰：如達而在上，固是堯舜事業；窮而在下，只如在一鄉不擾，便是一鄉萬物育，在一家不擾，便是一家萬物育。曰：「二者之爲實事可也。而分中和以屬焉，將不又爲破碎之甚邪？」曰：世固未有能致中而不足於和者，亦未有能致和而不本於中者也。未有天地已位而萬物不育者，亦未有天地不位而萬物自育者也。特據其效而推本其所以然，則各有所從來而不可紊耳。

○曰：「子思之言中和如此，而周子之言則曰『中者，和也，中去聲。後凡言「中節」音同。節也，天下之達道也』。周子《通書》中語。乃舉中而合之於和。然則又將何以爲天下之大本也邪？」曰：子思之所謂「中」，以未發而言也；周子之所謂「中」，以時中而言也。愚於篇首已辨之矣。學者涵泳而別筆列反。識之，見其並行而不相悖焉可也。朱子曰：「中庸」之中，是兼已發而中節、無過不及者得名。若不識得此理，則周子之言更解不得。○北溪陳氏曰：未發之中，是就性上論；已發之中，是就事上論。當喜而喜，當怒而怒，那恰好處無過不及，便是「中」。此「中」即所謂「和」也。所以周子曰「中也者，和也」，是指已發之中也。○曰：「程、呂問答如何？」曰：考之文集，則是其書蓋不完矣。然程子初謂「凡言『心』者皆指已發而言」，而後書乃自以爲「未當」。去聲。下「未當」同。向非呂氏問之之審，而不完之中又失此書，則此言之未當，學者何自而知之乎？以此又知聖賢之言固有發端而未竟者，學者尤當虛心悉意以審其歸，未可執其一言而遽以爲定也。藍田呂氏問曰：「先生謂凡言『心』者皆指已發而言，然則未發之前謂之無心可乎？竊謂未發之前，心體昭昭具在；已發乃心之用也。」程子曰：凡言「心」者指已發而言，此固未當。心一也，有指體而言者，「寂然不動」是也；有指用而言者，「感而遂通天下之故」是也。惟觀其所見何如耳。其說「中」字因過不及而立名，又似併指「時中」之中，而與「在中」之義少異。蓋未發之時在中之義，謂之無所偏倚則可；謂之無過不及，則方此之時未有中節不中節之可言也，無過不及之名亦何自而立乎？又其下文皆以不偏不倚爲言，則此語者亦或未得爲定論也。藍田呂氏曰：「中即性也。」程子曰：「中」也者，所以狀性之體段，猶稱天圓地方，而不可謂方圓即天地。中之爲義自無過不及而立名，而指中爲性可乎？○問：「渾然在中，恐是喜怒未發，此心至虛，都無偏倚，停停當當，恰在其中間，所謂獨立而不近四傍，心之體，地之中也？」朱子曰：在中者，未動時恰好處；時中者，已動時恰好處。才發時，不偏於喜，則偏於怒，不得謂之在中矣。然只要就所偏倚一事處之得恰好，則無過不及矣。蓋無過不及，乃無偏倚者之所爲；而無偏倚者，是所以能無過不及也。○如喜而中節，便是倚於喜矣。但在喜之中，無過不及，怒哀樂亦然，故謂之「和」。○問：「程子曰：『中所以狀性之體段，猶天之圓，地之方也，故謂天圓地方則可，謂方圓足以盡天地則不可。』晦翁謂喜怒哀樂未發則性也。愚意亦謂性與中一物耳。自天之所命則謂之性，自四者之未發則謂之中。若如程子所論，豈謂性是虚物，中是著實些箇，其不同或在此？」潛室陳氏曰：四者未發，當此境界，即是「人生而静」處，故晦翁指此爲性。蓋發則爲情，非以中爲性也。中只是狀其未發之時體段如此。若便以中爲性，則是稱圓爲天，稱方爲地，而可乎？

呂氏又引「允執厥中」以明未發之旨，則程子之説《書》也，固謂「允執厥中」所以行之。蓋其所謂「中」者，乃指「時中」之中，而非「未發」之中也。呂氏又謂「求之喜、怒、哀、樂未發之時」，藍田呂氏曰：「大人」「不失其赤子之心」，乃所謂「允執厥中」者。又曰：聖人之學以中爲大本。中者，無過不及之謂也。何所準則而知過不及乎？求之此心而已；此心之動，出入無時，何從而守之乎？求之喜、怒、哀、樂未發之時而已。則程子所以答蘇季明之問，又已有既思即是已發之説矣。凡此皆其決不以呂説爲然者。獨不知其於此何故略無所辨。學者亦當詳之，未可見其不辨而遽以爲是也。蘇氏問：「於喜、怒、哀、樂之前求中可否？」程子曰：不可。既思於喜、怒、哀、樂未發之前求之，又却是思也。既思即是已發。思與喜、怒、哀、樂一般，纔發謂之「和」，不可謂之「中」也。問：「呂氏言當求於喜、怒、哀、樂未發之前，信斯言也，恐無著莫，如之何而可？」曰：言存養於喜、怒、哀、樂未發之時則可，若言求中於喜、怒、哀、樂未發之前則不可。○朱子曰：程子「纔思即是已發」一句，能發明子思言外之意。蓋言不待喜、怒、哀、樂之發，但有所思即是已發。此意已極精微，説到未發界至十分盡頭，不可以有加矣。曰：「然則程子卒以赤子之心爲已發，何也？」曰：衆人之心，莫不有未發之時，亦莫不有已發之時，不以老稚賢愚而有別筆列反。也。但孟子所指赤子之心純一無僞者，乃因其發而後可見。若未發，則「純一無僞」又不足以名之，而亦非獨赤子之心爲然矣。是以程子雖改夫音扶。心皆已發之一言，而以「赤子之心」爲已發則不可得而改也。蘇氏問：「赤子之心爲已發，是否？」程子曰：已發而去道未遠也。曰：「大人不失其赤子之心，如何？」曰：取其純一近道也。○藍田吕氏曰：「喜怒哀樂之未發，則赤子之心當求其未發，此心至虛，無所偏倚，故謂之中。」程子曰：喜怒哀樂未發謂之中，赤子之心發而未遠乎中。若便謂之中，是不識大本也。○朱子曰：赤子之心動靜無常，非寂然不動之謂，故不可謂之「中」。然無營欲知巧之思，故謂「未遠乎中」。未發之中本體自然，不須窮索。曰：「程子『明鏡止水』之云，固以聖人之心爲異乎赤子之心矣。然則此其爲未發者邪？」曰：聖人之心，未發則爲水鏡之體，既發則爲水鏡之用，亦非獨指未發而言也。蘇氏問：「赤子之心與聖人之心如何？」程子曰：聖人之心如明鏡止水。曰：「諸説如何？」曰：程子備矣。但其答蘇季明之後章，記録多失本真，答問不相對值。如「耳無聞，目無見」之答，以下文「若無事時須見須聞」之説參之，其誤必矣。朱子曰：子思只説喜怒哀樂，今却轉向見聞上去，所以説得愈多，愈見支離紛冗，都無交涉。此乃程門請問記録者之罪也。蓋未發之時，但爲未有喜怒哀樂之偏耳。若其目之有見，耳之有聞，則當愈益精明而不可亂，豈若心不在焉而遂廢耳目之用哉？蘇氏問：「當中之時，耳無聞，目無見否？」程子曰：雖耳無聞，目無見，然見聞之理在始得。其言静時，既有知覺，豈可言静？而引《復》以「見天地之心」爲説，亦不可曉。蓋當至静之時，但有能知覺者，而未有所知覺也。故以爲静中有物則可，而便以纔思即是已發爲比則未可；以爲坤卦純陰而不爲無陽則可，而便以復之一陽已動爲比則未可也。所謂「無時不中」者，所謂「善觀者却於已發之際觀之」者，則語雖要切，而其文意亦不能無斷續。至於「動上求静」之云，則問者又轉而之他矣。蘇氏問：「中是有時而中否？」程子曰：何時而不中？以事言之，則有時而中；以道言之，何時而不中？曰：「固是所爲皆中。然而觀於四者未發之時，静時自有一般氣象，及至接事時又自別，何也？」曰：善觀者不如此，却於喜怒哀樂已發之際觀之。賢且説静時如何。曰：「謂之無物則不可，然自有知覺處。」曰：既有知覺，却是動也，怎生言静？人説「《復》其見天地之心」，皆以謂至静能見天地之心，非也。《復》之卦下面一畫便是動也，安得謂之静？自古儒者皆言静見天地之心，惟某言動而見天地之心。或曰：「莫是動上求静否？」曰：固是。然最難。○朱子曰：至静之時但有能知能覺者，而無所知所覺，此《易》卦爲純《坤》不爲無陽之象。若論《復》卦，則須以有所知覺者當之，不得合爲一説矣。故邵子亦云「一陽初動處，萬物未生時」，此至微至妙處，須虚心静慮方始見得。其答「動」字、「静」字之問，答「敬何以用功」之問，答「思慮不定」之問，以至「若無事時須見須聞」之説，則皆精當。去聲。○或曰：「喜怒哀樂未發之前，下『動』字，下『静』字？」程子曰：謂之静則可，然静中須有物始得。這裏便是難處，學者莫若自先理會得「敬」，能敬則自知此矣。或曰：「敬何以用功？」曰：莫若主一。○問：「某嘗患思慮不定，或思一事未了，他事如麻又生，如何？」曰：不可，此不誠之本。須是習能專一時便好。不拘思慮與應事，皆要求一。○或曰：「當静坐時，物之過乎前者，還見不見？」曰：看事如何。若是大事，如祭祀前旒蔽明，黈纊充耳，凡物之過者不見不聞也；若無事時，目須見，耳須聞。旒音流，冕之前後垂者。黈，他口反，黄色，冕兩旁纊也。纊音曠，綿也，蓋以綿爲圜而其色黄，名曰「黈纊」也。○朱子曰：静中有物者，只是知覺不昧。或引程子語「纔有知覺便是動」爲問。曰：若云知寒覺暖，便是知覺已動。今未曾著於事物，但有知覺在，何妨其爲静？不成静坐便只是瞌睡？但其曰當祭祀時無所見聞，則古人之制祭服而設旒纊，雖曰欲其不得廣視雜聽而致其精一，然非以是爲真足以全蔽其聰明，使之一無見聞也。若曰履之有絇音劬。以爲行戒，尊之有禁以爲酒戒，然初未嘗以是而遂不行不飲也。新安陳氏曰：絇謂之拘，以絲爲之，著舄屨之頭以爲行戒。禁者，承酒尊之器。名「禁」者，以爲酒戒也。若使當祭之時，真爲旒纊所塞，先則反。後並同。遂如聾瞽，則是禮容樂節皆不能知，亦將何以致其誠意交於鬼神哉？程子之言决不如是之過也。至其答「過而不留」之問，則又有若不相值而可疑者。或曰：「當敬時，雖見聞，莫過焉而不留否？」程子曰：不説道「非禮勿視勿聽」，「勿」者禁止之辭，纔説「弗」字便不得也。○朱子曰：便是祭祀若耳無聞目無見，即其升降饋奠皆不能知其時節之所宜，雖有贊引之人，亦不聞其告語之聲。故前旒黈纊之説，亦只是説欲其專一於此而不雜他事之意，非謂奉祭祀時節無見聞也。大抵此條最多謬誤，蓋聽他人之問而從旁竊記，非唯未了答者之意，而亦未悉問者之情，是以致此亂道而誤人耳。然而猶幸其間紕篇夷反。漏顯然，尚可尋繹音亦。以别筆列反。其僞。獨微言之湮音因。没者遂不復傳，爲可惜耳。吕氏此章之説尤多可疑，如引「屢空」、「貨殖」及「心爲甚」者，其於彼此蓋兩失之。其曰由空而後見夫音扶。下同。中，是又前章虚心以求之説也，其不陷而入浮屠者幾希矣。幾，平聲。後凡言「幾希」、「庶幾」音同。蓋其病根正在欲於未發之前求見夫所謂中者而執之，是以屢言之而病愈甚。殊不知經文所謂「致中和」者，亦曰當其未發，此心至虛，如鏡之明，如水之止，則但當敬以存之而不使其小有偏倚。至於事物之來，此心發見，賢遍反。後凡言「發見」音同。喜怒哀樂各有攸當，去聲。則又當敬以察之而不使其小有差忒他得反。而已。未有如是之說也。且曰「未發之前」，則宜其不待著陟略反。意推求而瞭音了。然心目之間矣。一有求之之心，則是便爲已發，固已不得而見之，況欲從而執之，則其爲偏倚亦甚矣，又何中之可得乎？且夫未發已發，日用之間固有自然之機，不假人力。方其未發本自寂然，固無所事於執；及其當發則又當即事即物隨感而應，亦安得塊苦怪、苦潰二反。然不動而執此未發之中邪？此爲義理之根本，於此有差，則無所不差矣。此呂氏之說，所以條理紊音問。亂，援引乖剌，郎葛反。而不勝平聲。其可疑也。程子譏之以爲不識大本，豈不信哉？藍田呂氏曰：人莫不知義理之當，無過無不及之爲中，未及乎所以中也。喜怒哀樂未發之前，反求吾心果何爲乎？「回也其庶乎？屢空」，惟空然後可以見乎中，而空非中也，必有事焉。喜怒哀樂之未發，無私意小知撓乎其間，乃所謂「空」。由空然後見乎中，❶實則不見也。若子貢聚聞見之多，其心已實，如貨殖焉，所蓄有素，所應有限，雖曰富有，亦有時而窮，故「億則屢」而未皆「中」也。「權然後知輕重，度然後知長短，物皆然，心爲甚」，則心之度物甚於權度之審，其應物當無毫髮之差。然人應物不中節者常多，其故何也？由不得中而執之，有私意小知撓乎

❶「由」，原作「曰」，今據《四書纂疏》及本書上文大字所引改。

其間，故義理不當，或過或不及，猶權度之法不精，則稱量百物不能無銖兩分寸之差也。此所謂性命之理出於天道之自然，非人私知所能爲也，故曰「喜怒哀樂之未發謂之中」。○朱子曰：孟子乃是論心自度，非是心度物。○欲執喜怒哀樂未發之中，不知如何執得？那事來面前只得應他，當喜便喜，當怒便怒，如何執得？楊氏所謂：「未發之時以心驗之，則中之義自見。」「執而勿失無人欲之私焉，則發必中節矣。」又曰：「須於未發之際能體所謂中。」其曰「驗之」、「體之」、「執之」，則亦吕氏之失也。其曰「其慟音洞。其喜，中固自若」，疑與程子所云「言和則中在其中」者相似。然細推之，則程子之意正謂喜怒哀樂已發之處，見得未發之理發見在此一事一物之中各無偏倚過不及之差，乃「時中」之中，而非「渾然在中」之中也。若楊氏之云「中固自若」，而又引莊周「出怒不怒」之言以明之，《莊子·庚桑楚》篇云：「敬之而不喜，侮之而不怒者，唯同乎天地者爲然。出怒不怒，則怒出於不怒矣；出爲無爲，則爲出於無爲矣。」則是以爲聖人方當喜怒哀樂之時，其心漠然同於木石，而姑外示如此之形，凡所云爲皆不復出於中心之誠矣。大抵楊氏之言多雜於佛老，故其失類如此。其曰「當論其中去聲。否，不當論其有無」，則至論也。龜山楊氏曰：但於喜怒哀樂未發之際以心驗之，則中之義自見。非精一焉能執之？○又曰：執而勿失無人欲之私焉，發必中節矣。發而中節，中固未嘗亡也。孔子之慟，孟子之喜，因其可慟可喜而已，於孔、孟何有哉？其慟也，其喜也，中固自若也。鑑之茹物，因物而異形，而鑑之明未嘗異也。莊生所謂「出怒不怒，則怒出於不怒；出爲無爲，則爲出於無爲」，亦此意也。若聖人而無喜怒哀樂，則天下之達道廢也。一横行於天下，武王亦不必恥也。故於是四者當論其中節不中節，不當論其有無也。○又曰：須是於喜怒哀樂未發之際能體所謂「中」，於喜怒哀樂已發之後能得所謂「和」。致中和，則天地可位，萬物可育矣。

或問：「此其稱『仲尼曰』，何也？」曰：首章夫子之意而子思言之，故此以下又引夫子之言以證之也。曰：「孫可以字其祖乎？」曰：「古者生無爵，死無謚」，神至反。正作「謚」。○二句出《禮記·郊特牲》篇。則子孫之於祖考亦名之而已矣。周人冠去聲。則字而尊其名，死則謚而諱其名，則固已彌文矣。然未有諱其字者也。故《儀禮》饋食之祝詞曰「適爾皇祖伯某父」，音甫。乃直以字而面命之。況孔子爵不應平聲。後凡言「不應」音同。謚，而子孫又不得稱其字以別筆列反。之，則將謂之何哉？若曰「孔子」，則外之之辭，而又孔姓之通稱；若曰「夫子」，則又當時衆人相呼之通號也。不曰「仲尼」而何以哉？問：子思稱夫子爲「仲尼」。朱子曰：昔人未嘗諱其字。程子云：「予年十四五，從周茂叔。」本朝先輩尚如此。伊川亦嘗稱明道字。

○曰：「君子所以中庸，小人之所以反之者，何也？」曰：中庸者，無過不及而平常之理，蓋天命人心之正也。中庸之理，實自天命人性中來。唯君子爲能知其在我而戒謹恐懼以無失其當然，故能隨時而得中；小人則不知有此而無所忌憚，故其心每反乎此而不中不常也。

○曰：「『小人之中庸』，王肅、程子悉加『反』字，蓋疊上文之語。然諸説皆謂小人實反中庸而不自知其爲非，乃敢自以爲中庸而居之不疑。如漢之胡廣，唐之呂温、柳宗元者，則其所謂『中庸』，是乃所以爲無忌憚也。如此則不煩增字而理亦通矣。」《漢書》：胡廣，字伯始。位至太傅。性温厚謹素，常遜言恭色。達練事體，明解朝章。雖無謇直之風，屢有補闕之益。故京師諺云：「萬事不理問伯始，天下中庸有胡公。」○《唐書》：吕温，字和叔，一字化光。從陸贄治《春秋》。貞元末擢進士第。後進户部員外郎。藻翰精富，一時推讓。性險躁譎詭好利，妄言宰相李吉甫陰事，憲宗貶均州，再貶道州，後徙衡州。○柳宗元，字子厚。少精敏絶倫。爲文章卓偉精緻，一時推仰。第進士博學宏詞科，授校書郎。後遭貶柳州刺史。曰：小人之情狀固有若此者矣，但以文勢考之則恐未然。蓋論一篇之通體，則此章乃引夫子所言之首章，且當略舉大端以分别筆列反。君子小人之趨向，未嘗遽及此意之隱微也；若論一章之語脉，則上文方言君子中庸而小人反之，其下且當平解兩句之義以盡其意，不應偏解上句而不解下句，又遽别生他説也。故疑王肅所傳之本爲得其正，而未必肅之所增，程子從之，亦不爲無所據而臆决也。程子曰：小人更有甚中庸？脱一「反」字。小人不主於義理則無忌憚，所以反中庸也。亦有其心畏謹而不中，亦是反中庸。語意有淺深則可，謂之「中庸」則不可。諸説皆從鄭本，雖非本文之意，然所以發明小人之情狀，則亦曲盡其妙而足以警乎鄉原亂德之姦矣。今存吕氏以備觀考，他不能盡録也。藍田吕氏曰：君子蹈乎中庸，小人反乎中庸者也。君子之中庸也，有君子之心又達乎時中；小人之中庸也，有小人之心反乎中庸，無所忌憚而自謂之時中也。時中者，當其可之謂也。「時止則止，時行則行」，當其可也。「可以仕則仕，可以止則止；可以速則速，可以久則久」，當其可也。曾子、子思易地則皆然，禹稷、顔回同道，當其可也。舜不告而娶，周公殺管蔡，孔子以微罪行，當其可也。小人見君子之時中唯變所適而不知當其可，而欲肆其姦心濟其私欲，或言不必信，行不必果，則曰「唯義所在」而已，然實未嘗知義之所在。有臨喪而歌，人或非之，則曰是惡知禮意？然實未嘗知乎禮意。猖狂妄行，不謹先王之法以欺惑流俗，此小人之亂德，先王之所以必誅而不以聽者也。

或問：「『民鮮能久』，或以爲民鮮能久於中庸之德，而以下文『不能朞月守』者證之，何如？」曰：不然。此章方承上章「小人反中庸」之意而泛論之，未遽及夫音扶。下同。不能久也；下章自能擇中庸者言之，乃可責其不能久耳。兩章各是發明一義，不當遽以彼而證此也。且《論語》無「能」字，而所謂「矣」者，又已然之辭，故程子釋之以爲民鮮有此中庸之德，則其與「不能朞月守」者不同，文意益明白矣。朱子曰：「民鮮能久」，緣下文有「不能期月守」之說，故說者以爲「久於其道」之久。細考二章相去甚遠自不相蒙，只合依《論語》說。

曰：「此書非一時之言也。章之先後又安得有次序乎？」曰：言之固無序矣。子思取之而著於此，則其次第行音杭。列決有意謂，不應雜置而錯陳之也。故凡此書之例，皆文斷而意屬。音燭。下同。讀者先因其文之所斷以求本章之說，徐次其意之所屬以考相承之序，則有以各盡其一章之意，而不失夫全篇之旨矣。陳氏曰：子思此書分章亦有次序，皆是相接續發明去。○新安陳氏曰：此數句乃讀中庸之要法。

然程子亦有「久行」之說，則疑出於其門人之所記，蓋不能無差繆。與「謬」同音。而「自世教衰」之一條，乃《論語》解，而程子之手筆也。程子曰：中庸之爲德，民不可須臾離，民鮮有久行其道者也。○中庸，天下之至理。德合中庸，可謂至矣。自世教衰，民不興於行，鮮有中庸之德也。

諸家之說固皆不察乎此。然呂氏所謂「厭常喜新，質薄氣弱」者，則有以切中去聲。學者不能固守之病。讀者徙諸「朞月」之章而自省悉井反。焉，則亦足以有警矣。藍田呂氏曰：中庸者，天下之所共知所共行，猶寒而衣，飢而食，渴而飲，不可須臾離也。衆人之情厭常而喜新，質薄而氣弱，雖知不可離而亦不能久也。惟君子之學，自明而誠，明而未至乎誠，雖心悅而不去。然知不可不思，行不可不勉，在思勉之分而氣不能無衰，志不能無懈，故有「日月至焉」者，有「三月不違」者，皆德之不可久者也。若至乎誠，則不思不勉至于常久而不息，非聖人其孰能之？侯氏所謂「民不識中，故鮮能久；若識得中，則手動足履無非中者」，則其踈闊又益甚矣。如曰「若識得中，則手動足履皆有自然之中而不可離」，則庶幾耳。河東侯氏曰：民不能識中，故鮮能久；若識得中，則手動足履無非中者，故能久。

或問：「此其言『道之不行』、『不明』，何也？」曰：此亦承上章「民鮮能久矣」之意也。三山陳氏曰：惟鮮能中庸者久，故知愚賢不肖，各隨氣質之偏而失焉。曰：「知去聲。愚之過不及，宜若道之所以不『明』也；賢不肖之過不及，宜若道之所以不『行』也。今其互言之，何也？」朱子曰：此正分明交互說。曰：測度待洛反。深微，揣楚委反。摩事變，能知君子之所不必知者，知去聲。者之過乎中也；昏昧蹇淺，不能知君子之所當知者，愚者之不及乎中也。知去聲。之過者，既惟知是務，而以道爲不足行，愚者又不知所以行也，此道之所以不行也。刻意尚行，去聲。驚世駭俗，能行君子之所不必行者，賢者之過乎中也；卑污音烏。苟賤，不能行君子之所當行者，不肖者之不及乎中也。賢之過者，既唯行是務而以道爲不足知，不肖者又不求所以知也，此道之所以不明也。然道之所謂中者，是乃天命人心之正，當然不易之理，固不外乎人生日用之間。特行而不著，習而不察，是以不知其至而失之耳。故曰「人莫不飲食也，鮮能知味也」。知味之正，則必嗜時利反。之而不厭矣；知道之中，則必守之而不失矣。陳氏曰：人莫不飲食，是人間日用不可闕處，在人鮮能知其味。譬如道乃天之命於我，性之所固有底，不可以須臾離，是人不自求知之，所以行矣而不著，習矣而不察。

或問：「此其稱舜之大知，去聲。下文「之知」、「知者」音並同。何也？」曰：此亦承上章之意，言如舜之知而不過，則道之所以行也。三山陳氏曰：上章既嘆道之不行，此章遂以道之行者明之。知者過之，又鮮能知味，此道之所以不行也；若舜之大知，知而不過，則道行矣。蓋不自恃其聰明而樂音洛。取諸人者如此，則非知者之過矣；又能執兩端而用其中，則非愚者之不及矣。此舜之知所以爲大，而非他人之所及也。「兩端」之説，吕、楊爲優。藍田吕氏曰：兩端，過與不及。執其兩端，乃所以用其時中，猶持權衡而稱物，輕重皆得其平。故舜之所以爲舜，取諸人，用諸民，皆以能執兩端而不失中也。○龜山楊氏曰：執其兩端，所以權輕重而取中也，由是而用於民，雖愚者可及矣。程子以爲「執持」過不及之兩端「使民不得行」，則恐非文意矣。蓋當衆論不同之際，未知其孰爲過，孰爲不及，而孰爲中也，故必兼總衆説以執其不同之極處而求其義理之至當，去聲。然後有以知夫音扶。無過不及之在此而在所當行。若其未然，則又安能先識彼兩端者之爲過不及而不可行哉？蘇氏問：「舜『執其兩端』，註以爲過不及之兩端，是乎？」程子曰：是。曰：「既過不及，又何執乎？」曰：執，猶今之所謂「執持」使不得行也。舜猶持過不及使民不得行，而用其中使民行之也。

或問七章之説。曰：此以上句起下句，如《詩》之興虚應反。耳。或以二句各爲一事言之，則失之也。

或問：「此其稱回之賢，何也？」曰：承上章「不能朞月守」者而言。如回之賢而不過，則道之所以明也。蓋能擇乎中庸，則無賢者之過矣；服膺弗失，則非不肖者之不及矣。然則茲賢也，乃其所以爲知去聲。也歟？曰：「諸說如何？」曰：程子所引「屢空」，張子所引「未見其止」，皆非《論語》之本意。程子曰：顔子所以大過人者，只是得一善則拳拳服膺，與能「屢空」耳。○張子曰：顔子未至聖人而不已，故仲尼賢其進；未得中而不居，故惜夫「未見其止」也。唯呂氏之論顔子有曰：「隨其所至，盡其所得，據而守之，則拳拳服膺而不敢失，勉而進之，則既竭吾才而不敢緩，此所以恍惚先後而不可爲象，求見聖人之止欲罷而不能也。」此數言者乃爲親切確克角反。實，而足以見其深潛縝止忍反。密之意，學者所宜諷誦而服行也。但「求見聖人之止」一句，文義亦未安耳。藍田呂氏曰：如顔子者，可謂能擇而能守也。高明不可窮，博厚不可極，則中道不可識，故「仰之彌高，鑽之彌堅，瞻之在前，忽然在後」。察其志也，非見聖人之卓，不足謂之中。隨其所至，盡其所得，據而守之，則拳拳服膺而不敢失；勉而進之，則既竭吾才而不敢緩，此所以恍惚在前後而不可爲像，求見聖人之止「欲罷」而「不能」也。侯氏曰：「中庸豈可擇？擇則二矣。」其務爲過高而不顧經文義理之實也，亦甚矣哉！河東侯氏曰：中庸豈可擇？擇則二矣。此云「擇」者，如「博學之，審問之，明辨之」，「勉而中」，「思而得」者也。故曰「擇乎中庸」。

或問：「『中庸不可能』，何也？」曰：此亦承上章之意，以三者之難明中庸之尤難也。蓋三者之事，亦知、仁、勇之屬而人之所難，然皆必取於行而無擇於義，且或出於氣質之偏、事勢之迫，未必從七恭反。容而中節也。若曰中庸則雖無難知難行之事，然天理渾然，無過不及，苟一毫之私意有所未盡，則雖欲擇而守之，而擬議之間，忽已墮於過與不及之偏而不自知矣。此其所以雖若甚易去聲。而實不可能也。故程子以『克己』最難」言之，其旨深矣。游氏以舜爲「絶學無爲」，而楊氏亦謂有能斯有爲之者，其違道遠矣。循天下固然之理，而行其所無事焉，夫音扶。何能之有？則皆老佛之餘緒。而楊氏下章所論不知不能爲道遠人之意，亦非儒者之言也。二公學於程氏之門，號稱高第，而其言乃如此，殊不可曉也已。程子曰：「克己」最難，故曰「中庸不可能也」。○廣平游氏曰：其斯以爲舜，則絶學無爲矣。○新安陳氏曰：楊氏之說《或問》中已可見，兹不重出。餘見下章。

或問：「此其記子路之問强，何也？」曰：亦承上章之意，以明擇中庸而守之，非强不能；而所謂强者，又非世俗之所謂强也。蓋「强」者，力有以勝人之名也。凡人和而無節，則必至於流；中立而無依，則必至於倚。國有道而富貴，或不能不改其平素；國無道而貧賤，或不能久處上聲。乎窮約。非持守之力有以勝人者，其孰能反之？故此四者，汝子路之所當强也。南方之强，不及强者也；北方之强，過乎强者也。四者之强，强之中也。三山陳氏曰：南北之强雖不同，要之皆偏耳。至於汝之所當强者，此則理義之强，得强之中矣。子路好去聲。勇，故聖人之言所以長其善而救其失者類如此。曰：「和與物同，故疑於流而以不流爲强。中立本無所依，又何疑於倚而以不倚爲强哉？」曰：中立固無所依也。然凡物之情，唯强者爲能無所依而獨立。弱而無所依，則其不傾側而偃仆音赴。者幾希矣。此中立之所以疑於必倚，而不倚之所以爲强也。問：「言『中立而無依』，則必至於倚，如何是無依？」朱子曰：中立最難，譬如一物直立於此，中間無所依著，久之必倒去。問：「若要直立得住，須用强矯。」曰：大故要强立。○潛室陳氏曰：中立者，四邊虛則立不住，易得求倚。唯强有力者，不假倚自然中立。曰：「諸說如何？」曰：大意則皆得之。惟以矯爲「矯揉」之矯，以「南方之强」爲矯哉之强與顏子之强，以「抑而强」者爲子路之强與「北方之强」者，爲未然耳。藍田吕氏曰：「矯」之爲言，猶「揉木」也。木之性能曲能直，將使成材而爲器，故曲者直者皆在所矯。人之才有過有不及，將使合乎中庸，則過與不及皆在所矯。○河東侯氏曰：南方之强，顏子之强似之，故曰「君子居之」；北方之强，子路之强似之，故曰「而强者居之」。君子以自勝爲强，故曰「强哉矯」。

或問十一章「素隱」之說。曰：吕氏從鄭註以「素」爲「傃」，音素，嚮也。○吕氏曰：素，讀如「傃鄉」之傃，猶「素其位」之素也。固有未安。唯其舊說有謂無德而隱爲素隱者，於義略通。又以「遯世不見知」之語反之，似亦有據。但「素」字之義與後章「素其位」之素不應頓異，則又若有可疑者。獨《漢書·藝文志》劉歆虛今反。論神仙家流引此而以「素」爲「索」，顏氏又釋之以爲「求索隱暗之事」，則二字之義既明，而與下文「行怪」二字語勢亦相類，其說近是。蓋當時所傳本猶未誤，至鄭氏時乃失之耳。游氏所謂「離人而立於獨」，與夫「未免有念」之云，皆非儒者之語也。廣平游氏曰：遁世不見知而不悔者，疑慮不萌於心，確乎其不可拔也。非離人而立於獨者，不足以與此。若不遠復者，未免於有念也。

或問十二章之說。曰：道之用廣，而其體則微密而不可見，所謂「費而隱」也。即其近而言之，男女居室，人道之常，雖愚不肖亦能知而行之；極其遠而言之，則天下之大，事物之多，聖人亦容有不盡知盡能者也。然非獨聖人有所不知不能也，天能生覆敷救反。而不能形載，地能形載而不能生覆，至於氣化流行，則陰陽寒暑，吉凶災祥，不能盡得其正者尤多，此所以雖以天地之大而人猶有憾也。夫音扶。自夫婦之愚不肖所能知行，至於聖人天地之所不能盡，道蓋無所不在也。故君子之語道也，其大至於天地聖人所不能盡，而道無不包，則天下莫能載矣；其小至於愚夫愚婦之所能知能行，而道無不體，則天下莫能破矣。道之在天下其用之廣如此，可謂「費」矣。而其所用之體則不離去聲。乎此，而又非視聽之所及者，此所以爲「費而隱」也。子思之言至此極矣。然猶以爲不足以盡其意也，故又引《詩》以明之，曰「鳶飛戾天，魚躍于淵」，所以言道之體用上下昭著而無所不在也。「造端乎夫婦」，極其近小而言之；「察乎天地」，極其遠大而言也。蓋夫婦之際，隱微之間，尤見道不可離處。知其造端乎此，則其所以戒謹恐懼之實無不至矣。《易》首《乾》、《坤》而重《咸》、《恒》，胡登反。《詩》首《關雎》而戒淫泆，《書》記釐陵之反。降，《禮》謹大昏，皆此意也。朱子曰：造端乎夫婦，言至微至近處；及其至也，言極盡其量。夫婦則情意密而易於陷溺，不於此致謹，則私欲行於玩狎之地，自欺於人所不知之境，人倫大法雖講於師友之前，亦未保其不壞於幽隱之處。倘知造端之重，隱微之際，戒慎恐懼，則是工夫從裏面做出，以之事父兄、處朋友，皆易爲力而有功矣。○曰：「諸說如何？」曰：程子至矣。張子以聖人爲夷惠之徒，既已失之。張子曰：聖人若夷惠之徒，亦未知君子之道；若知君子之道，亦不入於偏。又曰：「君子之道達諸天，故聖人有所不知；夫婦之智淆音淆，混濁也。諸物，故聖人有所不與。」去聲。則又析其不知不能而兩之，皆不可曉也已。曰：「諸家皆以夫婦之能知能行者爲道之費，聖人之所不知不能而天地有憾者爲道之隱，其於文義協矣。若從程子之說，則使章内專言費而不及隱，恐其有未安也。」曰：謂不知不能爲隱似矣。若天地有憾，鳶飛魚躍察乎天地，而欲亦謂之隱，則恐未然。且「隱」之爲言，正以其非言語指陳之可及耳，故獨舉「費而隱」常默具乎其中。若於費外別有隱而可言，則已不得爲隱矣。程子之云，又何疑邪？潛室陳氏曰：使所謂「隱」者而聖人不知不能，則聖人亦不足貴矣。謂小而莫能破者爲「隱」，則「小」之爲義非奥妙之謂也。謂之「費而隱」者，費中有隱，非費之外別有隱也。

○曰：「然則程子所謂『鳶飛魚躍，子思喫緊爲人處，緊，居忍反。爲，去聲。與「必有事焉而勿正心」之意同活潑潑地』者，何也？」曰：道之流行發見於天地之間，無所不在，在上則鳶之飛而戾于天者此也，在下則魚之躍而出于淵者此也，其在人則日用之間人倫之際，夫婦之所知所能，而聖人之所不知不能者，亦此也，此其流行發見於上下之間者，可謂著矣。子思於此指而言之，惟欲學者於此默而識之，則爲有以洞見道體之妙而無疑。而程子以爲「子思喫緊爲人處」者，正以示人之意爲莫切於此也。其曰「與『必有事焉而勿正心』之意同活潑潑地」，則又以明道之體用流行發見充塞天地，亘居鄧反。古亘今，雖未嘗有一毫之空去聲。闕，一息之間斷。然其在人而見賢變反。諸日用之間者，則初不外乎此心。故必此心之存，而後有以自覺也。「『必有事焉而勿正心』，『活潑潑地』，亦曰此心之存而全體呈露，妙用顯行，無所滯礙牛代反。云爾。非必仰而視乎鳶之飛，俯而觀乎魚之躍，然後可以得之也。程子曰：「鳶飛戾天，魚躍于淵，言其上下察也」，此子思開示學者切要之語也。孟子曰「必有事焉而勿正心」，其意亦猶是也。有得於此者，樂則生，生則烏可已也；無得於心者，役役於見聞知思，爲機變之巧而已。○朱子曰：「必有事焉而勿正心」者，乃指此心之存主處；「活潑潑地」者，方是形容天理流行無所滯礙之妙。蓋以道之體用流行發見雖無間息，然在人而見諸日用者，初不外乎此心，故必此心之存，然後方見其全體呈露，妙用顯行，活潑潑地畧無滯礙耳。若見得破，則即此須臾之頃，此體便已洞然。○蛟峯方氏曰：「《或問》中舊説程子所引『必有事焉』與『活潑潑地』兩句，皆是指其實體而形容其流行發見無所滯礙倚著之意。其曰『必』、曰『勿』者，非有人以必之勿之，蓋謂有主張是者，而實未嘗有所爲耳。今説則謂『必有事焉而勿正心』者，乃指此心之存主處，直謂必此心之存，而後有以自覺。二説不同，如何？」曰：程子「必有事焉」，謂鳶、魚之飛、躍必有所以然者，必有存主處；「勿正心」，謂無勉强期必，非有心著意也。「活潑潑地」，是指天理呈露處。此朱子舊説之意，就「鳶、魚」上言。今説却就看鳶、魚之人上言，謂就費視隱必自存其心，則道理躍如矣。朱子謂只從這裏收一收，這箇便在。朱子兩説皆精，但前説恐人無下手處，故改從後説之實。抑孟子此言固爲精密，然但爲去聲。學者集義養氣而發耳。至於程子借以爲言，則又以發明學者洞見道體之妙，非但如孟子之意而已也。蓋此一言雖若二事，然其實則「必有事焉」半詞之間已盡其意。善用力者，苟能於此超然默會，則道體之妙已躍如矣，何待下句而後足於言邪？聖賢特恐學者用力之過而反爲所累，故更以下句解之。欲其雖有所事而不爲所累耳，非謂必有事焉之外，又當別設此念以爲正心之防也。潛室陳氏曰：今做工夫人，心不曾放去，又多失於迫切；不做工夫人，心裏自在，又却都没一事。曰：「然則其所謂『活潑潑地』者，毋乃釋氏之遺意邪？」曰：此但俚音里。俗之常談，釋氏蓋嘗言之，而吾亦言之耳，彼固不得而專之也。況吾之所言雖與彼同，而所形容實與彼異。若出於吾之所謂，則夫音扶。道之體用固無不在。然鳶而必戾于天，魚而必躍于淵，是君君、臣臣，父父、子子，各止其所而不可亂也。若如釋氏之云，則鳶可以躍淵，而魚可以戾天矣，是安可同日而語哉？問：「引君臣父子爲言，此吾儒之所以異於佛者，如何？」朱子曰：鳶飛魚躍，只是言其發見耳。釋亦言其發見，但渠言發見，却一切混亂。至吾儒須辨其理分，君臣父子皆定分也，鳶必戾于天，魚必躍于淵。且子思以「夫婦」言之，所以明人事之至近，而天理在焉。釋氏則舉此而絶之矣，又安可同年而語哉？○曰：「吕氏以下如何？」曰：吕氏分此以上論「中」，以下論「庸」，又謂「費則常道，隱則至道」，恐皆未安。藍田吕氏曰：此以上論「中」，此以下論「庸」。此章言常道之終始。費則常道，隱則至道。惟能盡常道，乃所以爲至道。謝氏既曰「非是極其上下而言」矣，又曰「非指鳶、魚而言」，蓋曰子思之引此《詩》，姑借二物以明道體無所不在之實，非以是爲窮其上下之極，而形其無所不包之量去聲。也。又非以是二物專爲形其無所不在之體，而欲學者之必觀乎此也。此其發明程子之意，蓋有非一時同門之士所得聞者。

而又別以「夫子與點」之意明之，則其爲説益以精矣。但所謂「察見天理」者，恐非本文之訓，而於程子之意，亦未免小失之耳。上蔡謝氏曰：「鳶飛戾天，魚躍于淵」，非是極其上下而言，蓋真箇見得如此，此正是子思喫緊道與人處，若從此解悟，便可入堯舜氣象。又曰：「鳶飛戾天，魚躍于淵」，無些私意。「上下察」，以明道體無所不在，非指「鳶、魚」而言也。若指鳶、魚言，則上面更有天，下面更有地在。知「勿忘勿助長」，則知此；知此，則知「夫子與點」之意。又曰：「鳶飛戾天，魚躍于淵」，猶韓愈所謂「魚川泳而鳥雲飛」，上下自然，各得其所也。子思之意言「上下察」，猶孟子所謂「必有事焉而勿正」，察見天理，不用私意也。游氏之説，其不可曉者尤多。如以「良知良能之所自出」爲道之「費」，則良知良能者不得爲道，而在道之外矣；又以不可知不可能者爲道之「隱」，則所謂道者乃無用之長去聲。物，而人亦無所賴於道矣。所引「天地明察」，似於彼此文意兩皆失之。至於所謂「七聖皆迷之地」，則莊生邪遁荒唐之語，尤非所以論中庸也。《莊子·徐無鬼》篇：「黄帝將見大隗乎具茨之山，方明爲御，昌寓驂乘，張若、謵傷涉反，一音習。朋前馬，昆閽、滑稽後車，滑音骨。至于襄城之野，七聖皆迷，無所問途。」七聖者，方明一，昌寓二，張若三，謵朋四，昆閽五，滑稽六，及黄帝也。此六名皆寓言。迷，謂迷失具茨之道。○廣平游氏曰：唯費也，則良知良能所自出，故夫婦之愚不肖可以與知而能行焉；唯隱也，則非有思者所可知，非有爲者所可能，故聖人有所不知不能焉。蓋聖人者，德之成而業之大也，過此以往則神矣。無方也，不可知；無體也，不可能。此七聖皆迷之地也。《孝經》曰：「事父孝故事天明，事母孝故事地察。」蓋事父母之心，雖夫婦之愚不肖亦與有焉，及其至也，天地明察，神明彰矣，則雖聖人之德又何以加此？此中庸所以爲至矣。楊氏以「大而化之」，「非智力所及」爲聖人不知不能，以「祁寒暑雨」，「雖天地不能易其節」爲「道之不可能」，而人所以「有憾」於天地，則於文義既有所不通，而又曰「人雖有憾」而「道固自若」，則其失愈遠矣。其曰「非體物而不遺者，其孰能察之」，其用「體」字、「察」字，又皆非經文之正意也。龜山楊氏曰：自「可欲」之「善」，至於「充實光輝」之「大」，致知力行之積也；「大而化之」至於「不可知」之「神」，則非智力所及也，德盛仁熟而自至焉耳。故及其至也，聖人有所不知不能焉。○祁寒暑雨之變，其機自爾，雖天地之大不能易其節也。夫道之不可能者如是，而人雖猶有憾焉，道固自若也。又曰：鳶飛魚躍非夫「體物不遺」者，其孰能察之？大抵此章若從諸家以聖人不知不能爲「隱」，則其爲說之弊必至於此而後已。嘗試循其說而體驗之，若有以使人神識飛揚，眩音縣。瞀茂、務二音。迷惑，而無所厎止，厎音旨，致也。字上無點。子思之意其不出此也必矣。唯侯氏不知不能之說，最爲明白。但所引「聖而不可知」者，孟子本謂人所不能測耳，非此文之意也。其他又有大不可曉者，亦不足深論也。新安陳氏曰：侯氏說已見《章句》。但其間未有「又如聖而不可知之神」之語，蓋侯氏亦以此爲聖人所不知之事，實則非也。朱子於《章句》已删去此語矣。

或問十三章之說：「子以爲『以人治人』爲『以彼人之道還治彼人』，善矣又謂『責其所能知能行』而引張子之說以實之，則無乃流於姑息之論，而所謂『人之道』者不得爲道之全也邪？」曰：上章固言之矣。夫婦之所能知能行者，道也；聖人之所不知不能而天地猶有憾者，亦道也。然自人而言，則夫婦之所能知能行者，人之所切於身而不可須臾離者也；至於天地聖人所不能及，則其求之當有漸次，而或非日用之所急矣。然則責人而先其切於身之不可離者，後其有漸而不急者，是乃「行遠自邇，升高自卑」之序。使其由是而不已焉，則人道之全，亦將可以馴致。今必以是爲姑息而遽欲盡道以責於人，吾見其失先後之序，違緩急之宜，人之受責者將至於有所不堪，而道之無窮則終非一人一日之所能盡也。是亦兩失之而已焉爾。○曰：「『子』、『臣』、『弟』、『友』之絶句，何也？」曰：夫子之意，蓋曰我之所責乎子之事己者如此，而反求乎己之所以事父則未能如此也；所責乎臣之事己者如此，而反求乎己之所以事君則未能如此也；所責乎弟之事己者如此，而反求乎己之所以事兄則未能如此也；所責乎朋友之施己者如此，而反求乎己之所以先施於彼者則未能如此也。於是以其所以責彼者自責於「庸言」、「庸行」之間，蓋不待求之於他，而吾之所以自脩之則，具於此矣。今或不得其讀，音豆。

而以「父」、「君」、「兄」、「之」四字爲絶句，則於文意有所不通，而其義亦何所當去聲。哉？朱子曰：此處主意立文，與《大學》「絜矩」一章相似，人多誤讀。○黄氏曰：或以「所求乎臣」一句而有疑，非也。古人「君」、「臣」字多通用。諸侯有土者多稱君，其下皆稱臣。凡卑之於尊，僕隸之於主，便有臣義。○曰：「諸説如何？」曰：諸家説《論語》者多引此章以明一以貫之之義，説此章者又引《論語》以釋「違道不遠」之意，一矛莫侯反，兵器，建於兵車，長二丈。一盾，食尹反，兵器，所以蔽身者。終不相謀，而牽合不置，學者蓋深病之。及深考乎程子之言，有所謂「動以天」者，然後知二者之爲忠恕，其跡雖同；而所以爲忠恕者，其心實異。非其知德之深，知言之至，其孰能判然如此而無疑哉？然「盡己」、「推己」，乃「忠」、「恕」之所以名，而正謂此章

「違道不遠」之事。若「動以天」，而「一以貫之」，則不待盡己而至誠者自無息，不待推己而萬物已各得其所矣。曾子之言，蓋指其不可名之妙，而借其可名之粗以明之。學者默識於言意之表，則亦足以互相發明，而不害其爲同也。餘説雖多，大概放上聲。此。推此意以觀之，則其爲得失自可見矣。程子説，詳見《論語》「吾道一貫」章《集註》。○朱子曰：論著「忠」、「恕」名義，自合依子思「忠恕違道不遠」是也；曾子所説，却是移上一階説天地之忠恕。其實只一箇忠恕，須自看教有許多等級分明。○慶源輔氏曰：「違道不遠」者，學者之忠恕也；動以天者，聖人之忠恕也。曾子一貫之忠恕，雖借學者之事而言，其所以異者，只是「動以天耳」。所謂「動以天耳」者，蓋於己上已全盡了，不待推而自然及物也。如所謂「以己及物，仁也」。此則夫子之一貫，所謂「動以天」也。○陳氏曰：《中庸》説「忠恕違道不遠」，正是説學者之忠恕；曾子説「夫子之道忠恕」，乃是説聖人之忠恕。聖人忠恕是天道，學者忠恕是人道。

「違道不遠」，如「齊師違穀七里」之違，非背音佩。下同。而去之之謂，愚固已言之矣。諸説於此多所未合，則不察文義而强上聲。爲之説之過也。夫音扶。下同。「齊師違穀七里，穀人不知」，則非昔已在穀而今始去之也，蓋曰自此而去以至於穀，纔七里耳。孟子所云「夜氣不足以存，則其違禽獸不遠矣」，非謂昔本禽獸而今始違之也，亦曰自此而去以入於禽獸不遠耳。蓋所謂道者，當然之理而已，根於人心而見賢遍反。諸行事，不待勉而能也。然唯盡己之心而推以及人，可以得其當然之實，而施無不當。去聲。不然，則求之愈遠而愈不近矣。此所以自是忠恕而往以至於道，獨爲「不遠」。其曰「違」者，非背而去之之謂也。程子又謂

「事上之道莫若忠，待下之道莫若恕」，此則不可曉者。若姑以所重言之，則似亦不爲無理；若究其極，則忠之與恕初不相離，去聲。程子所謂「要除一箇除不得」，而謝氏以爲「猶形影」者，意可見矣。程子曰：「忠」、「恕」兩字，要除一箇除不得。○上蔡謝氏曰：忠、恕猶形影也，無忠做恕不出來。今析爲二事而兩用之，則是果有無恕之忠，無忠之恕，而所以事上接下者，皆出於强上聲。爲而不由乎中矣，豈「忠恕」之謂哉？是於程子他說殊不相似，意其記録之或誤；不然，則一時有爲去聲。下「正爲」同。言之，而非正爲「忠恕」發也。朱子曰：忠恕只是一件事，不可作兩箇看。○忠與恕不可相離一步。○陳氏曰：大概忠恕只是一物，就中截作兩片則爲二物。蓋存於中者既忠，則發出外來便是恕；應事接物處不恕，則是在我者心不十分真實。故發出忠的心，便是恕的事；做成恕的事，便是忠的心。張子二説皆深得之。但「虚者仁之原，忠恕與仁俱生」之語，若未瑩縈定反。耳。張子曰：所求乎君子之道四，是實未能，道何嘗有盡？聖人，人也，人則有限，是誠不能盡能也。聖人之心則直欲盡道，事則安能得盡？如「博施濟衆，堯舜實病諸」，堯舜之心其施直欲至于無窮方爲博施，然安得若是；「脩己以安百姓」，是亦堯舜實病之，欲得人人如此，亦安得如此？又曰：虚者，仁之原；忠恕與人俱生。禮義者，仁之用。吕氏改本太畧，不盡經意；舊本乃推張子之言而詳實有味。但「柯猶在外」以下爲未盡善。藍田吕氏曰：妙道精義，常存乎君臣父子夫婦朋友之間，不離乎交際酬酢應對之末，皆人心之所同然，未有不出於天者也。若絶乎人倫，外乎世務，窮其所不可知，議其所不可及，則有天人之分，内外之別，非所謂大而無外，一以貫之，安在其爲道也歟？執斧之柄而求柯於木，其尺度之則固不遠矣。然柯猶在外，睨而視之，始得其則；若夫治己治人之道，於己取之，不必睨視之勞而自得於此矣。故君子推是心也，其治衆人也，以衆人之所及知，責其所知，以衆人之所能行，責其所行，改而後止，不厚望也。其愛人也，以忠恕而已。忠者誠有是心而不自欺，恕者推待己之心以及人者也。忠恕不可謂之道，而道非忠恕不行，此所以言「違道不遠」者。其治己也，以求乎人者反於吾身，事父、事君、事兄、先施之朋友，皆衆人之所能；盡人倫之至，則雖聖人亦自謂未能，此舜所以盡事親之道，必至「瞽瞍底豫」者也。庸者，常道也。事父孝，事君忠，事兄弟，交朋友信，庸德也，必行而已；有問有答，有唱有和，不越乎此者，庸言也，無易而已。不足而不勉，則德有止而不進；有餘而盡之，則道難繼而不行。無是行也，不敢苟言以自欺，故言顧行；有是言也，不敢不行而自棄，故行顧言。若易之曰：「所謂則者猶在所執之柯，而不在所伐之柯，故執柯者必有睨視之勞，而猶以爲遠也。若夫以人治人，則異於是。蓋衆人之道止在衆人之身，若以其所及知者責其知，以其所能行者責其行，人改即止，不厚望焉，則不必睨視之勞，而所以治之之則，不遠於彼而得之矣。忠者，誠有是心而不自欺也；恕者推待己之心以及人也。推其誠心以及於人，則其所以愛人之道，不遠於我而得之矣。至於事父事君事兄交友，皆以所求乎人責乎己之所未能，則其所以治己之道，亦不遠於心而得之矣。夫四者固皆衆人之所能，而聖人乃自謂未能者，亦曰未能如其所以責人者耳，此見聖人之心『純亦不已』，而道之體用，『其大天下莫能載，其小天下莫能破』。舜之所以盡事親之道必至乎『瞽瞍底豫』者，蓋爲去聲。此也。」如此，然後屬音燭。乎「庸者常道」之云，則庶乎其無病矣。且其曰「有餘而盡之，則道難繼而不行」，又不若游氏所引「恥躬不逮」爲得其文意也。廣平游氏曰：有所不足，不敢不勉，將以「踐言」也，則其行顧言矣；有餘不敢盡，「恥躬之不逮」也，則其言顧行矣。謝氏、侯氏所論《論語》之忠恕，獨得程子之意。上蔡謝氏曰：以天地之理觀之，忠譬則流而不息，恕譬則萬物散殊。知此，則可以知「一貫」之理矣。○河東侯氏曰：忠恕一也，性分不同。夫子，聖人也，故不待推。但程子所謂「天地之不恕」，亦曰天地之化生生不窮，特以氣機闔户臘反，閉也。闢，毗亦反，開也。有通有塞。故當其通也，天地變化草木蕃音煩，茂也。則有似於恕；當其塞也，天地閉而賢人隱，則有似於不恕耳。其曰「不恕」，非若人之閉於私欲而實有忮支義反。害之心也。謝氏推明其說，乃謂天地之有不恕，乃因人而然，則其說有未究者。蓋若以爲人不致中，則天地有時而不位；人不致和，則萬物有時而不育。是謂天地之氣因人之不恕而有似於不恕則可。若曰天地因人之不恕而實有不恕之心，則是彼爲人者既以忮心失恕而自絶於天矣，爲天地者反效其所爲以自已其「於音烏。穆」之「命」也。豈不誤哉？上蔡謝氏曰：程子云：「天地變化草木蕃，是天地之恕；天地閉賢人隱，是天地之不恕。」或言：「天地何故亦有不恕？」曰：天地因人者也。若不因人，何故人能與天地爲一？故有意必固我，則與天地不相似。游氏之說，其病尤多。至於道「無物我之間」，去聲。而忠恕「將以至於忘己」、「忘物」，則爲已違道而猶未遠也，是則老、莊之遺意，而遠人甚矣，豈《中庸》之旨哉？廣平游氏曰：夫道一以貫之，無物我之間。既曰忠恕，則已違道矣。然忠以盡己，則將以至忘己也；恕以盡物，則將以至忘物也。則善爲道者莫近焉，故雖違而不遠矣。楊氏又謂「以人爲道，則與道二」而遠於道，故戒人不可以爲道；如「執柯以伐柯」，則「與柯二」，故「睨而視之猶以爲遠」。則其違經背理又有甚焉。使經而曰「人而爲道則遠人，故君子不可以爲道」，則其說信矣；今經文如此，而其說乃如彼，既於文義有所不通，而推其意又將使道爲無用之物，人無入道之門，而聖人之教人以爲道者，反爲誤人而有害於道，是安有此理哉？既又曰「自道言之則不可爲，自求仁言之則忠恕者莫近焉」，則已自知其有所不通，而復爲是說以救之，然終亦矛盾而無所合。是皆流於異端之說，不但毫釐陵之反。之差而已也。龜山楊氏曰：「仁者人也，合而言之道也。」道豈嘗離人哉？人而爲道，與之二矣，道之所以遠。執柯以伐柯，與柯二矣，爲道之譬也。睨而視之猶以爲遠，「爲道而遠人」之譬也。執柯以伐柯，其取譬可謂近矣，睨而視之猶且以爲遠。況不能以近取譬乎？則其違道可知矣。「故君子以人治人，改而止。」以人治人，仁之也；改而止，不爲已甚也。蓋道一而已，仁是也。視天下無一物之非仁，則道其在是矣。然則道終不可爲乎？曰：自道言之，則執柯伐柯猶以爲遠也；自求仁言之，則唯忠恕莫近焉。故又言之以示進爲之方，庶乎學者可與入德矣。侯氏固多踈闊，其引「顏子樂音洛。道」之說，愚於《論語》已辨之矣。至於四者未能之說，獨以爲若「止謂恕己以及人，則是聖人將使天下皆無父子君臣」矣，此則諸家皆所不及。河東侯氏曰：爲道，如言顏子樂道同。又曰：父子之仁，天性也。君臣之義也。兄弟亦仁也，朋友亦義也。孔子自謂皆未能，何也？只謂恕己以及人，則聖人將使天下皆無父子君臣乎？蓋以責人之心責己，則盡道也。蓋近世果有不得其讀，音豆。而輒爲之說曰：此君子以一己之難克，而天下皆可恕之人也。嗚呼，此非所謂「將使天下皆無父子君臣」者乎？侯氏之言，於是乎驗矣。此評橫浦張氏子韶之說。

或問十四章之說。曰：此章文義無可疑者，而張子所謂「當知無天下國家皆非之理」者，尤爲切至。張子曰：責己者當知無天下國家皆非之理，故學至於不非人，學之至也。呂氏説雖不免時有小失，然其大體則皆平正慤克角反。實而有餘味也。藍田呂氏曰：「達則兼善天下」，「得志則澤加於民」，「素富貴行乎富貴者」也。「不驕」、「不淫」不足以道之也。「窮則獨善其身」，「不得志則脩身見於世」，「素貧賤行乎貧賤」者也。「不諂」、「不懾」不足以道之也。「言忠信，行篤敬，雖蠻貊之邦行矣」，「素夷狄行乎夷狄」者也。文王「内文明而外柔順，以蒙大難」，箕子「内難而能正其志」，「素患難行乎患難」者也。「愛人不親反其仁，治人不治反其智」，此「在上位」所以「不陵下」也；「彼以其富，我以吾仁；彼以其爵，我以吾義，吾何慊乎哉？」此「在下位」所以「不援上」也。陵下不從則罪其下，援上不得則非其上，是所謂「尤人」者也。「庸德之行，庸言之謹」，「居易」者也；「國有道不變塞焉，國無道至死不變」，「心逸日休」，「行其所無事」，如子從父命無所往而不受，「俟命」者也。若夫行險以徼一旦之幸，得之則貪爲己力，不得則不能反躬，是所謂「怨天」者也。故君子正己而不求於人，如射而已。射之不中，由吾巧之不至也，故「失諸正鵠」者，未有不「反求諸身」。如君子之治己，「行有不得」亦「反求諸身」，則德之不進，豈吾憂哉？

游氏説亦條暢，而「存亡」、「得喪」、去聲。「窮通」好醜之説尤善。廣平游氏曰：「素其位而行」者，即其位而道行乎其中，若其素然也。舜之飯糗茹草若將終身，此非「素貧賤」而道「行乎貧賤」不能然也；及其爲天子被袗衣鼓琴若固有之，此非「素富貴」而道「行乎富貴」不能然也。飯糗、袗衣，其位雖不同，而此道之行一也。至於「夷狄」「患難」，亦若此而已。道無不行，則無入而不自得矣。蓋道之在天下，不以易世而有存亡，故無古今；則君子之行道不以易地而有加損，故無得喪。至於「在上位不陵下」，知「富貴」之非泰也；「在下位不援上」，知「貧賤」之非約也。此惟正己而不求於人者能之，故能「上不怨天，下不尤人」。蓋君子惟能循理，故「居易以俟命」。「居易」未必不得也，故窮通皆好。小人反是，故「行險以徼幸」。「行險」未必常得也，故窮通皆醜。學者要當篤信而已。

但楊氏以「反身而誠」爲「不願乎外」，則

本文之意初未及此；而「詭遇」「得禽」，亦非「行險」「徼幸」之謂也。龜山楊氏曰：君子居其位若固有之，無出位之思，「素其位」也；「萬物皆備於我，反身而誠，樂莫大焉」，何「願乎外」之有？故能「素其位而行」，無入而不自得也。「居易以俟命」，行其所無事也；「行險以徼幸」，不受命者也。「詭遇」而「得禽」者蓋有焉，君子不爲也。「射有似乎君子」者，射以容節比於禮樂爲善。內志正，外體直，然後持弓矢審固；持弓矢審固，然後可以言中。射而失正鵠者，未能審固也。如射者豈他求哉？反而求諸吾身以正吾志而已。此「君子居易」之道也。世之「行險以徼幸」者，一有失焉，益思所以詭遇也，則異於是矣。侯氏所辨常總「默識」、「自得」之說甚當。去聲。著其近世佛者妄以吾言傅音義與「附」同。會其說，而指意乖剌，郎葛反，戾也。如此類者多矣，甚可笑也。僧總老嘗問一士人曰：「《論語》云默而識之，識是識箇甚？子思言君子無入而不自得，得是得箇甚？」或者無以對。河東侯氏曰：是不識吾儒之道，猶以吾儒語爲釋氏用，在吾儒爲不成說話。既曰「默識」與「無入不自得」，更理會甚識甚得之事？是不成說話也。今人見筆墨須謂之「筆墨」，見人須謂之「人」，不須問「默而識之」是「默識」也。聖人於道猶是也。「庸言之信，庸行之謹」，是「自得」也，豈可名爲所得所識之事也？但侯氏所以自爲說者却有未善。若曰「識者知其理之如此而已，得者無所不足於吾心而已」，則豈不明白真實而足以服其心乎？

或問十五章之說。曰：章首二句承上章而言，道雖無所不在，而其進之則有序也。其下引《詩》與夫子之言乃指一事以明之，非以二句之義爲止於此也。諸說惟呂氏爲詳實。然亦不察此而反以章首二言發明引《詩》之意，則失之矣。藍田呂氏曰：不得乎親，不可以爲人；不順乎親，不可以爲子。故君子之道，莫大乎孝；孝之本，莫大乎順父母。故仁人孝子欲順乎親，必先乎妻子不失其好，兄弟不失其和。室家宜之，妻孥樂之，致家道成，然後可以養父母之志而無違。「行遠」、「登高」者，謂孝子莫大乎順其親者也；「自邇」、「自卑」者，謂本乎妻子兄弟者也。故身不行道，不行於妻子；文王刑于寡妻，至于兄弟，則治家之道必自妻子始。

或問：「鬼神之說，其詳奈何？」曰：「鬼神」之義，孔子所以告宰予者，見賢遍反。於《祭義》之篇，其說已詳，問：「宰我曰：『吾聞鬼神之名，不知其所謂。』孔子曰：『氣也者，神之盛也；魄也者，鬼之盛也。』又曰：『衆生必死，死必歸土，是之謂「鬼」。骨肉斃于下陰爲野土，其氣發揚于上爲昭明、焄蒿、悽愴，此百物之精也，神之著也。』《或問》引之。」朱子曰：夫子答宰我鬼神說甚好。氣者神之盛也，魄者鬼之盛也。人死時魂氣歸于天，精魄歸于地，所以古人祭祀燎以求諸陽，灌以求諸陰。又問：「『其氣發揚于上』至『神之著也』，何謂也？」曰：人氣本騰上，這下面盡，則只管騰上去；如火之煙，這下面薪盡，則煙只管騰上去。○新安陳氏曰：又一條釋「昭明、焄蒿、悽愴」，已見本章《章句》下。而鄭氏釋之亦已明矣。其以口鼻之噓吸者爲魂，耳目之精明者爲魄，蓋指血氣之類以明之。問：「陽魂爲神，陰魄爲鬼，《祭義》曰：『氣也者神之盛也。』而鄭氏曰：『氣，噓吸出入者也，耳目之聰明爲魄。』然則陰陽未可言鬼神，陰陽之靈乃鬼神也，如何？」朱子曰：魄者形之神，魂者氣之神。魂魄是形氣之精英謂之「靈」，故張子曰「二氣之良能」。二氣即陰陽，而良能是其靈處。○口鼻噓吸以氣言，目之精明以血言也。耳之精明亦何故以血言？醫家以耳屬腎，精血盛則聽聰，精血耗則耳聵矣。氣爲魂，血爲魄。○問：「眼，體也，眼之光爲魄；耳，體也，何以爲耳之魄？」曰能聽者便是。如老人耳重目昏，便是魄漸要散。程子、張子更以陰陽造化爲說，則其意又廣，而天地萬物之屈伸往來皆在其中矣。蓋陽魂爲神，陰魄爲鬼。是以其在人也，陰陽合，則魄凝魂聚而有生；陰陽判，則魂升爲神，魄降爲鬼。《易大傳》去聲。所謂「精氣爲物，遊魂爲變，故知鬼神之情狀」

者，正以明此。而《書》所謂「徂叢胡反，往也。落」者，亦以其升降爲言耳。《書·舜典》云：「二十有八載，帝乃徂落。」○朱子曰：《周禮》言天曰神，地曰祇，人曰鬼，三者皆有神，而天獨曰「神」者，以其常常流動不息，故專以「神」言之。若人亦自有神，但在人身上則謂之「神」，散則謂之「鬼」耳。鬼是散而静了更無形，故曰「往而不來」。又問：「子思只是舉神之著者而言，何以不言鬼？」曰：鬼是散而静更無形，故不必言；神是發見，此是鬼之神，如人祖考氣散爲鬼矣，子孫盡精神以格之，則「洋洋如在其上，如在其左右」，豈非鬼之神耶？魂者陽之神，魄者鬼之神，見《淮南子》註。○天地陰陽之氣交合便成人。氣便是魂，精便是魄。到得將死，熱氣上出，所謂魂升；下體漸冷，所謂魄降。魂歸于天，魄降于地，而人死矣。○陳氏曰：「鬼神」之義甚博，程子就「陰陽」二字發用之迹顯然可見者言之，張子亦言二氣自然能如此。大綱只是往來屈伸之謂耳。○陰精陽氣聚而生物，乃神之伸也，而屬乎陽；魂遊魄降散而爲變，乃鬼之歸也，而屬乎陰。鬼神情狀大概不過如此。○徂，是魂之升上；落，是魄之降下。○張氏存中。曰：《禮記·祭義篇》之説朱子已及之，《易大傳》，即《繫辭》也，《或問》所引已明，此皆不重出。若又以其往來者言之，則來者方伸而爲神，往者既屈而爲鬼。蓋二氣之分，實一氣之運，故陽主伸，陰主屈，而錯綜子宋反。以言，亦各得其義焉。新安陳氏曰：「錯綜以言」，即朱子「神之神」、「神之鬼」一條，已載《章句》下。學者熟玩而精察之，葉氏曰：學者先看天地二氣之屈伸，若朝暮，若寒暑，若榮謝，大綱已明，却反驗之一身，自父母成育之始，及少長壯老之變，晝夜作息夢覺，熟體而精察之，無餘蘊矣。如謝氏所謂「做題目入思議」者，則庶乎有以識之矣。上蔡謝氏曰：這箇便是天地間妙用，須是將來做箇題目入思議始得，講説不濟事。曰：「諸説如何？」曰：吕氏推本張子之説，尤爲詳備。藍田吕氏曰：鬼神者，二氣之往來爾。物感雖微，無不通於二氣。故人有是心雖自爲隱微，心未嘗不動。動則固已感於氣矣，鬼神安有不見乎？其心之動，又必見於聲色舉動之間，乘間以知之，則感之著者也。但改本有「所屈者不亡」一句，乃「形潰反原」之意，張子他書亦有是説，張子曰：形聚爲物，物潰反原。反原者，其遊魂爲變歟？○藍田吕氏曰：往者屈也，來者伸也。所屈者不亡，所伸者無息。而程子數音朔。辨其非，《東見録》中所謂「不必以既反之氣復爲方伸之氣」者，其類可考也。程子曰：近取諸身，百理皆具，屈伸往來之義，只於鼻息之間見之。屈伸往來只是理，不必將既屈之氣復爲方伸之氣。生生之理自然不息。如《復》言「七日來復」，其間元不斷續，陽以復生。物極必返，其理須如此。有生便有死，有始便有終。○若謂既返之氣，復將爲方伸之氣，必資於此，則殊與天地之化不相似。天地之化自然生生不窮，更何復資於既斃之形、既反之氣，以爲造化？近取諸身，其開闔往來見之鼻息，然不必須假吸復入以爲呼，氣則自然生。人氣之生，生於真元。天地之氣亦自然生生不窮。至如海水因陽盛而涸，及陰盛而生，亦不是將已涸之氣却生，水自然能生。往來屈伸，只是理也。盛則便有衰，晝則便有夜，往則便有來。○格庵趙氏曰：屈伸往來者，氣也；其所以屈伸往來者，理也。往而屈者，其氣已散；來而伸者，其氣方生。生生之理，自然不窮。若謂以既屈之氣復爲方伸之氣，則是天地間只有許多氣來來去去，其輪迴之説，而非理之本然也。謝氏説則善矣，但「歸根」之云，似亦微有反原之累耳。上蔡謝氏曰：動而不已，其神乎；滯而有迹，其鬼乎？往來不息，神也；摧仆歸根，鬼也。致生之故其鬼神，致死之故其鬼不神，何也？人以爲神則神，以爲不神則不神矣。知死而致生之不智，知死而致死之不神，聖人所以神明之也。○或問：「死生之説如何？」曰：人死時氣盡也。曰：「有鬼神否？」曰：余當時亦曾問明道先生，明道曰：「待向你道無來，你怎生信得及；待向你道有來，你但去尋討看。」此便是答的語。又曰：横渠説得來別。這箇便是天地間妙用，須是將來做箇題目入思議始得，講説不濟事。又問曰：「沈魂滯魄，影響底事如何？」曰：須是自家看破始得。張亢郡君化去，嘗來附語，亢所知事皆能言之。亢一日方與道士圍棊，又自外來，道士將一把棊子令將去問之，張不知數，便道不得。又如紫姑神不識字底把著寫不得，推此可以見矣。曰：「先王祭享鬼神則甚？」曰：是他意思別。三日齋，五日戒，求諸陰陽四方上下，蓋是要集自家精神，所以假有廟必於萃與渙言之。雖然如是，以爲有亦不可，以爲無亦不可。這裏有妙理，於若有若無之間須斷置得去始得。曰：「如此說，即是鶻突也。」曰：不是鶻突，自家要有便有，要無便無始得。鬼神在虛空中辟塞滿，觸目皆是，爲他是天地間妙用。祖考精神，便是自家精神。○朱子曰：「歸根」本老氏語，畢竟無歸，這箇何曾動？此性只是天地之性，當初亦不是自彼來而入此，亦不是自往而復歸。如月影在這盆水裏，除了這盆水，這影便無了，豈是這月飛上天去歸那月？又如這花落，便無這花了，豈是歸去那裏，明年又復來生這枝上？

游、楊之說皆有不可曉者。廣平游氏曰：道無不在，鬼神具道之妙用也，其德固不盛歟？夫欲知鬼神之德者，反求諸其心而已。神將來舍，則是神之格思也。若正心以度之則乖矣，所謂「不可度思」也；正心度之猶不可，又況得而忘之乎？所謂「不可射思」也。不可度，故「視不見，聽不聞」；不可射，故「如在其上，如在其左右」也。夫微之顯如此，以其「誠之不可揜」也。誠則物物皆彰矣，故不可揜。微之顯者，其理也；誠之不可揜，以其德言也。○龜山楊氏曰：鬼神之德，唯誠而已。誠無幽明之間，故其不可揜如此夫！「不誠」則「無物」，所謂「體物而不可遺」者，尚何顯之有？知此，其知鬼神矣。唯「妙萬物而無不在」一語近是。而以其他語考之，不知其於是理之實果何如也。龜山楊氏曰：鬼神體物而不可遺，蓋其妙萬物而無不在故也。

侯氏曰：「鬼神形而下者，非誠也；鬼神之德，則誠也。」按經文本贊鬼神之德之盛如下文所云，而結之曰「誠之不可揜如此」，則是以爲鬼神之德所以盛者，蓋以其誠耳。非以誠自爲一物，而別爲鬼神之德也。今侯氏乃析鬼神與其德爲二物，而以形而上下言之，乍讀如可喜者，而細以經文事理求之，則失之遠矣。程子所謂「只好隔壁聽」者，其謂此類也夫？音扶。○河東侯氏曰：只是鬼神，非誠也。經不曰「鬼神」而曰「鬼神之爲德，其盛矣乎」，鬼神之德，誠也。《易》曰：「形而上者謂之道，形而下者謂之器。」鬼神亦器也，形而下者也。學者心得之可也。○問：「鬼神之德如何？」朱子曰：此言鬼神實然之理，猶言人之德，不可道人自爲一物，其德自爲德。侯氏解「鬼神之爲德」，謂鬼神爲形而下者，鬼神之德爲形而上者，且如「中庸之爲德」，不成説中庸形而下者，中庸之德爲形而上者？○雙峯饒氏曰：「鬼神之爲德」，與「中庸之爲德」語意一般。所謂德，指鬼神而言也。曰：「子之以『幹事』明『體物』，何也？」曰：天下之物，莫非鬼神之所爲也。故鬼神爲物之體，而物無不待是而有者。然曰「爲物之體」，則物先乎氣；必曰「體物」，然後見其氣先乎物而言順耳。朱子曰：不是有此物時便有此鬼神，凡是有這鬼神了，方有此物。及至有此物了，又不能違乎鬼神也。體物，將鬼神做主，將物做賓，方看得出。幹，猶木之有幹，必先有此而後枝葉有所附而生焉。「貞」之「幹事」，亦猶是也。

或問十七章之説。曰：程子、張子、吕氏之説備矣。程子曰：「知天命」，是達天理也；「必受命」，是得其應也。命者，是天之付與，如「命令」之命。天之報應，皆如影響。得其報者，是常理也；不得其報者，非常理也。然而細推之，則須有報應。但人以淺狹之見求之，便爲差互。天命不可易也。然有可易者，唯有德者能之。如脩養之引年，世祚之祈天永命，常人之至於聖賢，皆此道也。○張子曰：德不勝氣，性命於氣；德勝其氣，性命於德。窮理盡性，則性天命，命天德。氣之不可變者，獨死生脩夭而已。故論死生則曰有命，以言其氣也；語富貴則曰在天，以言其理也。此大德所以必受命。○藍田吕氏曰：天命之所屬，莫踰於大德。至於禄位名壽之皆極，則人事至矣，天命申矣。天之萬物其所以爲吉凶之報，莫非因其所自取也。植之固者，加雨露之養，則其末必盛茂；植之不固者，震風凌雨，則其本先撥。至于人事，則「得道者多助，失道者寡助」。是皆「因其材而篤焉，栽者培之，傾者覆之」者也。古之君子既有「憲憲」之「令德」，又有「宜民宜人」之大功，此宜受天祿矣，故天保佑之，申之以受天命。此「大德」所以「必受命」，是亦「栽者培之」之義與？又曰：命雖不易，惟至誠不息亦足以移之。此「大德」所以「必受命」。楊氏所辨孔子不受命之意，則亦程子所謂「非常理」者盡之。而侯氏所推以謂「舜得其常，而孔子不得其常」者，尤明白也。龜山楊氏曰：孔子當衰周之時，猶木之生非其地也，雖其雨露之滋，而牛羊斧斤相尋於其上，則是濯濯然也，豈足怪哉？○河東侯氏曰：舜，匹夫也，而有天下，此所謂「必得」者，「先天而天弗違也」；孔子，亦匹夫也，亦德爲聖人也，而不得者，「後天而奉天時」也。必得者，理之常也；不得者，非常也。得其常者，舜也；不得其常者，孔子也。至於顔、跖音隻。與孟子「蹠之徒」之蹠字通。壽夭之不齊，則亦不得其常而已。楊氏乃忘其所以論孔子之意，而更援老聃他談反。之言以爲顔子「雖夭而不亡者存」，則反爲衍説而非吾儒之所宜言矣。且其所謂「不亡」者，果何物哉？若曰天命之性，則是古今聖愚公共之物，而非顔子所能專；若曰氣散而其精神魂魄猶有存者，則是「物而不化」之意，猶有滯於冥漠之間，尤非所以語顔子也。龜山楊氏曰：顔、跖之夭壽不齊，何也？老子曰：「死而不亡曰壽。」顔雖夭，而不亡者猶在也。非夫知性知天者，其孰能識之？侯氏所謂孔子不得其常者善矣。然又以天於孔子「固已培之」，則不免有自相矛盾處。蓋德爲聖人者，固孔子之所以爲栽者也。至於祿也，位也，壽也，則天之所當以培乎孔子者，而以適丁氣數之衰，是以雖欲培之而有所不能及爾，是亦所謂「不得其常」者。何假復爲異説以汩音骨。之哉？河東侯氏曰：「天之生物必因其材而篤焉，栽者培之，傾者覆之」，非謂如孔子者也。孔子德爲聖人，其名與禄壽孰禦焉？「固以培之」矣。孟子所謂「天爵」者也，何歉於「人爵」哉？

或問十八章、十九章之説。曰：吕氏、楊氏之説於禮之節文度數詳矣。其間有不同者，讀者詳之可也。藍田吕氏曰：「期之喪達乎大夫」者，期之喪有二：有正統之期，爲祖父母者也；有旁親之期，爲世父母、叔父母、衆子昆弟、昆弟之子是也。正統之期，雖天子諸侯莫降；旁親之期，天子諸侯絶服，而大夫降，所謂尊不同故或絶或降也。大夫雖降，猶服大功，不如天子諸侯之絶服也。如旁親之期亦爲大夫，則大夫亦不降，所謂尊同則服其親之服也。諸侯雖絶服，旁親尊同亦不降，所不臣者猶服之，如始封之君不臣諸父昆弟，封君之子不臣諸父而臣昆弟，是也。「三年之喪達乎天子」者，三年之喪爲父爲母，適孫爲祖，爲長子，爲妻而已，天子達乎庶人一也。父在，爲母及妻雖服期，然本爲三年之喪，但爲父爲夫屈者也。故與齊衰期之餘喪異者有三：服而加杖，一也；十一月而練，十三月而祥，十五月而禫，二也；夫必三年而後娶，三也。周穆后崩，太子壽卒，叔向曰：「王一歲而有三年之喪二焉。」則包后亦爲三年也。○宗廟之禮，所以序昭穆，别人倫也，親親之義也。父爲昭，子爲穆，父親也。親者邇，則不可不别也。祖爲昭，孫亦爲昭，祖爲穆，孫亦爲穆，祖尊也。尊者遠，則不嫌於無别也。故孫可以爲王父尸，子不可以爲父尸，此昭穆之别於尸者也。喪禮卒哭而祔，男祔于皇祖考，女祔于皇祖妣，婦祔于皇祖姑。《喪服小記》：「士大夫不得祔于諸侯，祔于諸祖父之爲士大夫者，亡則中一以上而祔，祔必以其昭穆。」此昭穆之别於附者也。有事於太廟，子姓兄弟亦以昭穆别之，群昭群穆不失其倫。凡賜爵，昭與昭齒，穆與穆齒，此昭穆之别於宗者也。序爵者，序諸侯諸臣與祭者之貴賤也，貴貴之義也。《詩》曰「相維辟公，天子穆穆」，此諸侯之助祭者也；「於穆清廟，肅雍顯相，濟濟多士，秉文之德」，此諸臣之助祭者也。序事者，别賢與能而授之事也，尊賢之義也。孰可以爲祭而詔相，孰可以爲祝而祝嘏，孰可以裸贊獻，孰可以執籩豆，至于執爵沃盥莫不辨其賢能之大小而序之也。旅酧下爲上者，使賤者亦得申其敬也，下下之義也。若特牲饋食之禮，賓弟子、兄弟弟子各舉觶於其長以行旅酢，於宗廟之中以有事爲榮也。燕毛者，既祭而燕，則尚齒也，長長之義也。毛，髮色也。以髮色別長少而爲之序也。祭則貴貴，貴貴則尚爵；燕則親親，親親則尚齒：其義一也。天下之大經，親親長長，貴貴尊尊而已；人君之至恩，下下而已。一祭之間，大經以正，至恩以宣，天下之事盡矣。○龜山楊氏曰：祭有昭穆，所以別父子遠近長幼親疏之序也。故有事于太廟，則群昭群穆咸在而不失其倫焉，此宗廟之禮所以序昭穆也。尸飲五，君洗玉爵獻卿，尸飲七，以瑤爵獻大夫，尸飲九，以散爵獻士及群有司，此序爵而尊卑有等，所以辨貴賤也。玉帛，交神明也；裸鬯，求神於幽也。故天地不裸，則玉幣尊於鬯也，故太宰贊之。鬯則大宗伯涖之。裸則又卑於鬯也，故小宰贊之。若此類，所謂序事也。先王量德授位，因能授職，此「序事」所以「辨賢也」。饋食之終，酳尸之獻，下待群有司更爲獻酢，此「旅酢下爲上，所以逮賤也」。既終而以燕毛爲序，「所以序齒也」。序昭穆，親親也；序爵，貴貴也。序事，尚德也；旅酢逮賤，燕毛序齒，尚恩也。敬親者不敢慢於人，況其所尊乎；愛親者不敢惡於人，況其所親乎？「事死如事生」，若「餘閣」之奠是也；「事亡如事存」，若「齊必見其所祭者」是也。

游氏引《泰誓》、《武成》以爲文王未嘗稱王之證，深有補於名教。

廣平游氏曰：武王於《泰誓》三篇稱文王爲「文考」，至《武成》而柴望，然後稱文考爲「文王」，仍稱其祖爲「大王」、「王季」，然則周公追王太王、王季者，乃文王之德、武王之志也。故曰「成文武之德」。不言文王者，武王既追王矣；武王既追王而不及太王王季，以其未受命而其序有未暇也。《禮記・大傳》載牧野之奠，「追王大王亶父、王季歷、文王昌」，亦據《武成》之書以明追王之意出於武王也。世之説者，因《中庸》無追王文王之文，遂以謂文王自稱王，豈未嘗考《泰誓》、《武成》之書乎？君臣之分猶天尊地卑。紂未可去而文王稱王，是二天子也，服事商之道固如是耶？《書》所謂「九年大統未集」者，後世以虞、芮質厥成爲文王受命之始故也。當六國時，秦固以長雄天下，而周之位號微矣。辛垣衍欲帝秦，魯仲連以片言折之，衍不敢復出口，蓋名分之嚴如此。故以曹操之英雄，逡巡於獻帝之末而不得逞，彼蓋知利害之實也。曾謂至德如文王，一言一動順帝之則，而反盜虛名而昧天理乎？且武王觀政于商而須暇之五年，非僞爲也，使紂一日有悛心，則武王當與天下共尊之，必無牧野之事。然則文王已稱之名將安所歸乎？此天下之大戒，故不得不辨。然歐陽、蘇氏之書，亦已有是説矣。歐陽氏曰：孔子曰：「三分天下有其二以服事商。」使西伯不稱「臣」而稱「王」，安能服事於商乎？伯夷、叔齊讓國而去，顧天下皆不可歸，往歸西伯。當是時紂雖無道，天子在上，諸侯不稱臣而稱王，是僭叛之國也。彼二子者不非其父而非其子，此豈近於人情耶？由是言之，謂西伯稱王十年者，妄説也。《泰誓》稱十有一年，説者謂自文王受命九年及武王居喪三年并數之，是以聽虞、芮之訟謂之受命以爲元年。古者人君即位必稱元年。西伯即位已改元矣，中間不宜改元而又改元。至武王即位宜改元而反不改元，乃上冒先君之元年，并其居喪稱十一年。及其滅商而得天下，其事大於聽訟遠矣，又不改元。由是言之，謂西伯以受命之年爲元年者，妄説也。○格庵趙氏曰：按眉山二蘇氏説與歐陽氏殊不同。朱子所引未知何蘇氏也。當考。郊禘呂、游不同。然合而觀之，亦表裏之説也。藍田呂氏曰：事上帝者，所以立天下之大本，道之所由出也；祀乎其先者，所以正天下之大經，仁義之所由始也。「洋洋乎如在其上，如在其左右」，雖隱微之間恐懼戒謹而不敢欺，則所以養其誠心至矣。蓋以爲不如是，則不足以立身。身且不立，烏能治國家哉？○廣平游氏曰：祭祀之義，非精義不足以究其説，非體道不足以致其義。蓋惟聖人爲能饗帝，爲其盡人道而與帝同德；孝子爲能饗親，爲其盡子道而與親同心也。仁孝之至，通乎神明，而神祇祖考安樂之，則於「郊社之禮、禘嘗之義」，始可以言「明」矣。夫如是，則於爲天下國家也何有？

○曰：「『昭穆』之昭，世讀爲『韶』，今從本字，何也？」曰：「昭」之爲言「明」也，以其南面而向明也。其讀爲「韶」，先儒以爲晉避諱而改之。晉避司馬昭諱。然《禮》書亦有作「佋」與「韶」同音。字者，則假借而通用耳。曰：「其爲『向明』，何也？」曰：此不可以空言曉也。今且假設諸侯之廟以明之。蓋《周禮》「建國之神位」，「左宗廟」，則五廟皆在公宮之東南矣。其制則孫毓余六反。以爲外爲都宮，太祖在北，二昭二穆以次而南是也。孫毓曰：宗廟之制，外爲都宮，内各有寢廟，別有門垣，太祖在北，左昭右穆差次而南。蓋太祖之廟，始封之君居之。昭之北廟，二世之君居之；穆之北廟，三世之君居之。昭之南廟，四世之君居之；穆之南廟，五世之君居之。廟皆南向，各有門堂寢室而牆宇四周焉。太祖之廟百世不遷。自餘四廟，則六世之後每一易世而一遷。其遷之也，新主祔于其班之南廟，南廟之主遷于北廟，北廟親盡則遷其主于太廟之西夾室，而謂之「祧」。音「挑」。○朱子曰：古者始祖之廟有夾室，凡祧主皆藏之於夾室。凡廟主在本廟之室中皆東向。及其祫于太廟之室中，則惟太祖東向自如而爲最尊之位。群昭之入乎此者，皆列於北牖下而南向；群穆之入乎此者，皆列於南牖下而北向。南向者，取其向明，故謂之「昭」；北向者，取其深遠，故謂之「穆」。蓋群廟之列，則左爲昭而右爲穆；祫祭之位，祫音洽，大合祭也。則北爲昭而南爲穆也。曰：「六世之後，二世之主既祧，則三世爲昭而四世爲穆，五世爲昭而六世爲穆乎？」曰：不然也。昭常爲昭，穆常爲穆，禮家之説有明文矣。蓋二世祧，則四世遷昭之北廟，六世祔音附。昭之南廟矣；三世祧，則五世遷穆之北廟，七世祔穆之南廟矣。昭者祔，則穆者不遷；穆者祔，則昭者不動。朱子曰：遷毁之序，則昭常爲昭，穆常爲穆。蓋祔昭，則群昭皆動，而穆不移；祔穆，則群穆皆移，而昭不動。此所以祔必以班，尸必以孫，朱子曰：《儀禮》所謂「以其班祔」，《檀弓》所謂「祔于祖父」是也。○古者立尸必隔一位，孫可以爲祖尸，子不可以爲父尸，以昭穆不可亂也。而子孫之列亦以爲序。《禮記·祭統篇》云：「夫祭之道，孫爲王父尸。王父，乃祖也。所使爲尸者，於祭者子行也，父北面而事之，所以明子事父之道也。」行音杭。若武王謂文王爲「穆考」，成王稱武王爲「昭考」，則自其始祔而已然。而《春秋傳》去聲。下同。以管、蔡、郕、霍，爲文之昭；邘、音于。晉、應、平聲。韓，爲武之穆，則雖其既遠而猶不易也。豈其交錯彼此若是之紛紛哉？格庵趙氏曰：后稷至文、武十五六世，文王於廟次爲穆，故謂其子爲昭。管、蔡、郕、霍者，文王之子也。武王於廟次爲昭，故謂其子爲穆。邘、晉、應、韓者，武王之子也。曰：「廟之始立也，二世昭而三世穆，四世昭而五世穆，則固當以左爲尊而右爲卑矣。今乃三世穆而四世昭，五世穆而六世昭，是則右反爲尊而左反爲卑矣，而可乎？」曰：不然也。宗廟之制，但以左右爲昭穆，而不以昭穆爲尊卑。故五廟同爲都宫，則昭常在左，穆常在右，而外有以不失其序；一世自爲一廟，則昭不見穆，穆不見昭，而內有以各全其尊。必大祫而會於一室，然後序其尊卑之次，則凡已毁未毁之主，又必陳而無所易。朱子曰：一昭一穆，固有定次。而其自相爲偶，亦不可易。但其散居本廟各自爲主而不相厭，則武王進居王季之位，而不嫌尊於文王。及其合食于祖，則王季雖遷，而武王自當與成王爲偶，未可以遽進而居王季之處也。唯四時之祫不陳毁廟之主，則高祖有時而在穆，其禮未有考焉。意或如此，則高之上無昭而特設位於祖之西，禰乃禮反。之下無穆而特設位於曾之東也與？羊諸反。曰：「然則『毁廟』云者，何也？」曰：《春秋傳》曰：「壞音怪。廟之道，易檐余廉反。可也，改塗可也。」説者以爲將納新主示有所加耳，非盡徹而悉去上聲。之也。朱子曰：改塗易檐，言不是盡除，只改其灰飾、易其屋檐而已。○新安陳氏曰：所引《春秋傳》，見《穀梁》文公二年。曰：「然則天子之廟其制若何？」曰：唐之文祖、虞之神宗、商之七世三宗，其詳今不可考。《書・舜典》云：「受終于文祖。」《大禹謨》云：「受命于神宗。」《商書・咸有一德》云：「七世之廟，可以觀德。」○新安陳氏曰：三宗，謂太甲廟號太宗，太戊號中宗，武丁號高宗，是也。獨周制猶有可言，然而漢儒之記又已有不同矣。謂后稷始封，文武受命而王，去聲。故三廟不毁，與親廟四而七者，諸儒之説也；朱子曰：韋玄成等書，謂王者始受命、諸侯始封之君，皆爲太祖。以下五世而迭毁。毁廟之主藏於太祖。周之所以七廟者，以后稷始封，文武受命，三廟不毁，與親廟四而已。謂三昭三穆與太祖之廟而七，文武爲宗不在數中者，劉歆虚今反。之説也。朱子曰：歆謂七者，其正法數可常數者。宗不在此數中，宗，變也。苟有功德則宗之，不可預爲設數。故於殷有三宗，周公舉之以告成王。由是言之，宗無數也。雖其數之不同，然其位置遷次宜亦與諸侯之廟無甚異者。但如諸儒之説，則武王初有天下之時，后稷爲太祖，而組音祖。紺古暗反。居昭之北廟，太王居穆之北廟，王季居昭之南廟，文王居穆之南廟，猶爲五廟而已。至成王時，則組紺祧，王季遷，而武王祔。至康王時，則太王祧，文王遷，而成王祔。至昭王時，則王季祧，武王遷，而康王祔。自此以上，上聲。亦皆且爲五廟，而祧者藏于太祖之廟。至穆王時，則文王親盡當祧，而以有功當宗，故別立一廟於西北而謂之「文世室」。於是成王遷，昭王祔，而爲六廟矣。至共音恭。王時，則武王親盡當祧，而亦以有功當宗，故別立一廟於東北謂之「武世室」。自是於是康王遷，穆王祔，而爲七廟矣。自是之後，則穆之祧者藏於文世室，昭之祧者藏於武世室，而不復藏於太廟矣。如劉歆之説，則周自武王克商，即增立二廟於二昭二穆之上，以祀高圉、音語。亞圉。如前遞遷至于懿王而始立文世室於三穆之上，至孝王時始立武世室於三昭之上，此爲少不同耳。格庵趙氏曰：父昭子穆而有常數者，禮也；祖功宗德而無定法者，義也。周於三昭三穆之外而有文武之廟，觀《春秋傳》稱襄王致文武胙於齊侯，《史記》稱顯王致文武胙於秦孝公，方是時文武固已遠矣，襄王、顯王猶且祀之，則其廟不毁可知矣。曰：「然則諸儒與劉歆之説孰爲是？」曰：前代説者多是劉歆，愚亦意其或然也。朱子曰：歆説得較是，他謂宗不在七廟中者，恐有功德者多，則占了那七廟數也。○格庵趙氏曰：若從諸儒之説，則王者不過立親廟四，與太祖爲五，其與諸侯五廟又何别乎？《商書》已云「七世之廟可以觀德」，則自昔有七廟矣，故朱子以歆説爲是。曰：「祖功宗德之説尚矣。而程子獨以爲如此，則是爲子孫者得擇其先祖而祭之也。子亦嘗考之乎？」曰：商之三宗、周之世室，見賢遍反。於經典皆有明文。而功德有無之實，天下後世自有公論。若必以此爲嫌，則秦政之惡去聲。夫音扶。子議父，臣議君，而除謚法者，不爲過矣。朱子曰：商之三宗，若不是别立廟只是親廟時，何不胡亂將三箇來立，如何恰曰取太甲、太戊、高宗爲之？那箇祖有功，宗有德，天下後世自有公論，不以揀擇爲嫌。所謂「名之曰幽厲，雖孝子慈孫百世不能改」，那箇好底自是合當祭祀，如何毁得？且程子晚年嘗論本朝音潮。廟制，亦謂太祖、太宗皆當爲百世不遷之廟。以此而推，則知前説若非記者之誤，則或出於一時之言，而未必其終身之定論也。程子曰：祖有功，宗有德，文武之廟永不祧也。所祧者文武以下廟。如本朝太祖、太宗皆萬世不祧之廟。河東閩浙皆太宗取之，無可祧之理也。曰：「然則大夫士之制奈何？」曰：大夫三廟，則視諸侯而殺色界反。下同。其二，然其太祖昭穆之位猶諸侯也。適音的。士二廟，則視大夫而殺其一；官師一廟，則視大夫而殺其二，然其門堂寢室之備猶大夫也。曰：「廟之爲數降殺以兩，而其制不降，何也？」曰：降也。天子之山節藻棁、複音福。廟重平聲。檐，與「簷」同。諸侯固有所不得爲者矣；諸侯之黝於九反。堊音惡。斲竹角反。礱，大夫有不得爲者矣；❶大夫之倉楹音盈。斲桷，音角，椽方曰「桷」。士又不得爲矣。曷爲而不降哉？格庵趙氏曰：山節，謂欂櫨刻爲山形，即今之斗栱；藻棁者，謂侏儒柱畫爲藻文，梁上短柱也。複廟者，上下重屋也；重檐，重承壁材也，謂就外檐下壁復安板檐，以辟風雨之洒壁。○黝，黑也；堊，白也。地謂之黝，牆謂之堊。斲，削也；礱，磨也。○倉楹者，蒼其柱也；斲桷者，磨其榱也。獨門堂寢室之合，然後可名於宮，則其制有不得而殺耳。蓋由命士以上，上聲。父子皆異宮。生也異宮，而死不得異廟，則有不得盡其事生事存之心者，是以不得而降也。曰：「然則後世公私之廟皆爲同堂異室，而以西爲上者，何也？」曰：由漢明帝始也。夫音扶。漢之爲禮略矣。然其始也，諸帝之廟皆自營之，各爲一處。雖其都宮之制、昭穆之位不復如古，然猶不失其獨專一廟之尊也。至於明帝不知禮義之正，而務爲抑損之私，遺詔藏主於光烈皇后更平

❶「夫」，原作「大」，今據四庫本及《四書或問》改。

聲。衣別室，而其臣子不敢有加焉。魏晉循之，遂不能革，而先王宗廟之禮始盡廢矣。降及近世諸侯無國，大夫無邑，則雖同堂異室之制尤不能備。獨天子之尊可以無所不致，顧乃梏姑沃反。於漢明非禮之禮而不得以致其備物之孝。蓋其別爲一室，則深廣之度或不足以陳鼎俎；而其合爲一廟，則所以尊其太祖者既褻而不嚴，所以事其親廟者又厭於甲反。而不尊，是皆無以盡其事生事存之心，而當世宗廟之禮亦爲虛文矣。朱子曰：更歷魏晉，下及隋唐，其間非無奉先思孝之君、據經守禮之臣，而皆不能有所裁正其弊，至使太祖之位下同孫祖，而更僻處於一隅，既無以見其爲七廟之尊，群廟之神則又上厭祖考而不得自爲一廟之主。❶以人情而論之，則生居九重，窮極壯麗，而没祭一室，不過尋丈之間，甚或無地以容鼎俎，而陰損其數，子孫之心宜亦有所不安哉！宗廟之禮既爲虛文，而事生事存之心有終不能自已者，於是原廟之儀不得不盛。然亦至于我朝音潮。下同。而後都宮別殿，前門後寢，始略如古者宗廟之制。是其沿襲音習。之變，不唯窮鄉賤士有不得聞，而自南渡之後，故都淪没，權宜草創，無復舊章，則雖朝廷之上，禮官博士、老師宿儒，亦莫有能知其原者。幸而或有一二知經學古之人，乃能私議而竊嘆之。然於前世則徒知譏孝惠之飾非，責叔孫通之舞禮。而於孝明之亂命，與其臣子之苟從，則未有正其罪者。《前漢書・叔孫通傳》：孝惠即位。惠帝乃高帝子也。乃謂通曰：「先帝園陵寢廟，❷群臣莫習。」徙通爲奉常，定宗廟儀法，又

❶「神」，原作「臣」，今據《晦菴集》卷六九《禘祫議》、《四書纂疏》改。

❷「園」，原作「圍」，今據四庫本改。

稍定漢諸儀法，皆通所論著也。惠帝爲東朝長樂宮，及間往數蹕煩民，作複道，方築武庫南，通奏事因請間曰：「陛下何自築複道高寢，衣冠月出遊高廟？子孫奈何乘宗廟道上行哉？」惠帝懼，曰：「急壞之。」通曰：「人主無過舉。今已作，百姓皆知之矣。願陛下爲原廟渭北，衣冠月出遊之，益廣宗廟大孝之本。」上乃詔有司立原廟。○《後漢書·明帝紀》：十八年秋八月壬子，帝崩於東宮前殿。年四十八。遺詔無起寢廟，藏主於光烈皇后更衣別室。掃地而祭，杅水脯糒而已。過百日，唯四時設奠。置吏卒數人，供給洒掃。勿開脩道。敢有所興作者，以擅議宗廟法從事。《前書》曰：「擅議宗廟者，棄市。」於今之世，則又徒知論其惑異端徇流俗之爲陋，而不知本其事生事存之心有不得伸於宗廟者，是以不能不自致於此也。朱子曰：不起寢廟，明帝固不得爲無失。然使章帝有魏顒之孝，其群臣有宋仲幾、楚子囊之忠，則於此別有處矣。況以一時之亂命而壞千古之彝制，其事體之輕重，又非如三子者之所正者而已耶？又曰：如李氏所謂署于七廟之室，而爲祠於佛、老之側，不爲木主而爲之象，不爲禘祫烝嘗之祀而行一酌奠之禮，楊氏所謂舍二帝三王之正禮，「而從一繆妄之叔孫通」者，其言皆是也。然不知其所以致此，則由於宗廟不立，而人心有所不安也。不議復此而徒欲廢彼，亦安得爲至當之論哉？抑嘗觀於陸佃之議，而知神祖之嘗有意於此。然而考於史籍，則未見其有紀焉。若曰未及營表故不得書，則後日之秉史筆者即前日承詔討論之臣也，所宜深探遺旨，特書總序以昭示來世，而略無一詞以及之，豈天未欲使斯人者復見二帝三王之盛，故尼女一反，止也。其事而嗇音色。正作「嗇」。其傳耶？嗚呼，惜哉！朱子曰：神祖慨然深詔儒臣討論舊典，蓋將以遠迹三代之隆，一正千古之繆。不幸未及營表，世莫得聞。秉筆之士又復不能特書其事以詔萬世。今獨其見於陸氏之文者，爲可考爾。然陸氏所定昭穆之次，又與前說不同。朱子曰：佃謂昭穆者父子之號。昭以明下爲義，穆以恭上爲義。方其爲父則稱昭，取其昭以明下也；方其爲子則稱穆，取其穆以恭上也。豈可膠哉？殊不知昭穆本以廟之居東居西，主之向南向北而得名，初不爲父子之號也。必曰父子之號，則穆之子又安可復爲昭哉？且必如佃説，新死者必入穆廟，而自其父以上穆遷於昭，昭遷於穆，祔一神而六廟皆爲之動，則其祔也又何不直祔於父，而必隔越一世以祔于其所未應入之廟乎？而張琥音虎。之議，庶幾近之。朱子曰：琥謂四時常祀，各於其廟，不偶坐而相臨，故武王進居王季之位，而不嫌尊於文王；及合食乎祖，則王季、文王更爲昭穆，不可謂無尊卑之序。讀者更詳考之，則當知所擇矣！

或問：「二十章『蒲盧』之説，何以廢舊説而從沈氏也？」曰：蒲盧之爲果臝，魯果反。果臝，細腰蜂也。他無所考，且於上下文義亦不甚通。惟沈氏之説，乃與「地道敏樹」之云者相應，故不得而不從耳。曰：「沈説固爲善矣。然《夏小正》十月『玄雉入于淮爲蜃』，時忍反，大蛤也。而其傳去聲。下同。曰：『蜃者，蒲盧也。』則似亦以蒲盧爲變化之意，而舊説未爲無所據也。」曰：此亦彼書之傳文耳。其他蓋多穿鑿不足據信，疑亦出於後世迂儒之筆，或反取諸此而附合之，決非孔子所見《夏時》之本文也。且又以蜃爲蒲盧，則不應二物而一名；若以蒲盧爲變化，則又不必解爲果臝矣。況此等瑣碎既非大義所繫，又無明文可證，則姑闕之其亦可也，何必詳考而深辨之邪？○曰：「達道達德有三知三行之不同，而其致則一何也？」曰：此氣質之異，而性則同也。生而知者，生而神靈，不待教而於此無不知也；安而行者，安於義理，不待習而於此無所咈音拂。也。此人之稟氣清明，賦質純粹，天理渾然無所虧喪去聲。者也。學而知者，有所不知則學以知之，雖非生知，而不待困也；利而行者，真知其利而必行之，雖有未安，而不待勉也。此得清之多而未能無蔽，得粹之多而未能無雜，天理小失而能亟反之者也。困而知者，生而不明，學而未達，困心衡與「横」同。慮而後知之者也；勉强而行者，不獲所安，未知其利，勉力强矯而行之者也。此則昏蔽駮音剥。雜，天理幾平聲。亡，久而後能反之者也。此三等者其氣質之稟亦不同矣，然其性之本則善而已，故及其知之而成功也，則其所知所至無少異焉，亦復其初而已矣。曰：「張子、吕、楊、侯氏皆以生知安行爲仁，學知利行爲知，去聲。下文「則知」、「爲知」、「非知」、「明知」、「語知」並同。困知勉行爲勇，其説善矣。子之不從，何也？」曰：安行可以爲仁矣，然生而知之則知之大，而非仁之屬也；利行可以爲知矣，然學而知之則知之次，而非知之大也。且上文三者之目固有次序，而篇首諸章以舜明知，以回明仁，以子路明勇，其語知也不卑矣，夫音扶。豈專以學知利行者爲足以當之乎？故今以其分去聲。而言，則三知爲智，三行爲仁，所以勉而不息以至於知之成功之一爲勇；以其等而言，則以生知安行者主於知而爲智，學知利行者主於行而爲仁，困知勉行者主於强而爲勇；又通三近而言，則又以三知爲智，三行爲仁，而三近爲勇之次，則亦庶乎其曲盡也歟？○曰：「『九經』之説奈何？」曰：不一其内，則無以制其外；不齊其外，則無以養其内。静而不存，則無以立其本；動而不察，則無以勝其私。故「齊明盛服，非禮不動」，則內外交養而動靜不違，所以爲脩身之要也。西山真氏曰：「齊戒」明潔以正其心，「盛服」儼然以正其容。心正則容正，故曰一其內所以正其外；容正則心亦正，故曰齊於外所以養其中。此內外交致其功也。靜者未應物之時，動者應物之際。靜而存養，則有以全天理之本然；動而省察，則有以防人欲於將然。動靜兼用其力也。然蔽以一言，曰「敬」而已。內外動靜無不敬，身安得不脩乎？信「讒」邪，則任賢不專；徇貨「色」，則好去聲。賢不篤。賈捐之所謂「後宮盛色則賢者隱微，佞人用事則諍臣杜口」。蓋持衡之勢此重則彼輕，理固然矣。《前漢·賈捐之傳》：捐之，字君房，賈誼之曾孫也。元帝初元元年，珠崖又反，發兵擊之。珠崖在南方海中洲居。詰問捐之。捐之對，其畧曰：「至孝文皇帝閔中國未安，偃武行文。逸遊之樂絶，奇麗之賂塞。鄭衛之倡微矣。夫後宮盛色則賢者隱處，佞臣用事則諍臣杜口。」而元帝不行。故去讒遠色，賤貨而一於貴德，所以爲勸賢之道也。三山陳氏曰：有好賢之心，而爲讒諂之人貨色之欲奪之，則好賢之心衰，而賢者去矣。故必去讒遠色，賤貨而惟德之爲貴，然後賢者肯爲我留也。親之欲其貴，愛之欲其富，兄弟婚姻欲其無相遠，故尊位重祿同其好惡，所以爲勸親親之道也；大臣不親細事，則以道事君者得以自盡，故官屬衆盛足任使令，平聲。所以爲勸大臣之道也；三山陳氏曰：庶官無曠，則大臣得以總其凡於上，而以道佐人主；若官少不足以備任使，則大臣將親細務而不暇於佐主矣。盡其誠而恤其私，則士無仰事俯育之累而樂音洛。趨事功，故忠信重祿，所以爲勸士之道也；三山陳氏曰：士者百官之總稱。待之以不誠，則士不肯盡其心。仕有時而爲貧，使仰事俯育之不給，則士之不肯盡其力。此勸之之道所以既先忠信，而又當重祿也。○格庵趙氏曰：苟無忠信而謂爵祿足以驕士，則士有守死而不食其禄者，所得不過庸士耳。人情莫不欲逸，亦莫不欲富，故時使薄斂，所以爲勸百姓之道也。三山陳氏曰：使民以時，而薄其歲斂，則民有餘力餘財，而樂於勸功矣。○新安陳氏曰：時使，不盡人之力；薄斂，不盡人之財。日省月試以程其能，既稟稱事以償其勞，則不信度、作淫巧者無所容，惰者勉而能者勸矣；爲去聲。之授節以送其往，待以委去聲。積子賜反。以迎其來，因能授任以嘉其善，不强上聲。其所不欲以矜其不能，則天下之旅皆悦而願出於其塗矣；朱子曰：因能授任以嘉其善，謂願留於其國者也。無後者續之，已滅者封之，西山真氏曰：繼絶如周武王立夏殷後，興滅如齊桓公封衛。治其亂使上下相安，持其危使大小相恤，朝聘有節而不勞其力，貢賜有度而不匱求位反，乏也。其財，貢，謂下貢上；賜，謂上賜下。則天下諸侯皆竭其忠力以蕃方煩反。亦作「藩」。屏也。屏，必郢反。衛王室，而無倍音佩。畔之心矣。凡此九經其事不同，然總其實不出乎脩身、尊賢、親親三者而已。敬大臣、體群臣，則自尊賢之等而推之也；子庶民、來百工、柔遠人、懷諸侯，則自親親之殺而推之也。至於所以尊賢而親親，則又豈無所自而推之哉？亦曰脩身之至，然後有以各當去聲。其理而無所悖耳。曰：「親親而不言任之以事者，何也？」曰：此親親尊賢並行不悖之道也。苟以親親之故，不問賢否而輕屬音燭。任之，不幸而或不勝平聲。焉，治之則傷恩，不治則廢法，是以富之貴之，親之厚之，而不曰任之以事，是乃所以親愛而保全之也；若親而賢，則自當置之大臣之位而尊之敬之矣，豈但富貴之而已哉？觀於管蔡監古銜反。商而周公不免於有過，及其致辟毗亦反。之後，則惟康叔、聃他談反。季，相與夾輔王室，而五叔者有土而無官焉，則聖人之意亦可見矣。《書·蔡仲之命》篇云：「乃致辟管叔于商。」○《左傳》定公四年：「武王之母弟八人，周公爲太宰，康叔爲司寇，聃季爲司空，五叔無官，豈尚年哉？」五叔，謂管叔鮮、蔡叔度、成叔武、霍叔處、毛叔聃也。

曰：「子謂信任大臣而無以間去聲。之，故臨事而不眩。使大臣而賢也則可，其或不幸而有趙高、朱异、音異。虞世基、李林甫之徒焉，《史記》：趙高，秦始皇時人。二世時官至丞相。恃恩專恣，以私怨殺人。指鹿爲馬。殺二世望夷宮。子嬰殺之。○《南史》：朱异，字彦和。梁武帝時官至中領軍。貪財冒賄，欺罔視聽，蔑弄朝權，輕作威福。死，贈尚書左僕射。○《隋書》：虞世基，字茂世。隋煬帝朝官至金紫光禄大夫，參掌朝政。鬻官賣獄，賄賂公行。宇文化及弑逆，世基亦見害。○《唐書》：李林甫，唐玄宗朝官至中書令，封晉國公。性陰密，忍誅殺。排搆大臣，蕩覆天下。固寵市權，蔽欺天子耳目。死，賜太尉、揚州大都督。則鄒陽所謂『偏聽生姦，獨任成亂』，范睢許規反。所謂『妬都故反。賢嫉音疾。能，御下蔽上以成其私，而主不覺悟』者，亦安得而不慮邪？」《史記·鄒陽傳》：鄒陽者，齊人也。游於梁，以讒見禽。乃從獄中上書，其畧曰：「百里奚乞食於路，繆公委之以政；甯戚飯牛車下，而桓公任之以國。此二人者，豈借宦於朝，假譽於左右，然後二主用之哉？感於心，合於行，親於膠漆，昆弟不能離，豈惑於衆口哉？故偏聽生姦，獨任成亂。」○《范睢傳》：范睢，魏人也。秦昭王號爲應侯。説秦昭王曰：且夫三代所以亡國者，君專授政，縱酒馳騁弋獵，不聽政事，其所授者妬賢嫉能，御下蔽上以成其私，不爲主計，而主不悟，故失其位國。

曰：不然也。彼其所以至此，正坐去聲。不知九經之義而然耳。使其明於此義，而能以脩身爲本，則固視明聽聰而不可欺以賢否矣。能以尊賢爲先，則其所置以爲大臣者，必不雜以如是之人矣。不幸而或失之，則亦亟求其人以易之而已。豈有知其必能爲姦以敗國，顧猶置之大臣之位，使之姑以奉行文書爲職業，而又恃小臣之察以防之哉？夫音扶。下同。勞於求賢，而逸於得人，任則不疑，而疑則不任，此古之聖君賢相去聲。所以誠意交孚，兩盡其道，而有以共成正大光明之業也。如其不然，吾恐上之所以猜倉才反，疑也。防畏備者愈密，而其爲眩愈甚；下之所以欺罔蒙蔽者愈巧，而其爲害愈深。不幸而臣之姦遂，則其禍固有不可勝平聲。言者；幸而主之威勝，則夫所謂偏聽獨任御下蔽上之姦，將不在於大臣而移於左右，其爲國家之禍尤有不可勝言者矣。嗚呼，危哉！曰：「子何以言『柔遠人』之爲『無忘賓旅』也？」曰：以其列於

「懷諸侯」之上也。舊説以爲蕃方煩反。國之諸侯，則以遠先近而非其序。《書》言「柔遠能邇」，而又言「蠻夷率服」，則所謂「柔遠」亦不止謂服四夷也。況愚所謂授節委積者，比毗至反。長、上聲。遺維季反。人、懷方氏之官掌之，於經有明文耶！《周禮》比長，各掌其比之治。五家相受相和，親從于國中及郊，則從而授之。若徙于他，則爲之旌節而行之。○遺人，掌邦之委積以待施惠，施，去聲。郊里之委積以待賓客，野鄙之委積以待羈旅。凡賓客、會同、師役，掌其道路之委積。凡國野之道，十里有廬，廬有飲食；三十里有宿，宿有路室，路室有委；五十里有市，市有候館，候館有積。○懷方氏，掌來遠方之民，致方貢，致遠物而送逆之。達之以節，治其委積、館舍、飲食。○曰：「楊氏之説有『虛器』之云者二，而其指意所出若有不同者焉，何也？」曰：固也是，其前段主於誠意，故以爲有法度而無誠意，則法度爲虛器，正言以發之也；

其後段主於格物，故以爲若但知誠意而不知治天下國家之道，則是直以先王之典章文物爲虛器而不之講，反語以詰喫吉反。之也。此其不同審矣。但其下文所引明道先生之言，則又若主於誠意而與前段相應，其於本段上文之意則雖亦可以宛轉而說合之，然終不免於迂回而難通也。豈記者之誤邪？然楊氏他書，首尾衡讀如「橫」。決亦多有類此者，殊不可曉也。龜山楊氏曰：天下國家之大，不誠未有能動者也。雖法度彰明，無誠心以行之，皆虛器也。○九經行之者一，一者何？誠而已。然而非格物致知，烏足以知其道哉？若謂意誠便足以平天下，則先王之典章文物皆虛器也。故明道先生嘗謂有《關雎》、《麟趾》之意，然後可以行《周官》之法度，正謂此耳。○曰：「所謂『前定』，何也？」曰：「先立乎誠」也。先立乎誠，則言有物而不躓音致。矣，事有實而不困矣，行有常而不疚矣，道有本而不窮矣。諸說惟游氏「誠定」之云得其要。張子以「精義入神」爲言，是則所謂「明善」者也。廣平游氏曰：惟至誠爲能定，惟前定爲能變，故以言則必行，以事則必成，以行則無悔，以道則無方，誠定之效如此。○張子曰：「事豫則立」，必有教以先之。盡教之善，必精義以研之。精義入神，然後立斯立，動斯和矣。○曰：「在下獲上明善誠身之說奈何？」曰：夫音扶。在下位而不獲乎上，則無以安其位而行其志，故民不可治。然欲獲乎上，又不可以諛音臾。說音悅。取容也，其道在信乎友而已。蓋不信乎友，則志行去聲。不孚而名譽不聞，故上不見知。然欲信乎友，又不可以便平聲。佞苟合也，其道在悅乎親而已。蓋不悅乎親，則所厚者薄，而無所不薄，故友不見信。然欲順乎親，又不可以阿意曲從也，其道在誠乎身而已。蓋反身不誠，則外有事親之禮而內無愛敬之實，故親不見悦。然欲誠乎身，又不可以襲取强上聲。爲也，其道在明乎善而已。蓋不能格物致知以真知至善之所在，則好去聲。下「如好」同。善必不能如好好色，惡去聲。下「如惡」同。惡必不能如惡惡臭，雖欲勉焉以誠其身，而身不可得而誠矣，此必然之理也。故夫子言此，而其下文即以天道人道擇善固執者繼之，蓋擇善所以明善，固執所以誠身。擇之之明，則《大學》所謂「物格而知至」也；執之之固，則《大學》所謂「意誠而心正」、「身脩」也。知至，則反諸身者將無一毫之不實；意誠心正而身脩，則順親、信友、獲上、治民將無所施而不利，而達道、達德、九經凡事亦一以貫之而無遺矣。慶源輔氏

曰：始則《大學》之次序，終則《中庸》之極功。曰：「諸説如何？」曰：此章之説雖多，然亦無大得失。惟楊氏「反身」之説爲未安耳。蓋「反身而誠」者，物格知至而反之於身，則所明之善無不實，有如前所謂「如惡惡臭，如好好色」者，而其所行自無內外隱顯之殊耳。若知有未至，則反之而不誠者多矣，安得直謂「但能反求諸身，則不待求之於外，而萬物之理皆備於我而無不誠」哉？況格物之功，正在即事即物而各求其理。今乃反欲離去聲。去事物而專務求之於身，尤非《大學》之本意矣。龜山楊氏曰：反身者，反求諸身也。蓋萬物皆備於我，非自外得，反諸身而已。反身而至於誠，則「利仁」者不足道也。曰：「誠之爲義，其詳可得而聞乎？」曰：難言也。姑以其名義言之，則真實無妄之云也；若事理之

得此名，則亦隨其所指之大小而皆有取乎真實無妄之意耳。蓋以自然之理言之，則天地之間惟天理爲至實而無妄，故天理得誠之名，若所謂「天之道」、「鬼神之德」是也；以德言之，則有生之類，惟聖人之心爲至實而無妄，故聖人得誠之名，若所謂「不勉而中，去聲。不思而得」者是也；至於隨事而言，則一念之實亦誠也，一言之實亦誠也，一行去聲。之實亦誠也。是其大小雖有不同，然其義之所歸，則未始不在於實也。曰：「然則天理、聖人之所以若是其實者，何也？」曰：一則純，二則雜，純則誠，雜則妄，此常物之大情也。陳氏曰：凡物一色謂之「純」。夫音扶。下同。天之所以爲天也，冲漠無朕，直忍反，兆也。而萬理兼該無所不具。然其爲體則一而已矣，未始有物以雜之也。是以無聲無臭，無思無爲，而一元之氣，春秋冬夏，晝夜昏明，百千萬年，未嘗有一息之繆；靡幼反。天下之物，洪纖巨細、飛潛動植，亦莫不各得其性命之正以生，而未嘗有一毫之差，此天理之所以爲實而不妄者也。陳氏曰：天道流行，自古及今無一毫之妄，暑往則寒來，日往則月來，春生了便夏長，秋殺了便冬藏，元亨利貞，終始循環，萬古常如此，皆理之真實處。凡天下之物，洪纖高下，飛潛動植，青黄黑白，萬古皆常然不易。如以木葉觀之，缺者常缺，圓者常圓，脩者常脩，短者常短，無一毫差錯，便待人力十分安排譔造來終不相似，都是實理自然而然。若夫人物之生，性命之正，固亦莫非天理之實。但以氣質之偏，口鼻耳目四肢之好去聲。得以蔽之，而私欲生焉。是以當其惻隱之發而忮支義反。害雜之，則所以爲仁者有不實矣；當其羞惡去聲。之發而貪昧雜之，則所以爲義者有不實矣。此常人之心所以雖欲勉於爲善，而内外隱顯常不免於二致，其甚至於詐僞欺罔而卒墮於小人之歸，則以其二者雜之故也。惟聖人氣質清純，清屬氣，純屬質。渾然天理，初無人欲之私以病之，是以仁則表裏皆仁，而無一毫之不仁；義則表裏皆義，而無一毫之不義。其爲德也，固舉天下之善而無一事之或遺；而其爲善也，又極天下之實而無一毫之不滿。此其所以不勉不思，從七容反。容中去聲。下同。道，而動容周旋莫不中禮也。曰：「然則常人未免於私欲而無以實其德者，奈何？」曰：聖人固已言之，亦曰「擇善而固執之」耳。夫於天下之事，皆有以知其如是爲善而不能不爲，知其如是爲惡而不能不去，上聲。下同。則其爲善去惡之心固已篤矣。於是而又加以固執之功，雖其不睹不聞之間亦必戒謹恐懼而不敢懈，居隘反。則凡所謂私欲者，出而無所施於外，入而無所藏於中，自將消磨泯弭盡反。滅，不得以爲吾之病，而吾之德又何患於不實哉？是則所謂「誠之」者也。曰：「然則《大學》論小人之陰惡陽善，而以『誠於中』者目之，何也？」曰：若是者，自其天理之大體觀之，則其爲善也誠虚矣；自其人欲之私分扶問反。觀之，則其爲惡也何實如之，而安得不謂之「誠」哉？但非天理真實無妄之本然，則其誠也適所以虚其本然之善，而反爲不誠耳。問：「『誠於中形於外』，是實有惡於中便形見於外。然誠者真實無妄，安得有惡？有惡，不幾於妄乎？」朱子曰：此便是惡底真實無妄，善便虚了。誠只是實，而善惡不同。實有一分惡，便虚了一分善；實有二分惡，便虚了二分善。○

新安倪氏曰：「誠」字有以實理言者，有以實心言者。以實理言，則惟天理得「誠」之名，而人欲不可以謂之「誠」；以實心言，則君子之實於爲善者固可以言「誠」，而小人之實於爲惡者亦可以言「誠」也。 曰：「諸説如何？」曰：周子至矣，其上章以天道言，其下章以人道言，愚於《通書》之説亦既畧言之矣。周子《通書》曰：誠者，聖人之本。「大哉乾元，萬物資始」，誠之源也；「乾道變化，各正性命」，誠斯立焉，純粹至善者也。故曰：「一陰一陽之謂道，繼之者善也，成之者性也。」元亨誠之通，利貞誠之復。大哉《易》也，性命之源乎！ ○聖，誠而已矣；誠，五常之本，百行之源也，静無而動有，至正而明達也。五常百行，非誠非也，邪暗塞也。故誠則無事矣。至易而行難。果而確，無難焉。故曰：「一日克己復禮，天下歸仁焉。」朱子説具《通書解》中。 程子「無妄」之云至矣，程子曰：無妄之謂「誠」，不欺其次矣。○朱子曰：無妄是我無妄，故誠；不欺者對物而言，故次之。○問：「無妄誠之道，不欺則所以求誠否？」曰：無妄是自然之誠，不欺是著力去做底。無妄者，聖人也。謂聖人爲無妄則可，謂聖人爲不欺則不可。 其他説亦各有所發明。程子曰：誠者天之道，敬者人事之本。敬者用也，敬則誠。又曰：主一之謂敬，一者之謂誠。敬則有意在。 讀者深玩而默識焉，則諸家之是非得失不能出乎此矣。 曰：「學問思辨亦有序乎？」曰：學之博，然後有以備事物之理，故能參伍之以得所疑而有問；問之審，然後有以盡師友之情，故能反復芳服反。後言「反復」音同。之以發其端而可思；思之謹，則精而不雜，故能有所自得而可以施其辨；辨之明，則斷都唤反。而不差，故能無所疑惑而可以見形甸反。於行；行之篤，則凡所學問思辨而得之者，又皆必踐其實而不爲空言矣。此五者之序也。陳氏曰：學不止於博覽群書，凡天下事事物物道理皆須一一理會，故曰「博」。問不可粗畧，須是詳審，凡事物之理紛紜交錯，輕重淺深，看端的可疑是何處然後問，乃能盡師友之情而疑可釋，故曰「審」。思不可泛濫而失之放蕩，須是謹思，則能精而不雜，然後實有得於心，實有所得，則可以辨別衆理，毫分縷析，自然精明不差。自學問思辨至此，見得道理真實分曉，然後篤力而行之，則可以踐其實而不爲空言。此五者不可廢一，然亦有次序。須從博學起，又須經四節目，道理方實，知所謂至善所在。知得端的確然不可易，然後守之方可牢固。曰：「吕氏之説之詳，不亦善乎？」曰：吕氏此章最爲詳實。然深考之，則亦未免乎有病。蓋君子之於天下必欲無一理之不通，無一事之不能，故不可以不學，而其學不可以不博。及其積累魯水反。後言「積累」音同。而貫通焉，然後有以深造七到反。乎約，而一以貫之。非其博學之初已有造約之心，而姑從事於博以爲之地也。藍田吕氏曰：君子將以造其約，而不可以不博學以聚之。聚不博，則約不可得。「博學而詳説之，將以反説約也。」爲學之道，造約爲功。約即誠也。不能至是，則多聞多見徒足以飾口耳而已，語誠則未也。○朱子曰：人須是博學審問慎思明辨篤行，然後可到簡易田地。若不如此用工夫，一蹴便到聖賢地位，大段易了，古人何故如此博學審問慎思明辨篤行乎？孟子曰：「博學而詳説之，將以反説約也。」《語》云：「博我以文，約我以禮。」須是先博然後至約，如何便先要約得？人若先以簡易存心，不知博學審問謹思明辨篤行，將來便入異端去。至於學而不能無疑，則不可以不問。而其問也或粗畧而不審，則其疑不能盡決，而與不問無以異矣。故其問之不可以不審。若曰成心亡而後可進，則是疑之説也；非疑而問，問而審之説也。藍田吕氏曰：學者不欲進則已，欲進則不可以有成心。有成心則不可與進乎道矣。故成心存，則自處以不疑；成心亡，然後知所疑矣。小疑必小進，大疑必大進。蓋疑者不安於故，而進於新者也。如問之審，審而知，則進孰禦焉？學也，問也，得於外者也。若專恃此而不反之心以驗其實，則察之不精，信之不篤，而守之不固矣，故必思索山客反。以精之，然後心與理熟，而彼此爲一。然使其思也或太多而不專，則亦泛濫而無益；或太深而不止，則又過苦而有傷，皆非思之善也。故其思也，又必貴於能謹，非獨爲反之於身知其爲何事何物而已也。藍田呂氏曰：不致吾思以反諸身，則學問聞見非吾事也。故知所以爲性，知所以爲命，反之於我，何物也；知所以名仁，知所以名義，反之於我，何事也。故曰「思則得之，不思則不得」也。慎其所以思，必至于得而後已，則學問聞見皆非外鑠，是乃所謂「誠」也。其餘則皆得之。而所論變化氣質者，尤有功也。變化氣質之說見《章句》。○曰：「何以言誠爲此篇之樞紐也？」曰：誠者，實而已矣。「天命」云者，實理之原也，「性」其在物之實體，「道」其當然之實用，而「教」也者，又因其體用之實而品節之也。不可離者，此理之實也；隱之見，微之顯，實之存亡而不可揜者也。戒謹恐懼而謹其獨焉，所以實乎此理之實也；中和云者，所以狀此實理之體用也；天地位，萬物育，則所以極此實理之功效也。中庸云者，實理之適可而平常者也；過與不及，不見實理而妄行者也。費而隱者，言實理之用廣而體微也；鳶飛魚躍，流動充滿，夫音扶。豈無實而有是哉？「道不遠人」以下，至於大舜、文、武、周公之事，孔子之言，皆實理應用之當然；而鬼神之「不可揜」，則又其發見之所以然也。實理所發見。○陳氏曰：自天地以至人物，小者大者，皆是真實道理如此。聖人於此因以其無一毫之不實而至於如此之盛，其示人也亦欲其必以其實而無一毫之僞也。蓋自然而實者，天也；必期於實者，人而天也。說天道、人道諸章。「誠明」以下累章之意，皆所以反復乎此而語其所以。至於正大經而立大本，參天地而贊化育，則亦真實無妄之極功也。卒章「尚絅」之云，又本其務實之初心而言也。「内省」者，謹獨克己之功；「不愧屋漏」者，戒謹恐懼而無己可克之事，皆所以實乎此之序也。「時靡有争」，變也；「百辟刑之」，化也；「無聲無臭」，又極乎天命之性、實理之原而言也。蓋此篇大指，專以發明實理之本然，欲人之實此理而無妄。故其言雖多，而其樞紐不越乎「誠」之一言也。嗚呼，深哉！

或問「誠明」之說。曰：程子諸說，皆學者所傳録。其以内外、道行爲誠明，似不親切。程子曰：自其外者學之而得於内者，謂之明；自其内者得之而兼於外者，謂之誠。誠與明一也。又曰：孔子之道，發而爲行，如《鄉黨》之所載者，自誠而明也；由《鄉黨》之所載而學之以至孔子者，自明而誠也。及其至焉一也。唯「先明諸心」一條，以知語明，以行語誠，爲得其訓，乃《顔子好去聲。學論》中語，而程子之手筆也。亦可以見彼記録者之不能無失矣。程子曰：君子之學必先明諸心知所往，然後力行以求至，所謂「自明」而「誠」也。故學必盡其心，知其性，然後反而誠之，則聖人也。張子蓋以性、教分爲學之兩塗，而不以論聖賢之品第，故有「由誠至明」之語。程子之辨雖已得之，然未究其立言本意之所以失也。其曰「誠，即明也」，恐亦不能無誤。張子曰：自誠明者，先盡性以至于窮理也，謂先自其性理會來以至於理；自明誠者，先窮理以至于盡性也，謂先從學問理會以推達于天性也。○程子曰：張子言由明以至誠，此句却是；言由誠以至明，則不然。誠，即明也。吕氏「性」、「教」二字得之，而於「誠」字以「至簡至易，去聲。行其所無事」爲説，則似未得其本旨也。且於「性」、「教」皆以「至於實然不易之地」爲言，則「至於」云者，非所以言「性之」之事；而「不易」云者，亦非所以申「實然」之説也。藍田吕氏曰：自誠明，「性之」者也；自明誠，「反之」者也。性之者，自成德而言，聖人之所「性」也；反之者，自志學而言，聖人之所「教」也。成德者至于實然不易之地，理義皆此出也。天下之理，如目睹耳聞，不慮而知，不言而喻，此之謂「誠則明」。志學者致知以窮天下之理，則天下之理皆得，卒亦至於實然不易之地，至簡至易，行其所無事，此之謂「明則誠」。然其過於游、楊則遠矣。廣平游氏曰：自誠明，由中出也，故可名於「性」；自明誠，自外入也，故可名於「教」。誠者因性，故無不明；明者致曲，故能有誠。○龜山楊氏曰：自誠而明，天之道也，故謂之「性」；自明而誠，人之道也，故謂之「教」。天人一道，而心之所至有差焉，其歸則無二致也，故曰：「誠則明矣，明則誠矣。」

或問至誠盡性諸説如何。曰：程子以盡己之忠、盡物之信，爲盡其性，蓋因其事而極言之，非正解此文之意，今不得而録也。程子曰：盡己爲忠，盡物爲信。極言之，則盡己者，盡己之性也；盡物者，盡物之性也。信者，無僞而已。於天命有所損益，則爲僞矣。其論「贊天地之化育」，而曰不可以「贊助」言；論「窮理盡性以至於命」，而曰只窮理便是至於命，則亦若有可疑者。程子曰：贊者，參贊之義，「先天而天弗違，後天而奉天時」之類也。非謂「贊助」。只有一箇誠，何「助」之有？又曰：如言「窮理以至於命」，以序言之不得不然。其實只是窮理，便能盡性至命也。蓋嘗竊論之，天下之理未嘗不一，而語其分扶問反。下同。則未嘗不殊，此自然之勢也。蓋人生天地之間，稟天地之氣，其體即天地之體，其心即天地之心。以理而言，是豈有二物哉？故凡天下之事雖若人之所爲，而其所以爲之者，莫非天地之所爲也。又況聖人純於義理而無人欲之私，則其所以代天而理物者，乃以天地之心而贊天地之化，尤不見其有彼此之間去聲。也。若以其分言之，則天之所爲固非人之所及，而人之所爲又有天地之所不及者，其事固不同也。但分殊之狀，人莫不知；而理一之致，多或未察。故程子之言發明理一之意多，而及於分殊者少，蓋抑揚之勢不得不然。然亦不無小失其平矣。唯其所謂「只是一理，而天人所爲各自有分」，乃爲全備而不偏，而讀者亦莫之省悉井反。也。程子曰：自人而言之，從盡其性至盡物之性，然後「可以贊天地之化育，可以與天地參矣」。言人盡性所造如是。若只是至誠，更不須論。所謂「人者天地之心」，及「天聰明」，止謂只是一理，而天人所爲各自有分。至於窮理至命、盡人盡物之説，則程、張之論雖有不同，然亦以此而推之，則其説初亦未嘗甚異也。蓋以理言之，則精粗本末初無二致，固不容有漸次，當如程子之論；若以其事而言，則其親踈遠近、淺深先後又不容於無别，筆列反。當如張子之言也。張子曰：二程解「窮理盡性以至於命」，只窮理便是至於命，亦是失於太快。此義儘有次序。須是窮理，便能盡得己之性；既盡得己之性，則推類又盡人之性；既盡得人之性，須是并萬物之性一齊盡得。如此然後至於天道也。其間煞有事，豈有當下理會了？學者須是窮理爲先，如此則方有學。今言「知命」與「至於命」儘有遠近，豈可以知便謂之至也？呂、游、楊説皆善，而呂尤確克角反。實。楊氏「萬物皆備」云者，又前章格物誠身之意。然於此論之，則反求於身，又有所不足言也。胥失之矣。藍田呂氏曰：至於實理之極，則吾生之所固有者不越乎是。吾生所有既一於理，則理之所有皆吾性也。人受天地之中，其生也具有天地之德。柔强昏明之質雖異，其心之所然者皆同。特蔽有淺深，故別而爲昏明；禀有多寡，故分而爲柔强。至於理之所同然，雖聖愚有所不異。盡己之性，則天下之性皆然，故能盡人之性。蔽有淺深，故爲昏明；蔽有開塞，故爲人物。禀有多寡，故爲强柔；禀有偏正，故爲人物。故物之性與人異者幾希。惟塞而不開，故知不若人之明；偏而不正，故才不若人之美。然人有近物之性者，物有近人之性者，亦繫乎此。於人之性開塞偏正無所不盡，則物之性未有不能盡也。己也，人也，物也，莫不盡其性，則天地之化幾矣。故行其所無事，順以養之而已，是所謂「贊天地之化育」者也。如堯命羲、和，「欽若昊天」，至於民之析、因、夷、隩，鳥獸之孳尾、希革、毛毨、氄毛，無不與知，則所贊可知矣。天地之化育猶有所不及，必人贊之而後備，則天地非人不立，故人與天、地並立爲三才，此之謂「與天地參」。○廣平游氏曰：「萬物皆備於我矣。反身而誠，樂莫大焉。」故「惟天下至誠爲能盡其性」。千萬人之性，一己之性是也，故「能盡其性，則能盡人之性」；萬物之性，一人之性是也，故「能盡人之性，則能盡物之性」。同焉皆得者各安其常，則盡人之性也；至於盡物之性，則和氣充塞，故「可以贊天地之化育」。夫如是，則天覆地載，教化各任其職，而成位乎其中矣。○龜山楊氏曰：性者，萬物之一源也。非夫體天德者，其孰能盡之？能盡其性，則人、物之性斯盡矣，言有漸次也。贊化育，參天地，皆其分内耳。又曰：孟子曰：「萬物皆備於我。」則數雖多，反而求之於吾身可也。故曰「盡己之性，則能盡人之性；盡人之性，則能盡物之性」，以己與人、物性無二故也。

或問「致曲」之說。曰：人性雖同，而氣禀或異。自其性而言之，則人自孩提，聖人之質悉以完具；以其氣而言之，則惟聖人爲能舉其全體而無所不盡，上章所言「至誠」、「盡性」是也。若其次，則善端所發，隨其所禀之厚薄，或仁或義，或孝或弟，通作悌。而不能同矣。自非各因其發見之偏一一推之以至乎其極，使其薄者厚而異者同，則不能有以貫通乎全體而復其初。即此章所謂「致曲」，而孟子所謂「擴充其四端」者是也。問：「既是四端，安得謂之曲？」朱子曰：四端先後互發，豈不是曲？若謂只有此一曲，則是夷、惠之偏，如何得該偏？聖人具全體一齊該了，而當用時亦只是發一端，如用仁，則義、禮、智如何上來得？問：「雖發一端，其餘只平鋪在，要用即用，不似以下人有先後間斷之意，須待擴而後充。」曰：然。程子之言大意如此。程子曰：人自孩提，聖人之質已完，只先於偏勝處發。或仁或義，或孝或弟，去氣偏處發，便是「致曲」；去性上脩，便是「直養」。然同歸于誠。但其所論不詳，且以由基之射爲說，故有疑於專務推致其氣質之所偏厚，而無隨事用力悉有衆善之意。《左傳》成公十六年：潘尫之黨黨，乃潘尫之子。尫，音汪。與養由基楚善射者。蹲甲而射之，蹲，聚也。徹七札焉。以示王曰：楚共王。「君有二臣如此，何憂於戰？」呂錡射共王中目。王召養由基與之兩矢使射呂錡中項，伏弢。音滔，弓衣也。以一矢復命。〇程子曰：曲，偏曲之謂，非大道也。「曲能有誠」，就一事中用志不分，亦能有誠。且如技藝上可見，如養由基射之類是也。〇問：「程子說致曲先於偏勝處發，似未安，如此則專主一偏矣。」朱子曰：此說甚可疑，須於事上論，不當於人上論。又以「形」爲參前倚衡、所立卓爾之意，則亦若以爲己之所自見，而無與音預。於人也。豈其記者之畧而失之與？羊諸反。至於明、動、變、化之說，則無以易矣。程子曰：「誠則形」，誠然後便有物，如「立則見其參於前，在輿則見其倚於衡」，「如有所立卓爾」，皆若有物方見。如無形，是見何物也？「形則著」，又著見也；「著則明」，是有光輝之時也；「明則動」，誠能動人也。君子「所過者化」，豈非動乎？或曰：「變與化何別？」曰：變，如物方變而未化；化，則更無舊迹，自然之謂也。莊子言變大於化，非也。若張子之說，以「明」爲「兼照」，「動」爲「徙義」，「變」爲「通變」，「化」爲「無滯」，則皆以其進乎內者言之，失其旨矣。蓋進德之序，由中達外，乃理之自然。如上章之說，亦自己而人，自人而物，各有次序，不應專於内而遺其外也。且夫音扶。進乎内之節目，亦安得如是之繁促哉？張子曰：致曲不貳，則德有定體；體象誠定，則文節著見。一曲致文，則餘善兼照；明能兼照，則必將徙義；誠能徙義，則德自通變；能通其變，則圓神無滯。游氏説亦得之。但説「致曲」二字不同，非本意耳。廣平游氏曰：誠者不思不勉，直心而徑行也。其次則臨言而必思，不敢縱言也；臨行而必擇，不敢徑行也。故曰「致曲」，曲折而反諸心也。擬議之間鄙詐不萌，而忠信立矣，故「曲能有誠」；有諸中必形諸外，故「誠則形」；形於身必著於物，故「形則著」；誠至於著，則内外洞徹，清明在躬，故「著則明」；明則有以動衆，故「明則動」；動則有以易俗，故「動則變」。變則革汙以爲清，革暴以爲良，然猶有迹也；化則其迹泯矣，日用飲食而已。至於化，則神之所爲也，非天下之至誠，其孰能與於此？楊氏既以「光輝發外」爲明矣，而又引「明則誠矣」，則似以明爲「通明」之明；既以「鶴鳴」、「子和」去聲。爲動矣，而又曰化非學問篤行所及，則似以化爲「大而化之」之化。此其文意不相承續，且於明動之間，本文之外，別生「無物不誠」一節以就至誠動物之意，尤不可曉。今固不能盡録，然亦不可不辨也。龜山楊氏曰：能盡其性者，誠也；其次致曲者，誠之也。學問思辨而篤行之，致曲也。用志不分，故能有誠。誠於中，形於外，參前倚衡不可揜也，故形。形則有物，故著。著則光輝發於外，故明。明則誠矣。未有誠而不動，動而不變也。「鶴鳴在陰，其子和之」，非動乎？「曲能有誠」，誠在一曲也；「明則誠矣」，無物不誠也。至於化，則非學問思辨篤行之所及也，故唯天下至誠爲能化。

或問「至誠如神」之説。曰：吕氏得之矣。其論「動乎四體」爲「威儀之則」者，尤爲確實。藍田吕氏曰：至誠與天地同德。與天地同德，則其氣化運行與天地同流矣。興亡之兆、禍福之來，感於吾心，動於吾氣，如有萌焉，無不前知。況乎誠心之至，求乎蓍龜而蓍龜告，察乎四體而四體應，所謂「莫見乎隱，莫顯乎微」者也。此至誠所以達乎神明而無間，故曰「至誠如神」。「動乎四體」，如《傳》所謂「威儀之則以定命」者也。游氏「心合於氣，氣合於神」之云，非儒者之言也。且心無形，而氣有物，若之何而反以是爲妙哉？廣平游氏曰：至誠之道，精一無間，心合於氣，氣合於神，無聲無臭，而天地之間，物莫得以遁其形矣，不既神矣乎？程子「用便近二」之論，蓋因異端之說。程子曰：人固可以前知，然其理須是用則知，不用則不知。知不如不知之愈，蓋用便近二。所以釋子謂又不是野狐精也。如蜀山人、董五經之徒，亦有能前知者。程子曰：蜀山人不起念十年，便能前知。○又嵩前有董五經，隱者也。程子聞其名，謂其亦窮經之士，特往造焉。董平日未嘗出，是日不值。還至中途遇一老人負茶果以歸，且曰：「君非程先生乎？」程子異之。曰：「先生欲來信息甚大，某特入城置少茶果將以奉待也。」程子以其誠意，復同至其舍，語甚款，亦無大過人者。但久不與物接，心靜而明矣。故就之而論其優劣，非以其不用而不知者爲真可貴，而賢於至誠之前知也。至誠前知，乃因其事理朕直忍反。兆之已形而得之，如所謂「不逆詐，不億不信」，而常「先覺者」，非有術數推驗之煩、意想測度待洛反。之私也，亦何害其爲「一」哉？

或問二十五章之說。曰：「自成」、「自道」，如程子說，乃與下文相應。程子曰：「誠者自成」，如至誠事親，則成人子；至誠事君，則成人臣。○學者不可以不誠。雖然，誠者在知道本而誠之耳。游、楊皆以「無待而然」論之，其說雖高，然於此爲無所當，去聲。下同。且又老、莊之遺意也。廣平游氏曰：誠者非有成之者，自成而已；其爲道，非有道之者，自道而已。自成自道，猶言自本自根也。○龜山楊氏曰：「誠自誠」，「道自道」，無所待而然也。「誠者物之終始，不誠無物」之義，亦惟程子之言爲至當。然其言太略，故讀者或不能曉。請得而推言之：蓋誠之爲言，實而已矣。然此篇之言，有以理之實而言者，如曰「誠不可揜」之類是也；有以心之實而言者，如曰「反身不誠」之類是也。讀者各隨其文意之所指而尋之，則其義各得矣。所謂「誠者物之終始，不誠無物」者，以理言之，則天地之理至實而無一息之妄，故自古至今，無一物之不實，而一物之中，自始至終，皆實理之所爲也；以心言之，則聖人之心亦至實而無一息之妄，故從生至死，無一事之不實，而一事之中，自始至終，皆實心之所爲也。此所謂「誠者物之終始」者然也。苟未至於聖人，而其本心之實者猶未免於間斷，上去聲，下徒玩反。後並同。則自其實有是心之初，以至未有間斷之前，所爲無不實者。及其間斷，則自其間斷之後，以至未相接續之前，凡所云爲皆無實之可言，雖有其事，亦無以異於無有矣。如曰「三月不違」，則三月之間所爲皆實，而三月之後未免於無實。蓋不違之終始，即其事之終始也。「日月至焉」，則至此之時，所爲皆實，而去此之後未免於無實。蓋至焉之終始，即其物之終始也。是則所謂「不誠無物」者然也。以是言之，則在天者本無不實之理，故凡物之生於理者，必有是理方有是物。未有無其理而徒有不實之物者也。在人者或有不實之心，故凡物之出於心者，必有是心之實乃有是物之實。未有無其心之實而能有其物之實者也。程子所謂「徹頭徹尾」者蓋如此。程子曰：「誠者物之終始」，猶俗語「徹頭徹尾」，不誠更有甚物也？其餘諸說，大抵皆知誠之在天爲實理，而不知其在人爲實心。是以爲説太高，而往往至於交互差錯以失經文之本意。正猶知「愛」之不足以盡「仁」，而凡言仁者遂至於無字之可訓，其亦誤矣。吕氏所論子貢、子思所言之異亦善，而猶有未盡者。蓋子貢之言主於知，子思之言主於行，故各就其所重而有賓主之分，亦不但爲成德入德之殊而已也。藍田吕氏曰：子貢曰：「學不厭，智也；教不倦，仁也。」學不厭所以「成己」，此則成己爲仁；教不倦所以「成物」，此則成物爲智，何也？夫盡己性以成己，則仁之體也，推是以成物，則智之事也，自成德而言也；學不厭所以致吾知，教不倦所以廣吾愛，自入德而言也。此子思、子貢之言所以異也。○新安程氏曰：不厭不倦者，進德之事，子貢蓋主知而言，故以智爲體而仁爲用；成己成物者，成德之事，子思蓋主行而言，故以仁爲體而智爲用也。仁、智之所以相爲體用者，仁即乾之元，時之春；智即乾之貞，時之冬也。仁如元之始，春之生，義、禮、智皆仁之推。此仁之所以爲體，而智之所以爲用也；然智以知之，而後仁以行之，如貞下之起元，冬藏之蘊夫春生，此智之所以爲體，而仁之所以爲用也。楊氏説「物之終始」直以「天行」二字爲解，蓋本於《易》「終則有始，天行也」之説，假借依託無所發明。楊氏之言蓋多類此，最説經之大病也。又謂「誠則形而有物，不誠則輟陟劣反，止也。而無物」，亦未安。誠之有物，蓋不待形而有；不誠之無物，亦不待其輟而後無也。其曰「由四時之運已，則成物之功廢」，蓋亦輟而後無之意。而又直以「天無不實之理」，喻夫音扶。下同。人有不實之心，其取譬也亦不親切矣。彼四時之運，夫豈有時而已者哉？龜山楊氏曰：其爲物終始，天行也。誠則形，形故有物；不誠而著乎僞，則有作輟故息，息則無物矣。由四時之運已，則成物之功廢，尚何終始之有？故以習則不察，以行則不著，以進德則不可久，以脩業則不可大，故「君子」唯「誠之爲貴」。

或問二十六章之說。曰：此章之說，最爲繁雜。如游、楊「無息」、「不息」之辨，恐未然。若如其言，則「不息則久」以下至何地位然後爲無息耶？廣平游氏曰：至誠無息，「天行健」也，若「文王之德之純」是也；未能無息而不息者，「君子」之「自彊」也，若顔子之「三月不違仁」是也。○龜山楊氏曰：無息者，誠之體也；不息，所以體誠也。○葉氏曰：雖變文云「不息」，若就聖人至誠言之，只是自然無息，不可以「不」字爲學者用力事也。游氏又以「得一」形容「不二」之意，亦假借之類也。字雖密而意則踈矣。《老子》云：「天得一以清，地得一以寧。」○廣平游氏曰：「其爲物不二」，天地之「得一」也。一則不已，故「載萬物」；雕刻衆形而莫知其端也，故「生物不測」。呂氏所謂「不已其命」、「不已其德」，意雖無爽，而語亦有病。蓋天道聖人之所以不息，皆實理之自然，雖欲已之而不可得。今曰「不已其命」、「不已其德」，則是有意於不已，而非所以明聖人天道之自然矣。藍田呂氏曰：天之所以爲天，不已其命而已；聖人之所以爲聖，不已其德而已。其爲天人德命則異，其所以不已則一。故聖人之道可以「配天」者，如此而已。又以積天之「昭昭」以至於「無窮」，譬夫音扶。下同。人之充其良心以至於與天地合德，意則甚善。而此章所謂「至誠無息」，以至於博、厚、高、明，乃聖人久於其道而天下化成之事，其所積而成者，乃其氣象功效之謂。若鄭氏所謂「至誠之德著於四方」者是已。非謂在己之德亦待積而後成也。故章末引文王之《詩》以證之，夫豈積累漸次之謂哉？若如呂氏之說，則是因無息然後至於誠，由不已然後純於天道也，失其旨矣。藍田呂氏曰：雖天之大，昭昭之多而已；雖地之廣，撮土之多而已。山之一卷，水之一勺，亦猶是矣。其所以高明博厚神明不測者，積之之多而已。今夫人之有良心也，莫非受天地之中。是爲可欲之善，不充之則不能與天地相似而至乎大。大而不化，則不能不勉不思與天地合德而至于聖。然所以至于聖者，充其良心德盛仁熟而後爾也。故曰過此以往，未之或知也。窮神知化，德之盛也。如指人之良心而責之與天地合德，猶指撮土而求其載華嶽振河海之力，指一勺而求其生蛟龍殖貨財之功，是亦不思之甚也。楊氏「動以天，故無息」之語甚善。龜山楊氏曰：誠「自成」，非有假於物也。而其動以天，故「無息」。其曰「天地之道，聖人之德」，「無二致焉」，顧方論聖人之事，而又曰「天地之道可一言而盡」，蓋未覺其語之更平聲。端耳。龜山楊氏曰：積而至於博厚高明，則覆載成物之事備矣，其用則不可得而見也。故配天、地、無疆言之，所以著明之也。然天地之道，聖人之德，其爲覆載成物之功則無二致焉，故又曰「天地之道可一言而盡也」。所謂一者誠而已，互相明也。精一而不二，故能生物不測。不誠，則無物矣。至謂「天之所以爲天、文王之所以爲文，皆原於不已」，則亦猶呂氏之失也。龜山楊氏曰：「誠」之一言足以盡之，不息之積也。若夫擇善而不能固執之，若存若亡而欲與天地合德，其可乎？故又繼之天之所以爲天、文王之所以爲文，皆原於不已。大抵聖賢之言，內外精粗各有攸當，去聲。而無非極致。近世諸儒乃或不察乎此，而於其外者皆欲引而納之於內，於其粗者皆欲推而致之於精。若致曲之明動變化，此章之博厚高明，蓋不勝平聲。其煩碎穿鑿而於其本指失之愈遠。學者不可以不察也！

或問二十七章之說。曰：程、張備矣。程子曰：自「大哉聖人之道」至「道不凝焉」，皆是一貫。○「德性」者，言性之可貴，與言「性善」，其實一也。○須是合內外之道，一天人，齊上下，下學而上達，極高明而道中庸。又曰：極高明而道中庸非二事。中庸，天理也。天理固高明。不極乎高明，不足以道中庸。中庸乃高明之極也。又曰：理則極高明，行之只是中庸也。○張子曰：天體物而不遺，猶人體事而無不在也。「禮儀三百，威儀三千」，無一物之非仁也；「昊天曰明，及爾出王。昊天曰旦，及爾游衍」，無一物之不體也。○不尊德性，則問學從而不道；不致廣大，則精微無所立其誠；不極高明，則擇乎中庸失時措之宜矣。○尊德性，猶「據於德」。德性須尊之。道，行也。問，問得者；學，行得者。猶「學問」也。尊德性，須是將前言往行，所聞所知，以參驗恐行有錯；致廣大，須盡精微，不得鹵莽；極高明，須道中庸之道。○致廣大、極高明，此則儘遠大，所處則直是精約。○「温故知新」，「多識前言往行」以畜德，繹舊業而知新，益思昔未至而今至之，緣舊所見聞而察來，皆其義也。張子所論「逐句爲義」一條，甚爲切於文義，張子曰：尊德性而道問學，致廣大而盡精微，極高明而道中庸，皆逐句爲一義。上言重，下言輕。故吕氏因之。藍田吕氏曰：道之在我者，德性而已。不先貴乎此，則所謂問學者不免乎口耳爲人之事而已。道之全體者，廣大而已。不先充乎此，則所謂精微者或偏或隘矣。道之上達者，高明而已。不先止乎此，則所謂中庸者同汙合俗矣。然須更以游、楊二説足之，則其義始備耳。廣平游氏曰：「懲忿窒欲」，「閑邪存誠」，此尊德性也。非學以聚之，問以辨之，則擇善不明矣。故繼之道問學。尊德性而道問學，然後能致廣大。尊其所聞，行其所知，充其德性之體使無不該徧，此致廣大也。非盡精微則無以極深而研幾，故繼之以盡精微，然後能極高明。始也未離乎方，今則無方矣；始也未離乎體，今則無體矣。離形去智，廓然大通，此極高明也。非道中庸則無踐履可據之地，不幾於蕩而無執乎？故繼之以道中庸。高明者，中庸之妙理；而中庸者，高明之實德也。其實非兩體也。○龜山楊氏曰：尊德性而後能致廣大，致廣大而後能極高明；道問學而後能盡精微，盡精微而後能擇中庸而固執之。入德之序也。○格庵趙氏曰：張子言「逐句爲義」，吕氏因之。游氏以逐句相承接爲説。楊氏以逐句上一節承上一節，下一節承下一節爲説。兼讀其義始備。游氏分別筆列反。「至道」、「至德」爲得之。唯「優優大哉」之説爲未善。廣平游氏曰：發育萬物，峻極于天，至道之功也；禮儀三百，威儀三千，至道之具也。洋洋乎，上際於天，下蟠於地也；優優大哉，言動容周旋中禮也。夫以三百三千之多儀，非天下至誠孰能從容而盡中哉？故曰「待其人然後行」。蓋盛德之至者，人也。故曰「苟不至德，至道不凝焉」。至德非他，至誠而已矣。而以無方無體、離去聲。形去智爲「極高明」之意，又以人德、地德、天德爲德性廣大、高明之分，則其失愈遠矣。廣平游氏曰：尊其德性而道問學，人德也；致廣大而盡精微，地德也；極高明而道中庸，天德也。自人而天，則上達矣。楊氏之說亦不可曉。蓋道者，自然之路；德者，人之所得。故禮者，道體之節文。必其人之有德，然後乃能行之也。今乃以禮爲德，而欲以凝夫音扶。道，則既誤矣。而又曰：「道非禮則蕩而無止，禮非道則梏於儀章器數之末，而有所不行。」則是所謂「道」者，乃爲虛無恍惚元無準則之物，所謂「德」者，又不足以凝道而反有所待於道也，其諸老氏之言乎？誤益甚矣。龜山楊氏曰：道之峻極于天，道之至也；無禮以範圍之，則蕩而無止，而天地之化或過矣。「禮儀三百，威儀三千」所以體道而範圍之也。故曰「苟不至德，至道不凝焉」。所謂「至德」者，禮其是乎？夫禮，天所秩也。後世或以爲忠信之薄，或以爲僞，皆不知天者也。故曰「待其人然後行」。蓋道非禮不止，禮非道不行，二者常相資也。苟非其人，而梏於儀章器數之末，則愚不肖者之不及也，尚何至道之凝哉？温故知新、敦厚崇禮，諸說但以二句相對，明其不可偏廢，大意固然。廣平游氏曰：温故而知新，所以博學而詳說之也；敦厚以崇禮，所以守約而處中也。○龜山楊氏曰：温故而知新，道問學之事也；敦厚以崇禮，道中庸之事也。然細分之，則温故然後有以知新，而温故又不可不知新；敦厚然後有以崇禮，而敦厚又不可不崇禮，此則諸說之所遺也。大抵此五句，承章首道體大小而言，故一句之内皆具大小二意。如「德性」也，「廣大」也，「高明」也，「故」也，「厚」也，道之大也；「問學」也，「精微」也，「中庸」也，「新」也，「禮」也，道之小也。尊之，道之，致之，盡之，極之，道之，温之，知之，敦之，崇之，所以脩是德而凝是道也。以其於道之大小無所不體，故居上居下在治去聲。在亂無所不宜。此又一章之通旨也。

或問：「子思之時，周室衰微，禮樂失官，制度不行於天下久矣。其曰『同軌』、『同文』何也？」曰：當是之時，周室雖衰，而人猶以爲天下無二王。諸侯雖有不臣之心，然方彼此争雄，不能相尚。下及六國之未亡，猶未有能更平聲。姓改物而定天下于一者也。則周之文軌，孰得而變之哉？曰：「周之車軌書文，何以能若是其必同也？」曰：古之有天下者，必改正朔，易服色，殊徽號，以新天下之耳目而一其心志。若三代之異尚，其見賢遍反。於書傳去聲。下同。者詳矣。軌者，車之轍迹也。周人尚輿，而制作之法領於冬官。其輿之廣六尺六寸，故其轍迹之在地者，相距之間廣狹如一，無有遠邇莫不齊同。凡爲車者必合乎此，然後可以行乎方内而無不通。不合乎此，則不惟有司得以討之，而其行於道路自將偏倚杌音兀。隉倪結反，不安也。而跬犬委反，半步也。步不前，亦不待禁而自不爲矣。古語所謂「閉門造車，出門合轍」，蓋言其法之同；而《春秋傳》所謂「同軌畢至」者，則以言其四海之内，政令所及者無不來也。文者，書之點畫形象也。《周禮》司徒教民道藝而書居其一。又有外史掌達書名於四方，而大行人之法，則又每九歲而一諭焉。其制度之詳如此，是以雖其末流海内分裂而猶不得變也。《周禮・地官・大司徒》：「以鄉三物教萬民而賓興之。三曰六藝：禮、樂、射、御、書、數。」○《春官・外史》：「掌書外令，掌四方之志，掌三皇五帝之書，掌達書名於四方。若以書使去聲。于四方，則書其令。」○《大行人》：「王之所以撫邦國諸侯者。歲徧存，三歲徧覜，音眺。五歲徧省，七歲屬象胥、諭言語、協辭命，九歲屬瞽史、諭書名、❶書名所以同其文，故使瞽史諭之。聽音聲。」必至於秦滅六國，而其號令法制有以同於天下。然後車以六尺爲度，書以小篆、隸書爲法，而周制始改爾。孰謂子思之時而遽然哉？三山陳氏曰：按魯穆公元年，子思作《中庸》，蓋周威烈王之十七年也。是時列國雖彊，猶用周制。至秦吞并後，始用六爲紀，而輿六尺，是改車之軌，損於周者六寸矣。又命李斯、程邈更制小篆、隸書，而後書之文始不同。

或問二十九章之說。曰：「三重」諸說不同。雖程子亦因鄭註，然於文義皆不通。程子曰：三重，即三王之禮。此即鄭註之說。唯呂氏一說爲得之耳。說見《章句》。至於「上」「下焉」者，則呂氏亦失之。惜乎其不因上句以推之，而爲是矛盾食允反。也。藍田呂氏曰：上焉者，謂上達之事，如性命道德之本。不驗之於民之行事，則徒言而近於荒唐。下焉者，謂下達之事，如刑名度數之末。隨時變易，無所稽考，則臆見而出於穿鑿。二者皆無取信於民，是以民無所適從。曰：「然則上焉者以時言，下焉者以位言，宜不得爲一說。且又安知下焉者之不爲霸者事耶？」曰：以王去聲。天下者而言，則位不可以復上矣；以霸者之事而言，則其善又不足稱也。亦何疑哉？曰：「此章文義多近似，而若可以相易者，其有辨乎？」曰：有。「三王」以迹言

❶「諭」，原作「論」，今據四庫本改。

者也，故曰「不謬」，言與其已行者無所差也；「天地」以道言者也，故曰「不悖」，言與其自然者無所拂也；「鬼神」無形而難知，故曰「無疑」，謂幽有以驗乎明也；後「聖」未至而難料，故曰「不惑」，謂遠有以驗乎近也。三山潘氏曰：通天下一理耳，無往不在，無時不然，是以達幽明、貫古今而無所不通。動，舉一身，兼行與言而言之也；道者，人所共由，兼法與則而言之也。法，謂法度，人之所當守也；則，謂準則，人之所取正也。遠者悅其德之廣被，平義反，及也。故企而慕之；近者習其行去聲。之有常，故久而安之也。

或問「小德」、「大德」之說。曰：以天地言之，則高下散殊者，小德之川流；「於音烏。穆不已」者，大德之敦化。以聖人言之，則「物各付物」者，小德之川流；「純亦不已」者，大德之敦化。以此推之，可見諸說之得失矣。曰：「子之所謂『兼內外，該本末而言』者，何也？」曰：是不可以一事言也。姑以夫子已行之迹言之，則由其書之有得夏時、贊《周易》也，由其行去聲。下同。之有不時不食也，迅雷風烈必變也，以至於仕止久速之皆當其可也，而其所以「律天時」之意可見矣；得夏時，出《記・禮運》篇。詳見《論語・八佾》篇「禘自既灌而往」章下。由其書之有序《禹貢》述《職方》也，由其行之有居魯而逢掖音亦。也，居宋而章甫也，以至於用舍上聲。行藏之所遇而安也，而其「襲水土」之意可見矣。述《職方》以除九丘，見《尚書序》。《職方》即《周禮・職方氏》也。○《記・儒行》篇：孔子曰：「丘少居魯，衣逢掖之衣，長居宋，冠章甫之冠。」逢掖，即深衣也。章甫，商之冠名。宋，商之後，故用其冠。若因是以推之，則古先聖王之所以迎日推筴，「筴」與「策」同。頒朔授民，而其大至於禪善，去聲。授放伐，各以其時者，皆「律天時」之事也；其所以體國經野，方設居方，而其廣至於昆蟲草木各遂其性者，皆「襲水土」之事也。使夫子而得邦家也，則亦何慊口點反。於是哉？頒朔，詳見《論語·八佾》篇「子貢欲去告朔之餼羊」下。○《史記·黃帝本紀》云「迎日推筴」，註：「策，數也。迎數之也。日月朔望未來而推之，故曰『迎日』。」○《周禮》云：「惟王建國，辨方正位，體國經野。」註：「體，猶分也。經，謂爲之里數。」○亡《虞書序》云：「帝釐下土，方設居方。」言帝舜理四方諸侯，隨方別其居方之法也。

或問「至聖」、「至誠」之説。曰：楊氏以「聰明睿知」爲君德者得之，而未盡。其「寬裕」以下則失之。蓋聰明睿知者，生知安行而首出庶物之資也；容、執、敬、別，則仁、義、禮、智之事也。龜山楊氏曰：《書》曰：「惟天生聰明時乂。」《易》曰：「知臨大君之宜吉。」則「聰明睿知」，人君之德也，故「足以有臨」；「寬裕溫柔」，仁之質也，故「足以有容」；「發彊剛毅」「以致果」，故「有執」；「齊莊中正」「以直内」，故「有敬」；「文理密察」「理於義」，故「有別」。「經綸」以下，諸家之説亦或得其文義。但不知「經綸」之爲致和，「立」、「本」之爲致中，「知」、「化」之爲窮理以至於命，且上於至誠者無所繫，下於焉有所倚者無所屬。音燭。則爲不得其綱領耳。游氏以上章爲言至聖之德，❶下章爲言至誠之道者得之。廣平游氏曰：聰明睿知，聖德也；寬裕溫柔，仁德也；發彊剛毅，義德也；齊莊中正，禮德也；文理密察，智德也。溥博者，其大無方；淵泉者，其深不測。或容以爲仁，或執以爲義，或敬以爲禮，或別以爲智。惟其時而已。此所謂「時出之」也。夫然，故外有以正天下之觀，内有以通天下之

❶「之」，原作「至」，今據《四書或問》、《四書纂疏》改。

志。是以見而民敬，言而民信，行而民悦。自西自東，自南自北，莫不心悦而誠服。此至聖之德也。「天下之大經」，❶五品之民彝也。凡爲天下之常道，皆可名於「經」，而民彝爲「大經」。「經綸」者，因性循理而治之，無汨其序之謂也。「立天地之大本」者，「建中于民」也。「淵淵其淵」，非特如淵而已；「浩浩其天」，非特如天而已。此至誠之道也。其説自「德者其用」以下皆善。廣平游氏曰：德者，其用也。有目者所共見，有心者所共知，故凡有血氣者莫不尊親。道者，其本也。非道同志一，莫窺其奥，故曰「苟不固聰明聖知達天德者，其孰能知之」。蓋至誠之道，非至聖不能知；至聖之德，非至誠不能爲。故其言之序相因如此。

或問卒章之説。曰：承上三章既言聖人之德而極其盛矣，子思懼夫音扶。下同。學者求之於高遠玄妙之域，輕自大而反失之也，故反於其至近者而言之，以示入德之方，欲學者先知用心於内，不求人知，然後可以謹獨誠身而馴致乎其極也。「君子篤恭而天下平」，而其所以平者無聲臭之可尋，此至誠盛德自然之効，而中庸之極功也。故以是而終篇焉。蓋以一篇而論之，則天命之性、率性之道、脩道之教，與夫天地之所以位、萬物之所以育者，於此可見其實德；以此章論之，則所謂「淡而不厭，簡而文，温而理，知遠之近，知風之自，知微之顯」者，於此可見其成功。皆非空言也。然其所以入乎此者則無他焉，亦曰反身以謹獨而已矣。故首章已發其意，此章又申明而極言之，其旨深哉！其曰「不顯」，亦充「尚絅」之心以至其極耳。與《詩》之訓義不同。蓋亦假借而言，若《大學》「敬止」之例也。新安陳氏

❶「下」，原作「地」，今據《中庸輯略》卷下、《四書纂疏》改。

曰：《詩》意本謂「豈不顯」，此則真謂其幽潛不顯。如《詩》「敬止」爲語助詞，《大學》則謂無不敬而安所止也。「諸説如何？」曰：程子至矣。程子曰：不愧屋漏，便有箇持敬氣象。又曰：不愧屋漏，則心安而體舒。○尚不愧于屋漏，是敬之事。○聖人脩己以安百姓，篤恭而天下平。惟上下一於恭敬，則天地自位，萬物自育，氣無不和，四靈何有不至？此「體信達順」之道。聰明睿知，皆由此出。以此事天享帝。○道，一本也。知不二本，便是篤恭而平天下之道。又曰：君子之遇事無巨細，一於敬而已矣。簡細故以自崇，非敬也；飾私智以爲奇，非敬也。要之無敢慢而已。《語》曰：「居處恭，執事敬，雖之夷狄不可棄也。」然則執事敬者，固爲仁之端也。推是心而成之，則篤恭而天下平矣。○「毛猶有倫」，入毫釐絲忽終不盡。○《中庸》言道，只消道「無聲無臭」四字，總括了多少。○《中庸》之語，其本至於「無聲無臭」，其用至於「禮儀三百，威儀三千」；自禮儀三百、威儀三千，復歸於無聲無臭。此言聖人心要處。吕氏既失其章旨，又不得其綱領條貫，而於文義尤多未當。去聲。下「未當」同。如此章承上文聖誠之極致，而反之以本乎下學之初心，遂推言之以至其極而後已也。而以爲皆言「德成反本」之事，則既失其章旨矣。藍田吕氏曰：此章皆言德成反本，以盡中庸之道。此章凡八引《詩》。自「衣錦尚絅」以至「不顯惟德」凡五條，始學成德疏密淺深之序也；自「不大聲色」以至「無聲無臭」凡三條，皆所以贊夫不顯之德也。今以「不顯惟德」通前三義而并言之，又以後三條者亦通爲進德工夫淺深次第，則又失其條理矣。藍田吕氏曰：「不顯惟德，百辟其刑之」者，蓋要其所以「不動而敬，不言而信」，「不賞而勸，不怒而威」，豈有他哉？在德而已。○「德輶如毛」，謂之「德」者，猶「誠之」者也，未至乎「誠」也。若至乎誠，則與天爲一，無意無我，非勉非思，渾然不可得而名者也。聲臭之於形微矣，有物而不可見，猶曰無之，則上天之事可知矣。○「不動而敬，不言而信」，「不賞而勸，不怒而威」，則德孚於人，而忘乎言動矣。然猶有德之聲色存焉。至于「不大聲色」，然後可以入乎「無聲無臭」，而誠一於天。至以「知風之自」爲知見聞動作皆由心出，以「知微之顯」爲知心之精微「明達暴著」，藍田吕氏曰：以見聞之廣、動作之利推所從來，莫非心之所出，其「知風之自」歟？○心之精微至隱至妙，「無聲無臭」；然其理明達暴著，若懸日月，其「知微之顯」歟？以「不動而敬，不言而信」爲「人敬信」之，藍田吕氏曰：其中有本，不待言動而人敬信。以貨色、親長上聲。達諸天下爲「篤恭而天下平」，藍田吕氏曰：君子之善與人同，合内外之道則爲德。非特成己，將以成物。故君子言貨色之欲、親長之私，必達於天下而後已，豈非「篤恭而天下平」者哉？以德爲「誠之」之事而猶有聲色，至於「無聲無臭」然後誠一於天，則又文義之未當者然也。然近世説者乃有深取其「知風之自」之説，而以爲非大程夫子不能言者，蓋習於佛氏「作用是性」之談，而不察乎了翁序文之誤耳。學之不講，其陋至此，亦可憐也！朱子曰：吕氏却是「作用是性」之意，於學無所統攝。游氏所謂「無藏於中，無交於物，泊然純素，獨與神明居」，所謂「離人而立於獨」者，皆非儒者之言。廣平游氏曰：無藏於中，無交於物，泊然純素，獨與神明居，此「淡」也。然因性而已，故曰「不厭」。○「無聲無臭」，則離人而立於獨矣。「不失足於人，不失色於人，不失口於人」，則又審於接物之事，而非「簡」之謂也。廣平游氏曰：不失足於人，不失色於人，不失口於人，此「簡」也。然循理而已，故「文」。其論三「知」未免牽合之病。廣平游氏曰：欲治其國，先齊其家，「知遠之近」也。「人人親其親，長其長而天下平」，可不謂近矣乎？「欲齊其家，先脩其身」，「知風之自」也。《易》於《家人》曰：「風自火出，而君子以言有物，行有常。」不可謂所自乎？「欲脩其身，先正其心」，「知微之顯」也。夫道視之不見，聽之不聞，而常不離心術日用之間，可不謂「顯」矣乎？其論「德輶如毛」以下，則其失與吕氏同。廣平游氏曰：所謂「德」者，非甚高而難知也，甚遠而難至也。舉之則是，故曰「德輶如毛」。既已有所舉矣，則必思而得，勉而中，是人道而有對，故曰「毛猶有倫」。若夫誠之至，則無思無爲，從容中道，是天道也，故曰「上天之載，無聲無臭，至矣」。楊氏「知風之自」，與吕氏舊本之説略同。龜山楊氏曰：世之流風，皆有所自。清之隘，和之不恭，知其自此，則君子不由也。○藍田吕氏曰：墨子兼愛，楊子爲我，其始未有害也。其風之末，則至於無君無父，而近於禽獸。伯夷之不屑就以爲清，柳下惠之不屑去以爲和，其風之末，不免乎隘與不恭，君子不由，則其端不可不慎也。故曰「差之毫釐，繆以千里」，其「知風之自」歟？而其取證又皆太遠。要當參取吕氏改本，去上聲。其所謂見聞者，吕説見上。而益以言語之得失、動作之是非，皆知其有所從來而不可不謹，則庶乎其可耳。以「德輶如毛」爲「有德而未化」，則又吕、游之失也。龜山楊氏曰：「德輶如毛」，未至於無倫，猶有德也而未化，非其至也。故「上天之載，無聲無臭」，然後爲至。侯氏説多踈闊。惟以此章爲再叙入德成德之序者，獨爲得之也。河東侯氏曰：自「衣錦尚絅」至「無聲無臭，至矣」，子思再叙入德成德之序也。

讀論語孟子法

此朱子采二程子說。

程子曰：新安陳氏曰：程伯子諱顥，字伯淳，號明道先生；叔子諱頤，字正叔，號伊川先生。朱子先以明道、伊川爲別，次以伯子、叔子爲別，後以其學同，其說同，更不分別，總稱「程子」。河南人。學者當以《論語》、《孟子》爲本。《論語》、《孟子》既治，則六經可不治而明矣。朱子曰：《語》、《孟》工夫少，得效多；六經工夫多，得效少。○慶源輔氏曰：今之治二書，所患不精爾。果能熟讀精思，使其言皆出於吾之口，使其意皆出於吾之心，脉絡條理，始終洞然而無纖芥隱昧不明之處，則六經之言，固可以類推而無不明也。○新安陳氏曰：「既治」之治去聲，「不治」之治平聲。按鄒晉昭曰：此字本平聲，借用乃爲去聲。故陸氏於諸經中平聲者並無音，去聲者乃音直吏反。平聲者，脩理其事方用其力也；去聲者，事有條理已見其效也。今自此以後，亦依陸氏例云。○《語》、《孟》既治，學正識精，由是而治六經，根本正而易爲力矣。非謂真可不必治而自明也。讀書者當觀聖人所以作經之意，與聖人所以用心，聖人之所以至於聖人，而吾之所以未至者，所以未得者。慶源輔氏曰：聖人作經之意，不過欲發明此理以曉人，其所以用心而至爲聖人者，則二書固無不具也。至於吾之所以「未至」聖人之地、「未得」聖人之心者，亦惟用心與二書背戾而不合耳。○陳氏曰：到經明後，方知得作經之意；識聖人之心體，方知他所以用處。○新安陳氏曰：當味五箇「所以」字。句句而求之，晝誦而味之，中夜而思之，平其心，易以豉反。其氣，闕其疑，則聖人之意可見矣。朱子曰：平其心，只是放教虛平；易其氣，只是放教寬慢；闕其疑，只是莫去穿鑿。今人多要硬把捉教住，如何得？有箇難理會處便要刻畫百端討出來，枉費心力。少刻只說得自底，那裏見聖人意？○陳氏曰：平其心者，是虛其心如衡之平，不可先立一箇定說。纔先把一說爲主於中，便如秤盤先加一星了，到秤物時如何得銖兩之正？易其氣者，欲見得聖人真意時，須是和平其氣，雍容和緩，自然而得之，乃能默契。○雲峯胡氏曰：讀聖人之書者，當知聖人所以用心。然非自平其心不可也。朱子《易贊》有曰：「讀《易》之法，先正其心。」意亦類此。

又曰：凡看文字，須先曉其文義，然後可以求其意。未有不曉文義而見意者也。

又曰：學者須將《論語》中諸弟子問處便作自己問，聖人答處便作今日耳聞，自然有得。朱子曰：孔門問答，曾子聞得底話，顏子未必與聞；顏子聞得底話，子貢未必與聞。今却合在《論語》一書，後世學者，豈不幸事？但患自家不去用心。○新安陳氏曰：今學者看程朱先生語録，皆當以此法看之，視問辭如出吾口，聽答辭如入吾耳。雖孔孟復扶又反。生，不過以此教人。若能於《語》、《孟》中深求玩味，將來涵養成甚生氣質！朱子曰：有人言理會得《論語》，便是孔子；理會得七篇，便是孟子。初不以爲然，看來亦是如此。蓋《論語》中言語，真能窮究極其纖悉無不透徹，如從孔子肚裏穿過，孔子肝肺盡知了，豈不是孔子；七篇中言語真能窮究極其纖悉無不透徹，如從孟子肚裏穿過，孟子肝肺盡知了，豈不是孟子？○雲峯胡氏曰：氣質得於有生之初，此曰「甚生氣質」，何也？曰：生來氣質有好有不好，涵養成後，生氣質無不好者。此「生」字非自稟賦中來，乃自學問變化中來也。○新安陳氏曰：學之功至，愚者明，柔者强，偏駁者純粹。不特能變化氣質，謂無好氣質者，今生出此好氣質也。

程子曰：凡看《語》、《孟》，且須熟讀玩味，須將聖人言語切己，不可只作一場話說。人只看得此二書切己，終身儘多也。朱子曰：《論》、《孟》不可只道理會文義得了便了，須子細玩味以身體之，見前後晦明生熟不同，方是切實。○二書若便恁地讀過，只一兩日可了；若要將來做切己事玩味體察，一日多看得數段，或一兩段爾。○讀《論》、《孟》須是切己，且如「學而時習之」，切己看時曾時習與否。句句如此求之，則有益矣。○或言：「看《論語》，見得聖人言行極天理之實而無一毫人欲之妄，學者之用功，尤當極其實而不容有一毫之妄。」曰：大綱也是如此，然就裏面詳細處須要十分透徹，無一不盡。○學者讀書，須要將聖賢言語體之於身，如「克己復禮」與「出門如見大賓」等事，須就自家身上體看，我實能克己與主敬行恕否？件件如此方有益。○慶源輔氏曰：讀書者能將聖人言語切己體察，則定無枉費工夫，一日當有一日之功；若欲只做一場話説，則是口耳之學耳。

又曰：《論》、《孟》只剩石證反。讀著，陟略反，語助辭。下同。便自意足。學者須是玩味。若以語言解著，意便不足。朱子曰：讀書之法，先要熟讀，須是正看背看，左看右看，看得是了，未可便説道是，更須反覆玩味。○《論》、《孟》須是熟讀，一一記放心下，時時將來玩味，久久自然貫通。○慶源輔氏曰：學者須是將聖人言語，熟讀深思，晝夜玩味，則可以開發吾之知識，日就高明；涵養吾之德性，日就廣大，方始見得聖賢言近而指遠，故其意思自然厭飫飽足。若以語言解著，則意便死於言下，自然局促塞淺，而有枵虚不足之意。

或問且將《語》、《孟》緊要處看如何。程子曰：固是好，但終是不浹即協反。洽耳。朱子曰：聖人言語粗底做粗底理會，細底做細底理會，不消得揀擇。《語》、《孟》恁地揀擇了，史書及世間粗底書，如何看得？○問龜山與范濟美言學者當以求仁爲要。曰：須要將一部《論語》，粗粗細細齊理會過，自然有貫通處，却會得仁方好。近日學者病在好高，讀《論語》未問「學而時習」，便説「一貫」；讀《孟子》未言梁王問利，便説「盡心」；《易》未看六十四卦，便説《繫辭》。某解《語》、《孟》和訓詁註在下面，要人精粗本末，字字爲咀嚼過。○問：「《論語》，莫也須揀箇緊要底看否？」曰：不可，須從頭看，無精無粗，無淺無深，且都玩味得熟，道理自然出。曰：「讀書未見得切，須見之行事方切。」曰：不然。且如《論語》第一便教人學，便是孝弟求仁，便戒人巧言令色，便三省，也可謂甚切。○《論語》中有緊要底，有泛説底，今且要著力緊要底，便是揀別，此最不可。若如此，則《孟子》一部可删者多矣。聖賢言語粗説細説，皆著理會教透徹。蓋道體至廣至大，故有説得易處，説得難處，説得大處，説得小處，若不盡見，必定有窒碍處。○慶源輔氏曰：人纔只將二書緊要處看，便只是要求近功速效，與天理已不相似。所謂「固是好」者，蓋姑取其向學求道之意耳。正使其有近功速效，亦必至於偏枯蹇澁，豈復有優游厭飫貫通浹洽之意？

程子曰：孔子言語句句是自然，孟子言語句句是事實。朱子曰：孔子言語，一似没緊要説出來，自是包含無限道理，無些滲漏。如云「道之以政，齊之以刑，道之以德，齊之以禮」數句，孔子初不曾著氣力，只似没緊要説出來，自是委曲詳盡，説盡道理。若孟子便用著氣力，依文按本，據事實，説無限言語方説得出，此所以爲聖賢之别也。○《論語》之書，蓋孔子大概使人優游厭飫，涵泳諷味；《孟子》之書，大概是要人探索力討，反己自求。故伊川曰「孔子句句是自然，孟子句句是事實」，亦此意也。如《論語》所言「出門如見大賓，使民如承大祭」，「非禮勿視、聽、言、動」之類，皆是存養底意思。《孟子》言性善，存心養性，見孺子入井之心，四端之發，若火始然、泉始達之類，皆是要體認得這心性下落，擴而充之。於此等語玩味，便自可見。○孔子教人，只言「居處恭，執事敬，與人忠」，含畜得意思在其中，使人自求之。到孟子便指出了性善，早不似聖人了。○《論語》多門弟子所集，故言語時有長長短短不類處；《孟子》疑自著之書，故首尾文字一體，無些子瑕疵，不是自下手，安得如此好？若是門弟子集，則其人亦甚高，不可謂「軻死不傳」。○《論語》不説心，只説實事；《孟子》説心，後來遂有求心之病。○問：「《論語》一書，未嘗説一『心』字；至《孟子》只管拈人心説來説去，曰『推是心』，曰『求放心』，曰『盡心』，曰『赤子之心』，曰『存心』。莫是孔門學者自知理會箇心，故不待聖人苦口；到孟子時，世變既遠，人才漸不如古，故孟子極力與言，要他從箇本原處理會否？」曰：孔門雖不曾説心，然答弟子問仁處，非理會心而何？仁，即心也，但當時不説箇「心」字耳。○或云《論語》不如《中庸》。曰：只是一理。若看得透，方知無異。《論語》是每日零碎問答，譬如大海也是水，一勺也是水，所説千言萬語皆是一理，須是透得，推之其他道理皆通。又曰：聖賢所説只一般，只是一箇「擇善固執之」，《論語》則説「學而時習之」，《孟子》則説「明善誠身」，下得字各自精細，真實工夫只一般。須是知其所以不同，方知其所謂同也。○孟子所謂「集義」，只是一箇「是」字；孔子所謂「思無邪」，只是一箇「正」字。不是便非，不正便邪。聖賢教人，只是求箇是底道理。○孔子教人極直截，孟子較費力。孟子必要充廣，孔子教人合下便有下手處。○魯齋許氏曰：先儒説出體用，嘗謂孔孟未嘗言此，及子細讀之，每言無非有體有用者，如「忠告而善道之」。忠告，體也；善道之，用也。雖有善爲説辭者，無忠告之心則不可；雖有忠告之心，不能善道之則犯於訐直不能入。又如「居上不寬，爲禮不敬，臨喪不哀」。寬、敬、哀，其體也。體立而後用行。無此三者，則夫所行之得失，與夫繁文末節，皆無足觀矣。程子謂「學者當以《論》、《孟》爲本。《論》、《孟》既治，則六經可不治而明矣」。聖人所以作經之意，必有定見，然後沛然無所疑，非後世牽合勉强所可擬也。程子於《語》、《孟》中反覆致意，其旨深矣。有本有文，有體有用，聖人之言無所偏滯，傳之萬世無弊。先儒讀書精，察見聖人立言之意。

又曰：學者先讀《論語》、《孟子》，如尺度權衡相似，以此去量度待洛反。事物，自然見得長短輕重。朱子曰：《語》、《孟》只熟讀玩味，道理自不難見。且如老蘇輩只讀二書，便翻繹得許多文章出來。譬如攻城，四面牢壯，只消攻得一面破時，這城便是自家底了。如今學者若先讀得《語》、《孟》二書十分透徹，其他書都不費力，觸處便見。○慶源輔氏曰：尺度可以量長短，權衡可以稱輕重，理義可以別是非。能知道，則何書不可讀，何理不可究，何事不可處哉？○新安陳氏曰：理義可以別是非，如尺度可以量長短，權衡可以稱輕重也。

又曰：讀《論語》、《孟子》而不知道，所謂「雖多亦奚以爲」？朱子曰：人之爲學，若不從文字上做工夫，又茫然不知下手處；若是字字而求，句句而論，不於身心上著切體認，則又何益？且如説「我欲仁斯仁至矣」，何故孔門許多弟子，聖人竟不曾以「仁」許之？雖顔子之賢，而尚不能不違於三月之後，聖人乃曰「我欲斯至」，盍亦於日用體驗，我若欲仁其心如何，仁之至不至，其意又如何。又如説「非禮勿視聽言動」，盍亦每事省察，何者爲非禮，而吾又何以能勿視勿聽。若每日如此讀書，庶幾看得道理自我心而得，不爲徒言也。○慶源輔氏曰：讀《語》、《孟》而不知道，則是口耳之學，未嘗著心玩味，未嘗至誠涵泳，未嘗切己體察也。故讀雖多，何益於事？

讀論語孟子法畢。

論語集註序說

《史記·世家》曰：新安陳氏曰：司馬遷《史記》有《孔子世家》。朱子纂其要於此。孔子，名丘，字仲尼。新安陳氏曰：孔子父禱於尼丘山而生孔子，故以爲名若字。其先宋人。孔子六世祖孔父嘉爲宋督所殺，紇遂遷于魯。父叔梁紇，下没反。母顔氏。名徵在。以魯襄公二十二年庚戌之歲，十一月庚子，生孔子於魯昌平鄉郰邑。郰，側鳩反。○新安倪氏曰：孔子之生，《左氏春秋》不書，但於哀公十六年，夏四月己丑書「孔丘卒」。杜預註：「魯襄二十二年生，至今七十三也。」《公羊》、《穀梁傳》皆於襄公二十一年書「孔子生」，乃己酉歲也。與《史記》、杜註皆不合。爲兒嬉戲，常陳俎豆，設禮容。及長，上聲。爲委去聲。吏，料量去聲。平；委吏，本作「季氏史」。《索隱》云：「一本作委吏。」與《孟子》合。今從之。《史記索隱》，司馬貞作。爲司職吏，畜許又反。蕃音煩。息。職見音現。《周禮》。牛人，讀爲「樴」，音特，又餘式、之式二反。義與「杙」同。杙，餘式反。蓋繫養犧牲之所。此官即孟子所謂「乘去聲。田」。雲峯胡氏曰：此以後多用《論語》證，以經證史也；此二事《論語》無所見，則證之《孟子》，亦以經證史也。○《周禮·地官·司徒上》：「牛人掌養國之公牛以待國之政令。凡祭祀共其享牛、求牛，以授職人而芻之。」注：「享牛，前祭一日之牛也；求牛，禱於鬼神祈求福之牛也。」「職讀爲『樴』，樴謂之『杙』，可以繫牛。樴人者，謂牧人、充人與？芻，牲之芻。牛人擇於公牛之中，而以授養之。」適周，問禮於老子。問：「何以問禮於老子？」朱子曰：老子曾爲柱下史，故知禮節文，所以孔子問之。聃雖知禮，然其意以爲不必盡行，行之反以多事，故欲絶滅之。既反，而弟子益進。昭公二十五年甲申，孔子年三十五，而昭公奔齊，魯亂，於是適齊爲高昭子齊大夫。家臣，以通乎景公。有聞韶、問政二事。公欲封以尼谿之田，晏嬰不可，公惑之。有「季孟」、「吾老」之語。問：「齊景公欲封孔子田，楚昭王欲封孔子地，晏嬰、子西不可。使無晏嬰、子西，則夫子還受之否？」朱子曰：既仕其國，則須有采地，受之可也。孔子遂行，反乎魯。定公元年壬辰，孔子年四十三，而季氏彊僭，其臣陽虎作亂專政，故孔子不仕而退修《詩》、《書》、禮、樂，弟子彌衆。九年庚子，孔子年五十一，公山不狃以費畔季氏，召孔子，欲往而卒不行。有答子路「東周」語。朱子曰：聖人欲往，是當他召聖人之時有這些好意思來接聖人。聖人當時亦接他好意思，所以欲往。然他這箇人，終是不好底人，所以終不可去。如陰雨蔽翳，重結不解，忽然有一處略略開霽，雲收霧斂，見得青天白日，這些自是好。定公以孔子爲中都宰，一年四方則之，遂爲司空。又爲大司寇。十年辛丑，相去聲。下同。定公會齊侯于夾谷，齊人歸魯侵地。鄆、汶陽、龜陰之田。十二年癸卯，使仲由爲季氏宰墮許規反，毁也。下同。三都，收其甲兵。孟氏不肯墮成，圍之不克。問：「成既不墮，夫子如何別無處置了便休？」朱子曰：不久夫子亦去魯矣。若使聖人久爲之，亦須别有箇道理。十四年乙巳，孔子年五十六，攝行相事，誅少去聲。正卯，與音預。聞國政，三月，魯國大治。去聲。齊人歸女樂以沮在呂反，止也。之，季桓子受之。郊，又不致膰音煩，祭祀餘肉也。俎於大夫。孔子行。《魯世家》以此以上，皆爲十二年事。問：「設若魯亦致膰於大夫，則夫子果止乎？」朱子曰：也須去，只是不若此之速，必須別討一箇事故去。○胡氏曰：是時政在季氏。夫子攝行相事而已，非爲相也；與聞國政而已，非爲政也。定公素不能立，季孫既有所惑，其不足與有爲可知也，故不容於不行。適衛，主於子路妻兄顔濁鄒家。《孟子》作「顔讎由」。適陳，過匡，匡人以爲陽虎而拘之。有「顔淵後」及「文王既没」之語。既解，還衛，主蘧伯玉家。見南子。有「矢子路」及「未見好德」之語。去適宋，司馬桓魋欲殺之。有「天生德」語及微服過宋事。又去適陳，主司城貞子家。居三歲而反于衛，靈公不能用。有「三年有成」之語。晉趙氏家臣佛肸以中牟畔，召孔子。孔子欲往，亦不果。有答子路「堅白」語及荷蕢過門事。朱子曰：夫子於公山氏之召，却真箇要去做；於佛肸之召，但謂其不能浼我而已。將西見趙簡子，至河而反。又主蘧伯玉家。靈公問陳，不對而行。復扶又反。如陳。據《論語》，則絶糧當在此時。季桓子卒，遺言謂康子必召孔子，其臣止之，康子乃召冉求。《史記》以《論語》「歸與」之歎，爲在此時；又以《孟子》所記歎詞，爲主司城貞子時語。疑不然。蓋《語》、《孟》所記，本皆此一時語，而所記有異同耳。孔子如蔡及葉。失涉反。有葉公問答子路不對、沮溺耦耕、荷蓧丈人等事。《史記》云：於是楚昭王使人聘孔子。孔子將往拜禮，而陳、蔡大夫發徒圍之，故孔子絶糧於陳、蔡之間，有「慍見」及告子貢「一貫」之語。按是時陳、蔡臣服於楚，若楚王來聘孔子，陳、蔡大夫安敢圍之？且據《論語》絶糧，當在去衛如陳之時。楚昭王將以書社地封孔子，令尹子西不可，乃止。《史記》云「書社地七百里」，恐無此理。時則有接輿之歌。新安陳氏曰：《索隱》云：「古者二十五家爲里。里各立社。則書社者，書其社之人名於籍，蓋以七百里書社之人封孔子也。故冉求云『雖累千社而夫子不利』是也。」饒氏云：「書社，猶今人所謂『書會』也。蓋卿大夫所當得底地，謂之采地，如這箇却是君之所特與，故謂之『書社地』，言以此養其徒也。便如齊王欲中國授孟子室，養弟子以萬鍾相似。」又反乎衛，時靈公已卒，衛君輒欲得孔子爲政。有「魯衛兄弟」及答子貢

「夷、齊」、子路「正名」之語。而冉求爲季氏將，去聲。與齊戰有功，康子乃召孔子而孔子歸魯，實哀公之十一年丁巳，而孔子年六十八矣。有對哀公及康子語。雲峯胡氏曰：讀此者要看太史公書法，又要看文公删後書法。如孔子在他國，皆不書年若干，惟他國反魯，及在魯，則歷歷書之，豈以在他國，則歲月無所考，故不書邪？然去魯適陳，太史公書曰「是歲魯哀公三年而孔子年六十矣」；又自楚反衛，太史公書曰「是歲也，孔子年六十三，而魯哀公六年也」。文公皆删之。至孔子晚年歸魯，文公乃特書曰「實哀公之十一年丁巳，而孔子年六十八矣」。言外慨歎之意，於書法可見也。然魯終不能用孔子。孔子亦不求仕。問：「孔子當周衰時可以有爲否？」朱子曰：聖人無不可爲之時也，便若時節變，聖人又自處之不同。問：「孔子豈不知時君必不能用己？」曰：聖人豈有逆料君能用我與否。到得後來，説「不復夢見周公」，與「吾已矣夫」，聖人自知其不可爲矣。乃叙《書》傳去聲。《禮》記，有杞宋損益從周等語。删《詩》正樂，有語太師及樂正之語。序《易·彖》《繫》《象》《説卦》《文言》。有「假我數年」之語。弟子蓋三千焉，身通六藝者，七十二人。弟子顔回最賢，蚤死，後唯曾參得傳孔子之道。十四年庚申，魯西狩獲麟，有莫我知之歎。孔子作《春秋》。有「知我」、「罪我」等語，《論語》請討陳恒事，亦在是年。明年辛酉，子路死於衛。十六年壬戌，四月己丑，孔子卒。年七十三。葬魯城北泗上。弟子皆服心喪三年而去，惟子貢廬於冢上凡六年。孔子生鯉，字伯魚。先卒。伯魚生伋，音急。字子思。作《中庸》。子思學於曾子，而孟子受業子思之門人。

何氏曰：何氏，名晏，字平叔。魏南陽人。《魯論語》二十篇。《齊論語》別有《問王》、《知道》凡二十二篇。其二十篇中，章句頗多於《魯論》。《古論》出孔氏壁中，分「堯曰」下章「子張問」以爲一篇，有兩《子張》，凡二十一篇。篇次不與《齊》《魯論》同。或問：「今之《論語》，其《魯論》與？」朱子曰：以何晏所叙篇數考之，則信爲《魯論》矣。但據《釋文》，則其文字亦或有不同者，如以「必」爲瓜之類，豈何氏亦若鄭註就《魯論》篇章，而又雜以《齊》、《古》之文與？然《唐・藝文志》已不載《齊》、《古》篇目。陸氏蓋於諸家説中得之耳。

程子曰：《論語》之書成於有子、曾子之門人，故其書獨二子以「子」稱。程子曰：《論語》爲書，傳道立言，深得聖人之學者矣。如《鄉黨》形容聖人，不知者豈能若是？○問《論語》以何爲要。曰：要在知仁。孔子説仁處最宜玩味。曰：「孔子説仁處甚多，尤的當是何語？」曰：皆的當，但其門人所至有不同，故其答之亦異。○朱子曰：程子之説，蓋出於柳宗元，其言曰：「諸儒皆以《論語》孔子弟子所記，不然也。孔子弟子曾參最少，又老乃死，而是書記其將死之言，則其去弟子之時甚遠，而當時弟子畧無存者矣。吾意孔子弟子嘗雜記其言，而卒成其書者，曾子弟子樂正子春、子思之徒也。故是書之記諸弟子必以字，而曾子不然。蓋其弟子號之云爾。而有子亦稱『子』者，孔子之歿，諸弟子嘗以似夫子而師之，後乃叱避而退，則固嘗有師之號矣。」凡此柳氏之言，其論曾子者得之；而有子叱避之説，則史氏之鄙陋無稽，而柳氏惑焉。以《孟子》攷之，當時既以曾子不可而寢其議，有子曷嘗據孔子之位而有其號哉？故程子特因柳氏之言，斷而裁之以爲此説，此所以不著柳説，而獨以程子爲據也。楊氏又謂此書首記孔子之言，而以二子之言次之，蓋其尊之亞於夫子，尤爲明驗。至於閔損、冉求亦或稱子，則因其門人所記而失之不革也與？

程子曰：讀《論語》有讀了全然無事者，有讀了後其中得一兩句喜者，有讀了後知好去聲。之者，有讀了後直有不知手之舞之、足之蹈之者。程子曰：《論語》之書，其辭近，其指遠。辭有盡，指無窮。有盡者可索之於訓詁，無窮者要當會之以神。譬諸觀人，昔日識其面，今日識其心，在我則改容更貌矣，人則猶故也。坐是故難讀。蓋不學操縵，不能安弦；不學博依，不能安《詩》；不學雜服，不能安《禮》。惟近似者易入也。彼其道高深博厚，不可涯涘也如此，儻以童心淺智窺之，豈不大有逕庭乎？方其脅肩諂笑、以言餂人者讀之，謂巧言令色寧病仁；未能素貧賤而恥惡衣惡食者讀之，豈知飯蔬飲水、曲肱而枕之未妨吾樂？注心於利末，得已不已而有顛冥之患者讀之，孰知不義之富貴真如浮雲；誨爾諄諄、聽我藐藐者讀之，孰知回不惰，師書紳，爲至誠服膺？過此而往，益高益深，可勝數哉？〇朱子曰：學者須著實循序讀書，以《論語》爲先，一日只看一二段，莫問精粗難易，但只從頭看將去。讀而未曉則思，思而未曉則讀，反覆玩味，久之必自有得矣。今學者於《論語》二十篇中，尚不耐煩看得之，況所謂死而後已者又豈能辦得如此長遠工夫耶？〇慶源輔氏曰：嗜之而飽饜充足，其樂有不可形容者，是以見於手舞足蹈也。〇雲峯胡氏曰：讀《論語》者有此四等人，初是全無知者，第二是畧能知者，第三是知而好之者，第四是好而樂之者。

程子曰：今人不會讀書。如讀《論語》，未讀時是此等人，讀了後又只是此等人，便是不曾讀。

程子曰：讀《論語》須有疑，然後能進，今人讀書元不知疑，所以不及古人。孔門弟子如子夏問「巧笑倩兮，美目盼兮」，直推至於「禮後」；樊遲問仁知，直推至於舉皐陶、伊尹而「不仁者遠」，始能無疑。今人多於言上認了，又安能疑？〇問《論語》如何讀。曰：這也使急不得，也不可慢。所謂急不得者，功効不可急；所謂不可慢者，工夫不可慢。〇慶源輔氏曰：程子言雖近而意則切，使讀書者自知所以求益，不至虛費工夫。也須是熟讀涵泳，使之通貫浹洽，然後有日新之功。如是，則氣質變化，月異而歲不同矣。

程子曰：頤自十七八讀《論語》，當時已曉文義。讀之愈久，但覺意味深長。

和靖尹氏曰：《論語》之書，迺集記孔子嘉言善行，苟能即其問答，如己親炙于聖人之門，默識心受而躬行之，則可謂善學矣。〇延平李氏曰：人之持身當以孔子爲法。孔子相去千餘載，既不可得而親之。所可見者，獨《論語》耳。《論語》蓋當時門人弟子所記孔子言行也，每讀而味之，玩而繹之，推而行之，雖未至升堂入室，亦不失爲士君子也。〇朱子曰：所謂深長意味，也別無説，只是涵泳久自見得。〇《論語》讀著越見意思無窮。今日讀得些意思，明日讀又長得意思。〇朱子曰：《論語》中程先生及和靖說，只於本文添一兩字甚平淡，然意味深長。須當子細看，要見得他意味方好。已下論解《論語》。〇問：「謝氏說多過，不如楊氏說最實。」曰：尹氏語言最實，亦多是處。但看文字，亦不可如此先懷權斷於胸中，如謝氏說十分有九分過處，其間亦有一分說得恰好處，豈可先立定說？今且須虛心玩理。〇《集註》中解有兩說相似而少異者，亦要相資；有說全別者，是未定也。〇《論語集註》，如秤上稱來無異，不高些，不低些，自是學者不肯用工看。〇問《集註》有兩存者，何者爲長。曰：使某見得長底時，豈復存其短底？只爲是二說皆通，故并存之。然必有一說合得聖人之本意，但不可知爾。又曰：大率兩說，前一說勝。〇某於《論》、《孟》逐字秤等，不教偏些小，學者將註處宜子細看。〇《集註》添一字不得，減一字不得；不多一箇字，不少一箇字。〇讀《集註》只是要看無一字閑，若意裏說做閑字，那箇正是緊要字。〇《集註》至于訓詁，皆子細者，蓋要人字字思索到，莫要只作等閑看便了。〇問：「註或用『者』字，或用『謂』字，或用『猶』字，或直言其輕重之意，如何？」曰：「者」、「謂」是恁地。直言者，直訓如此。「猶云」者，猶是如此。胡氏曰：「某，某也。」正訓也。「某，猶『某』也。」無正訓，借彼以明此也。「某之爲言『某』也。」前無訓釋，特發此以明其義也。爲言，謂其說如此也。引經傳文以證者，此字義不可以常訓通也。〇《集註》於正文之下，正解說字訓文義，與聖經正意，如諸家之說有切當明白者，即引用而不沒其姓名。如《學而》首章，先尹氏而後程子，亦只是順正文解下來，非有高下去取也。章末用圈而列諸家之說者，或文外之意而於正文有所發明，不容略去；或通論一章之意，反覆其說，切要而不可不知也。〇《集註》內載前輩之說於下句者，是解此句文義；載前輩之說於章後者，是說一章之大旨，及反覆此章之餘意。胡氏曰：字義難明者，各有訓釋。一章意義可以分斷者，逐節註之。一章之後又合諸節而通言之。欲學者先明逐字文義，然後明逐節旨意，然後通一章之旨意也。每章只發本章之旨者附註後，或因發聖人言外之意者別爲一段以附其後，亦欲學者先明本旨而後及之也。

論語集註序說畢。

論語集註大全卷之一

學而第一

此爲書之首篇，故所記多務本之意，朱子曰：此一篇都是先說一箇根本。○胡氏曰：此篇首取其切於學者記之，故以爲「多務本之意」。○新安陳氏曰：揭「君子務本」一句以爲首篇之要領。此說本於游氏，朱子已采入「賢賢易色」章下，於此又首標之。如首章以時習爲本，次章以孝弟爲爲仁之本，三章以忠信爲傳習之本，「道千乘」章以五者爲治國之本皆是，餘可以類推。乃入道之門、積德之基，學者之先務也。凡十六章。慶源輔氏曰：道者人之所共由，必有所從入；德雖在我之所自得，必積而後成。凡此篇所論務本之事，乃道所從入之門，而德所積累之基，學者必先務此，然後道可入而德可積矣。○朱子曰：《學而》，篇名也。取篇首兩字爲別，初無意義，但「學」之爲義，則讀此書者不可以不先講也。夫學也者，以字義言之，則己之未知未能而效夫知之能之之謂也；以事理言之，則凡未至而求至者皆謂之學，雖稼圃射御之微亦曰學，配其事而名之也。而此獨專之，則所謂學者果何學也？蓋始乎爲士者所以學而至乎聖人之事，伊川先生所謂「儒者之學」是也。蓋伊川先生之意曰：「今之學者有三，詞章之學也，訓詁之學也，儒者之學也。欲通道，則舍儒者之學不可。」尹侍講所謂「學者所以學爲人也。學而至於聖人，亦不過盡爲人之道而已」。此皆切要之言也。夫子之所志、顏子之所學，子思、孟子之所傳，盡在此書。而此篇所明，又學之本，故學者不可以不盡心焉。○今讀《論語》，且熟讀《學而》一篇。若明得一篇，其餘自然易曉。○《學而》篇，皆是先言自脩而後親師友。有朋自遠方來，在「時習之」後；而親仁，在「入孝出弟」之後；就有道而正焉，在「食無求飽、居無求安」之後；毋友不如己者，在「不重則不威」之後。今人都不去自脩，只是專靠師友説話。○覺軒蔡氏曰：《學而》名篇，專以學言。而所謂學者，果何所學耶？朱子首發明學之本，惟在全其本性之善而已。

子曰：「學而時習之，不亦説乎？說、悅同。**「學」之爲言「效」也。人性皆善，而覺有先後。後覺者必「效」先覺之所爲，乃可以明善而復其初也。**朱子曰：「學」之一字，實兼致知、力行而言。問：「『學之爲言效也』，『效』字所包甚廣？」曰：正是如此。博學、審問、謹思、明辨、篤行，皆學之事。○勉齋黃氏曰：「《集註》言學而《或問》以知與能並言，何也？」曰：言人之效學於人有此二者。先覺之人於天下之理，該洽貫通，而吾懵然未有所知也，於是日聽其議論，而向之未知者始有所知矣；先覺之人於天下之事躬行實踐，而吾倀然未有所能也，於是日觀其作爲，而向之未能者始能矣。大抵讀書窮理，要當盡聖賢之意，備事物之情，非吾好爲是詳複也，理當然也。世之學者，意念苟且，思慮輕淺，得其一隅，便以爲足，則其爲疎率也亦甚矣。學者觀於此，亦足以得養心窮理之要矣。曰：「若是，則學之爲言固無所不學也。今《集註》於此乃以爲『人性皆善』，必學而後能『明善而復其初』何也？」曰：學問之道固多端矣，然其歸在於全其本性之善而已。明善，謂明天下之理；復其初，則復其本然之善也。於《論語》之首章，首舉是以爲言，其提綱挈領而示人之意深矣。○雲峯胡氏曰：人性皆善，天命之性也；覺有先後，氣質之性也。必效先覺之所爲，或以「所爲」爲所行，殊不知「汝爲《周南》、《召南》」《集註》曰：「爲，猶『學』也。」《論語》曰：「爲之不厭。」《孟子》記夫子之言曰：「學不厭。」是以「學」字代「爲」字。《集註》於「十五志學」下曰：「念念在此而爲之不厭。」是以「爲」字釋「學」字。此曰「效先覺之所爲」，猶曰「學先覺之所學」也。《大學章句》釋「明明德」曰：「學者當因其所發而遂明之。」以復其初。」此曰「明善而復其初」，是包《大學》許多工夫說。物格知至，即是「明善」；意誠心正身脩，即是「復其初」。○新安陳氏曰：此《論語》中第一箇「學」字。朱子挈要指以示人。後覺者必效先覺之所爲，所爲不過知行二者，效先覺之致知以知此理，又效先覺之力行以行此理，乃可以「明善而復其初」矣。明善者，明本性之善，以知言也；復其初者，復全本性之善，以行言也。學之道固多端，其要歸在復全本性之善而已。朱子所謂：「以己之未知而效夫知者以求其知，以己之未能而效夫能者以求其能，皆學之事也。」能指行而言。知、行皆從性分上用工。**習，鳥數**音朔。下同。**飛也。學之不已，如鳥數飛也。**朱子曰：《說文》「習」字從羽，從白，《月令》所謂「鷹乃學習」是也。○學是未理會得時便去學，習是已學了又去重學。非是學得了頓放在一處，却又去習也。只是一件事。如鳥數飛，只是飛了又飛。○問學是知，習是行否。曰：知自有知底學，自有知底習；行自有行底學，自有行底習。如小兒寫字知得字合恁地寫，這是學；便須將心思量安排，這是習。待將筆去寫成幾箇字，這是行底學；今日寫一紙，明日寫一紙，又明日寫一紙，這是行底習。人於知上不習，便要去行，如何得？人於知上不習，非獨是知得不分曉，終不能有諸己。○學而時習之，此是《論語》第一句。句中五字雖有輕重虛實之不同，然字字皆有意味，無一字無下落。「學」之爲言「效」也，以己有所未知未能而效夫知者能者以求其知能之謂也。「而」字，承上起下之辭也。「時」者，無時而不然也。「習」者，重複温習也。「之」者，指其所知之理、所能之事而言也。言人既學矣，而又時時温習其所知之理、所能之事也。聖言雖約，而其指意曲折深密而無窮蓋如此。聖人之學與俗學不同。聖人教人讀書，只要知所以爲學之道；俗學讀書，便只是讀書，更不理會爲學之道是如何。○未知未能而求知求能之謂學，已知已能而行之不已之謂習。○胡氏曰：學之不已者，學與習非二事也。○厚齋馮氏曰：習，鳥鷇欲離巢而學飛之稱。學謂學之於己，習謂習其所學。時時而習，恐其忘也。凡曰「而」者上下二義。學一義也，習一義也。**說，喜意也。既「學」而又「時時習」之，則所學者熟而中心喜說，其進自不能已矣。**朱子曰：學要時習。習到熟後自然說喜，不能自已。今人所以便住了，只是不曾習，不見得好。此一句却係切己用功處。○學矣而不習，則表裏扞格，而無以致其學之道；習矣而不時，則工夫間斷而無以成其習之功。是其胸中雖欲勉焉以自進，亦且枯燥生澁而無可嗜之味，危殆杌陧而無可即之安矣。故既學矣，又必以時習之，則其心與理相涵，而所知者益精；身與事相安，而所能者益固。從容於朝夕俯仰之中，凡其所學而知且能者，必有自得於心而不能以語人者。是其中心油然悦懌之味，雖芻豢之悦於口，不足以喻其美矣。此學之始也。○學到「説」時，已是進了一步，只説後便自住不得。程子曰：「習，重平聲。習也。雙峯饒氏曰：「習」字訓「重」，故重險謂之「習坎」。時復扶又反。思繹，浹洽於中，則『説』也。」朱子曰：「浹洽」二字有深意，如浸物於水，水若未入，只是外面濕，内面依然乾，必浸之久，則透裏皆濕。習而熟，熟而説，脉絡貫通，程子所謂「浹洽」是也。○南軒張氏曰：學貴於時習。程子曰「時復思繹」，言學者之於義理當時紬繹其端緒而涵泳之也。又曰：「學者將以行之也。時習之，則所學者在我，故悦。」雲峯胡氏曰：時復思繹則習於心；將以行之，則習於身。○新安陳氏曰：上一條以知言，此一條以行言。采程子二説，以見學習當兼知行言也。謝氏名良佐，字顯道。上蔡人。曰：「時習者，無時而不習。坐如尸，坐時習也；立如齊，莊皆反。立時習也。」勿軒熊氏曰：「坐如尸，立如齊」，出《記・曲禮》。「如尸」註曰「視貌正」，「如齊」註曰「磬且聽」，❶謂祭祀時。○朱子曰：伊川之説則專在思索而無力行之功，如上蔡之説則專於力行而廢講究之義，似皆偏了。○新安陳氏曰：程子二條説學習兼知行言。謝氏此條，惟以時習於行言，亦姑以坐立起例，非止謂坐立時也。其言「時」字，亦與「時時」之意異。朱子姑采以備一説耳。

「有朋自遠方來，不亦樂乎？樂音洛。

朋，同類也。自遠方來，則近者可知。程子曰：「以善及人而信從者衆，故可樂。」朱子曰：理義，人心所同然，非有我之得私也。吾獨得之，雖足以説矣，然告人而莫信，率人而莫從，是獨擅此

❶「且」，原作「耳」，今據《禮記正義・曲禮上》改。

理而人不得與於吾心之所同也。如十人同食，一人獨飽，而九人不下咽，吾之所説雖深，亦曷能達於外邪？今吾之學足以及人而信從者又衆，則將皆有以得其心之所同然者，而吾之所得不獨爲一己之私矣。吾之所知彼亦知之，吾之所能彼亦能之，則其懽欣宣暢，雖宫商相宣，律吕諧和，何足以方其樂哉？此學之中也。又曰：近者既至，遠者畢來，以學於吾之所學，而求以復其初。凡吾之所得而悦於心者，彼亦將有以得而悦之，則可以見夫性者萬物之一原，信乎其「立必俱立，成不獨成」矣。○善不是自家獨有，人皆有之。我習而自得，未能及人，雖悦未樂。○問：「以善及人而信從者衆，是樂其善之可以及人乎？是樂其信從者衆乎？」曰：樂其信從者衆也。大抵私小底人，或有所見則不肯告人，持以自多。君子存心廣大，己有所得，足以及人。若己能之，以教諸人而人不能，是多少可悶。今既信從者自遠而至，其衆如是，安得不樂？○信從者衆，足以驗己之有得。然己既有得，何待人之信從始爲可樂？須知己之有得，亦欲他人之皆得。然信從者但一二，亦未能愜吾之意；至於信從者衆，則豈不可樂？○問：「朋來之樂柰何？」曰：惟以程子之言求之，然後見夫可樂之實耳。且其「以善及人而信從者衆」之云纔九字爾，而無一字之虚設也。非見之明而驗之實，其孰能與於此？○南軒張氏曰：有朋自遠方來，則己之善得以及人，而人之善有以資己，講習相資，其樂孰尚焉？「樂」比於「説」爲發舒也。○新安陳氏曰：「以善」之「善」，即上一節「人性皆善」及「明善」之「善」。習説，則善方成己；朋來，則善方及人矣。

又曰：「説在心，樂主發散在外。」朱子曰：程子非以「樂」爲在外也，以爲積滿乎中而發越乎外耳。「悦」則方得於内而未能達於外也。○「説」是感於外而發於中，「樂」則充於中而溢於外。○慶源輔氏曰：「説」是自知自能而自悦，「樂」是人皆知皆能而我與人同樂。○雙峯饒氏曰：「説」與「樂」皆是在中底。今此「樂」字對上文「説」字而言，則是主發散在外言之。

「人不知而不慍，不亦君子乎？」慍，紆問反。

慍，含怒意。君子，成德之名。尹氏名焞，字彦明。河南人。曰：「學在己，知不知在人，何慍之有？」朱子曰：有朋自遠方來而樂者，天下之公也；人不知而慍者，一己之私也。以善及人而信從者衆則樂，不己知則不愠，樂、愠在物不在己，至公而不私也。○新安陳氏曰：己誠有所學，人之知不知何加損於己？ 朱子云：「爲學是爲己當然之事，譬如喫飯，乃是要自家飽，既飽何必問外人知不知？ 蓋與人初不相關也。」尹氏解此一節正意，故居先。○雙峯饒氏曰：朋是專主同類。人兼指衆人，上而君大夫亦是。**程子曰：「雖樂於及人，不見是而無悶，乃所謂君子。」**朱子曰：「樂」公而「愠」私，君子有公共之樂，無私己之愠。○雙峯饒氏曰：「説」之深，然後能「樂」；「樂」之深，然後能「不愠」。○雲峯胡氏曰：説是喜意，愠是含怒意。喜、怒、樂三者皆情也，皆性之發也。能復其性之善，而情無不善，「學」、「習」之功大矣。○新安陳氏曰：「不見是而無悶」，出《易·乾·文言》。不見是於人而無悶於心，引此語解不知不愠甚切。此條聯「樂」與「不愠」言，故居尹説之後。**愚謂及人而樂者順而易，**去聲。**不知而不愠者逆而難，故惟成德者能之。**問：「稍知爲己，則人知不知自不相干，何以言『逆而難』？」朱子曰：人待己平平亦不覺，但被人做全不足比數看待，心便不甘，便是「愠」。「愠」不是大故忿怒，只心有些不平便是愠。便是裏面動了。○人不見知，處之泰然，略無纖芥不平之意，非成德之君子，其孰能之？ 此學之終也。○今人有一善便欲人知，不知則便有不樂之意。不特此也，見人有善而人或不知之，初不干己事，而亦爲不平，况其不知己乎？ 此「不知不愠」所以難也。○問「不愠」之説孰爲得。曰：程子得之。至論其所以然者，則尹氏爲尤切。使人之始學即知是説以立其心，則庶乎其無慕於外矣。○覺軒蔡氏曰：程子謂「不見是而無悶，乃所謂君子」，是不愠然後君子也；朱子謂「惟成德者能之」，則是君子然後不愠。以悦、樂兩句例之，則須如程子之説。朱子非正解本句，特統而論之耳。所以繼於尹氏、程子之後。○慶源輔氏曰：順謂理之順，逆謂理之逆。曰順曰逆，皆理也。但處其順者易，故及人而樂者猶可及；處其逆者難，故不見是而無悶，非成德之士安土樂天者，不能及也。**然德之所以成，亦曰學之正、習之熟、説之深而不已焉耳。**問：「《集註》言君子而復歸於學之正、習之熟、説之深，何也？」勉齋黄氏曰：學而至於成德，又豈有他道哉？其所自來者，亦不過是而已。非體之之實，孰能知之哉？○慶源輔氏曰：此章總言始學始終三者之序，有淺深而無二道也。又慮夫敏者躐等而進，怠者半途而止，昧者又或離析以求之，或失其正而陷於異端，故復發此義而使之正其始之所學，然後時習以熟之，則夫「説」之與「樂」可以馴致，初不待外求而得也。又曰：不極其至，則無以成其德，故又以此説終之。○雙峯饒氏曰：《集註》謂「德之所以成」，亦在乎「學之正、習之熟、説之深而不已焉」，此言極有意味。○此章六句，其工夫只在第一句上。其餘五句皆是效驗。○雲峯胡氏曰：此章重在第一節，而第一句「時習」二字最重。故上文釋「習」字曰「學之不已」，此曰「學之正、習之熟、説之深」，而又曰「不已焉」，於此見朱子喫緊教人處。○新安陳氏曰：此推本所以爲成德之由，不過自學、習、説中來。然學必貴乎正，習必貴乎熟，説必貴乎深，而又加以不已焉，學之時習而説，乃後二節之本，亦「務本」之意。

非樂不足以語君子。○程子曰：樂由説而後得，朱子曰：惟樂後方能進步，不樂則何道以爲君子？○新安陳氏曰：《集註》凡推説本章正意外之餘意，必加一圈以間隔之。此又以三節下三句發明餘意也。必由成己之説方可進於及人之樂，然非造於樂之地步，又不足以言成德君子也。夫學者所以學爲君子。學由説以進於樂而至於能爲君子，學之能事畢矣。朱子云：《論語》首曰『學而時習之』，至『不亦君子乎』；終曰『不知命，無以爲君子』。此深有意。」蓋首篇首章，末篇末章，皆拳拳以君子望學者，宜乎朱子以爲深有意焉。

○有子曰：「其爲人也孝弟，而好犯上者鮮矣。不好犯上而好作亂者，未之有也。弟、好，皆去聲。鮮，上聲。下同。

有子，孔子弟子，名若。魯人。善事父母爲孝，善事兄長上聲。爲弟。新安陳氏曰：深意在「善」字上。善事之中有無限難能之事，未易言也。犯上，謂干犯在上之人。朱子曰：只少有拂戾，便是「犯上」，不必至凌犯乃爲「犯」。如疾行先長，亦是犯上。○干犯是小底亂，到得作亂則爲悖逆爭鬬之事矣。問：「人子之諫父母，或貽父母之怒，此不爲『干犯』否？」曰：此是孝裏面事，安得爲「犯」？然諫時又自下氣怡色，柔聲以諫，亦非凌犯也。鮮，少也。作亂，則爲悖音佩。逆争鬭之事矣。此言人能孝弟，則其心和順，少好犯上，必不好作亂也。

「君子務本，本立而道生。孝弟也者，其爲仁之本與？」平聲。

務，專力也。慶源輔氏曰：專用其力而爲之也。本，猶「根」也。仁者，愛之理、心之德也。爲仁，猶曰「行仁」。與者，疑辭，謙退不敢質言也。朱子曰：「仁者愛之理」，是偏言則一事；「心之德」，是專言則包四者。故合而言之則四者心之德，而仁爲之主；分而言之則仁是愛之理，義是宜之理，禮是恭敬辭讓之理，智是分别是非之理也。「仁者愛之理」，理是根，愛是苗。仁之愛猶糖之甜、醋之酸，愛是那滋味。愛雖是情，愛之理是仁也。仁者愛之理，愛者仁之事。仁者愛之體，愛者仁之用。愛之理自仁出也。然亦不可離了愛去説仁。昌黎「博愛之謂仁」，是指情爲性了；周子説「德，愛曰仁」，猶説「惻隱之心，仁之端也」，是就愛處指出仁。若「博愛之謂仁」，「之謂」便是把博愛做仁了。○仁便是本，仁更無本了。若説孝弟是仁之本，則頭上安頭，伊川所以將「爲」字屬「仁」字讀。蓋孝弟是仁裏面發出來底，乃推行仁道之本自此始爾；「仁」字則流通該貫，不專主於孝弟之一事也。仁就性上説，孝弟就事上説。仁如水之源，孝弟是水流底第一坎，仁民是第二坎，愛物是第三坎也。問：「爲仁只是推行仁愛以及物否？」曰：只是推仁愛以及物，不是就這上求仁。○勉齋黄氏曰：人之一心，虚靈洞徹，所具之理，乃所謂德也。於虚靈洞徹之中有理存焉，此心之德也，乃所謂仁也。義、禮、智亦心之德，而獨歸之仁，何也？義、禮、智者，德之一端，而仁者德之全體，以仁能包四者，故心德之名獨仁足以當之也。故仁之爲德，偏言之則與義、禮、智相對，而所主惟一事；專言之則不及義、禮、智，而四者無不包也。○諸葛氏泰。曰：泥「愛」字則不知仁之體，捨「愛」字則不知仁之用。故即理以明體，于以見理具於愛之所未發；即愛以明用，于以見愛本於仁之所發見。無體何以有用，無仁何以能愛？因愛心之形而指其在中之理，故曰「愛之理」。《集註》於《孟子》首章又倒置其語曰「仁者心之德、愛之理」，何也？《論語》言「爲仁」是以偏言者言之，故以愛之理在先；《孟子》兼言仁義，則以專言者言之，故以心之德在先。然亦互相發明而非有二也。言君子凡事專用力於根本。根本既立，則其道自生。朱子曰：務本道生，是泛言以起下句之實，所以《集註》下一「凡」字。○本立則道隨事而生，如事親孝，故忠可移於君；事兄弟，故順可移於長。若上文所謂孝弟，乃是爲仁之本。學者務此，則仁道自此而生也。朱子曰：其爲人也孝弟，此説資質好底人，其心和順柔遜，必不好犯上，仁便從此生。○雲峯胡氏曰：上文是泛言爲仁，❶此節則專言君子。本立而道生，又是泛言君子之於凡事皆用力於根本。孝弟爲爲仁之本，又言君子之行仁，孝弟爲之本。○程子曰：「孝弟，順德也。故不好犯上，豈復扶又反。有逆理亂常之事？雙峯饒氏曰：孝弟，順德也。犯上是小不順底事，作亂是大不順底事。德有本。本立則其道充大。孝弟行於家，而後仁愛及於物，所謂『親親而仁民』也。故爲仁以孝弟爲本，新安陳氏曰：以上解此章正意。下句別是一意，又推本言之。論性則以仁爲孝弟之本。」或問：「孝弟爲仁之本，此是由孝弟可以至仁否？」曰：「非也。朱子曰：仁不可言「至」。仁是義理，不是地位。地位可言「至」。謂行仁自孝弟始，孝弟是仁之一事。謂之行仁之本則可，謂是仁之本則不可。蓋仁是性也，孝弟是用也。性中只有箇仁、義、禮、智四者而已，曷嘗有孝弟來？然仁主於愛，愛莫大於愛親，故曰『孝弟也者，其爲仁之本與』。」程子曰：「孝弟也者，其爲仁之本與」，非謂孝弟即是仁之本，蓋謂爲仁之本當以孝弟，猶「忠恕之爲道」也。○朱子曰：爲仁以孝弟爲本，事之本、守之本之類是也；論性則以仁爲孝弟之本，天下之大本之類是也。爲仁以孝弟爲本，「仁」字是指其周徧及物者言之；以仁爲孝弟之本，「仁」字是指

❶「仁」，四庫本及《四書通》作「人」。

其本體發用處言之。二程子釋經非諸儒所能及。伯子曰：「孝弟本其所以生，乃爲仁之本。」此語最深切。蓋推原孝弟之理，本於父母之所以生，所以爲行仁之本也。叔子曰：「孝弟，順德也。」「順德」二字，足以盡孝弟之義，而不好犯上作亂之意已具乎其中矣。讀者不可以不深思也。「性中只有仁、義、禮、智四者，曷嘗有孝弟來？」此語亦要體會得是。蓋天下無性外之物，豈性外別有一物名孝弟乎？但方在性中，則但見仁、義、禮、智四者而已，仁便包攝了孝弟，凡慈愛惻隱皆在所包，固不止孝弟也。猶天地一元之氣，只有水火木金土。言水而不曰江淮河濟，言木而不曰梧檟樲棘，非有彼而無此也。○問：「孝弟是爲仁之本，義禮智之本如何？」曰：義、禮、智之本皆在此。使事親從兄得宜者，行義之本也；事親從兄有節文者，行禮之本也；知事親從兄所以然者，智之本也。○孝弟固具於仁，以其先發，故是行仁之本。○仁是理之在心，孝弟是心之見於事，性中只有箇仁、義、禮、智，曷嘗有孝弟？見於愛親，便喚做孝；見於事兄，便喚做弟。如「親親而仁民，仁民而愛物」，都是仁，性中何嘗有許多般？只有箇仁。自親親至於愛物，乃是行仁之事，非是仁之本也。故仁是孝弟之本，推之則義爲羞惡之本，禮爲恭敬之本，智爲是非之本。自古聖賢相傳，只是理會一箇心，心是一箇性。性只有箇仁、義、禮、智，都無許多般樣，見於事自有許多般樣。○性中只有仁、義、禮、智，而孝弟本出於仁。論爲仁之工夫，則孝弟是仁中之最切緊處，當務此以立本而仁道生也。○孝弟是合當底事，不是要仁民愛物方從孝弟做去。或問：「如草木之有根，方始枝葉繁茂？」曰：固是。但有根本則枝葉自然繁茂，不是要得枝葉繁茂方始去培植本根。○問：「爲仁以孝弟爲本，即所謂『親親而仁民，仁民而愛物』，『孩提之童，無不知愛其親，及其長也，無不知敬其兄』，是皆發於心德之自然。故論性以仁爲孝弟之本，爲仁以孝弟爲本。」曰：是。道理都自仁裏發出，首先是發出爲愛，愛莫切於愛親，其次便到弟其兄，又其次便到事君以及於他，皆從這裏出。如水相似，愛是箇源頭漸漸流出。○仁是性，發出來是情，便是孝弟。孝弟仁之用，以至仁民愛物，只是這箇仁。行仁自孝弟始，便是從裏面行將去，這只是一箇物事。○仁是性，孝弟是用，譬如一粒粟生出爲苗。仁是粟，孝弟是苗，便是仁爲孝弟之本。又如木有根，有榦，有枝葉。親親是根，仁民是幹，愛物是枝葉，便是行仁以孝弟爲本。○問：「子於『有子孝弟』之章，既以仁爲『愛之理』矣，於『巧言令色鮮矣仁』之章，又以爲『心之德』，何哉？」曰：仁者，五常之首也，而包四者；惻隱，仁之緒也，而貫四端。故仁之爲義，偏言之則曰「愛之理」，此章所言之類是也；專言之則曰「心之德」，後章所言之類是也。其實愛之理，所以爲心之德。○問：「既曰『本，猶根也』，然則孝弟，爲仁之本，仁爲孝弟之本，同乎否乎？」慶源輔氏曰：本之爲根則同，而其所以爲根則異。行仁以孝弟爲根，以其施於外者言也；論性以仁爲孝弟之根，以其發於内者言也。行仁不以孝弟爲根，則其施無序，而無以極夫仁民愛物之效；論性而不以仁爲孝弟之根，則其發無所，而無以充乎孝親弟長之實。○或問：「『其爲人也孝弟而好犯上者鮮矣』，晦翁謂『鮮』是『少』。若説『鮮矣』，則未以爲絶無。孝弟之人猶有犯上之意邪？」潛室陳氏曰：孝弟之人，資質粹美，雖未嘗學問，自是無世俗一等麤暴氣象。縱是有之，終是罕見。到得麤惡大過，可保其決無。言孝弟之人，占得好處多，不好處少。○雲峯胡氏曰：有子以孝弟爲行仁之本，而程子以仁爲孝弟之本。譬之木焉，有子就枝葉發端處説，程子就根本上説。程子之言，所以補有子之所不及也。○新安陳氏曰：言仁爲《論語》一書之大綱領。南軒張子嘗類聚《論語》中言仁處爲一編，名曰《洙泗言仁録》，此其首章云。

○子曰：「巧言令色，鮮矣仁！」

巧，好；令，善也。好其言，善其色，致飾於外，務以悦人，則人欲肆，而本心之德亡矣。新安陳氏曰：此章「仁」字以心之德言，乃專言之仁也。聖人辭不迫切，專言「鮮」，則絶無可知。學者所當深戒也。朱子曰：巧言亦不專爲譽人過實，凡辭色間務爲華藻以悦人視聽者皆是。○只争一箇爲己爲人，若「動容貌」、「正顔色」，是合當如此，亦何害？但做這樣務以悦人則不可。○只是心在時便是仁，若巧言令色一向逐外，則心便不在，安得謂之仁？○巧言令色求以説人，則失其本心之德矣。不待利己害人，然後爲不仁也。○人有此心，以其有是德也，此心不在，便不是仁。巧言令色，此雖未是大段姦惡底人，然心已務外，只求人悦，便到惡處亦不難。○容貌辭氣之間，正學者持養用力之地。然有意於巧令以説人之觀聽，則心馳於外而鮮仁矣。若是就此持養，發禁躁妄，動必温恭，只要體當自家「直内方外」之實事，乃是爲己之切，求仁之要，復何病乎？又曰：小人訐以爲直，色厲内荏，則雖與巧言令色者不同，然考其矯情飾僞之心，實巧言令色之尤者，故聖人惡之。○問：「脩省言辭，誠所以立也；修飾言辭，僞所以增也。發原處甚不同。夫子所謂『巧令鮮仁』，推原而察巧令之病所從來，止是有所爲而然。如『未同而言』、『以言餂人』，❶『脅肩諂笑』、『以喜隨人』之類，皆有所爲也。」曰：有所爲之説甚善。

○程子曰：「知巧言令色之非仁，則知仁矣。」問：「夫子言鮮仁，程子直言非仁，何也？」朱子曰：夫子之言，辭不迫切，而意已獨至者也。程子懼讀者之不察，而於巧令之中求少許之仁，是以直斷以不仁，以解害辭之惑也。○聖門之學以求仁爲要，語其所以爲之者，必以孝弟爲先；論其所以賊之者，必以巧言令色爲甚。記語者所以引二者於首章之次，而其序如此。欲學者知仁之急，而識其所以當務，與其所可戒也。○勉齋黄氏曰：苟知心馳於外，務以悦人者之非仁，則反而求之，心存於内而無私當理者，即仁也。○雲峯胡氏曰：上章好犯上作亂是剛惡，此是柔惡。聖賢深惡焉。○東陽許氏曰：此章大意，似聖人觀人，然未嘗不警省學者。觀其辭甚嚴，蓋警省學者之意爲多。○知巧言令色之非仁，只就此句翻轉看，則知直言正色之爲仁。然此只就言色上論。蓋仁是心之德，延平先生所謂「當理而無私心」者也。凡欲動於中則心私矣。其接於事不當於理者，皆非仁也。夫致飾於外，不當理也；務以悦人，皆私心也。推此類而言之，則非禮之視聽言動，心私違理皆非仁。本註「人欲肆而本心之德亡」，雖就言色上言，而所包者甚廣。又恐學者止於言色上致察，故著程子之説於圈外，使人隨事致察而立心以公也。

○曾子曰：「吾日三省吾身：爲人謀而不忠乎，與朋友交而不信乎，傳不習乎？」省，悉井反。爲，去聲。傳，平聲。

曾子，孔子弟子，名參，字子輿。南武城人。

❶「餂」，原作「飾」，今據四庫本、孔本及《孟子·盡心下》改。

盡己之謂「忠」，以實之謂「信」。新安陳氏曰：程伯子云：「發己自盡爲忠，循物無違謂信。」《大學章句》已采之。《集註》乃采程叔子之説。勿齋程氏謂叔子之言爲切。○朱子曰：忠是就心上説，信是就事上説。○盡己之心而無隱，所謂忠也，以出乎内者言也；以事之實而無違，所謂信也，以驗乎外者言也。然未有忠而不信，未有信而不出於忠者，表裏之謂也。○發於心而自盡則爲忠，驗於理而無違則爲信。忠是信之本，信是忠之發。○忠信只是一事而相爲内外始終本末。有於己爲忠，見於物爲信。○問：「曾子忠信却於外面理會？」曰：此是「脩辭立其誠」之意。曰：「莫是内面工夫已到？」曰：内外只是一理。事雖見於外，而實在内。告子義外便錯了。○陳氏曰：從内面發出無一毫不盡是忠，發出外者皆以實是信。傳，謂受之於師；習，謂熟之於己。曾子以此三者日省其身，問：「曾子三省無非忠信學習之事。然人之一身大倫之目，自爲人謀、交朋友之外，得無猶有在所省乎？」朱子曰：曾子也不是截然不省别底，只是見得此三事上實有纖毫未到處，其他固不可不自省，特此三事較急耳。有則改之，無則加勉。朱子曰：曾子三省，看來是當下便省得纔有不是處便改，不是事過後方始去改，省了却休。也只是合下省得便與他改。○新安陳氏曰：《易·蹇卦·大象》曰：「山上有水蹇，君子以反身脩德。」程傳曰：「君子遇艱蹇，必自省於身，有失而致之乎？有所未善則改之，無慊於心則加勉。」《集註》二句之所本，蓋在此。有則改之，易知也；無則加勉，非深知曾子之心不及此。使自省而無失，只如此而已，則三失將又生矣，豈日省勉勉不已之誠心乎？「無則加勉」四字，可補本文意之所未盡。其自治誠切如此，可謂得爲學之本矣。而三者之序，則又以忠信爲傳習之本也。朱子曰：謀不忠則欺於人，言不信則欺於友，傳不習則欺於師。○三省固非聖人之事，然是曾子晚年進德工夫，蓋微有這些子查滓去未盡耳。在學者則當隨事省察，非但此三者而已。○爲人謀時，須竭盡自己之心，這箇便是忠。問：「如此則忠是箇待人底道理？」曰：且如自家事親有不盡處，亦是不忠。○爲他人謀一件事，須盡自家伎倆與他思量，便盡己之心。不得鹵莽滅裂，姑爲他謀。如烏喙是殺人之藥，須向他道是殺人，不得只説道有毒；如火須向他道會焚灼人，不得説道只是熱。○爲人謀而不忠，是主一事説；朋友交而不信，是汎説。人自爲謀必盡其心，到得爲他人謀便不子細，致悮他事，便是不忠。若爲人謀事，一似爲己爲盡心。○問：「爲人謀，交朋友，是應事接物之時。若未爲人謀，未交朋友之時，所謂忠信便如何做工夫？」曰：程子謂「舜雞鳴而起，孜孜爲善」，「若未接物時如何爲善？只是主於敬」。此亦只是存養此心在這裏，照管勿差失，便是「戒謹乎其所不睹，恐懼乎其所不聞，不動而敬，不言而信」處。○勉齋黄氏曰：爲人謀則必欲實盡其心，交朋友則必欲實踐其言，講學於師則必欲實用其力。蓋曾子天資醇厚，志學懇篤，其於《大學》既推明誠意之旨而傳之子思，又斷以誠身之義，至其自省又皆一本乎誠。蓋不極乎誠，則凡所作爲，無非苟簡滅裂，是豈足以盡人事之當然，而合天理之本然也哉？

○尹氏曰：「曾子守約，故動必求諸身。」朱子曰：守約不是守那約，言所守者約爾。謝氏曰：「諸子之學皆出於聖人，其後愈遠而愈失其真。新安陳氏曰：如子夏傳田子方，其流爲莊周之類。獨曾子之學專用心於内，故傳之無弊。觀於子思、孟子可見矣。惜乎其嘉言善行去聲。不盡傳於世也。其幸存而未泯彌盡反，盡也。者，學者其可不盡心乎？」廣平游氏曰：此特曾子之省身者而已。若夫學者之所省，又不止此。事親有不足於孝，事長有不足於敬歟；行或愧於心，而言或浮於行歟；慾有所未窒，而忿有所未懲歟？推是類而日省之，則曾子之誠身，庶乎可以跂及矣。古之人所謂「夜以計過，無憾而後即安」者，亦曾子之意。○問：「三省忠信是聞一貫之後，抑未聞之前？」朱子曰：不見得。然未一貫前也要得忠信，既一貫後也要忠信，此是徹頭徹尾底。○問：「曾子三省之事，何故只就接物上做工夫？」南軒張氏曰：若是他人，合省之事更多在。曾子自省察，則只有此三者當省也。不是下爲己篤實工夫，不能如此。○雲峯胡氏曰：曾子早悟一貫之旨，晚加三省之功，愈可見其至誠不已之學。蓋其所省者，無非推己及人，因人反己之學，即其所謂忠恕者也。或以爲「一唯」在「三省」後，非矣。○新安陳氏曰：「吾道一貫」章及孟子「時雨化之」章，朱子訓釋非不明白，謂曾子於聖人泛應曲當處，已隨事精察而力行之，但未知其體之一耳。夫子知其真積力久，將有所得，是以呼而告之，曾子果能默契其旨，即應之速而無疑。孟子謂君子之所以教者五，其一即有如時雨化之，如農人種植之功，其力已盡，惟待時雨之至，即浡然奮發而收成。朱子以孔子之於顏曾當之。參二章以觀「三省」章，此正是隨察力行處。其悟一貫之旨而一唯，正是人力已盡而時雨化之之時，如何反以悟一貫爲早年事，加三省爲晚年事乎？

○子曰：「道千乘之國，敬事而信，節用而愛人，使民以時。」道、乘，並去聲。

道，治也。或問：「道之爲治，何也？」朱子曰：道者，治之理也。以爲政之心言也。「曷爲不言『治』？」曰：治者政教法令之爲，治之事也。夫子此言者心也，非事也。千乘，諸侯之國，其地可出兵車千乘者也。朱子曰：車乘之説，疑馬氏爲可據。馬説八百家出車一乘，包氏説八十家出車一乘。一乘甲士三人，步卒七十二人，牛馬兵甲芻糧具焉。恐非八十家所能給也。○此等處，只要識得古制大意，細微處亦不必大段費力考究。敬者，主一無適之謂。朱子曰：自秦以來無人識「敬」字。至程子方説得親切，曰「主一之謂敬」，「無適之謂一」，故此合而言之。身在是則其心在是，而無一息之離；其事在是，則其心在是，而無一念之雜。○覺軒蔡氏曰：敬該動靜，主一亦該動靜，此章「敬」字乃是主動而言。敬事而信者，敬其事而信於民也。問：「敬事而信，疑此『敬』是小心畏謹之謂，非主一無適之謂。」朱子曰：遇事臨深履薄而爲之不敢輕，不敢慢，乃是主一無適。○問：「如何信了方能節用？」曰：無信如何做事？如朝更夕改，雖商鞅之徒亦不可爲政。要之下面三事，須以「敬」、「信」爲主。○問「敬以事言而信則無不盡也」。曰：信是與民有信，期會賞罰不欺其民。淺言之，則魏文侯之期獵，商君之徙木，亦其類也。○胡氏曰：發於己敬，則施於民者信。時，謂農隙乞逆反。之時。言治國之要在此五者，亦務本之意也。朱子曰：古聖王所以必如此者，蓋有是五者而後上之意接於下，下之情方始得親於上，上下相關，方可以爲治。若無此五者，則君抗然於上，而民蓋不知所向。有此五者方始得上下交接。○勉齋黄氏曰：敬事而信，敬與信對也；節用而愛人，儉與慈對也。此皆治國之要道，故兩句言四事，而各以而字貫之。使民以時，又慈中之一事，故獨系於後。但言所存未及治具，故曰務本。○慶源輔氏曰：《左傳》「農隙」，杜氏註謂「各隨時事之間」是也。○前四章是爲學之本，此五者是治國之本。○程子曰：「此言至淺。新安陳氏曰：謂平實而非甚高難行者。然當時諸侯果能此，亦足以治其國矣。聖人言雖至近，上下皆通。此三言者，若推其極，堯舜之治去聲。亦不過此。新安陳氏曰：近足治諸侯之國，極可致堯、舜之治，言近而指遠也。若常人之言近，則淺近而已矣。」楊氏名時，字中立，號龜山。延平人。程門高第。曰：「上不敬則下慢，不信則下疑。下慢而疑，事不立矣。敬事而信，以身先之也。《易》曰：『節以制度，不傷財，不害民。』《節》卦《彖傳》文。蓋侈用則傷財，傷財必至於害民，故愛民必先於節用。然使之不以其時，則力本者不獲自盡，新安陳氏曰：「力本」謂農事。雖有愛人之心，而人不被其澤矣。然此特論其所存而已，未及爲政也。苟無是心，則雖有政不行焉。」新安陳氏曰：「所存」謂爲政者之心，未及爲政之條目，如禮樂刑政、紀綱文章，乃爲政之條目也。楊氏此說本於伊川。伊川曰：「『敬事』以下論其所存，未及治具，故不及禮樂刑政。」胡氏名寅，字明仲，號致堂。建安人。曰：「凡此數者，又皆以敬爲主。」朱子曰：敬事而信是節用愛人、使民以時之本，敬又是信之本。要之本根都在敬上。若能敬，則下面許多事方照管得到。自古聖賢自堯、舜以來便説這箇敬字，孔子脩己以敬是最緊要處。愚謂五者反復芳服反。亦作「覆」。相因，各有次第。讀者宜細推之。問「反復相因」。朱子曰：始須是敬，能敬方能信，能敬、信方能節用，能節用方能愛人，能愛人方能使民時，是下因乎上。然有敬於己而不信於人者，故敬了又須信；亦有信於人而自奢侈者，故信了又須節用；亦有儉嗇而不能愛人者，故節用了又須愛人；又有能愛人而妨農時者，故愛人又須使民時。使不以時，却是徒愛也。是上因乎下。須看能如此方能如此，又看能如此又不可不如此之意，反覆推之，方見曲折。○潛室陳氏曰：晦庵説五者反覆相因。如何是反覆相因處？蓋從「敬事而信」起，説作下去，是如此而後能如此。如人能敬則做事專一，自能信；既能信，則必欲所行孚於民，自然能節用；既能節用，自然不傷財而至於愛人；既能愛人，自然能使民以時。這是如此而後能如此，是自上而下相因如此。如自下面説作上來，則是如此而又不可不如此。如以敬去做事，便不敢苟簡胡亂去做，須要十分好方止；既得好，便不至於苟簡變更，這便是能信。然做此一事，時久或昏，或爲權勢所移，或爲利害所動，前日出一令既如此，今日又變了如彼，這便不是信，便有妨於敬。所以著別下工夫於信去補這敬。然只知信，或出一政堅如金石，行一令信如四時，更不可移易，此固是好。然而自家奢侈之心或有時而生，不能節用，要如此廣用，則是所令又反其所好，却有害於信，故又須著去節用方得。然只恁底節用，不知有箇中底道理，則或至於豚肩不掩豆，澣衣濯冠以朝，心下已有所吝嗇，則凡民有飢荒不能去發倉振廩，恤貧濟乏。至於築城鑿池，思患預防，不可已底事亦吝嗇了，不捐財以爲之。是知節用而不知所以愛人，則節用又成落空了。此節用所以不可不愛人。然既愛民，又須使民以時，如春來當耕，夏來當耘，秋來當斂，便當隨時使去做。至冬來閑隙之時方用他得。不然則所謂「力本」者不獲自盡，雖有愛民之心，而民不被其澤矣。此自下相因而上如此。

○子曰：「弟子入則孝，出則弟。謹而信。汎愛衆，而親仁。行有餘力，則以學文。」「弟子」之弟，上聲；「則弟」之弟，去聲。

謹者，行去聲。下「德行」同。之有常也；信者，言之有實也。朱子曰：謹信，言行相顧之謂。汎，廣也。衆，謂衆人。問「汎愛衆」。朱子曰：人自是當愛人，無憎嫌人底道理。又問：「人之賢不肖，自家心中自須有箇辨别，但交接之際，不可不汎愛爾。」曰：他下面便説「而親仁」了。仁者自當親，其他自當汎愛。○汎愛不是人人去愛他，只如群居不將一等相擾害底事去聒噪他，及不自占便宜之類，皆是也。親，近也。仁，謂仁者。朱子曰：汎愛而不説親仁，又流於兼愛矣。○問「而親仁」。曰：此亦是學文之本領，蓋不親仁，則本末是非何從而知之？餘力，猶言「暇日」。以，用也。文，謂《詩》、《書》六藝之文。朱子曰：只是行此數事外有餘剩工夫，便可將此工夫去學文，非謂行到從容地位而後可學文也。○程子曰：「爲弟子之職，力有餘則學文。不修其職而先文，非爲去聲。己之學也。」尹氏曰：「德行，本也；文藝，末也。窮其本末，知所先後，可以入德矣。」洪氏名興祖，字慶善。丹陽人。曰：「未有餘力而學文，則文滅其質；有餘力而不學文，則質勝而野。」愚謂力行而不學文，則無以考聖賢之成法，識事理之當然，而所行或出於私意，非但失之於野而已。朱子曰：

無弟子之職以爲本，學得文濟甚事？此言雖近，真箇行得亦自大段好。文是《詩》、《書》六藝之文。古人小學便有此等。今皆無之，所以難。又曰：人須是知得古人之法方做不錯。若不學文，任意自做，安得不錯？只是不可先學文耳。○問：「行有餘力而後學文，夫豈以講切爲緩哉？」曰：書固不可以不讀，但比之行實差緩耳。不然則又何必言「行有餘力而後學」耶？○南軒張氏曰：入孝、出弟，謹行、信言，汎愛、親仁，皆在己切要之務。行有餘力，則以學文，非謂俟行此數事有餘力，而後學文也。言當以是數者爲本，以其餘力學文也。若先以學文爲心，則非篤實爲己者矣。文，謂文藝之事。聖人之言，貫徹上下。此章推言爲弟爲子之職，始學者之事；然充而極之，爲聖爲賢蓋不外是也。此數言先之以孝弟，蓋孝弟，人道之所先，必以是爲本，推而達之也。○雙峯饒氏曰：尹氏以「文」對「德行」，有本末先後之分，説得文字輕。洪氏以「文」對「質」言，不可偏勝，説得文字差重。朱子以「學文」爲致知，與「力行」爲對，謂所知不明，則所行不當理，發明文字甚重。三者互相發明。蓋但知文之爲輕，而不知其爲重，則將有廢學之弊，故不得不交致抑揚之意。○趙氏曰：德固不可一日而不脩，學亦不可一日而不講也。○雲峯胡氏曰：行有餘力者，謂六事之中，每行一事有暇，則便學文，非謂每日盡行此六事畢，然後學文也。若必欲盡行此六事，行之不給，則恐終無學文之時矣。又按，熊氏謂此章是小學，自孝弟忠信入，故先行而後文；「子以四教」是大學，自格物致知入，故先文而後行。蓋以「弟子」二字專爲小學之事。然則十五入大學者，獨非爲人弟爲人子者乎？大抵聖人教人力行，必以學文爲先，故爲弟子之職者，力有餘則便當以學文爲重。《集註》「力行而不學文」以下，正自該「子以四教」章之意在其中。○新安倪氏曰：文行二者，以本末之重輕言，則行爲重，故此章先行而後文，先本而後末也；以知行之先後言，則文爲先，故「四教」章先文而後行，先知而後行也。以二章參觀之，則文行之不可不並進可見矣。

○子夏曰：「賢賢易色，事父母能竭其力，事君能致其身，與朋友交言而有信，雖曰未學，吾必謂之學矣。」

子夏，孔子弟子，姓卜，名商。衛人。賢人之賢而易其好去聲。下同。色之心，好善有誠也。問：「伊川云『見賢而變易顏色』。《集註》何故取范氏『好色』之說？」朱子曰：孔子兩言「未見好德如好色」，《中庸》亦以「遠色」爲「勸賢」之事，已分曉了。變易顏色，有僞爲之者，不若易好色之心方見其誠也，故范說爲長。致，猶「委」也。委致其身，謂不有其身也。朱子曰：不有其身，是不爲己之私計也。四者皆人倫之大者，而行之必盡其誠，學求如是而已。雙峯饒氏曰：「賢賢」亦朋友之倫也。尊賢取友，雖均屬朋友之倫，而賢賢爲重，《集註》以四者言之，人倫莫重於君親，此以賢賢居先者，以好善有誠，方能行下三事也。《中庸》「九經」，以尊賢先親親亦此意。○新安陳氏曰：「易色」是誠於好賢，「竭力」是誠於事親，「致身」是誠於事君，「言信」是誠於交友。故子夏言有能如是之人，苟非生質之美，必其務學之至，雖或以爲未嘗爲學，我必謂之已學也。朱子曰：人固有資稟自好，不待學而自能盡此數者。然使其爲學，則亦不過學此數者耳。故曰：人雖以爲未學，而吾必以爲已學也。○南軒張氏曰：雖使未學，所行固學者之事也。○游氏名酢，字定夫。建安人。曰：「三代之學，皆所以明人倫也。能是四者，則於人倫厚矣。學之爲道，何以加此？子夏以文學名，而其言如此，則古人之所謂學者可知矣。新安陳氏曰：可見子夏之文學，非事文藝之末，而重躬行之本也。故《學而》一篇，大抵皆在於務本。」吳氏名棫，字才老。建安人。曰：「子夏之言，其意善矣，然詞氣之間，抑揚大過，其流之弊，將或至於廢學。必若上章夫子之言，然後爲無弊也。」朱子曰：子夏此言被他説殺了，與子路「何必讀書」之説同，其流弊皆至於廢學。若「行有餘力則以學文」，「就正有道可謂好學」之類，方爲聖人之言。○天下之理有大小本末，皆天理之不可無者，故學者之務有緩急先後而不可以偏廢，但不可使末勝本，緩先急耳。觀聖人所謂「行有餘力則以學文」者，其語意正如此。若子夏之論，則矯枉過其正耳。○問「夫子言『則以學文』，子夏言『吾必謂之學矣』兩章」。曰：聖人之言，由本及末，先後有序，其言平正無險絶之意。子夏則其言傾側而不平正，險絶而不和易，狹隘而不廣大，故未免有弊。然子夏之意欲人務本，不可謂之不是，但以夫子之言比之，則見其偏之若此也。○胡氏曰：以「未學」爲生質之美者，人固有得氣質之清粹，而所爲與理暗合。然質之美有限，而學之益無窮，故吳氏又慮其抑揚之有偏也。○勉齋黄氏曰：子夏此語與曾子三省，是皆心存乎誠，求造其極者也。然子夏務實行而抑文學，曾子務實行而兼傳習，則曾子之用功愈密，而用心愈弘，是則子夏之所不能及矣。

○子曰：「君子不重則不威，學則不固。

重，厚重；威，威嚴；固，堅固也。輕乎外者，必不能堅乎内，故不厚重，則無威嚴，而所學亦不堅固也。問：「既曰『君子』，何故有『不重』、『不威』？」朱子曰：此是説君子之道大概如此。○輕最害事，飛揚浮躁，所學安能堅固？○慶源輔氏曰：人不重厚，則見於外者必無威嚴，存於中者必不堅固，此表裏自然之符。

「主忠信。

人不忠信，則事皆無實，爲惡則易，去聲。爲善則難，故學者必以是爲主焉。廣平游氏曰：「忠信所以進德也。」如甘之受和，白之受采，故善學者必以忠信爲主。不言則已，言而必忠信也，故其言爲德言。不行則已，行而必以忠信也，故其行爲德行。止而思，動而爲，無往而不在是焉，則安往而非進德哉？○朱子曰：忠爲實心，信爲實事。○人若不忠信，如木之無本，水之無源，更有甚底？一身都空了。今當反看自身，能盡己心乎，能不違於物乎？若未盡己之心，而或違於物，則是不忠信。凡百處事接物，皆是不誠實，且謾爲之。如此四者，皆是脩身之要，就其中「主忠信」又是最要。若不主忠信，便正衣冠，尊瞻視，只是色莊，爲學亦是且謾爲學，交朋友未必盡情，改過亦未必真能改過，故爲人須是主忠信。○「主忠信」是誠實無僞朴實頭。「主」字最重，凡事靠他做主。○問：「主忠信，後於『不重不威』，何也？」曰：聖賢言爲學之序，須先自外面分明有形象處把捉扶竪起來。○陳氏曰：主與賓對。賓是外人，出入不常，主常在屋裏。主忠信，是以忠信常爲吾心之主。心所主者忠信，則其中許多道理都實。無忠信則道理都虛了。「主」字極有力。○程子曰：「人道唯在忠信，不誠則無物。且『出入無時，莫知其鄉』者，人心也。若無忠信，豈復扶又反。有物乎？」問：「伊川謂『忠信者，以人言之，要之則實理』何也？」朱子曰：以人言之，則爲忠信；不以人言之，則只是箇實理。如「誠者天之道」，則只是箇實理；如「惟天下之至誠」，便是以人言之。○西山真氏曰：《論語》只言「忠信」，子思、孟子始言「誠」。程子於此，乃合「忠信」與「誠」言之，蓋誠指全體言，忠信指人用力處言。盡得忠信即是誠。孔子教人，但就行處說，行到盡處自然識得本原；子思、孟子，則併本原發以示人也。○新安陳氏曰：不誠無物，「不」者，人不之也。人不誠實，則無此事物，《集註》所謂「人不忠信，則事皆無實」，即「不誠無物」之意。

「無友不如己者。

無、毋通，禁止辭也。友所以輔仁，不如己，則無益而有損。問：「必擇勝己者爲友，則勝己者必以我爲不如己而不吾友矣。」朱子曰：但不可求不如己者。乃其來也，又焉得而却之？我求勝己者爲友，不如己者又來求我，即「匪我求童蒙，童蒙求我」也。○朋友纔不如己，便無敬畏而生狎侮，豈能有益？○無友不如己者，與勝己者處也。○人交朋友，須求有益。若不如我者，豈能有益？○大凡師則求其賢於己者，友則求其勝者。至於不肖者，則當絶之。聖人此言，非謂必求其勝己者。今人取友見其勝己者則多遠之，而不及己者則好親之，此言乃所以救學者之病。

「過則勿憚改。」

勿，亦禁止之辭。憚，畏難也。自治不勇，則惡日長，上聲。故有過則當速改，不可畏難而苟安也。程子曰：「學問之道無他也，知其不善，則速改以從善而已。」廣平游氏曰：過而能改，善莫大焉。蓋能改一言之過，則一言善矣；能改一行之過，則一行善矣。若過而每不憚改者，其爲善可勝計哉？○朱子曰：最要在「速」字上著力，凡有過若今日不便改，過愈深，則善愈微。若從今便改，則善可自此而積。今人多是憚難過了日子。○雲峯胡氏曰：此「過」也，而《集註》以爲「惡日長」者，無心失理爲過，有心悖理爲惡，自治勇，則過可反而爲善；自治不勇，則過必流而爲惡。○程子曰：「君子自脩之道當如是也。」新安陳氏曰：提首句「君子」字總説全章四節。游氏曰：「君子之道以威重爲質，慶源輔氏曰：威由重生，先言「威」，便文耳。而學以成之；學之道必以忠信爲主，而以勝己者輔之。然或吝於改過，則終無以入德，而賢者未必樂音洛。告以善道，故以『過勿憚改』終焉。」龜山楊氏曰：正其衣冠，尊其瞻視，儼然人望而畏之，則重而有威矣。不重則易爲物遷，故學則不固。主忠信，求諸己也；尚友，取諸人也。取諸人以爲善，而友非其人，則淪胥而敗矣，故無友不如己者。合志同方，營道同術，所謂「如己」者也。聞善則相告，見不善則相戒，故能相勸而善也。過憚改，亦不足以成德矣。○勉齋黃氏曰：外重厚而內忠信，則其本立；友勝己而速改過，則其德進。○慶源輔氏曰：苟未至於聖人，孰能無過？儻或畏難而苟安，則過益以大，志益以惛，不惟勝己之友將舍我而去，而忠信之德亦無以自進矣，故以「過勿憚改」終焉。要之自始學至於成德，唯改過爲最急。○新安陳氏曰：君子之爲學，當以重厚爲質，尤當以忠信爲主，而輔之以勝己之友，終之以改過之勇焉。四者之中，「主忠信爲」尤重。能主忠信則念念事事無非誠實，必能實於重厚威嚴以堅其學，實於取友改過以進其學矣。

○曾子曰：「慎終追遠，民德歸厚矣。」

慎終者，喪盡其禮；追遠者，祭盡其誠。民德歸厚，謂下民化之，其德亦歸於厚。蓋終者，人之所易去聲。下同。忽也而能謹之，遠者，人之所易忘也而能追之，厚之道也。故以此自爲，則己之德厚；下民化之，則其德亦歸於厚也。龜山楊氏曰：孟子云「養生不足以當大事，惟送死可以當大事」，則大事，人子所宜慎也。故三日而殯，凡附於身者必誠必信，勿之有悔焉耳矣；三月而葬，凡附於棺者必誠必信，勿之有悔焉耳矣。夫一物不具，皆悔也。雖有悔焉無及矣，此不可不慎也。春秋祭祀，以時思之，所以追遠也；齊之日，思其居處，思其笑語，思其志意，思其所樂，思其所嗜。齊三日，乃見其所爲齊者，則孝子所以盡其心者至矣。以是而帥之，民德其有不歸厚乎？○朱子曰：謹終追遠，自是天理所當然，人心所不能自已者。自是上之人所當爲，不爲化民而爲之，能如此，則己德厚而民德亦化之而厚矣。○蘇說曰：忽略於喪祭，則背死忘生者衆而俗薄矣。○雲峯胡氏曰：古註云「慎終者，喪盡其哀。追遠者，祭盡其敬」。《集註》依伊川說以「禮」與「誠」易之。蓋喪罕有不哀者，而未必皆盡禮；祭罕有不敬者，而未必皆盡誠。薄俗往往然也。惟民生厚，民德本厚也；歸厚，不過復其本然者爾，豈有增益之哉？○東陽許氏曰：常人之情，於親之終，悲痛之情切，而戒慎之心或不及；親遠而祭，恭敬之心勝，而思慕之情或踈。君子存心，則加於此。送終既盡擗踊哭泣之情，又慎喪死之禮，如《禮記》「殯而附於身者必誠必信，葬而附於棺者必誠必信，勿之有悔」之類。祭遠者，既盡孝敬之意，又致追慕之情，如《禮記》所謂「祭死者如不欲生，霜露既降有悽愴之心，雨露既濡有怵惕之心」之類。如此，則過於常人，其德爲厚。上之人既如此，下民化之，其德亦歸于厚。〇慎終，存哀中之敬；追遠，動敬中之哀。

〇子禽問於子貢曰：「夫子至於是邦也，必聞其政。求之與，抑與之與？」「之與」之與，平聲。下同。

子禽，姓陳，名亢。音岡。陳人。子貢，姓端木，名賜。衛人。皆孔子弟子。或曰亢，子貢弟子，未知孰是。抑，反語辭。

子貢曰：「夫子温良恭儉讓以得之。夫子之求之也，其諸異乎人之求之與？」

温，和厚也。西山真氏曰：「和」兼「厚」字方盡「温」之義。「和」如「春風和氣」之「和」，「厚」如「坤厚載物」之「厚」。和，不慘暴也；厚，不刻薄也。良，易去聲。下同。直也。朱子曰：《記》言「易直子諒之心」。易，平易、坦易；直，如白直無險詖。子諒，慈良也。恭，莊敬也。西山真氏曰：莊主容，敬主心。自中發外，故曰恭也。儉，節制也。朱子曰：儉非止儉約，只是不放肆常收斂之意。〇西山真氏曰：節者自然之界限，制者用力而裁制。讓，謙遜也。西山真氏曰：謙謂不矜己之善，遜謂推善以歸人。五者，夫子之盛德光輝接於人者也。新安陳氏曰：夫子之盛德，無所不備，固不止此。此乃盛德之光輝發見於接人之際者。〇林氏少穎。曰：形容聖人之盛德，必推其著見者言之。堯曰「欽明文思」，舜曰「濬哲文明，温恭允塞」，湯曰「齊聖廣淵」，文王曰「徽柔懿恭」，夫子曰「温良恭儉讓」，皆以其德之著者言之也。其諸，語辭也。人，他人也。言夫子未嘗求之，但其德容如是，故時君敬信，自以其政就而問之耳，非若他人必求之而後得也。朱子曰：子貢謂「夫子之求之」，此承子禽之言，借其「求」字而反言之以明夫子未嘗「求」，如孟子言伊尹以堯舜之道要湯也。聖人過化存神之妙未易窺測。然即此而觀，則其德盛禮恭而不願乎外，亦可見矣。學者所當潛心而勉學也。新安陳氏曰：「君子所過者化，所存者神」，出《孟子》。謂聖人身所經歷處，則人皆化；心所存主處，皆神妙無不通也。「德」言「盛」，「禮」言「恭」，出《易・繫辭》。「不願乎其外」，出《中庸》。○朱子曰：此五者皆謹厚謙退不自聖賢底意，故人皆親信樂告之。最要看此五字，是如何氣象，體之於我，則見得聖人有不求人而人自來問底意。今人却無非是求。學者且去理會不求底道理方好。○謝氏曰：「學者觀於聖人威儀之間，亦可以進德矣。若子貢亦可謂善觀聖人矣，亦可謂善言德行矣。今去聖人千五百年，以此五者想見其形容，尚能使人興起，而況於親炙之者乎？」朱子曰：此子貢舉夫子可親之一節耳。若論全體，須如「子温而厲，威而不猛，恭而安」。○雲峯胡氏曰：「温而厲，威而不猛，恭而安」，此夫子中和氣象也。子貢言「温」而不言「厲」，言「恭」而不言「安」，言「良儉讓」則見不猛而不見所謂威，皆未足以盡盛德之形容，不過以其得聞國政，姑以其光輝接物者言爾。必如子貢異時「綏來、動和」等語，乃足以見夫子過化存神之妙焉。按饒氏謂此即聖人中和氣象，又謂《集註》過化存神未易窺測之語，與謝說三「亦」字皆微寓抑揚之意。夫苟是中和氣象，則謝不當下「亦」字。以謝氏爲微寓抑揚之意，則其不足以盡中和之氣象明矣。饒氏前後二說自相反，不可不辨也。張敬夫名栻，號南軒。廣漢人。曰：「夫子至是邦必聞其政，而未有能委國而授之以政者。蓋見聖人之儀刑而樂告之者，秉彝好德之良心也。而私欲害之，是以終不能用耳。」慶源輔氏曰：好德之心固有而易發，私欲之害蔽深而難除，此所以夫子至是邦必聞其政，而未有能委國而授之以政者也。

○子曰：「父在觀其志。父没觀其行。三

年無改於父之道，可謂孝矣。」行，去聲。父在，子不得自專，而志則可知；父没，然後其行可見。故觀此足以知其人之善惡。新安陳氏曰：此爲父子志趣事爲之不同者言之。志者行之未形者，行者志之已形者也。然又必能三年無改於父之道，乃見其孝。不然，則所行雖善，亦不得爲孝矣。慶源輔氏曰：就事而言雖是，就心而言則不得爲孝矣。○尹氏曰：「如其道，雖終身無改可也；如其非道，何待三年？然則三年無改者，孝子之心有所不忍故也。」游氏曰：「三年無改，亦謂在所當改而可以未改者耳。」雲峯胡氏曰：不忍改，以心言；所當改，以事言；可未改，以時言。○延平李氏曰：道者是猶可以通行者也。三年之中，日月易過，若稍稍有不愜意處即率意改之，則孝子之心何在？有孝子之心者，自有所不忍耳。非斯須不忘極體孝道者，能如是耶？○朱子曰：「父在觀其志」，此一句已自有處變意思，必有爲而言。觀其文意，便是父在時其子志行已自有與父不同者。父在時子非無行，而其所主在志；父没時子非無志，而其所主在行。道，猶「事」也。言「道」者，尊父之辭。三年無改，是半上落下之事，雖在所當改，但遽改之，則有死其親之心，有揚親之過之意，須三年後徐改之便不覺。若大故不好底事，則不在此限矣。其不可改者，則終身不改，固不待言。其不可以待三年者，則又非常之變，亦不可以預言。善讀者推類而求之，或終身不改，或三年而改，或甚不得已則不待三年而改，顧其所遇之如何，但不忍之心，則不可無耳。存得不忍之心，則雖或不得已而改，亦不害其爲孝。尹氏説得孝子之心，未説得事。游氏則於事理上説得聖人語意出。○此章只是折轉説，上二句觀人之大概；下句就觀其行，細看其用心之厚薄如何。行雖善矣，父道可以未改而輕率改之，亦未善也。纔説三年無改，便是這事有未是處。若父道已是，何用説無改？終身行之可也。○大意不忍改之心是根本，而其事之權衡，則游氏之説盡之。○父在時，使父賢而子不肖，雖欲爲不肖之事，猶以父在而不敢爲。然雖無甚不肖之行，而其志可知矣。使子賢而父不肖，雖欲爲善事，而父有所不從，時有勉强而從父之爲者，此雖未見其善行，而要其志之所存，則亦不害其爲賢矣。至於父没，則己自得爲，於是其行之善惡可於此而見矣。○問：「志者志趣，其心之所趣者是也；行者行實，行其志而有成也。父在子不得專於行事，而其志之趣向可知，故觀其志；父没則子可以行其志矣，其行實暴白，故觀其行。然三年之間，疾痛哀慕其心方皇皇然，望望然，若父母之存而庶幾於親之復見，豈忍以爲可以得行己志，而遽改以從己志哉？存得此心，則於事有不得不改者，吾迫於公議不得已而改之，亦無害其爲孝矣。若夫其心自幸以爲於是可以行己之志，而於前事不如己意者，則遂遽改以從己之志，則不孝亦大矣。豈復論其改之當與不當哉？蓋孝子之處心，親雖有存没之間，而其心一如父在不敢自專，況謂之父道，則亦在所當改而可以未改者。三年之間，如白駒過隙，此心尚不能存，而一不如志，率然而改，則孝子之心安在哉？故夫子直指孝子之心，推見至隱而言，不必主事言也。若乃外迫公議，内懷欲改，而方且隱忍遷就以俟三年而後改焉，則但不失經文而已，大非聖人之意耳。」曰：此説得之。○或問：「『孟莊子之孝也，其他可能也，其不改父之臣，與父之政，是難能也』。與此同否？」曰：不同。此章是言父之所行有不善，而子不忍改，乃見其孝。若莊子之父獻子自是箇賢者，其所施之政，所用之臣皆是，莊子能不改之，此其所以爲難。○南軒張氏曰：若悖理亂常之事，孝子其敢須臾以寧？不曰「孝子成父之美，不成父之惡」乎？曰「父之道」，則固非悖理亂常之事也。○西山真氏曰：爲人子者，當隨所遇而裁之。自人君而言，則武繼文志，則終身無改；宣承厲之烈，則不待三年而改。若可繼雖不若文，而當改又不如厲，則所謂「三年無改」者也。三年之間，惟盡哀慕之誠，姑泯改爲之迹，不亦善乎？○東陽許氏曰：此章主於觀人，但上兩句觀志、行之大分。三年無改又是觀行中之一節。

○有子曰：「禮之用，和爲貴。先王之道斯爲美，小大由之。

禮者，天理之節文、人事之儀則也。朱子曰：節者，等級也；文者，不直截而回互之貌，是裝裹得好，如升降揖遜。天下有當然之理，但此理無形影，故作此禮文畫出一箇天理與人看，使有規矩，可以憑據，故謂之「天理之節文」。○勉齋黄氏曰：如天子之服十二章，上公九章，各有等數，此是「節」；若山龍華蟲之類爲飾，此是「文」。如冠如婚，此是「人事」。若冠禮裏有三加，揖讓升降處，此是「儀」；若天子冠禮則當如何，諸侯則當如何，各有則樣，此是「則」。○陳氏曰：天理只是人事中之理而具於心者也。天理在中而著於事，人事在外而根於中。天理其體，而人事其用也。「節文儀則」四字相對説。節則無太過，文則無不及。儀在外有可觀，則在内有可守。儀，謂容儀，有粲然可象底意，與「文」字相應；則，謂準則，有確然不易底意，與「節」字相應。必有「天理之節文」，而後有「人事之儀則」。○胡氏曰：「天理」其體，故先「節」而後「文」；「人事」其用，故先「儀」而後「則」。和者，從七容反。容不迫之意。蓋禮之爲體雖嚴，然皆出於自然之理，故其爲用必從容而不迫，乃爲可貴。新安陳氏曰：因用而遡其體，惟體出於自然之理，故其用以從容不迫爲貴。從容不迫，蓋從自然中來。先王之道，此其所以爲美，新安陳氏曰：「此」字貼「斯」字，指禮之和而言。而小事大事無不由之也。朱子曰：禮之用和爲貴，見君父自然用嚴敬，此是人情願，非由抑勒矯拂，是人心固有之同然者。不待安排便是「和」，纔出勉强便不是「和」。○和是自家合有底，發見出來無非自然。○禮主於敬，而其用以和爲貴。然敬而和著意做不得。纔著意嚴敬，即拘迫而不安；要放寬些，又流蕩而無節。須是真箇識得理之自然處，則事事物物上都有自然之節文，雖欲不如此不可得也。故雖嚴而未嘗不和，雖和而未嘗不嚴也。又曰：「和」便有樂底意思，故和是樂之本。○禮如此之嚴，分毫不可犯，何處有箇和？須知道吾心安處便是和，如入公門鞠躬，須是如此方安，不如此便不安，不安便是不「和」。以此見得禮中本來有箇「和」，不是外面物事。至嚴之中便是至和處，不可分作兩截看。○但不做作而順於自然便是「和」。和是嚴敬中順禮而安泰者也。❶○覺軒蔡氏曰：有子專以禮之用言，朱子兼以禮之體言。禮之用固貴於和，論禮之體則禮中本有自然之和，非禮之外又加從容也。

❶「禮」，四庫本及《語類》卷二二作「理」。

「有所不行，知和而和，不以禮節之，亦不可行也。」

承上文而言如此而復扶又反。下同。有所不行者，以其徒知和之爲貴而一於和，不復以禮節之，則亦非復禮之本然矣。新安陳氏曰：節，即「天理節文」中本然之節。所以流蕩忘反而亦不可行也。朱子曰：禮之用和，是禮中之和；知和而和，是放教和。纔放教和，便是離却禮了。○程子曰：「禮勝則離，故禮之用和爲貴，先王之道以斯爲美，而小大由之；樂勝則流，故有所不行者，知和而和，不以禮節之，亦不可行。」新安陳氏曰：「禮勝則離，樂勝則流」，二句出《樂記》。此章本只論禮，未嘗論樂，程子特借「樂」字以言「和」字耳。○朱子曰好就「勝」字上看，只争這些子。禮纔勝些子便是離了，樂纔勝些子便是流了。知其勝而歸之中，便是禮樂之正。○和固不可便指爲樂，是禮中之樂，如天子八佾、諸侯六、大夫四、士二，此樂之有節處，又是樂中之禮也。便見禮樂不相離。○天下之事嚴而不和者却少，和而不節之以禮者常多。又曰：如人入神廟自然敬肅，不是强爲之。禮之用自然有和意。禮之和處，便是禮之樂；樂有節處，便是樂之禮。○問：「從容不迫如何謂之『和』？」曰：只是説行得自然如此，無那牽强底意思便是「從容不迫」。那禮中自有箇從容不迫，不是有禮後更添箇從容不迫。若離了禮説從容不迫，便是自恣。又曰：只是立心要從容不迫不得。纔立心要從容不迫，少間便都放倒了。且如聖人恭而安，聖人只知道合著恭，自然不待勉强而安。纔説要安排箇「安」，便添了一箇。○問：「禮之體雖截然而嚴，然自然有箇撙節恭敬底道理，故其用從容和緩，所以爲貴。苟徒知和而專一用和，必至於流蕩而失禮之本。今人行事，莫是用先全禮之體，而後雍容和緩以行之否？」曰：是。○知和而和，却是一向去求和，便是離了禮。且如端坐不如箕踞，徐行後長者不如疾行先長者，到這裏更有甚禮？可知是不可行也。○問：「伊川曰『别而和』，『别』字如何？」曰：分雖嚴而情却通。○問：「上蔡謂『禮樂之道異用而同體』如何？」曰：禮主敬，敬則和，這便是他同體處。又曰：禮主於敬，樂主於和，此異用也。皆本之於一心，是同體也。○和是碎底敬，敬是合聚底和。蓋發出來無不中節，便是和處。○敬與和猶小德川流，大德敦化。○問：「先生常云『敬是合聚底和，和是碎底敬』，是以『敬』對『和』而言否？」曰：然。敬只是一箇敬，無二箇敬，二便不敬矣；和便事事都要和，這裏也恰好，那裏也恰好，這處也中節，那處也中節。若一處不和便不是和矣。「敬」是喜、怒、哀、樂未發之中，「和」是發而皆中節之和。纔敬便自然和，如敬在這裏坐，便自有箇氤氲磅礴氣象。凡恰好處皆是和。○問「禮樂之用相反相成」。曰：且如而今對面端嚴而坐，這便是禮。合於禮便是和。如君臣之間，君尊臣卑其分甚嚴，若以勢觀之，自是不和；然其實却是甘心爲之，皆合於理，❶而自和矣。○西山真氏曰：太嚴而不通乎人情，故離而難合；太和而無所限節，則流蕩忘反。所以有禮須用有樂，有樂須用有禮。此禮樂是就情性上說。○雙峯饒氏曰：有子論仁論禮，皆只說得下面一截。上面一截須待程子、朱子爲發明之。范氏名祖禹，字淳夫。成都人。曰：「凡禮之體主於敬，而其用則以和爲貴。敬者，禮之所以立也；和者，樂之所由生也。若有子可謂達禮樂之本矣。」朱子曰：自心而言，則心爲體，敬、和爲用；以敬對和而言，則敬爲體，和爲用。大抵體用無盡時，只管恁地推將去。○和固不可便指爲樂，然乃樂之所由生，「和」有「樂」底意思。愚謂嚴而泰，和而節，此理之自然，禮之全體也。毫釐有差，則失其中正而各倚於一偏，其不可行均矣。新安陳氏曰：嚴謂禮之體嚴，泰謂自然之理及從容不迫，此指上一節；和謂「知和」之「和」，節謂「以禮節之」之「節」。此指下一節。程、范借「樂」字以形容「和」字。朱子要歸之論只言禮而不及樂的矣。「嚴而泰，和而節」，六字斷盡一章大意。○雲峯胡氏曰：《集註》前一節分體用，後一節獨說全體，何也？前章是因有子言用而推原其體，後總

❶「理」，四庫本及《語類》卷二二作「禮」。

說禮之全體，則包前所謂體用者在其中矣。如天高地下，合同而化，便是「嚴而泰」；如四時陰陽沖和，有節氣有中氣，此便是「和而節」。此固自然之理，而禮之全體如此也。然禮之全體，嚴者未嘗不泰。人則有嚴而失其中者矣，未免倚於嚴之一偏，不可行矣。禮之全體，和者未嘗不節。人則有和而失其正者矣，未免倚於和之一偏，亦不可行矣。「一偏」字與「全體」字相反。夫其體之全也本如此，而人之偏也乃如此。人之於理，有毫釐之差則失之故也。

○有子曰：「信近於義，言可復也；恭近於禮，遠恥辱也；因不失其親，亦可宗也。」近、遠，皆去聲。

信，約信也。慶源輔氏曰：此「信」字本是「約信」。若只是「誠信」之信，則信是實理，豈有不近義者哉？○勉齋黄氏曰：「以實之謂信」，事之已見而以其實者也。約信，與人期約而求其實者也。○汪氏炎昶。曰：《曲禮》云：「約信曰『誓』。」「約信」二字本此。義者，事之宜也。復，踐言也。恭，致敬也。禮，節文也。胡氏曰：信爲約信，恭爲致敬，皆指人之行此而言，非信、恭之本體也。○雲峯胡氏曰：義者心之制、事之宜，此獨曰「事之宜」；禮者天理之節文，此獨曰「節文」。蓋所謂信、恭者，非信、恭之本體；故所謂禮、義者，亦非指本體而言。《集註》未嘗輕下一字也。因，猶「依」也。宗，猶「主」也。言約信而合其宜，則言必可踐矣；朱子曰：此言謹始之意，始初與人約，便須思量他日行得，方可諾之。若不度於義輕諾之，他日言不可復，便害信也。○如今人與人要約，當於未言之前先度其事之合義與不合義。合義則言，不合義則不言。言之則其言必可踐而行之矣。今不先度其事，且鶻突恁地說了，到明日却說這事不義不做，則是言之不可踐也。言而不踐，則是不信；踐其所言，又是不義。是不先度之故。致恭而中去聲。其節，則能遠恥辱矣；朱子曰：恭只是低頭唱喏時，便看近禮不近禮。○如見尊長而拜，禮也。我却不拜，被詰問，則無以答，這便是爲人所恥辱。有一般人不當拜而拜之，便是諂諛，這則可恥可辱者在我矣。○近，猶「合」也。古人下字寬，亦大綱說。雖未盡合禮義，亦已近禮義了。○恭，凡致敬皆恭也。禮則辨其異。若與上大夫接，而用下大夫之恭，是不及也；與下大夫接，而用上大夫之恭，是過也。過與不及，必取辱矣。○雙峯饒氏曰：有子氣象從容，辭不迫切。於禮、義皆以「近」言。《集註》恐其寬緩，故直以「合義」、「中節」言之，不用其辭而用其意也。所依者不失其可親之人，則亦可以宗而主之矣。朱子曰：因之爲「依」，勢敵而交淺，如先主之依劉表是也；宗之爲「主」，彼尊我賤，而以之爲歸，如孔子之於司城貞子、蘧伯玉、顔讎由是也。依失其親，若未甚害；所宗而失其親，其害大矣。然今日依之，則後日有時而宗之，是以君子之有所因也，必求不失其親焉，則異日亦可宗主之矣。○因如「因徐辟」之因。因，猶「傍」也。親又較厚。宗則宗主之，又較重。當時羈旅之臣，所至必有主，須於其初審其可親者從而主之可也。此言人之言行去聲。交際，皆當謹之於始，說上三句。而慮其所終。說下三句。不然，則因仍苟且之間，將有不勝平聲。其自失之悔者矣。問：「恐言是約信，行是致恭，交際是依人？」朱子曰：大綱如此，皆交際也。言可復便是行。○此章須用兩截看，上一截信近義，恭近禮，因不失親，是交際之初，合下便思慮到底；下一截言可復，遠恥辱，亦可宗，是久後無弊之效，當初便當思量到無弊處。○問注「因仍苟且」。曰：「因仍」與「苟且」一樣字。「因仍」猶「因循」，苟且，是且恁地做一般。○雲峯胡氏曰：此章皆謹始之意，與其悔於終，孰若謹之於始？○東陽許氏曰：約言必合於事之宜，防其過也；致恭必中於禮之節，無過不及也；因不失親，擇交之道也。上兩節欲明理，下一節要知人，則皆無失。上兩節言行是脩己之事，因親是知人之事。三者皆明理者能之。三事各開看，非相因之辭。

○子曰：「君子食無求飽，居無求安，敏於事而慎於言，就有道而正焉，可謂『好學』也已。」好，去聲。

不求安、飽者，志有在而不暇及也。朱子曰：食無求飽，居無求安，須是見得自家心裏常有一箇合當緊底道理，此類自不暇及。○新安陳氏曰：志在學，自不暇及於求安飽。敏於事者，勉其所不足；謹於言者，不敢盡其所有餘也。朱子曰：言易得多，故不敢盡；行底易得不足，故須敏。又曰：行常苦於不足，言常苦於有餘。○雙峯饒氏曰：「敏於事」之事，非特指行事而言。凡學問思辨窮理之事，皆「事」也。○新安陳氏曰：《中庸》曰：「有所不足不敢不勉，有餘不敢盡。」《集註》取以訓此。**然猶不敢自是，而必就有道之人以正其是非，則可謂好學矣。**朱子曰：不求安、飽，是其存心處；敏事、謹言，是其用工處。須就正方得。有許多工夫，不能就有道以正其是非也不得。無許多工夫，雖然就正有道，亦徒然。○此章須反覆看其意思如何。若只不求安飽，而不謹言敏行，有甚意思？若只謹言敏行，而不就正有道，則未免有差；若工夫不到，則雖親有道，亦無可取正者。聖人之言周遍無欠缺類如此。**凡言「道」者，皆謂事物當然之理，人之所共由者也。**朱子曰：「道」即「理」也。以人所共由則謂之「道」，以其各有條理而言則謂之「理」。○雲峯胡氏曰：《學而》篇言道者三。前兩「道」字泛，此一「道」字切。父之道，是父之所由；先王之道，是先王之所由。故《集註》獨於此釋之曰「人之所共由」。「道」猶「路」然，人所由者謂之非「路」不可，不若人之所共由者則大路也。○新安陳氏曰：此「有道」字，指有道之人。此人之身與道爲一，能由人所共由之道者也。**○尹氏曰：「君子之學能是四者，可謂篤志力行者矣。然不取正於有道，未免有差。如楊墨學仁義而差者也，其流至於無父無君。謂之『好學』可乎？」**朱子曰：楊氏以世人營營於名利，埋沒其身而不自知，故獨潔其身以自高。然不知義者制事之宜，處人倫事物各當其所，乃合於義。今但知有己而已，使人皆如此潔身自爲，則天下事教誰理會？此便是「無君」。墨氏見世人自私自利不能及人，故欲兼天下而盡愛之。然不知仁者心無不溥遍，而施則有差等。心皆溥遍者仁也，其理一；施有差等者仁中之義也，其分殊。今親親與仁民同，是待親猶他人也，此便是「無父」。此學者所以必求正於有道也。○勉齋黃氏曰：尹氏所謂「篤志」，爲不求安飽而言也；所謂「力行」，爲敏事慎言而言也。以是四字而繼之以《集註》「不敢自是」之言，然後足以盡此章之旨。蓋此章謂之「好學」，非篤志力行不自是，亦無以見其所以爲好也。○雲峯胡氏曰：必無求，然後見其有好之之志；必敏慎，然後見其有好之之實；必取正有道，然後不差夫好之之路。此足以見好學者之甚難得也。

○子貢曰：「貧而無諂，富而無驕，何如？」子曰：「可也。未若貧而樂，富而好禮者也。」樂音洛。好，去聲。

諂，卑屈也。驕，矜肆也。慶源輔氏曰：爲貧所困，則氣隨以歉而爲卑屈，故多求而「諂」；爲富所張，則氣隨以盈而爲矜肆，故有悖而「驕」。常人溺於貧富之中而不知所以自守，故必有二者之病。無諂無驕，則知自守矣，而未能超乎貧富之外也。凡曰「可」者，僅可而有所未盡之辭也。樂則心廣體胖而忘其貧，好禮則安處上聲。善，樂音洛。上同。循理，亦不自知其富矣。漢董仲舒策：孔子云：「天地之性，人爲貴。」明於天性，知自貴於物；知自貴於物，然後知仁義；知仁義，然後重禮節；重禮節，然後安處善；安處善，然後樂循理；樂循理，然後謂君子。○慶源輔氏曰：心廣體胖者，指其樂之象；安處善、樂循理者，論其好禮之實。○新安陳氏曰：忘其貧，不自知其富，則超乎貧富之外矣。○東陽許氏曰：樂與好禮皆是心上言，故上面說「心廣」，下面說「樂循理」。心既廣大寬平，則體自然舒泰，此由內以達外。行事安於處善，蓋其心樂於循理也，此由外以原內也。「樂」一字全是心，故先言內；禮有節文於事上見，其好之則在心也，故先言外。然體既安舒，烏得有卑屈；心既樂循理，烏得有矜肆？却暗關上兩句，見得「未若」兩字意。子貢貨殖，音寔。蓋先貧後富而嘗用力於自守者，《家語》：「子貢家富累千金，好販，與時轉貨。」注云：「買賤賣貴以殖其貨。」故以此爲問。而夫子答之如此，蓋許其所已能，新安陳氏曰：可也，是許其已能自守而無諂無驕。而勉其所未至也。新安陳氏曰：勉其更進於樂與好禮。○龜山楊氏曰：貧而無諂，則貧不至於濫；富而無驕，則富不至於溢。與夫貧而諂、富而驕，蓋有間矣。然孔子可之而未善也，故又以貧而樂、富而好禮告之。○朱子曰：富無驕、貧無諂，隨分量皆可著力。如不向此上立得定，是入門便差了。○貧則易諂，富則易驕。無諂無驕，是知得驕諂不好而不爲之耳。樂是他自樂了，不自知其爲貧也；好禮是他所好者禮而已，亦不自知其爲富也。○自無諂無驕者言之，須更樂與好禮方爲精極，不可道樂與好禮須要從無諂無驕上做去。蓋有人資質合下便在樂與好禮地位，不可更回來做無諂無驕底工夫。孔子意做兩人說。謂一般人無諂無驕，不若那一般人樂與好禮較勝他。子貢意做一人說。謂無諂無驕，不若更樂與好禮。又曰：今人未能無諂無驕，却便要到貧而樂、富而好禮，如何得？子貢却盡得無諂無驕底了，聖人更進得他貧而樂、富而好禮地位。○問：「子貢問貧無諂，富無驕，伊川諸說，大抵謂其貨殖非若後人之豐財，但此心未忘耳。今《集註》謂其先貧後富，則是亦嘗如後世生產作業矣。」曰：聖人既說貨殖，須是有些如此。看來子貢初年亦是把貧富煞當事了。○厚齋馮氏曰：無諂無驕，則知自守矣。然猶有所用力焉。力少不逮，則諂驕復形。樂且好禮，則貧富兩忘矣。蓋知樂天循理，而無復事於人事也。

子貢曰：「《詩》云：『如切如磋，如琢如磨。』

其斯之謂與？」磋，七多反。與，平聲。

《詩》，《衛風·淇奥》之篇。言治骨角者，既切之而復扶又反。下同。磋之；治玉石者，既琢之而復磨之。治之已精，而益求其精也。子貢自以無諂無驕爲至矣。聞夫子之言，又知義理之無窮，雖有得焉，而未可遽自足也。故引是《詩》以明之。朱子曰：所謂義理無窮，不是說樂與好禮，自是說切磋琢磨精而益精耳。○子貢問無諂無驕，夫子以爲僅可。然未若樂與好禮，此其淺深高下亦自分明。子貢便說切磋琢磨，方是知義理之無窮也。○無諂無驕，隨事知戒，足以自守也。然未見其於全體用功而有自得處也。樂與好禮，乃見其心之所存，有非貧富之所能累者。此子貢所以有切磋琢磨之譬也。治骨角者，既切之而復磋之；治玉石者，既琢之而復磨之。皆先畧而後詳，先粗而後精之意。○子貢舉《詩》之意，不是專以此爲貧而樂、富而好禮底工夫，蓋見得一切事皆合如此，不可安於小成而不自勉也。○或問：「《大學》傳引此《詩》以『道學自脩』釋之，與此不同，何也？」曰：古人引詩斷章取義，姑以發己之志。或踈或密，或同或異，蓋不能齊也。○勉齋黄氏曰：若謂無諂無驕爲如切如琢，樂、好禮爲如磋如磨，則「告往知來」一句便説不得。子貢言無諂驕，夫子言未若樂與好禮，子貢便知義理無窮，人須就學問上做工夫，不可少有得而遽止。《詩》所謂如切磋琢磨，治之已精而益致其精者，其此之謂與？○西山真氏曰：凡製物爲器，須切琢成形質了，方可磋磨。既切琢了，若不磋磨，如何得他精細潤澤？

子曰：「賜也，始可與言《詩》已矣，告諸往而知來者。」

往者，其所已言者；來者，其所未言者。朱子曰：所已言，謂處貧富之道；所未言，謂學問之功。○勉齋黄氏曰：此章須是見得切磋琢磨在無諂無驕，樂與好禮之外，方曉得「所已言」、「所未言」。前之問答，蓋言德之淺深；此之引《詩》，乃言學之踈密。

○愚按，此章問答其淺深高下，固不待辯説而明矣。然不切則磋無所施，不琢則磨無所措，故學者雖不可安於小成而不求造七到反。道之極致，亦不可騖音務。於虚遠而不察切己之實病也。雲峯胡氏曰：常人二者之病，與學者切己之實病，當看兩「病」字。若只就貧富上説，貧者病諂，富者病驕，必除諂驕之病，然後可到樂與好禮地步；若就義理學問上説，則學者之病固多，必先除切己之實病，然後可求造道之極致也。○新安陳氏曰：切必貴磋，琢必貴磨，此正意也；必切方可加磋，必琢方可加磨，此餘意也。

○子曰：「不患人之不己知，患不知人也。」

尹氏曰：「君子求在我者，故不患人之不己知。不知人，則是非邪正或不能辨，故以爲患也。」朱子曰：若宰相不能知人，則用捨之際不能進賢退不肖；若學者不能知人，則處朋友之際不能辨益友損友。又曰：《論語》上如此言者有三。「不病人之不己知，病其不能也」，「不患莫己知，求爲可知也」。聖人之言雖若同，而其意皆别。病其不能者，言病我有所不能於道；求爲可知者，當自求可知之實，然後人自知之。雖然如此，亦不是爲昭灼之行以蘄人之必知。○見得道理明，自然知人。自家不識得道理破，如何知得他人賢否？○問：「知人是隆師親友？」曰：小事皆然。然學做工夫到知人地位已甚高。○慶源輔氏曰：人不知己，其病在人；己不知人，其病在己。君子之學爲己，不暇病人之病而病己之病也。○蔡氏曰：《學而》末章與首章人不知而不愠意實相關。《里仁》、《憲問》、《衛靈》篇又三致意焉。學必專求在己，庶無所慕於外也。○雲峯胡氏曰：始以「不知不愠」，終以此章，《學而》一篇終始也。始以「不亦君子乎」，終以「無以爲君子也」；始則結以「患不知人」，終則結以「不知言無以知人」，《論語》一書終始也。門人紀次，豈無意歟？○東陽許氏曰：此兩句平說，只是不必欲人知我，我却要知人。但兩「知」字不同，上「知」只欲知己之善，下「知」却欲知人之善惡。專就學者言，則上句不患人不己知，便自可包後章患其不能之意在其中。便當明理脩身，自加精進，使有可知之實，則雖不求人知而人必知之矣。下句則凡尊師取友，與人交際往來，須知其善惡而趨避之，然後無損而有益。然此專以學者言，聖人則未嘗指定也。若推而言之，則上下皆可通。上句論其極，則雖居高位，其處己應事唯循天理，上不欺其君，下不病其民，内無愧於心，何必欲人盡知吾心也？否則有違道干譽之失矣。下句論其極，則仕而擇可宗之人，有位而舉賢才爲用，爲宰輔而進退百官，非知人之明其可乎？否則賢愚混淆，分朋傾軋，而亂亡至矣。

論語集註大全卷之一

論語集註大全卷之二

爲政第二

凡二十四章。

子曰：「爲政以德，譬如北辰，居其所而衆星共之。」共音拱，亦作「拱」。

「政」之爲言「正」也，所以正人之不正也；新安陳氏曰：首訓「正」字，本夫子「政者正也，子率以正，孰敢不正」之意，蓋以政之理言。若第三章《集註》云「政謂法制禁令」，則指政之實事言也。「德」之爲言「得」也，行道而有得於心也。新安倪氏曰：祝氏附録本如此。他本作「得於心而不失也」。○胡氏《通》必主「得於心而不失」之説，膠於胡泳伯量所記，謂先生因執扇謂曰：「『德』字須用『不失』訓，如得此物，可謂得矣。纔失之，則非得也。」此句含兩意。一謂得於有生之初者，不可失之於有生之後；一謂得於昨日者，不可失之於今日。先師謂此説縱使有之，亦必非末後定本。深思細玩，終不如「行道而有得於心」之精當不可易也。朱子訓「德」字，蓋倣《禮記》「德者得也」，「禮樂皆得謂之有德」而言。初作「得於身」，後改「得於心」。夫「道」字廣大，天下所共由；「德」字親切，吾心所獨得。行道，行之於身也，未足以言德。必有得於心，則躬行者始心得之，心與理爲一，斯可謂之「德」。有次第，有歸宿，精矣。今日「得於心而不失」，則得於心者何物乎？方解「德」字，未到持守處，不必遽云「不失」。不比「據於德」註云：「『據』者，執守之意，得之於心而守之不失。」又云：「據德則道得於心而不失。」此兩「不失」字，乃自「據」字上説來。況上文先云「德」則「行道而有得於心」者也，其證尤明白。若遽云「不失」，則似失之急，又近於贅。《大學序》所謂「本之躬行心得」，「躬行」即「行道」，「心得」即「有得於心」也。以前後參觀之，而祝氏定本爲尤信。北辰，北極。天之樞也。居其所，不動也。共，向也，言衆星四面旋繞而歸向之也。邵子曰：地無石之處皆土也，天無星之處皆辰也。○朱子曰：北辰是天之樞紐，中間些子不動處，緣人要取此爲極，不可無箇記認，所以就其旁取一小星謂之「極星」。天之樞紐，似輪藏心。藏在外面動，心都不動。問極星動不動？曰：也動。只他近那辰，雖動不覺，如射糖盤子，北辰便是中央椿子，極星便是近椿點子。雖也隨盤轉，緣近椿子便轉得不覺。沈存中謂始以管窺極星，不入管，後方見極星在管弦上轉。《史記》載北辰有五星，太乙常居中，是「極星」也。辰非星，只是中間界分。極星亦微動。辰不動，乃天之中，猶磨之心也。○又曰：天圓而動，包乎地外；地方而静，處乎天中。故天形半覆地上，半繞地下，左旋不息。其樞紐則在南北之端焉。謂之「極」者，如屋脊謂之屋極也。南極入地三十六度，故周回七十二度常隱不見；北極出地三十六度，故周回七十二度常見不隱。北極之星，正在常見不隱七十二度之中，常居其所而不動。其旁則經星隨天左旋，日月五緯右轉，更迭隱見，有似於環繞而歸向之也。爲政以德，則無爲而天下歸之。其象如此。朱子曰：「德」字從心者，以其得之於心也。「爲政以德」者，不是把德去爲政。是自家有這德，人自歸仰，如衆星共北辰。「北辰」者，天之樞紐，乃是天中央安樞處。天動而樞不動。「不動」者，正樞星位。樞有五星，其前一明者太子。其二最明者曰帝座，乃太一之常居也。其後一箇分外開得些子而不甚明者，極星也。惟此一處不動。衆星於北辰，亦是自然環向，非有意於共之也。○德與政非兩事。只是以德爲本，則能使民歸。○爲政以德，非是不用刑罰號令，但以德先之耳。○新安陳氏曰：爲政以德，本也；無爲而天下歸之，效也。無爲而天下歸之，本文未嘗明言此意。只是取象於北辰，其中含此意。北辰爲天之極，譬爲政以德之君，爲天下之極。居其所，譬人君之無爲。衆星共之，譬天下歸之也。○程子曰：「爲政以德，然後無爲。」朱子曰：不是塊然全無作爲，只是不生事擾民。德脩於己，而人自感化，不待作爲而天下自歸之，不見其有爲之迹耳。問：「是以德爲政否？」曰：不是欲以德去爲政。不必泥「以」字，只是「爲政有德」相似。○爲政以德，人自感化。然感化不在政事上，却在德上。蓋政者，所以正人之不正也。豈無所爲？但人所以歸往，乃以其德耳。故不待作爲而天下歸之，如衆星之共北極也。○慶源輔氏曰：爲政以德，非不爲也。循天下之理而行其所無事也。不能以德爲政而遽欲無爲，則是怠惰廢弛而已。范氏曰：「爲政以德，則不動而化，不言而信，無爲而成。所守者至簡而能御煩，所處上聲。者至静而能制動，所務者至寡而能服衆。」慶源輔氏曰：范氏推廣程子之意併舉其效言之。

○子曰：「《詩》三百，一言以蔽之，曰『思無邪』。」

《詩》三百十一篇。言「三百」者，舉大數也。蔽，猶「蓋」也。朱子曰：蓋，如以一物蓋盡衆物。思無邪，《魯頌·駉》古螢反。篇之辭。新安倪氏曰：此《詩》本美魯僖公牧馬之盛，由其心思之正。如美衛文公秉心塞淵，而騋牝三千之意也。作《詩》者未嘗以此論《詩》之旨。夫子讀《詩》至此而有合於心焉，是以取之。蓋斷章摘句云耳。凡《詩》之言，善者可以感發人之善心，惡者可以懲創人之逸志。其用歸於使人得其情性之正而已。朱子曰：情性，是貼「思」；正，是貼「無邪」。○問：「思無邪，莫是作《詩》者發於情性之正否？」曰：若《關雎》、《鹿鳴》、《文王》、《大明》等詩，固是情性之正；若《桑中》、《溱洧》等詩，謂之情性之正可乎？只是要讀《詩》者思無邪耳。○太史公説古《詩》三千篇，孔子刪定爲三百。看來只是采得許多詩，夫子不曾刪去，只是刊定而已。聖人刊定好底詩，便要人吟詠興發其善心；不好底，便要人起羞惡之心。皆要人思無邪。○問：「《集註》以爲『凡言善者足以感發人之善心，言惡者足以懲創人之逸志』，而諸家乃專主作《詩》者而言，何也？」曰：《詩》有善有惡，頭面最多。而惟「思無邪」一句足以該之。上至於聖人，下至於淫奔之事，聖人皆存之者，所以欲使讀者知所懲勸。○雙峯饒氏曰：諸家皆謂作《詩》者如此，獨《集註》以爲《詩》之功用能使學者如此。夫子恐人但知《詩》之有邪正，而不知《詩》之用皆欲使人之歸於正，故於其中揭此一句以示人。學者知此，則有以識讀《詩》之意矣。然其言微婉，且或各因一事而發；求其直指全體，則未有若此之明且盡者。故夫子言「《詩》三百篇」，而惟此一言足以盡蓋其義。其示人之意，亦深切矣。延平李氏曰：《詩》人興刺，雖亦曲折達心之精微，然必止乎禮義。夫子刪而取之者以此爾。若不止於禮義，即邪也。故三百篇一言足以蔽之，只是思無邪而已。所以能興起感動人之善心，蓋以此也。○問「直指全體」。朱子曰：《詩》三百篇，皆要人無邪思。然但逐事無邪，惟此一言舉全體言之。○思無邪，只是要正人心。約而言之，三百篇只是一箇「思無邪」；析而言之，則一篇中自有一箇「思無邪」。○「思無邪」一句，便當得三百篇之義了。三百篇之義，大概只要使人思無邪。若只就事上無邪，未見得實如何，惟是思無邪方得。思在人最深，思主心上。○聖人言《詩》之教，只要得人思無邪。其他篇篇是這意思，惟是此一句包說得盡。○「思」在「言」與「行」之先。思無邪，則所言所行皆無邪矣。○問：「聖人六經皆可爲戒，何獨《詩》也？」曰：固是如此。然《詩》因情而起則有思。欲其思出於正，故獨指「思無邪」以示教焉。○勉齋黃氏曰：直指則非微婉，全體則非一事。直指故明，全體故盡。此一言，所以辭約而義該也。○慶源輔氏曰：微，謂隱微；婉，謂委曲。《詩》人主於諷詠規諫。其言不直截說破，常有隱微委曲之意。○程子曰：「『思無邪』者，誠也。」朱子曰：行無邪，未是誠；思無邪，乃可爲誠。是表裏皆無邪，徹底無毫髮之不正。世人有脩飾於外，而其中未必能正。惟至於思無邪，乃可謂誠。○雲峯胡氏曰：程子曰「『思無邪』者，誠也」，又曰「哲人知幾，誠之於思」。此是聖人事。夫子言《詩》之用，不應遽以聖人望人。《集註》所以引此者，蓋謂所思自然無邪，誠也，聖人事也；讀《詩》而可使之思無邪，誠之也，學者事也。《集註》引程子之言，即繼之以「學者必務知要」，益可見也。○新安陳氏曰：程子此說是論「誠」，非論《詩》。○東陽許氏曰：誠是實理。在人則爲實心，而君子不可不盡者也。程子指出此「誠」字以明「思無邪」之實。學者必使心之所思一於無邪，方能全乎人心之實理也。范氏曰：「學者必務知要。知要則能守約，守約則足以盡博矣。『經禮三百，曲禮三千』，亦可以一言以蔽之，曰『毋不敬』。」《禮器》篇云：「禮有大，有小，有顯，有微。大者不可損，小者不可益；顯者不可掩，微者不可大也。經禮三百，曲禮三千，其致一也。」註：「經禮，《儀禮》也，如士冠禮、諸侯冠禮之類。此是大節，有三百條。曲禮，《禮記》也，如冠禮始加，再加，三加，坐如尸之類。此是小目，有三千餘條。」○《曲禮篇》首云：「毋不敬。」○雲峯胡氏曰：「執中」二字，是《書》五十八篇之要；「時」之一字，是《易》三百八十四爻之要。亦不可不知。

○子曰：「道之以政，齊之以刑，民免而無恥；道音導。下同。

道，猶「引導」，謂先之也。政，謂法制禁令也。齊，所以一之也。道之而不從者，有刑以一之也。免而無恥，謂苟免刑罰而無所羞愧。蓋雖不敢爲惡，而爲惡之心未嘗亡也。朱子曰：道齊之以政刑，則不能化其心，而但使之少革。到得政刑少弛，依舊又不知恥矣。問：「刑政莫只是伯者之事？」曰：專用政刑，則是伯者之爲矣。

「道之以德，齊之以禮，有恥且格。」

禮，謂制度品節也。新安陳氏曰：前訓「禮」字，云「天理節文、人事儀則」，是以「禮」字之理而言。此指五禮之文物而言。○胡氏曰：品，謂尊卑高下之差；節，謂界限等級之分。格，至也。言躬行以率之，則民固有所觀感而興起矣；而其淺深厚薄之不一者，又有禮以一之，則民恥於不善，而又有以至於善也。朱子曰：道之以德，是躬行其實以爲民先。必自盡其孝而後可以教民孝，自盡其弟而後可以教民弟。如宜其家人而後可以教國人，宜兄宜弟而後可以教國人也。○淺深厚薄之不一，謂其間資禀信向之不齊，雖是感之以德，自有太過不及底，故齊一之以禮。禮者，吉、凶、軍、賓、嘉五禮，須令他一齊如此，所謂賢者俯而就，不肖者企而及也。○人之氣質有淺深厚薄之不同，故感者不能齊一，必有禮以齊之。如《周官》一書，何者非禮？以至歲時屬民讀法之屬，無不備具者，正所以齊民也。○勉齋黃氏曰：義理，人心所同得，故善之當爲，不善之可惡，皆人心所同然者。教之以德禮，則示之以所同得者，故惡不善而進於善，有不待勉而從。若徒以政刑强之，彼但知君上之令不得不從，初不知吾心所有之理。尚不知不善之可惡，又安能進於善耶？○新安陳氏曰：以躬行之德率民，民觀感興起於下，化民之大本已立。但民之感發者，不免有淺深厚薄之不同。須以禮之制度品節齊一之，使淺薄者無不及，深厚者無太過，其未盡善者皆截然於禮焉。民恥於不善，此觀感於德之功；又至於善，乃齊一於禮之效也。一說：格，正也。《書》曰：「格其非心。」○愚謂政者，爲治去聲。下「輔治」、「出治」音同。之具；刑者，輔治之法。德禮，則所以出治之本，而德又禮之本也。此其相爲終始，雖不可以偏廢，新安陳氏曰：固不可無德禮，亦不可無政刑，所謂不可偏廢也。然政刑能使民遠去聲。罪而已；德禮之效，則有以使民日遷善而不自知。新安陳氏曰：《禮記·經解》篇云：「使民日遷善遠罪而不自知也。」《集註》本此句析之而分輕重焉。故治民者不可徒恃其末，又當深探平聲。其本也。新安陳氏曰：末，謂政刑；本，謂德禮。○朱子曰：有德禮，則政刑在其中。不可專道政刑做不好底，但不得專用政刑爾。聖人之意，只爲當時專用政刑治民，不用德禮，所以有此言。聖人爲天下，何曾廢政刑來？《集註》後面餘意，是說聖人謂不可專恃政刑。然有德禮而無政刑，又做不得。聖人說話，無一字無意味。○先之以法制禁令，是合下有猜疑關防之意，故民不從。又却齊之以刑，民不見德而畏威，但圖目前苟免於刑，而爲惡之心未嘗不在。先之以明德，則有固有之心者，必觀感而化。然禀有厚薄，感有淺深，又齊之以禮，使之有規矩準繩之可守，則民恥於不善，而又有以至於善。○雲峯胡氏曰：此篇首章曰「爲政以德」，政與德爲一。此章分「政」與「德」爲二。前章專言古之爲政者，皆自躬行中流出；此章則言後之爲政者，但知道之以法制禁令而不能躬行以率之也。故言政刑不如德禮之效如此，而《集註》以相爲始終合言於先，❶又以本末分言於後也。

❶「始終」，四庫本及上文《四書章句集註》、《四書通》作「終始」。

○子曰：「吾十有五而志于學。

古者十五而入大學。「心之所之」謂之「志」。新安陳氏曰：心之所之，《説文》中語。此所謂「學」，即「大學之道」也。志乎此，則念念在此，而爲之不厭矣。朱子曰：孔子只十五歲時，便斷然以聖人爲志矣。今學者誰不爲學？只是不可謂之「志于學」。果能志于學，則自住不得。「志」字最有力。要如饑渴之於飲食。纔有悠悠，便是志不立。

「三十而立。

有以自立，則守之固，而無所事志矣。朱子曰：立，謂把捉得定，世間事物皆動揺我不得。如富貴、貧賤、威武不能淫、移、屈是也。志，方是趨向恁去求討未得。到此則得而守之，無所用志矣。志是要求箇道，猶是兩件物事；到立時，便是脚下已踏著了。然猶是守住。

「四十而不惑。

於事物之所當然皆無所疑，則知之明，而無所事守矣。朱子曰：既立矣，加以十年玩索涵養之功，而知見明徹無所滯礙也。蓋於事物之理，幾微之際，毫髪之辨無不判然於胸中，更不用守矣。

「五十而知天命。

天命，即天道之流行而賦於物者，乃事物所以當然之故也。知此，則知極其精，而不惑又不足言矣。朱子曰：不惑，是隨事物上見這道理合是如此；知天命，便是知這道理所以然。如父子之親，須是知其所以親。凡事事物物上，須知他本源來處。譬如一溪，先知得溪中有水，後知得水發源處。○又曰：天道流行，賦予萬物，莫非至善無妄之理而不已焉，是則所謂「天命」也。物之所得爲「性」，性之所具爲「理」，名殊而實一也。學至不惑而又進焉，則理無不窮，性無不盡，而有以知此矣。理以事別，性以人殊，命則天道之全，而性之所以爲性、理之所以爲理者也。自天命觀之，則理、性云者，小德之川流也；自理、性觀之，則天命云者，大德之敦化也。

「六十而耳順。

聲入心通，無所違逆，知之之至，不思而得也。和靖尹氏曰：六十而耳順，聞理即悟。○朱子曰：知天命，則猶思而得。到得耳順，則不思而得矣。聽最是人所不著力處。今聖人凡耳中所聞者，便皆是道理而無凝滯。到得此時，是於道理爛熟了。聞人言語更不用思量，纔聞言便曉也。○或問：「四十不惑，是知之明；五十知天命，是知極其精；六十耳順，是知之之至？」曰不惑，是事上知；知天命，是理上知；耳順，是事理皆通，入耳無不順。今學者致知，儘有次第節目。○慶源輔氏曰：所知至極而精熟，徹表徹裏，故聲纔入心便通，是非判然。其貫通神速之妙，更不待少致思而自得其理也。○陳氏曰：纔容少思而後得，則是內外有相扞格違逆，不得謂之順矣。如夫子聞滄浪之歌即悟自取之義，是耳順之證也。

「七十而從心所欲，不踰矩。」從，如字。

從，隨也。矩，法度之器，所以爲方者也。隨其心之所欲而自不過於法度，「安而行之」，「不勉而中」去聲。也。朱子曰：聖人表裏精粗無不昭徹。其體雖是人，其實只是一團天理。所謂「從心所欲不踰矩」，左來右去，盡是天理，如何不快活？○程子曰：「孔子生而知者也。言亦由『學』而至，所以勉進後人也。立，能自立於斯道也；不惑，則無所疑矣。知天命，窮理盡性也；耳順，所聞皆通也；從心所欲不踰矩，則『不勉而中』矣。」又曰：「孔子自言其進德之序如此者，聖人未必然。但爲去聲。學者立法，使之盈科而後進，成章而後達耳。」朱子曰：立，是物格知至而意誠心正之效，不止是用工處。不惑、知天命，是意誠心正而所知日進不已之驗。至耳順則所知又至極而精熟。聖人亦大約將平生爲學進德處分許多段說。十五志學，此學自是徹始徹終。到四十不惑，已自有耳順、從心所欲不踰矩意思，但久而益熟爾。年止七十，若更加數十歲，也只是這箇路，不是至七十歲便畫住了。胡氏曰：「聖人之教亦多術，然其要使人不失其本心而已。欲得此心者，惟志乎聖人所示之學，循其序而進焉。至於一疵不存，萬理明盡之後，則其日用之間，本心瑩縈定反。然，隨所意欲，莫非至理。蓋心即體，欲即用；體即道，用即義；新安陳氏曰：「道」言渾淪之體，「義」言隨事適宜之用。聲爲律，而身爲度矣。」《史記·夏紀》：禹爲人敏給克勤，其德不違，其仁可親，其言可信，聲爲律，身爲度。○朱子曰：胡氏「不失其本心」一段極好，儘用子細玩味。聖人千言萬語，只是要人收拾得箇本心。日用之間，著力屏去私欲，扶持此心出來。理是心所當知，事是心所當爲，不要埋没了他。如脩齊治平，皆要此心爲之。此心皆自有許多道理，不待逐旋安排入來。聖人立許多節目，只要人剔括將自家心裏許多道理出來而已。○新安陳氏曰：「聲」即天地中和之聲，自然可以「爲律」；「身」即天地正大之體，自然可以「爲度」。以此形容「不踰矩」也。又曰：「聖人言此，一以示學者當優游涵泳，不可躐等而進；二以示學者當日就月將，❶不可半途而廢也。」慶源輔氏曰：亟者則「躐等而進」，怠者則「半途而止」。亟心亡，則能優游涵泳逐級而進；怠心亡，則能日就月將不極不止。聖人示學者實兼此二意。愚謂聖人生知安行，固無積累魯水反。之漸。然其心未嘗自謂已至此也。新安陳氏曰：苟自謂吾學已至，則便不是聖人。是其日用之間，必有獨覺其進，而人不及知者，故因其近似以自名，新安陳氏曰：自爲「立」與「不惑」等名。欲學者以是爲則而自勉，非心實自聖而姑爲是退託也。後凡言「謙辭」之屬，意皆放上聲。此。問：「此章如何分知行？」朱子曰：志學亦是要行而以知爲重，立是本於知而以行爲重。志學言知之始，不惑、知命、耳順言知之至。立言行之始，從心不踰矩言行之至。○十五志學是一面學，一面力行。至三十而立，則行之效也。志學與不惑、知天命、耳順一類，是説知底意思；立與從心所欲一類，是説到底地位。○聖人也略有箇規模與人同。

❶「二」，四庫本及《四書纂疏》、《四書集編》作「一」。

如志學也是衆人知學時。及其立與不惑也有箇迹相似。若必指定謂聖人必恁地固不得，若說聖人全無事乎學只空說也不得。但聖人自有聖人底事。○「志」字最要緊，直須結裹在從心不踰矩上。然又須循乎聖人爲學之序方可。○問：「自志學、而立至從心所欲，自致知誠意至治國平天下，二者次第等級各不同，何也？」曰：《論語》所云，乃進學之次第；《大學》所云，乃論學之規模。○勉齋黃氏曰：十年而後一進者，亦聖人之心至此而自信耳。學雖已至而未敢自信，必反覆參驗，見其必然而無疑，然後有以自信，此尤足以見聖人之所以爲聖人也。苟惟謂聖人謙辭以勉人，則皆架空之虛辭耳。故《集註》雖以勉人爲辭，而終以獨覺其進爲說。○雙峯饒氏曰：「矩」字尤爲此章之要。致知是要知此矩，力行是要踐此矩。立是守得此矩定，不惑是見得此矩明，知命是又識得此矩之所自來，耳順是見得此矩十分透徹，從心不踰是行得此矩十分純熟。矩者何？此心之天則是也。規、矩皆法度之器。規圓善於旋轉而無界限之可守，矩方則有廉隅界限截然一定而不易。智欲其圓，行欲其方，故以「矩」言之。矩即「義以方外」是也。胡氏謂體即道，用即義。「義」字正爲「矩」字而發。○雲峯胡氏曰：自堯、舜以至夫子，聖聖相傳，只傳此心。夫子年十五時，其心已自期於聖人；到七十時，其心猶不敢自謂是聖人。若心實自聖而姑爲是退託，豈聖人之心哉？要之志學者，此心所向之力；立者，此心所守之定；不惑者，此心所見之明；知天命者，心與理融，而洞其所以然；耳順者，理與心會，其順也自然而然；不踰矩者，此心此理渾乎爲一，而有莫測其然者矣。十年一進，聖人之心，聖人自知之，故即其近似以語學者，欲學者皆心夫聖人之心也。忘者不用其心，如何到聖處；助者亟用其心，亦如何便到聖處？○新安陳氏曰：聖人所志之學，大學也。大學之道，知行爲要。此章分知之始、知之至，行之始、行之至，朱子一條盡之矣。聖學自志學而始，至從心不踰矩而終。始終惟一心學也。心之所之謂之「志」，念念在道，大本立矣；心之所願謂之「欲」，從容中道，大用行焉。其中節次自志學而以序進，自有欲罷不能者。常人肆其心之所欲，皆私欲耳，烏知其所謂「矩」？賢人制其心之所欲，始能勉彊而不出於矩；聖人之心渾然天理，無一毫私欲之累，隨其心之所欲，皆天理大用之流行，自從容而不踰於矩。學者苟能卓然立志，以志乎聖人所志之學，循其序而知行並進焉，學與年俱長，德與年俱進，豈不能漸造於純熟之境，而於「希聖」其庶幾乎？

○孟懿子問孝。子曰：「無違。」

孟懿子，魯大夫，仲孫氏，名何忌。無違，謂不背音佩。於理。朱子曰：無違，通上下而言。三家僭禮，自犯違了。不當爲而爲，固爲不孝；若當爲而不爲，亦不孝也。詳味「無違」一語，一齊都包在裏。○或問「無違」。曰：未見得聖人之意在，且説不以禮。蓋亦多端，有苟且以事親而違禮，有以僭事親而違禮，自有箇道理，不可違越。○新安陳氏曰：「無違」二字，簡要而涵蓄，大有深意。

樊遲御。子告之曰：「孟孫問孝於我，我對曰『無違』。」

樊遲，孔子弟子，名須。魯人。御，爲去聲。孔子御車也。孟孫，即仲孫也。胡氏曰：三家皆魯桓公庶子。初以「仲」、「叔」、「季」爲氏，其後加以「孫」字。公子之子稱「公孫」也。「仲」改爲「孟」者，庶子自爲長少，不敢與莊公爲伯、仲、叔、季。公孫不敢祖諸侯也，故自以庶長爲「孟」。杜預作《公子譜》云：「仲慶父弒君，故改爲『孟』。」夫子以懿子未達而不能問，恐其失指而以從親之令爲孝，新安陳氏曰：恐其以從親之令爲「無違」，則失其本指。故語音御。樊遲以發之。新安陳氏曰：冀懿子得聞之也。

樊遲曰：「何謂也？」子曰：「生，事之以禮；死，葬之以禮，祭之以禮。」

生事、葬祭，事親之始終具矣。禮，即理之節文也。慶源輔氏曰：此「理」字，即指前「不背於理」之「理」字言也。禮是先王據事物之理品節之以成文者。人之事親，自始至終，一於禮而不苟，其尊親也至矣。是時三家僭禮，故夫子以是警之。然語意渾上聲。然，又若不專爲去聲。三家發者，所以爲聖人之言也。朱子曰：生事、葬祭之必以禮，聖人説得本闊，人人可用，不特爲三家僭禮而設。○陳氏曰：始終一以禮事親，則爲敬親之至矣。然若何而能一於禮？其中節文纖悉委曲，是多少事？皆不可不講。○莆田黄氏曰：若不以禮，便是不以君子之道待其親，便是違背於理。○胡氏曰：「人之欲孝其親，心雖無窮，而分去聲。則有限。得爲而不爲，謂苟簡儉陋者。與不得爲而爲之，謂僭禮者。均於不孝。所謂『以禮』者，爲其所得爲者而已矣。」朱子曰：爲所得爲，只是合做底。大夫以大夫之禮事親，諸侯以諸侯之禮事親便是。○齊氏曰：説與何忌，孟僖子之子。昭七年，僖子從昭公如楚，病不能相禮，乃講學之。二十四年，僖子將卒，屬説與何忌於夫子，使事之而學禮焉。時孔子年三十四。樊遲爲孔子御，必在哀十三年魯以幣召還孔子後，時孔子年七十矣。僖子歿已久，而懿子猶問孝，可謂賢矣。僖子嘗令二子學禮，孔子不過即其垂歿所命以教其子爾。時三家習於僭，非不欲以尊親也，而不知適以陷其親於惡。使懿子不違其親之命，而悉以孔子所教生事而死葬祭之，則凡其所用皆親所得爲，而僖子之心慰矣，柰之何其不然也？聖人言不迫切而意深到，學者所宜細玩。○新安陳氏曰：孔子此言雖若告衆人，實警孟孫；雖警孟孫，仍可用於衆人。含蓄深切，所以爲聖人之言也。○東陽許氏曰：夫子曰生事葬祭皆以禮，《集註》亦曰「人之事親，始終一於禮而不苟」，此是就禮之中正處説，過於此不可，不及於此亦不可。夫子雖戒孟孫之僭，然當時於所當爲者豈皆盡善？則不及之意亦在其中，故又曰「語意渾然，又若不專爲三家發者」，謂推廣之無不包也。

○孟武伯問孝。子曰：「父母唯其疾之憂。」

武伯，懿子之子，名彘。音滯。言父母愛子之心無所不至，唯恐其有疾病，常以爲憂也。此正解經一句。人子體此，而以父母之心爲心，則凡所以守其身者，自不容於不謹矣。豈不可以爲孝乎？新安陳氏曰：此五句朱子發孔子言外之意，方見子之孝。凡所以守其身者，包涵甚闊。謹疾固是守身，不失身於不義，尤守身之大者。舊説：人子能使父母不以其陷於不義爲憂，而獨以其疾爲憂，乃可謂孝。亦通。新安陳氏曰：前説爲佳。後説以衍餘意則可，以解正意則迂晦矣。○或問：「『父母唯其疾之憂』，何故以告武伯？」朱子曰：這許多所答，也是當時那許多人各有那般病痛，故隨而救之。又曰：其他所答固是皆切於學者，看此句較切。其他只是就道理上説如此，却是這句分外於身心上指出。若能知愛其身，必知所以愛其父母。○雙峯饒氏曰：非特有疾時憂，無疾時亦常憂其愛護之不謹而有以致疾，此見父母愛子之切處，不獨謹疾而已。○凡所以守其身，下一「凡」字，蓋不獨謹疾而已。愚謂已包後説之意在其中矣。○雲峯胡氏曰：夫子，聖人也，於疾且慎，况凡爲人子者乎？

○子游問孝。子曰：「今之孝者，是謂能養。至於犬馬皆能有養，不敬何以別乎？」

養，去聲。別，彼列反。

子游，孔子弟子，姓言，名偃。吴人。養，謂飲食供奉也。犬馬待人而食，亦若養然。言人畜許六反。犬馬，皆能有以養之。若能養其親而敬不至，則與養犬馬者何異？甚言不敬之罪，所以深警之也。○胡氏曰：「世俗事親，能養足矣。狎恩恃愛，而不知其漸流於不敬，則非小失也。子游聖門高第，未必至此，聖人直恐其愛踰於敬，故以是深警發之也。」問：「犬馬不能自食，待人而食者也。故畜犬馬者必有以養之，但不敬爾。然則養其親而敬有所不至，不幾於以犬馬視其親乎？『敬』者尊敬而不敢忽忘之謂，非特恭謹而已也。人雖至愚，孰忍以犬馬視其親者？然幾微之間，尊敬之心一有不至，則是所以視其親者實無以異於犬馬而不自知也。聖人之言警乎人子未有若是之切者。」延平李氏曰：此一段恐當時之人習矣而不察，只以能養爲孝。雖孔門學者亦恐未免如此，故夫子警切以告之，使之反諸心也。苟推測至此，孝敬之心一不存焉，即陷於犬馬之養矣。○朱子曰：子游是箇簡易人，如洒掃應對便忽略了。如「喪致乎哀而止」，便見他節文有未至處。○或問：「父母至尊親，犬馬至卑賤，聖人之言豈若是之不倫乎？」曰：此設戒之言也。故特以尊卑懸絶之甚者明之，所以深著夫能養而不能敬者之罪也。○慶源輔氏曰：能養未必能敬，能敬則不至於不能養也。《記》曰「仁人之事親如事天」，可徒愛而不知敬乎？○雙峯饒氏曰：「是謂能養」，「皆能有養」，看兩箇「能」字，便見是説養親之人與養犬馬之人。言養親之人能養而不能敬，則與養犬馬之人無所分別，非謂父母與犬馬無別也。《集註》云「與養犬馬者何異」，即是「人」字。

○子夏問孝。子曰：「色難。有事弟子服其勞，有酒食先生饌，曾是以爲孝乎？」食音嗣。

色難，謂事親之際惟色爲難也。食，飯也。先生，父兄也。饌，飲食之也。曾，猶「嘗」也。蓋孝子之有深愛者必有和氣，有和氣者必有愉色，有愉色者必有婉容。新安陳氏曰：愉，悦也，色見於面者。婉，順也。容，舉一身之容儀言之。此三句《禮記·祭義》篇之文。色非可以僞爲也，惟深愛之心根於中，而後愉婉之色容見於外。其所以難者，乃有深愛和氣之難也。故事親之際，惟色爲難耳。服勞奉養，去聲。○此事親之常事。未足爲孝也。舊説承順父母之色爲難，亦通。新安陳氏曰：後説添「承順父母」字方可解。○問：「知敬親者其色必恭，知愛親者其色必和，此皆誠實之發見，不可以僞爲，故子夏問孝，孔子答之以『色難』。」朱子曰：此説亦好。○程子曰：「告懿子，告衆人者也；新安陳氏曰：事親以禮，人所通行。告武伯者，以其人多可憂之事。問如何見得。朱子曰：觀聖人恁地説，則知其人如此。子游能養而或失於敬，子夏能直義而或少温潤之色。各因其材之高下，與其所失而告之，故不同也。」朱子曰：告懿子無違意思闊。若其他所告，則就其人所患説。然聖人雖是告衆人，若就孟孫身上看，自是大段切。雖專就一人身上説，若於衆人身上看亦未嘗無益。○子游見處高明，而工夫則踈；子夏較謹守法度，依本子做。觀「洒掃應對」之論，與「博學篤志」之説可見。惟高明而踈，故必用敬；惟依本做，故必用愛。子夏之病，乃子游之藥。若以「色難」告子游，以「敬」告子夏，則以水濟水，以火濟火，故聖人藥各中其病。○問：「如何見子夏直義處？」曰：觀其言「可者與之，不可者拒之」，孟子亦曰「北宫黝似子夏」，是箇持身謹規矩嚴底人。問：「嚴威儼恪非所以事親？」曰：太莊太嚴厲了。○問：「『子夏能直義而或少温潤之色』，『直義』莫是説其資之剛方否？」曰：只是於事親時無甚回互處。○問：「夫子答子游、子夏問孝，意雖不同，然自今觀之，奉養而無狎恩恃愛之失，主敬而無嚴恭儼恪之偏，儘是難。」曰：既知二失，則中間須自有箇處之之理。愛而不敬，非真愛也；敬而不愛，非真敬也。敬非嚴恭儼恪之謂，以此爲敬則誤矣，只把做件事小心畏謹便是敬。○問：「孔子答問孝四章雖不同，意則一。」曰：如何？曰：「彼之問孝，皆有意乎事親者。孔子各欲其於情性上覺察，不使之偏勝，則其孝皆平正而無病矣。」曰：如此看恰好。○勉齋黄氏曰：事親之道，非貴於聲音笑貌也。而以色爲難者，色非可以强爲也。非其真有深愛存乎其心，惟恐一毫拂其親之意者，安能使愉婉之狀貌見於顔面也哉？其告子夏者，所以發其篤於愛親之念也。或曰：「敬與愛，兩事常相反也。敬則病於嚴威，愛則病於柔順。今其告二子者如此，得無舉一而廢一乎？」曰：敬與愛皆事親之不能無也。父母，至親也，而愛心生焉；父母，至尊也，而敬心生焉。皆天理之自然，而非人之所彊爲也。然發之各有節，而行之各有宜。或過或不及，則二者常相病也。故聖人因其所偏者而警之，所以勉其不足而損其有餘也。四章問孝，其一則不辱其親，其二則不辱其身，三則敬，四則愛。學者於此四者而深體之，事親之大義盡於此矣。述《論語》者聚而次之，警人之意深矣。○新安陳氏曰：問孝四章，乃記者以類序次之。一則欲不違禮以事親，二則欲謹守身以不憂其親，三則欲其敬親，四則欲其愛親。學者合四章而深體之，事親之孝可得矣。聖人之言如化工隨物賦形。凡一部《論語》中，其教人不同，及問同答異者，皆如此。不但此四章也。

○子曰：「吾與回言終日，不違如愚。退而省其私，亦足以發，回也不愚。」

回，孔子弟子，姓顔，字子淵。魯人。不違

者，意不相背，音佩。有聽受而無問難去聲。非進見請問之時。私，謂燕居獨處，上聲。非進見請問之時。發，謂發明所言之理。新安陳氏曰：發，如「發揮」、「發見」之發，非以言語發明之也。愚聞之師曰：朱子之師姓李氏。名侗，字愿中。號「延平先生」。「顏子深潛純粹，慶源輔氏曰：深潛，謂不淺露而德性淵宏；純粹，謂無瑕疵而氣質明淨。其於聖人體段已具。其聞夫子之言，默識心融，觸處洞然，自有條理，故終日言但見其不違如愚人而已。及退省悉井反。其私，則見其日用動静語默之間，皆足以發明夫子之道，坦然由之而無疑，然後知其不愚也。」致堂胡氏曰：夫子久已知顏子之不愚。必曰退省其私者，以見非無證之空言，且以明進德之功，必由內外相符，隱顯一致，欲學者之謹其獨也。夫子與言終日，則所言多矣。今存者幾，惜哉！○朱子曰：默識心融，固是他功深力到，亦是天資高。顏子乃「生知」之次，比之聖人已具九分九釐，所争只一釐，孔子只點他這些，便與他相湊，他所以深領其言而不再問也。「融」字，如「消融」相似，如雪在湯中。若不融，一句只是一句，如何發得出來？如人喫物事，若不消只生在肚裏，如何滋益體膚？「退省其私」，私者他人所不知而回自知者，夫子能察之。如心之所安、燕居獨處之所爲、見識之所獨，皆是。與《中庸》「謹獨」之「獨」同。○不違如愚，不消説了；亦足以發，是聽得夫子説話便能發明於日用躬行之間。此夫子退而省察顏子之私如此。且如説非禮勿視、聽、言、動，顏子便真箇不於非禮上視、聽、言、動，《集註》謂「坦然由之而無疑」，是他真箇見得，真箇便去做。○退，非夫子退，乃顏子退也。發，啓發也。始也如愚人，似無所啓發。今省其私，乃有啓發。與「啓予」之啓不同。○顏子所聞，入耳著心，布乎四體，形乎動静，則足以發明夫子之言矣。○問：「顏子『不違』，與孔子『耳順』相近否？」曰：那地位大段高。不違是顏子於孔子説話都曉得，耳順是無所不通。○省其私，私不專在無人獨處之地。謂如人相對坐，心意默所趨向，亦是「私」。○問：「『亦足以發』，是顏子於燕私之際將聖人之言發見於行事否？」曰：固是。雖未盡見於行事，其理亦當有發見處。然燕私之際，尤見顔子踐履之實處。又曰：與之言，顔子都無可否，似箇愚底。及退而觀其所行，夫子與之言者一一做得出來不差，豈不足以發明夫子之道？如今人説與人做一器用，方與他説箇尺寸高低形製，他聽之全然似不曉底。及明日做得來，却與昨日所説底更無分毫不似。○南軒張氏曰：亦足以發，其「請事斯語」之驗與？默識心融，比於聖人耳順地位雖未幾及，而已同是一般趣味矣。○覺軒蔡氏曰：發者固是發明此理，疑亦有發見活潑潑之意。夫子再以「不愚」而信之，所以深喜之也。○慶源輔氏曰：默識是不待言説而自喻其意，心融是不待思惟而自與之爲一。觸處洞然自有條理者，謂如行自己家庭中，蹊徑曲折、器用安頓，條理次序，曉然在吾心目之間也。○雲峯胡氏曰：顔子之資鄰於生知，故無難疑答問，而自有以知夫子所言之理。顔子之學勇於力行，故雖燕居獨處，而亦足以行夫子所言之理。不曰「行」而曰「發」，此一「發」字最有力。夫子嘗曰：「語之而不惰者其回也歟？」「惰」則不「發」，「發」便不「惰」。孟子曰：「有如時雨化之者。」先儒以顔子當之。物經時雨便發，顔子一聞夫子之言，便足以發，故周子曰：「發聖人之藴，教萬世無窮者，顔子也。」且不徒發之於人所共見之時，而能發之於己所獨知之地。顔子蓋真能發夫子約禮之教，而爲慎獨之學者也。

○子曰：「視其所以，

以，爲也。爲善者爲君子，爲惡者爲小人。朱子曰：大綱且看這一箇人是爲善底人，是爲惡底人。

「觀其所由，

觀，比「視」爲詳矣。由，從也。事雖爲善，而意之所從來者有未善焉，則亦不得爲君子矣。朱子曰：爲善底人，又須觀其意之所從來。若本意以爲己事所當然，無所爲而爲之，乃是爲己。若以爲可以求知於人而爲之，是意所從來已不善了。如齊桓伐楚固義也。然其意所從來，乃因怒蔡姬而伐蔡，蔡潰遂伐楚，則所爲雖是，而所由未是也。或曰：由，行也。謂所以行其所爲者也。

「察其所安，

察，則又加詳矣。厚齋馮氏曰：《穀梁傳》曰：「常事曰視，非常曰觀。」「觀」詳於「視」也。《易》曰：「仰以觀於天文，俯以察於地理。」「察」密於「觀」也。安，所樂音洛。下同。也。所由雖善，而心之所樂者不在於是，則亦僞耳，豈能久而不變哉？程子曰：視其所以，觀人之大概；察其所安，心之所安也。○朱子曰：意所從來處既善，又須察其中心樂與不樂。「安」是中心樂於爲善，自無厭倦之意。若中心所樂不在是，便或作或輟，未免於僞。○問：「以是察人，是節節看到心術隱微處，最是難事。亦必在己者能知言窮理，使心通乎道，而能精別是非，然後能察人如聖人也。」曰：於樂處便是誠實爲善，「如好好色，如惡惡臭」，不是勉彊做來。若以此觀人，亦須以此自觀，看自家爲善果是爲己，果是樂否。○所以，是所爲；所由，是如此做；所安，是所樂。譬如讀書是所爲，豈不是好事？然其去如此做，又煞多般。有爲己而讀者，有爲名而讀者，有爲利而讀者。須觀其所由從如何。其爲己而讀者固善矣，然或有出於勉彊者，故又觀其所樂。○問：「聖人於人之善惡如見肺肝，當不待如此著力。」曰：這也爲常人說，聖人固不用得如此。然聖人觀人，也著恁地詳細。如今人說一種長厚說話，便道聖人不恁地，只略略看便了。這箇若不見教徹底善惡分明，如何取舍？○問：「觀人之道，也有自善而入於惡，亦有事雖惡而心所存本好。」曰：這箇也自可見。須是如此看，方見好底鐵定是好人，不好底鐵定是不好人。又曰：初間纔看善惡便曉然。到觀其所由有不善，這又勝得當下便不是底。到察其所安有不善，這又勝前二項人。不是到這裏便做不好人看他，只是不是他心肯意肯，必不會有終。○「所安」是他平日存主習熟處。他本心愛如此，雖所由偶然不如此，終是勉彊，畢竟所樂不在此，次第依舊又從熟處去。如平日愛踞傲，勉彊教他恭敬，一時之間亦能恭敬，次第依舊自踞傲了心方安。○勉齋黃氏曰：視其所以，兼君子小人視之；觀其所由，則先之爲小人者不復觀之矣，所觀者君子也；察其所安，則君子所由之未善者亦不復察之矣。察其所由之善，而欲知其安不安也。蓋所以既爲小人，何必復觀其所由；所由既未善，何必復察其所安？○勿軒熊氏曰：所由言意之所來，所安言心之所安。意是發端處，心是全體處。

「人焉廋哉，人焉廋哉？」焉，何也。廋，匿也。重平聲。言以深明之。○程子曰：「在己者能知言窮理，則能以此察人如聖人也。」洪氏曰：此夫子觀人之法。「聽其言，觀眸子，人焉廋哉」，此孟子觀人之法。孟子之法，非有過人之聰明者不能。夫子之法，人皆可用，亦可以自考。○新安陳氏曰：在我者不明，則亦何以察人？《集註》引程子之言以補本文之意。知言，如孟子「我知言」。能知人言之是非，窮盡事物之理，則心如明鏡，方能知聖人觀人之法以察人也。

○子曰：「温故而知新，可以爲師矣。」温，尋繹也。故者，舊所聞；新者，今所得。言學能時習舊聞而每有新得，則所學在我，而其應不窮，故可以爲人師。若夫音扶。記問之學，則無得於心，新安陳氏曰：與「每有新得」相反。而所知有限，新安陳氏曰：與「其應不窮」相反。故《學記》譏其不足以爲人師，正與此意互相發也。朱子曰：記問之學，温故而不知新，只記得硬本子，更不去裏面搜尋得道理。記得十件只是十件，記得百件只是百件，這箇便死殺了。知新則就温故中見得這道理愈精，勝似舊時。引而伸之，觸類而長之，則常活不死殺。《中庸》「温故而知新」，乃是「温故」重，此却是「知新」重。○温故方能知新。不温故而求知新，則亦不可得而求矣。○温故而知新，味其語意，乃爲温故而不知新者設。不温故固是間斷了，若果無所得，雖温得亦不足以爲人師。所以温故又要知新。❶惟温故而不知新，故不足以爲人師也。這語意在「知新」上。温故知新不是易底。新者只是故中底道理，時習得熟，漸漸發得出來。且如一理，看幾箇人來問，就此一理上一人與說一箇理，都是自家就此理上推究出來，所以其應無窮。且如記問之學，記得一事，更推第二事不去，記得九事，便說十事不出，所以不足爲人師。○問：「不離温故之中而

❶「故」，原作「得」，今據四庫本、孔本、陸本及《語類》卷二四改。

知新，其亦下學上達之理乎？」曰：亦是漸漸上達之意。○道理即是一箇道理。《論》、《孟》所載是這一箇道理，六經所載也是這箇道理。但理會得了，時時温習，覺滋味深長，自有新得。○又曰：昔之所得雖曰既爲吾有，然不時加尋繹，則亦未免有廢棄遺忘之患，而無所據以知新矣。然徒能温故而不能索義理之所以然者，則見聞雖富，誦説雖勤，而口耳文字之外略無意見，如無源之水，其出有窮，亦將何以授業解惑而待學者無已之求哉？○尋繹其所已得，而每每有得於其所未得者。譬之觀人，昨日識其面，今日識其心，於以爲師，其庶矣乎！「可」云者，明未至此者不足以爲師，非以爲能如是而爲師有餘也。○范氏曰：温故者，月無忘其所能；知新者，日知其所無。

○子曰：「君子不器。」

器者，各適其用而不能相通。成德之士，體無不具，故用無不周，非特爲一才一藝而已。程子曰：君子不器，無所不施也。若一才一藝則器也。○朱子曰：君子才德出衆。德，體也；才，用也。亦具聖人之體用，但其體不如聖人之大，用不如聖人之妙耳。○君子不器，是不拘於一。所謂體無不具，人心元有這許多道理充足。若慣熟時，自然看要如何，無不周徧。如夷清、惠和，亦只做得一件事。○問：「君子不器，君子是何等人？」曰：此通上下而言，是成德全才之君子。問：「子貢汝器也，喚做不是君子得否？」曰：子貢也是箇偏底，可貴而不可賤，宜於宗廟朝廷而不可退處，此子貢偏處。○南軒張氏曰：人之可以器言者，拘於才之有限者也。若君子則進於德，進於德則氣質變化，而才有弗器者矣。○勉齋黄氏曰：「各適其用不能相通」，以物言，舟之不可爲車之類也；以人言，優爲趙魏老不可以爲滕薛大夫是也。「用無不周」，見君子之不器；「體無不具」，原君子之所以不器也。○雲峯胡氏曰：士君子之心虛有以具衆理，是其體本無不具也。其心之靈足以應萬事，是其用可以無不周也。格致誠正脩齊治平，有以充此心之體而擴此心之用，所以不器。故凡局於器者，氣質之分量小；士君子之不器者，學問之功效大也。

○子貢問君子。子曰：「先行其言，而後

從之。」

周氏曰：周氏，名孚先，字伯忱。毗陵人。「先行其言者，行之於未言之前；而後從之者，言之於既行之後。」問：「先行其言而後從之，苟能行矣，何事於言？」朱子曰：若道只要自家行得，説都不得，亦不是道理。聖人只說「敏於事而謹於言」，「敏於行而訥於言」，「言顧行，行顧言」，何嘗教人不言？○問：「先行其言，謂人識得箇道理了，可以説出來，却不要只做言語説過，須是合下便行將去。而後從之者，及行將去見得自家所得底道理步步著實，然後説出來，却不是杜譔臆度，須還自家自本至末皆説得有著實處。」曰：此説好。○南軒張氏曰：君子主於行，而非以言爲先也，故其言之所發，乃其力行所至而言隨之也。夫主於行而後言者爲君子，則夫易於言而行不踐者是小人之歸矣。○慶源輔氏曰：行之於未言之前，則其行專而力；言之於既行之後，則其言實而信。正君子進德修業之道也。○雙峯饒氏曰：君子行在言前，言隨行後，自然言行不相違矣。○范氏曰：「子貢之患，非言之艱，而行之艱，故告之以此。」朱子曰：只爲子貢多言，故云然。

○子曰：「君子周而不比，小人比而不周。」

周，普徧也；比，偏黨也。皆與人親厚之意，但周公而比私爾。朱子曰：「比」之與「周」，皆親厚之意。周則無所不愛，爲諸侯則愛一國，爲天下則愛天下，隨其親踈厚薄無不是此愛。若比則只是揀擇，或以利，或以勢，一等合親底他却自有愛憎，所以有不周處。又曰：大概君子心公而大，所以周普；小人心狹而常私，便親厚也只親厚得一箇。○周、比相去不遠，須分別得大相遠處。周則徧及天下，比則昵於親愛。無一人使之不得其所，便是「周」；但見同於己者與之，不同於己者惡之，便是「比」。君子好善惡惡皆出於公。用一善人於國於天下，則一國天下享其治；去一惡人於一鄉一邑，則一鄉一邑受其安。豈不是「周」？若小人於惡人則喜其合己，必親愛之；善人與己異，必傷害之。此「小人比而不周」也。○君子立心自是周徧，好惡愛憎一本於公。小人惟偏比阿黨而已。○南軒張氏曰：君子小人之分，公私之間而已。周則不比，比則不周，天理人欲不並立也。君子於親踈遠近賢愚處之無不得其分，蓋其心無不溥焉，所謂「周」也；若小人則有所偏係而失其正，其所親暱皆私情也，所謂「比」也。○君子小人所爲不同，如陰陽晝夜，每每相反。然究其所以分，則在公私之際，毫釐之差耳。故聖人於周比、和同、驕泰之屬，常對舉而互言之，欲學者察乎兩間，而審其取舍上聲。之幾平聲。也。問：「取舍之幾，當在思慮方萌之初審察之否？」朱子曰：致察於思慮固是，但事上亦須照管，覺得思慮處失了，便著於事上看，便舍彼取此。○雲峯胡氏曰：君子小人公私相反，而聖人歷舉周比等之相似者言之。蓋相反者其情易知，相似者其幾未易察，故拳拳欲學者致審焉。○新安陳氏曰：《通書》曰：「幾善惡。」「幾」者，善惡所由分之微處也。上文「公私之際」即所謂「兩間」；「毫釐之差」即所謂「幾」。學者當審察於幾微處，而取其公舍其私。周比、和同、驕泰三章，皆當如此看。以此章居首，故於此包括言之。

○子曰：「學而不思則罔，思而不學則殆。」

不求諸心，故昏而無得；不習其事，故危而不安。朱子曰：學是學其事。如讀書是學，須精思其中義理方得；如做此事是學，須思此事道理如何。只恁低頭做，不思這道理，則所學者粗迹耳，故昧而無得。若只空思索，不傍事上體察，則無可據之地而終不安穩。須是「學」與「思」互相發明。○凡「學」字便兼「行」字意思。如講明義理，學也；纔效其所爲，便有行意。○「思」與「學」字相對説。學這事，便思這事。人説這事合恁地做，自家不曾思量這道理是合如何，則罔然而已。「罔」似今人説「罔兩」。既思得這事，若不去做這事便不熟，則臬兀不安。如人學射，雖習得弓箭裏許多模樣，若不曾思量這箇是合如何也不得。既思得許多模樣是合如何，却不曾去射，也如何得？○思則自當有得，如食之必飽耳。○問：「『學』謂視聖賢所言所行而效之也，『思』謂研窮其理之所以然也。徒學而不窮其理則罔。『罔』謂昏而無得，則其所學者亦粗迹耳。徒思而無踐履之實則殆。『殆』謂危而不安，則其所思者亦虛見爾。學而思，則知益精；思而學，則守益固。學所以致廣大，思所以盡精微。」曰：學不專於踐履，如「學以聚之」，正爲聞見之益而言。○慶源輔氏曰：「學」之義廣矣，雖不專謂習其事，然此之謂「學」則指習事而言耳。徒學而不求諸心，則内外不協，外雖勉强而中無意味，「故昏而無得」；徒思而不習其事，則理事爲二，理雖若有所得，事則扞格而無可即之安，「故危而不安」。○新安陳氏曰：學而思，則理益明而不局於粗淺；思而學，則理益實而不荒於高虚。○程子曰：「博學、審問、慎思、明辨、篤行，五者廢其一，非學也。」新安陳氏曰：五者，《中庸》誠之之目。程子之説，本以論《中庸》耳。朱子采之於此，以廣此章之意。○雲峯胡氏曰：朱子釋《中庸》，學問思辨屬「擇善」，知之事也；篤行屬「固執」，行之事也。此則以學爲習其事，是行之事；以思爲求諸心，是知之事。至若「學而時習之」，又引程子之言曰「時復思繹」，則思又是學習之事。若有不同者。要之專言學，則學兼知與行，思繹亦是學；分學與思，則「思」字屬知，「學」字屬行。《中庸》五者，朱子謂學與行是學之終始，問與辨是思之終始是也。

○子曰：「攻乎異端，斯害也已。」

范氏曰：「攻，專治也。故治木石金玉之工曰『攻』。新安倪氏曰：《周禮・考工記》有攻木之工、攻金之工。異端，非聖人之道而别爲一端，如楊墨是也。其率天下至於無父無君，專治而欲精之，爲害甚矣。」或問：「有以『攻』爲『攻擊』之攻，言異端不必深排者，如何？」朱子曰：正道、異端，如水火之相勝。彼盛則此衰，此强則彼弱。熟視異端之害而不一言以正之，亦何以祛習俗之蔽哉？觀孟子所以答公都子「好辨」之問則可見矣。○異端不是天生出來，天下只是這一箇道理，緣人心不正則流於邪説。習於彼必害於此，既入於邪必害於正。○問：「《集註》云：『攻，專治之也。』若爲學便當專治之，異端則不可專治也。」曰：不惟説不可專治，便略去理會他也不得。若是自家學有定止，去看他病痛却得。○楊氏爲我，拔一毛而利天下不爲；墨氏兼愛，至不知有父。如此等事，世人見他無道理，自不去學。○慶源輔氏曰：常言一事一件皆爲一端。異端，非聖人之道而别自爲一件道理也。楊氏以爲我爲義，而非聖人所謂「義」；墨氏以兼愛爲仁，而非聖人所謂「仁」。所以爲異端。○西山真氏曰：「異端」之名始見於此。孔子所指，未知爲誰。老聃、楊朱、墨翟皆與孔子同時，特以洙泗之教方明，其説未得肆耳。或謂孔子不闢異端，非也。如悖德悖禮之訓已是闢墨，潔身亂倫之訓已是闢楊矣。○胡氏曰：楊朱即莊周所謂楊子居者，與老聃同時。墨翟又在楊朱之前，宗師大禹而晏嬰學之者也。○新安陳氏曰：孔子之時，楊朱未肆，故《集註》下一「如」字。然則「異端」何所指乎？孔子謂鄉原德之賊，孟子謂其自以爲是而不可與入堯舜之道，則鄉原亦異端也。老聃正同時，而孔子於禮曰「吾聞諸老聃」，則老聃在當時未可以異端目之。今之《老子》書，先儒謂後人託爲之。蒙莊出而祖老氏，自此以後始爲虛無之祖，而爲異端不可辭矣。揚子雲曰：「非堯、舜、文王者爲他道」，故凡非聖人之道者皆異端云。

○程子曰：「佛氏之言，比之楊、墨尤爲近理，所以其害爲尤甚。學者當如淫聲美色以遠去聲。之。不爾，則駸駸音侵。然入於其中矣。」

汪氏炎昶。曰：程朱之時儒學亦有流於禪者，故《集註》有取於程説之痛切。今學者絶口於此，程朱之功爲多。○問：「何以只言佛而不及老？」朱子曰：老便是楊氏。孟子闢楊，便是闢老，如隱遁長往不來者，皆老之流。他本不是學老，所見與之相似。○楊、墨只是硬恁地做爲我兼愛，做得來也淡，不能惑人。佛氏最有精微動人處，初見他説出自有理，從他説愈深愈害人。問佛氏所以差。曰：劈初頭便錯了，如「天命之謂性」，他把這箇便都做空虛説了。吾儒見得都是實。○勿軒熊氏曰：韓愈云：「佛者夷狄之一法。」自後漢時流入中國，其初不過論緣業以誘愚民而已。後來却説心説性，雖聰明之士亦爲之惑。學者不可不力察而明辨也。○新安陳氏曰：程子之時，名公高材皆爲佛氏之言所陷溺。惟其近理，所以害甚。《集註》采此條，而《中庸序》亦曰「老、佛之徒出，則彌近理而大亂真矣」，皆所以闢異端也。

○子曰：「由，誨女知之乎！知之爲知之，不知爲不知，是知也。」女音汝。

由，孔子弟子。姓仲，字子路。魯之卞人。子路好去聲。勇，蓋有强上聲。其所不知以爲知者。故夫子告之曰：我教女以知之之道乎！但所知者則以爲知，所不知者則以爲不知，如此，則雖或不能盡知，而無自欺之蔽，亦不害其爲知矣。况由此而求之，又有可知之理乎？朱子曰：子路粗暴，見事便自説曉會得。如「正名」一節便以爲迂，和那箇知處也不知了。「知之爲知之，不知爲不知」，則無自欺之蔽，其知固自明矣。若不説出求其知，是使人安於所不知也。故程子説出此意，經意方完。既不失於自欺，又不失於自畫。○聖人只爲人將那不知者亦説是知，終至於知與不知終無界限了。若人能於其知者以爲知，於不知者以爲不知，而不强以爲知，此便是知了。只爲子路性勇，把不知者亦説是知，故爲他説如此。○問：「學者之於義理於事物，以不知爲知，用是欺人亦可矣，本心之靈庸可欺乎？但知者以爲已知，不知者以爲不知，則雖於義理事物之間有不知者，而自知則甚明而無蔽矣，故曰『是知也』。以此真實之心學問思辨，研究不舍，則知至物格意誠心正之事可馴致也。夫子以是誨子路，真切要哉！此章言之若易，而於學者日用間關涉處甚多。要當步步以是省察，則切身之用蓋無窮也。」曰：此説甚善。○南軒張氏曰：是知也，言是乃知之道也。○新安陳氏曰：强其不知以爲知，非惟人不我告，己亦不復求知，終身不知而後已。好勇者多喜自高，不服下人，故有此弊。此必子路初見孔子時，孔子以此箴之。後來「有聞未之能行，惟恐有聞」，及「人告以有過則喜」，則必改此失矣。然終有見義欠透徹處，是以知「食焉不避其難」之爲義，而不知食輒之食爲非義也，不知者以爲不知，則人必我告，己亦必自求知，豈非知之之道乎？

○子張學干禄。

子張，孔子弟子，姓顓孫，名師。陳人。干，求也。禄，仕者之奉也。符用反。雲峯胡氏曰：本文無「問」字，意編次者因夫子救子張之失，故先之以此五字，以見夫子爲子張干禄發。

子曰：「多聞闕疑，慎言其餘，則寡尤；多見闕殆，慎行其餘，則寡悔。言寡尤，行寡悔，禄在其中矣。」「行寡」之「行」，去聲。

吕氏曰：吕氏，名大臨，字與叔。藍田人。「疑者，所未信；殆者，所未安。」程子曰：「尤，罪自外至者也；悔，理自內出者也。」新安陳氏曰：人以我爲尤，故曰「罪自外至」；我自知其非理而悔之，故曰「理自內出」。愚謂多聞、見者學之博，闕疑、殆者擇之精，謹言、行去聲。者守之約。新安陳氏曰：夫子分聞見、言行，疑殆對言之，朱子合而解之。學不博則無可擇。多聞多見，學既博矣，必於多中精以擇之，闕其所未信未安者，則非泛焉厖雜之博。擇之既精，然後加謹慎以言行其餘之已信已安者，而所守方得其約。「約」字與「博」字對，「約」字又自「精」字來，不精則其約也非切要之約而苟簡之約爾。「學之博」、「擇之精」、「守之約」，九字斷盡此一章。三者不可闕一。如此，則言必當而人不我尤，行必當而已無可悔矣。凡言「在其中」者，皆不求而自至之辭。新安陳氏曰：「祿在其中」、「餒在其中」、「仁在其中」、「直在其中」、「樂亦在其中」，其訓皆同。言此以救子張之失而進之也。朱子曰：此章是教人不以干祿爲意。蓋言行所當謹，非爲欲干祿而然也。若真能著實用功，則惟患言行之有悔尤，何暇有干祿之心耶？○「聞」是聞人之言，「見」是見人之行。聞亦屬自家言處，見亦屬自家行處。聞、見亦互相發，亦有聞而行者，有見而言者，不可泥看。聞見當闕其疑殆，然又勿易言易行之。○學本是要立身，不是要干祿。然言行能謹，人自見知，便有得祿之道。大概是令他自理會身己上事，不要先萌利祿之心。又曰：若人見得道理分明，便不爲利祿動。○祿固人之所欲，但要去干不得。然德行既脩，名聲既顯，則人自然來求，祿不待干而自得。○多聞多見，人多輕説過了，將以爲偶然多聞多見耳。殊不知此正是合用功處。不然，則聞見孤寡，不足以爲學矣。○出言或至傷人，故多尤；行有不至，己必先覺，故多悔。然此亦以其多少言之耳。言而多尤，豈不自悔；行而多悔，亦必至於傷人矣。○聖人只教他謹言行，因帶著祿説。聖人不教他干，但云得祿之道在其中，正是要抹殺了他「干」字。○又曰：人處己接物莫大於言行，聞見所以爲言行之資也。自寡聞見而積之多，多聞見而擇之精，擇之精而於言行猶曰必謹焉，其反身亦切至矣。猶曰僅足以寡尤悔而已，未敢必其絕無也。君子亦脩其在己而已。祿之得不得，非所計也，故曰「祿在其中」。本爲此而反得彼之辭，豈真教之以是干祿哉？○問「學干祿」章。曰：此是三截事。若人少聞寡見則不能參考得是處，故聞見須要多，若聞見已多而不能闕疑殆，則胡亂把不是底也將來做是了。既闕其疑殆，而又未能謹其餘，則必有尤悔。又問尤悔如何分。曰：是大凡言不謹則必見尤於人，人既有尤，自家安得無悔；行不謹則己必有悔，己既有悔，則人安得不見尤？此只是各將較重處對説。又問：「祿在其中，只此便可以得祿否？」曰：雖不求祿，若能無悔尤，此自有得祿道理。若曰「耕也餒在其中矣」，耕本求飽，豈是求餒？然耕却有水旱凶荒之虞，則有時而餒。學本爲道，豈是求祿？然學既寡尤悔，則自可以得祿。如言「直在其中矣」，凡言「在其中矣」者，道理皆如此。○蔡氏曰：擇精守約固重，學博亦不可輕，聖人所以好古敏求，多聞擇從，多見而識，皆欲求其多也。不然，聞見孤寡，將何據以爲擇精守約之地耶？○新安陳氏曰：子張有務外求聞之失，故夫子教以反求諸内也。○程子曰：「脩天爵，則人爵至。君子言行能謹，得祿之道也。子張學干祿，故告之以此，使定其心而不爲利祿動。若顔、閔則無此問矣。新安陳氏曰：顔子終身簞瓢，閔子堅辭費宰，豈有此問？或疑如此亦有不得祿者，孔子蓋曰『耕也餒在其中』，惟理可爲者爲之而已矣。」雲峯胡氏曰：學干祿，即脩天爵以要人爵者。富貴在天，無可求之理；言行在我，有反求之道。學者惟當求其在我者，則祿將不求而自至，故「在其中」三字，正爲「干」字而發也。

○哀公問曰：「何爲則民服？」孔子對曰：「舉直錯諸枉，則民服；舉枉錯諸直，則民不服。」

哀公，魯君，名蔣。子兩反。凡君問皆稱「孔子對曰」者，尊君也。錯，倉故反。捨置也。諸，衆也。程子曰：「舉錯得義，則人心服。」○謝氏曰：「好去聲。直而惡去聲。枉，天下之至情也；順之則服，逆之則去，必然之理也。新安陳氏曰：《大學》云：「好人之所惡，惡人之所好，是謂拂人之性。」謝氏之論，蓋本於此。至情，即性之發也。然或無道以照之，則以直爲枉，以枉爲直者多矣。是以君子大居敬而貴窮理也。」新安陳氏曰：居敬窮理者，明吾心以照枉直之本，而居敬又爲窮理之本。本文無此意，乃謝氏推本之論也。大居敬，法《公羊傳》「君子大居正」之文。以居敬爲大，而又窮理爲貴也。○致堂胡氏曰：當時三家專魯，公安得擅舉錯之權哉？使公復問孰爲枉直而付舉錯之柄於夫子，夫子必有所處矣。民心既服，公室自張，何至乞師於越而卒以旅死哉？○朱子曰：當時哀公舉錯之權不在己，問了只恁休了。他若會問時，夫子尚須有說。○是便是直，非便是枉。○問：「哀公問何爲則民服，往往只是要得人畏服他。聖人却告之以進賢退不肖，乃是治國之大本，而人心自服者。蓋好賢而惡不肖，乃人之正情，若舉錯得義，則人心豈有不服？謝氏又謂若無道以照之，則以直爲枉、以枉爲直矣，君子大居敬而貴窮理。此又極本原而言。若人君無知人之明，則枉直交錯，而舉錯未必得宜矣。」曰：此說得分明。

○季康子問：「使民敬忠以勸，如之何？」子曰：「臨之以莊則敬，孝慈則忠，舉善而教不能則勸。」

季康子，魯大夫，季孫氏，名肥。莊，謂容貌端嚴也。臨民以莊，則民敬於己；孝於親，慈於衆，則民忠於己；善者舉之而不能者教之，則民有所勸而樂音洛。於爲善。朱子曰：「莊」只是一箇字，「孝慈」是兩件事。孝是以躬率之，慈是以恩結之。孝是做箇樣子，慈則推以及人。二者須一齊有，民方忠於己。若只孝而不慈，或徒慈於衆而無孝於親樣子亦不得。善者舉之，不善者便棄之，民不能便勸。惟舉其善者而教其不能者，所以皆勸。○問：「康子之意必要使人能如此，聖人但告之以己所當爲而民自應者。方其端莊孝慈，舉善教不能，不是要民如此而後爲。做得自己工夫，則民有不期然而然者。」曰：也是如此。○吳氏曰：康子竊君之柄而專其國，廢父之命而殺其嫡，可謂不忠孝於君親矣；欲殺無道以就有道，可謂不慈於衆矣。在己事上接下皆非其道，而欲人盡道於己，難矣哉！○張敬夫曰：「此皆在我所當爲，非爲去聲。欲使民敬忠以勸而爲之也。然能如是，則其應蓋有不期然而然者矣。」慶源輔氏曰：凡聖賢之言與事其有本效感應處，皆當以此意推之，則庶幾無謀利計功之私矣。○新安陳氏曰：不期而然，乃自然之感應，何假於使之然哉？莊孝慈舉善而教，蓋不使之使也。

○或謂孔子曰：「子奚不爲政？」

定公初年，孔子不仕，故或人疑其不爲政也。新安陳氏曰：吳氏云夫子在魯不仕，其故有三：待賈而沽一也，季氏逐君二也，陽貨作亂三也。《史記》云：「季氏强僭離於正道，陽貨專政作亂，故孔子不仕。」《集註》因以爲定公初年事。然夫子不仕季氏，蓋以平子逐君。若謂「强僭離於正道」，則季氏數世皆然，而夫子何以又仕桓子乎？定五年季平子卒，桓子嗣立，家臣陽貨作亂，則定五年以前夫子不仕者以平子，而定五年以後不仕者以陽貨也。

子曰：「《書》云孝乎：『惟孝友于兄弟，施於有政。』是亦爲政，奚其爲爲政？」

《書》，《周書·君陳》篇。《書》云孝乎者，言《書》之言孝如此也。新安倪氏曰：《書》言孝友，而起語獨言「孝」者，友乃孝之推，孝可包友也。善兄弟曰友。《書》言君陳能孝於親，友於兄弟，又能推廣此心以爲一家之政。朱子曰：惟孝友于兄弟，謂孝然後友，友然後政，其序如此。能推廣此心以爲一家之政，便是齊家。緣下面有一箇「是亦爲政」，故不是國政。又曰：在我者孝，則人皆知孝；在我者弟，則人皆知弟。其政豈不行於一家？又曰：政，一家之事也。故不止是使之孝友耳。然孝友爲之本也。○此全在「推」字上。今人只是不善推其所爲耳。范氏言明皇友兄弟而一日殺三子，正以不能推此心也。○新安陳氏曰：孝友兄弟，行於家者；施於有政，行於國者。「居家理，故治可移於官」。《書》之本意不過如此，朱子特發出推廣以爲家政之意。孔子引之，言如此則是亦爲政矣，何必居位乃爲爲政乎？蓋孔子之不仕，有難以語音御。或人者，故託此以告之。要平聲。之至理，亦不外是。南軒張氏曰：孝於親，則必友於兄弟；孝友篤於家，則施於有政，亦是心而已矣。雖不爲政，而家庭間躬行孝友，爲政之道固在是矣。或人勉夫子以爲政之事，夫子告以爲政之道也。

○子曰：「人而無信，不知其可也。大車無輗，小車無軏，其何以行之哉？」輗，五兮反。軏音月。

大車，謂平地任載之車。輗，轅端橫木，縛軛音厄。以駕牛者。小車，謂田車、兵車、乘去聲。車。軏，轅端上曲，鉤衡以駕馬者。車無此二者，則不可以行；人而無信，亦猶是也。或問「人而無信不知其可也」。朱子曰：人而無真實誠心，則所言皆妄。今日所言要往東，明日走在西去，這便是言不可行。○問：「先生但謂『車無此二者，則不可以行，人而無信亦猶是也』，而不及無信之所以不可行，何也？」曰：信是言行相顧之謂。人若無信，語言無實，何處行得？處家則不可行於家，處鄉黨則不可行於鄉黨。曰：「此與『言不忠信，雖州里行乎哉』之意同。」曰：然。○雙峯饒氏曰：「行之」之「行」指車言。人無信之不可行，亦猶是也。

○子張問十世可知也。

陸氏曰：「也，一作乎。」陸氏，名元朗，字德明。唐蘇州人。○王者易姓受命爲一世。新安陳氏曰：此與「三十年爲一世」之世不同。子張問自此以後十世之事，可前知乎？

子曰：「殷因於夏禮，所損益可知也；周因於殷禮，所損益可知也；其或繼周者，雖百世可知也。」

馬氏曰：馬氏名融，東漢扶風人。「所因，謂三綱五常；所損益，謂文質三統。」愚按：三綱，謂君爲臣綱，父爲子綱，夫爲妻綱。五常，謂仁、義、禮、智、信。文質，謂夏尚忠，商尚質，周尚文。朱子曰：質朴則未有文，忠則渾然誠確，無質可言矣。○忠只是朴實頭，白直做將去；質則漸有形質制度，而未有文采；文則就制度上事事加文采。然亦天下之勢自有此三者，非聖人欲尚忠、尚質、尚文也。夏不得不忠，商不得不質，周不得不文。彼時亦無此名字，後人見得如此，故命此名。三統，謂夏正建寅爲人統，商正建丑爲地統，周正建子爲天統。《前漢・律歷志》：天統之正始於子半，日萌色赤；地統受之於丑初，日肇化而黄，至丑半日芽化而白；人統受之於寅初，日孽成而黑，至寅半日生成而青。○朱子曰：康節分十二會，言天開於子，地闢於丑，人生於寅，蓋天運至子始有天，至丑始有地，至寅始有人，是天地人始於此，故三代即其始處建以爲正。○新安陳氏曰：正，謂正月也。不曰一月而曰正月，取王者居正之義。迭建以爲正月，故曰夏正、商正、周正。康節分十二會，詳見《皇極經世書》。三綱五常，禮之大體，三代相繼，皆因之而不能變。其所損益，不過文章制度小過不及之間。新安陳氏曰：損其過而益其不及。而其已然之迹，今皆可見。則自今以往，或有繼周而王去聲。者，雖百世之遠，所因所革，亦不過此，豈但十世而已乎？聖人所以知來者蓋如此，非若後世讖楚禁反。緯術數之學也。朱子曰：所因謂大體，所損益謂文爲制度。那大體是變不得底。○所因之禮是天做底，萬世不可易；所損益之文章制度是人做底，故隨時更變。○問：「夫子繼周而作，則忠質損益之宜如何？」曰：孔子有作，則併將前代忠質而爲之損益，却不似商只損益得夏，周只損益得二代。又問：「孔子監前代而損益之，及其終也，能無弊否？」曰：惡能無弊？○問：「其闕者宜益，其所多者宜損，固事勢之必然。但聖人於此處得恰好，其他人則損益過差了。」曰：聖人便措置一一中理，如周末文極盛，故秦興必降殺了。周恁地柔弱，故秦必變爲强戾。周恁地纖悉周緻，秦興一向簡易無情，直情徑行。皆事勢之必變。但秦變得過了。秦既恁地暴虐，漢興定是寬大。○繼周者秦，果如夫子之言否？看秦將先王之法一切掃除，然三綱五常不曾泯滅得。如尊君卑臣，損周室君弱臣强之弊，這自是有君臣之禮。如立法父子兄弟同室内息者有禁，這自是有父子兄弟之禮。天地之常經，自商繼夏，至秦繼周以後，皆變這箇不得。秦之所謂損益，只是損益得太甚耳。○此章「因」字最重，所謂損益亦只是要扶持箇三綱五常而已。如秦繼周，雖損益有所未當，然三綱五常終變不得。古人未嘗不尊君卑臣，秦人因之，但尊者益之而過尊，卑者損之而過卑耳；古人亦未嘗不德刑並用，秦人因之，但德則損之而又損，刑則益之而又益耳。○新安陳氏曰：讖緯，如「亡秦者胡」之讖，及赤伏符等，及諸經之緯書。術數，如望氣、厭勝、風角等皆是。○胡氏曰：「子張之問，蓋欲知來。而聖人言其既往者以明之也。夫音扶。自脩身以至於爲天下，不可一日而無禮。天叙天秩，人所共由，禮之本也。新安倪氏曰：《書》曰「天叙有典」、「天秩有禮」。三綱五常，即天叙之典、天秩之禮也。商不能改乎夏，周不能改乎商，所謂天地之常經也。若乃制度文爲，或太過則當損，或不足則當益。益之損之，與時宜之，而所因者不壞，是古今之通義也。新安陳氏曰：天地之常經，以所因言，經也；古今之通義，以所損益言，權也。因往推來雖百世之遠，不過如此而已矣。」新安陳氏曰：綱常亘萬世而不易，制度隨時世而變易。❶觀三代之已往者如此，則百世之方來亦不過如此而已。❷

○子曰：「非其鬼而祭之，諂也；

非其鬼，謂非其所當祭之鬼。諂，求媚也。朱子曰：如天子祭天地，諸侯祭山川，大夫祭五祀，庶人祭其先，上得以兼乎下，下不得以兼乎上也。庶人而祭五祀，大夫而祭山川，諸侯而祭天地，此所謂「非其鬼」也。○問：「非其鬼而祭之，如諸侯僭天子，大夫僭諸侯之類。又如士庶祭其旁親遠族，亦是非其鬼否？」曰：是。又如今人祭甚麽廟神，都是非其鬼。問：「如用僧尼道士之屬，都是非其鬼。」曰：亦是。

❶「時」，四庫本、孔本無此字。
❷「之」，四庫本作「時」。

問：「旁親遠族不當祭，若無後者則如之何？」曰：這若無人祭，只得爲他祭。自古無後者，祭於宗子之家。○問：「土地山川之神，人家在所不當祭否？」曰：山川之神，季氏祭之尚以爲僭，况士庶乎？如土地之神，人家却可祭之。《禮》云：「庶人立一祀，或立户，或立竈。」户竈亦可祭也。又問：「中霤之義如何？」曰：古人穴居，當土室中開一竅取明，故謂之中霤。而今人以中堂名曰「中霤」者，所以存古之義也。又曰：中霤亦土地之神之類。五祀皆室神也。○厚齋馮氏曰：其，指祭者而言，謂非己所當祭者，蓋精誠神氣之不屬也，但欲諂之以希福耳。

「見義不爲，無勇也。」

知而不爲，是無勇也。朱子曰：此處要兩下並看。就「見義不爲」上看，固見得知之而不能爲；若從源頭看下來，乃是知之未至，所以爲之不力。○勉齋黄氏曰：非鬼而祭，見義不爲，事非其類而對言之，亦告樊遲問知之意也。一則不當爲而爲，一則當爲而不爲。聖人推原其病之所自來，則曰「非鬼而祭」，有求媚要福之心也；「見義不爲」，無勇敢直前之志也。○新安陳氏曰：知義而不爲，是無浩然之氣以配道義故也。此章欲人不惑於鬼神之不可知，而惟用力於人道之所宜爲。他日夫子語樊遲曰：「務民之義，敬鬼神而遠之。」亦以「鬼神」對「義」而言，與此章意合。蓋嘗驗之天下之人，其諂瀆鬼神者，必不能專力於民義；其專力於民義者，必不諂瀆於鬼神。二者常相因云。○臨川吴氏曰：非其鬼，謂所不當祭者也；義者宜也，謂事理當然所當爲者也。非所當祭而祭之，是祭所不當祭者；見其當爲而不爲，是不爲其所當爲者。不當祭而祭，求媚而已；當爲而不爲，其懦可知。一過一不及也。夫子告樊遲曰：「務民之義，敬鬼神而遠之。」夫苟於鬼神知所遠，而於義知所務焉，庶乎其不至於祭所不當祭，而不爲所當爲矣。

論語集註大全卷之二

論語集註大全卷之三

八佾第三

凡二十六章。通前篇末二章，皆論禮樂之事。

孔子謂季氏，八佾舞於庭，「是可忍也，孰不可忍也」。佾音逸。

季氏，魯大夫季孫氏也。胡氏曰：古者有姓有氏。三家爲桓公之後，皆姬姓，又自以仲、叔、季分爲三氏也。佾，舞列也。天子八，諸侯六，大夫四，士二。每佾人數，如其佾數。天子八八六十四人，諸侯六六三十六人。餘倣此。或曰：每佾八人。六佾，六八四十八人。餘倣此。未詳孰是。《左傳》隱公五年九月，考仲子之宮，將萬焉。萬，舞名。公問羽數於衆仲。衆音終。對曰：「天子用八，諸侯用六，大夫用四，士二。夫舞所以節八音而行八風，故自八以下。」公從之。杜預註云：「人如佾數。」疏引服虔云：「每佾八人。」○問：「八佾，舊說有謂上下通以八人爲佾者，何如？」朱子曰：是不可考矣。然以理意求之，舞位必方。豈其佾少而人多如此哉？季氏以大夫而僭用天子之禮樂。邢氏曰：僭於家廟舞之。孔子言其此事尚忍爲之，則何事不可忍爲？或曰：忍，容忍也。蓋深疾之之辭。洪氏曰：君子居是邦不非其大夫，而云爾者，正君臣之大義，《春秋》撥亂之意也。○雙峯饒氏曰：「忍」字有敢忍、容忍二義，而「敢忍」之義爲長。故《集註》以「容忍」居後。○趙氏曰：「敢忍」之「忍」，《春秋傳》所謂「忍人」是也；「容忍」之「忍」，《春秋傳》所謂「君其忍之」是也。○雲峯胡氏曰：前一「忍」字，指亂臣賊子之心而言；後一「忍」字，指《春秋》誅亂賊之法而言。○新安陳氏曰：自王政不綱，亂臣賊子無所忌憚，故敢於僭竊。殊不知君子畏義安分自不忍於心，豈問天吏之有無哉？以此言之，前説爲優。然自秉《春秋》之筆者言之，則後説亦足以寒亂賊之膽也。○東陽許氏曰：季氏以大夫而僭用天子之禮樂於廟庭，此事尚可敢忍爲之，何事不可敢忍爲之？此「忍」字就季氏上説。季氏以大夫而僭用天子之禮樂於廟庭，其罪不可勝誅，此事若可容忍而不誅，則何事不可容忍？此「忍」字就孔子上説。如此説則説得兩「可」字意出。

○范氏曰：「樂舞之數，自上而下，降殺色界反。以兩而已。故兩之間，不可以毫髮僭差也。自八殺其兩而爲六。以下依此。孔子爲政，先正禮樂，則季氏之罪不容誅矣。」謝氏曰：「君子於其所不當爲，不敢須臾處，上聲。不忍故也。而季氏忍此矣，則雖弑父與君，亦何所憚而不爲乎？」朱子曰：爲人臣子，只是一箇尊君敬上之心，方能自安其分，不忍少萌一毫僭差之意。今季氏以陪臣而僭天子之佾，尚忍爲之，則是已絶天理，雖悖逆作亂之事亦必忍爲之矣。○問：「小人之陵上，其初蓋微僭其禮之末節而已；及充其僭禮之心，遂至於弑父弑君，此皆生於『忍』也。故孔子謂季氏八佾舞於庭，是可忍也。」曰：敢僭其禮，便是有無君父之心。○南軒張氏曰：季氏以陪臣而僭天子之舞，自睹其數而安焉。❶於此而忍爲，則亦何往而不忍也？亂臣賊子之萌，皆由於忍而已。忍則安之矣。○慶源輔氏曰：范氏就制度上説，故以「容忍」爲義，言不可容忍之甚也；謝氏就心上説，故以「敢忍」爲義，言其心既敢於此，則雖極天下之大惡亦敢爲之矣。○謝氏先論人心之本然，以見季氏之忍心僭逆；次又推極其忍心僭逆之害，使讀之者惕然有警於其心，而防微謹獨之意自有不容已者。

○三家者以《雍》徹。子曰：「『相維辟公，天子穆穆』，奚取於三家之堂？」徹，直列反。相，去聲。

三家，魯大夫孟孫、叔孫、季孫之家也。《雍》，《周頌》篇名。徹，祭畢而收其俎也。天子宗廟之祭，則歌《雍》以徹。是

❶「自」，四庫本作「目」。

時三家僭而用之。相，助也。辟公，諸侯也。助祭之諸侯。穆穆，深遠之意，天子之容也。主祭者天子。此《雍》詩之辭，孔子引之。言三家之堂非有此事，亦何取於此義而歌之乎？譏其無知妄作，以取僭竊之罪。朱子曰：八佾，只是添人數，未有明文，故只就其事責之。《雍》徹，則分明歌天子之《詩》，故引《詩》以曉之曰：汝之祭亦有辟公之相助乎，亦有天子之穆穆乎？既無此義，焉取此詩？○雙峯饒氏曰：上章是罪其僭，此章是譏其無知。惟其無知，所以率意妄作，以取僭竊之罪。上章「是可忍也」，是言其不仁；此章「無知妄作」，是言其不知。惟其不仁不知，是以無禮無義。○程子曰：「周公之功固大矣，皆臣子之分去聲。所當爲，西山真氏曰：子無父母，則無此身。己因父母而有此身，則事親自合盡孝。臣無君上，則無此爵位。己因君上而有此爵位，則事君自合盡忠。此只是盡其本分當爲之事，非過外也。魯安得獨用天子禮樂哉？成王之賜、伯禽之受，皆非也。其因襲之弊，遂使季氏僭八佾，三家僭《雍》徹。故仲尼譏之。」朱子曰：這箇自是不當用。便是成王賜周公，也是成王不是；若武王賜之，也是武王不是。《雍》詩自是成王之樂，餘人自是用他不得。武王已自用不得了，何況更用之於他人？又曰：使魯不曾用天子之禮樂，則三家亦無緣見此等禮樂而用之。○胡氏曰：按《禮記・明堂位》篇云：「成王以周公有大勳勞於天下，命魯公世世祀周公以天子之禮樂。」《祭統》云：「成王、康王追念周公之所以勳勞者而欲尊魯，故賜之以重祭。外祭則郊社是也，內祭則大嘗禘是也。」《禮運》曰：「魯之郊禘非禮也，周公其衰矣。」魯僭天子之制，三家僭魯，遂至於僭天子，程子所以追咎賜受皆非也。周公立爲經制，辨名分於毫釐間，將行之萬世而身没犯之，將行之天下而子孫違之，豈非周公之衰乎？○王氏曰：未嘗有天子之容，未嘗有辟公之相，魯爲諸侯之國，自不當用，而況於三家之陪臣乎？季氏非懵然不知其不當用，蓋一念之無君，由之而不自覺。則乾侯之避，豈待昭公而後知哉？《易》曰：「臣弑其君，子弑其父，非一朝一夕之故，其所由來者漸矣。」爲國者，其可不明禮分於平時。及其權歸而勢得，而後從而禁之，亦已晚矣。○厚齋馮氏曰：大夫不得祖諸侯，公廟之設於私家，非禮也，由三桓始也。唯三家皆祖桓公而立廟，故得以習用魯廟之禮樂而僭天子矣。夫天子之禮樂作於前，安然不以動其心，則凡不臣之事皆忍爲之矣。

○子曰：「人而不仁，如禮何；人而不仁，如樂何？」

游氏曰：「人而不仁，則人心亡矣，其如禮樂何哉？言雖欲用之，而禮樂不爲之用也。」朱子曰：人既不仁，自是與那禮樂不相管攝，禮樂亦不爲吾用矣；心既不仁，便是都不省了，自與禮樂不相干。禮樂須中和温厚底人便行得。不仁之人，渾是一團私意，便不柰禮樂何。○勉齋黄氏曰：仁者，心之德。心之全德即仁也。游氏云「人心亡矣」，於「仁」之義最親切。○慶源輔氏曰：不仁則心無其德，雖謂之心亡可也。○新安陳氏曰：孟子云：「仁，人心也，放其心而不知求。」游氏說當本孟子之意觀之。○

程子曰：「仁者，天下之正理；失正理，則無序而不和。」朱子曰：程子說固好，但少疎，不見得仁。仁者，本心之全德。人若本然之良心存而不失，則所作爲自有序而和。若此心一放，只是人欲私心做得出來，安得有序，安得有和？仁只是正當道理，將正理頓在人心裏面，方說得箇「仁」字全。○問：「禮者，天理之節文；樂者，天理之和樂；仁者，人心之天理。人心若存得這天理，便與禮樂湊合得著；若無這天理，便與禮樂湊合不著。」曰：固是。若人而不仁，空有那周旋百拜，鏗鏘鼓舞，許多勞攘，當不得那禮樂。○問：「仁者，心之德也。不仁之人，心德既亡，方寸之中，絕無天理，平日運量酬酢，盡是非僻淫邪之氣，無復本心之正。如此等人，雖周旋於玉帛交錯之間，鐘鼓鏗鏘之際，其於禮樂判爲二物。若天理不亡，則見得禮樂本意皆是天理中發出來，自然有序而和。」曰：是。○慶源輔氏曰：仁、義、禮、智，皆正理也。此獨以「仁」言者，蓋謂專言之而包四者之「仁」也。○陳氏曰：禮樂無所不在，如兩人同行，纔長先少後便和順無爭。所以有爭，只緣少長之序亂了，又安得有和順底意？於此見禮先而樂後，無序則不必和。

李氏曰：李氏，名郁，字光祖。昭武人。「禮樂待人而後行。苟非其人，則雖玉帛交錯、鐘鼓鏗丘耕反。鏘，千羊反。亦將如之何哉？」朱子曰：游氏言心，程子言理。李氏言人，此「苟非其人，道不虚行」之意。蓋心具是理，所以存是心則在人也。○慶源輔氏曰：此章禮樂，正指玉帛鐘鼓言，故以李説終之。○雙峯饒氏曰：游氏説得「仁」字親切，而「禮」、「樂」二字欠分明；程子説得「禮」、「樂」二字有意義，而「仁」字不親切。必合二説而一之，然後仁與禮樂之義方備。程子「無序不和」，是説無禮樂之本；李氏「鐘鼓」、「玉帛」，是説徒有禮樂之文。亦必合二説而一之，然後「如禮樂何」之義方盡。《集註》用意精深，要人子細看。○程子「序」字「和」字是就理上説。若就心上説，則當言「敬」與「和」。不仁之人，其心不敬不和，無以爲行禮作樂之本。雖有禮之儀文，而儀文不足觀；雖有樂之音節，而音節不足聽。○勿軒熊氏曰：游氏兼禮樂之體用言，程子專指禮樂之體，李氏專指禮樂之用。

然記者序此於八佾、《雍》徹之後，疑其爲去聲。僭禮樂者發也。新安陳氏曰：僭禮樂者，即人之不仁者也。本文無此意。但以次於前二章之後，故云然。

○林放問禮之本。

林放，魯人。見世之爲禮者專事繁文，而疑其本之不在是也。故以爲問。勉齋黄氏曰：「本」之説有二。其一曰仁、義、禮、智根於心，則性者禮之本也，故曰「中者天下之大本」。其一曰「禮之本」，禮之初也。凡物有本末，初爲本，終爲末，所謂「夫禮」，「始諸飲食」者是也。二説不同。《集註》乃取後説曰：「儉者物之質，戚者心之誠」，則便以儉、戚爲本。又取楊氏「禮始諸飲食」以證之。

子曰：「大哉，問！

孔子以時方逐末，而放獨有志於本，故大其問。蓋得其本，則禮之全體無不在其中矣。問禮之全體。朱子曰：兼文質本末言之。有質則有文，有本則有末。徒文而無質，如何行得？當時習於繁文，人但指此爲禮，更不知有那實處，故放問而夫子大之。想是此問，大段契夫子之心。○勉齋黄氏曰：得其本，則質文華實皆在其中。蓋文之與華，亦因質與誠而生也。有本則有末，末固具於本矣。如木有根本，則有枝葉華實；其本立，則此木全體枝葉華實皆在其中也。○雲峯胡氏曰：須看「在其中」三字。得禮之本，則雖不便是禮之全體，而全體在其中矣。

「禮與其奢也寧儉，喪與其易也寧戚。」易，去聲。

易，治也。《孟子》曰：「易其田疇。」在喪禮則節文習熟，而無哀痛慘怛當葛反。之實者也。戚則一於哀而文不足耳。朱子曰：治田須是治得無窒礙方是熟。若居喪而習熟於禮文，行得皆無窒礙，無那惻怛不忍底意，則哀戚必不能盡。○冠、昏、喪、祭皆是禮，故皆可謂「與其奢也寧儉」；惟喪禮獨不可，故言「與其易也寧戚」。易者，治也。言治喪禮至於習熟也。喪者，人情之所不得已。若習治其禮有可觀，則是樂於喪而非哀戚之情也。故《禮》云「喪事欲其縱縱爾」。禮貴得中。新安陳氏曰：此「禮」字兼吉凶言，中者無過不及也。奢易則過於文，儉戚則不及而質，二者皆未合禮。新安陳氏曰：謂未合禮之中。然凡物之理，必先有質而後有文，則質乃禮之本也。朱子曰：禮不過吉凶二者。上句汎以吉禮言，下句專以凶禮言。儉、戚，只是禮之本而已。及其用也，有當文時，不可一向以儉、戚爲是，故曰品節斯，斯之謂禮，蓋自有箇得中恰好處。○禮初頭只是儉，喪初頭只是戚。然初亦未有儉之名，儉是對後來奢而言，蓋追說耳。東坡說忠質文，謂初亦未有那質，只因後來文，便稱爲質。○南軒張氏曰：禮者，理也。理必有其實而後有其文。文者所以文其實也。若文之過，則反浮其實而失於理矣。夫禮而失於奢，寧過於儉也；喪而易焉，寧過於戚也。蓋儉與戚，其實則存；奢則遠於實，易則亡其實，其文雖備無益也。○勉齋黃氏曰：聖人因俗之弊，感放之意而爲是言，本非以儉戚爲可尚。特與其流於文弊，則寧如此耳。其言之抑揚，得其中正如此。○葉氏曰：論禮之中，雖以奢爲不遜、儉爲固，與其失之不遜，不若失之固猶爲近本也。是以用過乎儉，喪過乎哀，《易》以爲《小過》，謂過者小而得者大也。○范氏曰：「夫音扶。祭與其敬不足而禮有餘也，不若禮不足而敬有餘也；喪與其哀不足而禮有餘也，不若禮不足而哀有餘也。禮失之奢，喪失之易，皆不能反本而隨其末故也。禮奢而備，不若儉而不備之愈也；喪易而文，不若戚而不文之愈也。儉者物之質，戚者心之誠，故爲禮之本。」楊氏曰：「禮始諸飲食，故汙烏瓜反。尊而抔蒲侯反。飲，爲之簠、簋、音甫、軌。籩、豆、罍、音雷。爵之飾，所以文之也。則其本儉而已。《記・禮運》篇云：「夫禮之初，始諸飲食。其燔黍捭音擘。豚，汙尊而抔飲，蕢苦恠反。桴而土鼓，猶若可以致敬於鬼神。」註云：「古未有釜甑，釋米捭肉加於燒石之上而食之耳。汙尊，鑿地爲尊也。抔飲，手掬之也。蕢，讀爲凷，謂摶土爲桴也。土鼓，築土爲鼓也。」喪不可以徑情而直行，爲之衰音催。麻哭踊音勇。之數，所以節之也。則其本戚而已。《記・檀弓下》：「禮有微情者，節哭踊。有以故興物者；衰絰之制。有直情而徑行者，戎狄之道也。」哭踊無節，衣服無制。周衰世方以文滅質，而林放獨能問禮之本，故夫子大之而告之以此。」朱子曰：楊氏謂「禮始諸飲食」，言禮之初本在飲食。然其用未具，安有鼎俎籩豆也。方其爲鼎俎之始，亦有文章，雕鏤繁而質滅矣。故云「與奢寧儉」。又曰：楊說「喪不可徑情而直行」，此一語稍傷那哀戚之意。其意當如上面「始諸飲食」之語，謂喪主於哀戚，而爲之哭泣擗踊所以節之，其本則戚而已。○慶源輔氏曰：祭與喪，皆禮也。范氏「與其」、「不若」之言，正與夫子所謂「寧」字義相宜，故引之爲說。禮失之奢，喪失之易，皆不能反本而流於末也。此常情之弊也。物，事也。禮而儉，則是事之未有文飾也；喪而戚，則是心之誠實自然也。故爲禮之本。○雙峯饒氏曰：放問禮之本，而夫子不告之以禮之大本，以其不切放故也。○雲峯胡氏曰：本有二，其末亦不同。「本根」之「本」，其末爲枝葉。枝葉出於本根而亦能芘其本根，可相有而不可相無。「本始」之「本」，末流必有失。禮始於儉，末也必奢，故曰「與其」，曰「寧」。孔子因末流之失，不得已而爲反本之論也。

○子曰：「夷狄之有君，不如諸夏之亡也。」吴氏曰：「亡，古『無』字通用。」程子曰：「夷狄且有君長，上聲。不如諸夏之僭亂，反無上下之分去聲。也。」厚齋馮氏曰：諸夏，諸侯之稱。夏，大也。中國曰「夏」，大之也。○尹氏曰：「孔子傷時之亂而歎之也。無，非實無也。雖有之，不能盡其道爾。」鄭氏曰：《八佾》一篇，無非傷權臣之僭竊，痛名分之紊亂，其言與《春秋》相表裏。有疾之之辭，有鄙之之辭，有斥之之辭，有痛之之辭。「孰不可忍」，疾之也；「奚取於三家之堂」，斥之也；「人而不仁如禮樂何」，鄙之也；「夷狄之有君，不如諸夏之無」，痛之也。百世之下，誦其言，想其心，猶見其凜凜乎不可犯也。○問：「程氏註似專責在下者陷無君之罪，尹氏注似專責在上者不能盡爲君之道，何如？」朱子曰：只是一意。皆是説上下僭亂不能盡君臣之道，如無君也。○南軒張氏曰：夷狄雖政教所不加，然亦必有君長以統涖之，然後可立也。春秋之世，禮樂征伐自諸侯出，降而自大夫出，又降而陪臣竊國命，是以聖人傷歎以爲夷狄且有君，不如諸夏之無君也。夫諸夏者，禮樂之所由出也，今焉若此，其變亦甚矣。○新安陳氏曰：夏所以異於夷，以有君臣之分耳。今居中國，去人倫，反夷狄之不如，《春秋》所以作也。

○季氏旅於泰山。子謂冉有曰：「女弗能救與？」對曰：「不能。」子曰：「嗚呼！曾謂泰山不如林放乎？」女音汝。與，平聲。

旅，祭名。新安倪氏曰：祭山曰「旅」。《書》曰：「蔡蒙旅平。」「九山刊旅。」泰山，山名，在魯地。禮，諸侯祭封内山川。季氏祭之，僭也。《記·王制》：「天子祭天地，諸侯祭社稷，大夫祭五祀。天子祭天下名山大川：五嶽視三公，四瀆視諸侯，視者，視其牲器之數。諸侯祭名山大川之在其地者。」冉有，孔子弟子，名求。魯人。時爲季氏宰。救，謂救其陷於僭竊之罪。嗚呼，歎辭。言神不享非禮，欲季氏知其無益而自止，又進林放以厲冉有也。厲，激厲也。○朱子曰：天子祭天地，諸侯祭國内山川，只緣是他屬我，故我祭得他。若不屬我，則氣便不與之相感，如何祭得他？○南軒張氏曰：林放猶能問禮之本。泰山豈受非禮之祭？鬼神雖幽，不外乎理。人心猶所不安，神其享之乎？意當冉有爲其家臣時，適有旅祭事，故夫子欲其正救之。○陳氏曰：范氏説「有其誠則有其神」最好。誠只是真實無妄，雖以理言，亦以心言。須是有此實理，然後致其誠敬而副以實心，方有此神；若無此實理，雖有此實心，亦不歆享。如季氏不當祭泰山而冒祭，是無此實理矣。假饒盡其誠敬之心，亦與神不相干涉，神決不吾享矣。古人祭祀，須有此實理相關，然後七日戒，三日齋，以聚吾之精神。吾之精神既聚，則所祭者之精神亦聚，自有來格底道理。○雲峯胡氏曰：林放，一魯男子爾，猶知厭其禮之末者。泰山之神，獨不惡禮之僭者乎？夫子爲是言，豈林放請問之時，正季氏旅泰山之時歟，抑林放因季氏之旅而有是問歟？

○范氏曰：「冉有從季氏，夫子豈不知其不可告也？然而聖人不輕絶。人盡己之心，安知冉有之不能救、季氏之不可諫也？既不能正，則美林放以明泰山之不可誣，是亦教誨之道也。」問：「自『八佾舞』至『旅泰山』五段，皆聖人欲救天理於將滅。故其哀痛一切與《春秋》同意。」朱子曰：是。

○子曰：「君子無所争，必也射乎？揖讓而升，下而飲，其争也君子。」飲，去聲。

揖讓而升者，大射之禮，耦進三揖而後升堂也。胡氏曰：大射之禮，司射作三耦射。三耦出次西面揖，當階北面揖，及階揖，所謂「三揖而後升堂」也。下而飲，謂射畢揖降，以俟衆耦皆降，勝者乃揖不勝者升取觶音置。立飲也。胡氏曰：卒射北面揖，揖如升射。適次，反位，三耦卒射亦如之，所謂「射畢揖降以俟衆耦皆降」也。司射命設豐于西楹西。勝者之弟子洗觶酌奠于上。勝者袒决，遂執張弓；不勝者襲脱决拾，卻左手，右加弛弓於其上，遂以執弣，揖如始升射。及階，勝者先升堂少右，不勝者進北面坐，取豐上之觶，興立飲。卒觶，坐奠于豐下。興揖先降。所謂「勝者乃揖不勝者升取觶立飲」也。言君子恭遜不與人争，惟於射而後有爭。然其爭也雍容揖遜乃如此，則其爭也君子，而非若小人之爭矣。非若小人尚氣角力之爭也。○朱子曰：射有勝負，是相爭之地，而猶若此，是不爭也。畢竟爲君子之爭，不爲小人之爭，爭得來也君子，語勢當如此。○慶源輔氏曰：「恭」與「遜」，皆禮之發也。恭主容，遜主事，爭則恭、遜之反也。君子恭遜，則自無所爭。獨於射，則皆欲中鵠以取勝，故不能無爭。然其爭也，升降揖遜，雍容和緩乃如此，是則所謂「禮樂未嘗斯須去身」者。「其爭也君子」，謂其異於小人之爭也。以是觀之，則信乎君子之真無所爭矣。○或問：「孔子言射，曰『其爭也君子』；孟子言射，曰『不怨勝己者，反求諸己』，此是全無爭。」潛室陳氏曰：惟其不怨勝己者，其爭也乃君子之爭，而非小人之爭。既謂「君子之爭」，則雖爭猶不爭矣。君子之爭者禮義，小人之爭者血氣。○雲峯胡氏曰：「射有似乎君子」，此則謂射之爭也君子。蓋君子於射，若不能不較勝負。然不勝者未嘗少有怨勝己之心，勝者亦略無一點喜勝之心，但惟見其相與雍容揖讓而已。豈不足以觀君子之氣象乎？

○子夏問曰：「『巧笑倩兮，美目盼兮，素以爲絢兮』，何謂也？」倩，七練反。盼，普莧反。絢，呼縣反。

此逸《詩》也。或謂即《衛風·碩人》所云「素以爲絢兮」一句，夫子所刪也。朱子曰：此句最有意義，夫子方有取焉而反見刪，何哉？且《碩人》四章，章皆七句，不應此章獨多一句而見刪。必別自一詩而今逸矣。倩，好口輔也。新安陳氏曰：口輔，面頰也。《易》：「咸其輔。」《左傳》：「輔車相依。」盼，目黑白分也。素，粉地，畫之質也；絢，采色，畫之飾也。言人有此倩盼之美質，而又加以華采之飾，新安陳氏曰：《詩》無此句意，但下文「素以爲絢」中涵此意。如有素地而加采色也。雙峯饒氏曰：「巧笑」、「美目」二句，賦也；「素以爲絢」一句，比也。子夏疑其反謂以素爲飾，故問之。

子曰：「繪事後素。」繪，胡對反。

繪事，繪畫之事也。後素，後於素也。《考工記》曰：「繪畫之事後素功。」《周禮·冬官考工記》：「畫繢之事，青與赤謂之文，赤與白謂之章，白與黑謂之黼，黑與青謂之黻，五采備謂之繡。」「凡畫繢之事後素功。」謂先以粉地爲質而後施五采，猶人有美質然後可加文飾。申解逸《詩》意。

曰：「禮後乎？」子曰：「起予者，商也，始可與言《詩》已矣！」

禮必以忠信爲質，此「禮」字以儀文之禮言。猶繪事必以粉素爲先。起，猶「發」也。起予，言能起發我之志意。朱子曰：起予者，謂孔子言繪事後素之時，未思量到「禮後乎」處。而子夏首以爲言，正所以起發夫子之意。非謂夫子不能，而子夏能之以教夫子也。○聖人豈必待學者之言而後有所起發？蓋聖人胸中包藏許多道理，若無人叩擊，則無由發揮於外。一番説起則一番精神也。謝氏曰：「子貢因論學而知《詩》，見《學而》篇末章。子夏因論《詩》而知學，故皆『可與言《詩》』。」○楊氏曰：「『甘受和，去聲。白受采，忠信之人可以學禮。苟無其質，禮不虛行。』此『繪事後素』之説也。新安倪氏曰：《記・禮器》云：「甘受和，白受采，忠信之人可以學禮。苟無忠信之人，則禮不虛道。」道，猶「行」也。引此以解此章方可通。不然，「禮後乎」一句何以知忠信當先而禮文在後乎？白受采，可證「繪事後素」；而忠信可學禮，可解「禮後乎」。《集註》首云「禮必以忠信爲質」，亦本《禮器》。孔子曰『繪事後素』，而子夏曰『禮後乎』，可謂能繼其志矣。新安倪氏曰：《學記》曰：「善教者使人繼其志。」謂師善教以引其端，使弟子繼師之志而開悟也。非得之言意之表者能之乎？商、賜可與言《詩》者以此。若夫音扶。玩心於章句之末，則其爲《詩》也固而已矣。新安倪氏曰：孟子云：「固哉，高叟之爲詩也！」爲，猶云「講治」。固，謂執滯不通。所謂『起予』，則亦『相長』上聲。之義也。」新安倪氏曰：《學記》云：「教學相長也。」謂教者與學者交相長益。○南軒張氏曰：「繪事後素」者，謂質爲之先而文在後也。子夏於此知禮文之爲後，可謂能默會之於語言之外矣。故夫子有「起予」之言。子夏在聖門文學之科，而其所得蓋如此，可謂知本矣。

○子曰：「夏禮吾能言之，杞不足徵也；殷禮吾能言之，宋不足徵也。文獻不足故也，足則吾能徵之矣。」

杞，夏之後；宋，殷之後。《史記·杞世家》：「東樓公者，夏后禹之苗裔也。」杞，國名。東樓公，謚號也。又《宋世家》：「微子開者，殷帝乙之長子，而紂之庶兄也。」微子，名啓。今云開者，避漢景帝諱也。徵，知陵反。證也。文，典籍也；獻，賢也。言二代之禮我能言之，而二國不足取以爲證，以其文獻不足故也。文獻若足，則我能取之以證吾言矣。朱子曰：孔子言：「我欲觀夏道，是故之杞而不足證也，吾得夏時焉；我欲觀商道，是故之宋而不足證也，吾得坤乾焉。」説者謂「夏時」爲《夏小正》，「坤乾」爲《歸藏》，聖人讀此二書必是大有發明處。《歸藏》之書今無傳。○問：「孔子能言夏、殷之禮而無其證，是時文獻不足，孔子何從知得？」曰：聖人自是生知聰明，無所不通。然亦是當時賢者識其大，不賢者識其小，孔子廣詢博問，所以知得。杞國最小，所以文獻不足。○問：「夏、殷之禮，杞、宋固不足徵。然使聖人得時得位，有所制作，雖無所徵而可以義起者，亦必將有以處之。」曰：夏、殷之禮，夫子固嘗講之。但杞、宋衰微，無所考以證吾言矣。若得時有作，當以義起者固必有以處之。○潛室陳氏曰：三綱五常，固不待取證。若其制度文爲隨時損益者何限？既無文獻可證，雖聖人不能意料臆説也。○雙峯饒氏曰：杞、宋二國，文獻雖皆不足，然以杞較宋，宋去殷近，尤有存者。杞去夏遠，且不能自振，想見尤甚。所以孔子又言「吾説夏禮，杞不足證；吾學殷禮，有宋存焉」。或問：「夏、殷之後，其文獻既皆不足，不知孔子於何考訂而能言之？」曰：殘編斷簡，當時豈無存者？聖人聰明睿知，得其一二，則可觸類以知其餘。況周之禮，實監二代而損益之。則周之文，亦可推之以知夏、殷忠質之變。但無徵不信，不信則民不從，故聖人雖能言之而終不敢筆之於書以示後世。若當時杞、宋可證，得聖人論著三代之禮，❶

❶「三」，四庫本作「二」。

與周禮並存以爲百王損益之大法，豈不甚妙？惜乎杞、宋既不足以證二代之禮，其後周之文獻亦淪亡於戰國干戈，與暴秦坑焚之餘。三代禮樂之教，影滅無復遺響於後世，可歎也已。○胡氏曰：文獻不足，非全不可考，特有闕耳。○雲峯胡氏曰：夫子既能言之，猶曰「無徵不信」，其謹重如此。此凡三見。《禮運》以爲之杞得夏時，之宋得坤乾。《中庸》則以爲杞不足證，有宋存焉。合而觀之，蓋雖得夏時、坤乾之文，雖於宋略有存焉者，然其爲文獻要皆缺略而不完也。故夫子論之。

○子曰：「禘自既灌而往者，吾不欲觀之矣。」禘，大計反。

趙伯循曰：伯循，名匡，唐河東人。「禘，王者之大祭也。王者既立始祖之廟，又推始祖所自出之帝，祀之於始祖之廟而以始祖配之也。朱子曰：以始祖配祭而不及群廟之主，不敢褻也。成王以周公有大勳勞，賜魯重祭。事見《禮記·明堂位》及《祭統》篇。故得禘於周公之廟，以文王爲所出之帝而周公配之，然非禮矣」。失之於僭，違不王不禘之法矣。灌者，方祭之始，用鬱紆勿反。鬯丑亮反。之酒灌地以降神也。朱子曰：鬱鬯者，禮家以爲釀秬爲酒，煮鬱金香草和之，其氣芬芳條暢也。○慶源輔氏曰：周之祭祀，先以鬱鬯灌地求神於陰。既奠，然後取血膋實之於蕭以燔之，以求神於陽也。魯之君臣，當此之時，誠意未散，猶有可觀。自此以後，則浸以懈居隘反。怠而無足觀矣。蓋魯祭非禮，孔子本不欲觀。至此而失禮之中又失禮焉，僭禘元已失禮，既灌懈怠爲又失禮。故發此歎也。慶源輔氏曰：僭祭之罪雖大，而其來已久。且國惡當諱。懈怠之失雖小，然却是當時主祭者切己之實病，不可不有以箴之。

○謝氏曰：「夫子嘗曰：『我欲觀夏道，是故之杞而不足證也；我欲觀商道，是故之宋而不足證也。』又曰：『我觀周道，幽、厲傷之，由二王壞之。吾舍上聲。魯何適矣？』新安陳氏曰：魯在春秋時爲諸侯望國，周之典禮儒書在焉。『魯之郊禘非禮也，周公其衰矣。』以上並《禮運》文。考之杞、宋已如彼，考之當今魯事。又如此，孔子所以深歎也。」問：「禘之説，諸家多云魯躋僖公，昭穆不順，故聖人不欲觀，如何？」朱子曰：禘是於始祖之廟，推所自出之帝設虛位以祀之，而以始祖配，即不曾序昭穆。故周禘帝嚳，以后稷配之。王者有禘有祫，諸侯有祫而無禘。此魯所以爲失禮也。○或問：「《禮記·大傳》云：『禮不王不禘，王者禘其祖之所自出，以其祖配之。』又《喪服小記》曰『王者禘其祖之所自出』，又下云『禮不王不禘』，正與《大傳》同。則諸侯不得禘禮明矣。然則《春秋》書魯之禘，何也？」曰：成王追寵周公故也。❶《祭統》云：成王追念周公，賜之重祭，郊社禘嘗是也。魯之用禘，蓋以周公廟而上及文王，即周公之所出故也。○慶源輔氏曰：謝氏蓋併前章通論之。此二章及下章，❷或夫子一時之言，或記者以類次之也。

○或問禘之説。子曰：「不知也。知其説者，之於天下也其如示諸斯乎？」指其掌。

先王報本追遠之意莫深於禘，非仁孝誠敬之至不足以與去聲。此，非或人之所及也，而不王不禘之法，又魯之所當諱者，故以不知答之。示，與「視」同。指其掌，弟子記夫子言此而自指其掌，言其明且易也。蓋知禘之説，則理無不明，誠無不格，而治天下不難矣。聖人於此，豈真有所不知也哉？延平李氏曰：《記》曰：「魯之郊禘非禮也，周公其衰矣。」以其難言，故《春秋》皆因郊禘事中之失而書，譏魯自在其中。今曰「禘自既灌而往者，吾不欲觀之矣」，則是顛倒失禮，於灌而求神以至於終，皆不足觀，蓋歎之也。對或人之問，又曰「不知」，則夫子之深意可知矣。既曰「不知」，又曰「知其説者，之於天下也其如示諸斯乎」，指其掌，則非不知也，只是難言爾。原幽明之故，知鬼神之情狀，則燭理深矣，於天下

❶「寵」，四庫本、孔本作「念」。
❷「二」，四庫本、孔本作「三」。

也何有？〇朱子曰：禘是祭之甚大甚遠者。若他祭與祫祭止於太祖，禘又祭祖之所自出，如祭后稷又推稷上一代祭之，周人禘嚳是也。〇「禘」之意最深長。如祖考與己身未相遼絶，祭禮亦自易理會。至如郊天祀地，猶有天地之顯然者，不敢不盡其心。至祭其始祖，已自大段闊遠，難盡感格之道。今又推始祖所自出而祀之，苟非察理之精微，盡誠之極至，安能與於此？故知此，則治天下不難也。此尚明得，何況其他；此尚感得，何況其他？〇自祖宗以來千數百年，只是這一氣相傳。德厚者流光，德薄者流卑。但法有止處，所以天子只是七廟。然聖人心猶不滿，故又推始祖所自出之帝以始祖配之，然已自無廟，只是附於始祖之廟。然又惟天子得如此，諸侯以下不與焉。故近者易感，遠者難格。若粗淺之人，他誠意如何得到那裏？不是大段見得道理分明，如何推得聖人報本反始之意如此深遠？非是將這事去推那事，只是知得此説時，則其人見得道理極高，以之處他事，自然沛然也。〇天地、陰陽、生死、晝夜、鬼神，只是一理。若明祭祀鬼神之理，則治天下之理不外於此。七日戒，三日齋，必見其所祭者，故郊焉則天神格，廟焉則人鬼享，此可謂至微而難通者。若能如此，到得治天下，以上感下，以一人感萬民，亦初無難者。〇問：「魯之郊禘，自成王之賜，伯禽之受不是了。後世子孫合如何而改？」曰：時王之命如何敢改？曰：「恐不可自改，則當請命於天王而改之否？」曰：是。〇黄氏曰：根於天理之自然謂之「仁」，形於人心之至愛謂之「孝」，真實無妄謂之「誠」，主一無適謂之「敬」。仁孝誠敬，凡祭皆然。交於神明者愈遠，則其心愈篤。報本追遠之深，則非仁孝誠敬之至莫能知之行之也。其爲説精微深遠，豈或人所能知，況又魯所當諱乎？以報本追遠之深，而盡仁孝誠敬之至，即此心而充之，事物之理何所不明，吾心之誠何所不格哉？〇西山真氏曰：萬物本乎天，人本乎祖。我之有此身，出於父母也。父母又出於祖，祖又出於始祖，始祖又出於厥初得姓受氏之祖。雖年代悠遠，如自根而榦，自榦而枝，其本則一而已矣。故必推始祖之所自出而祭之，則報本反始之義無不盡矣。若非仁孝誠敬之極至，豈能知此禮而行之乎？蓋凡人於世之近者，則意其精神未散，或嘗逮事而記其聲容，必起哀敬之心而不敢忽。若世之遠者，相去已久，精神之存與否不可得而知，又素不識其聲容，則有易忽之意。故禘禮非極其仁孝、極其誠敬者，不能知其禮，不能行其事。苟能知此理矣，則其他事物之理又何難知之有？苟能感格矣，則推而格天地者，此誠而已；推而感之其他，則亦此誠而已。故曰「理無不明，誠無不格」，於治天下何難哉？○厚齋馮氏曰：《中庸》云：「明乎郊社之禮、禘嘗之義，治國其如示諸掌乎？」蓋夫子嘗爲郊社禘嘗發此語，至此復指其掌以示或人也。○雲峯胡氏曰：於禘而洞幽明之理者，理當無所不明矣；於禘而極感格之誠者，誠當無所不格矣。始曰「仁孝誠敬之至」，末獨曰「誠」，仁孝敬皆不可不誠；而誠之至者，仁孝敬當無不至也。

○祭如在，祭神如神在。

程子曰：「祭，祭先祖也；祭神，祭外神也。祭先主於孝，祭神主於敬。」新安陳氏曰：以下句「祭神」，見上單一「祭」字，爲祭先祖也。愚謂此門人記孔子祭祀之誠意。朱子曰：孔子祭先祖，孝心純篤。雖死者已遠，因時追思，若聲容可接，得竭盡孝心以祀之。祭外神，如山川社稷五祀之類，與山林溪谷之神能興雲雨者，此孔子在官時也。盡其誠敬，儼然如神明之來格，得以與之接也。祭先主於孝，祭神主於敬，而如在之誠則一。○問：「人物在天地間，其生生不窮者理也，其聚而生散而死者氣也。氣聚在此，則理具於此。今氣已散而無矣，則理於何而寓邪？然吾之此身，即祖考之遺體。祖考之氣流傳於我而未嘗亡也。其魂升魄降，雖已化而無。然理之根於彼者既無止息，氣之具於我者復無間斷，吾能盡誠敬以祭之，此氣既純一而無所雜，則此理自昭晰而不可掩，此其苗脈之較然可覩者也。」曰：人之氣傳於子孫，如木之氣傳於實。此實之傳不泯，則其生木雖枯毀無餘，而氣之在此者猶自若也。此等處從實事上推之，自見意味。○問：「先生答廖子晦云：『氣之已散者既化而無有，根於理而日生者則固浩然而無窮。故上蔡言我之精神，即祖考之精神，蓋謂此也。』此是說天地氣化之氣否？」曰：此氣只一般。若說有子孫底引得他氣來，不成無子孫底便絕無了？如諸侯祭因國之在其地而無主後者，如太公封於齊便祭爽鳩氏之屬。蓋他先主此國來，禮合祭他。惟繼其國者則合祭之，非在其國者便不當祭，道理合如此。便有此氣，使無子孫，其氣亦未嘗亡也。要之通天地人只是這一氣，所以說「洋洋乎如在其上，如在其左右」，虛空逼塞無非此理。自要人看得活，難以言曉也。○問：「天地山川之屬，分明是一氣流通，而亦兼以理言之。上古聖賢則專以理言。」曰：有是理，必有是氣。問：「上古聖賢所謂氣，只是天地間公共之氣。若祖考精神，畢竟是自家精神。」曰：祖考亦只是這公共之氣。此身在天地間，便是理與氣凝聚底。天子統攝天地，負荷天地間事，與天地相關，這心便與天地相通。如諸侯不當祭天地，與天地不相關，便不能相通。聖賢道在萬世，功在萬世。今行聖賢之道，傳聖賢之心，便是負荷這物事，這氣便與他相通。如釋奠列許多籩豆禮儀，不成是無此氣，姑漫爲之？○問：「虛空中無非氣。死者既不可得而求矣。子孫盡其誠敬，則祖考即應其誠。還是虛空之氣自應吾之誠，還是氣只是吾身之氣？」曰：只是自家之氣。蓋祖考之氣，與己連續。○問：「非所當祭而祭，則爲無是理矣。若有是誠心，還亦有神否？」曰：神之有無，也不可必。然此處是以當祭者而言。若非所當祭底，便待有誠意，然這箇都已錯了。

子曰：「吾不與祭，如不祭。」與，去聲。

又記孔子之言以明之。言己當祭之時，

或有故不得與而使他人攝之，慶源輔氏曰：有故，謂疾病，或不得已之事。則不得致其如在之誠。故雖已祭，而此心缺然如未嘗祭也。○范氏曰：「君子之祭，七日戒，三日齊，莊皆反。必見所祭者，誠之至也。《記·坊記》：「七日戒，三日齊，承一人焉以爲尸。」注云：承，猶「事」也。又《祭義》：「致齊於內，散齊於外。齊之日，思其居處，思其笑語，思其志意，思其所樂，思其所嗜。齊之日，❶乃見其所爲齊者。祭之日，入室僾音愛。然必有見乎其位。周還音旋。出戶，肅然必有聞乎其容聲。出戶而聽，愾音慨。然必有聞乎其歎息之聲。」是故郊則天神格，廟則人鬼享，皆由己以致之也。有其誠則有其神，無其誠則無其神，可不謹乎？朱子曰：誠者，實也。有誠則凡事都有，無誠則凡事都無。如祭有誠意則幽明便交，無誠意便都不相接。○神明不可見，惟心盡其誠敬，專

❶「之」，四庫本及《禮記·祭義》作「三」。

一在於所祭之神，便見得洋洋如在其上，如在其左右。然則神之有無，在此心之誠不誠。不必求之恍惚之間也。○胡氏曰：祭先所以感通者，吾身即所祭先祖之遺也。祭神所以感通者，吾身即所祭神之主也。因其遺，因其主，而聚其誠意，則自然感格，所謂「有其誠則有其神」也。○雙峯饒氏曰：范氏意是說有此誠時方有此神。若無此誠，則併此神無了，不特說神來格不來格也。『吾不與祭，如不祭』，誠爲實，禮爲虛也。」慶源輔氏曰：禮爲虛，非言凡禮皆虛，特指攝祭之禮而言耳。誠爲實，則指如在之誠意言也。○新安陳氏曰：范氏有其誠之誠，專指誠敬之實心言。非但指誠實之實理言。蓋古禮所祭，未有不合實理之神。此章本旨主於如在之誠，必盡如在之實心，斯見所祭之爲實有矣。

○王孫賈問曰：「與其媚於奧，寧媚於竈，何謂也？」

王孫賈，衛大夫。媚，親順也。室西南隅爲奧。竈者，五祀之一，夏所祭也。《禮記·月令》：孟春之月其祀户。孟夏祀竈。中央祀中霤。孟秋祀門。孟冬祀行。凡祭五祀皆先設主而祭於其所，然後迎尸而祭於奧，略如祭宗廟之儀。如祀竈則設主於竈陘，音刑。祭畢而更設饌於奧以迎尸也。朱子曰：陘，是竈門外平正可頓柴處。陘非可做好安排，故又祭於奧以成禮。五祀皆然。問：「五祀皆有尸，以誰爲之？」曰：今無可考。但墓祭以家人爲尸，以此推之，祀竈之尸恐膳夫之類，祀門之尸恐閽人之類，祀山川則虞衡之類。《儀禮》周公祭泰山，召公爲尸。○問：「主與尸其別如何？既設主祭於其所，又迎尸祭於其奧，本是一神，以奧爲尊、以主爲卑何也？」曰：不是尊奧而卑主。但祭五祀皆設主於其處，則隨四時更易皆迎尸於奧。則四時皆然，而其尊有常處耳。○雙峯饒氏曰：五祀先設主席而祭於其所，親之也；後迎尸而祭於奧，尊之也。祭於其所近於褻，止祭於奧又非神所栖，故兩祭之，以盡求神之道也。故時俗之語因以奧有常尊而非祭之主，竈雖卑賤而當時用事，新安陳氏曰：奧，乃一室中最尊處。五祀皆迎尸於奥，雖有常尊。然户竈之類乃祭之主，而奥非祭之主也。以奥之尊，見竈爲卑賤。夏屬火。竈以火爨，夏祭主之。當夏之時，用夏之事。喻自結於君，不如阿附權臣也。賈，衛之權臣，故以此諷孔子。以奥比君，以竈比權臣。

子曰：「不然。獲罪於天，無所禱也。」天即理也，其尊無對，非奥竈之可比也。逆理，則獲罪於天矣。豈媚於奥竈所能禱而免乎？朱子曰：獲罪於天，只是論理之當否，不是論禍福。問：「獲罪於蒼蒼之天，抑獲罪於此理？」曰：天之所以爲天者，理而已。天非有此道理不能爲天，故蒼蒼者即此道理之天。○慶源輔氏曰：凡物必有對。惟天則無所不包，惟理則無所不在，故尊而無對。○吴氏曰：天雖積氣，理寓氣中。逆理則得罪於天而禍及之矣。○新安陳氏曰：「天即理也」一句，是昭昭之天合人心之天言之。理原於天而具於人心。逆理則自欺此心之天，是即欺在天之天，而獲罪非自外至矣。言但當順理，非特不當媚竈，亦不可媚於奥也。朱子曰：緊要是「媚」字不好。○雲峯胡氏曰：纔説「媚」字便已非理，非理則獲罪於天矣。

○謝氏曰：「聖人之言，遜而不迫。使王孫賈而知此意，不爲無益；使其不知，亦非所以取禍。」朱子曰：王孫賈庸俗之人，見孔子在衛，將謂有求仕之意，欲孔子附己，故有「媚奥」與「媚竈」之言。彼亦雖聞有孔子之聖，但其氣習卑陋，自謂有權可以引援得孔子也。子曰「不然」者，謂媚奥與媚竈皆非也。天下只有一箇正當道理。循理而行便是天。若稍違戾於理，便是得罪於天，更無所禱告而得免其罪也。猶言違道以干進，乃是得罪於至尊至大者，可畏之甚。豈媚時君與媚權臣所得而免乎？此是遜辭以拒王孫賈，亦使之得聞天下有正理也。○南軒張氏曰：夫子謂苟獲罪於天，則媚奥、媚竈皆何所益？蓋胸中所存一有不直，則爲獲罪於天矣。夫欲求媚，是不直之甚者也。斯言即禱祠而論之，而所以荅其意者亦無不盡矣。○西山真氏曰：聖人道大德宏如天地，故其發言渾渾乎如元氣之運。不曰媚奥竈之非，但言獲罪於天，無所禱也，亦如對陽貨但言「吾將仕矣」，其言渾然圭角不露。既非阿徇，又不違忤，此所以爲聖人之言也。常人之於權貴，非迎逢苟悦，則必激觸使怒。雖直言激觸者不失其正，然比之聖人氣象，猶未免陷於一偏。然此非勉强可及。苟欲師慕其萬一，惟敬以存養，使心平氣和，則庶乎其可近爾。程子謂讀《論語》者要識聖賢氣象，如此章之類，優游玩味，則其氣象可見矣。又曰：使王孫賈知此意，則必惕然自省平日所爲咈理得罪於天者已多，是乃開其悔悟之機也。如不知此意，亦不至觸之以招禍。○王孫賈，衛之權臣。觀聖人「獲罪於天」之語，則其儆之深矣。然他日稱衛靈公之不亡，則以其國有人之故，而王孫賈治軍旅亦與焉，蓋其人雖不善，至於治兵則其所長，此又憎而知其善之意，聖人之心至公如天地，此其一事也。

○子曰：「周監於二代，郁郁乎文哉，吾從周。」郁，於六反。

監，視也。二代，夏、商也。言其視二代之禮而損益之。郁郁，文盛貌。○尹氏曰：「三代之禮，至周大備，夫子美其文而從之。」問：「周監二代之制而損益之，其文大備，亦時使然也。聖人不能違時，烏得不從周之文乎？然亦少有不從處，如『行夏之時，乘商之輅』是也。」朱子曰：周之文固可從，而聖人不得其位，無制作之時，亦不得不從也。使夫子而得邦家，則將損益四代以爲百王不易之法，不專於從周矣。○聖人固當從時王之禮，周禮之盛又非有不可從。設使夫子得位有作，意其從二代者不能多於從周也。蓋法令既詳，豈可更略？略則姦宄愈滋矣。○問：「前輩多以夫子損益四代之制以告顏子，而又曰『吾從周』，其説似相牴牾。然《中庸》：『吾學周禮，今用之吾從周。』若答『爲邦』之問，乃其素志耳。」曰：得之。○南軒張氏曰：禮至周盛且備，不可有加，故夫子欲從周。使居制作之位，大體則從周，其間損益之宜，如夏時、殷輅、韶舞則有之矣。○慶源輔氏曰：先王之制，與氣數相爲始終而前後相爲損益，固非一人一日之所能致也。三代之禮，至周大備，則以氣數至此極盛，而前後相承互爲損益，至此始集其大成也。夫子美其文而從之，豈苟云乎哉？○新安陳氏曰：周之文，亦承夏忠、商質之後，風氣漸開，人文漸著，不得不然者。況武王、周公制作之初，參酌損益，良不苟矣。夫子得不從之？蓋從周盛時文質得宜之文，非從周末文勝質之文也。

○子入大廟，每事問。或曰：「孰謂鄹人之子知禮乎？入大廟，每事問。」子聞之曰：「是禮也。」大音泰。鄹，側留反。

大廟，魯周公廟。《公羊傳》文公十三年：周公稱「大廟」，魯公稱「世室」，群公稱「宮」。周公何以稱大廟于魯？封魯以爲周公也。周公拜乎前，魯公拜乎後，曰：「生以養周公，死以爲周公主。」拜，謂周公及其子伯禽始受封時，拜於文王廟也。此蓋孔子始仕之時入而助祭也。朱子曰：觀或稱鄹人之子，知其爲少賤之時。鄹，魯邑名。孔子父叔梁紇，下没反。嘗爲其邑大夫。朱子曰：呼「鄹人之子」，是與孔子之父相識者。孔子自少以知禮聞，故或人因此而譏之。孔子言「是禮」者，敬謹之至，乃所以爲禮也。朱子曰：是禮也，謂即此便是禮也。

○尹氏曰：「禮者，敬而已矣。雖知亦問，謹之至也，其爲敬莫大於此。謂之『不知禮』者，豈足以知孔子哉？」朱子曰：入大廟每事問，知底更審問，方見聖人不自足處。執事不可不問，固然。然亦須知聖人平日於禮固已無不知，而臨事敬慎又如此也。又曰：平日講學，但聞其名而未識其器物，未見其事實，故臨事不得不問耳。○問：「『每事問』，尹氏謂『雖知亦問，敬慎之至』。問者所未知也。問所知焉，似於未誠。尹氏之説，聖人之心恐不如是。」曰：以石慶數馬，與張湯陽驚事相對觀之可見。雖知亦問，自有誠僞之别。兼或人謂夫子爲鄹人之子，則亦夫子始仕初入大廟時事。雖平日知其説，然未必身親行之而識其物也，故問以審之，理當如此。必不每入而每問也。然大綱節目，與其變異處，亦須問也。○南軒張氏曰：禮以敬爲主。宗廟之事嚴矣，其大體聖人固無不知也。至於有司之事，則容亦有所不知者焉。知與不知，皆從而問，敬其事也。或以爲不知禮，聖人告之以是禮也，所以明禮意之所存也。○覺軒蔡氏曰：聖人聰明睿知固無不知，然亦但知其理而已。若夫制度器數之末，掌之有司，容亦有所不知者。至若器物節文，已經講論，及今方見之，亦須問然後審也。○吴氏曰：邑大夫稱人，《春秋》書「人」者，《左傳》多云大夫，如文九年「許人」是也。傳稱「新築人仲叔于奚」亦此例。之子，少賤稱。《春秋》「仍叔之子」，《左傳》曰「弱」。他章「賊夫人之子」，皆謂父之子也。孟僖子病不能相禮，使二子學禮於夫子。齊黎彌曰：「孔某知禮而無勇。」則夫子以知禮聞可知矣。○陳氏曰：此章須於敬謹之至處玩聖人氣象。○厚齋馮氏曰：或者輒稱聖人以鄹人之子，而且以不知禮爲譏，自常人處之，其辭必厲，否則置之不足以辨。今語定氣和，如酬答之常，初不較其言之遜傲也。夫子之德量宏哉！○新安陳氏曰：於此略無不平之詞，尤可以觀聖人氣象。

○子曰：「射不主皮，爲力不同科，古之道也。」爲，去聲。

射不主皮，《鄉射禮》文；爲力不同科，孔子解禮之意如此也。皮，革也。布侯而棲革於其中以爲的，所謂「鵠」也。新安倪氏曰：侯以布，鵠以革。《考工記》曰：「梓人爲侯，廣與崇方，參分其廣而鵠居一焉。」蓋方制其皮以爲鵠。鵠，小鳥而難中。以中之爲儁，故謂的爲鵠。科，等也。古者射以觀德，《禮記·射義》云：「射者所以觀盛德也。」但主於中去聲。下同。而不主於貫革，蓋以人之力有强弱不同等也。《記》曰：《樂記》篇。「武王克商，散軍郊射而貫革之射息。」正謂此也。《樂記》註：「散軍則不廢農事，郊射則不忘武備。射宮在郊，故曰郊射。貫革者，射穿甲革，所以主皮也。」周衰禮廢，列國兵争，復扶又反。尚貫革，故孔子歎之。○楊氏曰：「中可以學而能，力不可以强而至。聖人言古之道，所以正今之失。」朱子曰：夫子亦非是惡貫革之射。但是當時皆習於此，故言古人之道耳。如古人亦只是禮射不主皮，若武射依舊要貫革。若不貫革何益？○先王設射，謂弧矢之利以威天下，豈不願射得深中。如「不失其馳，舍矢如破」，「發彼小豝，殪此大兕」之類，皆是要得透。豈固以不主皮爲貴，而但欲畧中而已。蓋鄉射之時是習禮容，若以貫革爲貴，則失所以習禮之意。故謂若有人體直心正，持弓矢又審固，若射不貫革，其禮容自可取，豈可必責其貫革哉？此所以謂爲力不同科也。射之本意，也是要得貫革。只是大射之禮，本於觀德，不全是裸股肱決射御底人，只要内志正、外體直，取其中，不專取其力耳。○問：「古人射要如何用？」曰：其初也只是脩武備，聖人文之以禮樂。○勉齋黄氏曰：不主皮，未嘗以貫革爲非也。但取其中，而貫與不貫不論耳。雖矢不没而墜地，不害其爲中也。若主貫革，則唯有力者得射，世之能射者寡矣；不主貫革，則人皆可射也。○慶源輔氏曰：時平則射以觀德，世亂則射主貫革，二者固各有所宜。然貫革之射，可暫而不可常，武王之事是也。○新安陳氏曰：《儀禮·鄉射禮》曰：「禮射不主皮。」鄭氏註：「禮射謂以禮樂射，大射、賓射、燕射，是也。」夫子引《儀禮》之文，去上一「禮」字。若讀全句而味之，意自明白。蓋有禮射，有武射。治世行禮射，兵爭則尚武射。此言「古之道也」，與「古者言之不出」，皆是言古者以見今之不古也。

○子貢欲去告朔之餼羊。去，起呂反。告，古篤反。餼，許氣反。

告朔之禮，古者天子常以季冬頒來歲十二月之朔于諸侯，諸侯受而藏之祖廟，月朔則以特羊告廟請而行之。餼，生牲也。魯自文公始不視朔，而有司猶供此羊，故子貢欲去之。胡氏曰：《周禮》：「大史頒告朔于邦國。」《左氏傳》文公十六年疏云：「天子頒朔于諸侯，諸侯受之藏于祖廟，每月之朔以特牲告廟受而施行之，遂聽治此月之政。」竊意此周家所以一侯國，而侯國所以奉王命之常禮也。「餼」即特牲也。必於祖廟者，示不敢專且重其事也。魯自文公六年閏月不告朔，至十六年四不視朔，《左氏傳》疏云：「此後有不告朔者亦不復書，其譏已明，以後不復譏也。」然則定、哀之時，遂以不告朔爲常，故子貢以有司所供之羊爲徒費而欲去之，夫子遂責之也。大抵處事之際，有利害，有是非。主於利害，則見物而不見理；主於是非，則見理而不見物。子貢之説，豈初年貨殖之心猶未脱去歟？

子曰：「賜也，爾愛其羊，我愛其禮。」

愛，猶「惜」也。子貢蓋惜其無實而妄費。然禮雖廢，羊存猶得以識之識，音志，記也。

記其爲告朔羊也。而可復焉。若併去其羊，則此禮遂亡矣。孔子所以惜之。○楊氏曰：「告朔，諸侯所以稟命於君親，禮之大者。新安陳氏曰：朔，受之天子，藏之祖廟，一禮行而尊君尊祖之大節得焉。魯不視朔矣，然羊存則告朔之名未泯，而其實因可舉，此夫子所以惜之也。」朱子曰：愛禮存羊，須見得聖人意思大。常人只屑屑惜小費。聖人之心所惜者禮，所存者大也。○南軒張氏曰：夫子之意，以爲禮雖廢而羊存，庶幾後之人猶有能因羊以求禮者。是則羊雖虛器，固禮之所寓也。玩夫子之辭意，則子貢之欲去羊，其亦隘狹而少味矣。○勉齋黄氏曰：當時諸侯雖不告朔而羊尚在，是禮之大體雖亡，而猶有一節存也。有一節，則因此一節以復其大體。若去羊，則是併此一節之禮去之矣。○厚齋馮氏曰：是時諸侯固自紀元，而天子所存者僅正朔，此禮蓋甚重也。

○子曰：「事君盡禮，人以爲諂也。」

黄氏曰：黄氏，名祖舜，字繼道，三山人。「孔子於事君之禮，非有所加也，如是而後盡爾。時人不能，反以爲諂。故孔子言之，以明禮之當然也。」葉氏少蘊。曰：如拜下之類，違衆而從禮，宜時人以爲諂也。○程子曰：「聖人事君盡禮，當時以爲諂。若他人言之，必曰：『我事君盡禮，小人以爲諂。』而孔子之言止於如此，聖人道大德宏，此亦可見。」胡氏曰：聖人事君盡禮，非自賢以駭俗，内交以媚君也。亦曰畏天命，畏大人而已矣。○趙氏曰：聖人必至禮而止，故曰盡。豈於禮之外又有加益哉？當時君弱臣强，事上簡慢，反以爲諂。○新安陳氏曰：按黄氏就「盡」字上深味之，程子就「人」字上深味之，於此見得聖人意思氣象，可爲味聖言之法。

○定公問：「君使臣，臣事君，如之何？」孔子對曰：「君使臣以禮，臣事君以忠。」

定公，魯君，名宋。二者皆理之當然，各欲自盡而已。此兩平言之，正意也。○呂氏曰：「使臣不患其不忠，患禮之不至；事君不患其無禮，患忠之不足。」此交互言之，不責人而責己，各盡所當然，所以足上正意也。尹氏曰：「君臣以義合者也，故君使臣以禮，則臣事君以忠。」新安陳氏曰：尹氏加一「則」字，以此章爲定公言，警君之意也。若爲臣言，則君雖不以禮，臣豈可以不忠？○朱子曰：爲君當知爲君之道，不可不使臣以禮；爲臣當盡爲臣之道，不可不事君以忠。君臣上下，兩盡其道，天下其有不治者哉？乃知聖人之言，本末兩盡。○問：「忠只是實心，人倫皆當用之，何獨於事君上説忠？」曰：父子、兄弟、夫婦，人皆自知愛敬；君臣以義合，人易得苟且。於此説忠，是就不足處説。○厚齋馮氏曰：以尊臨卑者易以簡，當有節文；以下事上者易以欺，當盡其心。君臣以義合，名分雖嚴，必各盡其道。三家之强，惟有禮可以使之。定、哀以吴、越謀伐則非禮矣，徒激其變，無益也。大抵聖人之言，中立不倚。異時荅齊景公之問，亦曰「君君臣臣，父父子子」，景公曰「善哉」，必有以默動者矣。本末兩盡，含蓄不露，此聖人之言也。若乃孟子國人寇讎之喻，可以警其君而不可以諭其臣；責善則離之説，可以告其父而不可以訓其子。此聖賢之言，所以有辨也。

○子曰：「《關雎》樂而不淫，哀而不傷。」樂音洛。

《關雎》，《周南·國風》，《詩》之首篇也。淫者，樂之過而失其正者也；傷者，哀之過而害於和者也。《關雎》之詩，言后妃之德宜配君子，求之未得則不能無寤寐反側之憂，求而得之則宜其有琴瑟鐘鼓之樂。蓋其憂雖深而不害於和，其樂雖盛而不失其正，故夫子稱之如此。欲學者玩其辭，審其音，而有以識其性情之正也。朱子曰：此《詩》看來是宫中人作，所以形容到寤寐反側，外人做不到此。樂止於琴瑟鐘鼓，是不淫也。若沈湎淫泆則淫矣。憂止於展轉反側，是不傷也。若憂愁哭泣則傷矣。此是得性情之正。○問：「《關雎》樂而不淫，哀而不傷，是詩人性情如此，抑詩之詞意如此？」曰：是有那情性，方有那詞氣聲音。○《關雎》是樂之卒章，故曰「《關雎》之亂」。亂者，樂之卒章也，故《楚辭》有「亂曰」是也。前面須更有，但今不可考耳。○南軒張氏曰：哀樂，情之爲也，而其理具於性。哀而至於傷，樂而至於淫，是則情之流而性之汩矣。樂而不淫，哀而不傷，發不踰則，性情之正也。非養之有素者，其能然乎？○胡氏曰：觀《詩》之法，原其性情，玩其辭語，審其聲音而已。今性情難知，聲音不傳，惟辭語可玩味爾。然因其辭語，可以知其性情。至於播之長言，被之管弦，則聲音亦畧可見矣。○慶源輔氏曰：哀樂，情也；未發，則性也。由性之正，故發乎情亦正。○雙峯饒氏曰：自他《詩》觀之，言憂者常易至於悲傷。如《澤陂》之詩曰「有美一人，傷如之何？寤寐無爲，涕泗滂沱」是也。言樂者常易至於淫泆。如《溱洧》之詩曰：「洧之外，詢訏且樂，惟士與女，伊其相謔，贈之以芍藥」是也。惟《關雎》之詩，最得性情之正。○雲峯胡氏曰：《集註》於「思無邪」曰「使人得其性情之正」，指凡《詩》之用而言；此則曰「有以識性情之正」，獨指《關雎》之詩而言。蓋樂不淫，哀不傷，是詩人性情之正也；如鄭衛之詩，樂過而淫，哀過而傷，則亦有非性情之正者矣。然讀者於此有所懲創，則亦可以得其性情之正。《集註》前後可以參看。○勉齋黃氏曰：先生晚年再改削《集註》，止於此章。

○哀公問社於宰我。宰我對曰：「夏后氏以松，殷人以柏，周人以栗，曰『使民戰栗』。」

宰我，孔子弟子，名予。魯人。三代之社不同者，古者立社，各樹其土之所宜木以爲主也。唐孔氏曰：「夏都安邑，宜松；商都亳，宜柏；周都豐鎬，宜栗。」○問：「以木造主，還是以樹爲主？」朱子曰：只以樹爲社主，使神依焉，如今人說「神樹」之類。以木名社，如櫟社、枌榆社之類。○沙隨程氏曰：古者以木爲主。今也以石爲主，非古也。戰栗，恐懼貌。宰我又言周所以用栗之意如此。豈以古者戮人於社，故附會其說與？音余。○慶源輔氏曰：按《甘誓》曰：「用命賞于祖，弗用命戮于社。」蓋古者建國，左祖右社，左陽右陰。陰主殺，軍行載社主以行，弗用命則戮之於社也。

子聞之曰：「成事不說，遂事不諫，既往不咎。」

遂事，謂事雖未成而勢不能已者。孔子

以宰我所對，非立社之本意，又啓時君殺伐之心。而其言已出，不可復扶又反。救，故歷言此以深責之，欲使謹其後也。○尹氏曰：「古者各以所宜木名其社，非取義於木也。宰我不知而妄對，故夫子責之。」問：「宰我所言尚未見於事，如何不可救？」朱子曰：此只責他易其言，未問其見於事與未見於事，所謂「斯言之玷不可爲也」。蓋欲使謹於言耳。○慶源輔氏曰：宰我在言語之科，然觀此戰栗之對，則失於鑿、流於妄者或不能免。大凡己所未曉之事而妄言以語人，不惟無益，而失己欺人之弊有不可勝言者。又況導人以殺戮之事哉？此夫子所以深責之也。

○子曰：「管仲之器小哉！」

管仲，齊大夫，名夷吾。相去聲。桓公，霸諸侯。器小，言其不知聖賢大學之道，故局量去聲。褊淺，規模卑狹，不能正身脩德以致主於王道。朱子曰：局量褊淺，是他容受不去了。容受不去，則富貴能淫之，貧賤能移之，威武能屈之矣。規模是就他設施處説。○器小，是以分量言。若以學問充之，小須可大。○問：「孔子見他一生全無本領，只用私意小智，僅能以功利自彊其國。若是王佐之才，必不如此，故謂之『器小』。」曰：是。○問：「須是如孟子言『居天下之廣居，立天下之正位，行天下之大道』，方是大器？」曰：是。○勉齋黃氏曰：局量，指心之蘊蓄；規模，指事之發見。心者器之體，事者器之用。不能正身脩德，則心之所向可知；不能致主於王道，則事之所就可知。局量褊淺，則規模必卑狹，未有不能正身脩德而能致主於王道者。○胡氏曰：「局量」、「規模」以器言，「褊淺」、「卑狹」以小言。不知聖賢大學之道，所以器小也，本之不立也。不能正身脩德以致主於王道，器小之驗也，效之不至也。無是本，則無是效也。○東陽許氏曰：大學之道八事，先以脩身爲本，而後及家國天下。蓋見理既明，行事自然件件中節，不敢踰禮犯分。今管仲如此，只是格物致知工夫未到。見理不明，故爲所不當爲，踰禮犯分，凡事都要向上，不知反成小器。

或曰：「管仲儉乎？」曰：「管氏有三歸，官事不攝，焉得儉？」焉，於虔反。

或人蓋疑器小之爲儉。三歸，臺名，事見形甸反。《說苑》。劉向《說苑・善說》篇：齊桓公立仲父，致大夫曰：「善吾者入門而右，不善吾者入門而左。」有中門而立者，桓公問焉。對曰：「管子之知可與謀天下，其彊可與取天下，君恃其信乎？內政委焉，外事斷焉，民而歸之，是亦可奪也。」桓公曰：「善。」乃謂管仲：「政則卒歸於子矣。政之所不及，唯子是匡。」管仲故築三歸之臺，以自傷於民。○朱子曰：管氏有三歸，不是一娶三姓女，若此却是僭。此一段意，只舉管仲奢處以形容他不儉；下段所說，乃形容他不知禮處，便是僭竊。恐不可做三娶說。○厚齋馮氏曰：以歸民之左右與中，故臺謂之「三歸」。攝，兼也。家臣不能具官，一人常兼數事，管仲不然。皆言其侈。

「然則管仲知禮乎？」曰：「邦君樹塞門，管氏亦樹塞門；邦君爲兩君之好有反坫，管氏亦有反坫。管氏而知禮，孰不知禮？」好，去聲。坫，丁念反。

或人又疑不儉爲知禮。屛，音丙。謂之「樹」。塞，猶「蔽」也。設屛於門以蔽內外也。趙氏曰：古者人君別內外，於門樹屛以蔽塞之，蓋小牆當門中也。禮，天子外屛，諸侯內屛。大夫以簾，士以帷。好，謂好會。坫在兩楹之間，獻酬飲畢則反爵於其上。此皆諸侯之禮而管仲僭之，不知禮也。古註圖說：坫以木爲之，高八寸，足高二寸，漆赤中。○趙氏曰：古者諸侯與鄰國爲好會，主君獻賓，賓筵前受爵飲畢，反此虛爵於坫上，於西階上拜，主人於阼階上答拜。賓於坫取爵，洗爵以酢主人。主人受爵飲畢，反此虛爵於坫上，主人阼階上拜，賓答拜。是賓主飲畢反爵於坫也，大夫則無之。○愚謂孔子譏管仲之器小，其旨深矣！或人不知而疑其儉，故斥其奢以明其非儉；或又疑其知禮，故又斥其僭以明其不知禮。蓋雖不復扶又反。下同。明言小器之所以然，而其所以小者於此亦可見矣。故程子曰：「奢而犯禮，其器之小可知。」蓋器大則自知禮而無此失矣。此言當深味也。慶源輔氏曰：器大則天下之物不足以動其心，而惟義理之是行。○胡氏曰：奢者，器之小而盈也；犯禮者，器之盈而溢也。蘇氏曰：蘇氏，名軾，字子瞻。號東坡。眉山人。「自脩身正家以及於國，則其本深，其及者遠，是謂『大器』。揚雄所謂『大器猶規矩準繩，先自治而後治人』者是也。《揚子·先知》篇：或曰：「齊得夷吾而霸，仲尼曰小器。請問大器。」曰：「大器其猶規矩準繩乎？先自治而後治人之謂『大器』。」管仲三歸反坫，桓公內嬖六人而霸天下，其本固已淺矣。管仲死，桓公薨，天下不復宗齊。」《左傳》僖公十七年：齊侯之夫人三，王姬、徐嬴、蔡姬，皆無子。齊侯好內，多內寵。內嬖如夫人者六人，長衛姬，生武孟；少衛姬，生惠公；鄭姬，生孝公；葛嬴，生昭公；密姬，生懿公；宋華子，生公子雍。○新安陳氏曰：功業無本，宜仲僅可没身，公且薨於亂也。楊氏曰：「夫子大管仲之功而小其器，蓋非王佐之才，雖能合諸侯正天下，其器不足稱也。道學不明，而王霸之略混爲一途，故聞管仲之器小則疑其爲儉，以不儉告之則又疑其知禮。蓋世方以詭遇爲功而不知爲去聲。之範，則不悟其小宜矣。」《孟子·滕文公下》篇：王良曰：「吾爲之範我馳驅，終日不獲一；爲之詭遇，一朝而獲十。」○問：「使仲器局宏闊，須知我所爲功烈如彼其卑，豈肯侈然自肆至於奢僭如此？」朱子曰：也不説道功烈卑時不當如此，便是功大亦不可如此。○奢而犯禮，是他裏面著不得。見此些小功業，便以爲驚天動地，所以肆然犯禮無所忌也。亦緣他只在功利上走，所以施設不過如此。才做到此，便不覺自足矣。古人論王霸，以爲王者兼有天下，伯者能率諸侯，此以位論固是如此。然使其正天下，正諸侯，皆出於至公而無一毫之私心，則雖在下位何害其爲王道？惟其摟諸侯以伐諸侯，假仁義以爲之，欲其功盡歸於己，故四方貢賦皆歸於其國，天下但知有伯而不復知有天子，此其所以爲功利之心而非出於至公也。在學者身上論之，凡日用常行，應事接物之際，纔有一毫利心，便非王道，便是伯者之習，此不可不省察也。○桓公伐楚，只去問他包茅與昭王不返二事。便見他只得如此休。據當時憑陵中夏，僭號稱王，其罪大矣，如何不理會？蓋纔説著此事，楚決不肯服，便事勢住不得。故只尋此年代久遠已冷底罪過，及些小不供貢事去問。想他見無大利害，決不深較，只要他稍退聽便收殺了。此亦是器小之故。纔是器小，自然無大功業。○如蘇氏説，見得不知大學本領，所以局量褊淺處。如楊氏説，見得不能致主王道，所以卑狹處。兼二説看，其義方備。○慶源輔氏曰：大其功，所以從衆而揚其善也；小其器，所以即事而名其實也。○才與器皆生於氣質，其所能爲者謂之「才」，其所能受者謂之「器」。仲之才雖足以合諸侯正天下，而其器之小不能大其受，局於氣，奪於私，是以奢而犯禮，苟免幸濟，而其所成就者亦如此之卑也。使仲而嘗學於聖人之門，知大學之道而從事焉，則其器之小者可以大，而其才之能爲者亦將光明盛大矣。○齊氏曰：器小，惜其度量不可以大受，雖勳勞如周公，猶且赤舄几几，自視欿然，況僅以其君伯乎？然則孔子何爲大其功？曰：功較之召忽則有餘，量較之周公則不足。大其功，爲天下幸；小其器，爲仲惜爾。○劉氏彭壽。曰：以霸者之功效計之，則仲亦得爲春秋之仁人；以王道之軌轍範之，則仲不免爲三王之罪人。此所以大其功而小其器。○歐陽氏玄。曰：器，如物之所受淺深限量，自有不可誣者。仲唯器小易盈，不能使己無三歸之奢，君無多嬖之溺，齊政不旋踵而衰，器之所受不過如是而止。使能擴而充之，則可以拓聖賢之業，載宇宙之量矣。○厚齋馮氏曰：齊桓入國，在魯莊九年，仲始獲用。三桓之僭魯，乃在昭、襄之世，距仲且百餘年，仲之僭奢，蓋先諸國之大夫也。夫子此章不與仲深矣。後百年而孟氏又斥之以曾西之所不爲。天下後世始知有王佐事業，而仲始卑，霸圖始陋。向微孔、孟之論，天地之正誼或幾乎熄矣！○雲峯胡氏曰：三代而後，中國未有霸，而仲輔其君先之；未有以大夫僭諸侯者，而仲塞門反坫先之。《春秋》正其綱，故責齊桓而不責管仲；《論語》紀其實，故責管仲而不責齊桓。蓋皆不知有大學之道者也。嗚呼！是時《大學》之書未出也。夫子而後，亦既有《大學》之書矣。然未聞有行大學之道者，何哉？

○子語魯大師樂曰：「樂其可知也：始作，翕如也；從之，純如也，皦如也；繹如也以成。」語，去聲。大音泰。從音縱。

語，告也。大師，樂官名。時音樂廢缺，故孔子教之。翕，合也。從，放也。純，和也。皦，明也。繹，相續不絕也。成，樂之一終也。成，如《書》所謂「《韶》之九成」，《記》所謂「《武》之六成」是也。○謝氏曰：「五音六律不具，不足以言樂。翕如，言其合也。五音合矣，清濁高下如五味之相濟而後和，故曰『純如』；合而和矣，欲其無相奪倫，故曰『皦如』。然豈宮自宮而商自商乎？不相反而相連如貫珠可也，故曰『繹如也以成』。」朱子曰：味其語勢，蓋將正樂而語之之辭。○南軒張氏曰：周衰樂廢，蓋雖其聲音亦失之矣。聖人因其義而得其所以爲聲音者而樂可正也。○覺軒蔡氏曰：始作，樂之始也；成，樂之終也。始作翕如，則八音合矣；從之純如，則合而和也；皦如，則和而又有別也；繹如也以成，則別而又不失於和也。數言之間，曲盡作樂始終節奏之妙。大師而可與語此，其亦非常人也歟！○雙峯饒氏曰：此章有三節。「始作」是其初，「從之」以後是其中，「以成」是其終。翕合之餘有純和，純和之中有明白，明白之中無間斷，方是作樂之妙。○厚齋馮氏曰：純，所謂「八音克諧」是已；皦，所謂「無相奪倫」是已；繹，所謂「始終相生」是已。○新安陳氏曰：八音不合則不備，故始必翕合。然不可拘迫生澀，故從之欲其和。然和易以混而無別，故和中欲其皦然分明。然分明中又不可斷續，故又貴繹如，而樂於是終焉。自始至終，合而和，和而明，明而續，必兼此四節不可闕一，則樂之始終條理盡矣。

○儀封人請見曰：「君子之至於斯也，吾未嘗不得見也。」從者見之。出曰：「二三子何患於喪乎？天下之無道也久矣。天將以夫子爲木鐸。」「請見」、「見之」之「見」，賢遍反。從、喪，皆去聲。

儀，衛邑。封人，掌封疆之官。胡氏曰：封人，周官名。掌爲畿封而植之。《左氏傳》所謂潁谷封人、祭封人、蕭封人，皆此類。蓋賢而隱於下位者也。胡氏曰：封人有請見之心，則非若沮溺之狷介自高矣。自言其得見君子之多，則見其好賢有素而所聞不淺狹矣。雖其見聖人而請問之辭不傳，然意象和平，進退從容。出語門人，又深得其大致，則賢而隱於下位者也。君子，謂當時賢者。至此皆得見之，自言其平日不見絶於賢者而求以自通也。夫子行經衛邑，而封人因請見，故云然。見之，謂通使得見。喪，謂失位去國，禮曰「喪欲速貧」是也。意夫子失魯司寇，去魯歷聘時。○張氏存中。曰：「喪欲速貧」，出《禮記・檀弓》，詳見《孟子・滕文公上》篇。木鐸，金口木舌，施政教時所振以警衆者也。胡氏曰：《明堂位》言「振木鐸于朝」。○齊氏曰：木鐸，金口木舌。若金鐸則金口金舌。春用木，秋用金。文用木，武用金。時與事之不同也。言亂極當治，去聲。天必將使夫子得位設教，不久失位也。封人一見夫子而遽以是稱之，其得於觀感之間者深矣。朱子曰：這裏儘好看。如何從者見之後，便見得夫子恁地？這裏也見得儀封人高處。○問：「儀封人亦是據理而言。若其得位失位，則非所及知也。」曰：儀封人與夫子説話皆不可考。但此人辭氣最好，必是箇賢有德之人。一見夫子，其觀感之間，必有所見，故爲此言。前輩謂作者七人，以儀封人處其一以此。○慶源輔氏曰：聖人德容之盛，觀之者固當知所敬愛矣。然封人之贊夫子，則因所見而驗所聞，即其已然而得其將然，不惟有以見聖人之當乎天，而又有以知天之不能違乎聖人也。○新安陳氏曰：封人一見夫子，能知聖道之不終廢，世道之不終亂，天意之不終忘斯世，可謂「知足以知聖人」，且知天矣。或曰：木鐸所以徇于道路，《書》曰：「每歲孟春，遒人以木鐸徇于路。」言天使夫子失位，周流四方以行其教，如木鐸之徇于道路也。慶源輔氏曰：前説意實而味長，後説意巧而味短。○雙峯饒氏曰：夫子得位與不得位，封人所不能知。其所可知者，夫子道德如是，天將使振揚文教以開天下後世也必矣。或得位，或周流四方，皆在其中。○新安陳氏曰：後說與「喪」字及「天下之無道久」，皆不甚相應，朱子姑存之耳。

○子謂《韶》盡美矣，又盡善也；謂《武》盡美矣，未盡善也。

《韶》，舜樂；《武》，武王樂。美者，聲容之盛；善者，美之實也。朱子曰：美如人生得好，善則其中有德行也，實是美之所以然處。○慶源輔氏曰：聲容，樂之聲，舞之容也。美之實，謂其聲容之所以美。舜紹堯致治，去聲。武王伐紂救民，其功一也。故其樂皆盡美。胡氏曰：《韶》盡揖讓繼紹之美，《武》盡發揚蹈厲之美。然舜之德，性之也，又以揖遜而有天下；武王之德，反之也，又以征誅而得天下。故其實有不同者。朱子曰：美是言功，善是言德。問：「說揖遜征誅足矣，何必說性之、反之？」曰：也要就他本身處說。使舜當武王時，畢竟更彊似《大武》；使武王當舜時，必不及《韶》。○德有淺深，時又有幸不幸。舜之德既如此，又遇著好時節；武王德不及舜，又遇著不好時節，故盡美而未盡善。○樂觀其深矣，若不見得性之、反之不同處，豈所謂「聞其樂而知其德」乎？○樂便是德之影子。《韶》、《武》之樂，正是聖人一箇影子。要得因此以觀其心。○《韶》、《武》今皆不可考。但《書》稱「德惟善政」，至勸之以九歌，此便是作《韶》樂之本，所謂「九德之歌、九韶之舞」是也。武王之《武》，看《樂記》便見，蓋是象伐紂之事，所謂「南」者，自南而北伐紂也。氣象便不恁地和。《韶》樂只是和而已。

○程子曰：「成湯放桀，『惟有慙德』。武王亦然。故未盡善。堯舜、湯武，其揆一也。征伐非其所欲，所遇之時然爾。」朱子曰：舜性之，武王反之，自是有淺深。又舜以揖遜，武以征伐。征伐雖是順天應人，自是有不盡善處。今若要彊說舜、武同道也不得，必欲美舜而貶武王也不得。又曰：舜、武不同，正如孟子言伯夷、伊尹之於孔子不同，至謂得百里之地而君之，皆能以朝諸侯、有天下，行一不義、殺一不辜而得天下不爲，是則同也。舜、武同異正如此。故武之德雖比舜自有淺深，而治功亦不多爭。○問：「征伐固武王之不幸，使舜當之，不知如何？」曰：只恐舜是生知之聖，其德盛人自歸之，不必征伐耳。不然，事到頭也住不得。如文王亦然。且如殷始咎周，周人戡黎，祖伊恐，奔告于受，這事勢便自是住不得。若曰「奔告于受」，則商之忠臣義士，何嘗一日忘周？自是紂昏迷爾。○西山真氏曰：聖人於湯、武之事，每微有不足之意。如論樂則以《武》爲未盡善，論泰伯、文王皆稱其爲至德。此非貶湯、武也，惜其不幸而爲此不獲已之舉也。然恐後世遂以湯、武爲非，故曰「湯、武革命，順乎天而應乎人」。《論語》微有不滿之意者，恐後世亂臣賊子借湯、武之名以窺伺神器也；《易》發革命之義者，恐後世亂君肆行於上，無所憚也。聖人立言，爲後世慮，至深遠矣。

○子曰：「居上不寬，爲禮不敬，臨喪不哀，吾何以觀之哉？」

居上主於愛人，故以寬爲本。爲禮以敬爲本。臨喪以哀爲本。既無其本，則以何者而觀其所行之得失哉？ 朱子曰：居上而不寬，爲禮而不敬，臨喪而不哀，更無可據依以爲觀矣。寬、敬、哀，本也。其本既亡，雖有條教法令之施、威儀進退之節、哭泣擗踊之數，皆無足觀者。若能寬、敬、哀了，却就寬、敬、哀中考量他所行之是否。若不寬、不敬、不哀，則雖有其他是處，皆在不論量之限矣。○如寬便有過不及，哀便有淺深，敬便有至不至，須是有其本，方可就本上看他得失厚薄。○寬，有政教法度而行之以寬耳，非廢弛之謂也。如「敬敷五教在寬」，蓋寬行於五教之中也。○吾何以觀之，不是不去觀他，又不是不足觀。只爲他根源都不是了，更把甚麽去觀他？重在「以」字上。○南軒張氏曰：居上不寬，則失所以爲長人之本，其他雖有所爲，尚可觀乎；爲禮而不敬，臨喪而不哀，則繁文末節雖多，亦何以觀也？然寬非縱弛之謂，總其大綱，使人得以自效也。○雙峯饒氏曰：「以」字訓「用」，謂用寬、敬、哀三者觀之也。蓋有此三者，則其大體已得，方可就此觀其小節。若無此三者，則全體都不是，更把甚底去看他？

論語集註大全卷之三

論語集註大全卷之四

里仁第四

凡二十六章。

子曰：「里仁爲美。擇不處仁，焉得知？」處，上聲。焉，於虔反。知，去聲。

里有仁厚之俗爲美。擇里而不居於是焉，則失其是非之本心而不得爲知矣。朱子曰：「擇」字因上句爲文。問：「此章謝氏引孟子『擇術』爲證，如何？」曰：聖人本語只是擇居，不是說擇術。古人居必擇鄉，遊必就士。又問：「今人數世居此土，豈宜以他鄉俗美而遽遷邪？」曰：古人危邦不入，亂邦不居。近而言之，若一鄉之人皆爲盜賊，吾豈可不知所避？○勉齋黃氏曰：居必擇鄉，居之道也。薰陶

染習以成其德，賙恤保愛以全其生，豈細故哉？夫子稱子賤而歎魯多君子以此也。○勿軒熊氏曰：《學而》篇言「親仁」，此言「處仁」，後篇言「以友輔仁」，又言「居是邦，友其士之仁者」。居養見聞之助，薰陶漸染之益，皆資於人者也。○雲峯胡氏曰：《集註》「仁厚之俗」四字有斟酌。一里之中，安得人皆仁者？但有仁厚之俗則美矣。○新安陳氏曰：惻隱、羞惡、辭讓、是非，皆人之本心。是非之心，知之端也。不知，則失其是非之本心矣。

○子曰：「不仁者不可以久處約，不可以長處樂。仁者安仁，知者利仁。」樂音洛。知，去聲。

約，窮困也。利，猶貪也，蓋深知篤好去聲。而必欲得之也。雙峯饒氏曰：知者之於仁，如小人之貪利，皆深知篤好，必欲得之。不仁之人，失其本心，久約必濫，久樂必淫。南軒張氏曰：不仁者勉强而暫處則有之，差久則移於約樂，無所不至矣。○雙峯饒氏曰：濫，如水之泛濫；淫，如水之浸淫。久約者爲飢寒所逼而不能自守，以至放蕩於禮法

之外，如水之溢出外去，故曰「濫」；久樂者爲富貴所溺而不能自守，不知不覺至於驕奢，如水之浸入裏來，故曰「淫」。「濫」字是「窮斯濫矣」之「濫」，「淫」字是「富貴不能淫」之「淫」。○吴氏曰：「約」與「豐」對，「樂」與「憂」對。對舉之，互文也。不仁者不可一日處。聖人之言，待人以厚，故以久長言之爾。○雲峯胡氏曰：仁、義、禮、知皆吾本心，而仁統三者。仁一失，則三者俱失矣。所以於上章「焉得知」，則曰「失其是非之本心」。此於「不仁」，則直曰「失其本心」。《集註》之精密如此。○東陽許氏曰：不仁者久約則憂患而諂諛卑屈之態生，苟且邪僻之行作；久富貴則佚樂而驕矜縱誕之氣長，踰節陵分之事興。約者日流於卑下，樂者日過於僭躐，是濫與淫意象。

惟仁者則安其仁而無適不然，知者則利於仁而不易所守。蓋雖深淺之不同，然皆非外物所能奪矣。

朱子曰：仁者温淳篤厚，義理自然具足，不待思而爲之，而所爲皆是義理，所謂「仁」也；知者知有是非而取於義理以求其是，而去其非，所謂「知」也。○仁者安仁，如孟子説「動容周旋中禮者，盛德之至也；哭死而哀，非爲生者也；經德不回，非以干禄也；言語必信，非以正行也」。這只順道理合做處便做，更不待安排布置。○「深」謂仁者，「淺」謂知者。仁者之心便是仁。知者未能無私意，只是知得私意不是著脚所在，又知得無私意是好，所以千方百計亦要克去私意。○慶源輔氏曰：無適不然，無所往而不安也；不易所守，知而弗去是也。○胡氏曰：舜之飯糗茹草若將終身，被袗衣鼓琴若固有之，此安仁者之久處約、長處樂也；原憲環堵，閔損汶上，魯之季文子、齊之晏平仲，此利仁者之久處約、長處樂也。○雙峯饒氏曰：安仁者心與仁一，仁即我，我即仁，故曰「其仁」，即仁者之仁也；利仁者心與仁猶二，於仁猶有間，故曰「於仁」，猶未是仁，不過利於仁耳。

○謝氏曰：「仁者心無内外遠近精粗之間，去聲。非有所存而自不亡，非有所理而自不亂，如目視而耳聽，手持而足行也。知者謂之有所見則可，謂之有所得則未可，有所存斯不亡，有所理斯不亂，未能無意也。安仁則一，利仁則二。」

朱子曰：上蔡見識直是高，諸解中未有及此者。○慶源輔氏曰：「存」言其體，「理」言其用。知者有所操存，其體斯不亡；有所經理，其用斯不亂。仁者則不待如此，一體一用，皆自然而然。○雙峯饒氏曰：心無内外遠近精粗之間，是説他仁熟處。他人於此處能存，於彼處或不能存；於此處能理，於他處或不能理。唯仁者内面如此，外面亦如此，遠近精粗無適不然。内，謂存處時；外，謂應事接物時。近，謂日用常行處；遠，謂非日用常行處。精，如治《詩》、《書》禮樂等事；粗，如治錢穀甲兵等事。「存」是心存，「理」是事理。安仁者，非顔、閔以上上聲。去聖人爲不遠，不知此味也。諸子雖有卓越之才，謂之見道不惑則可，然未免於利之也。」朱子曰：吾心渾然一理，「無内外遠近精粗」。須知非顔、閔以上不知此味，及到顔、閔地位知得此味，猶未到安處。○仁、知雖一，然世間人品所得自有不同。顔子、曾子，得仁之深者也；子夏、子貢，得知之深者也。○或問：「而今做工夫且須利仁。」曰：惟聖人自誠而明，合下便自安仁；若自明而誠，須是利仁。○勉齋黄氏曰：安仁，利仁，則所存者天理，故安於義命所當然，而物欲不能以累其心，所以處約樂之久而不爲之動也。○吴氏曰：《易·繫》、《論語》多以仁、知並言，樊遲亦再問仁、知。大抵學問不出知行，知主知而仁主行也。○雲峯胡氏曰：不仁者失其本心者也，安仁者本心非有所存而自不失，利仁者能存其本心而惟恐失之。嗚呼，安之者不可遽及，失之者可爲戒，而守之者可爲法矣！

○子曰：「惟仁者能好人，能惡人。」好、惡，皆去聲。

惟之爲言「獨」也。蓋無私心，然後好惡當去聲。於理。程子所謂「得其公正」是也。程子曰：仁者用心以公，故能好惡人。公最近仁。○朱子曰：程子之言約而盡。公者，心之正也；正者，理之得也。一言之中體用備矣。○公正，今人多連看。其實公自是公，正自是正，這兩箇字相少不得。公是心裏公，正自好惡得來當理。苟公而不正，則其好惡必不能皆當乎理；正而不公，則切切然於事物之間求其是而心却不公。此兩字不可少一。○程子只著「公正」兩字解這處。某怕人理會不得，故以「無私心」解「公」字，「好惡當於理」解「正」字。有人好惡當於理而未必無私心，有人無私心而未必好惡當於理。然惟公而後能正。「公」是箇廣大無私意，「正」是箇無所偏尚處。○胡氏曰：無私心，體也；好惡當於理，用也。○雙峯饒氏曰：「忠清」章論仁，是因事而原其心，故先言當理而後言無私心；「能好惡」是由心而達於事，故先言無私心而後言當於理。○游氏曰：「好善而惡惡，如字。天下之同情。然人每失其正者，心有所繫牽於私。而不能自克也。惟仁者無私心，所以能好惡也。」朱子曰：好善而惡惡，天下之同情。若稍有些私心，則好惡之情發出來便失其正。惟仁者心中渾是正理，見人之善則好之，見不善者則惡之。或好或惡，皆因人之有善惡，而吾心廓然大公，絶無私繫，故見得善惡十分分明而好惡無不當理，故謂之能好能惡。○慶源輔氏曰：仁者心之德，純是義理。纔有纖毫私欲，便是不仁。不仁則其好惡自然與義理相違悖矣。○胡氏曰：好其所是，惡其所非，人之至情也。然有一毫私意雜乎其間，則憎而不知其善，愛而不知其惡者有矣。故好惡當理，惟仁者能之。仁者之心，渾然天理，無一毫私意。其心之所好，理之所當好；其心之所惡，理之所當惡也。○雲峯胡氏曰：好惡之心，人皆有之，獨仁者能之。《大學》曰：「唯仁人能愛人，能惡人。」皆須看「能」字。好惡當於理，始可謂之「能」。不然，非能好能惡也。

○子曰：「苟志於仁矣，無惡也。」惡，如字。

苟，誠也。如「苟日新」之苟。○胡氏曰：「苟」字有二義。有以苟且爲言者，苟合、苟美之類是也；有以誠實爲言者，此章及「苟子不欲」之類是也。志者，心之所之也。其心誠在於仁，則必無爲惡之事矣。朱子曰：方志仁時，便無惡；若間斷不志仁時，惡又生。○勉齋黄氏曰：人心不可兩用，志於此必遺於彼。所患者無其志耳。夫仁者，此心之全德。誠志於仁，則必先存此心天理之公，而去其人欲之私，惡念何自而生乎？○潛室陳氏曰：此是君子、小人分路。猶向東行人，一心向東去，無復有回轉向西之理。西行人亦然。○勿軒熊氏曰：《語》言志有三：曰志學，曰志道，曰志仁。仁則直指本心，尤親切矣。○新安陳氏曰：「苟志於仁」四字涵三意。志於仁，與「志於道」不同。仁是道德之精純。志是志向之堅定，而又加以誠焉，則於爲惡之事可保其必無矣。○楊氏曰：「苟志於仁，未必無過舉也。然而爲惡則無矣。」朱子曰：志於仁，則雖有過差不謂之惡；惟其不志於仁，是以至於有惡。此「志」字不可草草看。○慶源輔氏曰：過舉，謂或用意過當，或資質之偏，或氣壹之動志。無惡，則志爲之主也。志在於仁，則思慮自不到惡上矣。○《通書解》曰：「有心悖理爲惡，無心失理爲過。」

○子曰：「富與貴，是人之所欲也。不以其道得之，不處也。貧與賤，是人之所惡也。不以其道得之，不去也。惡，去聲。

不以其道得之，謂不當得而得之。或問：「君子而有以非道得富貴者，何也？」朱子曰：是亦一時不期而得之，非語其平日之素行也。○勉齋黄氏曰：博奕鬭狠，奢侈淫肆之類，皆所以取貧賤之道。不以其道者，謂無此等事，而爲水火盜賊，詿誤陷於刑戮之類，以致貧賤也。然於富貴則不處，於貧賤則不去，君子之審富貴而安貧賤也如此。

程子曰：無道而得富貴，其爲可恥，人皆知之，而不處焉，惟特立者能之。○朱子曰：不以其道得富貴須是審。苟不以其道，決是不可受。不以其道得貧賤却要安。蓋我雖是不當貧賤，然當安之。不可於上面計較云我不當得貧賤，有汲汲求去之心。○問：「富貴不處，是安於義；貧賤不去，是安於命。蓋吾何求哉？」朱子曰：❶求安於義理而已。不當富貴而得富貴則害義理，故不處；不當貧賤而得貧賤則自家義理已無愧，居之何害？富貴人所同欲，若不子細便錯了；貧賤人所同惡，自家既無愧義理，若更去其中分疏我不當貧賤便不是。○富貴不以道得之，如「孔子主我，衛卿可得」之類。○王氏曰：審有兩端，安只一路。○葉氏曰：富貴不苟處，則可以長處樂；貧賤不苟去，則可以久處約。

「君子去仁，惡乎成名？惡，平聲。

言君子所以爲君子，以其仁也。若貪富貴而厭貧賤，則是自離去聲。其仁而無君

❶「朱子曰」三字，原脱，今據《語類》卷二六及體例補。

子之實矣，何所成其名乎？慶源輔氏曰：「貪」字與「審」字相反，「厭」字與「安」字相反。○雙峯饒氏曰：君子去仁，惡乎成名，是結上生下。○新安陳氏曰：名者實之賓。因「名」字而遡其實。

「君子無終食之間違仁，造次必於是，顛沛必於是。」造，七到反。沛音貝。

終食者，一飯之頃。造次，急遽苟且之時；顛沛，傾覆流離之際。蓋君子之不去乎仁如此，不但富貴貧賤取舍上聲。下同。之間而已也。朱子曰：杜預謂「草次之期」，言草草不成禮也，便是此意。《左傳》「過信爲次」，亦是苟且不爲久計之意。苟且是時暫處，非如大賓大祭之時。顛沛，如曾子易簀之時。○無終食違仁，是無時而不仁；造次顛沛必於是，是無處而不仁。○西山真氏曰：此章當作三節看。處富貴貧賤而不苟，此一節猶是麤底工夫。至終食不違，又是一節，乃存養細密工夫。然猶是平居暇日事，可勉而至。至於造次急遽之時，患難傾覆之際，若非平時存養已熟，至此鮮不失其本心。若能至此猶必於是仁，乃至細密工夫，其去安仁地位已不遠矣。然若無麤底根基，豈有遽能造於細密者？故必以審富貴安貧賤爲本，然後能進於此，乃用功之序也。○言君子爲仁，自富貴、貧賤取舍之間，以至於終食、造次、顛沛之頃，無時無處而不用其力也。然取舍之分去聲。明，然後存養之功密；存養之功密，則其取舍之分益明矣。朱子曰：此言內外大小皆當理會。外若不謹細行，則內何以爲田地根本？內雖有田地根本，而外行不謹，則亦爲之搖奪。如世間固有小廉曲謹，而臨大節無可取者；亦有外面界辨分明，而內守不固者。○慶源輔氏曰：取舍之分在外，審富貴安貧賤是也，而實有助於內。存養之功在內，所謂無終食造次顛沛之違是也，而實有益於外。故取舍明，則存養愈精密而無違缺之處；存養密，則取舍愈分明而無疑似之差。○雙峯饒氏曰：天下之所同欲者莫如富貴，所同惡者莫如貧賤，雖君子之心亦無以異於人也。然人之常情，欲之則必趨之，惡之則必避之，鮮有不因是而喪其所守者。惟君子則不然。於富貴未嘗不欲，而得之不以其道，則寧避之而不處；於貧賤未嘗不惡，而得之雖不以道，亦寧安之而不去。是何君子欲惡之與人同，而去取之與人異邪？誠以富貴雖可欲，而所欲有大於富貴者；貧賤雖可惡，而所惡有大於貧賤者。千乘萬鍾得之若可以爲榮，然義之不度而有害於吾本心之仁，則適足以爲辱；不得之若可以爲戚，然命之能安而無害於吾本心之仁，則乃所以爲樂。人能知此，而於二者之間審所擇焉，則天理人欲去取之分判然於中，而存養省察以全吾本心之仁者，自有不容已者矣。是以古之君子戰戰兢兢，静存動察，不使一毫慢易非僻之私得以留於其間，而有終食之違焉。造次之時，人所易忽也，而不敢忽；顛沛之地，人所易忘也，而不敢忘。必使此心之仁，無頃刻之間斷，無毫釐之空闕，而後爲至焉。此其所以動静周流，隱顯貫徹，而日用之間，無非天理之流行也。

○子曰：「我未見好仁者，惡不仁者。好仁者無以尚之。惡不仁者其爲仁矣，不使不仁者加乎其身。好、惡，皆去聲。

夫子自言未見好仁者，惡不仁者。蓋好仁者，真知仁之可好，故天下之物無以加之；惡不仁者，真知不仁之可惡，故其所以爲仁者，必能絶去不仁之事而不使少有及於其身。此皆成德之事，故難得而見之也。朱子曰：好仁惡不仁，只是利仁事，却有此二等。然亦無大優劣。好仁者是資性渾厚底，惻隱之心較多；惡不仁者是資性剛毅底，羞惡之心較多。聖人謂我未見好仁惡不仁者，又從而解之曰，我意所謂好仁者須是無以尚之，惡不仁須是不使不仁者加乎其身。是好之篤、惡之切，非畧畧恁地知好惡底。○好仁者，如好好色，舉天下之物無以加尚之。若有以尚之，則其好可移矣。若説我好仁，又却好財好色，便是不曾好仁。惡不仁者，如惡惡臭，惟恐惡臭之及其身。好好色，惡惡臭，皆是己身上事，非是專言好他人之仁，惡他人之不仁也。○好仁惡不仁之人，地位儘高，直是難得。《禮記》「無欲而好仁，無畏而惡不仁者，天下一人而已」，正是此意。○顔子、明道，是好仁；孟子、伊川，是惡不仁。○惡不仁，終是兩件，好仁却渾淪了。學者未能好仁，且從惡不仁上做將去，庶幾堅實。又曰：好仁而未至，却不及那惡不仁之切底。蓋惡不仁底真是壁立千仞，滴水滴凍，做得事成。○潛室陳氏曰：性各有偏重。顔子是好仁之人，豈不能惡不仁？孟子是惡不仁之人，豈不能好仁？然好仁意思勝如惡不仁；然惡不仁意思勝如好仁。故各於偏重處成就。○蔡氏曰：論資質，則惡不仁者不如好仁者之渾然；論工夫，則好仁者不如惡不仁者之有力。要之皆成德之事。○雙峯饒氏曰：好仁者於好上重，惡不仁者於惡上重。惡不仁者未便是仁，因其惡不仁也，而後能爲仁，故曰「其爲仁矣」。「其」是將然之辭。既惡不仁，則亦將爲仁矣，是何也？以其惡之之深，不使不仁之事加於其身故也。

「有能一日用其力於仁矣乎？我未見力不足者。

言好仁惡不仁者，雖不可見。然或有人果能一旦奮然用力於仁，則我又未見其力有不足者。蓋爲仁在己，欲之則是，而志之所至，氣必至焉。故仁雖難能，而至之亦易去聲。下同。也。問：「一日用其力，將志氣合説如何？」朱子曰：用力説氣較多，志亦在上面了。志之所至，氣必至焉。夫志，氣之帥也；氣，體之充也。人出來萎萎衰衰，恁地柔弱，亦只是志不立。志立自是奮發敢爲，這氣便生。志在這裏，氣便在這裏。志與氣自是相隨。若真箇要求仁，豈患力不足？

「蓋有之矣，我未之見也。」

蓋，疑辭。有之，謂有用力而力不足者。蓋人之氣質不同，故疑亦容或有此昏弱之甚，欲進而不能者。但我偶未之見耳。蓋不敢終以爲易，而又歎人之莫肯用力於仁也。朱子曰：有一般人，其初用力非不切至，到中間自是欲進不能，所謂力不足者，中道而廢，正是説此等人。這般人亦未之見，可見用力於仁者之難得也。○此章言仁之成德雖難其人，然學者苟能實用其力，則亦無不可至之理。但用力而不至者，今亦未見其人焉。此夫子所以反覆而歎息之也。慶源輔氏曰：此章三言

「未見」而意實相承。初言成德者之未見，次言用力者之未見，末又言用力而力不足者之未見。無非欲學者因是自警而用力於仁耳。○雲峯胡氏曰：好仁惡不仁者，利仁之事；用力於仁者，勉行之事。皆未之見，可歎也。用力而未至者亦未之見，益可歎也。然不必謂世無其人，但謂我未見其人，猶有不絶望之意焉。其勉人也切，而待人也厚，可於此觀聖人之心矣。

○子曰：「人之過也，各於其黨。觀過，斯知仁矣。」

黨，類也。程子曰：「人之過也，各於其類。君子常失於厚，小人常失於薄；君子過於愛，小人過於忍。」尹氏曰：「於此觀之，則人之仁不仁可知矣。」朱子曰：君子過於厚與愛，雖是過，然亦是從那仁中來，血脉未至斷絶。若小人之過於薄忍，則仁之血脉已斷絶，謂之仁可乎？○人之過，不止於厚薄愛忍四者。伊川只是舉一隅耳。若君子過於廉，小人過於貪，君子過於介，小人過於通之類皆是。然亦不止此。但就此等處看，則人之仁不仁可見，而仁之氣象亦可識。故但言「斯知仁矣」。○劉氏云：周公使管叔監殷而管叔以殷畔，昭公不知禮而孔子以爲知禮，實過也。然周公愛其兄，孔子厚其君，是乃所以爲仁也。○觀過斯知仁，猶曰觀人之過，足知夫人之所存也。若於此而欲求仁之體，則失聖人本意矣。○慶源輔氏曰：人情於人之過失多不致察，故夫子發此歎耳。○蔡氏曰：聖經渾涵宏博，但曰人之過也各於其黨，而厚薄愛忍自無不包；但曰觀過，而觀人自觀自無不備；但曰斯知仁，而仁不仁皆在其中矣。○潛室陳氏曰：過於厚處，即其仁可知；過於薄處，即其不仁可知。觀其人之過，可以知其仁不仁矣。中含「不仁」字。○或曰：「聖人只説『知仁』，尹氏又説『人之仁不仁可見』，何也？」雙峯饒氏曰：他見各於其黨兼君子小人而言，故下句亦作仁不仁説。要之上文雖兼兩邊，其意實重在這一邊。觀過知仁，恐只説這一邊好底。言雖過也，然因其過猶足以見其仁，如周公、孔子之過是也。若小人則無處不薄，無處不忍，何待其過然後知其不仁？○吴氏曰：「後漢吴祐，謂掾俞絹反。以親故受汙穢之名，所謂『觀過知仁』是也。」《後漢書》：吴祐順帝時遷膠東俟相。祐政唯仁簡，以身率物，吏人懷而不欺。嗇夫孫性，嗇夫，小吏也。私賦民錢市衣以進其父。父得而怒曰：「有君如是，何忍欺？」促歸伏罪。性慙懼詣閤，持衣自首。祐屏音丙。左右問其故。性具談父言。祐曰：「掾以親故受汙穢之名，所謂『觀過斯知仁』矣。」使歸謝父，還以衣遺去聲。之。愚按，此亦但言人雖有過，猶可即此而知其厚薄。非謂必俟其有過而後賢否可知也。勉齋黃氏曰：人雖有過，不可以其過而忽之。於此而觀其類，乃可以得其用心之微也。或謂與仁同功，其仁未可知；與仁同過，然後其仁可知。記禮者之意亦可取乎？曰：如此則是必欲得其人之過而觀之，然後知其仁，恐非聖人之意也。○雲峯胡氏曰：人之過，兼君子小人而言；觀過，獨指君子而言。仁者，人之本心也。君子不失其本心，故觀其無心之過，猶可知其本心之存。小人本心已亡矣，又何觀焉？

○子曰：「朝聞道，夕死可矣。」

道者，事物當然之理。苟得聞之，則生順死安無復扶又反。遺恨矣。朝夕，所以甚言其時之近。胡氏曰：夫子但以夕死爲可，而今兼「生順」言之者，惟其生順而後「死安」也。果能有所聞，必不肯置身於一毫不順之地矣。○新安陳氏曰：「生順死安」四字，本張子《西銘》「存吾順事，没吾寧也」。○程子曰：「言人不可以不知道。苟得聞道，雖死可也。」又曰：「皆實理也，人知而信者爲難。死生亦大矣。非誠有所得，豈以夕死爲可乎？」程子曰：聞道，知所以爲人也。夕死可矣，是不虛生也。○朱子曰：道，只是事物當然之理，只是尋箇是處。若見得道理分曉，生固好，死亦不妨。夕死可矣，只是說便死也不妨，非謂必死也。○道誠不外乎日用常行之間，第恐知之或未真耳。若是知得真實，必能信之篤，守之固。幸而未死，則可以充其所知爲聖爲賢。萬一即死，亦不昏昧過了一生如禽獸然。是以爲人必以聞道爲貴也。○聖人非謂人聞道而必死，但深言道不可不聞耳。蓋將此二句來反之曰：若人一生而不聞道，雖長生亦何爲？人而聞道，則生也不虛，死也不虛；若不聞道，則生也枉了，死也枉了。○聞道不止知得一理，須是知得多，有箇透徹處。○潛室陳氏曰：此「聞」，非謂耳聞，謂心悟也，即程門所謂「一日融會貫通」處。爲學若不見此境界，雖皓首窮經亦枉過一生；若已到此境界，雖死無憾，亦不虛了一生也。○厚齋馮氏曰：人不知道，有愧於生。道罕得聞，人無不死。使誠聞道，雖死何憾？曰「可矣」，非謂必至於死也。○齊氏曰：子貢猶謂「性與天道不可得聞」，必如曾子之「唯」而後能聞爾。○雙峯饒氏曰：人不聞道，則動作云爲是非皆不知，冥行而已，枉在天地間做人。既聞道，方知爲子必不可不孝，爲臣必不可不忠，每事順理而行。生既順理，則俯仰無愧，其死方安。問：「如曾子得正而斃，方死而安。」曰：曾子唯聞道，所以須要易簀。曾元唯未聞道，惟知以姑息愛其親，故以幸至旦爲請。此章重在聞道，不在死生。○雲峯胡氏曰：道者，人之所以爲人之理；聞道者，此心真有得乎此理。朝聞道，朱子所謂「一旦豁然貫通」者也。苟無平日積累之勤，必無一朝頓悟之妙。謂之「人」，而昧其所以爲人之理，與禽獸草木同生死，可乎？不可乎？縱使有長生不死之説，亦復可乎？不可乎？「可矣」二字，令人惕然有深省處。

○子曰：「士志於道，而恥惡衣惡食者，未足與議也。」

心欲求道，而以口體之奉不若人爲恥，其識趣七住反，向也。之卑陋甚矣，何足與議於道哉？○程子曰：「志於道而心役乎外，何足與議也？」華陽范氏曰：志於道者，重內而忘外；恥惡衣惡食者，未能忘外也。徇其外而無得於內矣，夫豈足與議哉？○問：「志道如何尚恥惡衣食？」朱子曰：有這般半上落下底人，也志得不力。只名爲志道，及外物來誘則又遷變了。○問：「志於仁則能無惡，志於道乃猶有此病，何也？」曰：仁是最切身底道理。志於仁，大段是親切做工夫，所以必無惡；志於道，則説得來闊，凡人有志於學皆是也。若志得來汎而不切，則未必無恥惡衣食之事。○求安與飽者，猶以適乎口體之實也。此則非以其不可衣且食也，特以其不美於觀聽而自耻焉。若謝氏所謂「食前方丈則對客泰然，疏食菜羹則不能出諸其户」者，蓋其識致卑凡，又在求飽與安者下矣。○陳氏曰：志方求而未真有得，安保其無外役以分之？○西山真氏曰：志於道者，心存於義理也；恥衣食之惡者，心存於物欲也。理之與欲，不能兩立，故聖人以此爲戒也。學者必須於此分別得明白，然後可以進道。不然，則亦徒説而已。顏子一簞食，一瓢飲，不改其樂，此是不恥惡食；子路衣敝緼袍，與衣狐貉者立而不恥者，此是不恥惡衣。前輩有云：「咬得菜根，何事不可爲？」是亦此意。○葉氏曰：心一而已。役於物則害於道，篤於道則忘於物。天理人欲消長之機，聖人之所深辯，而學者之所當加察也。○王氏曰：「未」字見聖人待人寬厚處。兩「何足」字是先儒鞭迫緊切處。○新安陳氏曰：内重而見外之輕，得深而見誘之小。斯人也，與之議道，則識高明而論精微。今云學道而尚羞惡衣食，則與不學無識之俗人何異？其内不重，得不深，可知矣。言此以厲爲士而識趣卑陋者也。

○子曰：「君子之於天下也，無適也，無莫也，義之與比。」適，丁歷反。比，必二反。

適，專主也。《春秋傳》去聲。曰「吾誰適從」是也。《左傳》僖公五年：晉侯使士蔿爲二公子築蒲與屈。士蔿退而賦曰：「狐裘厖音蒙。茸，以狐腋爲裘，貴者之裘也。厖茸，亂貌。言貴者之多也。一國三公，蒲，屈，大都耦國，故獻公與二公子鼎立爲三公。吾誰適從？」言城不堅，則爲二公子所怨；堅之，則爲固仇不忠，無以事君，故不知所適從。莫，不肯也。比，從也。勉齋黃氏曰：於天下，言於天下之事無不然，惟義之從，不可先懷適莫之念也。○謝氏曰：「適，可也；莫，不可也。無可無不可，苟無道以主之，不幾平聲。於猖音昌。狂自恣乎？此佛、老之學，所以自謂心無所住而能應變，而卒得罪於聖人也。聖人之學不然，於無可無不可之間有義存焉。然則君子之心果有所倚乎？」朱子曰：義是吾心所處之宜者，見事合恁地處則隨而應之，更無所執也。義當富貴便富貴，義當貧賤便貧賤，當生則生，當死則死，只看義理合如何。○慶源輔氏曰：道是體，義是用。聖人之學，以道爲主，而隨事汎應有義存焉。處物爲義，心無適莫，只看義合如何，雖若有所倚而實無所倚。道義變動不居，未嘗有所倚著故也。無適莫而不主於義，則猖狂妄行；無適莫而義之比，則步步著實也。○雙峯饒氏曰：心不可先有所主，當於事至物來，虛心觀理，惟是之從而已。老主虛，佛主空，自謂無所住著，似乎無適莫。然無義爲之據依，故至於猖狂自恣。問：「吾儒異於二氏者何在？」曰：吾儒則見虛空中辟塞皆是實理，故未應則無思無爲，而此理已具，已應則無適莫而惟義之從。○東陽許氏曰：無適莫者，有義爲之主。無可無不可者，義在可則可，義在不可則不可爾。心無住者，應事則可亦可，不可亦可也。何獨應變不同於聖人？其應常亦未嘗有同也。

○子曰：「君子懷德，小人懷土；君子懷刑，小人懷惠。」

懷，思念也。懷德，謂存其固有之善；懷土，謂溺其所處上聲。之安。懷刑，謂畏法；懷惠，謂貪利。君子小人趣向不同，公私之間而已矣。○尹氏曰：「樂音洛。善謂懷德。惡烏路反。不善，謂懷刑。所以爲君子；苟安懷土。務得，懷惠。所以爲小人。」問：「所貴乎君子者，正以其無所待於外而自脩也。刑者，先王所以防小人，君子何必以是爲心哉？」朱子曰：無慕於外而自爲善，無畏於外而自不爲非，此聖人之事也。若自聖人以降，亦豈不假於外以自脩飾？所以能「見不善如探湯」、「不使不仁者加乎其身」，皆爲其知有所畏也。所謂「君子」者，非謂成德之人也。若成德之人，則誠不待於懷刑也。但言如此則可以爲君子，如此則爲小人。○樂善惡不善，猶曰「好仁惡不仁」。必以刑言，則管仲所謂「畏威如疾」，申公巫臣所謂「慎罰務去之」之謂。大抵懷德之君子，不待懷刑而自安於善；懷土之小人，特欲全其所保而未必有逐利貪得之心。其爲善惡，亦各有深淺矣。○問：「此章君子小人所懷不同，與周比、和同相反者無異否？」雙峯饒氏曰：懷土、懷惠，固皆是爲利。然與那爲惡底小人，又似少異。但用心既殊，其終亦必至於相反。○雲峯胡氏曰：《論語》以君子、小人對言者甚多。他章多指其所爲者言，此章則指其所思者言。所爲者，行事之著；所思者，心術之微也。○新安陳氏曰：懷德者，安於善；懷刑者，畏法而不敢爲不善。懷土者，自戀其所有；懷惠者，貪得人之所有。又此所謂「懷土」，與《易》所謂「安土」不同。《易》與「樂天敦仁」連言，有安分不外求之意；此則《集註》曰「溺其所處之安」，又曰「苟安」，其相去遠矣。○東陽許氏曰：德者，人得於天之善理，即《大學》所謂「明德」。君子常切思懷念念不忘，欲至於至善之地；小人不知有此，徇其欲心，惟思自逸，不能遷善以成德。君子常念刑法之可畏，而自守其身，不至於犯之；小人但思惠利之所在，不能擇義，惟務苟得，雖有刑法在前亦不顧。

○子曰：「放於利而行，多怨。」放，上聲。

孔氏曰：孔氏，名安國，西漢人。「放，依也。多怨，謂多取怨。」○程子曰：「欲利於己，必害於人，故多怨。」朱子曰：放於利而行，只是要便宜底人，凡事只認自家有便宜處便不恤他人，所以多怨。○勉齋黃氏曰：謂之「放」，則無一言一動不在於利也。謂之「多」，則其怨之者不但一二人而已。惟其放利，所以多怨。○雙峯饒氏曰：事事依利而行，則利己害人處必多，所以多怨。「多」字從「放」字上生。

○子曰：「能以禮讓爲國乎，何有；不能以禮讓爲國，如禮何？」

讓者，禮之實也。王氏曰：讓以心言，故曰「禮之實」。何有，言不難也。言有禮之實以爲國，則何難之有？不然，則其禮文雖具，亦且無如之何矣，而況於爲國乎？問：「讓者，禮之實也。莫是辭讓之端，發於本心之誠然，故曰讓是禮之實？」朱子曰：是。若玉帛交錯固是禮之文，而擎拳曲跽，升降俯仰，也只是禮之文，皆可以僞爲。惟是辭讓方是禮之實，這却僞不得。既有是實，自然是感動得人心。若以好争之心而徒欲行禮文之末以動人，如何感化得他？○先王之爲禮讓，正要朴實頭用。若不能以此爲國，則是禮爲虛文爾，其如禮何？○問：「禮者，自吾心恭敬至於事爲之節文，兼本末而言也；讓者，禮之實，所謂恭敬辭讓之心是也。君子欲治其國，亦須是自家盡得恭，方能以禮爲國。所謂『一家讓，一國興讓』，則爲國何難之有？不能盡恭敬辭讓之心，則是無實矣。雖有禮之節文，亦不能行，況爲國乎？」曰：且不柰禮之節文何，可以爲國？○雙峯饒氏曰：孟子告梁王，謂「上下交征利而國危」，又謂「後義先利，不奪不饜」，此正是不讓處，如何爲國？夫子是以春秋之時禮文雖在，然陪臣僭大夫，大夫僭諸侯，諸侯僭天子，故有爲而言。○雲峯胡氏曰：「能」字亦緊要。行禮非難，能讓爲難。常人雖欲讓，私欲害之，有欲讓而不能者。故《書》首稱堯爲「克讓」。讓者禮之實，能則實於讓。○新安陳氏曰：世人於辭受之際，始或虛讓，而卒也實受，非讓也。必以辭讓之實心，行辭讓之實事，始可以言讓。有禮之實，則爲國而有餘；無禮之實，則爲禮且不足，其不能爲國意蓋在言外也。

○子曰：「不患無位，患所以立；不患莫己知，求爲可知也。」

所以立，謂所以立乎其位者。朱子曰：猶言「不怕無官做，但怕有官不會做」。可知，謂可以見知之實。○程子曰：「君子求其在己者而已矣。」朱子曰：致君澤民之具，達則行之，無位非所患也。聖人所説只是教人不求知，但盡其在我之實而已。○南軒張氏曰：患所以立，求爲可知，爲己者之事也。若有患無位與人莫己知之心，一毫之萌，則爲徇於外矣。不患莫己知而求爲可知，則君子爲己之學蓋可知矣。若曰使在己有可知之實，則人將自知之，則是亦患莫己知而已。豈君子之心哉？○勉齋黄氏曰：求諸己而在人者有不得，在我無憾矣；求諸人而在我者有不足，祇自愧而已。○慶源輔氏曰：人情惟患無位耳，君子則以立乎其位者爲患；人情惟患莫己知耳，君子則以無可知之實爲患。此正爲己之學也。

○子曰：「參乎，吾道一以貫之！」曾子曰：「唯。」參，所金反。唯，上聲。

「參乎」者，呼荒故反。下同。曾子之名而告之。貫，通也。唯者，應之速而無疑者也。聖人之心，渾上聲。然一理，體一。而泛應曲當，去聲。用各不同。用殊。曾子於其用處，蓋已隨事精察而力行之，但未知其體之一爾。夫子知其真積力久，將有所得，新安倪氏曰：《荀子·勸學篇》「真積力久則入」，謂真誠之積，用力之久。是以呼而告之。曾子果能默契其指，即應之速而無疑也。朱子曰：一是一心，貫是萬事。看甚事來，聖人只這心應去。只此一心之理，盡貫衆理。○問：「未『唯』之前如何？」曰：未「唯」之前，見一事是一箇理；及「唯」之後，千萬箇理只是一箇。如事君忠是此理，事親孝交友信也是此理。以至精粗大小之事，皆此一理貫通之。曾子先只見得聖人千條萬緒都好，不知都是從這一心做來。及聖人告之，方知都是從這一箇大本中流出。如木千枝萬葉都好，都是從這生氣流注貫去也。○曾子工夫已到，千條萬緒，一一身親歷之，聖人一點他便醒。觀《禮記・曾子問》中問喪禮之變，曲折無不詳盡，便可見曾子是一一理會過來。○「一」對「萬」而言。不可只去一上尋，須去萬上理會。若見夫子語「一貫」，便將許多合做底都不做，只理會一，不知却貫箇甚底？貫如散錢，一如索子。曾子盡數得許多散錢，只無一索子。夫子便把這索子與之。今若没一錢，只有一條索子，亦將何以貫？今不愁不理會得一，只愁不理會得貫。理會貫未得便言一，天資高者流爲佛、老，低底只成一箇鶻突物事。○問：「《中庸》曰：『鳶飛戾天，魚躍于淵，言上下察也。君子之道，造端乎夫婦，及其至也，察乎天地。』此是子思在天舉一物，在地舉一物，在人舉夫婦。鳶與魚其飛、躍雖不同，其實一物爲之耳，夫婦之道亦不出乎此。是皆子思發明一貫之道也。孔子繫《易》辭，有曰『以言乎遠則不禦，以言乎邇則静而正，以言乎天地之間則備矣』，亦發明斯道也。」曰：所引《中庸》、《易傳》之言，以證一貫之理甚善。愚意所謂一貫者亦如是。○東陽許氏曰：一理貫萬事，固是説事物雖衆，只是一箇道理。此言「吾道一以貫之」，是就聖人應事處説。須要體認得聖人之心全是理，行出全是道，如此方是「吾道一以貫之」。若只説萬理一原，却只是論造化，與此章意不相似。

子出。門人問曰：「何謂也？」曾子曰：「夫子之道，忠恕而已矣。」

盡己之謂忠，推己之謂恕。而已矣者，竭盡而無餘之辭也。夫子之一理渾然而泛應曲當，此聖道之一貫。譬則天地之至誠無息而萬物各得其所也。新安陳氏曰：此就聖人分上移上一步，借天地之道之體用，以形容聖道之體用。自此之外，固無餘法，而亦無待於推矣。朱子曰：自此之外，固無餘法，便是那竭盡無餘之謂。○慶源輔氏曰：聖道之體用與天地一，則至矣，盡矣，不可以有加矣，故曰「自此之外固無餘法」。皆自然而然，莫之爲而爲，故曰「亦無待於推矣」。曾子有見於此而難言之，故借學者盡己推己之目以著明之，欲人之易去聲。曉也。河東侯氏曰：無恕不見得忠，無忠做恕不出來。誠有是心之謂「忠」，見之功用之謂「恕」。明道言「忠恕二字，要除一箇除不得」，正謂此也。○朱子曰：盡己之謂忠，推己及物之謂恕。「忠」、「恕」二字之意，只當如此說。曾子説夫子之道而以忠恕爲言，乃是借此二字綻出一貫。一貫乃聖人公共道理，盡己推己不足以言之。緣一貫之道難説與學者，故以忠恕曉之。○「一貫」自是難説。曾子借學者忠恕以形容一貫，猶所謂借粗以形容細。○忠恕則一，而在聖人在學者則不能無異，此正猶孟子言「由仁義行」與「行仁義」別耳。曾子所言忠恕，自衆人觀之，於聖人分上極爲小事。然聖人分上無非極致，蓋既曰「一貫」，則無小大之殊故也。猶天道至教，四時行，百物生，莫非造化之神。不可專以太虛無形爲道體，而形而下者爲粗迹也。○一是忠，貫是恕。體一而用殊。○忠只是一箇忠，一片實心做出百千箇恕來。○忠在一心上，恕則貫乎事物之間。只是一箇一，分着便各有一箇一。「老者安之」，是這一箇一；「少者懷之」，亦是這一箇一。莫非忠也。恕則自忠而出，所以貫之也。○夫子言「一貫」，曾子言「忠恕」，子思言「大德小德」，張子言「理一分殊」，只是一箇。在聖人分上日用千條萬緒，只是一箇渾淪真實底流行貫注他，更下不得一箇「推」字。曾子假借來説，貼出一貫底道理。要知天地是一箇無心底忠恕，聖人是一箇無爲底忠恕，學者是一箇着力底忠恕。學者之忠恕，乃是忠恕正名正位。固是一箇道理，在三者自有三様。程子曰：「天地無心而成化，聖人有心而無爲。」此語極是親切。○忠在聖人是誠，恕在聖人是仁。仁與誠則説開了。惟忠、恕二字相粘，少一箇不得。○問：「夫子之道如太極，天下之事如物之有萬。物雖有萬而所謂太極者則一，太極雖一而所謂物之萬者未嘗虧也。至於曾子以『忠恕』形容一貫之妙，亦如今人以性命言太極也。不知是否。」曰：太極便是一。到得生兩儀時，這太極便在兩儀中；生四象時，這太極便在四象中；生八卦時，這太極便在八卦中。○覺軒蔡氏曰：盡己之謂忠，須是此心發得十分盡方是忠。若留得一分未盡，便不得謂之忠。推己之謂恕，須是推己心以及人如己心之所欲方是恕。若有一處推不到，便不得謂之恕。此是學者著力之忠恕也。下文程子曰：「維天之命，於穆不已。」「乾道變化，各正性命。」朱子曰：「譬則天地之至誠無息，而萬物各得其所。」此是天地聖人自然之忠恕也。學者誠能由著力之忠恕，亦可做到自然之忠恕，所謂「及其成功一也」。○新安陳氏曰：此曾子就聖人分上移下一步，借學者忠體恕用之名，以形容聖道之體用。**蓋至誠無息者，道之體也，萬殊之所以一本也；萬物各得其所者，道之用也，一本之所以萬殊也。以此觀之，「一以貫之」之實可見矣。**朱子曰：忠者，盡己之心無少僞妄，以其必於此而本焉，故曰「道之體」；恕者，推己及物各得所欲，以其必由是而之焉，故曰「道之用」。○忠即是實理。如「維天之命於穆不已」，亦只以這實理流行發生萬物，牛得之而爲牛，馬得之而爲馬，草木得之而爲草木。○一本是統會處，萬殊是流行處。在天道言之，一本是元氣之於萬物，有日月星辰昆蟲草木之不同，而只是一氣之所生；萬殊則是日月星辰昆蟲草木之所得以生者，一箇自是一箇模樣。在人事言之，則一理之於萬事，有君臣父子兄弟朋友、動息洒掃應對之不同，而只是此理之所貫；萬殊則是君臣父子兄弟朋友之所當於道者，一箇是一箇道理，其實只是一本。○慶源輔氏曰：《集註》又舉天地之體用而釋之，雖不言聖人之體用，然在其中矣，故直言「道之體」、「道之用」而已。亦不復明言天地也。○萬殊之所以一本者，指用之出於體，謂萬殊之實出於一本也；一本之所以萬殊者，❶指體之散於用，謂一本之實散於萬殊也。指用之出於體，指體之散於用，則「一以貫之」之實可見矣。○西山真氏曰：天地與聖人，只是一「誠」字。天地只一誠而萬物自然各遂其生，聖人只一誠而萬事自然各當乎理。學者未到此地位，且須盡「忠恕」二字。誠是自然底忠恕，忠恕是着力底誠。孔子告曾子以「一貫」，本是言「誠」；曾子恐門人曉未得，故降下一等告以「忠恕」。要之忠恕盡處即是誠。○雙峯饒氏曰：「一以貫之」「之」字，指萬而言。萬者，一之對也。一是指道之總會處，萬是指道之散殊處。道之總會在心，道

❶「一」，原脱，今據四庫本、孔本、陸本及《四書纂疏》補。

之散殊在事。以道之總會在一心者，貫道之散殊在萬事者，故曰「吾道一以貫之」。當看「道」字。問：「曾子答門人何不曰『一本萬殊』、『體立用行』之類，而曰『忠恕』，何也？」曰：不若「忠恕」兩字學者所易曉，便可用功。盡得忠，便會有這一；盡得恕，便會以貫之。一以貫之是自然底忠恕，忠恕是勉强底一以貫之。曾子之學主於誠身，故其告人便就行處説。○東陽許氏曰：上言「至誠無息」，是以天地之至誠無息，喻夫子之一理渾然；「萬物各得其所」，是以天地之生萬物各得其所，喻夫子之泛應曲當。下言「至誠無息者道之體」，是言夫子之心至誠無息乃道之體；「萬物各得其所」，是言夫子之應萬事各得其所爲道之用。**或曰：中心爲忠，如心爲恕。於義亦通。**朱子曰：「中心爲忠，如心爲恕」，見《周禮》疏。如，比也，比自家心推將去。仁與恕只争些子，自然底是仁，比而推之便是恕。○慶源輔氏曰：中心爲忠，謂中心所存本無一毫之不盡也；如心爲恕，謂如我之心而推之於外無彼此之間也。**○程子曰：「以己及物，仁也；推己及物，恕也。『違道不遠』是也。**朱子曰：「以己」是自然流出，不待安排布置；「推己」是著力，便有轉折。只是争箇自然與不自然。○「以己及物」是大賢以上聖人之事。聖人是因我這裏有那意思便去及人。如因我之飢寒，便見得天下之飢寒，自然恁地去及他，便是「以己及物」。如賢人以下，知得我既是要如此，想人亦要如此，而今不可不教他如此，三反五折，便是「推己及物」。只是争箇自然不自然。**忠恕一以貫之。忠者天道，恕者人道。忠者無妄，恕者所以行乎忠也。忠者體，恕者用，大本、達道也。此與『違道不遠』異者，動以天爾。」**朱子曰：天道是體，人道是用。「動以天」之「天」，只是自然。○問：「天道人道，初非以優劣言。自其渾然一本言之，則謂之『天道』；自其與物接者言之，則謂之『人道』耳。」曰：然。此與「誠者天之道，誠之者人之道」，語意自不同。○「忠」是未感而存諸中者，所以謂之「天道」；「恕」是已感而見諸事物者，所以謂之「人道」。忠是自然，恕是隨事應接，畧假人爲，所以有天人之辨。○問：「推程子『動以天』之説，則聖人之忠恕爲動以天，賢人之忠恕爲動以人矣。又以忠爲天道，恕爲人道，何也？且盡己推己，俱涉人爲，又何天人之分？」曰：彼以聖賢而分，此以内外而分。盡己雖涉乎人爲，然爲之在己，非有接於外也。從横錯綜，見其並行而不相悖，則於此無疑矣。又曰：《中庸》之言，則「動以人」爾。○潛室陳氏曰：忠恕是對立底道理，故以體用言。其體無妄，故曰天；其用推行，故曰人。○黄氏曰：以聖人比學者。聖人之忠是天之天，聖人之恕是天之人；學者之忠是人之天，學者之恕是人之人。必竟忠是體，近那未發，故雖學者亦有箇天；恕是用，便是推出外去底，故雖聖人亦有箇人。○陳氏曰：《中庸》以中爲大本，是專指未發處言之；此以忠爲大本，則是就心之存主真實無妄處言之，徹首徹尾，無間於未發已發。程子只是借「大本」、「達道」四字言之，其意自不同。又曰：「『維天之命，於音烏。穆不已』，忠也；『乾道變化，各正性命』，恕也。」朱子曰：「維天之命，於穆不已」，此不待盡而忠也；「乾道變化，各正性命」，此不待推而恕也。○陳氏曰：天命，即天道之流行而賦於物者；不已，即無息也。此摘《詩》二句以言天地之道至誠無息，即天地之道之忠也。由乾道之變化以生萬物，而萬物各得其性命之正。此摘《易》二句以言萬物之各得其所，即天地之道之恕也。朱子謂「譬則天地之至誠無息而萬物各得其所」，及「至誠無息者道之體，萬物各得其所者道之用」等語皆是祖述程子此條而敷演之，皆是即天地之道以形容聖人之道，根源於程子而盡發於朱子，淵乎微哉！○曾子借忠恕以明一貫，是將一貫放下説；程子借天地以明忠恕，是將一貫提起説。又曰：「聖人教人各因其才。『吾道一以貫之』惟曾子爲能達此，孔子所以告之也。胡氏曰：渾然一理者，純亦不已，無毫髮之間斷，在學者則爲忠，在夫子則爲一，在天地則爲至誠無息也；泛應曲當者，酬酢萬變無不合乎理，在學者則爲恕，在夫子則爲貫，在天地則爲萬物各得其所也。一即體，貫即用。體隱而用顯，故用可見，學者之所能知；體不可見，非學之至者不能知也。以子出門人問觀之，當時侍坐非必一人，獨呼曾子語之，惟曾子爲能達此耳。曾子告門人曰：『夫子之道，忠恕而已矣。』亦猶夫子之告曾子也。新安陳氏曰：曾子之才能達一貫，故夫子以一貫告之；門人之才未達一貫，惟可告以忠恕，故曾子以忠恕告之。此所謂教人各因其才，所以曰亦猶夫子之告曾子也。《中庸》所謂『忠恕違道不遠』，斯乃下學上達之義。」朱子曰：忠恕名義，自合依「違道不遠」，乃掠下教人之意，欲學者下學乎忠恕而上達乎道也。曾子却是移上一階説聖人之忠恕，到程子又移上一階説天地之忠恕，其實只是一箇忠恕，須自看教有許多等級分明。○或問：「曾子未知體之一處，莫是但能行其粗而未造其精否？」曰：不然。聖人所以發用流行處皆此一理，豈有精粗？緣他但見聖人之用不同，而不知實皆此理流行之妙，故告之曰「吾道一以貫之」。曾子遂能契之深而應之速。云「而已矣」者，謂聖人只是箇忠，只是箇恕，只是箇至誠不息，萬物各得其所而已。○子貢尋常自知識而入道，故夫子警之曰：「汝以予爲多學而識之者歟？」對曰：「然，非歟？」曰：「非也，予一以貫之。」蓋言吾之多識不過一理耳。曾子尋常自踐履入道，事親孝則真能行此孝，爲人謀則真箇忠，與朋友交則真箇信。故夫子警之曰：汝平日之所行者皆一理爾。惟曾子領畧於片言之下，故曰「忠恕而已矣」，以吾夫子之道無出於此也。又曰：夫子只以一貫語此二人，亦須是他承當得。想亦不肯説與領會不得底人。曾子是踐履篤實上做到，子貢是博聞强識上做到。○曾子父子相反。曾點天資高明，見得甚高，却於行上工夫疎畧；曾參天資本魯，合下不曾見得，却是日用間積累做工夫去。「一貫」之説，待夫子告之而後知。然一「唯」之後，本末兼該，體用全備。故傳道之任，不在其父而在其子；虛實之分，學者其必有以辨之。○潛室陳氏曰：聖人一心渾然天理，事物各當其可，猶一元之運，萬化自隨，初無着力處。至於學者，須是認得人己一般意思，却安排教人塗轍，須是下工夫方可。要知忠恕是一貫意思，一貫是包忠恕而言。忠恕是箇生底一貫，一貫是箇熟底忠恕。又曰：《易》所謂「何思何慮，殊塗而同歸，百慮而一致」者，正聖人一貫之説也。○雙峯饒氏曰：忠恕爲説，蓋有三焉。一謂忠爲天道，恕爲人道者，此以微而天理、顯而人事分忠恕也。而聖人人事之際，莫非天理之流行，非微顯一以貫之與？二謂忠者無妄，恕者所以行乎忠者，此以内而存心、外而行事分忠恕也。而聖人之行事，莫非此心之無妄實爲之，非内外一以貫之與？三謂忠者體，恕者用，大本、達道者，此以静而未發、動而已發分忠恕也。而聖人已發之和，皆未發之中實爲之，非動静一以貫之與？是三者各以兩端相爲對待，而以此貫彼，脉絡相因，亦猶忠之所以爲恕而恕之本乎忠也。○程子謂忠恕違道不遠，下學忠恕，所以上達一貫，此論不可易。曾子用功處，不必他求，只看《大學》所説便是。問：「《大學》所説如何是忠恕？」曰：脩身以上，忠之事也；齊家以下，恕之事也。問：「程子曰『以己及物仁也，推己及物恕也』，不言『忠』、『恕』而言『仁』、『恕』，何也？」曰：此先言仁、恕之别，且先教人識「恕」字之本義。然後言「一以貫之」之忠恕，與「違道不遠」之忠恕不同。蓋違道不遠之恕，正是推己及人之恕；而「一以貫之」之恕，則是「以己及人」之仁，與「推己及人」之恕有異。故曰「此與違道不遠異者，動以天爾」。○王氏曰：朱子之説，是言一貫，而忠恕在其中；程子之説，是言忠恕，而一貫在其中。朱子於夫子之意詳，程子於曾子之意詳。程子言「以己及物」一句，上應「無待於推」，下應「動以天爾」。○雲峯胡氏曰：曾子借學者之忠恕，以明夫子一貫之似；程子則即天地之忠恕，以明夫子一貫之真。末舉《中庸》「違道不遠」，專爲學者言也。本只是下學之事，未説到上達。因《論語》之一貫而及《中庸》之忠恕，則《中庸》之言，乃下學上達之義。蓋下學忠，所以上達聖人之一；下學恕，所以上達聖人之貫也。大抵不説出天地之忠恕，則人以一貫爲淺近而忽聖人之道以爲易；不説歸學者之忠恕，則人以忠恕爲高虚而畏聖人之道以爲難。此程子、朱子教人之意也。○新安陳氏曰：曾子之學固主於力行，然亦未嘗不先於致知。觀《集註》「隨事精察而力行之」之語，「精察」即致知也。況《大學》成於曾子。格物、致知，實《大學》之始教。又觀《記·曾子問》中禮之權變，曲折纖悉必講明之，豈有全不加意於致知而變化其氣質之魯者哉？

○子曰：「君子喻於義，小人喻於利。」

喻，猶「曉」也。義者，天理之所宜；利者，人情之所欲。○程子曰：「君子之於義，猶小人之於利也。惟其深喻，是以篤好。」去聲。楊氏曰：「君子有舍生而取義者。以利言之，則人之所欲無甚於生，所惡去聲。無甚於死，孰肯舍生而取義哉？其所喻者義而已，不知利之爲利故也。小人反是。」朱子曰：君子見得這事合當如此，那事合當如彼，但裁處其宜而爲之。○君子之於義，見得委曲透徹，故自樂爲；小人之於利，亦是於曲折纖悉間都理會得，故深好之。○喻義、喻利，不是氣稟如此。君子存得此心，自然喻義；小人陷溺此心，故所知者只是利。若説氣稟定了，則君子小人皆由生定，學力不可變。○南軒張氏曰：學者莫先於義、利之辨。蓋義者，無所爲而然也。凡有所爲而然，皆人欲之私，而非天理之存。此義、利之分也。朱子謂義者無所爲而然，此言可謂擴前聖之所未發。○象山陸氏曰：此章以義、利判君子、小人，學者於此當辨其志。人之所喻，由其所習；所習，由其所志。志乎義，則所習者必在於義，斯喻於義矣；志乎利，則所習者必在於利，斯喻於利矣。○雙峯饒氏曰：此指君子小人之已成者而言，所以於義與利之精微曲折，各能深曉。程子是説喻以後事，象山是説喻以前事。○王氏曰：篤好在喻後，志習在喻先。○陳氏曰：天理所宜者，只是當然而然，無所爲而然也；人情所欲者，只是不當然而然，有所爲而然也。○新安陳氏曰：君子喻義，未嘗求利。然義之所安，即利之所在，「義之和」之利自在其中。小人喻利，雖專求利，然嚮利必背義，不義之利，利愈得而害愈甚矣。要之義利之界限，學者先明辨其幾微，次必剛決其取舍，至深喻其趣味，則君子小人成天淵判矣。

○子曰：「見賢思齊焉，見不賢而内自省也。」省，悉井反。

思齊者，冀己亦有是善；内自省者，恐己亦有是惡。雙峯饒氏曰：省，謂警省，非徒察也。○胡氏曰：「見人之善惡不同而無不反諸身者，則不徒羨人而甘自棄，不徒責人而忘自責矣。」程子曰：見賢便思齊，有爲者亦若是；見不賢而内自省，蓋莫不在己。○鄭氏南升。曰：見人之賢者，知其德行之可尊可貴，則必思我亦有是善，天之所賦未嘗虧欠，何以不若於人？必須勇猛精進，求其必至於可尊可貴之地。見不賢者，則知彼是情欲汩没，所以至此。必須惕然省察，恐己亦有是惡潛伏於内，不自知覺，將爲小人之歸。此言君子當反求諸身如此。○慶源輔氏曰：人心之明，賢否所不能遁。然徒見之而不反諸身以致思齊内省之誠，則無益於我，非爲己之學也。

○子曰：「事父母幾諫。見志不從，又敬不違。勞而不怨。」

此章與《内則》之言相表裏。朱子全引《内則》之文以解此章。幾，微也。微諫，《坊記》曰：「微諫不倦。」所謂「父母有過，下氣怡色柔聲以諫」也。「所謂」以下，皆《内則》文。下倣此。○朱子曰：幾諫，只是漸漸細密諫。不要峻暴，硬要闌截。○問：「幾諫是見微而諫否？」曰：人做事，亦自有驀地做出來，那裏去討幾微處？○胡氏曰：子之事親主於愛，雖父母有過，不容不諫。然必由愛心以發乃可。故下氣怡色柔聲，皆深愛之形見者也。所以謂幾微而諫，不敢顯然直遂其己意也。見志不從，又敬不違，所謂「諫若不入，起敬起孝，悦則復扶又反。諫」也。朱子曰：又敬不違，敬已是順了，又須委曲作道理以諫。上不違微諫之意，恐唐突以觸父母之怒；下不違欲諫之心，務欲致父母於無過之地。見父母之不從，恐觸其怒遂止而不諫者，非也；務欲必諫，遂至觸其怒者，亦非也。勞而不怨，所謂「與其得罪於鄉黨州閭，寧孰與「熟」同。諫，新安陳氏曰：不曰「苦諫」而曰「孰諫」，「孰」字有深味。純孰以諫，終欲諭父母於道而已。父母怒不悦而撻他達反。之流血，不敢疾怨，起敬起孝」也。問：「微諫者，下氣怡色柔聲以諫也。見得孝子深愛其親，雖當諫過之時，亦不敢伸己之直而辭色皆婉順也。見志不從，又敬不違，纔見父母心中不從所諫，便又起敬起孝使父母歡悦。不待父母有難從之辭色而後起敬起孝也。若或父母堅不從所諫，甚至怒而撻之流血，可謂勞苦，亦不敢疾怨，愈當起敬起孝。此聖人教天下之爲人子者，不惟平時有愉色婉容，雖遇諫過之時亦當如此。甚至勞而不怨，乃是深愛其親也。」朱子曰：推得也好。○西山真氏曰：起者，竦然興起之意。孰者，反復純孰之謂。不諫，是陷親於不義，使得罪於州閭。等而上之。諸侯不諫，使親得罪於國人；天子不諫，使親得罪於天下。是以「寧孰諫」也。怒撻之流血，猶不敢怨，況下於此乎？諫不入，起敬起孝；諫而撻，亦起敬起孝。孝敬之外，豈容有他念，亦豈容有一息忘乎？

○子曰：「父母在，不遠遊。遊必有方。」

遠遊，則去親遠而爲日久，定省悉井反。曠而音問踈，不惟己之思親不置，亦恐親之念我不忘也。遊必有方，如已告云之東則不敢更適西，欲親必知己之所在而無憂，召己則必至而無失也。慶源輔氏曰：詳味《集註》，非身歷心驗之，不能盡其精微曲折之意如此。事親者宜身體之。又曰：有親者遠遊固不可，近遊亦當有方。○問：「有不得已而遠遊，如之何？」雙峯饒氏曰：不遠遊是常法。不得已而遠出，又有處變之道。聖人言常不言變。范氏曰：「子能以父母之心爲心則孝矣。」朱子曰：父母愛子之心，未嘗少置；人子愛親之心，亦當跬步不忘。○胡氏曰：遠遊，特事之至近者爾。惟能即是而推之，則凡可以貽親之憂者皆不敢爲矣。范氏之説，深得其旨。○新安陳氏曰：朱子十四歲喪父韋齋先生，事母盡孝，所以發明此章，曲盡孝子之心。老杜曰「頗覺良工心獨苦」，信哉！

○子曰：「三年無改於父之道，可謂孝矣。」

胡氏曰：「已見賢遍反。首篇，此蓋複音福。出而逸其半也。」

○子曰：「父母之年，不可不知也，一則以喜，一則以懼。」

知，猶「記憶」也。胡氏曰：謂念念在此而不忘也。常知父母之年，則既喜其壽，又懼其衰，而於愛日之誠自有不能已者。南軒張氏曰：以年之盛衰，察氣之强弱而喜懼存焉，亦人子盡心於其親之一事也。○王氏曰：「愛日之誠」四字，於「懼」字旨意深切。○雲峯胡氏曰：人生百年曰「期」，而能百年者幾何人哉？始以其期言之，❶如年八十可喜也，而期者僅二十年可懼也；年九十尤可喜也，而期

❶「始」，四庫本及《輯釋》、《四書通》作「姑」。

者僅十年尤可懼也。故可喜之中，政自有可懼者存焉。○新安陳氏曰：愛日者，懼來日之無多，惜此日之易過，而於事親之道有不及也。王安石詩：「古人一日養，不以三公換。」得「愛日」之意。

○子曰：「古者言之不出，恥躬之不逮也。」

言古者，以見形甸反。今之不然。逮，及也。行去聲。不及言，可恥之甚。古者所以不出其言，爲去聲。此故也。○范氏曰：「君子之於言也，不得已而後出之。非言之難，而行之難也。人惟其不行也，是以輕言之。言之如其所行，行之如其所言，則出諸其口必不易矣。」易，去聲。○朱子曰：此章緊要在「恥」字上。若是無恥底人，未曾做得一分，便說十分矣。范氏說最好。只緣胡亂輕易說了，便把行不當事，非踐履到底烏能及此？○人之所以易其言者，以其不知空言無實之可恥也。若恥，則自是力於行，而言之出也不敢易矣。○厚齋馮氏曰：古人言之必行。不能躬行而徒言之，是所恥也。後之學者，直講說而已。義理非不高遠，而吾躬自在一所，不知恥之，何哉？

○子曰：「以約失之者鮮矣。」鮮，上聲。

謝氏曰：「不侈然以自放之謂約。」慶源輔氏曰：「約」與「放」相反。約則守乎規矩之中，放則逸於規矩之外。尹氏曰：「凡事約則鮮失，非止謂儉約也。」朱子曰：「約」有收斂近裏着實之意，非徒簡而已。或曰：「約恐失之吝嗇？」曰：這「約」字只是凡事自收斂。○此「約」字是實字。若「約之以禮」，「約其情」，則「約」字輕。○問：「以約失之者鮮，凡人須要檢束令入規矩準繩，便有所據守，方少過失。或是侈然自肆，未有不差錯。」曰：說得甚分明。○南軒張氏曰：凡人事事以節約存心，則有近本之意，雖未能皆中節而失則鮮矣。

○子曰：「君子欲訥於言而敏於行。」行，去聲。

謝氏曰：「放言易，去聲。故欲訥；力行難，故欲敏。」或問：「言懼其易，故欲訥。訥者，言之難出諸口也。行懼其難，故欲敏。敏者，力行而不惰也。」朱子曰：然。○致堂胡氏曰：敏、訥雖若出於天資，然可習也。言煩以訥矯之，行緩以敏勵之，由我而已。不自變其氣質，奚貴於學哉？○南軒張氏曰：言則欲訥，行則欲敏，蓋篤實自脩，無一毫徇外之意也。○雙峯饒氏曰：此即矯輕警惰之法。○胡氏曰：「自『吾道一貫』至此十章，疑皆曾子門人所記也。」

○子曰：「德不孤，必有鄰。」

鄰，猶「親」也。德不孤立，必以類應。故有德者必有其類從之，如居之有鄰也。朱子曰：德不孤，以理言；必有鄰，以事言。○問：「『鄰』是朋類否？」曰：然。非惟君子之德有類，小人之德亦自有類。○此言有德者聲應氣求，必不孤立，與《易》中「德不孤」不同。彼言敬義立則内外兼備，德盛而不偏孤。不孤，訓爻中「大」字。○新安陳氏曰：秉彝、好德，人心所同。同德相應，天理自然之合也。

○子游曰：「事君數，斯辱矣；朋友數，斯疏矣。」數，色角反。

程子曰：「數，煩數也。」胡氏曰：「事君諫不行則當去，導友善不納則當止。至於煩瀆則言者輕，聽者厭矣。是以求榮而反辱，求親而反疏也。」范氏曰：「君臣、朋友，皆以義合，故其事同也。」勿軒熊氏曰：後篇言以道事君，不可則止，忠告而善道之，不可則止，皆此意也。○新安陳氏曰：大倫中以人合者皆主義。義有可否之分，合則從，不合則去。不比父子兄弟以天合者皆主恩，恩則無可去之理。故君臣朋友之事同也。○東陽許氏曰：事君交友之道，所當爲者固非一端。此章以君、友同言，又同一「數」字，所以專主諫争説。

論語集註大全卷之四

論語集註大全卷之五

公冶長第五

此篇皆論古今人物賢否得失。公冶長以下，在當時爲今人也；孔文子以下，古人也。蓋格物窮理之一端也。凡二十七章。胡氏以爲疑多子貢之徒所記云。以子貢方人，故疑其然。

子謂公冶長，「可妻也。雖在縲絏之中，非其罪也」。以其子妻之。妻，去聲。下同。縲，力追反。絏，息列反。

公冶長，孔子弟子。魯人，一云齊人。妻，爲之妻如字。也。縲，黑索也。絏，攣閭緣反。也。古者獄中以黑索拘攣罪人。長之爲人無所考，而夫子稱其可妻，其必有以取之矣。又言其人雖嘗陷於縲絏之中而非其罪，則固無害於可妻也。夫音扶。有罪無罪，在我而已，豈以自外至者爲榮辱哉？朱子曰：雖嘗陷縲絏而非其罪，則其平昔之行可知。非謂以非罪陷縲絏爲可妻也。○慶源輔氏曰：在我無得罪之道，而不幸有罪自外至，何足以爲辱；在我有得罪之道，雖或幸免其罪於外，何足以爲榮？故君子有隱微之過於暗室屋漏之中，則其心愧恥若撻于市；不幸而遇無妄之災，則雖市朝之刑、裔夷之竄，皆受之而無恧也。○雙峯饒氏曰：可妻，以其素行取之；縲絏非罪，以其一事言之。在縲絏則似不可妻，非其罪則無害於可妻也。○齊氏曰：匡章非孟子，遂爲不孝之子；公冶長非夫子，遂爲有罪之人。天下之不遇聖賢者衆矣！○東陽許氏曰：擇壻之意，全在「可妻也」上。下面却言長雖曾在縲絏，自是爲人所誣累，非長實有罪，則縲絏不足汙其行。

子謂南容，「邦有道不廢，邦無道免於刑戮」。以其兄之子妻之。

南容，孔子弟子，居南宮，名縚，音滔。又名适，字子容，謚神至反。正作「謚」。敬叔，孟懿子之兄也。魯人。不廢，言必見用也。以其謹於言行，去聲。故能見用於治去聲。朝，音潮。免禍於亂世也。事又見賢遍反。第十一篇。朱子曰：三復白圭，見其謹言。言行相表裏，謹言必能謹行矣。又曰：邦有道，是君子道長之時，南容必不廢棄；邦無道，是小人得志以陷害君子之時，南容能謹其言行，必不陷於刑戮。○新安陳氏曰：此章本不見謹於言行意，參以「三復白圭」章，故云。○或曰：「公冶長之賢不及南容，故聖人以其子妻長而以兄子妻容，蓋厚於兄而薄於己也。」程子曰：「此以己之私心窺聖人也。凡人避嫌者，皆內不足也。聖人自至公，何避嫌之有？況嫁女必量其才而求配，尤不當有所避也。配，合也。夫婦皆可以「配」言。若孔子之事，則其年之長上聲。幼、時之先後，皆不可知。惟以爲避嫌，則大不可。避嫌之事，賢者且不爲，況聖人乎？」厚齋馮氏曰：免於刑戮，非必免於縲絏也。縲絏之不免，聖人所不能計，特計其能保首領耳。蓋世亂而刑戮易於陷之也，唯謹身免禍，庶保其妻子爾。

○子謂子賤，「君子哉，若人！魯無君子者，斯焉取斯？」焉，於虔反。

子賤，孔子弟子，姓宓，考之韻書，此字音密，又云姓也，通作「虙」，音伏。名不齊。魯人。上「斯」斯此人，下「斯」斯此德。子賤蓋能尊賢取友以成其德者。《説苑》：子賤爲單父宰，所父事者二人，所兄事者五人，所友者十一人，皆教子賤以治人之術。○朱子曰：居鄉而多賢，其老者吾當尊敬師事以求其益；其行輩與吾相若者，則納交取友，親炙漸磨，以涵養德性，薰陶氣質。○胡氏曰：《家語》云：「子賤少孔子四十九歲，有才智仁愛，爲單父宰，民不忍欺。」以年計之，孔子卒時，子賤方年二十餘歲。意其進師夫子，退從諸弟子遊，而切磋以成其德者，故夫子歎之如此。故夫子既歎其賢，而又言若魯無君子，則此人何所取以成此德乎？因以見賢遍反。魯之多賢也。朱子曰：《論語》中説「君子」，有説最高者，有大概説者，如言「賢者」之類，聖人於子賤、南宮适，皆曰「君子哉若人」，皆大概説。○南軒張氏曰：非特歎魯之多賢，言美質係乎薰陶之效如此也。○蘇氏曰：「稱人之善，必本其父兄師友，厚之至也。」雙峯饒氏曰：稱人善，已可言厚；又推本其父兄師友，乃厚之至也。

○子貢問曰：「賜也何如？」子曰：「女，器也。」曰：「何器也？」曰：「瑚璉也。」女音汝。瑚音胡。璉，力展反。

器者，有用之成材。夏曰瑚，商曰璉，周曰簠簋，音甫鬼。皆宗廟盛平聲。黍稷之器而飾以玉，器之貴重而華美者也。新安倪氏曰：按《明堂位》曰「夏后氏之四璉，殷之六瑚，周之八簋」，是商曰瑚、夏曰璉也。此因舊註，想因瑚在上，璉在下而誤耳。外方内圓曰簠，外圓内方曰簋。子貢見孔子以君子許子賤，故以己爲問，而孔子告之以此。然則子貢雖未至於「不器」，其亦器之貴者歟？程子曰：瑚璉可施禮於宗廟。如子貢之才可使於四方，可使與賓客言而已。○朱子曰：子貢畢竟只是器，非「不器」也。子貢是器之貴者，與賤器不同。然可貴而不可賤，宜於宗廟朝廷而不可退處，此子貢之偏處。○南軒張氏曰：瑚璉雖貴，終未免於可器也。賜能因其所至而勉其所未至，則亦何所限量哉？○雙峯饒氏曰：用之宗廟，故曰「貴」；盛黍稷，故曰「重」；飾以珠玉，故曰「華美」。子貢之才，可使從政爲卿大夫，是貴重也；而又有言語文章之可觀，是華美也。○胡氏曰：器者，各適其用而不能相通。此以爲有用之成材者，因下文瑚璉而加重其詞爾。○或問：「子貢未至於子賤之君子歟？」雲峯胡氏曰：子賤亦未便是不器之君子。特子賤能有所取以成德，可充之以至於不器；子貢雖有用之成材，尚有所局而未至於不器也。

○或曰：「雍也，仁而不佞。」

雍，孔子弟子，姓冉，字仲弓。魯人。佞，口才也。程子曰：有便佞之才者，多入於不善，故學不貴。○朱子曰：佞，是無實之辨。又曰：佞是捷給便口者，不是諂，是箇口快底人，却未問是不是，一時言語便抵當得去，譔得説話也好。如子路「何必讀書」之言，子曰「惡夫佞者」是也。仲弓爲人重厚簡默，而時人以佞爲賢，故美其優於德而病其短於才也。慶源輔氏曰：仲弓從事於敬恕以求仁，又在德行之科，而夫子稱其可使南面，今或者又以不佞爲慊，則決非務外而事口者，故以爲重厚簡默也。人情徇外而不事內，求名而不務實，故以佞爲賢。

子曰：「焉用佞？禦人以口給，屢憎於人。不知其仁，焉用佞？」焉，於虔反。

禦，當也，猶「應答」也。給，辨也。憎，惡去聲。下同。也。言何用佞乎？佞人所以應答人者，但以口取辨而無情實，徒多爲人所憎惡爾。慶源輔氏曰：佞人恃口以禦人，浮淺躁妄，發言成文，雖若可聽，然其情實則未必如此。心口既不相副，自然招尤而取憎也。○新安陳氏曰：口才雖俗人所賢，而實正人所惡。我雖未知仲弓之仁，然其不佞乃所以爲賢，不足以爲病也。再言「焉用佞」，所以深曉之。厚齋馮氏曰：《左氏傳》云：「寡人不佞。」蓋以佞爲才。衛以祝鮀之佞治宗廟。然顏子「爲邦」之問，夫子則告之以「遠佞人」。蓋木訥者近仁，多言者數窮。佞多失言。不佞，不害其爲賢也。○新安陳氏曰：或人稱仲弓之仁而短其不佞，夫子不輕許仲弓以仁而反喜其不佞。

○或疑仲弓之賢，而夫子不許其仁，何也？曰：仁道至大，非全體而不息者不足以當之。如顏子亞聖，猶不能無違於三月之後；況仲弓雖賢，未及顏子，聖人固不得而輕許之也。蔡氏曰：全體，是天理渾然無一毫之雜；不息，是天理流行無一息之間。「愛之理、心之德」六字，所以訓「仁」之義爲甚切；「全體」、「不息」四字，所以盡仁之道爲甚大。只此十字之約，不惟諸儒累千百言莫能盡，而前後聖賢所論「仁」字，溥博精深，千條萬緒，莫不總會於十字之中矣。○勉齋黄氏曰：「當理而無私心」，朱子據所聞於師者而言，此章即己之所見而言。「全體」二字，已足以該「當理無私心」之義；加以「不息」二字，又五字未盡之旨。蓋亦因其所已聞而發其所獨得，故「子文、文子」章雖引師説，而《或問》乃曰：「仁者心之德而天之理也。自非至誠盡性，通貫全體，無少間息，不足以名之。」則亦引前章之説，以釋後章之旨，亦足以見前説之義爲詳且密也。○陳氏曰：仁，惟此心純是天理，無一毫人欲之私，乃可以當其名。「全體」云者，非指仁之全體而言，乃所以全體之也。○西山真氏曰：仁者兼該萬善，無所不備，如人之頭目手足皆具，然後謂之人也。○雙峯饒氏曰：此「體」字當作活字看，即「君子體仁」之「體」。仁之體本全，故體此仁者不可以不全。○雲峯胡氏曰：全體而不息，如真、蔡之説，則仁之體本自渾全；如陳、饒之説，則是以人全體之。愚玩朱子之意，仁道至大，是説仁；全體而不息者，是説仁者之人，故著一「者」字。蓋「仁」只是人之本心，所貴乎仁者於此心本體無一毫之虧欠，又無一息之間斷也。○新安陳氏曰：胡氏《通》主仁者之人之説自是。程子曰「公而以人體之則爲仁」，此「體仁」之説也。曾子曰：「士不可以不弘毅。」「仁以爲己任」，弘也；「死而後已」，毅也。仁者本心之全德，必欲以身體而力行之，全體此仁即「弘」也；一息尚存，此志不容少懈，此不息即「毅」也。必如此始足以參透全體而不息者之語歟？

○子使漆雕開仕。對曰：「吾斯之未能信。」子説。説音悦。

漆雕開，孔子弟子，字子若。蔡人。斯，指此理而言。信，謂真知其如此而無毫髮之疑也。開自言未能如此，新安陳氏曰：未能真知此理而無毫髮之疑，則正當學時，未是學優而仕時。未可以治人。故夫子説其篤志。程子曰：不先自信，何以治人？○朱子曰：「斯」之一字甚大，有所指而言。如事君忠、事父孝，皆是這箇道理。若自信得及，則雖欲不如此不可得；若自信不及，如何勉强做得？欲要自信得及，又須自有所得，於這箇道理上見得透，全無些子疑處方是信。○斯，只是這許多道理見於日用之間，君臣父子、仁義忠孝之理。於是雖已見得如此，却自恐做不盡，不免或有過差，尚自保不過，雖是知其已然，未能決其將然，故曰「吾斯之未能信」。○程子曰：「漆雕開已見大意，故夫子說之。」朱子曰：「大意」便是本初處。若不曾見得大意，如何下手做工夫；若已見得大意，而不下手做工夫亦不可。斯者，非大意而何？若推其極只是性，蓋「帝之降衷」便是。○陳氏曰：開於心體上未到昭晰融釋處，所以未敢出仕。其所見處已自高於世俗諸儒，但其下工夫不到頭，故止於見大意爾。又曰：「古人見道分明，故其言如此。」或問：「開未能自信，而程子以爲『已見大意』、『見道分明』，何也？」朱子曰：人惟不見其大者，故安於小；惟見之不明，故若存若亡，一出一入，而不自知其所至之淺深也。今開之不安於小如此，則非見乎其大者不能矣。卒然之間，一言之對，若目有所見而手有所指者，且其驗之於身又如此其切而不容自欺也，則其見道之明又爲如何？然曰「見大意」，則於細微容或有所未盡，曰「見道分明」，則固未必見其反身而誠也。○慶源輔氏曰：人惟見道不分明，故所言含糊不決。今開斷然以爲未能信，未可以仕而治人，故知其見道分明也。○胡氏曰：謂之見道分明者，凡毫釐之未信皆自知之也。謝氏曰：「開之學無可考。然聖人使之仕，必其材可以仕矣。至於心術之微，則一毫不自得，不害其爲未信，此聖人所不能知而開自知之。慶源輔氏曰：聖人明於知人，何不能知？但其未信之實毫釐纖悉處，與意味曲折，不若開自知之精耳。其材可以仕，而其器不安於小成，他日所就其可量乎？夫子所以說之也。」朱子曰：據他之材已自可仕，只是他不伏如此小用了，又欲求進。是他先見大意了，方肯不安於小成；若不見大意者，只安於小成耳。如人食藜藿，未食芻豢，只知藜藿之美。及食芻豢，則藜藿不足食矣。又曰：他是不肯便做小底，所謂「有天民者，達可行於天下而後行之者也」。○問：「開之未信，若一理見未透，即是未信否？」曰：也不止説一理。「行一不義，殺一不辜，得天下不爲」，須是真見得不義不辜處便不可以得天下。若説略行不義，略殺不辜，做到九分也未甚害，也不妨，這便是未信處。這裏更須玩味省察，體認存養，亦會見得決定恁地而不可不恁地，所謂脱然如大寐之得醒，方始是信處耳。〇開所謂「斯」，是他見得此箇道理了，只是信未及。他眼前看得闊，只是踐履猶未純熟。他是見得箇規模大，不入這小底窠坐。曾點被他見得高，下面許多事皆所不屑爲，到他説時便都恁地脱洒。想見他只是天資高，便見得恁地，都不曾做工夫。〇點見得高，却於工夫上有踈略處。開見處不如點，然有向進之意。點規模大，開尤縝密。〇論資禀之誠慤，則開優於點。語其見趣超詣，脱然無毫髮之累，則點賢於開。然開之進則未已也。〇慶源輔氏曰：器，言其志量也。所見者大，所知者明，則其志量自然不肯安於小成。其進進不已之意，不至於大而化，化而不知之神不止也。則他日所就，果可量乎？〇胡氏曰：開得其大而不局於小。〇雙峯饒氏曰：《集註》釋「悦」字有三。朱子謂悦其篤志，程子謂悦其已見大意，謝氏謂悦其不安於小成，其實相貫。惟其見大意，故不安於小成；惟其不安於小成，故篤志。〇按：《程氏遺書》曰：「曾點、漆雕開已見大意。」《集註》采之，以曾點事在後，不欲學者躐之，故去上二字。〇雲峯胡氏曰：已見大意，「已」字有意味。蓋漆雕開已見大意而未析其微，曾點已見大意而易略於細。使二子之學各有所進，則其已然者固如此，而其未然者當不止於此也。「已」字當如此看。

〇子曰：「道不行，乘桴浮于海。從我者，其由與？」子路聞之喜。子曰：「由也好勇過我，無所取材。」桴音孚。從、好，並去聲。與，平聲。材，與「裁」同，古字借用。

桴，筏也。筏，房越反，編竹木爲之。程子曰：「『浮海』之歎，傷天下之無賢君也。子路勇於義，故謂其能從己。皆假設之言耳。此歎與「欲居九夷」同意。子路以爲實然，而喜夫子之與己，故夫子美其勇而譏其不能裁度待洛反。事理以適於義也。」慶源輔氏曰：聖人欲浮海，豈有憤世長往之意？其憂時閔道之心，蓋有不得已者。子路不惟今日遂以夫子爲必行而喜其與己，其平日所爲多傷於剛果而不能裁度以適義，如「率爾」之對、「迂也」之言，皆是也。夫子所以教之。○胡氏曰：得時行道，使天下無不被其澤，此聖人之本心。世衰道否，至於無所容其身，豈聖人之得已？乘桴浮海，雖假設之辭，然傷時之不我用也。如子路之勇於義，不以流離困苦而二其心，故謂其能從我，是皆憂深思遠而形於言也。子路不知夫子之本心，而喜夫子之與己，可謂「直情徑行」而無所忖度也。○汪氏炎昶。曰：《集註》「能」、「不能」字，是揚而抑之處。所能者禀賦之剛果，所不能者學力之未至也。○新安陳氏曰：既云「勇於義」，又云「不能裁度事理以適於義」，何也？蓋勇於義，是略見大意，能勇於行；不能裁度事理以適於義，是不能審察精義而有誤勇決行之者。故其仕於衛也，知食焉不避其難之爲義而死之，是勇於義。不知食出公之食爲非義，是不能裁度事理以適於義也。

○孟武伯問子路仁乎。子曰：「不知也。」

子路之於仁，蓋「日月至焉」者，或在或亡，不能必其有無，故以「不知」告之。

又問。子曰：「由也千乘之國，可使治其賦也。不知其仁也。」乘，去聲。

賦，兵也。古者以田賦出兵，故謂兵爲賦。《春秋傳》去聲。後凡言「春秋傳」者同。所謂「悉索所白反。敝賦」是也。《左傳》襄公八年：「悉索敝賦以討于蔡。」三十一年：「悉索敝賦以來會時事。」言子路之才可見者如此，仁則不能知也。朱子曰：仲由可使治賦，才也；不知其仁，以學言。

「求也何如？」子曰：「求也千室之邑，百乘之家，可使爲之宰也。不知其仁也。」

千室，大邑。百乘，卿大夫之家。宰，邑長、上聲。家臣之通號。

「赤也何如？」子曰：「赤也束帶立於朝，可使與賓客言也。不知其仁也！」朝音潮。

赤，孔子弟子，姓公西，字子華。魯人。○朱子曰：渾然天理便是仁，有一毫私意便是不仁。三子之心，不是都不仁，但是不純爾。○問：「三子雖全體未是仁，苟於一事上能當理而無私心，亦可謂之一事之仁否？」曰：不然。蓋纔説箇「仁」字，便用以全體言。若一事上能盡仁，便是他全體是仁了；若全體有虧，這一事上必不能盡仁。纔説箇「仁」字，便包盡許多事無不當理而無私了。所以三子當不得箇「仁」字，聖人只稱其才。聖門工夫不過居敬窮理以修身也。由、求只是這些工夫未到，故夫子所以知其未仁。若能主敬以窮理，工夫到此，則德性常用，物欲不行而仁流行矣。○慶源輔氏曰：諸子之於仁，蓋亦勉焉而未能有諸己也。故或日一至焉，或月一至焉，能造其域而不能久耳。方其志氣清明，存養不懈，則是心存而有其仁；及私意横生，一有間斷，則是心亡而無其仁矣。將以爲有，則有時而無；將以爲無，則有時而有。既不能必其有無，則以不知告之。○勿軒熊氏曰：此與後篇「由可使有勇」、「求可使足民」、「赤願爲小相」章互見。兵財禮樂，乃國之大政，而三子之才皆足以當之，見聖門有用之學。然治事之才易見，本心之德難全，故夫子皆不許其仁。

○子謂子貢曰：「女與回也孰愈？」女音汝。下同。

愈，勝也。

對曰：「賜也何敢望回？回也聞一以知十，賜也聞一以知二。」

一，數之始；十，數之終。二者，「一」之對也。胡氏曰：十者數之終，以其究極之所至而言；二者一之對，以其彼此之相形而言。顏子明睿余例反。所照，即始而見終；子貢推測而知，因此而識彼。「無所不説」，音悦。「告往」、「知來」，是其驗矣。程子曰：子貢之知，亞於顏子，知至而未至之也。○朱子曰：「明睿所照」、「推測而知」，兩句當玩味。明睿所照，如明鏡在此，物來畢照；推測而知，如將些子火逐些子照去。○慶源輔氏曰：聞一知十，不是知一件，限定知得十件，只是知得周徧，始終無遺。聞一知二，亦不是聞一件，限定知得二件，只是知得通達，無所執泥。知得周徧，始終無遺，故無所不悦；知得通達，無所執泥，故告往知來。然「思」與「睿」亦非兩事，但有生熟之異。始則思而通，久則明睿生而物無遺照矣。又曰：惟是生知之聖人，則全體昭著，不待推廣。若夫學而知之者，則須居敬窮理，漸漸開明。固不能無淺深之異也。○胡氏曰：顔子之於吾言無所不説，可爲知十之驗；子貢之告諸往，而知來者，可爲知二之驗。又曰：聞一知十，豈有事可指哉？亦以況顔子明哲舉首見尾而已所不及耳。

子曰：「弗如也。吾與女弗如也！」

與，許也。○胡氏曰：子貢方人，夫子既語音御。以「不暇」，又問其與回孰愈，以觀其自知之如何。聞一知十，上知去聲。之資，「生知」之亞也；聞一知二，中人以上之資，「學而知之」之才也。子貢平日以己方回，見其不可企丘氏、去智二反。及，故喻之如此。夫子以其自知之明，而又不難於自屈，朱子曰凡人有不及人處多不能自知，雖知亦不肯屈服。如子貢自屈於顔子，可謂高明，夫子所以與其「弗如」之説。○慶源輔氏曰：自屈生於自知。自知之明，則不容於不自屈也。且自知之明則不安於已知，不難於自屈則不畫於已至，此夫子所以許之。故既然之，又重去聲。許之，此其所以終聞性與天道，不特聞一知二而已也。朱子曰：聖人之道，大段用敏悟曉得底。敏悟曉得時方擔荷得去。如子貢雖所行未實，然他却極是曉得，擔荷得去。使其見處更長一格，則所行自然又進一步。聖門自曾、顔而下，便用還子貢。❶如冉、閔非無德行，然終是曉不甚得，擔荷聖人之道不去。所以孔子愛呼子貢而與之語，意蓋如此。○新安陳氏曰：孔門穎悟莫如顔子，子貢可以亞之，所以終得聞性與天道與一以貫之，豈局於聞一知二者哉？

○宰予晝寢。子曰：「朽木，不可雕也；糞土之牆，不可杇也。於予與，何誅？」朽，許久反。杇音汙。與，平聲。下同。

晝寢，謂當晝而寐。朽，腐也。雕，刻畫也。杇，鏝莫官反。也。言其志氣昏惰，教無所施也。新安陳氏曰：志，謂心志；氣，謂血氣。

❶「用還」，四庫本作「還用」，《語類》卷二八作「須遜」。

志先惰，氣隨而昏，則教無施處。如朽木糞牆，雕杇之工無施力處也。與，語辭。誅，責也。言不足責，乃所以深責之。

子曰：「始吾於人也，聽其言而信其行；今吾於人也，聽其言而觀其行。於予與，改是。」行，去聲。

宰予能言而行不逮，故孔子自言於予之事而改此失，亦以重去聲。警之也。慶源輔氏曰：宰予以言語稱於聖門，而孟子亦以爲善爲説辭。然論喪則欲其短，論仁則病其愚，對社則失其義，至此晝寢而夫子深責之，且自言「於予之事而改此失」，則能言而行不逮可見矣。胡氏曰：「『子曰』疑衍文。不然，則非一日之言也。」○范氏曰：「君子之於學，惟日孜孜，斃毗祭反。而後已，惟恐其不及也。宰予晝寢，自棄孰甚焉？故夫子責之。」胡氏曰：「宰予不能以志帥入聲。氣，居然而倦，是宴安之氣勝，儆戒之志惰也。古之聖賢未嘗不以懈惰荒寧爲懼，勤勵不息自彊，此孔子所以深責宰予也。聽言觀行，聖人不待是而後能，亦非緣此而盡疑學者。特因此立教以警群弟子，使謹於言而敏於行耳。」覺軒蔡氏曰：學者誠能立志以自彊，則氣亦從之，不至於昏惰，何有於晝寢？故學莫先於立志。○慶源輔氏曰：玩理以養心，則志不昏；以志而帥氣，則氣不惰。志不昏，氣不惰，則有受教之地，而聖人之教可得而施也。朽木不可雕，糞土之牆不可杇，正以喻其志氣昏惰而教無所施耳。聽言觀行，聖人明睿所照，不待是而後能；至誠與人，不逆於詐，故非緣此而盡疑學者。仁以體物，教人不倦，故因此立教以警群弟子也。

○子曰：「吾未見剛者。」或對曰：「申棖。」子曰：「棖也慾，焉得剛？」焉，於虔反。

剛，堅彊不屈之意，最人所難能者，故夫子歎其未見。申棖，弟子姓名。魯人。慾，多嗜時利反。慾也。多嗜慾，則不得爲剛矣。問：「慾、欲何分別？」朱子曰：無心「欲」字虛，有心「慾」字實。二字亦通用。○程子曰：「人有慾則無剛，剛則不屈於慾。」謝氏曰：「剛與慾正相反。能勝物之謂剛，故常伸於萬物之上；爲物揜之謂慾，故常屈於萬物之下。自古有志者少，無志者多，宜夫子之未見也。根之慾不可知，其爲人得非悻悻下頂反。自好去聲。者乎？」新安倪氏曰：《孟子集註》：「悻悻，怒意。」「自好，自愛其身也。」故或者疑以爲「剛」，然不知此其所以爲「慾」耳。程子曰：凡人有慾則不剛。至大至剛之氣，在養之可以至焉。○朱子曰：剛是堅强不屈，卓然有立，不爲物欲所累底人，故夫子以爲未見。○凡人纔貪一件物事，便被這物事壓得頭低了。纔有些慾，便被他牽引去，此中便無所主，焉得剛？○節齋蔡氏曰：范氏謂剛者天德，惟無慾者乃能之。神龍惟有慾，是以人得求其慾而制之，亦得而食之。聖人無慾，故天下萬物不能易也。蘇氏謂有志而未免於慾者，其志嘗屈於慾。惟無慾者能以剛自遂。某聞之師曰：剛者外雖退然自守而其中不詘於慾，悻悻者外雖有崛彊之貌而其中實有計較勝負之意，即此便是慾。聖人觀人，直從裏面觀出，見得他中無所主，只是色莊，便是慾了。○胡氏曰：剛則己大物小，凡天下之可欲者皆不足以動之，所謂伸於萬物之上是也；慾則己小物大，隨其意之所貪，俯首下氣以求之，所謂屈於萬物之下是也。所以相對而相反，有此則無彼也。○西山真氏曰：所謂「勝物」者，謂立志堅强，不爲外物所奪，凡榮辱得喪、禍福死生，皆不足以動之。如孟子所謂「富貴不能淫，貧賤不能移，威武不能屈」，此之謂「勝物」。非剛暴恃氣求以勝人之謂也。爲物揜之謂「慾」，言陷溺於物欲之中，不能自克，如爲物遮覆掩遏而不能出也。○雙峯饒氏曰：「悻悻」只是色厲底人，孟子所謂「諫於其君而不受則怒，悻悻然見於其面」是也。此等人外面雖似剛，其中心不過爲名，這便是「自好」，便是「慾」，即所謂「色厲而内荏」也。○厚齋馮氏曰：根之剛，乃血氣之剛；夫子所言，乃義理之剛也。血氣之剛，物慾得以屈之；惟義理之剛，則不爲外物所奪爾。○雲峯胡氏曰：孟子論浩氣曰「至大至剛」，此天地之正氣也。悻悻自好，客氣也。或人於申棖惑其剛之似，而夫子識其不剛之真。

○子貢曰：「我不欲人之加諸我也，吾亦欲無加諸人。」子曰：「賜也，非爾所及也。」子貢言我所不欲人加於我之事，我亦不欲以此加之於人，此仁者之事，不待勉强，上聲。故夫子以爲非子貢所及。朱子曰：欲無加諸人，此等地位是本體明浄，發處盡是不忍之心，不待勉强，乃仁者之事。子貢未到此田地而遽作此言，故夫子謂非爾所及，言不可以躐等。○程子曰：「我不欲人之加諸我，吾亦欲無加諸人，仁也；施諸己而不願，亦勿施於人，恕也。恕則子貢或能勉之，仁則非所及矣。」愚謂「無」者自然而然，「勿」者禁止之謂，此所以爲仁、恕之别。必列反。○朱子曰：此章程子晚年仁熟，方看得如此分曉，説得如此明白。所以分「仁」、「恕」者，只是生熟難易之間爾。熟底是仁，生底是恕。自然底是仁，勉强底是恕。無計較無覩當底是仁，有計較有覩當底是恕。○雲峯胡氏曰：本文「無」字是子貢説，「勿」字是夫子説，程子是借夫子説恕之事，以見子貢所言是仁之事。

○子貢曰：「夫子之文章，可得而聞也；夫子之言性與天道，不可得而聞也。」文章，德之見賢遍反。下同。乎外者，威儀文辭皆是也。慶源輔氏曰：威儀，德之見乎容貌者；文辭，德之見乎言語者。性者，人所受之天理；天道者，天理自然之本體。其實一理也。言夫子之文章日見乎外，固學者所共聞；至於性與天道則夫子罕言之，而學者有不得聞者。蓋聖門教不躐等，子貢至是始得聞之而歎其美也。問：「子貢是因文章中悟性天道，抑後來聞孔子説邪？」朱子曰：是後來聞孔子説。曰：「文章亦是性天道之流行發見處。」曰：固亦是發見處。然他當初只是理會文章，後來是聞孔子説性與天道。今不可硬做是因文章得。○陳氏曰：聖人教不躐等，平時只是教人以文章。到後來地位高，方語以性與天道爾。○新安陳氏曰：堯之文章，朱子釋以「禮樂法度」，與此不同者，堯達而在上，其文章見於治天下；夫子窮而在下，其文章惟見於吾身。在天下，故以「禮樂法度」言；在吾身，故以「威儀文辭」言也。

○程子曰：「此子貢聞夫子之至論而歎美之言也。」王氏曰：此理在天，未賦於物，故曰「天道」；此理具於人心，未應於事，故曰「性」。即元亨利貞、仁義禮智是也。文章至顯而易見，此理至微而難言。○西山真氏曰：「文章」二字之義，五色錯而成文，黑白合而成章，文者粲然有文，章者蔚然有章。文章可聞，夫子平日以身教人，凡「威儀文辭」自然成文有章者皆是。所謂「吾無隱乎爾，吾無行而不與二三子者」是也。若「性與天道」，則淵奥精微，未可遽與學者言。恐其億度料想，馳心玄妙，反躐等而無所益，故罕言之。《論語》僅有「性相近」一語，亦已是兼言氣質之性，非言性之本。至於贊《易》方云「乾道變化，各正性命」，「一陰一陽之謂道，繼善成性」，方是正説性與天道。亦可謂罕言矣。子貢後來始得聞之而有此歎也。

○子路有聞，未之能行，唯恐有聞。

前所聞者，既未及行，故恐復扶又反。有所聞而行之不給也。○范氏曰：「子路聞善，勇於必行，門人自以爲弗及也，故著之。若子路可謂能用其勇矣。」朱子曰：子路不急於聞而急於行，此古人爲己之實處。如人之飲食，珍羞羅列，須喫盡方好。喫不盡，又增加亦徒然。○南軒張氏曰：有所聞而實未副，勇者之所恥也。唯恐有聞，則其篤於躬行可知。門人記此，亦可謂善觀子路者矣。然比之「得一善拳拳服膺而不失」者，則未免有强力之意耳。○慶源輔氏曰：人之有勇，多有用於非所當用者。子路之勇，用以力行，真能用其勇矣。○勿軒熊氏曰：子路勇於力行而致知工夫不及，所以死於孔悝之難。○或曰：此即子路「聞斯行之」之勇，門人以爲弗及而著之，夫子以爲兼人而退之，何也？雲峯胡氏曰：著之者，門人弗及其行之勇，推敬之辭也；退之者，夫子恐其徒事乎行之勇，陶成之術也。

○子貢問曰：「孔文子何以謂之『文』也？」

子曰：「敏而好學，不恥下問，是以謂之『文』也。」好，去聲。

孔文子，衛大夫，名圉。音語。凡人性敏者多不好學，恃其天資，多怠於學。位高者多恥下問，位高自驕，多恥問於卑下。故謚法有以勤學好問爲「文」者，蓋亦人所難也。孔圉得謚爲「文」，以此而已。○蘇氏曰：「孔文子使太叔疾出其妻而妻去聲。之，疾通於初妻之娣。大計反。文子怒，將攻之。訪於仲尼。仲尼不對，命駕而行。疾奔宋。文子使疾弟遺室孔姞。渠乙反。其爲人如此而謚曰『文』，此子貢之所以疑而問也。《春秋左氏傳》云：哀公十一年冬，衛太叔疾出奔宋。初疾娶于宋子朝。子朝，宋人，衛大夫。其娣嬖。子朝出，孔文子使疾出其妻出宋朝之女。而妻之。疾使侍人誘其初妻之娣寘於犂衛邑。而爲之一宮，如二妻。文子怒，欲攻之。仲尼止之。遂奪其妻。文子遂奪其女不嫁太叔疾。或淫于外州。外州人奪之軒以獻。奪太叔疾之軒車以獻於君。恥是二者，以奪妻、奪軒二事爲恥。故出。衛人立其弟遺，遺，疾之弟。使室孔姞。孔姞，文子之女，疾之妻也。使遺室之。孔文子之將攻太叔也，訪於仲尼。仲尼曰：「胡簋之事，胡簋，禮器也。夏曰胡，周曰簋。則嘗學之矣；甲兵之事，未之聞也。」退，命駕而行。孔子不沒其善，言能如此，亦足以爲『文』矣。非經天緯地之『文』也。」《史記謚法解》：「惟周公旦、太公望，嗣王業建功于牧野。終將葬，乃制謚，遂叙謚法。謚者，行之迹；號者，功之表；有大功則賜之善號以爲稱也。車服者，位之章也。是以大行受大名，細行受細名。行出於己，名出於人。名謂謚號。經緯天地文，道德博聞文，勤學好問文，慈惠愛民文，愍民惠禮文，賜民爵位文。」○朱子曰：此章因論謚而發。然人有一善之可稱，聖人亦必取之，此天地之量也。○問：「孔姞事如此不好，便敏學好問，濟得甚事？」曰：古謚法甚寬。所謂節以一惠，言只有一善亦取之。節者，節畧而取其一善也。孔文子固是不好，只敏學下問亦是他好處。周禮謚只有二十八字，不成說孔文子與文王一般？蓋人有善多者，則摘其尤善者一事以爲謚；亦有只有一善，則只取其一善以爲謚而隱其惡，如孔「文」子是也。惟無一善可稱而純於惡，然後名曰「幽、厲」耳。○如織布絹，經是直底，緯是横底。經天緯地，是一横一直皆是文理，故謂之文。裁成天地之道，輔相天地之宜，此便是經緯天地之文。○胡氏曰：日月星辰，風雨霜露，天文也；山嶽河海，草木花卉，地文也。微而鳥獸蟲魚，皆有文焉。舜在璿璣玉衡，以齊七政，經天之文也；封山濬川，若草木鳥獸，緯地之文也。天文粲乎上，地文陳乎下。聖人處乎中而經緯之，所以裁成輔相之以爲用也。○厚齋馮氏曰：《謚法》之爲文者六，而勤學好問居其一，殆取諸此歟？

○子謂子産，「有君子之道四焉：其行己也恭，其事上也敬，其養民也惠，其使民也義」。

子産，鄭大夫，公孫僑。音喬。恭，謙遜也。敬，謹恪克各反。也。慶源輔氏曰：首篇釋「恭」爲「莊敬」，此又釋爲「謙遜」者，恭敬、謙遜皆禮之端，緣此下文有「事上也敬」，故以「謙遜」釋「恭」，「謹恪」釋「敬」。蓋謙遜乃恭之實，而於行己爲切；謹恪乃敬之實，而於事上爲宜也。惠，愛利也。使民義，如「都鄙有章、上下有服、田有封洫、忽域反。廬井有伍」之類。《左傳》襄公三十年：「鄭子皮授子産政。子産使都鄙有章，上下有服，田有封洫，廬井有伍。」杜氏註：「國都及邊鄙車服尊卑，各有分部。公卿大夫，服不相踰。封，疆也。洫，溝也。廬，舍也。九夫爲井，使五家相保。」○朱子曰：有章，是有章程條法；有服，是貴賤衣冠各有制度。鄭國人謂「取我田疇而伍之，取我衣冠而褚之」，是子産爲國時，衣服有定制，不敢著底皆收之囊中，故曰「取而褚之」。又曰：有章，是一都一鄙各有規矩；有服，是衣冠服用皆有等級高卑。「義」字有剛斷之意。其養民則惠，及使民則義，「惠」與「義」相反，便見得子産之政不專在於寬。就都鄙有章處，見得「義」字在子産上，不在民上。○或問：「四者亦有序乎？」曰：行己恭，則其事上非有容悦之私而能敬矣；惠於民而後使之以義，則民雖勞而不怨矣。○新安陳氏曰：事上之敬，即行己之恭之所推；使民之義，又所以濟其養民之惠也。○吴氏曰：「數上聲。下同。其事而責之者，其所善者多也，『臧文仲不仁者三，不知去聲。者三』是也。張氏存中。曰：《左傳》文公三年秋，八月丁卯：大事于大廟，躋僖公，逆祀也。僖是閔兄，嘗爲臣，位應在下。今躋居閔上，故曰「逆祀」。仲尼曰：「臧文仲不仁者三，不知者三。下展禽，展禽，柳下惠也。文仲知其賢而使在下位，不與立於朝也。廢六關，塞關、陽關之屬，凡六關。所以禁絶來遊而廢之。妾織蒲，以蒲爲席，是與民争利。三不仁也；作虚器，謂居蔡之室而山節藻梲也。有其器，無其位，故曰虚。縱逆祀，聽夏父弗忌躋僖公。祀爰居，爰居，海鳥也。三不知也。」又按《家語·顔回》篇曰：「置六關。」王肅云：「六關，關名。魯本無此關，文仲置之以税行客，故爲不仁。《傳》曰：『廢六關。』」未知孰是。姑併録之。數其事而稱之者，猶有所未至也，『子産有君子之道四焉』是也。今或以一言蓋一人，一事蓋一時，皆非也。」厚齋馮氏曰：自其立謗政，作丘賦，制參辟，鑄刑書言之，其所未盡者誠多也；自春秋之時言之，知君子之道者誠寡也。聖人之言，褒不溢美，貶不溢惡，稱其所長之多而所短自不能掩爾。○雲峯胡氏曰：《集註》於「使民義」，獨跡其實而言者。子産爲政三年，輿人頌之曰：「我有子弟，子産教之；我有田疇，子産植之。」及其卒也，孔子聞之曰：「古之遺愛也。」先儒云，子産精神全在「義」字上。夫民之所以頌之，夫子所以取之者，以其惠而能義。孟子所謂「惠而不知爲政」，姑指濟人一事而言爾。

○子曰：「晏平仲善與人交，久而敬之。」

晏平仲，齊大夫，名嬰。程子曰：「人交久則敬衰。久而能敬，所以爲善。」南軒張氏曰：聖人論《豫》之六二，「介于石，不終日，貞吉」，以爲「君子上交不諂，下交不瀆」爲「知幾」。蓋交道易以凌夷，非正其志者莫之能守也。交久而敬不衰，亦可謂善矣。聖人於人雖一善必録，天地之心也。○勉齋黄氏曰：朋友，人倫之一，可不敬乎？攝以威儀，相觀以善，一有不敬，則失朋友之道矣。惟其久而敬也，則愈久而愈親。拍肩執袂以爲氣合，酒食遊戲相徵逐，以爲生死不相背負，未有能全交者也。夫子美平仲之善，交友之道盡於此矣。○葉氏少藴。曰：夫子在齊，與平仲處者八年，故知其如此。○新安陳氏曰：常人之交，初則敬，久則玩。久而玩，必不能全交；久而不替初心之敬，所以爲善交也。

○子曰：「臧文仲居蔡，山節藻棁，何如其知也？」棁，章悦反。知，去聲。

臧文仲，魯大夫，臧孫氏，名辰。魯孝公生僖伯彄，字子臧。辰，其曾孫，謚文。居，猶「藏」也。蔡，大龜也。古注：「蔡，國君之守龜，出蔡地，因以爲名。長尺有二寸。」節，柱頭斗栱音拱。也。藻，水草名。棁，梁上短柱也。蓋爲藏龜之室，而刻山於節，畫俗作「畵」。藻於棁也。當時以文仲爲知，孔子言其不務民義而諂瀆鬼神如此，安得爲「知」？《春秋傳》所謂作「虚器」，即此事也。朱子曰：卜筮事，聖人固欲人信之。然藏龜須自有合當處。今乃如此，是他心惑於鬼神，一向倒在卜筮上了，安得爲知？古説他僭，若是僭，便是不仁了。今只主不知言。大夫不藏龜，禮家乃因立此説。臧文仲在當時，人説是非常底人。孔子直見他不是處，便見得聖人微顯闡幽處。○南軒張氏曰：所貴乎知者，爲其明見理之是非也。方其時，世俗以小慧爲知，故於文仲有惑焉。夫子明之，使人知夫所謂知者在此而不在彼也。○新安陳氏曰：不務民義，本文無此意。然諂瀆鬼神者，必不務民義；務民義者，必不諂瀆鬼神。二者常相關。樊遲問知。子曰：「務民之義，敬鬼神而遠之。可謂知矣。」朱子蓋即答樊遲問知之意以斷臧文仲歟？○張子曰：張子，名載，字子厚，號横渠先生。長安人。「山節藻棁爲藏龜之室，祀爰居之義，同歸於不知宜矣。」朱子曰：三不知，皆是諂瀆鬼神之事。○《國語·魯語》：「海鳥曰爰居，止於魯東門之外三日。臧文仲使國人祭之。」文仲以爲神，故命人祭之。

○子張問曰：「令尹子文，三仕爲令尹無喜色，三已之無愠色。舊令尹之政必以告新令尹。何如？」子曰：「忠矣。」曰：「仁矣乎？」曰：「未知。焉得仁？」知，如字。焉，於虔反。

令尹，官名，楚上卿執政者也。子文，姓鬭，名穀奴口反。於音烏。菟。音徒。○《左傳》

宣公四年：「初若敖娶於䢵，音云。生鬭伯比。若敖卒，從其母畜於䢵。淫於䢵子之女，伯比私淫之。生子文焉。䢵夫人使棄諸夢中，夢，音蒙。又如字。澤名也。虎乳之。䢵子田，見之懼而歸，夫人以告。言其女私通伯比所生。遂使收之。楚人謂乳『穀』，謂虎『於菟』，故命之曰『鬭穀於菟』。以其女妻去聲。伯比，實爲令尹子文。」其爲人也喜怒不形，物我無間，去聲。知有其國而不知有其身，其忠盛矣。故子張疑其仁。勉齋黃氏曰：喜怒不形，釋三仕三已無喜愠；物我無間，釋舊政告新；知有其國而不知有其身，通釋上兩節。然其所以三仕三已而告新令尹者，未知其皆出於天理而無人欲之私也，是以夫子但許其「忠」而未許其「仁」也。或問：「令尹子文忠矣，孔子不許其仁，何也？」程子曰：此只是忠，不可謂之仁。若比干之忠見得時便是仁也。○問：「令尹子文之忠，若其果無私意，出於至誠惻怛，便可謂之仁否？」朱子曰：固是。然不消泥他事上説。須看他三仕三已還是當否。以舊政告新令尹，又須看他告得是否。只緣他大體既不是了，故其小節有不足取。如管仲之三歸反坫，聖人却與其仁之功者，以其立義正也。故管仲是天下之大義，子文是一人之私行耳。

「崔子弒齊君，陳文子有馬十乘，棄而違之。至於他邦，則曰『猶吾大夫崔子也』，違之。之一邦，則又曰『猶吾大夫崔子也』，違之。何如？」子曰：「清矣。」曰：「仁矣乎？」曰：「未知。焉得仁？」乘，去聲。

崔子，齊大夫，名杼。直吕反。齊君，莊公，名光。陳文子，亦齊大夫，名須無。十乘，四十匹也。違，去也。文子潔身去亂，不使弒逆之惡得汙其身。可謂清矣。然未知其心果見義理之當然而能脱然無所累乎，抑不得已於利害之私而猶未免於怨悔也？故夫子特許其「清」而不許其「仁」。《春秋》襄公二十五年：「夏五月乙亥，齊崔杼弒其君光。」《左傳》：齊棠公棠邑大夫。之妻，東郭偃之姊也。東郭偃，臣崔武子。棠公死，偃御武子以弔焉。見棠姜而美，遂取之，莊公通焉。驟如崔氏。以崔子之冠賜人。侍者曰：「不可。」公曰：「不爲，其無冠乎？」言雖不爲崔子，猶自應有冠。崔子因是又以其間去聲。伐晉也。間晉之難而伐之。曰：「晉必將報。」欲弒公以說於晉而不獲間。公鞭侍人賈舉而又近之，乃爲崔子間公。伺公間隙。五月，莒子朝于齊。甲戌，饗諸北郭。崔子稱疾不視事，欲使公來。乙亥，公問崔子。遂從姜氏。姜氏入于室，與崔子自側户出。公俯楹而歌，❶歌以命姜。侍人賈舉止衆從者，而入閉門。甲興。公登臺而請，弗許；請盟，弗許；請自刃於廟，弗許。皆曰：「君之臣杼，疾病不能聽命，近於公宮。謂崔子宮近公宮。或淫者詐稱公。陪臣干胡旦反。掫將侯反。有淫者，不知二命。」干掫行夜，行夜得淫人。受崔子命討之，不知他命。公踰牆，又射之中股。反隊，與「墜」同。遂弒之。愚聞之師曰：「當去聲。理而無私心則仁矣。」朱子曰：有人事當於理而未必無私心，有人無私心而處事又未必當於理。惟仁者内無私心，而外之處事又當於理。須表裏心事，一皆純乎天理而無一毫之私乃可。今以是而觀二子之事，雖其制行去聲。之高若不可及，然皆未有以見其必當於理而真無私心也。子張未識仁體而悅於苟難，《荀子·不苟篇》曰：「君子行不貴苟難，唯其當之爲貴。」注：「當，謂合禮義也。」遂以小者二子之小善。信其大者，仁。夫子之不許也宜哉！讀者於此更以上章「不知其仁」、《雍也》「仁而不佞」，及「孟武伯問子路仁乎」。後篇「仁則吾不知」之語，《憲問》「克伐怨欲不行」。并與三仁微子、箕子、比干。夷齊之事「求仁得仁」。觀之。則彼此交盡，而仁之爲義可識矣。問：「陳文子之清、令尹子文之忠，使聖人爲之則是仁否？」程子曰：不然。聖人爲之，亦只是清、忠。○朱子曰：仁者心之德。聖人所以不許二子者，正以其事雖可觀，而其本心或有不然也。子文三仕三已，畧無喜愠，盡以舊政告之新尹。文子有馬十乘，棄之如敝屣然。此豈是易

❶「俯」，四庫本作「掮」。

事？後人因孔子不許之以仁，便以二子之事爲未足道，此却不可。須當思二子所爲如此高絶，而聖人不許之以仁者因如何？便見得二子不可易及，仁之體段實是如何，切不可容易看。○二子忠清，只就事上説。若比干夷齊之忠清是就心上説。❶比干夷齊是有本底忠清，忠清裏有仁；二子之忠清，只唤做忠清。○問：「子文、文子之事，程子謂『聖人爲之亦只是清忠』。夫聖人無一事之非仁而乃云爾者，何也？」南軒張氏曰：程子之意，大要以爲此事只得謂之清忠。然在二子爲之，曰忠曰清而止矣。仁則未知也。在聖人事或有類此者，以其事言，亦只得謂之忠清；然而所以然者，則亦不妨其爲仁也。如伯夷之事，雖以清目之，亦何害其爲仁乎？○胡氏曰：不知其仁，謂非全體不息者不足以當之也；仁則吾不知，謂仁則天理渾然，自無克伐怨欲之累，不行不足以言之也。殷有三仁，謂三人同出於至誠惻怛之意，故不咈乎愛之理而有以全其心之德也。夷齊之仁，謂皆求合乎天理之正而即乎人心之安也。夫全體者，無虧欠也；不息者，無間斷也。至於外若無虧欠間斷，而中之私意根萌猶在焉，亦不得謂之「仁」；必其見於事者皆當於理，而發於心者皆無所私，然後可以謂之「仁」也。○雙峯饒氏曰：《論語》言仁，有以德言者，有以事言者。如「雍也仁而不佞」，「問子路仁乎」，「克伐怨欲不行焉可以爲難」，❷皆是以德言；子文、文子「未知焉得仁」，夷齊「求仁得仁」，「殷有三仁」，皆是以事言。以德言，非全體而不息，不足以當之；以事言，則須當理而無私心，乃可以當之。顔子於仁，可言全體，仲弓便不可謂之全體。顔子三月不違，庶幾久而不息；「日月至焉」，能至而不能久，不可謂之「不息」。夷齊三仁，事當理而心無私，故皆可謂之仁；子文、文子之事，非特心未能無私，而事亦不當理，何以得爲「仁」乎？

今以他書考之。子文之相去聲。楚，所謀者無非僭王猾户八反。夏之事。

《左傳》莊公三十年：楚殺令尹子元，以鬬穀於菟爲令尹。僖公二十三年：楚成得臣伐陳，取焦夷，子文以爲功。使子玉爲令尹。子文爲令尹凡二十八年。注杜氏曰：按莊公三十年，楚成王立九年矣。僖公二十三年，

❶「是」，四庫本作「只」。

❷「難」，據《論語·憲問》及上下文當作「仁」。

即成王之三十六年也。楚自武王三十七年僭稱王，魯桓公之八年也。武王五十一年卒，子文王立。文王十三年卒，子堵敖立。堵敖五年卒，弟成王立。僖公元年，楚成王之十四年也。楚伐鄭，鄭即齊故也。五年，楚鬬穀於菟滅弦。六年，楚子圍許。許男面縛銜璧，乃釋之。十二年，楚人滅黄。十五年，楚人伐隨。二十年，隨以漢東諸侯叛楚。楚鬬穀於菟帥師伐隨，取成而還。二十一年，宋人以爲鹿上之盟，❶以求諸侯於楚，楚人許之。諸侯會宋公于盂。楚執宋公以伐宋，已而釋之。二十二年，楚人伐宋。宋公及楚人戰于泓。宋師敗績。公傷股。明年宋襄公死。二十三年，楚師伐陳，討其貳於宋也。此「僭王猾夏」之事也。文子之仕齊，既失正君討賊之義，上不能規正莊公，次不能討杼弑逆。又不數歲而復扶又反。反於齊焉。《左傳》襄公二十七年：宋向戌欲弭諸侯之兵以爲名。欲獲「息民」之名。如晉告趙孟，晉人許之。如楚，楚亦許之。如齊，齊人難之。陳文子曰：「晉、楚許之，我焉已？❷且人曰弭兵，而我弗許，則固携吾民矣，將焉用之？」齊人許之。注杜氏曰：按襄公二十五年，崔杼弑齊君。是時陳文子出奔。二十六年不經見。二十七年，文子存弭兵之説。則文子自出奔復反於齊凡二年。則其不仁亦可見矣。朱子曰：仁者，心之德而天之理也。自非至誠盡性，通貫全體，如天地一元之氣，化育流行，無少間息，不足以名之。今子文仕於蠻荆，執其政柄，至於再三，既不能革其僭王之號，又不能止其猾夏之心。至於滅弦伐隨之事，至乃以身爲之而不知其爲罪。文子立於淫亂之朝，既不能正君禦亂，又不能先事而潔身。至於簒弑之禍已作，又不能上告天子，下請方伯，以討其賊。去國三年，又無故而自還，復與亂臣共事。此二者平日之所爲止於如此，其不得爲仁也明矣。然聖人之言，辭不迫切而意已獨至，雖不輕許而亦不輕絶也。學者因其言而反以求之，則於仁之理與人之所以得是名者，庶幾其可默識乎？○雲峯胡氏曰：子文知有楚而不知有周，以《春秋》尊王之義責之，不仁矣；文子知有己而不知有齊，以《春秋》

❶「以」，四庫本及《左傳》無此字。
❷「已」上，四庫本及《左傳》有「得」字。

討賊之義責之，不仁矣。○新安陳氏曰：論至此，則其事不當理而心之私可見矣。夫子只言「未知焉得仁」，而朱子直斷其爲「不仁」，蓋本章外究竟到底之斷案也。

○季文子三思而後行。子聞之曰：「再斯可矣。」三，去聲。

季文子，魯大夫，名行父。音甫。每事必三思而後行，若使去聲。下同。晉而求遭喪之禮以行，亦其一事也。《左傳》文公六年：「季文子將聘于晉，使求遭喪之禮以行。」杜注：「聞晉侯病故。」既而晉襄公果卒。斯，語辭。程子曰：「爲惡之人，未嘗知有思。有思則爲善矣。然至於再則已審。三則私意起而反惑矣，故夫子譏之。」朱子曰：天下之事以義理斷之，則是非當否，再思而已審；以私意揣之，則利害得喪，萬變而無窮。思止於再者，欲人之以義制事而不汩於利害之私也。○思之未得者，須著子細思，到思而得之方是一思。雖見得已是，又須平心更思一遍，如此則無不當。○問：「周公『仰而思之，夜以繼日』，所思豈止於三？」曰：橫渠云：「未知立心，惡多思之致疑；已知立心，惡講治之不精？講治之思，莫非術內，雖勤而何厭？」推此求之可見。○潛室陳氏曰：若爲學之道，則不厭思，此只爲應事言之耳。○愚按，季文子慮事如此，可謂詳審而宜無過舉矣。而宣公篡初患反。立，文子乃不能討，反爲去聲。之使齊而納賂焉。豈非程子所謂私意起而反惑之驗歟？《左傳》文公十八年二月：公薨。文公二妃，敬嬴生宣公。敬嬴嬖而私事襄仲。宣公長而屬諸襄仲。襄仲欲立之，見於齊侯而請之。齊侯新立而欲親魯，許之。冬十月，仲殺惡，及視。惡，太子；視，其母弟。宣公元年夏：季文子如齊納賂以請會。會于平州，齊地。以定公位。篡立者，諸侯既與之會則不得討。臣子殺之，與弒君同，故公與齊會而位定。是以君子務窮理而貴果斷，都玩反。不徒多思之爲尚。問：「再斯可矣，只是就季文子身上行事處説。在學者窮索義理則思之，思之而又思之，愈深而愈精，豈可以數限？而君子物格之至者，萬事透徹，事物之來皆有定則，則從容以應之，亦豈待臨時方致其思？不審此語只是文子事，抑衆人通法皆當以『再』爲『可』耶？不容有越思耶？而程子又何故只就爲惡一邊説也？」朱子曰：物格知至者，應物雖從容，然臨事豈可不思？況未至此，豈可不熟思耶？故以再思爲衆人之通法。蓋至此則思已熟而事可決，過則惑矣。○雙峯饒氏曰：窮理，是思以前事；果斷，是思以後事。○陳氏曰：理之明，則是非判；斷之果，則從違決。○新安陳氏曰：務窮理，明也；貴果斷，決也。明於方思之初，決於既思之後。若不明不決而徒多思，則愈思而愈惑矣。

○子曰：「甯武子邦有道則知，邦無道則愚。其知可及也，其愚不可及也。」知，去聲。

甯武子，衛大夫，名俞。按《春秋傳》武子仕衛，當文公成公之時。文公有道，而武子無事可見，此其知之可及也；成公無道，至於失國，而武子周旋其間，盡心竭力，不避艱險，凡其所處，上聲。皆智巧之士所深避而不肯爲者，而能卒保其身以濟其君，此其愚之不可及也。《左傳》僖公二十八年：衛侯聞楚師敗，楚成王與晉文公戰于城濮，衛地也。楚師敗績。懼，出奔楚。初，晉侯將伐曹，假道于衛。衛弗許。晉伐衛，衛侯請盟。晉人弗許。衛侯欲與楚，國人不欲，故出其君以説于晉。衛侯聞楚敗，出居襄牛之地以避晉，而遂奔楚。遂適陳。使元咺奉叔武以受盟。元咺，衛大夫。叔武，衛侯弟。使攝君事以受盟于踐土。癸亥，王子虎盟諸侯于王庭。或訴元咺於衛侯曰：「立叔武矣。」其子角從公。公使殺之。咺不廢命，奉夷叔以入守。音狩。夷叔，即叔武。六月，晉人復衛侯。甯武子與衛人盟于宛濮，甯俞時從衛侯在外，故與衛人盟。衛侯先期入，甯子先。先入欲安喻國人。長牂音臧。守門以爲使去聲。也，與之乘而入。長牂與甯子共載而入國。公子歂犬，❶華仲前驅。歂，市專反。華，去聲。二子並衛大夫。衛侯遂驅。掩甯子未備。叔武將沐，聞君至，喜，捉髮走出，前驅射而殺之。公知其無罪也，枕去聲。之股而哭之。歂犬走出，公使殺之。元咺出奔晉。冬，會于溫，討不服也。衛侯與元咺訟，甯武子爲輔。鍼其廉反。莊子爲

❶「犬」，原作「大」，今據四庫本、孔本、陸本及《左傳》改。

坐，坐獄爲「坐」。士榮爲大士。治獄官也。《周禮》：「命夫、命婦不躬坐獄訟。」元咺又不宜與君對坐，故使鍼莊子爲坐，又使衛之忠臣及其獄官質正元咺。蓋今勘吏有罪，先驗吏卒之義。衛侯不勝。三子辭屈，故不勝。殺士榮，刖鍼莊子。謂甯俞忠而免之。執衛侯歸之于京師，寘諸深室。甯子職納槖饘焉。槖，音託，衣囊也。饘，音旃，糜也。甯俞以君在幽隘，故親以衣食爲己職，言其忠至，所慮者深。元咺歸于衛，立公子瑕。瑕，衛公子適也。○僖公三十年夏，晉侯使醫衍酖衛侯。衍，醫名。晉文欲殺衛侯而罪不至死，故使醫因治疾而加酖毒。甯俞貨醫，甯子視衛侯衣食，得知其謀，乃以貨賂醫。使薄其酖。公爲去聲。之請。魯僖公爲之請。納玉於王與晉侯，皆十瑴。與珏同。二玉相合曰「珏」。王許之。襄王許之。秋，乃釋衛侯。杜氏曰：「按《左氏》僖公二十五年，衛文公卒，子成公立。僖二十六年，即衛成公元年也。經稱『公會衛甯速盟于向』。甯速，莊子也。則莊子嘗逮事成公矣。至僖公二十八年，傳稱『甯武子與衛人盟于宛濮』。武子名俞，速之子，即成公即位之三年也。以此考之，甯莊子當死于成公二年左右，而後子俞爲大夫，則武子未嘗事文公。」《集註》謂武子仕衛當文公成公之時，與此少異。○程子曰：「邦無道能沈晦以免患，故曰不可及也。」新安陳氏曰：朱子謂其不避艱險，程子以爲能沈晦者，蓋於艱險中能沈晦，非避事也。亦有不當愚者，比干是也。」朱子曰：邦無道時，全身退聽，人皆能之。武子不全身退聽却似愚。然又事事處置得去，且不表著其能，所以爲「愚不可及也」。又曰：武子九世公族，與國同休戚，却與尋常無干涉底人不同。○成公失國，若智巧之士，必且隱避不肯出。武子竭力其間，至誠懇惻，不避艱險，却能擺脱禍患，卒得兩全，非能沈晦，何以致此？若比以智自免之士，武子却似箇愚底人，但愚得來好。若使他人處之，縱免禍患，不失於此必失於彼。○他人於邦無道時，要正救者不免禍患，要避患者又却偷安。若武子之愚，既能韜晦以免患，又自處不失其正，此所以不可及。○問：「甯武子世臣，他人不必如此。」曰：然。又看事如何。若羈旅之臣，見幾先去則可；若事已爾，又豈可去？此事最難，當權其輕重。○雲峯胡氏曰：武子於衛爲公族，比干於紂爲父族，皆與國存亡者也。特衛成公之患在外，欲免之非沈晦不可；紂之惡在己，不諫之而諉於沈晦亦不可。程子所謂「亦有不當愚者」，最見時中之義。

○新安陳氏曰：以「有道則見，無道則隱」，及稱南容「不廢免刑戮」，蘧伯玉「仕卷懷」等例之，則「有道而知」當是發舒以自見，「無道則愚」當是韜晦而無爲。今證以武子之時與事，無事可見，反謂之「知」；盡忠濟難，反謂之「愚」。何也？蓋處有道而安常者易，處無道而濟變者難。武子當文公時，安常處順，知者行所無事，此可及之知也。當成公之失國，國家多事，而能竭忠冒險，保身全君，此知者所避而不敢爲，乃若愚而冒爲之，非真愚也。柳子厚曰：「甯武子邦無道則愚，知而爲愚者也，不得爲真愚。」是也。

○子在陳曰：「歸與歸與！吾黨之小子狂簡，斐然成章，不知所以裁之。」與，平聲。斐音匪。

此孔子周流四方，道不行而思歸之歎也。吾黨小子，指門人之在魯者。狂簡，志大而略於事也。斐，文貌。成章，言其文理成就有可觀者。裁，割正也。夫子初心欲行其道於天下，至是而知其終不用也。於是始欲成就後學，以傳道於來世。又不得中行之士而思其次，本《孟子》「不得中行而與之」一章説。以爲狂士志意高遠，猶或可與進於道也。但恐其過中失正而或陷於異端耳。如曾點之狂，易流於老莊。故欲歸而裁之也。問：「何故只思狂士，不及狷者？」朱子曰：狂底却有軀殼可以驅策，狷者只是自守得些便道是了，所謂「言必信，行必果」者是也。○成章，是有首有尾。雖狂簡非中，然却做得這箇道理成箇物事，不是半上落下。故聖人雖謂其「狂簡不知所裁」，然亦取其成一箇道理。大率孔門弟子，隨其資質，各能成就。如子路之勇，真箇成一箇勇；冉求之藝，真箇成一箇藝。言語德行之科，一齊被他做得成了。○成章，是做得成片段有文理可觀。蓋他狂也是做得箇狂人成。○問：「孔子欲歸而裁之，後來曾皙之徒，弔喪而歌，全似老、莊。聖人既裁之後，何故如此？」曰：裁之在聖人，聽不聽在他。○慶源輔氏曰：大凡學者易得有狂簡之病，非篤志爲己者不能免也。雖琴張、曾點，猶或墮於此失。「志意高遠」，即所謂「志大」也；「過中失正」，即其「畧於事」者也。大凡人之志意高遠，則勢利拘絆他不住，故或可與進於道。然溺於高遠，又有脱畧世故之弊，故過中失正而或陷於異端，是以不可不有以裁之而使歸於中正也。○徽庵程氏曰：狂簡者，志大而畧於事，宜其梗概疏率。乃能斐然成章者，蓋其禀氣英明，賦質堅勁，雖致廣大而不屑於精微，然其規模之廣大實非卑下者所能攀，雖極高明而不屑於中庸，然其志趣之高明實非平凡者所能企也。其立心制行，豈不斐然可觀？但各矜所自得，非得聖人以裁之，則廣大雖可觀而精微有未究，高明雖可喜而中庸有未協，且有琴張、曾晳、牧皮之「夷考其行而不掩焉」者矣。○新安陳氏曰：狂者易過中失正，得聖人裁之，則得中正矣。狂則必貴於裁，裁則不終於狂也。

○子曰：「伯夷、叔齊，不念舊惡，怨是用希。」

伯夷、叔齊，孤竹君之二子。《史記·列傳》索隱：「孤竹君，是殷湯所封。相傳至夷齊之父，姓墨胎氏，名初，字子朝。伯夷，名允，字公信。叔齊，名智，字公達夷，齊，其謚也。《地理志》云：『孤竹城，在遼西令支縣。』」孟子稱其「不立於惡人之朝，音潮。不與惡人言」，「與鄉人立，其冠不正，望望然去之，若將浼焉」。其介如此，介，孤特而有分辨之意。宜若無所容矣。然其所惡烏路反。之人，能改即止，故人亦不甚怨之也。○程子曰：「不念舊惡，此清者之量。」去聲。又曰：「二子之心，非夫子孰能知之？」朱子曰：伯夷介僻，宜其惡惡直是惡之。然能不念舊惡，却是他清之好處。伯夷平日以隘聞，故特明之。○伯夷、叔齊不念舊惡，要見得他胸中都是義理。人之有惡，不是惡其人，是惡其惡耳。到他既改其惡，便自無可惡者。今人見人有惡便惡之，固是。然那人既改其惡，又從而追之，此便是因人一事之惡而遂惡其人，却不是惡其惡也。此與「不遷怒」一般。其所惡者，因其人可惡而惡之，而所惡不在我。及其能改，又只見他善處，不見他惡處。聖賢之心皆是如此。○南軒張氏曰：以夷、齊平日之節觀之，疑其狹隘而不容矣。今夫子乃稱其不念舊惡，何其宏裕也！蓋於其所爲亦率夫天理之常，而其胸中休休然初無一毫介於其間也。若有一毫介於其間，則是私意之所執而豈夷、齊之心哉？

○子曰：「孰謂微生高直？或乞醯焉，乞諸其鄰而與之。」醯，呼西反。

微生，姓；高，名。魯人。素有「直」名者。醯，醋也。人來乞時，其家無有，故乞諸鄰家以與之。夫子言此，譏其曲意徇物，掠力灼反。美市恩，不得爲直也。○程子曰：「微生高所枉雖小，害直爲大。」事有小大，理無小大。范氏曰：「是曰是，非曰非，有謂有，無謂無，曰『直』。聖人觀人於其一介之取予，通作「與」。而千駟萬鍾從可知焉。故以微事斷都玩反。之，所以教人不可不謹也。」朱子曰：如此予，必如此取。只看他小事尚如此，到處千駟萬鍾，亦只是這模樣。范氏云「害其所以養心者不在於大」，此語尤痛切。醯，至易得之物，尚委曲如此。若臨大事，如何得當？纔枉其小，便害其大，此皆不可謂誠實也。○問：「看孔子説『微生高』一章，雖一事之微，亦可見王霸心術之異處。一便見得皥皥氣象，一便見得驩虞氣象。」曰：然。○慶源輔氏曰：平心順理以應物則爲「直」，若有一毫計較作爲則不得爲「直」。知乞醯以應人之求爲不直，則知所以爲直矣。○厚齋馮氏曰：人謂申棖剛，夫子以慾知其非剛；人謂文仲知，夫子以居蔡知其不知；人謂微生高直，夫子以乞醯知其非直。夫子知人之道，於衆好之而必察蓋如此。

○子曰：「巧言，令色，足恭，左丘明恥之，丘亦恥之；匿怨而友其人，左丘明恥之，丘亦恥之。」足，將樹反。

足，過也。朱子曰：足者，謂本當如此，我却以爲未足而添足之，故謂之「足」。若本當如此，則是自足了，乃不是「足」。凡制字如此類者，皆有兩意。程子曰：「左丘明，古之聞人也。」或問：「左丘明非傳《春秋》者邪？」朱子曰：未可知也。先友鄧著作名世考之氏姓書曰：此人蓋左丘姓而明名，傳《春秋》

者，乃左氏耳。○左丘明所恥巧言，《左傳》必非其所作。謝氏曰：「二者之可恥，有甚於『穿窬』也。慶源輔氏曰：此雖與「穿窬」事不類，然其心陰巧譎詐，以取悦媚，謀傾陷，則甚於穿窬。○陳氏曰：穿窬者之志，不過陰取貨財而止。若過諂以事人，匿怨而面友，其所包藏豈止於取貨財之謂邪？故可恥有甚於穿窬也。左丘明恥之，其所養可知矣；夫子自言丘亦恥之，蓋『竊比老彭』之意，又以深戒學者使察乎此而立心以直也。」朱子曰：匿怨，心怨其人而外與交也。孔門編排此書，已從其類，此二事相連。若微生高之心久而滋長，便做得這般可恥事出來。巧言、令色、足恭，與匿怨，皆不誠實者也。人而不誠實，何所不至？所以可恥。與上文「乞醯」之義相似。○勉齋黄氏曰：巧令足恭，諂人也，其可恥者卑賤而已；藏怨外交，姦人也，其爲險譎尤可恥。○雙峯饒氏曰：此上二章，皆是教學者立心以直。舉微生高，是要人微事亦謹；舉左丘明，是要人表裏如一。

○顔淵、季路侍。子曰：「盍各言爾志？」

盍，何不也。

子路曰：「願車馬，衣輕裘，與朋友共，敝之而無憾。」衣，去聲。

衣，服之也。裘，皮服。敝，壞也。憾，恨也。

顔淵曰：「願無伐善，無施勞。」

伐，誇也。善，謂有能。施，亦張大之意。勞，謂有功，《易》曰「勞而不伐」是也。《易·繫辭上》：子曰：「勞而不伐，有功而不德，厚之至也。」或曰：勞，勞事也。勞事非己所欲，故亦不欲施之於人。亦通。前説與上句，皆謙也；後説，恕也。○朱子曰：顔子是治箇「驕」字，子路是治箇「吝」字。顔子之志，不以己之長方人之短，不以己之能媿人之不能，是與物共。○問：「無伐善，無施勞，『善』與『勞』，如何分别？」曰：善，是自家所有之善；勞，是自家做出來底。○無伐善，是不矜己能；無施勞，是不矜己功。○南軒張氏曰：人之不仁，病於有己。故雖衣服車馬之間，此意未嘗不存焉。子路蓋欲克其私於事物間者，其志可謂篤，而用功可謂實矣。至於顔子則又宏焉。理之所在，何有於己？其於善也奚伐？爲吾之所當爲而已，其爲勞也奚施？蓋存乎公理而無物我之間也。學者有志於求仁，則子路之事亦未宜忽。要當如此用力以爲入德之塗，則顔子之事可以馴致矣。

子路曰：「願聞子之志。」子曰：「老者安之，朋友信之，少者懷之。」

老者養之以安，朋友與之以信，少去聲。者懷之以恩。一説：安之，安我也；信之，信我也；懷之，懷我也。亦通。合二説其義方備。老者我養之以安，而後方安於我。○問：「孔子舉此三者，莫是朋友是其等輩，老者是上一等人，少者是下一等人，三者足以盡該天下之人否？」朱子曰：然。○黄氏曰：《集註》前説是作用，後説是效驗。後説與「綏斯來，動斯和」意思相類，自是聖人地位。但前説却有仁心自然、物各付物之意，有天地發生氣象。况顔子、子路皆是就作用上説，故前説爲勝。○程子曰：「夫子安仁，顔淵不違仁，子路求仁。」朱子曰：他人於微小物事，尚戀不能捨。仲由能如此，其心廣大而不私己矣，非意在於求仁乎？○子路、顔子、孔子，皆是將己與物對説。子路便是箇舍己忘私底意思。今若守定他這説，謂此便是求仁，不成子路每日都無事，只是如此？當時只因子路偶然如此説出，故顔子、孔子各就上面説去；使子路若别説出一般事，則顔子、孔子又就他那一般事上説。然意思却只如此。○趙氏曰：求仁，猶與仁爲二；不違仁，則身已居仁而常不去；安仁，則心即仁，仁即心，安而行之，無適非仁矣。又曰：「子路、顔淵、孔子之志，皆與物共者也，但有小大之差楚宜反。爾。」程子曰：顔子所言不及孔子。無伐善、無施勞，是他顔子性分上事。孔子言安之、信之、懷之，是天理上事。○朱子曰：子路有濟人利物之心，顔子有平物我之心，夫子有萬物得其所之心。○子路須是有箇車馬輕裘，方把與朋友共。如顔子只就性分上理會，無伐善，無施勞，車馬輕裘則不足言矣。然以顔子比之孔子，則顔子猶有箇善勞在。若孔子便不見有痕迹了。又曰：子路底淺，顏子底深。二子底小，聖人底大。子路底較粗，顏子底較細膩。然都是去得箇私意了，只是有粗細。○子路收斂細密，可到顏子地位；顏子底純熟又展拓開，可到孔子地位。○西山真氏曰：聖門學者誠實端慤，言者即其所行，行者即其所言。苟躬行有一毫未到，斷不敢輕以自許。子路爲人勇於爲善而篤於朋友，故所願如此。蓋「私」之一字，乃人心之深害。私苟未忘，雖於骨肉親戚之間，尚不能無彼此物我之分，况朋友乎？子路之言，雖只及朋友。然觀其用心，則其至公無私可見矣。顏淵之志，又大於子路。蓋視己之善如未有善，視己之勞若初無勞，觀其用心，雖至堯、舜地位亦歉然常若不足。子路所謂「車馬衣裘與朋友共」，特顏子善中之一善耳。夫子之言志，又大於顏淵。蓋二子猶未免於用意。若聖人則如天地然，一元之氣運之於上，而天地之間無一物不得其所，不待物物著力然後能之，又非二子所及。然今學者且當從子路學起，必如子路之忘私，然後方可進步。不然，則物我之私梗於胸中，如蟊賊，如戈戟然，又安能有善不伐、有勞不矜如顏子乎？况於聖人地位，又高又遠，非用力所可到。須德盛仁熟，從容中道，然後不期而自至耳。此非始學之事。故必先學子路之忘私而後可。又曰：「子路勇於義者，觀其志，豈可以勢利拘之哉？亞於浴沂者也。問：「浴沂地位恁高，程子稱子路言志『亞於浴沂』，何也？」朱子曰：子路學雖粗，然他資質也高。如「人告以有過則喜」，「有聞未之能行，惟恐有聞」，「見善必遷，聞義必從」，皆是資質高，「車馬輕裘」都不做事看，所以亞於浴沂。故程子曰「子路只爲不達爲國以禮道理，若達便是這氣象也」。又問：「浴沂是自得於中而外物不能以累之。子路雖未至自得，然亦不爲外物所動矣。」曰：是。○胡氏曰：以氣象觀之，子路發於意氣者也，顏子循其性分者也，夫子則渾然天理者也。子路所以亞於浴沂，以其胸次洒落，非勢利所得拘。使無所滯礙，則曾皙之所至矣。聖人信不可及，顏子地位亦高。誠能先於貨利之間，慕子路之勇決而去其吝嗇之心，於求仁之方亦庶幾矣。○慶源輔氏曰：子路雖有曾點氣象，而其實亦有不同。曾點是知之事，子路是行之事。浴沂之智崇，共敝之行實。○新安陳氏曰：人心天理本自周流，特爲私欲間隔，故不得遂其與人同適之樂，與人同利之仁爾。子路之志，雖未能超然如曾點之灑落，然常人認物爲己，知有己不知有人，以子貢尚貨殖，以子夏而孔子尚不假蓋焉。❶ 子路自甘敝緼，而與人共其輕肥，私欲不間隔其天理之周流，得遂其與人同利之仁，豈不可亞於曾點與人同適之樂乎？ 顔子不自私己，故無伐善；知同於人，故無施勞。朱子曰：以善者己之所有，不自有於己，故無伐善；以勞事人之所憚，知同於人，故無施勞。 其志可謂大矣，然未免於有意也。尚有勉行克治之意。 至於夫子，則如天地之化工付與萬物而己不勞焉，此聖人之所爲也。今夫羈居宜反。靮音的。以御馬而不以制牛。人皆知羈靮之作在乎人，而不知羈靮之生由於馬。聖人之化，亦猶是也。先觀二子之言，後觀聖人之言，分明天地氣象。凡看《論語》，非但欲理會文字，須要識得聖賢氣象。」問夫子如化工，及「羈靮」之喻。朱子曰：這只是理自合如此。老者安之，是他自帶得安之理來；友信少懷，是他自帶得信之理、懷之理來。聖人爲之，初無形迹，如穿牛鼻、絡馬首都是天理如此，恰似他生下便自帶得此理來。○新安陳氏曰：子路物與人共而不爲己私者也。顔子善與人同而不爲己私者也。夫子則廓然大公，有造化物各付物之氣象，「不爲己私」不足以言矣。

○子曰：「已矣乎，吾未見能見其過而內自訟者也！」

「已矣乎」者，恐其終不得見而歎之也。「內自訟」者，口不言而心自咎也。人有過而能自知者鮮上聲。下同。矣，知過而能內自訟者爲尤鮮。能內自訟，則其悔悟深切而能改必矣。夫子自恐終不得見而歎之，其警學者深矣。南軒張氏曰：能見其過而內自訟，則懲創之深，省察之力，其必能舍舊而新是圖。若是，則於進德也孰禦？○勉齋黃氏曰：自訟而

❶ 「而」，四庫本作「見」。「假蓋焉」，四庫本、孔本、陸本作「改紛華」。

見於言，不若不言而自責於心之深切。○慶源輔氏曰：口不言而心自咎，最改過之機。蓋悔悟深切，則誠意所蓄根深力固，纔説出來意思便消散了。○厚齋馮氏曰：不曰「不見」，而曰「未見」，不敢絶天下於無人也。○雲峯胡氏曰：訟者欲勝人，内自訟則能勝己。

○子曰：「十室之邑，必有忠信如丘者焉，不如丘之好學也。」焉，如字，屬上句。好，去聲。

十室，小邑也。忠信如聖人，生質之美者也。夫子生知而未嘗不好學，故言此以勉人。言美質易去聲。得，至道難聞。學之至則可以爲聖人，不學則不免爲鄉人而已。可不勉哉？南軒張氏曰：聖人斯言，使學者知夫聖可學而至。雖有其質而不學，則終身爲鄉人而已。○勉齋黄氏曰：夫子自言「好學」，固是謙辭。然聖人惟生知，所以自然好學。學者一出一入而不加之意，正以其不能真知義理之切身故爾。○新安陳氏曰：忠信之質，聖人與人同耳。好學之至，則充極此美質而爲聖人；不好學，所以孤負此美質而不免爲鄉人。美質之不可恃，而學力之所當勉如此。○朱子答問云：「註疏之讀，不成文理。」按註疏音『焉』如『煙』，讀屬下文；故朱子既音如字，且云屬上句也。

論語集註大全卷之五

論語集註大全卷之六

雍也第六

凡二十八章。篇内第十四章以前，大意與前篇同。胡氏曰：此篇前一半與上篇大意同，而《八佾》篇論禮樂亦與《爲政》末相接。大抵記聖人之言多以其類，而卷帙之分特以竹簡之編既盡而止，其篇目則聊舉其首二字以爲之别爾。〇新安陳氏曰：亦論古今人物賢否得失。

子曰：「雍也，可使南面。」

南面者，人君聽治去聲。之位。厚齋馮氏曰：人君聽治之位，必體天地陰陽之嚮背。南面，嚮明也。言仲弓寬洪簡重，有人君之度也。問：「寬洪簡重」也是説仲弓資質恁地？朱子曰：夫子既許他南面，則須是有人君之度。這又無稽考，須見將他言行來看如何。〇慶源輔氏曰：惟寬故洪，惟簡故重。寬則有容，故洪；簡則守要，故重。寬與簡，御衆臨下之道也，故有人君之度而可以南面。度，以德量言也。〇洪氏曰：語顔淵以「爲邦」，王者之佐也；仲弓「南面」，諸侯之任也。

仲弓問子桑伯子。子曰：「可也，簡。」

子桑伯子，魯人。胡氏以爲疑即莊周所稱「子桑户」者是也。朱子曰：莊子所稱「子桑户」與孟子反、子琴張三人爲友，蓋老氏之流。仲弓以夫子許己南面，故問伯子如何。「可」者，僅可而有所未盡之辭。「簡」者，不煩之謂。朱子曰：仲弓爲人簡重，見夫子許之，以伯子亦是一箇簡底，故以爲問。夫子言此人亦可者，以其簡也。

仲弓曰：「居敬而行簡，以臨其民，不亦可乎？居簡而行簡，無乃大簡乎？」大音泰。

言自處上聲，下同。以敬，則中有主而自治嚴。如是而行簡以臨民，則事不煩而民不擾，所以爲可。若先自處以簡，則中無主而自治疎矣，而所行又簡，豈不失之大簡而無法度之可守乎？慶源輔氏曰：中有主則一，自治嚴則收斂固。事不煩則無鑿出之事，民不擾則無不得所之民。中無主則二三，自治疎則滲漏多。大簡則率易，無法度之可守則或不免於猖狂妄行矣。《家語》記伯子不衣冠而處，夫子譏其欲同人道於牛馬。張存中曰：劉向《説苑》云：孔子見子桑伯子。子桑伯子不衣冠而處。弟子曰：「夫子何爲見此人乎？」曰：「其質美而無文，吾欲説音稅，下同。而文之。」孔子去。子桑伯子門人不説，音悦。曰：「何爲見孔子乎？」曰：「其質美而文繁，吾欲説而去其文。」故曰文質修者謂之君子，有質而無文謂之易野。簡易鄙野也。子桑伯子易野，欲同人道於牛馬，故仲弓曰「大簡」。然則伯子蓋大簡者，而仲弓疑夫子之過許與？朱子曰：居敬則凡事嚴肅。若要以此去律事，凡事都要如此，此便是「居敬而不行簡」也。○今固有居敬底人把得忒重，却反行得煩碎了。臨下以簡，只要揀那緊要底來行。○居敬、行簡是兩件工夫。若謂居敬則所行自簡，則有偏於居敬之意；徒務行簡，老子是也，乃所以爲不簡。○「居敬行簡」，如云內外，不只是盡其內而不用盡其外；如云本末，不只是致力於本而不務乎其末。居敬了，又要行簡，聖人教人爲學皆如此，不只偏説一邊。○居敬行簡是有本領底簡，居簡行簡是無本領底簡。○居敬是自處以敬，行簡是所行得要。○問：敬是就心上説，簡是就事上説否？曰：簡也是就心上做出來而令行簡，須是心裏安排後去行，豈有不是心做出來？○問：「居敬行簡」之「居」如「居室」之「居」？曰然。復問：何謂「簡」？曰：簡是凡事據見定。又曰：簡静。又曰：「居敬」是所守正而行之以簡。○問：居簡而行簡，則有志大略小之患。以之臨事，必有怠忽不舉之處。居敬而行簡，則心一於敬，不以事之大小而此敬有所損益也。以之臨事，必簡而盡。曰：居敬則明燭事幾而無私意之擾，故其行必簡。○葉少蘊曰：簡者，臨下之道，而非所以處己也。《書》記舜之德曰「臨下以簡」，此仲弓所以「可使南面」也。○雙峯饒氏曰：敬者，一心之主宰，而萬事之本根也。仲弓之在聖門，以德行稱者也。夫子許之以「可使南面」，是以其有人君之德而然也。仲弓聞夫子之許己，而未知其所以許之之意安在，於是即其氣象之類己如子桑伯子者以爲問。夫子以其「可也，簡」許之，而又曰：「居簡而行簡，無乃大簡乎？」其意以爲：簡出於敬，則其簡爲有本，而每事順理而要直，謂之「可也」固宜；簡出於簡，則其簡爲無本，而遇事不免率意而踈略，無乃簡之過乎？仲弓之簡，敬而簡者也；伯子之簡，簡而簡者也。仲弓之簡固與伯子之簡異矣，然其所以致是者，非特天資之美，亦其學力之至爾。蓋他日嘗問仁於夫子矣，夫子告之曰：「出門如見大賓，使民如承大祭。」此「居敬」之謂也。又嘗問政於夫子矣，夫子告之曰：「先有司，赦小過，舉賢才。」此「行簡」之謂也。居敬行簡，其得於平日師友之所講磨者如此。則「可使南面」，固有所自來矣。若伯子之不衣冠而處，則有仲弓之資而無仲弓之學者也。「大簡」之失，不亦宜乎？○簡於行事上用得，於治己上用不得。故行簡則可，居簡則不可。○新安陳氏曰：人所以異於馬牛，以衣冠也。伯子惡衣冠煩而去之，簡則簡矣，如不敬何？簡與敬易相反，故《書》曰「簡而無傲」。蓋簡易流於傲，無傲者欲以敬矯簡之流弊也。敬而簡則爲「簡嚴」、「簡易」之「簡」，不然則爲「簡忽」、「簡略」之「簡」。仲弓蓋能居敬行簡者，伯子乃不敬而居簡行簡者也。

子曰：「雍之言然。」

仲弓蓋未喻夫子「可」字之意，而其所言之理有默契焉者，故夫子然之。朱子曰：夫子雖不言其居簡之失，而「可」字已寓未盡善之意；仲弓雖未喻「可」爲僅可，乃能默契其微旨，分別出「居敬」、「居簡」之不同，夫子所以深許之。○程子曰：「子桑伯子之簡雖可取而未盡善，故夫子云『可也』。仲弓因言內主於敬而簡則爲要直，內存乎簡而簡則爲踈略，可謂得其旨矣。」又曰：「居敬則心中無物，故所行自簡；雙峯饒氏曰：無物只是無私意，無私意則能循理，所以所行自簡。居簡則先有心於簡而多一『簡』字矣，故曰『太簡』。」問：《集註》何不全用程說？朱子曰：程子只說得敬中有簡底意，亦有自處以敬而所行不簡，却說不及。聖人所以曰「居敬」，曰「行簡」，二者須是周盡，某所以不敢全用他說。又曰：程子說自不相害。果能居敬，則理明心定，自是簡。又曰：世間有居敬而所行不簡者。如上蔡說吕進伯是箇好人，極至誠，只是煩擾。便是請客，也須臨時兩三番换食次。又有不能居敬而所行却簡易者，每事不勞擾，只從簡徑處行。如曹參之治齊，專尚清静。及至爲相，每日酣飲，不視事。隔牆小吏歌呼，參亦酣歌以和之。何有於居敬？據仲弓言，自是兩事，程子作一事看了。○此段若不得仲弓下面更問一問，人只道「可也，簡」便道了，故夫子復之曰「雍之言然」。這亦見仲弓有可使南面之基，亦見得他深沉詳密處。論來簡已是好資禀，較之繁苛瑣細使人難事亦煞不同，然是居敬以行之方好。○問：仲弓之有人君之度，何以知其然耶？曰：以前篇「不佞」之譏、此章「居敬行簡」之對而有以知其然也。謝氏以爲簡以臨之，「莊以涖之」，蓋近之矣，然其深厚廣博，宜在人上之意則未之發也。然此曰「南面」而不曰「爲政」，則疑其主於德而言也。○問：居敬、居簡之不同，何也？曰：持身以敬，則心不放逸而義理著明，故其所以見於事者自然操得其要而無煩擾之患。若所以處身者既務於簡，而所以行之者又一切以簡爲事，則是民理準則既不素明於内，而綱紀法度又無所持循於外也。太簡之弊，❶將有不可勝言者矣。○勉齋黄氏曰：居謂身所自處，行謂見於所行。觀其以「居」對「行」，則是以處身對行事明矣。居敬而後可以行簡。

○哀公問弟子孰爲好學。孔子對曰：「有顏回者好學，不遷怒，不貳過。不幸短命死矣。今也則亡，未聞好學者也。」好，去聲。亡與「無」同。

遷，移也。貳，復扶又反，下同。也。怒於甲者不移於乙，過於前者不復於後。顏子克己之功至於如此，可謂真好學矣。朱子曰：不遷怒、貳過是顏子好學之符驗如此，却不是只學

❶「太」，原作「夫」，今據四庫本、陸本及《四書或問》改。

此二事。其學全在非禮勿視、聽、言、動上，乃是做工夫處。不遷不貳是成效處。○怒與過皆自己上來，不遷、不貳皆自克己上來。○勉齋黃氏曰：存養之深，省察之明，克治之力，持守之堅。故其未怒之初，鑑空衡平；既怒之後，冰消霧釋。方過之萌，瑕纇莫逃；既知之後，根株悉拔。此所以爲「好學」，而《集註》以爲「克己之功」也。○慶源輔氏曰：「真好學」真字須子細看。○新安陳氏曰：人惟不能克去己私，故遷怒者私意之執滯也，貳過者私意之隱伏也。顏子之學真能克己，故當怒未嘗不怒，既怒則不遷；有過未嘗不知，既知則不留。此皆克己之功效而好學之符驗也。短命者，顏子三十二而卒也。《家語》，顏子少孔子三十歲，年二十九而髮白，三十二而早卒。既云「今也則亡」，又言「未聞好學者」，蓋深惜之，又以見真好學者之難得也。厚齋馮氏曰：師有父兄之道，故稱受教者爲「弟子」。當是時曾子尚少，好學而可以傳道者唯顏子一人而已。曰「今也則亡」，言好學者無存也。不曰「不聞」而曰「未聞」，不敢以一己之聞見厚誣天下之無人，又焉知來者之不如今也？

○程子曰：「顏子之怒在物不在己，故不遷。『有不善未嘗不知，知之未嘗復行』，新安陳氏曰：二句，《易·繫辭》文，乃孔子稱顏子語。不貳過也。」雲峯胡氏曰：程子兼不遷怒、不貳過說。又曰：「喜怒在事，則理之當喜怒者也。不在血氣則不遷。若舜之誅四凶也，可怒在彼，己何與音預。焉？如鑑之照物，妍媸在彼，媸，赤之反。妍，美也。媸，醜也。隨物應之而已，何遷之有？」雲峯胡氏曰：專說「不遷怒」。怒每自血氣而發，顏子之怒在理不在血氣，故不遷。又曰：「如顏子地位，豈有不善？所謂不善，只是微有差失。纔差失，便能知之；纔知之，便更不萌作。」張子曰：「慊口簟反。於己者不使萌於再。」朱子曰：慊於己，只是略有些子不足於心便自知之，即隨手消除，不復萌作。○許氏曰：心過常小，身過常大。顏子雖有心過無身過。無身過易，無心過難，要當制之於心而已。或曰：「《詩》、《書》、六藝，七十子非不習而通也，而夫子獨稱顔子爲『好學』。顔子之所好，果何學歟？」程子曰：「學以至乎聖人之道也。」雙峯饒氏曰：道者，方法之謂，言學以至乎聖人底方法也。下文言「學之道」與「學之得其道」皆是此意。「學之道柰何？」曰：「天地儲精，得五行之秀者爲人。問「儲精」。朱子曰：精氣流過，儲蓄得二氣之精聚，故能生出人物。其本也真而靜，其未發也五性具焉，曰仁、義、禮、智、信。朱子曰：「本」是本體，「真」是不雜人僞，「静」言其初未感物時。五性便是真，未發便是静。形既生矣，外物觸其形而動於中矣，其中動而七情出焉，曰喜、怒、哀、懼、愛、惡、去聲。欲。慶源輔氏曰：心是活物，故外物觸之而動。上言「其本静」，故於此言「動」。情既熾昌志反。而益蕩，其性鑿矣。朱子曰：性固不可鑿，但人不循此理去傷了他。

故覺者約其情，使合於中，正其心，養其性而已。然必先明諸心，知所往，然後力行以求至焉。朱子曰：這一段緊要處只在「先明諸心」上。「明諸心，知所往」，窮理之事；「力行求至」，踐履之事。知所往如識路，力行求至如行路。○雙峯饒氏曰：用工最緊要處在約其情，使合於中。約是工夫，中是準則。「四勿」便是約的工夫，禮便是中的準則。能約其情，使合於中，則心得其正而不蕩，性得其養而不鑿。○雲峯胡氏曰：程子此段議論皆自周子《太極圖説》來。「天地儲精」，此「精」字即是「二五之精」。「其本也真而静」，「真」字即是「無極之真」。特周子自太極説來，故先「真」而後「精」；程子只自天地説起，故先「精」而後「真」。「儲」字即是「凝」字。自古言性未嘗言「五性」，《圖説》謂「五行之生也，各一其性」，故此曰「五性具焉」。《圖説》謂「五性感動而善惡分，萬事出」，此則曰「其中動而七情出焉」。蓋五性感動之後有善有惡，至於情既熾而益蕩，則全失其本來之善矣。《圖説》「定之以中正仁義而主静」，聖人立人極之事；此曰「約其情，使合於中」，學者克己之事也。若顔子之『非禮勿視、聽、言、動』，『不遷怒、貳過』者，則其好之篤而學之得其道也。然其未至於聖人者，守之也，非化之也。假之以年，則不日而化矣。雙峯饒氏曰：不遷、不貳皆是守而未化之事。若怒自然不遷，心無過可貳，則化而無事於守矣。今人乃謂聖本生知，非學可至，而所以爲學者不過記誦文辭之間，其亦異乎顏子之學矣。」程子曰：小人之怒在己，君子之怒在物。小人之怒出於心，作於氣，形於身，以及於物，以至於無所不怒，是所謂「遷」也。怒在理則無所遷，動乎血氣則遷矣。舜誅四凶，蓋因是人有可怒之事而怒之，聖人之心本無怒也。譬如明鏡。好物來時便見是好，惡物來時便見是惡，鏡何嘗有好惡也？世之人固有怒於室而色於市。○上蔡謝氏曰：顏子不遷怒，不貳過，則其所好乃克己之學也。○朱子曰：顏子因物之可怒而怒之，又安得遷？內有私意而至於遷怒者，「志動氣」也；有爲怒氣所動而遷者，「氣動志」也。或謂不獨遷於他人爲遷，就其人而益之便是遷。曰：此却是「不中節」，非「遷」也。○問：「不遷怒」，此是顏子與聖人同處否？曰：「不遷」字在聖人分上說便小，在顏子分上說便大。蓋聖人無怒，何待於不遷；聖人無過，何待於不貳？所以不遷、不貳者猶有意存焉，與「願無伐善，無施勞」之意同。猶今人所謂「願得不如此」，是固嘗如此而今且得其不如此也。此所謂「守之」，非「化之」也。○問：人之義理未明而血氣未曾消釋，物來觸著則乘此血氣之動，惟好惡之所之，怒不能得休歇而至於有所移也。若顏子則是磨得心地光明而無一毫物事雜在其間，或喜或怒，皆是物之當喜當怒，隨其來而應之，而在我初無容心，不以此動其血氣而至於有所遷也。但此是顏子克己工夫到後方如此，却不是以此方爲克己工夫也。曰：夫子當時也是從他克己效驗上說。但克己工夫未到時也須照管，不成道我工夫未到那田地，而遷怒貳過只聽之耶？○問：顏子不遷怒，亦見得克己工夫否？曰：固是。然克己亦非一端，如喜怒哀樂皆當克，但怒是粗而易見者爾。○顏子於念慮處少差輒改，而今學者未到顏子地位，且須逐事上檢點。過也不論顯微，如大雷雨也是雨，些子雨也是雨，無大小都喚做過。只是晴明時節，青天白日，更無些子雲翳，這是甚麽氣象！○問：喜怒發於當然者，人情之不可無者也，但不可爲其所動爾。過失則不當然而然者，既知其非，則不可萌於再，所謂「頻復之吝」也。二者若不相類，而其向背實相對。曰：聖人雖未必有此意，但能如此看亦好。○顔子只是見得箇道理透。見得道理透，自不遷不貳。○「非禮勿視、聽、言、動」，是夫子告顔子教他做工夫，要知緊要工夫却只在這上。如「無伐善，無施勞」、「不遷怒，不貳過」，是他到處。又曰：顔子到這裏直是渾然，更無些子查滓。不遷怒如鏡懸水止，不貳過如冰消凍釋。如「三月不違」又是已前事，到這裏已自渾淪，都是天理，是甚次第！○問：顔子之所學者，蓋人之有生，五常之性渾然一心之中，未感物之時寂然不動而已。而不能不感於物，於是喜、怒、哀、樂七情出焉。既發而易縱，其性始鑿。故顔子之學見得此理分明，必欲約其情以合於中，剛決以克其私。私欲既去，天理自明。故此心虚静，隨感而應。或有所怒，因彼之可怒而已無與焉；怒纔過，而此心又復寂然，何遷移之有？所謂「過」者，只是微有差失，張子謂之「慊於己」，只是略有些子不足於心便自知之，即隨手消除，更不復萌作。爲學工夫如此，可謂真好學矣。曰：所謂「學」者只是學此而已。伊川所謂「性其情」，《大學》所謂「明明德」，《中庸》所謂「天命之謂性」，皆是此理。○勉齋黄氏曰：論顔子之天資則只是明與剛，論顔子之用功則只是敬與義。惟其明且敬也，故幾纔動處便覺；惟其剛且義也，故纔覺便與一刀兩段。既明矣，又持之以敬；既剛矣，又輔之以義。天資、學力兩極，則血氣豈能輕爲之動，念慮豈能再使之差？此所以謂之「不遠復」也，所以謂之「有不善未嘗不知，知之未嘗復行」也。「不遠」是覺得早，「復」是斬斷得猛烈。○問：顔子之「不遷怒」與「喜怒哀樂皆中節」如何？潛室陳氏曰：當其怒時，見理而不見怒，故怒所可怒而不遷於他，此克己陽剛工夫，峻潔之甚。其要固歸於中節，但以「中節」言顔子，無起發人意處。○慶源輔氏曰：顔子不遷不貳乃終身學力之所就，固非一旦收其放心便能如此，亦非是學者克己之事，故《集註》以爲「克己之功」。必其平日遇怒則克，不使之流蕩於外以過於物；遇過則克，不使之伏藏於内以爲之根。怒不過於物，則久久自然不遷；過鏟其根，則久久自然不貳。○覺軒蔡氏曰：「不遷怒」，朱子謂「怒於甲者不移於乙」，程子謂「在物不在己」；「不貳過」，朱子謂「過於前者不復於後」，程子謂「只是微有差失便能知之，才知之便更不萌作」，若不同矣。然程子是就怒初發、念初萌而直言之也，朱子是就怒已發、念已萌而横言之也。其理則一。必兼之方盡其義。○問不遷怒。魯齋許氏曰：是聖人境界之事也。如何便到得？且自忿思難爲始。

○子華使於齊。冉子爲其母請粟。子曰：「與之釜。」請益。曰：「與之庾。」冉子與之粟五秉。使、爲，並去聲。

子華，公西赤也。使，爲去聲。孔子使也。慶源輔氏曰：或使於他邑，或使於外國，不可知也。大夫無私交，此必未爲大夫時事。又，孔子將之荆，先之以子路，❶申之以冉有，皆使之類也。又如蘧伯玉使人於孔子。大夫雖無私交，若此類則無害也。釜，六斗四升；庾，十六斗；秉，十六斛。

子曰：「赤之適齊也，乘肥馬，衣輕裘。吾聞之也：君子周急不繼富。」衣，去聲。

乘肥馬，衣輕裘，言其富也。急，窮迫也。周者，補不足；繼者，續有餘。

原思爲之宰，與之粟九百，辭。

原思，孔子弟子，名憲。宋人。孔子爲魯司寇時，以思爲宰。粟，宰之禄也。九百，不言其量，去聲。不可考。趙氏曰：司寇有采邑，故以思爲邑宰。

子曰：「毋！以與爾鄰里鄉黨乎！」

毋，禁止辭。五家爲鄰，二十五家爲里，萬二千五百家爲鄉，五百家爲黨。言常禄不當辭，有餘自可推之以周貧乏。蓋鄰里鄉黨有相周之義。○程子曰：「夫子之使如字。子華，子華之爲去聲。下「爲之」同。夫子使，去聲。義也。而冉有乃爲之請。聖人寬容，不欲直拒人，故與之少，所以示不當與也。請益而與之亦少，所以示不當益也，求未達而自與之多，則已

❶「路」，四庫本作「夏」，合《禮記·檀弓上》。

過矣，故夫子非之。蓋赤苟至乏，則夫子必自周之，不待請矣。原思爲宰，則有常禄。思辭其多，故又教以分諸鄰里之貧者。蓋亦莫非義也。」張子曰：「於斯二者可見聖人之用財矣。」朱子曰：冉子與之粟五秉，聖人亦不大段責他；而原思辭禄，又謂「與爾鄰里鄉黨」者，看來聖人與處却寬。於斯二者可見聖人之用財，雖是小處，也莫不恰好，便是一以貫之處。○問：冉子請粟，聖人不與之辨而與之益之。曰：聖人寬洪，可以予可以無予，予之亦無害，但不使傷惠耳。○南軒張氏曰：子華爲夫子使於齊，使子華而有所不給，則夫子固周之矣，而子華無是之患也；其使也爲師使，以義行之，夫以義行而其資足以給，則可以無與也。冉有爲其母請，疑可以與也，故與之少以見其義，而冉子莫喻也。原思爲宰。宰有常禄，粟雖多，不得而辭也。使原思雖甚有餘，而其常禄亦豈得而辭哉？故聖人於子華謂「周急不繼富」，於原思謂「毋，以與爾鄰里鄉黨」，其義可見矣。蓋取與辭受莫不有其則焉，天之理也。聖人從容而不過，賢者審處而不違。若以私意加之，則失其權度，或與其所不當與，爲傷惠；而或辭其所不當辭，亦反爲有害於廉矣。○覺軒蔡氏曰：楊氏謂君子之於辭受取予之際，苟非其義，一介不以予人；苟以其道，舜受堯之天下亦不爲泰。而士或以嗇與爲吝，寡取爲廉者，皆不知此也。以冉求、原思之賢猶不免是，況世之紛紛者乎？朱子云：「此説固然。子華之富，所不當繼也，而夫子於冉子之請猶與之釜，猶與之庾，不直拒之也；原思之辭，所不當辭也，而夫子未嘗疾之，又教之以有餘則當推之以及鄰里。則聖人寬容，崇奬廉退之意，亦畧可見矣。然則學者未得中行，不幸而過，寧與無吝，寧廉無貪，又不可不知也。」模按：朱子廣楊氏未盡之意，深有補於世教。且使世之吝者不得託於一介不與之説以蓋其陋，貪者不得託於舜受堯天下之説以便其私，而輕財重義、清苦廉遜之人亦將得以自見。故併録之，學者所宜深玩也。○厚齋馮氏曰：子華之使，原思之宰，非必同一時也，記者以其辭受可互相發明，故係於此爾。○新安陳氏曰：一「義」字可斷盡此章。弟子爲師使，義也；自富而請粟請益，非義也；不繼富而與之少，亦義也。宰常禄當與，義也；有餘以周鄉鄰，亦義也。夫子於赤非吝，於思非奢，辭受取予惟視義之當否爾。冉求爲請，自多與以爲惠；原憲甘貧，辭常禄以爲廉：皆察義未精故也。

○子謂仲弓曰：「犂牛之子騂且角，雖欲勿用，山川其舍諸？」犂，利之反。騂，息營反。舍，上聲。

犂，雜文；騂，赤色。周人尚赤，牲用騂。角，角周正，完全端正。中去聲。犧牲也。潛室陳氏曰：祭天地之牛角繭栗，宗廟之牛角握，社稷之牛角尺。❶以其色既赤，又且角中程度也。用，用以祭也。山川，山川之神也。言人雖不用，神必不舍也。仲弓父賤而行去聲。惡，故夫子以此譬之。言父之惡不能廢其子之善，如仲弓之賢，自當見用於世也。然此論仲弓云爾，非與仲弓言也。○范氏曰：「以瞽叟爲父而有舜，以鯀爲父而有禹，古之聖賢不係於世類，尚矣。子能改父之過，變惡以爲美，則可謂孝矣。」問：「子謂仲弓曰犂牛之子騂且角」，伊川謂多一「曰」字，意以仲弓爲犂牛子也。考之《家語》，仲弓生於不肖之父，其說可信否？朱子曰：聖人必不肯對人子說人父不善。○問：此章前後作用人不以世類。南軒以仲弓言「焉知賢才」之故，故孔子教之用人。此說牽合，然亦似有理脉。曰：橫渠言大者苟立，雖小未純，人所不棄也。今敬夫此說無他，只是要回互，不欲說仲弓之父不肖爾。何不虛心平氣與他看？古人賢底自賢，不肖底自不肖。稱其賢可以爲法，語其不肖可以爲戒。或曰：恐是因仲弓之父不肖而微其辭。曰：聖人已是說了，此亦何害？大抵人被人說惡不妨，但要能改過。過而能改，則前愆頓釋。昔日是不好底人，今日自好，事自不相干，何必要回互？然又要除却「曰」字。此「曰」字留亦何害？如「子謂顏淵曰吾見其進也」，不成是與顏淵說？況此一篇大率是論他人，不必是與仲弓說也。只蘇氏却說此乃是論仲弓之德，非是與仲弓言也。○慶源輔氏曰：犂牛雜文雖不堪作犧牲，然其

❶「社稷」，四庫本作「賓客」，合《禮記・王制》。

所生之子，其色則騂，其角則正，則必將取以爲犧牲用矣，固不可以其母之犂而廢其子之騂也。「雖欲勿用」，人之私意也；「山川其舍諸」，理之所不容廢也。

○子曰：「回也，其心三月不違仁，其餘則日月至焉而已矣。」

三月，言其久。朱子曰：「三月」只是言其久爾，非謂三月後必違也。古人三月無君則弔，去國三月則復，《詩》人以「一日不見，如三月兮」，「夫子聞韶，三月不知肉味」，皆久之意。仁者，心之德。心不違仁者，無私欲而有其德也。日月至焉者，或日一至焉，或月一至焉，能造七到反。其域新安陳氏曰：「造仁之域」，如云「入聖域」。而不能久也。朱子曰：仁與心本是一物，被私欲一隔，心便違仁去，却爲二物。若私欲既無，則心與仁便不相違，合成一物。心猶鏡，仁猶鏡之明。鏡本來明，被塵垢一蔽，遂不明；若塵垢一去，則鏡明矣。顏子三箇月之久無塵垢。其餘人或日一次無塵垢，少間又暗；或月一次無塵垢，二十九日暗，亦不可知。○或問：顏子三月不違仁是無纖毫私欲，則自餘門弟子日至月至者常爲私欲所汩乎？西山真氏曰：「欲」字有輕重。常人之心無非私欲汩亂之時，若孔門弟子日至月至者，雖未到無纖毫私欲之地，然亦必皆寡欲矣。孟子教人只云「養心莫善於寡欲」，周子又進一步教人曰「由寡以至於無」。顏子三月不違者，已到無欲之地；自餘則寡欲而已，所以未如顏子也。○趙氏曰：「三月」姑借以言其久，「日月」亦借以言其暫。○程子曰：「三月，天道小變之節，言其久也，過此則聖人矣。不違仁，只是無纖毫私欲，少有私欲便是不仁。」程子曰：顏子經天道之變而爲仁如此，其能久於仁也；過此則從心不踰矩，聖人也。故孔子惜其未止。○朱子曰：顏子「三月不違」，只是此心常存，無少間斷；自三月後，却未免有毫髮私意間斷在。顏子念慮之間，間有不善處，却能知之而未嘗復行也。○顏子豈直恁虛空湛然，常閉門合眼靜坐，不應事，不接物，然後爲不違仁也？顏子有事亦須應，須飲食，須接賓客，但只是無一毫私欲耳。尹氏曰：「此顏子於聖人未達一間者也，新安陳氏曰：間，平聲，際也，如《孟子》「其間不能以寸」。此語本揚子《問神》篇「顔淵亦潛心於仲尼矣，未達一間爾」。若聖人則渾上聲。然無間斷矣。」間，去聲。斷，徒玩反。後凡言「間斷」，音同。○朱子曰：顔子猶不能無違於三月之後，不是三月後一向差去，但只於道理久後畧斷一斷便接續去。若無這些子間斷，便是聖人。所以與聖人未達一間者，以此。○新安陳氏曰：心本仁也。心而違仁，私欲間斷之耳。日月至焉者，私欲間斷之時多，天理純全之時少。顔子克去己私，爲仁漸熟，故能三月之久心不違仁，然猶未免三月之後或至於違仁也。使過此而能渾然無間斷，則與聖人之「純亦不已」者一矣。張子曰：始學之要，當知「三月不違」與「日月至焉」内外賓主之辨，使心意勉勉循循而不能已。過此，幾非在我者。朱子曰：「三月不違」者，仁在内而我爲主也；「日月至焉」者，仁在外而我爲客也。誠知辨此，則不安於客而求爲主於内必矣。○「三月不違」底是仁爲主，私欲爲客；「日月至焉」者是私欲爲主，仁却爲客。然那客亦是主人，只是以其多在外，故謂之客。敬則常不要出外，久之亦是主人。既是主人，自是出去時少也。又曰：「日月至焉」底便是我被那私欲挨出在外，是我勝那私欲不得。○以屋喻之。「三月不違」者，心常在内，雖間或有出時，然終是在外不穩，纔出便入。蓋心安於内，所以爲主。「日月至焉」者，心常在外，雖間或有入時，然終是在内不安，纔入便出。蓋心安於外，所以爲賓。日至者，一日一至此；月至者，一月一至此。自外而至也。「不違」者，心常存；「日月至焉」者，有時而存。此無他，知有至未至，意有誠未誠。知至矣，雖驅使爲不善，亦不爲；知未至，雖軋勒不爲，此意終迸出來。故於見得透，則心意勉勉循循，自不能已矣。「過此，幾非在我」者，猶言過此以往，未之或知。言過此則自家著力不得，待他自長進去。又曰：「三月不違」，主有時而出；「日月至焉」，賓有時而入。○問「過此，幾非在我者」。曰：這只説循循勉勉便自住不得，便自不由己。只是這箇關難過，纔過得，自要住不得，所謂「欲罷不能」，如水漲舡行，更無着力處。○「幾非在我」如種樹一般，初間栽培灌溉，及既成樹了，自然抽枝長葉，何用人力？問：莫是過此則聖人之意否？曰：不然。蓋謂工夫到此，則非我所能用其力，而自然不能已，如車已推而勢自去，如舡已發而纜自行。若不能辨内外賓主，不能循循不已，則有時而間斷矣。孟子所謂「夫仁，亦在乎熟之而已矣」，此語説得盡了。又云：學者無他，只是要理會這道理。此心原初自具萬物萬事之理，須是理會得分明。○勉齋黄氏曰：「仁，人之安宅也。」以宅譬之，「三月不違」則心爲主在仁之内，如身爲主而在宅之内也；「日月至焉」則心爲賓在仁之外，如身爲賓在宅之外也。○北溪陳氏曰：張子内外賓主之辨蓋起於夫子「至」之一辭。知内外賓主之辨，常在天理内而爲主，不逐人欲於外而爲賓，非真知而足目俱到者不能到此田地。主勢日伸，賓勢日屈，其進進自不能已。過此，如車輪運轉，自然不停，非吾力所能與，此即日進無疆地位也。○潛室陳氏曰：提出張子此語，正欲學者於此猛省。若是爲客，乍入復出，則爲無家之人，後來必大可哀。○新安倪氏曰：内外賓主之辨，朱子有二説。定宇陳氏嘗論此，以後説爲優。北溪謂内外賓主之辨起於夫子「至」之一辭，的是如此。所謂「至焉」者，至於仁也。勉齋「仁宅」之説尤精到。以此觀之，朱子《或問》，初説也；《語録》，乃後來定説也。故今編存《或問》之説于前，而列《語録》及黄、陳之説在後，俾觀者即見優劣，一遵先師之意云。

○季康子問：「仲由，可使從政也與？」子曰：「由也果，於從政乎何有？」曰：「賜也，可使從政也與？」曰：「賜也達，於從政乎何有？」曰：「求也，可使從政也與？」曰：「求也藝，於從政乎何有？」

從政謂爲大夫。問：從政例爲大夫，果何所據？然則子游爲武城宰、仲弓爲季氏宰之類皆不可言政歟？朱子曰：冉子退於季氏之朝，夫子曰：「其事也！如有政，雖不吾以，吾其與聞之。」亦自可見。○胡氏曰：由、求爲季氏宰久矣，此問「從政」，謂可使爲大夫否也。蓋宰有家事而已，大夫則與聞國政。然康子卒不能與三子同升諸公，此魯之所以不競也。果，有決斷；都玩反。達，通事理；藝，多才能。雙峯饒氏曰：求也，旅泰山不能救，伐顓臾不能止，是不果也；由也，以正名爲迂，是不達也。唯子貢達於事理，占得地步却闊，使其從政，必不肯爲季氏聚斂，爲衛輒死難。○程子曰：「季康子問三子之才可以從政乎，夫子答以各有所長。非惟三子，人各有所長。能取其長，皆可用也。」朱子曰：求也藝，於細微事都理會得。緣其才如此，故用之於聚斂，必有非他人所及者。惜乎其有才而不善用之也。○南軒張氏曰：此可見聖人之用才也。三子者各有所長，故皆可以從政。○勉齋黄氏曰：程子言人各有所長，意則大矣，然如三子之達、果、藝而可以從政，則恐亦非凡人之所可能也。○潛室陳氏曰：冉求有爲政之才，聖人屢許之，且以政事名，想有可觀者。但義理不勝利欲之心，過失處多耳。○問：孔子以政事稱冉求，比用於季氏，僅能聚斂而已。不知夫子於何取之？曰：只以政事稱，便於學問上有欠闕，所以孔子常攻其短。○慶源輔氏曰：子路資禀剛勇，故能有決斷；子貢知識高明，故通達事理；冉求雖進道不力，然在政事之科，故多才能。○齊氏曰：季桓子垂歿，有遺言召孔子，而康子止召冉求。然則其先問由、賜也，意故在求，而假之以發端爾。○吴氏曰：善用人者如醫之用藥，雖烏喙、甘遂猶有所取，況其才之美者乎？

○季氏使閔子騫爲費宰。閔子騫曰：「善爲我辭焉。如有復我者，則吾必在汶上矣。」費音秘。爲，去聲。復，扶又反。汶音問。

閔子騫，孔子弟子，名損。魯人。費，季氏邑。汶，水名，在齊南魯北竟與「境」同。上。閔子不欲臣季氏，令平聲。使去聲。者善爲己辭。言若再來召我，則當去之齊。新安陳氏曰：始言「善爲我辭」，辭之之言雖婉，終言去之汶上，絶之之意甚決，真有德行者審於進退之言也。○程子曰：「仲尼之門能不仕大夫之家者，閔子、曾子數人而已。」朱子曰：仕於大夫家爲僕。家人不與大夫齒，那上等人自是不肯做。若論當時侯國皆用世臣，自是無官可做。不仕於大夫，除是終身不出如曾、閔方得。○南軒張氏曰：門人記閔子此事於問由、賜、求之後，其相去可見矣。謝氏曰：「學者能少知内外之分，皆可以樂音洛。道而忘人之勢，況閔子得聖人爲之依歸。彼其視季氏不義之富貴不啻犬彘，又從而臣之，豈其心哉？ 朱子曰：謝氏説得麤，若不近聖賢氣象，也可以警那懦底人，若常記得這樣在心下，則可以廉頑立懦。 在聖人則有不然者。 蓋居亂邦見惡人，在聖人則可；自聖人以下，剛則必取禍，柔則必取辱。 閔子豈不能早見而豫待之乎？ 如由也不得其死，求也爲去聲。季氏附益，夫音扶。豈其本心哉？ 蓋既無先見之知，去聲。○未仕時。 又無克亂之才，既仕時。 故也。 然則閔子其賢乎！」 慶源輔氏曰：閔子心雖不欲臣季氏，而不遽形於言，姑令使者善爲己辭，此與人爲善意也。 又言若再來召我，則當去之齊，以示其必不從之意。 其與人、處己兩盡其道如此。 謝氏説由、求之事曰是「豈其本心哉」，却説得好。 剛者必取禍，謂子路；柔者必取辱，謂冉求。 聖人道全德備，應用無窮，其於先見之知、克亂之才蓋兼有之，故於天下無不可爲之時，亦無不可爲之事。 若未至於聖人而欲早見豫待以疑方來之變，則於轇轕紛沓之際，未有不失其本心者。 此閔子所以爲賢也。

○伯牛有疾，子問之。自牖執其手，曰：「亡之，命矣夫！斯人也而有斯疾也！斯人也而有斯疾也！」夫音扶。

伯牛，孔子弟子，姓冉名耕。魯人。 有疾，先儒以爲癩音賴。也。 朱子曰：伯牛之癩以《淮南子》而言耳，其信否則不可知。 牖，南牖也。禮，病者居北牖下，君視之則遷於南牖下，使君得以南面視己。《喪大記》：「疾病，外内皆掃。 君大夫徹縣，音玄。 士去琴瑟。 寢東首於北牖下。」疏曰：「病者雖恒在北牖下，若君來視之時，則暫時移向南牖下，東首，令君得南面而視之。」 時伯牛家以此禮尊孔子，孔子不敢當，故不入其室而自牖執其手，蓋與之永訣也。 慶源輔氏曰：不入其室，避過奉之禮，義也；自牖執手，致永訣之意，仁也。 此聖人從容中禮處。 命謂天命，言此人不應平聲。有此疾而今乃有之，是乃天之所命也。然則非其不能謹疾而有以致之，亦可見矣。問：命者，何也？朱子曰：有生之初，氣禀有一定而不可易者，孟子所謂「莫之致而至者」也。○南軒張氏曰：如顏、冉之死，乃可謂命。於顏曰「短命」，於冉曰「命矣夫」。蓋其修身盡道，謹疾又無憾，而止於是，則曰命而已。若有取死召疾之道，則是有以致之而至，非天命之正矣。○慶源輔氏曰：伯牛非有致疾之道。有以致疾則非正命矣。伯牛非其不能謹而有以致之，故夫子歎其「命矣夫」。然天既與之以是德，而復使之有是疾，則於栽培之理，蓋亦不得其常者矣。○侯氏曰：侯氏，名仲良，字師聖，河東人。「伯牛以德行去聲。稱，亞於顏、閔。故其將死也，孔子尤痛惜之。」

○子曰：「賢哉，回也！一簞食，一瓢飲，在陋巷。人不堪其憂，回也不改其樂。賢哉，回也！」食音嗣。樂音洛。

簞，竹器；食，飯也。瓢，瓠音胡。也。顏子之貧如此而處上聲。之泰然，不以害其樂，故夫子再言「賢哉回也」以深嘆美之。○程子曰：「顏子之樂非樂簞瓢陋巷也，不以貧窶郡羽反。累其心而改其所樂也。故夫子稱其賢。」朱子曰：顏子胸中自有樂，故貧中而亦不以累其心，❶不是將那「不以貧窶累其心」底做樂。又曰：「簞瓢陋巷非可樂，蓋自有其樂爾。『其』字當玩味，自有深意。」朱子曰：「自有其樂」，「自」字對簞瓢、陋巷言。「其字當玩味」，是元有此樂。又曰：「昔受學於周茂叔，每令平聲。尋仲尼、顏子樂處，所樂何事。」雲峯胡氏曰：欲問顏子所樂何事，當先問顏子所好何學。愚按：程子之言引而不發，蓋欲學者深思而自得之。今亦不敢妄爲之說，學者但當從事於博文約禮之誨，以至

❶「中」，四庫本、陸本作「窶」。

於欲罷不能而竭其才，則庶乎有以得之矣。程子曰：所處於貧賤未嘗不樂，不然，雖富貴亦常歉然不自得。故曰：莫大於理，莫重於義。○問：顔子在陋巷而不改其樂與貧賤而在陋巷者何以異乎？曰：貧賤而在陋巷者，處富貴則失乎本心；顔子在陋巷猶是，處富貴猶是。○鮮于侁問：顔子何以不改其樂？伊川曰：君謂其所樂者何也？曰：樂道而已。曰：使顔子以道爲樂而樂之，則非顔子矣。○問：程子意謂顔子之心無少私欲，天理渾然，是以日用動静之間從容自得而無適不樂，不待以道爲可樂而後樂也。朱子曰：謂非以道爲樂，到底所樂只是道。蓋非道與我爲二物，但熟後便自樂也。○問：伊川以爲若以道爲樂，不足爲顔子，又却云顔子所樂者，仁而已。不知道與仁何辨？曰：非是樂仁，唯仁故能樂爾。是他有這仁，日用間無些私意，故能樂也。而今却不要如此論，須求他所以能不改其樂者是如何。緣得「非禮勿視，非禮勿聽，非禮勿言，非禮勿動」，這四事做得實頭工夫透，自然至此。○問：程子云「周茂叔令尋顔子、仲尼樂處，所樂何事」，竊意孔顔之學固非若世俗之著於物者，但以爲孔顔之樂在於樂道，則是孔顔與道終爲二物。要之，孔顔之樂只是私意浄盡，天理昭融，自然無一毫繫累耳。曰：然。但今人説「樂道」説得來淺了，要之，説樂道亦無害。又曰：程子云：「人能克己，則心廣體胖，仰不愧，俯不怍，其樂可知。有息，則餒矣。」○人心各具此理，但是人不見此理，這裏都黑窣窣地。一得富貴，便極聲色之娱，窮四體之奉；一遇貧賤，則憂戚無聊。所謂樂者非其所可樂，所謂憂者非其所可憂也。聖人之心直是表裏精粗無不昭徹，方其有所思，都是這裏流出，所謂「德盛仁熟」，「從心所欲不踰矩」。形骸雖是人，其實是一塊天理，又焉得而不樂？○顔子是孔子稱他樂，他不曾自説道我樂。人自説樂時便已是不樂了。○問：顔子不改其樂莫是樂箇貧否？曰：顔子私欲克盡，故樂，却不是專樂箇貧。須知他不干箇貧事，元自有箇樂始得。又曰：道理在天地間，須是直窮到底，至纖至悉，十分透徹，無有不盡，則與萬物爲一，無所窒礙，胸中泰然，豈有不樂？○問：「不改其樂」與「不能改其樂」如何分別？曰：「不改其樂」者，僅能不改其樂而已；「不能改其樂」者，是自家有此樂，他無奈自家何。以此見得聖賢地位。○問：顔子在陋巷而顔路甘旨有闕，則人子不能無憂。

曰：此重則彼自輕，別無方法，別無意思也。要尋樂處，只是自去尋，却無不做工夫自然樂底道理。而今做工夫，只是平常恁地理會，不要把做差異了去做。簞瓢陋巷實非可樂之事，顏子不幸遭之而能不以人之所憂改其樂耳。若其所樂，則固在乎簞瓢陋巷之外也。故學者欲求顏子之樂而即其事以求之，則有没世而不可得者。此明道之説所以爲有功也。○或謂夫子之樂雖在飯蔬食、飲水之中而忘其樂，顏子不以簞瓢陋巷改其樂，是外其簞瓢陋巷。曰：孔顏之樂大綱相似，難就此分淺深。唯是顏子止説「不改其樂」，聖人却云「樂亦在其中」，「不改」字上恐與聖人略不相似，亦只争些子。聖人自然是樂，顏子僅能不改。○顏子之樂亦如曾點之樂，但孔子只説顏子是恁地樂，曾點却説許多樂底事來。點之樂淺近而易見，顏子之樂深微而難知。點只是見得如此，顏子是工夫到那裏了。從本原上看方得。○顏子之樂平淡，曾點之樂勞攘。○南軒張氏曰：顏子非樂簞食瓢飲也。言簞食瓢飲之貧，人所不堪，而不足以累其心而改其樂耳。然則其樂果何所樂哉？安乎天理而已矣。學者要當從事於克己，而後顏子之所樂可得而知也。○勉齋黄氏曰：顏樂之説，《集註》以爲從事於博文約禮，《或問》以爲無少私欲，天理渾然。二説不同，何也？《或問》博文約禮，❶顏子所以用其力於前；天理渾然，顏子所以收其功於後。博文則知之明，約禮則守之固。凡事物當然之理既無不洞曉，而窮通得喪與凡可憂可戚之事舉不足以累其心，此其所以無少私欲，天理渾然。蓋有不期樂而自樂者矣。○潛室陳氏曰：所樂在道，以道爲樂，此固學道者之言，不學道之人固不識此滋味。但已得道人則此味與我兩忘，樂處即是道，固不待以彼之道樂我之心也。孔顏之心如光風霽月，查滓渾化，從生至死都是道理。順理而行，觸處是樂。行乎富貴則樂在富貴，行乎貧賤則樂在貧賤。夷狄、患難，觸處而然。蓋行處即是道，道處即是樂，初非以道爲可樂而樂之也。又曰：心廣體胖，無入而不自得所樂，即是道也。若但以孔顏之樂不可形容而不知其所樂何事，則將有耽空嗜寂之病。聖賢着實工夫豈是欲人懸空坐悟？所以濂溪必令二程尋孔顏所樂何事。○西山真氏曰：《集註》所引程子三説，其一曰不以貧窶改其樂，二曰蓋自有其樂，三曰所樂何

❶「或問」，疑衍，宋真德秀《西山讀書記》卷二八引無此二字。

事，皆不説出顔子之樂是如何樂。其末却令學者於「博文約禮」上用功。博文約禮亦有何樂？程、朱二先生若有所隱而不以告人者，其實無所隱而告人之深也。有人謂顔子所樂者道，程先生以爲非。由今觀之，「所樂者道」之言豈不有理？而程先生乃非之，何也？蓋道只是當然之理而已，非有一物可以玩弄而娱悦也。若云所樂者道，則吾身與道各爲一物，未到渾融無間之地，豈足以語聖賢之樂哉？顔子工夫乃是博文約禮上用力。博文者，言於天下之理無不窮究而用功之廣也；文者，言凡物皆有自然之條理也。博者，廣也。如伊川之論格物，自一身性情之理與一草一木之理無不講究，是也。約禮者，言以理檢束其身而用工之要也。如視聽言動必由乎禮，常置此身於準繩規矩之中，而無一毫放逸恣縱之意，是也。博文者，格物致知之事也；約禮者，克己復禮之事也。内外精粗二者並進，則此心此身皆與理爲一，從容游泳於天理之中，雖簞瓢陋巷不知其爲貧，萬鍾九鼎不知其爲富，此乃顔子之樂也。程朱二先生恐人只想像顔子之樂而不知實用其功，雖日談顔子之樂，何益於我？故程子全然不露，只使人自思而得之；朱先生又恐人無下手處，特説出「博文約禮」四字，令學者從此用力。真積力久，自然有得，至於欲罷不能之地，則顔子之樂可以庶幾矣。○雙峯饒氏曰：人之常情，莫不樂富貴而憂貧賤。今孔顔之樂不在於高堂數仞、榱題數尺、食前方丈、侍妾數百人，而乃在於蔬食飲水、曲肱而枕，簞食瓢飲、居於陋巷之際。夫蔬水曲肱、簞瓢陋巷，豈可樂之事哉？是其爲樂固非富貴之謂，而亦非貧賤之云，要必超乎二者之外而别有所謂樂也。謂之「亦在其中」者，言雖當如是之時，而吾之所樂亦未嘗不在於此；謂之「不改其樂」者，言雖處如是之地，而吾之所樂亦不以此而改爾。非謂蔬水曲肱、簞瓢陋巷之爲可樂也。周子於此每令人尋其所樂者何事而程子述之，其所以發人之意，深矣。○博文約禮是仲尼之所以教、顔子之所以學處。於此用功，則孔顔之樂可尋矣。○鄭舜舉曰：道在吾身，日由乎道，則安而樂矣。若以道爲可樂而樂之，則身與道爲二，非所謂「樂之」者也。

○冉求曰：「非不説子之道，力不足也。」子曰：「力不足者，中道而廢。今女畫。」説音悦。女音汝。

力不足者，欲進而不能；慶源輔氏曰：心欲進而力有所不及也。畫者，能進而不欲。新安陳氏曰：力能進而心有所不肯也。謂之「畫」者，如畫地以自限也。○胡氏曰：「夫子稱顏回不改其樂，冉求聞之，故有是言。然使求說夫子之道誠如口之說芻豢，音患。則必將盡力以求之，何患力之不足哉？畫而不進，則日退而已矣。此冉求之所以局於藝也。」朱子曰：「力不足」者，中道而廢。廢是好學而不能進之人，或是不會做工夫，或是材質不可勉者。「今女畫」，畫是自畫，乃自謂材質不敏而不肯爲學者。○問：「力不足」者，非干志否？❶曰：雖非志而志亦在其中。所見不明，氣質昏弱，皆力不足之故。冉求乃自畫耳。○問：「自畫」與「自棄」如何？曰：也只是一般。只自畫是就進上說，到中間自住了，自棄是全不做。○雙峯饒氏曰：「力不足」者是氣質弱甚，天理不能勝人欲；「中道而廢」者如人擔重檐行遠路，行到中途，氣匱力竭，十分去不得，方始放下。如此方謂之「力不足」。冉求未嘗用力，❷便說力不足，如季氏旅泰山，且須救他，便說不能，此是畫處。○新安陳氏曰：《語》首章《集註》云「說之深而不已焉耳」。說貴乎深。說苟深，必欲罷不能，豈有自畫之患？畫而不進，說之不深故也。求局定於藝而不能充拓，其弊原於畫以自限耳。

○子謂子夏曰：「女爲君子儒，無爲小人儒。」

儒，學者之稱。程子曰：「君子儒爲去聲，下同。己，小人儒爲人。」○謝氏曰：「君子小人之分，義與利之間而已。然所謂利者豈必殖貨財之謂？以私滅公，適己自便，凡可以害天理者皆利也。子夏文學雖有餘，然意其遠者大者或昧焉。故夫子語音御。之以此。」朱子曰：聖人爲萬世立言，豈專爲子夏說？此處正要見得義利分明。人多於此

❶「干」，四庫本、孔本、陸本作「無」。

❷「嘗」，原作「常」，今據四庫本及《輯釋》改。

含糊去了，不分界限。今自己會讀書、看義理、做文字，便道别人不會，便謂强得人，此便是「小人儒」。毫釐間便分君子小人，豈謂子夏？決不如此。○君子儒、小人儒同爲此學者也，若不就己分上做工夫，只要説得去，以此欺人，便是小人儒。○子夏是箇細密謹嚴底人，中間忒細密，於小小事上不肯放過，便有委曲周旋人情、投時好之弊。○慶源輔氏曰：子夏資質純固，但欠遠大之見而有近小之蔽，恐或溺於私與利也，故以是告之。然此必子夏始見時事。至其言「切問近思，仁在其中」、聖人之道「有始有卒」之説，則必不至此矣。

○子游爲武城宰。子曰：「女得人焉爾乎？」曰：「有澹臺滅明者，行不由徑，非公事未嘗至於偃之室也。」女音汝。澹，徒甘反。

武城，魯下邑。澹臺，姓；滅明，名。字子羽。徑，路之小而捷者。公事如飲、射、讀法之類。朱子曰：「焉爾乎」三字是語助。聖人之言，寬緩不急迫。○胡氏曰：言「魯下邑」，非大夫之采邑也。「飲」謂鄉飲酒。周禮，鄉大夫賓賢能飲國中賢者能者。州長習射，黨正蜡祭，皆行鄉飲酒禮。「射」謂鄉射。《周禮》鄉大夫「以五物詢衆庶：一曰和，二曰容，三曰主皮，四曰和容，五曰興舞。」州長春秋以禮會民，皆行鄉射禮。「讀法」則州長於正月之吉，黨正於四時孟月吉日，族師於月吉，閭胥於既比，皆行讀法禮。以是知爲邑宰者亦然也。其他則凡涉乎公家者皆是也。不由徑，則動必以正，而無見小欲速之意可知；非公事不見邑宰，則其有以自守，而無枉己徇人之私可見矣。胡氏曰：「動必以正」，則非但於行路而已；「有以自守」，則非但不私謁而已。故又以「可知」、「可見」總言之。因小以明大，因兩端以見全體。○楊氏曰：「爲政以人才爲先，故孔子以『得人』爲問。如滅明者，觀其二事之小，而其正大之情可見矣。後世有不由徑者，人必以爲迂；不至其室，人必以爲簡。非孔氏之徒，其孰能知而取之？」問：楊氏謂爲政以人才爲先，如子游爲武城宰，縱得人，將焉用之？似説不通。朱子曰：古者士人爲吏，恁地説也説得通。更爲政而得人講論，此亦爲政之助，恁地說也說得通。〇問：觀其二事之小而正大之情可見矣，非獨見滅明如此，亦見得子游胸懷也恁地開廣，故取得這般人。曰：子游意思高遠，識得大體。愚謂持身以滅明爲法，則無苟賤之羞；取人以子游爲法，則無邪媚之惑。雙峯饒氏曰：持身者不以苟賤爲羞，則枉己徇人，無所不至；取人者苟爲邪媚所惑，則賢否邪正，皆不復能辨矣。〇雲峯胡氏曰：「苟賤之羞」、「邪媚之惑」八字與「正大之情」四字相反。然非子游自持身正大者，未必取人如滅明之正大也。

〇子曰：「孟之反不伐。奔而殿，將入門，策其馬曰：『非敢後也，馬不進也。』」殿，去聲。

孟之反，魯大夫，名側。胡氏曰：「反即莊周所稱『孟子反』者是也。」朱子曰：《莊子》所謂「孟子反」，蓋聞老氏懦弱謙下之風而悅之者也。伐，誇功也。奔，敗走也。軍後曰殿。策，鞭也。戰敗而還，音旋。以後爲功。反奔而殿，故以此言自揜與掩同。其功也。事在哀公十一年。《左傳》哀公十一年：齊國書帥師伐我。❶孟孺子洩帥右師，冉求帥左師。師及齊師戰于郊，右師奔，齊人從之。孟之側後入以爲殿，抽矢策其馬曰：「馬不進也。」〇朱子曰：這便是「克、伐、怨、欲不行」，與顏子「無伐善」底意思相似。〇南軒張氏曰：奔而爲殿，固已難能。及將入門，是國人屬耳目時也，反非惟不自有其功，又自揜其功，深自抑損如此。故聖人有取焉。爲學之害，矜伐居多，聖人取之，以教門人也。〇謝氏曰：「人能操平聲。無欲上人之心，則人欲日消，天理日明，而凡可以矜己誇人者皆無足道矣。然不知學者，欲上人之心無時而忘也。若孟之反，可以爲法矣。」朱子曰：欲上人之心便是私欲。聖人四方八面提起向人說，只要去得私欲。孟之反他事不可知，只此一事，便可爲法。〇問：人之伐心固難

❶「書」，原無，今據四庫本及《輯釋》、《左傳》補。

克，然若非先知得是合當做底事，則臨事時必消磨不去。諸葛孔明所謂「此臣所以報先帝而忠陛下之職分也」。若知凡事皆其職分之所當爲，只看做得甚麽様大功業，亦自然無伐心矣。曰：也不是恁地。只是箇心地平底人，故能如此。若使其心地不平，有矜伐之心，則雖十分知是職分之所當爲，少間自是走從那一邊去，遏捺不下，少間便説我却盡職分，你却如何不盡職分，便自有這般心。孟之反只是箇心地平，所以消磨容得去。○孟之反不伐與馮異之事不同。蓋軍敗以殿爲功。殿於後則人皆屬目歸他，若不恁地説，便是自承當這箇殿後之功。若馮異乃是戰時有功，到後來事定，諸將皆論功，他却不自言也。○雙峯饒氏曰：人所以矜伐，只爲好勝之心蔽了天理。有些小功能，自視不勝其大，容着不得，只管矜伐。若能捺伏此心，則私意消，天理明。便是有莫大功業，亦只如一點浮雲，何足矜伐哉？上蔡平時用力去箇「矜」字，所以説得如此痛切。

○子曰：「不有祝鮀之佞而有宋朝之美，難乎免於今之世矣。」鮀，徒河反。

祝，宗廟之官。鮀，衛大夫，字子魚，有口才。朝，宋公子，有美色。言衰世好去聲。諛悦色，非此難免。蓋傷之也。問謝氏疑「而」字爲「不」字。朱子曰：當從伊川説，謂無鮀之巧言與朝之美色，難免於今，必見憎疾也。○南軒張氏曰：必有巧言令色而後可以免於世，則世衰道微可知。中人已下以利害存心者鮮不爲之變易矣，此聖人所以嘆也。○雙峯饒氏曰：世教明則人知善之可好而不好諛，知德之可悦而不悦色矣。

○子曰：「誰能出不由户？何莫由斯道也？」

言人不能出不由户，何故乃不由此道邪？怪而嘆之之辭。厚齋馮氏曰：莫，不肯也。○雙峯饒氏曰：「何」字中有深意。○洪氏曰：「人知出必由户而不知行必由道。非道遠人，人自遠爾。」朱子曰：但纔不合理處，便是不由道。○「何莫」之云，猶「何莫學夫《詩》耳」。若直以出不能不由户譬夫行之不能不由道，則世之悖理犯義而不由於道者爲不少矣，又何説以該之邪？○

南軒張氏曰：即父子而父子在所親，即君臣而君臣在所嚴，夫婦之有別，朋友之有信，以至於一飲食起居之間莫不有道焉，故曰：「誰能出不由户？ 何莫由斯道也？」謂未有出而不由户者，何事而不由於道乎？ 道不可離如此，是以君子敬以持之，顛沛必於是，造次必於是，而惟恐其或失也。○西山真氏曰：事親事長，人人之所同也。然必事親孝，事長弟，然後謂之「道」，不然則非道矣。此嘆世人但能知出必由户而不知行必由道，欲人知行不可以不由道也。○新安陳氏曰：夫子怪嘆時人，蓋曉人以道之當必行，亦以見道之本不難行也。與孟子「夫道若大路然，人病不求」之意相似。

○子曰：「質勝文則野，文勝質則史。文質彬彬，然後君子。」

野，野人，言鄙略也。史掌文書，多聞習事，而誠或不足也。朱子曰：史，掌文籍之官，如二公及王乃問諸史，并《周禮》諸屬各有史幾人。○慶源輔氏曰：史如《周官》太史、小史之屬。太史掌邦之六典，小史掌邦國之志，所謂「多聞」也；太史、小史皆掌喪祭、賓客、會同、朝覲、軍旅之事，所謂「習事」也。先王盛時，史雖多聞習事而誠實固無不足者；世衰道微，習於外者多遺其内，故多聞習事之史或有誠實不足者。下一「或」字，其義備矣。彬彬，猶「班班」，物相雜而適均之貌。言學者當損有餘，補不足。至於成德，則不期然而然矣。新安陳氏曰：先有質而後有文，文所以文其質也。文得其中，方與質稱。文不及則爲野，文太過則爲史。故文可損益而質無損益。學者損史之有餘補野之不足，使文質相稱，則有彬彬之氣象矣。《集註》分「學者」與「成德」而言，蓋始焉損有餘補不足乃勉而爲之，到成德之境，則自然純熟，不待損之補之而後文質始相稱也。

○楊氏曰：「文、質不可以相勝。然質之勝文，猶之甘可以受和，去聲。白可以受采也；文勝而至於滅質，則其本亡矣，雖有文，將安施乎？ 然則與其史也，寧野。」程子曰：君子之道，文質得其宜也。○朱子曰：文、質是不可以相勝，纔勝便不好。夫子言「文質彬彬」，自然亭當恰好，不少了些子意思。若子貢「文猶質，質猶文」，便説得偏了。○慶源輔氏曰：「質勝文則野」，則質有餘而文不足；「文勝質則史」，則文有餘而質不足。學者能於其不足者補之，於其有餘者損之，至於成德，則文質班班然相雜而適相稱，有不期然而然者矣。夫然後可以謂之君子。又曰：野猶近本，史則徇末矣。

○子曰：「人之生也直。罔之生也，幸而免。」

程子曰：「生理本直。罔，不直也，而亦生者，幸而免耳。」龜山楊氏曰：「人之生也直。」是以君子無所往而不用直。直則心得其正矣。古人於幼子常示毋誑，所以養其直也。所謂直者，公天下之好惡而不爲私焉耳。○朱子曰：「罔之生也」之「生」與上面「生」字微有不同。此「生」字是「生存」之「生」。人之絶滅天理，便是合死之人。今而不死，蓋幸免也。○天地生生之理只是直。纔直，便是有生生之理；不直，則是枉天理，宜自屈折也。而亦得生，是「幸而免」耳。○罔只是脱空作僞。做人不誠實，以非爲是，以黑爲白。如不孝於父，却與人説我孝；不弟於兄，却與人説我弟：此便是罔。據此等人合當用死却生於世，是「幸而免」耳。生理本直。如耳之聽，目之視，鼻之齅，口之言，心之思，是自然用如此。若纔去這裏著些屈曲支離，便是不直矣。又云：其粗至於以鹿爲馬也，是不直；其細推至一念之不實，惡惡不如惡惡臭，好善不如好好色，也是不直。○如水有源便流，這只是流出來無阻滯處。如見孺子將入井便有箇惻隱之心，見一件可羞惡底事便有箇羞惡之心，這都是本心自然發出來。若順這箇行，便是直；若是見入井後不惻隱，❶見可羞惡而不羞惡，這便是罔。○此章之説，程伯子之言約而盡矣。兩「生」字雖若不同而義實相足，蓋曰：天生是人也，實理自然，初無委曲。彼乃不能順是而猶能保其生焉，是其免特幸而已耳。○如木方生被人折了，便不直。多應是死，到得不死，幸然如此耳。○南軒張氏曰：天理本直，在人則順其性而不違，所謂直也。直者生之道。循理而行，雖命之所遭有不齊焉，而莫非生道也。罔則昧其性冥行而已。是與「遊魂爲變」者相去幾何？其生特幸免耳。○雙峯饒氏曰：罔，無也。謂滅盡此直道。

❶「後」，四庫本作「而」。

○子曰：「知之者不如好之者，好之者不如樂之者。」好，去聲。樂音洛。

尹氏曰：「知之者，知有此道也；好之者，好而未得也；樂之者，有所得而樂之也。」○張敬夫曰：「譬之五穀。知者，知其可食者也；好者，食而嗜之者也；樂者，嗜之而飽者也。知而不能好則是知之未至也，好之而未及於樂則是好之未至也。此古之學者所以自彊而不息者與！」程子曰：學至於樂則成矣。篤信好學，未如自得之爲樂。○知之者，我知之也；好之者，雖篤而未能有之；至於樂之，則爲己之所有。○朱子曰：「知之者不如好之者。」人之生便有此理，然被物欲昏蔽，故知此理者已少。好之者是知之已至，分明見得此理可愛可求，故心誠好之。樂之者是好之已至，而此理已得之於己。凡天地萬物之理皆具足於吾身，則樂莫大焉。○問：「不如樂之者」，此「樂」字與顏子之樂意思差異否？曰：較其大概亦不争多，但此「樂之者」之字是指物而言，是有得乎此道從而樂之也，猶「樂斯二者」之「樂」，「樂循理」之「樂」。如顏子之樂又較深，是安其所得後與萬物爲一，泰然無所窒礙，非有物可玩而樂之也。○此章當求所知、所好、所樂爲何物，又當玩知之、好之、樂之三節意味是如何，又須求所以知之、好之、樂之之道，方於己分上有得力處。○慶源輔氏曰：尹氏之説即張氏之説。食而知其味，故嗜之，「嗜」即所謂「好」也。然其未至於樂者，則雖嗜之而未能得飽滿饜足，蓋猶有嗜好之意焉。至於樂，則飽滿饜足，自得於心，有不可以語人者矣。張氏以人之食五穀爲喻，其曉人尤更明切，故具載之。然則知而不能好，未能知其味也；好之而未能樂，未能與之爲一也。纔到樂處，則無息無二。學者苟未至於樂，則當益鞭其後，自强不息以求之，必期至於自得而樂之之地，則不能自已耳。○雙峯饒氏曰：論地位則知不如好，好不如樂；論工夫，則樂原於好，好原於知。《大學》「物格知至」是「知之」者，誠意「如好好色」是好之者，意誠而心正、身脩，則「心廣體胖」而樂矣。○雲峯胡氏曰：知不如好，知之深自能好；好不如樂，好之深自能樂。好在未有所得之先，樂在既有所得之後。○新安陳氏曰：學者之於道，當自「知之」而始，又必好且「樂之」而後爲至。非真知之不能好，然既知之，必當求進於好之；非篤好之不能得之而樂，然既好之，必當求進於樂之。果能樂之，則所知所好者方實得於己，其樂有不可以語人者矣。所謂「自强不息」者蓋如此。

○子曰：「中人以上可以語上也，中人以下不可以語上也。」「以上」之上，上聲。語，去聲。

語，告也。言教人者當隨其高下而告語之，則其言易去聲。入而無躐等之弊也。○張敬夫曰：「聖人之道，精粗雖無二致，但其施教，則必因其材而篤焉。蓋中人以下之質，驟而語之太高，非惟不能以入，且將妄意躐等而有不切於身之弊，亦終於下而已矣。故就其所及而語之，是乃所以使之切問、近思而漸進於高遠也。」或問：中人上下是資質否？朱子曰：且不裝定恁地。或是他工夫如此，或是他資質如此。聖人只說中人以上、中人以下時便都包得在裏面了。聖人說中人以下不可將那高遠底說與他，怕他時下無討頭處。若是就他地位說時，理會得一件便是一件，庶幾漸漸長進，一日强似一日，一年强似一年，不知不覺便也解到高遠處。○問：聖人教人不問智愚高下，未有不先之淺近而後及其高深。今中人以上之資遽以上焉者語之，何也？曰：他本有這資質，又須有這工夫，故聖人方以上者語之。○理只是一致。譬之水也，有把與人少者，有把與人多者。隨其質之高下而告之，非謂理有二致也。又曰：正如告顏淵以克己復禮，告仲弓以持敬行恕，告司馬牛以言之訒。蓋清明剛健者自是一樣，恭默和順者自是一樣，有病痛者自是一樣：皆因其所及而語之也。○西山真氏曰：道德性命者，理之精也；事親事長、洒掃應對之屬，事之粗也。能盡其事親事長之道，則道德性命不外乎此矣。中人以下若驟然告以道德性命，彼將何所從入？想像億度，反所以害道。不若且從分明易知處告之以事親事長、洒掃應對之屬。如此，則可以循序而用力，不期而至於高遠之地。此聖門教人之要法也。使學者外問於人，內思於心，皆先其切近者，則一語有一語之益，一事有一事之功，不比汎然馳騖於外而初無補於身心也。○李氏曰：中人以上雖未及於上智，而於上智爲近，故可以語上；中人以下則於上智爲遠，驟語以上則將妄意躐等，非徒無益，而反有害矣。○雙峯饒氏曰：中人以下非是終不可以語上，且使之切問近思，由下以進於中，則亦漸可以語上矣。○新安陳氏曰：道無精粗，教有等級。資之近上者可教以精深，資之凡下者且當教之以淺近。苟遽以精深語之，則無入精深之漸，終爲凡下之歸而已。孰若且語之以淺近，使由淺近而漸進於精深哉？

○樊遲問知。子曰：「務民之義，敬鬼神而遠之，可謂知矣。」問仁。曰：「仁者先難而後獲，可謂仁矣。」知、遠，皆去聲。

民亦人也。獲謂得也。專用力於人道之所宜而不惑於鬼神之不可知，知者之事也；朱子曰：常人之所謂「智」，多求入所不知；聖人之所謂「智」，只知其所當知而已。自常人觀之，此兩事若不足以爲智。然果能專用力於人道之宜而不惑於鬼神之不可知，却真箇是「知」。○或問：所謂鬼神，非祀典之正，何以使人敬之？以爲祀典之正，又何以使人遠之？曰：聖人所謂「鬼神」，無不正也。曰「遠」者，以其處幽，故嚴之而不瀆耳。若其非正則聖人豈復謂之「鬼神」哉？在上則明禮以正之，在下則守義以絶之，固不使人敬而遠之，然亦不使人褻而慢之也。○雙峯饒氏曰：「務民義」、「敬鬼神而遠之」，兩句當合看。如未病謹疾，既病醫藥，人事所宜也。不務此而專禱鬼神，不知也。爲善去惡，人道所宜也。不務善而專媚神以求福，不務去惡而專媚神以免禍，皆不知也。先其事之所難而後其效之所得，仁者之心也。此必因樊遲之失而告之。朱子曰：董子所謂「仁人者，正其義不謀其利，明其道不計其功」，正謂此也。然正義未嘗不利，明道豈必無功？但不先以功利爲心耳。樊遲蓋有先獲之病，故夫子既告以此，又以先事後得告之，警之至矣。○問「知之事」、「仁之心」。曰：務義敬神是就事上説，先難後獲是就處心積慮上説。事也從心裏做出來，然「仁」字説較近裏，「知」字説較近外。○程子曰：「人多信鬼神，惑也，而不信者又不能敬。能敬能遠，可謂知矣。」程子曰：務人之義，乃知也。鬼神不敬則是不知，不遠則至於瀆。敬而遠之，所以爲「知」。○慶源輔氏曰：能敬則知人與鬼神二而一之，不可數；能遠則知人與鬼神一而二之，不可褻。是可不謂之「知」乎？

又曰：「先難，克己也。以所難爲先而不計所獲，仁也。」問：既曰「仁者」，則安得有己私而更須克己耶？朱子曰：仁者雖己無私，然安敢自謂己無私乎？克己正是要克去私心。若又計其效之所得，乃私心也。只此私心，便是不仁。○新安陳氏曰：「先難」所包者闊，本不但言克己。程子謂克己，是於所難之中又舉甚者言之，而求仁之功莫先焉。

呂氏曰：「當務爲急，不求所難知；力行所知，不憚所難爲。」朱子曰：人之於鬼神，自當敬而遠之。若見得那道理分明，則須著如此。又如卜筮，自伏犧、堯、舜以來皆用之，是有此理矣。今人若於事有疑，敬以卜筮決之，有何不可？如義理合當做底事却又疑惑，只管去問於卜筮，亦不能遠也。蓋人自有人道所當爲之事。今若不肯自盡，只管去諂事鬼神，便是不智。又曰：夫子所答樊遲問仁、知一段正是指中間一條正當路與人。人於所當做者却不肯去做，纔去做時又便生箇計獲之心，皆是墮於一偏。人能常以此提撕，則心常得其正矣。○民者，人也；義者，宜也。如《詩》所謂「民之秉彝」即人之義也。此則人之所宜爲者，不可不務也。此而不務而反求之幽冥不可測識之間，而欲避禍以求福，此豈謂之「智者」哉？○此鬼神是指正當合祭祀者。且如宗廟山川，是合當祭祀底，亦當敬而不可褻近泥著。纔泥著便不是。且如卜筮，用龜所不能免，臧文仲却爲山節藻棁之室以藏之，便是不知也。○先難後獲，仁者之心如是，故求仁者之心亦當如是。○獲，有期望之心。學者之於仁，工夫最難。但先爲人所難爲，不必有期望之心，可也。○後，如「後其君」、「後其親」之意。「哭死而哀，非爲生者；經德不回，非以干祿；言語必信，非以正行」，這是熟底「先難後獲」，是得仁底人；「君子行法以俟命」，是生底「先難後獲」，是求仁底人。○問：上蔡所說「先難」謂如射之有志，若跣之視地，若臨深、若履薄，皆其心不易之謂。曰：說得是。先難是心只在這裏，更不做別處去。如上嶺高峻處，不能得上，心心念念只在要過這處，更不思量別處去。過這難處未得，便又思量得某處。這便是求獲。

○雲峯胡氏曰：《集註》言「知者之事」，便見「務民之義」一句「務」字最重；「仁者之心」，便見「先難」二字「先」字最要。務者，事之所當爲；先者，心之所當急。○又曰：義者，人之所宜爲。鬼神在幽隱之間，務其所宜爲而不惑於幽隱之間，知者之事也。仁者之心純乎天理，不可有爲而爲之。一有所爲而爲，則非仁者之心矣。

○子曰：「知者樂水，仁者樂山。知者動，仁者静。知者樂，仁者壽。」知，去聲。樂，上二字並五教反，下一字音洛。

樂，喜好去聲。也。知者達於事理而周流無滯，有似於水，故樂水；仁者安於義理而厚重不遷，有似於山，故樂山。動、静以體言，慶源輔氏曰：此「體」字乃形容仁、知之體段，非「體用」之「體」。樂、壽以效言也。動而不括故樂，新安陳氏曰：「動而不括」出《易·繫辭下》。註：「括，結也。動而無結閡「礙」同。❶之患也。」静而有常故壽。朱子曰：此不是兼仁、知而言，是各就其一體而言。世自有一般渾厚底人，一般通曉底人，各隨其材有所成就。如顔子之徒是仁者，子貢之徒是知者。是泛説天下有此兩般人耳。○或謂「寂然不動」爲静，非也。此言仁者之人雖動亦静，喜怒哀樂皆是動，仁者豈無此數者？蓋於動中未嘗不静，「静」謂無人欲之紛擾而安於天理之自然耳。若謂仁者静而不動，則知者亦豈動而不静乎？○知者動意思常多，故以動爲主；仁者静意思常多，故以静爲主。今夫水淵深不測是静也，及滔滔而流，日夜不息，故主於動；山包藏發育之意是動也，而安重不遷，故主於静。故知仁動静是體段模様意思如此。○仁自有壽之理，不可以顔子來插看。如「罔之生，幸而免」，罔亦是有死之理。○仁者雖有動時，其體只自静；知者雖有静時，其體只自動。○仁主發生，知周事物。仁者一身混然全是天理，故静而樂山且壽。壽是悠久之意。知者周流事物之間，故動而樂水且樂。樂是處得當理而不擾之意。○雲峯胡氏曰：《集註》「事理」、「義理」四字，理一而已。一事各具一理，故曰「事理」。「在物爲理，處物爲義」，故曰「義理」。事無定用，含動意；義有定則，含静

❶「礙」上，《輯釋》有「與」字。

意。○程子曰：「非體仁、知之深者朱子曰：「體仁」謂人在那仁裏做骨子。○雙峯饒氏曰：「體仁」是以身體之，如「君子體仁」之「體」。夫子，體仁、知之深者。不能如此形容之。」程子曰：知如水之流，仁如山之安。動静，仁知之體也。動則自樂，静則自壽。○「知者樂水，仁者樂山」，言其體動静如此。「知者樂」，所運用處皆樂；「仁者壽」，以静而壽。仁可以兼知，知不可以兼仁。如人之身統而言之則只謂之身，别而言之則有四支。○朱子曰：惟聖人兼仁知，故樂山樂水皆兼之。自聖人而下，成就各有偏處。○仁静知動。《易》中説「仁者見之」，陽也；「知者見之」，陰也。這樣物事大抵有兩樣。仁配春，知配冬。《中庸》説成己，仁也；成物，知也。仁在我，知在物。孟子説「學不厭」，知也；「教不倦」，仁也。又却知在我，仁在物。見得這樣物事皆有動静。自仁之静、知之動而言，則是成己，仁也；成物，知也。自仁之動、知之静而言，則是學不厭，知也；教不倦，仁也。仁者敦厚和粹，安於義理，故静；知者明徹疏通，達於事變，故動。但詳味仁、知二字氣象，自見得動静處，非但可施於文字而已。○知便有箇快活底意思，仁便有箇長遠底意思。○知者動，然他自見得許多道理分明，只是行其所無事，其理甚簡。以此見得雖曰動，而實未嘗不静也。仁者静，然其見得天下萬事萬理皆在吾心，無不相關，雖曰静，而未嘗不動也。動不是恁地勞攘紛擾，静不是恁地塊然死守。這與「樊遲問仁、知」章相連，自有互相發明處。問：此是如何？曰：專去理會人道之所當行而不惑於鬼神之不可知，便是見得日用之間流行運轉，不容止息，胸中曉然無疑，這便是「知者動」處。心下專在此事，都無别慮繫絆，見得那是合當做底事只恁地做將去，是「先難後獲」，便是「仁者静」。○問：「體」字只作形容仁、知之體段則可，若作「體用」之「體」則不可。仁之體可謂之静，則知之體亦可謂之静。所謂「體」者，但形容其德耳。曰：所論體用甚善。○南軒張氏曰：動、静者，仁、知之體。樂水樂山，言其體則然也。動則樂，静則壽。行所無事，不其樂乎？常永貞固，不其壽乎？雖然，知之體動而理各有止，静固在其中矣；仁之體静而周流不息，動亦在其中矣。仁、知之義，非深體者莫能識也。○慶源輔氏曰：知者通達，故周流委曲，隨事而應，各當其理，未嘗或滯於一隅。其理與氣皆與水相似，故心所喜好者水。「仁者安仁」，故渾厚端重，外物不足以遷移之。其理與氣皆與山相似，故心所喜好者山。知者隨事處宜，無所礙滯，故其體段常動；仁者心安於理，無所歆羡，故其體段常靜。樂，壽以效言。效謂功效，此所以言其功效也。括，結礙也，動而無所結礙，故其效樂；常，悠久也，靜而悠久不變，故其效壽。○新安陳氏曰：夫子以「知者」、「仁者」分言，程子以仁、知合言。所謂「體仁知之深」者，蓋指孔子也。全體仁知，渾然兼全。仁中有知，知中有仁。動而無動，静而無静。固得其壽，亦樂其天。豈偏於知與偏於仁者各得其一端而已哉！

○子曰：「齊一變至於魯，魯一變至於道。」

孔子之時，齊俗急功利，喜夸詐，乃霸政之餘習；魯則重禮教，崇信義，猶有先王之遺風焉。雙峯饒氏曰：俗由於政。桓公富國强兵，故其俗急功利；假借仁義，故其俗喜夸詐。魯，周公之後，周禮盡在，其重禮法可知；至漢初猶爲項羽城守不下，其崇信義可知。但人亡政息，不能無廢墜耳。道則先王之道也。言二國之政俗有美惡，故其變而之道有難易。慶源輔氏曰：廢其法而衰替者易復，更其法而富强者難變。俗以政革，政以道協。政有美惡，故俗有醇疵。至於變而之道，則盡善盡美，無以復加矣。○雲峯胡氏曰：先儒云王伯之辨莫如孟子，不知夫子此章所以辨王伯者嚴矣。道，王道也。當孔子之時，齊有伯政之餘習，變而之王道極難，變而僅可如孔子之時之魯耳。魯則猶有先王之遺風，一變可至於道。《集註》「政俗有美惡」，美者先王之遺風，惡者伯政之餘習。即此可見尊王賤伯之意。○程子曰：「夫子之時，齊强魯弱，孰不以爲齊勝魯也？然魯猶存周公之法制，齊由桓公之霸爲從簡尚功之治，去聲。太公之遺法變易盡矣，魯齋王氏曰：閔元年，齊仲孫湫謂桓公曰：「魯猶秉周禮。」哀十一年，季孫欲用田賦，使冉有訪諸仲尼。仲尼曰：「且子季孫欲行而法，則周公之典在。」昭二年，晉韓宣子適魯，見《易》象與魯《春秋》，曰：「周禮盡在魯矣！吾乃今知周公之德與周之所以王。」此所謂「猶存周公之法制」

也。《國語》：管仲爲政，制國爲二十一都。❶注云：「此非周制。」不立卒伍，不脩甲兵，作内政而寄軍令，則可速得志於天下。注云：「内政，國政也。」此所謂「從簡」也。桓公令官長期而書伐，蓋期年報功，此所謂「尚功」者也。故一變乃能至魯。魯則脩舉廢墜而已，一變則至於先王之道也。」愚謂二國之俗，惟夫子爲能變之，而不得試。然因其言以考之，則其施爲緩急之序，亦略可見矣。朱子曰：齊經小白，法度盡壞。今須一變方可至魯，又一變方可至道。魯却不曾變壞，但典章廢墜而已。若得人以脩舉之，則可以如王道盛時也。○太公之封於齊也，舉賢而尚功。孔子曰：「後世必有簒弒之臣。」周公治魯，親親而尊尊。孔子曰：「後世寖微矣。」齊自太公初封，已自做得不大段好，至後桓公、管仲出來，乃大變亂拆壞一番。魯雖是衰弱不振，元舊底却不大段改换。欲變齊，則須先整理已壞了底方始如魯，方可以整頓起來，這便隔了一重。變魯只是扶衰振弱而已。若論魯，如《左傳》所載，有許多不好事，只是恰不曾被人拆壞。恰似一間屋，其規模只在，齊則已經拆壞了。這非獨是聖人要如此損益，亦是道理合當如此。○齊、魯初來氣象已自不同。桓公、管仲不能遵守齊之初政，却全然變易了，一向盡在功利上。魯畢竟先世之遺意尚存，如哀公用田賦，猶使人來問孔子。他若以田賦爲是，更何暇問？惟其知得前人底是，所以來問。若桓公、管仲却無這意思，自道他底是了，一向做去不顧。○以地言之，則齊險而魯平；以財言之，則齊厚而魯薄；以勢言之，則齊强而魯弱；以信言之，則齊尚夸詐而魯習禮義。蓋其風氣本不同矣。是以自其本而言之，則雖太公之盛時，已必一變而後可以至於周公、伯禽之王道；自其末而言之，則齊俗益壞之後，又必一變而後可以及魯之衰也。然當是時，非夫子之得邦家，亦孰能成此一變之功哉？○問施爲緩急之序如何。曰：如齊功利之習所當變，魯紀綱所當振，便是急處。變齊則至魯在所急，而至道在所緩。至魯，則成箇様了，❷就上

❶「都」，《國語·齊語》作「鄉」。
❷「了」，《語類》卷三三作「子」。

出光來。❶○潛室陳氏曰：王道猶人之元氣。齊魯之初均有此元氣，只緣中間元氣各受些病。齊求速安，不於元氣調養，便以烏喙投之。一時却得康强，不知元氣已被此壞了。魯未曾用藥，元氣却未壞，聖人與調理出，便自渾然本來箇人；齊元氣已耗於烏喙，醫欲治之，定須先去了烏喙一段毒，始下得調理方法。齊、魯俱是聖賢之後，本都是王道。但魯則中間廢壞，不曾修葺，不曾改易周公法制，故聖人變魯一番，便可復王道之舊。齊自桓公以來，一反爲功利之習，把太公遺法一齊變了。設若變齊，須除去許多功利了，重新修葺一番，始可復王道之舊。故變魯只用一許多氣力，變齊須用兩許多氣力。○新安陳氏曰：魯有變易之資，聖人有能變之道，亦嘗用於魯矣。而道終不得行，所以深可爲魯惜也。

○子曰：「觚不觚。觚哉，觚哉！」觚音孤。

觚，棱也。或曰酒器，厚齋馮氏曰：觚，酒器。一升曰爵，二升曰觚。觚，物之有棱者也。○洪慶善曰：古者獻以爵而酧以觚，此夫子因獻酧之際有所感也。或曰木簡，厚齋馮氏曰：顔師古曰：「學書之牘，或以記事，削木爲之。其形或六面或八面，皆可書。孔子嘆即此也。」竊謂觚爲酒器，見於《禮經》；爲木簡，見於漢《急就章》。則謂爲簡屬者，秦漢以後之稱，非孔子所謂也。木簡之「觚」，今文從「⿱⺮觚」。皆器之有棱者也。朱子曰：古人之器多有觚。如酒器便如今花瓶中間有八角者。木簡似界方而六面，即漢所謂「操觚之士」者也。古人所以恁地方時，緣是頓得穩。不觚者，蓋當時失其制而不爲棱也。觚哉，觚哉，言不得爲觚也。○程子曰：「觚而失其形制，則非觚也。正意。舉一器而天下之物莫不皆然。新安陳氏曰：此下及范説皆是推廣夫子言外餘意。故君而失其君之道，則爲不君；臣而失其臣之職，則爲虛位。」范氏曰：「人而不仁則非人，國而不治去

❶「就」上，《語類》卷三三有「方」字。「上」，四庫本作「生」。

聲。則不國矣。」朱子曰：夫子之意本爲觚發，而推之則天下之物皆然也。上「觚」指其器，下「觚」語其制。「觚哉，觚哉」，嘆器之失其制也。○南軒張氏曰：物必有則。苟失其則，實已非矣，其得謂是名哉？聖人重嘆於觚，意所包涵遠矣。

○宰我問曰：「仁者雖告之曰『井有仁焉』，其從之也？」子曰：「何爲其然也？君子可逝也，不可陷也；可欺也，不可罔也。」

劉聘君曰：聘君，名勉之，字致中，❶號草堂，建安人。文公婦翁。「『有仁』之『仁』當作『人』。」今從之。「從」謂隨之於井而救之也。宰我信道不篤而憂爲仁之陷害，故有此問。逝謂使之往救，陷謂陷之於井。欺謂誑古況反。之以理之所有，罔謂昧之以理之所無。蓋身在井上，乃可以救井中之人；若從之於井，則不復扶又反。能救之矣。此理甚明，人所易去聲。曉。仁者雖切於救人而不私其身，然不應平聲。如此之愚也。或問：「可欺」是繼「可逝」而言，「不可罔」是繼「不可陷」而言否？朱子曰：也是如此。但「可逝」「不可陷」是就這一事說，「可欺」「不可罔」是總說，不特此事如此，他事皆然。○問：欺、罔之別，其詳復有可得而言者乎？曰：欺者，乘人之所不知而詐之也；罔者，掩人之所能知而愚之也。夫人之墜井，世有此理，而其有無，則非君子所能必知。故雖或未必真有，而可欺使往視之也。自入井中而可以救人，則其無是理也。蓋不待智者而知之矣，又安得以此罔之，而使陷於井中哉？孟子之論舜、子産事亦引此語。以彼證之，則明白矣。曰：往視而井實有人，則如之何？曰：蘇氏之說，所以處於輕重緩急之間者密矣。蘇氏云：「拯溺，仁者之所必爲也。殺其身無益於人，仁者之所必不爲也。惟君父在險，則臣子有從之之道。然猶挾其具，不徒從也。事迫而無具，雖徒從，可也，其餘則使人拯之。」

❶「中」，原作「仲」，今據四庫本、孔本、陸本及《輯釋》、《宋史》本傳改。

要以窮力所至。」○雲峯胡氏曰：愛不足以盡仁，仁者必能愛；覺不可以名仁，仁者必能覺。然則仁者之愛也，可欺之使之往救；仁者之覺也，不可罔之使陷於井也。○新安陳氏曰：好仁不好學，其蔽固愚。然徒有切於救人之心而不察所以救人之理，仁者不當如是其愚。是故貴夫學也。

○子曰：「君子博學於文，約之以禮，亦可以弗畔矣夫！」夫音扶。

約，要去聲。也。畔，背音佩。也。君子學欲其博，故於文無不考；守欲其要，故其動必以禮。如此，則可以不背於道矣。朱子曰：聖人之教，學者之學，不越博文、約禮兩事。博文是道問學之事，於天下事物之理皆欲其知之；約禮是尊德性之事，於吾心固有之理無一息而不存。○博文所以驗諸事，約禮所以體諸身。如此用工，則博者可以擇中而居之不偏，約者可以應物而動皆有則。內外交相助，而博不至於泛濫無歸，約不至於流遁失中矣。○「禮」字不可只作「理」字看，是持守有節文處。○非博學則無以約禮，不約禮則博學爲無用。「約禮」云者，前之博而今約之使就於禮耳。看「博」、「約」字與「之以」字有一貫意。○勉齋黃氏曰：「博文約禮」語兩言之。以「博」對「約」，則約當爲要。然「約之」謂爲「要之」已覺不順，若謂「約我」爲「要我」，則尤非文理。故或以「約」爲束，文義順矣，又非博、約相對之義。嘗思之。博謂泛而取之以極其廣，約謂反而束之以極其要，則於文義庶皆得之。○程子曰：「博學於文而不約之以禮，必至於汗漫；博學矣，又能守禮而由於規矩，則亦可以不畔道矣。」朱子曰：博學於文，考究時自是頭項多；到得行時，却只是一理，所以爲約。若博學而不約之以禮，安知不畔於道；徒知要約而不博學，則所謂「約」者未知是與不是，亦或不能不畔於道也。○博學條目多，事事著去理會。禮却只是一箇道理。如視也是這箇禮，聽也是這箇禮，言也是這箇禮，動也是這箇禮。若博文而不約之以禮，便是無歸宿處，便是離畔於道也。○「博文約禮」是古之學者常事。孔子教顏子亦只是如此。且如行夏之時，如何做得？須是平時曾理會來。若非禮勿視等處，方是「約之以禮」。○問：「博學於文，約之以禮」與

「博我以文，約我以禮」固有淺深不同？曰：聖人之言本無輕重，但人所造自有淺深。若只是博學於文，能約之以禮則可以弗畔於道，雖是淺底；及至顔子做到欲罷不能工夫，亦只是這箇博文約禮。如梓匠輪輿，但能斲削者只是這斧斤規矩；及至削鐻之神，斲輪之妙者，亦只是此斧斤規矩。○博學是致知，約禮則非徒知而已，乃是踐履之實。侯氏謂博文是致知、格物，約禮是克己復禮，極分曉。○或問：「君子博學於文，約之以禮」，與孟子「博學而詳説之，將以反説約也」，意相似否？潛室陳氏曰：博學必約之以禮，是重在約禮；博學正將以反説約，是重在博學。蓋博固不可不反於約，然非博亦不能遽反於約。二者合而後備，乃互相發也。○雙峯饒氏曰：知欲博，守欲約。人能如此用工，縱所得淺，亦當不畔於道。由此深入，雖與道爲一，可也，豈止弗畔而已？又曰：詳味此言，一「博」一「約」相爲開闔，恐人墮於一偏也；因其所博，從而約之，恐人之離爲二也；由博而約，次有先後，恐人之失其序也。蓋必博而能約，則無泛濫支離之失，而博不失之雜；約而能博，則無偏狹固滯之病，而其約不失之陋。此博、約之所以貴於兼盡也。然君子之博學，正欲貫通此理以爲反約之地耳，豈博自博而約自約哉？此博、約之所以相爲用也。然所以爲之之序，則必由博而反約。使事物之理有未究而遽執吾所自得者以爲據依，則所止者未必天下之至善，所執者未必天下之時中，而以非禮之禮爲禮者有之矣，何以能不畔於道哉？此不博而徑約之過也。○新安陳氏曰：徒博文而不約禮，固務博而陷於支離；不博文而欲約禮，亦徑約而流於狂妄。博文屬知，約禮屬行。交勉並進，始可以弗畔於道矣。

○子見南子，子路不説。夫子矢之曰：「予所否者，天厭之！天厭之！」説音悦。否，方九反。

南子，宋女，子姓。衛靈公之夫人，有淫行。去聲。孔子至衛，南子請見，孔子辭謝，不得已而見之。厚齋馮氏曰：孔子至衛，南子使人謂孔子曰：「四方之君子不辱欲與寡君爲兄弟者，必見寡小君。寡小君願見。」孔子辭謝。不得已而見之。夫人在絺帷中，孔子入門，北面稽首，再拜，環珮璆然。子曰：「吾鄉爲不見。見之，禮答焉。」史之所記如此。○

齊氏曰：南子嘗以車聲轔轔，止而復作，知其爲蘧伯玉之賢，况於夫子乎？其欲見之也，秉彝好德之天也。蓋古者仕於其國，有見其小君之禮。《春秋》莊公二十四年八月丁丑，夫人姜氏入。戊寅，大夫、宗婦覿，用幣。哀姜，齊襄公女。宗婦，同姓大夫之婦。禮，小君至，大夫執贄以見。莊公欲奢誇夫人，故使大夫宗婦同贄俱見。○或問：見其小君，禮歟？朱子曰：是於《禮》無所見。穀梁子以爲大夫不見其夫人，而何休獨有郊迎執贄之説，不知何所考也。然《記》云「陽侯殺繆侯而竊其夫人，故大饗廢夫人之禮」，則大夫見夫人之禮，疑亦久矣不行，而靈公南子特舉之耳。而子路以夫子見此淫亂之人爲辱，故不悦。矢，誓也。朱子曰：矢、誓聲相近。《盤庚》所謂「矢言」，亦憤激之言，而近於誓者也。所，誓辭也。如云「所不與崔慶者」之類。《左傳》襄公二十五年，齊崔杼弑莊公，立景公而相之，慶封爲左相，盟國人於大音泰。宫曰「所不與崔慶者」，晏子仰天嘆曰：「嬰所不唯忠於君、利社稷是與，有如上帝！」乃歃。盟書云：「所不與崔慶者，有如上帝！」讀書未終，晏子抄答易其辭，因自歃。否謂不合於禮，不由其道也。雙峯饒氏曰：禮是先王之制，道是天下事物當然之理。厭，棄絶也。聖人道大德全，無可不可。其見惡人，固謂在我有可見之禮，則彼之不善，我何與音預。焉？然此豈子路所能測哉？故重平聲。言以誓之，欲其姑信此而深思以得之也。程子曰：古者大享，夫人有見賓之禮。南子雖妾，靈公既以夫人處之，使孔子見，於是時豈得不見？○孔子之見南子，禮當見之也；南子之欲見孔子，亦其善心也。聖人豈得而拒之？○朱子曰：仕於其國，有見其小君之禮。當夫子時想是無人行，所以子路疑之；若有人行時，子路也不疑了。孟子説仲尼「不爲已甚」，這樣處便見。○問：夫子欲見南子而子路不悦，何發於言辭之間如此之驟？曰：這般所在難説。如聖人須要見南子是如何？想當時亦無必皆見之理。如衛靈公問陳時，也且可以款款與他説，又却明日便行；齊景公欲以季孟之間待之，也且從容不妨，明日又便行；季桓子受女樂，也且可以教他不得受，明日又便行。看聖人這般所在，其去甚果。不知於南子須欲見之，到子路不説，又費許多説話，又如此指誓，只怕當時如這般去就自是時宜。聖人既以爲可見，恐是道理必有合如此。「可與立，未可與權。」吾人見未到聖人心下這般所在，都難説。○此是聖人出格事，而今莫要理會他。向有人問尹彦明：「今有南子，子亦見之乎？」曰：「不敢見。」曰：「聖人何爲見之？」曰：「能磨不磷、涅不緇，則見之不妨。」○慶源輔氏曰：道大則善惡無所不容，德全則雖磨涅而不能使之磷緇也。故無可無不可，義之與比而已。彼人雖惡，然在我或當見之，則亦行吾之義而已，豈懼彼之能汙我哉？聖人之行非常人所能測識，子路學識不足以知聖人，想其於所不悦必有過甚之辭，故夫子重言以誓之曰：「我之所爲若不合於禮、不由於道，則天必厭之而棄絶我矣。」是其至誠惻怛之意，所以感切子路者至矣。蓋欲啓子路之信以致其思而使之自有得於心耳。○西山真氏曰：居亂邦見惡人，惟聖人爲可。蓋聖人道大德宏，可以轉亂而爲治，化惡而爲善。孔子於南子則見之，於陽貨亦見之，而公山不狃之召、佛肸之召，皆欲往焉。若大賢以下，則危邦不入，亂邦不居，小人則遠之，蓋就之未必能有所濟，而或以自汙焉。故子路仕孔悝不得其死，冉求仕季孫無改於其德，顔子閔子終身不仕，蓋以此也。子路不悦者，蓋以己之力量觀聖人也。○雙峯饒氏曰：子路氣粗見偏，卒未易回，巽言則不入，故與之矢言，欲姑信此而思得之。○厚齋馮氏曰：君子之於小人，非禮不見。故小人之欲見君子必依乎禮，則君子雖欲辭焉而不可得已。如陽貨、南子，夫子固不得而絶之也。

○子曰：「中庸之爲德也，其至矣乎！民鮮久矣。」鮮，上聲。

中者，無過不及之名也；庸，平常也。至，極也。鮮，少也。言民少此德，今已久矣。慶源輔氏曰：《集註》初本併「不偏不倚」言「中」，後去之。蓋喜、怒、哀、樂未發之中，至子思始著於書，程子因發「中」一名而含二義之説；若孔子之教，只是即事以明理，故《集註》直以「無過不及」言中，又況已有程子不偏之説於後乎？○程子曰：「不偏之謂中，不易之謂庸。中者，天下之正

道；庸者，天下之定理。朱子曰：不偏者，明道體之自然，即無所倚著之意。言平常，則不易在其中。惟其平常，所以不易。但「不易」二字則是事之已然者，自後觀之，則見此理之不可易。若平常，則日用平常者便是。**自世教衰，民不興於行，**去聲。**少有此德久矣。」**朱子曰：「中庸之爲德」，此處無過不及之意多，庸是依本分不爲怪異之事。堯舜、孔子只是庸，夷齊所爲都不是庸了。○「中庸」之中是指那無過不及底說，如《中庸》曰：「君子之中庸也，君子而時中。」「時中」便是那無過不及之「中」。本章之意是如此。○問：「中者，天下之正道；庸者，天下之定理。」恐道是總括之名，理是道裏面又有許多條目，如天道又有日月星辰、陰陽寒暑之條理，人道又有仁義禮智、君臣父子之條理。曰：這二句緊要在「正」字與「定」字上。蓋庸是箇當然之理，萬古萬世不可變易底；中只是箇恰好道理，爲見不得是亘古今不可變易底，故更著箇「庸」字。○雙峯饒氏曰：此章與《中庸》之文，大同小異。此章有「之爲德也」四字，以中庸之德言也；《中庸》無「之爲德也」四字，以中庸之道言也。以德言，則不消言能而能在其中，故此章下句無「能」字；以道言，則有能知與不能知、能行與不能行，故《中庸》下句不可無「能」字。此章言民鮮此德，是以世教之衰民不興行而然。《中庸》言民鮮能此道，是以氣質之異有過不及而然。意此是夫子本語，彼是子思隱括語。○雲峯胡氏曰：《書》言「中」不言「庸」。後世以中爲難行，故夫子加以「庸」之一字。然則庸者，常行之理也，而民固有鮮能行之者，何哉？

○子貢曰：「如有博施於民而能濟衆，何如？可謂『仁』乎？」子曰：「何事於仁？必也，聖乎！堯舜其猶病諸！施，去聲。

博，廣也。新安陳氏曰：玩文意，當是「博施於民而又能所濟者衆」。蓋「博施」自我之施恩澤而言，「濟衆」自衆人之被吾恩澤者而言。濟衆難於博施，是進步說。有雖博施而衆不皆被其澤者。**「仁」以理言，通乎上下；「聖」以地言，則造**七到反。**其極之名也。**朱子曰：「仁」是通上下而言。有聖人之仁，有賢人之仁，有衆人之仁。一事之仁也是仁，全體之仁也是仁。「仁」字直，「聖」字横。○「仁」以道理言，是箇徹頭徹尾物事；「聖」以地位言，也不是離了仁而爲聖，聖只是行仁到那極處。仁便是這理，聖便是充這理到極處，不是「仁」上面更有箇「聖」。○「仁」就心上説，「聖」却是積累得到這田地，索性仁了。❶**乎者，疑而未定之辭。**「乎」字已含下一句意。❷**病，心有所不足也。言此何止於仁？必也，聖人能之乎！則雖堯舜之聖，其心猶有所不足於此也。以是求仁，愈難而愈遠矣。**朱子曰：言博施濟衆之事何止於仁？必是行仁極致之人亦有不能盡，堯舜也做不了。蓋仁者之心雖無窮，而仁者之事則有限，自是無可了之理。○「博施濟衆」，此固是仁，然不是人人皆能做底事。必有聖人之德，又有天子之位，而後可以當此。若必以爲聖人能之，則堯舜亦尚以此爲病。此非言堯舜不能盡仁，蓋勢有所不能耳。○或問：必聖人而後能之乎？曰：此正謂雖聖人亦有所不能尔。「必也聖乎」蓋以起下文「堯舜猶病」之意。○問：博施、濟衆如何分別？曰博施是施之多、施之厚，濟衆是及之廣。○「博施濟衆」固仁之極功。譬如東大洋海同是水，但不必以東大洋海之水方爲水，只瓶中傾出來底亦便是水。博施濟衆固是仁，但那見孺子將入井時有怵惕惻隱之心亦便是仁。此處最好看。○「必也聖乎」、「堯舜其猶病諸」，此兩句當連看。蓋云便是聖人也有做不得處，且云堯舜雖曰「比屋可封」，然在朝亦有四凶之惡。又如孔子設教從游者甚衆，孔子豈不欲人人至於聖賢之極？然而人人亦各自皆有病痛。

「夫仁者，己欲立而立人，己欲達而達人。夫音扶。

以己及人，仁者之心也。於此觀之，可以見天理之周流而無間去聲。**矣。狀仁之體，莫切於此。**朱子曰：「立」字、「達」字之義皆兼内外而言。謂如在此而住得穩便是「立」，如行要到便是「達」。如身要成立亦是「立」，學要通達亦是「達」。事事皆然。若必以博施而後爲仁，則終身有不得仁者

❶「仁」，《語類》卷三三作「聖」。
❷「已」，原作「以」，今據《輯釋》改。

矣。○子貢所問只就事上説，却不就心上説，夫子所以就心上指仁之本體而告之。○問：「立」、「達」二字，以字推之，如何？曰：「立」是安存底意思，「達」是發用底意思。○問：「欲立」謂欲自立於世，「立人」謂扶持培殖，使之有以自立也；「欲達」謂欲自遂其志，達人謂無遏塞沮抑，使之得以自達也。曰：此説是。○問：「立」字、「達」字之義。曰：此是兼麤細説。「立」是自家有可立，「達」是推將去。聖人所謂「立之斯立，綏之斯來，動之斯和」，亦是這箇意也。○問：欲立立人，欲達達人，苟有此心，便有博施濟衆底功用。曰：博施濟衆是無了期底事，故曰「堯舜其猶病諸」。然若得果無私意，己有此心，仁則自心中流出來，隨其所施之大小，自可見矣。

「能近取譬，可謂仁之方也已。」

譬，喻也。方，術也。近取諸身，以己所欲譬之他人，知其所欲亦猶是也，然後推其所欲以及於人，則恕之事，而仁之術也。於此勉焉，則有以勝其人欲之私而全其天理之公矣。朱子曰：夫子分明説「夫仁者」，則是言仁之道如此；「可謂仁之方」，則是言求仁當如此。「夫仁者」與「可謂仁之方」正相對説。○此章是三節：前面説仁之功用，中間説仁之體，後面説仁之方。○《或問》：凡己之欲即以及人，不待推以譬彼而後施之者，仁也；以己之欲譬之於人，知其亦必欲此而後施之者，恕也。此其從容、勉强，固不同矣。○新安陳氏曰：「博施濟衆」，聖人所難能也。「立人達人」，仁也。「安行此仁」，學者未易能也。「能近取譬」，恕也。「强恕求仁」，學者所可能也。子貢以聖人所難能者爲仁，愈難而愈遠。夫子教其以學者所可能者求仁，切近而可進。○程子曰：「醫書以手足痿痺爲『不仁』，痿，於危反。痺音卑。冷濕病也。此言最善名狀。仁者以天地萬物爲一體，莫非己也。認得爲己，何所不至？新安陳氏曰：仁者之心，視人、物即己身也。體認得人物皆爲己，則此心之仁周流貫通，何所往而不至乎？若不屬己，自與己不相干。新安陳氏曰：又反言之。若視人、物爲人、物而不屬於己，自不相干。如手足之不仁，氣已不貫，皆不屬己。新安陳氏曰：雖是己身，然其氣既不周流貫通，則手足亦自不屬己矣。故『博施濟衆』乃聖人之功用。仁至難言，故止曰『己欲立而立人，己欲達而達人。能近取譬，可謂仁之方也已』，欲令平聲。如是觀仁，可以得仁之體。」問：程子作一統說，《集註》作三段說，是如何？朱子曰：程子之說如大屋一般，某說如在大屋下分別廳堂房室一般。○程子合而言之，上下似不相應，不若分兩截看。惟仁者之心如此，故求仁之術必如此也。○勉齋黃氏曰：或以爲痿痺者，不識痛痒之謂也，如此則覺者爲仁。仁其可以覺言乎？曰：所謂仁者，當於氣已不貫上求之。○齊氏曰：手足不屬己，氣之不貫也；天地萬物不屬己，心之不貫也。身與手足，一體也，外邪間之，故與氣不相貫；己與天地萬物，一體也，人欲間之，故與心不相貫。通身與手足之間者，醫必有方；通我與天地萬物之間者，聖人亦必有方。然則恕者，聖人示學者以去間之方也。又曰：「《論語》言『堯舜其猶病諸』者二。夫音扶。博施者，豈非聖人之所欲？然必五十乃衣去聲，下同。帛，七十乃食肉。聖人之心非不欲少去聲。者亦衣帛食肉也，顧其養有所不贍時艷反。爾。贍，足也。此病其施之不博也。濟衆者，豈非聖人之所欲？然治不過九州。聖人非不欲四海之外亦兼濟也，顧其治有所不及爾。此病其濟之不衆也。推此以求脩己以安百姓，則爲病可知。苟以吾治去聲。已足，則便不是聖人。」新安陳氏曰：仁之功用無窮，聖人之心亦與之相爲無窮。吕氏曰：「子貢有志於仁，徒事高遠，謂「博施濟衆」。未知其方。孔子教以於己取之，庶近而可入。新安陳氏曰：吕說欠就「取譬」上說「恕」字分曉。是乃爲仁之方。雖博施濟衆，亦由此進。」程子曰：「聖」則無大小，至於「仁」，兼上下大小而言之。「博施濟衆」亦仁也，「愛人」亦仁也。「堯舜其猶病諸」者，猶難之也；「博」則廣而無極，「衆」

則多而無窮。聖人必欲使天下無一人之惡，無一物不得其所，然亦不能，故曰「病諸」。○問：「仁」與「聖」何以異？曰：人只見孔子言「何事於仁，必也聖乎」，便謂仁小而聖大。殊不知此言是孔子見子貢問博施濟衆，問得來事大，故曰「何止於仁，必也聖乎」。蓋仁可以通上下言之，聖則其極也。「聖人，人倫之至」。倫，理也。既通人理之極，更不可以有加。若今人或一事是仁，亦可謂之「仁」；至於盡仁道，亦謂之「仁」。此通上下言之也。如曰「若聖與仁，則吾豈敢」，此又却仁與聖俱大也。大抵盡仁道者即是聖人，非聖人則不能盡得仁道。又曰：此子貢未識仁，故測度而設問也。惟聖人爲能盡仁，然仁在事不可以爲聖。又問：「堯、舜其猶病諸」，果乎？曰：誠然也。聖人惟恐所及不遠不廣。四海之治也，孰若兼四海之外亦治乎？是嘗以爲病也。「博施濟衆」事大，故「仁」不足以名之。博施濟衆非聖不能，何曾干仁事？故特曰「夫仁者立人達人，取譬可謂仁之方而已」，使人求之自反，便見得也。雖然，聖人未有不盡仁，然教人不得如此指殺。○語「仁」而曰「可謂仁之方也已」者，蓋若便以爲仁，則反使不識仁，只以所言爲仁也。故但曰「仁之方」，則使自得之以爲仁也。○朱子曰：子貢所問爲仁，便使「中天下而立，定四海之民」如堯、舜也做不得，何況蓽門圭竇之士？聖人所以提起「夫仁者，己欲立而立人，己欲達而達人」，正指仁之本體。蓋己欲立則思處置他人也立，己欲達則思處置他人也達，放開眼目，推廣心胸，此是甚氣象！如此，安得不謂仁之本體？若「能近取譬」者，以我之欲立而知人之亦欲立，以己之欲達而知人之亦欲達，如此則止謂之「仁之方」而已，此爲仁則同，但己欲立而立人、欲達而達人是已到底，能近取譬是未到底，其次第如此。○博施濟衆，這箇是盡人之道、極仁之功，非聖人不能。然聖人亦有所不足。在仁固能博施濟衆，然必得時得位方做得這事。然堯、舜雖得時得位，亦有所不足。○「何事於仁？必也，聖乎？」不是聖大似於仁。仁只是一條正路，聖是行到盡處。欲立欲達是仁者之心如此，能近取譬是學做仁底如此，深淺不同。但克去己私，復得天理，便是仁，何必博施而後爲仁？若必待如此，則有終身不得仁者矣。孔、顏不得位，不成做不得仁？「欲立欲達」即「絜矩」之義。子貢凡三問「仁」，聖人三告之以推己度物。想得子貢高明，於推己處有所未盡。○問：「博施濟衆」，恐是子貢見孔子説仁多端，又不曾許一箇人是仁，故揀箇大底來説否？曰：然。然而夫子答子貢曰「己欲立而立人，己欲達而達人」，至於答顔子則曰「克己復禮爲仁」，分明一箇仁説兩般。諸公試説這兩般説是如何。或曰：一爲心之德，一爲愛之理。曰：是如此。但只是一箇物事，有時説這一面，又有時説那一面。人但要認得是一箇物事。一云：孔子向顔子説，則以「克己」爲仁，此處又以「立人達人」爲仁。一自己上説，一自人上説。須於這裏看得一般方可。如「己欲立而立人，己欲達而達人」，便有那「克己復禮」底意思；「克己復禮」便包那「己欲立而立人，己欲達而達人」底意思。只要人自分别而已。然此亦是因子貢所問而説。○「立人達人」即子貢所謂「欲無加諸人」，仁之事也；「能近取譬，求仁之方」即孔子所謂「勿施於人」，恕之事也。「博施濟衆」之問與「無加諸人」之説，其先後不可考，疑却因「能近取譬」之言用力有功，而後有「無加諸人」之説也。○問：博施濟衆與「脩己以安百姓」，乃堯、舜儘做得底，夫子猶以爲病，如何？潛室陳氏曰：堯、舜在上，保得天下無窮民否？天地之大，人猶有所憾。見得道理無盡期，聖賢亦未有盡處，安得不反躬自責？○覺軒蔡氏曰：謂此章論仁，子貢是就仁之功效及人處説，夫子是就仁之本體心上説。就功效及人上説，則仁之名雖大而脉絡不貫；就本體心上説，則仁之實雖小而周流莫禦。故子貢問如有博施於民而能濟衆，功效普博如此，而後可以謂之仁乎？夫子答：此何但是仁，必也聖人方能之乎？然聖如堯、舜猶且病諸。夫仁者只就己上發出，己欲立即立人，己欲達即達人，此仁者之事也。若未能便至於仁而能近取譬，以己之欲立譬之他人亦欲立而立之，以己之欲達譬之他人亦欲達而達之，如此則雖未即至於仁，而亦可謂求仁之方也已。夫既以仁之本體告之，又以求仁之方術告之，庶乎學者循序而得夫用工之要。回視子貢功效籠罩之説，茫乎無所措手。苟志於仁者，是可不深思而静體之哉！

論語集註大全卷之六

論語集註大全卷之七

述而第七

此篇多記聖人謙己誨人之辭及其容貌行事之實。凡三十七章。

子曰：「述而不作，信而好古，竊比於我老彭。」好，去聲。

述，傳舊而已，作則創始也。故「作」非聖人不能，而「述」則賢者可及。《記》曰：「『作』者之謂『聖』，『述』者之謂『明』。」竊比，尊之之辭；我，親之之辭。老彭，商賢大夫，見賢遍反。《大戴禮》，《虞德》篇有「商老彭」之語，包氏註云：「商賢大夫。」蓋信古而傳述者也。孔子刪《詩》、《書》，定禮、樂，贊《周易》，修《春秋》，皆傳先王之舊而未嘗有所作也，故其自言如此。蓋不惟不敢當作者之聖，而亦不敢顯然自附於古之賢人。蓋其德愈盛而心愈下，不自知其辭之謙也。朱子曰：孔子賢於堯舜，非老彭之所及，自不須說。但其謙退不居，而反自比焉。且其辭氣謙遜而又出於誠實，所以爲「盛德之至」也。然當是時，新安陳氏曰：此以下推廣餘意。作者略備，夫子蓋集群聖之大成而折衷之，其事雖述，而功則倍於作矣。此又不可不知也。問：「述而不作」如何？程子曰：此聖人不得位，止能述而已。○問：聖人不得時不得位只如此，聖人得時得位時，更有制作否？朱子曰：看聖人告顏子四代禮樂只是恁地，恐不大段更有制作。亦因四代有此禮樂而因革之，亦未是作處。○問：《春秋》恐是作否？曰：「其事則齊桓、晉文，其文則史，其義則丘竊取之矣。」看來是寫出魯史，中間微有更改爾。○問：信而好古。曰：既信古，又好古。今人多信而不好，或好而不信。如好之者，他也且恁地說；信之者雖知有箇理恁地，畢竟是欠了箇篤好底意思。〇楊氏曰：孔子自謂「述而不作」，孟子言孔子「作《春秋》」。《春秋》雖孔子作，然其事則桓、文，其文則史，孔子自謂「其義則某竊取之」，是亦述而已。〇慶源輔氏曰：「作者略備」，觀諸經可見；「集大成而折衷之」，亦於諸經見之。然群聖所作，因時制宜，以成一代之制；夫子折衷，參互訂正，以垂萬世之法。夫子「賢於堯舜」者在是。〇雙峯饒氏曰：《春秋》雖因魯史而脩之，然實却是作。蓋賞罰，天子之事。時王不能正其賞罰，故《春秋》爲之褒善貶惡，以誅亂賊於既死之後，是以匹夫而代天子行賞罰也。此事前古所無，孔子始創爲之，故雖述而實作。「集大成」者常見《孟子集註》。《書》述政事，《詩》道性情，禮以正行，樂以養德，各是一事，如樂之小成。夫子合六經而折衷之，如樂之集衆小成而爲大成。〇新安陳氏曰：諸家說此章多於「述」、「作」二字著意，「信而好古」一句則忽略之。夫「信而好古」乃「述而不作」之本。夫子嘗自謂「好古敏以求之」，又謂「不如某之好學」。常人之所以不知好古，不能好學，皆信道不篤故爾。惟能篤於信道，所以深好古道；惟篤信好古，所以惟述古而不敢自我作古焉。此朱子「今人多信而不好，或好而不信」一條所以不可無也。

〇子曰：「默而識之，學而不厭，誨人不倦，何有於我哉？」識音志，又如字。

識，記也。「默識」謂不言而存諸心也。朱子曰：非是聽人說後記得，是得於心自不能忘，拳拳服膺而勿失也。〇雙峯饒氏曰：默識與道聽塗說者相反。道聽塗說，更不復留爲身心受用；默識，則其所得者深而所存者固矣。《詩》云：「中心藏之，何日忘之？」《易》曰：「默而成之，不言而信，存乎德行。」皆是此意。〇勿軒熊氏曰：先言「默識」者，聖門之學以沉潛淵默爲本。一說：識，知也。不言而心解也。前說近是。新安陳氏曰：不言而存諸心者其功實，不言而心解者其意玄。何有於我，言何者能有於我也。三者已非聖人之極至，而猶不敢當，則謙而又謙之辭也。朱子曰：「默而識之」至「誨人不倦」，是三者雖非聖人之極至，在學者亦難。如平時講貫，方能記得；或因人提撕，方能存得。若「默而識之」，乃不言而存諸心。非心與理契，安能如此？「學不厭」，在學者久亦易厭。視人與己若無干涉，誨之安能不倦？此三者亦須是心無間斷方能如此。又曰：今學者須是將此三句時時省察，我還能默識否？我學還不厭否？我教還不倦否？如此乃好。○「默而識之」便是得之於心，「學不厭」便是更加講貫，「誨不倦」便是施於人也。○問「何有於我哉」。曰：此語難説。聖人是自謙，言我不曾有此數者。聖人常有慊然不足之意。衆人雖見他是仁之至熟、義之至精，他只管自見得有欠闕處。○此必因人稱聖人有此，聖人以謙辭承之。記者失却上一節，只做聖人自話記了。○南軒張氏曰：「默識」非言意所可及，蓋森然於不覩不聞之中者也。在己則學不厭，施諸人則教不倦：成己成物之不息也。此亦是作知識説。○雲峯胡氏曰：學貴自得，故在「默識」；自得而不自以爲得，故「學而不厭」；自得而必欲人之同得，故「教而不倦」。

○子曰：「德之不脩，學之不講，聞義不能徙，不善不能改，是吾憂也。」

尹氏曰：「德必脩而後成，勉齋黄氏曰：脩，治也。謂去其疵纇而全其善也。學必講而後明，上蔡謝氏曰：學須是熟講。學不講，用盡工夫只是舊時人。見善能徙，改過不吝。此四者，日新之要也。苟未能之，聖人猶憂，況學者乎？」朱子曰：脩德是本。如有害人之心，便是仁不脩；有穿窬之心，便是義不脩。德是理之得於吾心者，已是我有底物事了。更日日磨礲，勿令間斷。徙義、改不善須與分別。義是事之宜，我做這事覺未甚合宜，須徙令合宜，此却未有不善處。不善便是過惡，須速全體改之始得。有輕重之别。○須實見得是如何：德是甚麼物事，如何唤做「脩」，如何唤做「不脩」。人而無欲害人之心，這是德得之於吾心也；然害人之心或有時而萌者，是不能脩者也。德者，道理得於吾心之謂；脩者，好好脩治之謂。更須自體之。須把這許多説話做自家身上説，不是爲別人説。○問：「德之不脩」可以包下三句否？曰：若恁地，夫子但説一句便了，何用更説四句？「徙義」、「改過」略似「脩德」裏面事，然也別是箇頭項。講學自是講學，脩德自是脩德。如致知、格物是講學，誠意、正心、脩身是脩德。博學、審問、謹思、明辨是講學，篤行是脩德。又曰：不善，自家做得淫邪非僻底事。徙義，是雖無過惡，然做得未恰好，便是不合義。若聞人説如何方是恰好，便當徙而從之。聖人説這幾句，淺深輕重盡在裏面。聞義不能徙底罪小，不善不能改底罪大。但聖人不分細大，都説在裏面，學者皆當著工夫。○問：先知德不可不脩，方知學不可不講；能講學，方能徙義；能徙義，方能改不善。如此看如何？曰：脩德是本。脩德，恰似説「入則孝，出則弟，謹而信，汎愛衆而親仁」；學不可不講，恰似説「行有餘力則以學文」。遷善、改過是脩德中緊要事。蓋只脩德而不遷善改過，亦不能得長進。○「德之不脩」至「是吾憂也」，這雖是聖人以此教人，然「學不厭」之意多見於此。使有一毫自以爲聖，任其自爾，則雖聖而失其聖矣，此是聖人自憂也。聖人固無是四者之憂。所以然者，亦自貶以教人之意。○南軒張氏曰：夫德不脩則無以有諸躬，學不講則無以明夫善，聞義不能徙則何有於義？不善不能改則安於不善而已。是豈不可憂乎？○勉齋黄氏曰：德以脩而日新，學以講而日明。徙義則善日益，改不善則過日損。四者，脩身之大要也。不此之務，可無憂乎？○雲峯胡氏曰：德必脩而後新，學以講而益新，徙與改皆是自新，故尹氏以爲「日新之要」。○新安陳氏曰：脩德而繼以講學，如「尊德性而道問學」是也。脩德爲大本，講學爲實功；徙義、改不善，脩德之條目而講學之效驗也。脩德而能講學，則行己應事始能知其孰爲義孰爲非義，孰爲善孰爲不善；必徙之改之，始可以爲脩德，始無負於講學矣。不然，德之不脩自若也，學亦徒虚言之講耳。聖人不自聖，猶以是爲憂，此聖所以益聖；常人不知憂聖人之憂，此愚所以益愚也。

○子之燕居，申申如也，夭夭如也。

燕居，閒音閑。暇無事之時。楊氏曰：「申申，其容舒也；夭夭，其色愉也。」胡氏曰：「申」有展布之意，「夭」有和悦之意。惟身可言舒布，故知以「容」言；惟顔貌可言和悦，故知以「色」言。○洪氏曰：易於形容所不能言者，必曰「如」。至《鄉黨》一言之不足則復言之，與此義同。○程子曰：「此弟子善形容聖人處也。爲去聲。『申申』字説不盡，故更著陟畧反，作「着」非，下同。

『夭夭』字。今人燕居之時，不怠惰放肆，必大嚴厲。嚴厲時著此四字不得，怠惰放肆時亦著此四字不得。惟聖人便自有中和之氣。」上蔡謝氏曰：善觀聖人者可以得之於儀刑。蓋「周旋中禮者」，必其「盛德之至」。是以二三子無時不觀省於斯焉。燕居非鞠躬如不容之時，是以其容申申；非踧踖屏氣之時，是以其色夭夭。此之謂「中節」。○朱子曰：「申申」是言其不局促，是「心廣體胖」後恁地。所謂「色愉」，只是和悅底意思。但此只是燕居如此，在朝及接人又不然。○問：申申、夭夭，聖人得於天之自然。若學者，有心要收束則入於嚴厲，有心要舒泰則入於放肆。惟理義以養其氣，養之久則自然到此否？曰：亦須稍嚴肅則可。不然，則無下手處。又曰：但得身心收斂，則自然和樂，不是別有一箇和樂。纔整肅則自和樂。○胡氏曰：程子以「怠惰放肆」對「嚴厲」而言。於「嚴厲」上加「大」字，蓋嚴厲亦不可無，大嚴厲則不可耳。○南軒張氏曰：燕居時，在衆人易以怠肆，君子則未免矜持，安有此氣象？○慶源輔氏曰：燕居，閒暇無事之時，故其容儀得以遂其舒緩而無迫遽之意，其顔色得以全其愉怡而無勃如之變。申申夭夭，聖人燕居容色自然之符也。○新安陳氏曰：雖閒居時，其德容亦自然中和如此，此所以爲聖人也。聖人閒居中和之氣，乃德性中和之符，程子所謂「自有中和之氣」。自，自然也。

○子曰：「甚矣，吾衰也！久矣，吾不復夢見周公！」復，扶又反。

孔子盛時，志欲行周公之道，故夢寐之間如或見之。至其老而不能行也，則無復扶又反，下同。是心而亦無復是夢矣。故因此而自歎其衰之甚也。朱子曰：據文勢，「甚矣，吾衰也」是一句，「久矣，吾不復夢見周公」是一句。惟其久不夢見，所以見得是衰。○新安陳氏曰：此亦道不行之符兆自見於吾身者。○程子曰：「孔子盛時，寤寐常存行周公之道；及其老也，則志慮衰而不可以有爲矣。蓋存道者心，無老少之異；而行道者身，老則衰也。」朱子曰：夫子夢寐周公，正是聖人至誠不息處。然時止時行，無所凝滯，亦未嘗不灑落也。故及其衰，則不復夢亦可見矣。若是合做底事，則豈容有所忽忘耶？○問：伊川以爲不是夢見人，只是夢寐常存行周公之道耳，《集註》則以爲如或見之。不知果是如何？曰：想是有時而夢見。既分明説「夢見周公」，全道不見，恐亦未安。程子之意蓋嫌於因思而夢者，故爲此説，其義則精矣，然恐非夫子所言之本意也。○問：孔子夢周公，若以聖人欲行其道而夢之耶，則是心猶有所動；若以壯年道有可行之理而夢之耶，則又不應虛有此朕兆也。曰：聖人曷嘗無夢？須看他與周公契合處如何。不然，又不見別夢一箇人也。聖人之心自有箇勤懇惻怛，不能自已處，自有箇脱然無所繫累處，要亦正是以此卜吾之盛衰。○問：夢周公是真夢否？曰：當初思欲行周公之道時必亦是曾夢見。曰：恐涉於心動否？曰：心本是箇動物，怎教他不動？夜之夢猶晝之思也。思亦是心之動處，但無邪思可矣；夢得其正，何害？心存這事，便夢這事。○問：夫子未嘗識周公，烏得而夢之？曰：今有人夢見平生所不識之人云是某人者，蓋有之。○不是孔子衰，是時世衰。聖人與天地相應。若天要用孔子，必不教他衰。如武王、大公皆八九十歲。○戴少望謂顔淵死，聖人觀之人事；鳳不至、圖不出，聖人察之天理；不夢周公，聖人驗之吾身：然後知斯道之果不可行，而天之果無意於斯世也。這意思也好。○吾不復夢見周公，自是箇證兆如此。當聖人志慮未衰，天意雖定，八分猶有兩分運轉，故也做得周公事，遂夢見之，非以思慮也。要之，聖人精神血氣與時運相爲流通。到鳳不至、圖不出，明主不興，其證兆自是恁地。○胡氏謂聖人誠存，則其夢治；他人思慮紛擾，則所夢亦亂。或邪或正，與旦晝之所爲等爾。善學者既謹其言動，而又必驗諸夢寐之間也。○南軒張氏曰：夫子夢見周公之心，「周公思兼三王」之心也。

○子曰：「志於道，

志者，心之所之之謂；新安陳氏曰：「所之」之，往也。道則人倫日用之間所當行者，是也。朱子曰：志道如講學、力行皆是。知此而心必之焉，則所適者正，而無他岐之惑矣。朱子曰：「志於道」，「志」字如有向望求索之意。《大學》格物致知，即其事也。又曰：「志於道」不是只守箇空底，須是至誠懇惻，念念不忘。所謂「道」者只是日用當然之理。事親必要孝，事君必要忠，以至事兄而弟，與朋友交而信，皆是道也。「志於道」者，正是謂志於此也。○胡氏曰：「道」猶「路」也，故「適」字、「他岐」字皆自「路」言之。○新安陳氏曰：「知此」二字是朱子説志道以前事。必知道而後志向在道，即「知止而後有定」，知至善之所在而後志有定向也。

據於德，

據者，執守之意；德則行道而有得於心者也。得之於心而守之不失，則終始惟一，而有日新之功矣。朱子曰：「德」是得這物事於我，故事親必孝，必不至於不孝；事君必忠，必不至於不忠。若今日孝明日又不孝，今日忠明日又不忠，是未有得於我，不可謂之「德」。惟「德」是有得於我者，故可「據守」之也；若是未有得於我，則亦無可據者。○問：據於德。曰：如孝便是自家元得這孝道理，非從外旋取來。「據於德」乃是得這基址在這裏。○「德」是心得此道，如欲爲忠而得此忠，欲爲孝而得此孝。既得之，亦會失了，須當照管，不要失了。○新安陳氏曰：未得之，志在必得之，既得之，方有可據守，但又在守之固耳。

依於仁，

依者，不違之謂；仁則私欲盡去而心德之全也。工夫至此而無終食之違，則存養之熟，無適而非天理之流行矣。朱子曰：「依」如「依乎中庸」之「依」，相依而不捨之意。此心常在，不令少有走作，無物欲之累而純乎天理。道至此亦活，德至此亦活。○德是逐件上理會底，得寸守寸，得尺守尺；仁是全體大用、常依靠處。志道據德而有一息之不仁，便間斷了。○「據德」是因事發見，如因事父有孝，因事君有忠；「依仁」是本體不可須臾離底，又是「據於德」底骨子。○陳氏曰：「志道」是一心向聖人路上行；「據德」是志道工夫成，向之所志者，今皆實得於己，如有物可執據；「依仁」則「據德」工夫熟，天理與心爲一矣。「據」如手執杖，「依」如身著衣。杖容有時而離手，衣則不容須臾離身。一節密一節也。〇西山真氏曰：道者衆理之總名，德則行衆理而得於心者，仁則心之全德也。志乎道而弗他，可謂知所嚮矣；仁則歸宿之地，而用功之親切處也。

「游於藝。」

游者，玩物適情之謂；胡氏曰：「玩物」本非美辭，然以六藝爲物而玩之，非「喪志」之物也。〇陸氏曰：「游」如人之游觀，有時而爲之。藝則禮樂之文，射御書數之法，皆至理所寓而日用之不可闕者也。朝夕游焉以博其義理之趣，則應務有餘，而心亦無所放矣。胡氏曰：藝亦日用之不可無者，乃是理之妙散於日用間；苟有未通，亦爲全體之累。〇此章言人之爲學當如是也。蓋學莫先於立志。志道則心存於正而不他，據德則道得於心而不失，依仁則德性常用而物欲不行，慶源輔氏曰：天理、人欲不兩勝，一盛則一衰也。游藝則小物不遺而動息有養。慶源輔氏曰：不外物以求理，而常玩物理以養性。學者於此有以不失其先後之序、輕重之倫焉，則本末兼該，内外交養，日用之間無少間去聲。隙，乞逆反。而涵泳從七容反。容，忽不自知其入於聖賢之域矣。慶源輔氏曰：「先後之序」謂道、德、仁、藝之序；「輕重之倫」謂志、據、依、游之倫。先者重，後者輕也。「本」與「内」謂道、德、仁，「末」與「外」謂藝。在彼之序雖有先後，在我之倫雖有輕重，而未嘗偏廢，所謂「兼該」而「交養」也。日用之間如是用功，無少間隙，涵泳從容於義理事物之間，則將優游饜飫，而忽不知其入於聖賢之域矣。〇朱子曰：「志於道」方是要去做。方是事親欲盡其孝，事兄欲盡其弟，方是恁地。至「據於德」，則事親能盡其孝，事兄能盡其弟，便自有這道理了，却有可據底地位。雖然如此，此只是就事上逐件理會。若不依於仁，則不到那事時，此心便没頓放處；依於仁，則自朝至暮，此心無不在這裏，連許多德總攝貫穿都活了。雖然，藝亦不可不去理會。如禮、樂、射、御、書、數，一件事理會不得，此心便覺滯礙；惟是一一去理會，這道理脉絡方始一一流通，無那箇滯礙。因此又却養得這道理，以此知大則道無不包，小則道無不入。小大精粗皆無滲漏，皆是做工夫處。故曰：「語大，天下莫能載；語小，天下莫能破。」○志者，心之所之；道者，當爲之理。爲君有君之理，爲臣有臣之理。「志於道」，留心於此理而不忘也。德者，得也。既得之，則當據守而弗失。仁者，人之本心也。既有所據守，又當依於仁而不違，如所謂「君子無終食之間違仁」，是也。「游於藝」一句比上三句稍輕，然不可大段輕説。如上蔡云「有之不害爲小人，無之不害爲君子」，則是太輕了。古人於禮、樂、射、御、書、數等事，皆至理之所寓。游乎此則心無所放，日用之間本末具舉而内外交相養矣。○自「志道」至「依仁」是從粗入精，自「依仁」而「游藝」是自本兼末。○藝是小學工夫。若論先後，則藝爲先，三者爲後；若論本末，則三者爲本而藝爲末。習藝之功固在先，游者，從容潛玩之意，又當在後。《文中子》云：「聖人志道、據德、依仁，而後藝可游也。」此説得自好。○問：「『道』爲義理之總名，何也？」曰：道以人所共由而得名，若父子之仁、君臣之義者，是也。曰：「德者，己之所自得，何也？」曰：若爲父子而得夫仁，爲君臣而得夫義者，是也。曰：「其『志之』『據之』，何也？」曰：潛心在是而期於必至者，志也；既以得之而謹守不失者，據也。曰：「不違仁者奈何？」曰：吾於顔子之事既言之矣。「敢聞六藝之目與所以游之之説。」曰：五禮，吉、凶、軍、賓、嘉也；六樂，《雲門》、《大咸》、《大韶》、《大夏》、《大濩》、《大武》也；五射，曰白矢、參連、剡注、襄尺、井儀也；五馭，鳴和鸞、逐水曲、過君表、舞交衢、逐禽左也；六書，象形、會意、指事、轉注、假借、諧聲也；九數，方田、粟米、差分、少廣、商功、均輸、方程、贏不足、旁要也。是其名物度數皆有至理存焉，又皆人所日用而不可無者。游心於此，則可以盡乎物理，周於世用，而其雍容涵泳之間，非僻之心亦無自而入之矣。蓋志、據、依、游，人心之所必有而不能無者也；道、德、仁、藝，人心所當志、據、依、游之地而不可易者也。以先後之次言之，則志道而後德可據，據德而後仁可依，依仁而後藝可游；以疎密之等言之，則志道者未如德之可據，據德者未如仁之可依，依仁之密乎内，又未盡乎游藝之周於外也。詳味聖人此語而以身體之，則其進爲之序，先後疎密，皆可循序以進；而日用之間，心思動作，無復毫髮之隙漏矣。○勉齋黄氏曰：道者，義理之總名；德者，吾身所學而有得之善；仁者，本心之德；藝者，六藝之事。是四者皆人所不可不留意者，但三者最重而藝稍輕。四者之序，則志者向之而不忘，據者守之而不失，依者隨之而不離，是三者皆不可須臾捨也；游則若用力若不用力而已。上三者則互舉並行而不相悖，游藝則有不必專心致志耳。○問：「志於道」一章，古者八歲即教之以六藝之事，明爲學之所當先也，今於此章末言之，而朱子復以爲學者於此當求其先後之序、輕重之倫，似以藝爲可後。抑志道、據德、依仁是大學之事，而游藝乃大學之極功耶？潛室陳氏曰：此却有首尾本末，與前章別。教之六藝，小學之初事；游於藝文，成德之餘功。小學之初習其文，成德之游適於意。生熟滋味逈別。○胡氏曰：道、德、仁所當先，藝可以少後；志、據、依所當重，游可以少輕。務本而不廢其末，事內而不忽乎外。以其先後輕重之倫序而言，固不無差別；以其本末兼該、內外交養而言，則又未嘗不相資也。○雙峯饒氏曰：「志道」如人行路，「據德」如行路而有宿泊處，「依仁」則又就宿泊處漸漸立得家計成，却安居了；「游藝」如居家有時出游，也須游於藝，若游從別處去，則出乎道德仁之外而爲「放心」矣。○新安陳氏曰：志道、據德而依於仁，則本之立於內者既粹；由此而復游於藝，則末之該於外者不遺。能深用功於本而以餘功及其末，則內外交養而體用益貫矣。

○子曰：「自行束脩以上，吾未嘗無誨焉。」

脩，脯也。十脡他鼎反。爲束。古者相見，必執贄以爲禮，《禮·曲禮下》：凡摯，與「贄」同。天子鬯，諸侯圭，卿羔，大夫鴈，士雉，庶人之摯匹。鄭氏音木。匹即鶩也。童子委摯而退。摯之言至也。童子委摯而退，不與成人爲禮也。野外、軍中無摯，以纓拾矢可也。纓，馬繁纓也。拾，射韝也。婦人之摯，椇榛、脯脩、棗栗。束脩，其至薄者。胡氏曰：在《禮》，無以束脩爲贄，惟《記·檀弓》曰「束脩之問不出境」，《少儀》曰「其以乘壺酒束脩一犬」，《穀梁傳》曰「束脩之問不行境中」，則是亦有以此爲禮，不但婦人用脯脩爲贄也。然比羔、鴈爲薄，故云「至薄」。○邢氏曰：此禮之薄者，厚則有玉帛之類，故云「以上」以包之。○齊氏曰：漢諸王致禮於其傅，猶曰「束脩」，蓋古禮也。蓋人之有生，同具此理，故聖人之於人，無不欲其入於善。但不知來學，則無往教之禮；《記》曰：「禮聞來學，不聞往教。」故苟以禮來，則無不有以教之也。問：束脩，始相見之禮也。人苟以禮來，聖人未嘗不誨之。蓋辭氣容色之間，何莫非誨也？固不保其往耳。朱子曰：「誨」之一字恐未説到辭氣容色之間，亦未有「不保其往」之意，恐不應於此遽及之也。當詳玩之。○胡氏曰：「人之有生，同具此理。」雖以氣稟物欲之累而趨於惡，然皆可反而之善。聖人仁天下之心曷嘗不欲啓其爲善之塗哉？惟自暴自棄，在聖人亦無如之何，故有「不往教」之禮。執贄而來，禮雖至薄，意則可取，故未嘗不教之也。○慶源輔氏曰：聖人之教，雖不輕棄人，亦不苟授人，仁、義並行而不相悖也。但聖人之心，其愛人也，終無窮已；而其責人也，終不至於大甚爾。

○子曰：「不憤不啓，不悱不發。舉一隅，不以三隅反，則不復也。」憤，房粉反。悱，芳匪反。復，扶又反。

憤者，心求通而未得之意；悱者，口欲言而未能之貌。慶源輔氏曰：心求通而未得通，則其意憤然而不能自已。「憤」有鬱懣之意。口欲言而未能言，則其貌悱然而不能自伸。悱者，屈抑之貌。啓謂開其意，發謂達其辭。雙峯饒氏曰：「啓」如「啓户」，畧開之也；「發」如弩之張，而爲之發其機。物之有四隅者，舉一可知其三。反者，還以相證之義。復，再告也。華陽范氏曰：憤則其慮也深，悱則其進也勇。因而啓發之，則其人必自得矣。孟子曰「君子之所以教者五」，「有如時雨之化者」，顔子是也；「有成德者，有達材者，有答問者」，憤、悱之類是也；「有私淑艾者」，「舉一隅」之類是也。○朱子曰：「悱」非全不曉，也曉得三五分，只是説不出。學者至憤悱時，其心已畧畧通曉，但心已喻而未甚信，口欲言而未能達，故聖人於此啓發之。舉一隅，其三隅須是學者自去理會；舉一隅而不能以三隅反，是不能自用力者，夫子所以不再舉也。○南軒張氏曰：此聖人教人之方也。學貴於思，思而後有得。憤悱者，思慮積久，鬱而未暢，誠意懇切，形於外也。憤則見於辭氣，悱則見於顔色。於是而啓其端，發其蔽，則庶幾其聽之之專而感之之深也。然告之亦舉一隅耳，必待其以三隅反而後復之，此古之教者所以爲從容而使人繼其志之道也。若不以三隅反，則是未能因吾言而推類。苟遽以復之，則於彼亦無力矣。上章已言聖人誨人不倦之意，因并去聲。記此，欲學者勉於用力以爲受教之地也。新安陳氏曰：聖人固不倦於教，亦不輕於教。學者無受教之地，教之必不入也。○程子曰：「憤、悱，誠意之見賢遍反。於色、辭者也。顔色、辭氣。待其誠至而後告之，既告之，又必待其自得，以三隅反。乃復告爾。」朱子曰：憤悱便是誠意到，不憤悱便是誠不到。又曰：「不待憤悱而發，則知之不能堅固；待其憤悱而後發，則沛然矣。」問：程子云「待憤悱而後發，則沛然矣」，如何有沛然底意思？朱子曰：此正所謂「時雨之化」。譬如種植之物，人力隨分已加，但正當那時節欲發生未發生之際，却欠了些子雨。忽然得這些子雨來，生意豈可禦也？○慶源輔氏曰：不待憤悱而發，是强聒之耳；必待憤悱而發，則猶水之流壅遏於此，有以決之，則沛然而往，莫能禦矣。○新安陳氏曰：不憤悱則不啓發，不以三隅反則不復。朱子作兩節對説，程子只作一串説。

○子食於有喪者之側，未嘗飽也；

臨喪哀，不能甘也。朱子曰：「未嘗飽」有食不下咽之意。○厚齋馮氏曰：《檀弓》記此，蓋古禮然也。是書所記禮儀多合禮經，當世不行而夫子舉行之，故門人以爲記耳。

子於是日哭，則不歌。

哭謂弔哭。一日之内，餘哀未忘，自不能歌也。朱子曰：聖人不成哭了便驟去歌？如四時，也須漸漸過去。聖人之心如春夏秋冬，不遽寒燠，故哭之日自是不能遽忘。○「子於是日哭則不歌」，不要把一箇「誠」字包却，須要識得聖人自然重厚，不輕浮底意思。○南軒張氏曰：臨喪則哀，食何由飽？哭者，哀之至；歌者，樂之著。一日之間，二者不容相襲若此也。學者法聖人而勉之，亦足以養忠厚之心也。○謝氏曰：「學者於此二者，可見聖人情性之正也。能識聖人之情性，然後可以學道。」慶源輔氏曰：在聖人分上，二者皆自然安行。其情性之正，莫非道也。識之者可以學道。○新安陳氏曰：是日歌，或遇當哭，哀不能已也；是日哭，縱或遇歌，樂可以已也。

○子謂顏淵曰：「用之則行，舍之則藏，惟我與爾有是夫！」舍，上聲。夫，音扶。

尹氏曰：「用、舍無與音預。於己，朱子曰：用，舍由在別人，不由得我。行、藏安於所遇，新安陳氏曰：遇用我則安於行，遇舍我則安於藏，無固、必也。命不足道也。朱子曰：「命」只是尹氏添此一脚，本文非有此意。顏子幾平聲。於聖人，故亦能之。」程子曰：孔子謂顏淵曰：「用之則行，舍之則藏，惟我與爾有是夫！」「君子所性，雖大行不加焉，雖窮居不損焉」，「不爲堯存，不爲桀亡」者也。「用之則行，舍之則藏」，皆不累於己爾。○朱子曰：「用之則行，舍之則藏」，此八字極要人玩味。若他人，用之則無可行，舍之則無可藏。惟孔子與顏淵，先有此事業在己分内，若用之則見成將出來行，舍之則藏了。他人豈有是哉？故下文云「惟我與爾有是夫」。「有是」二字當如此看。「用舍無預於己，行藏安於所遇，命不足道也」，蓋只看義理如何，都不問那命了。雖使前面做得去，若義去不得，也只不做，所謂「殺一不辜，行一不義而得天下，有所不爲」。若中人之情，則見前面做不得了方休，方委之於命；若使前面做得，他定不肯已，所謂「不得已而安之命」者也。此固賢於世之貪冒無耻者，然實未能無求之之心也。聖人更不問命，只看義如何。貧富貴賤，惟義所在，謂安於所遇也。如顏子之安於陋巷，他那曾計較命如何？○問：「用之則行，舍之則藏」，竊意漆雕、曾、閔亦能之。❶曰：舍之則藏易，用之則行難。若開，用之未必能行也。聖人規模大，藏時不止藏他一身，煞藏了事。譬如大船，有許多器具寶貝，撑去則許多物便都藏了。衆人便没許大力量。然聖人行藏自是脱然無所係累。救世之心雖切，然得做便做，做不得便休。他人使有此，若未用時則切切於求行，舍之則未必便藏。耿直之向有書云：「三代禮樂制

❶「竊」，原作「切」，今據四庫本、孔本、陸本及《語類》卷三四改。

度盡在聖人，所以用之則有可行。」某謂此固其可行之具，但本領更全在無所係累處。有許大本領，則制度點化出來都成好物，故在聖人則爲事業；衆人没那本領，雖盡得他禮樂制度，亦只如小屋收藏器具，窒塞都滿，運轉都不得。○此章專在兩箇「則」字上，如「可以仕則仕，可以止則止」之類。孔顔於用舍行藏之間，如霽則行，潦則止。○常人用之則行，乃所願；舍之則藏，非所欲。舍之則藏，是自家命恁地，不得已，不柰何。聖人無不得已，不柰何底意，何消更言「命」？到得無可奈何處始言「命」。聖人説「命」只爲中人以下説。如「道之將行、將廢，命也」，此爲子服景伯説；「得之、不得曰有命」，是爲彌子瑕説。下一等人不知有命，又一等人知有命，猶自去計較；中人以上便安於命，到聖人便不消言命矣。○厚齋馮氏曰：道本期於用，非獨善其身而已也。然時不我用，則有退藏而已。用之而欲藏，不仁也；舍之而欲行，不知也。是時，欲扶世立功名者知行而不知藏，欲潔身遺世者知藏而不知行，此夫子所以旁觀一世，惟子淵與己同也。説者乃謂淵不願仕，是以其迹而不知其心也。「爲邦」之問，概可見矣。○勉齋黄氏曰：用之、舍之存乎人，則行、則藏應乎己，則「無意」、「無我」可見矣。用之行矣，至舍之則藏；舍之藏矣，至用之則行，則「無必」、「無固」可見矣。○雲峯胡氏曰：用行、舍藏，玩《集註》及語録，一當就「有」字上看，常人未必有此也；二當就「則」字上看，用舍在人而聖人無所必也；三當合兩句互看，徇物者忘義徇禄，用之雖行而舍之未必藏，絶物者潔身亂倫，舍之雖藏而用之未必行。

子路曰：「子行三軍則誰與？」

萬二千五百人爲軍，大國三軍。子路見孔子獨美顔淵，自負其勇，意夫子若行三軍，必與己同。朱子曰：子路此問雖無私意，然猶有固、必之心。

子曰：「暴虎馮河，死而無悔者，吾不與也。必也，臨事而懼，好謀而成者也。」馮，皮冰反。好，去聲。

暴虎，徒搏；馮河，徒涉。新安陳氏曰：徒，徒手而無所持也。懼謂敬其事，成謂成其謀。言此，皆以抑其勇上三句。而教之。下二句。

然行師之要，實不外此，子路蓋不知也。問「子行三軍則誰與」。朱子曰：三軍要勇，行三軍者要謀。既好謀，然須要成事。蓋人固有好謀而事不成者，却亦不濟事。又問：謀在先，成在後。成非勇亦不能決。曰：然。○「子行三軍則誰與」，宜作「相與」之「與」，非「許與」之「與」。「好謀而成」，人固有好謀者，然疑貳不決，往往無成者多矣；孔子行三軍，其所與共事者必臨事而懼、好謀而成者也。○「好謀而成」，既謀了，須是果決去做教成；若徒謀而不成，何益於事？所謂「作舍道旁，三年不成」者也。「臨事而懼」，是臨那事時又須審一審。蓋閑時已自思量都是了，都曉得了，到臨事時又更審一審。這「懼」字正如「安而後能慮」底「慮」字相似。此本爲行三軍而發，故就行師觀之，尤見精密。○南軒張氏曰：「臨事而懼」，戒懼於事始，則所以爲備者周矣；好謀者或失於寡斷，「好謀而成」則思慮審而其發也必中矣。敬戒周密如此，古之人所以能成天下之事而不失也，豈獨可行三軍而已哉？○勉齋黃氏曰：臨事而敬懼，則有持重謹畏之心；好謀而圖成，則有周悉萬全之計。敬其事則無忽心，無惰氣，臨事必能戒懼，非怯懦而恐懼也；成其謀則不妄動，不亟取，於事必有一定之謀，既成而不愆于素，自無僥倖速成之弊也。無非抑其血氣之勇，而教之以義理之勇焉。

○謝氏曰：「聖人於行藏之間，無意無必。其行非貪位，其藏非獨善也。若有欲心，則不用而求行，舍之而不藏矣。雙峯饒氏曰：用之不行是好遯底人，舍之不藏是好進底人，自有兩樣。謝氏謂「不用求行，舍之不藏」，只説得一邊。是以惟顔子爲可以與音預。於此。子路雖非有欲心者，然未能無固、必也；至以『行三軍』爲問，則其論益卑矣。胡氏曰：子路勇不自遏，故有是問。乃「不用而求行，舍之而不藏」者。夫子之言，蓋因其失而救之。夫音扶。不謀無成，不懼必敗。小事尚然，而況於行三軍乎！」

○子曰：「富而可求也，雖執鞭之士，吾亦爲之；如不可求，從吾所好。」好，去聲。

執鞭，賤者之事。新安倪氏曰：太史公云：「假令晏子尚在，願爲之執鞭。」其言本此。設言富若可求，則雖身爲賤役以求之，亦所不辭。然有命焉，非求之可得也，則安於義理而已矣，何必徒取辱哉？陳氏曰：此章爲中人以下假設言之耳。命所以安中人，義所以責君子。○蘇氏曰：「聖人未嘗有意於求富也，豈問其可不可哉？爲此語者，特以明其決不可求爾。」楊氏曰：「君子非惡去聲。富貴而不求，以其在天，無可求之道也。」朱子曰：上句是假設之辭，下句方是正意。下句說「從吾所好」，便見上句「執鞭之士」非所好矣。更味「而」字、「雖」字、「亦」字，可見文勢重在下句也。須要子細看「富而可求也」一句，上面自是虛意，言「而可求」，便是富本不可求矣。此章最見得聖人言語渾成底氣象，須要識得。○南軒張氏曰：夫子謂富不可求者，正於義不可故耳。言使其於義而可，則雖執鞭之事亦有時而可爲矣，其如義不可求何？則姑從吾所好而已。吾所謂好者，義是也。然則所安以義，而命蓋有不言者矣。○慶源輔氏曰：蘇氏發得此章語脉分明，楊氏又說得聖賢所以不求富貴之理確實。二說相須，其義始備。

○子之所慎：齊，戰，疾。齊，側皆反。

齊之爲言齊如字，下同。也。將祭，而齊其思慮之不齊者，以交於神明也。《禮・祭統》：「及時將祭，君子乃齊。側皆反。齊之爲言齊如字，下同。也，齊不齊以致齊者也。」誠之至與不至，神之享與不享，皆決於此。戰則衆之死生、國之存亡繫焉；疾，又吾身之所以死生存亡者。皆不可以不謹也。楊氏曰：夫子齊，必變食；行三軍，必臨事而懼；康子饋藥，未達，不敢嘗。觀此，則其慎可見。○尹氏曰：「夫子無所不謹，弟子記其大者耳。」慶源輔氏曰：聖人之心不待操而常存，豈有不謹之時、不謹之事哉？特於此三者尤致謹，故弟子記以垂教。

○子在齊聞《韶》，三月，不知肉味，曰：「不圖爲樂之至於斯也！」

《史記》「三月」上有「學之」二字。新安陳氏曰：學之三月，學之久因以忘味之久，否則「三月」字連下文，無意味矣。不知肉味，蓋心一於是而不及乎他也。曰，不意舜之作樂至於如此之美，則有以極其情文之備《記》曰：「知禮樂之情者能作，識禮樂之文者能述。」○慶源輔氏曰：「文，聲音也；情，實也。」而不覺其歎息之深也。蓋非聖人不足以及此。○范氏曰：「《韶》盡美又盡善，樂之無以加此也。故學之三月不知肉味而歎美之如此，誠之至，感之深也。」朱子曰：子聞《韶》音，學之三月，不知肉味。學之一節不知如何，今正好看其忘肉味處。這裏便見得聖人之樂如是之美，聖人之心如是之誠。又曰：聖人聞《韶》須是去學，不解得只恁休了；學之亦須數月方熟，「三月」大約只是言其久，不是真箇足頭九十日，至九十一日便知肉味。想見《韶》樂之美是能感動人，是能使人視端而行直。某嘗謂今世人有目不見先王之禮，有耳不得聞先王之樂，此大不幸也。○問：孔子聞《韶》，學之三月不知肉味。聖人殆亦固滯不化，當食之時，又不免心不在焉之病。若何？曰：主一無適是學者之功，聖人行事不可以此求之也。更是舜之樂盡善盡美，而孔子聞之，深有所契于心者，所謂「得志行乎中國，若合符節」，是以學之三月而不自知其忘味也。○問：心不在焉則食而不知其味，是心不得其正也。然夫子聞《韶》三月，何故不知肉味？曰：也有時如此。所思之事大，而飲食不足以奪其心也。且如「發憤忘食」、「吾嘗終日不食」，皆非常事，以其所憤所思之大，自不能忘也。○問：程子改「三月」爲「音」字，如何？曰：彼以一日聞樂而三月忘味，聖人不當固滯如此，故爾。然以《史記》考之，則習之三月而忘肉味也。既有「音」字，又自有「三月」字，則非文之誤矣。蘇氏說亦得之。蘇氏曰：「孔子之於樂，習其音，知其數，得其志，知其人。其於文王也，見其穆然而深思，見其高望而遠志，見其黯然而黑，頎然而長；其於舜也可知。是以三月而不知肉味。」○慶源輔氏曰：夫子之學《韶》樂，非但有以極其聲容節奏而已，併當與大舜無不幬載之德、當時雍熙平成之治，所謂「盡善盡美」之實而得之，不翅如身有其事，親歷其時也，則其誠意之深而見於嘆息者如此，誠非聖人不足以及是，固非常情之所能測也。○厚齋馮氏曰：舜之後封於陳，爲之後者得用先代之樂。自陳敬仲奔齊而《韶》樂有傳。當是時，魯具四代之樂，然恐不無差舛。《韶》之來最遠而獨得其傳於今，夫子故曰「《韶》盡美矣，又盡善也」，殆謂是歟？季札在魯觀《韶》，雖極稱贊，未必如在齊之善。夫子是以學之而忘味之久。○新安陳氏曰：舜以上聖之德，當極治之時，作爲《韶》樂，群聖之樂無以加於此者。故夫子聞其音而學之忘味，而深歎美如此。想如親見虞舜之聖，身在雍熙之時，契之以心而非徒聞之以耳也。又按，《論語》於《韶》凡三言之，意者聞《韶》而學之最先，謂盡美盡善次之，告顏子以《韶》舞其最後歟？

○冉有曰：「夫子爲衛君乎？」子貢曰：「諾，吾將問之。」爲，去聲。

爲，猶「助」也。衛君，出公輒也。靈公逐其世子蒯苦怪反。聵，五怪反。公薨而國人立蒯聵之子輒，於是晉納蒯聵而輒拒之。時孔子居衛，衛人以蒯聵得罪於父而輒嫡孫當立，故冉有疑而問之。諾，應辭也。朱子曰：子以兵拒父，是多少不順，自不須疑而問。冉有疑夫子爲衛君者，以嫡孫承重之常法言之，則輒於義或當立也，故疑夫子助之。

入曰：「伯夷、叔齊，何人也？」曰：「古之賢人也。」曰：「怨乎？」曰：「求仁而得仁，又何怨？」出曰：「夫子不爲也。」

伯夷、叔齊，孤竹君之二子。其父將死，遺命立叔齊。父卒，叔齊遜伯夷。伯夷曰：「父命也。」遂逃去。叔齊亦不立而逃之。國人立其中子。其後武王伐紂，夷、齊扣馬而諫；武王滅商，夷、齊恥食周粟，去隱于首陽山，遂餓而死。《史記》：「武王載木主號爲『文王』，東伐紂。伯夷、叔齊叩馬而諫曰：『父死不葬，爰及干戈，可謂孝乎？以臣弑君，可謂仁乎？』左右欲兵之。大公曰：『此義人也。』扶而去之。武王已平殷亂，天下宗周。而伯夷、叔齊恥之，義不食周粟，隱於首陽山，即雷首山之陽，在河中府河東縣。采薇而食之，遂餓而死。」怨，猶「悔」也。君子居是邦，不非其大夫，況其君乎？《荀子·子道篇》：子路問曰：「魯大夫練而牀，禮耶？」練，小祥也。孔子曰：「吾不知也。」子路出，謂子貢曰：「吾以夫子爲無所不知，夫子徒有所不知。由問魯大夫練而牀禮耶，夫子曰吾不知也。」子貢曰：「吾將爲汝問之。」問曰：「練而牀，禮耶？」孔子曰：「非禮也。」子貢出，謂子路曰：「夫子無所不知，汝問非也。禮，居是邑不非其大夫。」故子貢不斥衛君而以夷、齊爲問，夫子告之如此，則其不爲衛君可知矣。南軒張氏曰：子貢微其辭以測聖人之旨，可謂善爲辭矣。蓋伯夷以父命爲尊，叔齊以天倫爲重，其遜國也皆求所以合乎天理之正而即乎人心之安。雙峯饒氏曰：兼此兩句，方説得「仁」字盡。既而各得其志焉，則視棄其國猶敝蹤所爾反。爾，何怨之有？若衛輒之據國拒父而唯恐失之，其不可同年而語，明矣。問：

二子之遜，使無中子，二子不成委先君之國而棄之？必有當立者。朱子曰：伊川説叔齊當立。看來叔齊雖以父命，終非正理，恐只當立伯夷。曰：「伯夷終不肯立，奈何？」曰：國有賢大臣，必請於天子而立之，不問其情願矣。看來二子立得都不安。以正理論之，伯夷稍優。○以天下之公義裁之，則天倫重而父命輕；以人子之分言之，則又不可分輕重，但各認取自家不利便處退一步便是。夷、齊得之矣。○蒯聵與輒若有一人識道理，各相避就去了。今蒯聵欲入，子以兵拒父，是多少不順。議者以爲當立公子郢，不知郢不肯做，蓋知其必有紛争也。使夫子爲政，必上告天王，下告方伯，拔郢立之，斯爲得正。輒之逃當在靈公薨而夫人欲立之之時。○「求仁得仁」只是不傷其本心而已。二子不交讓則心不安。心本仁，纔傷著本心，則不仁矣。○雙峯饒氏曰：仁者，天地生物之心，人得之而爲不忍之心。若伯夷以父命爲尊，是不忍違其父；叔齊以天倫爲重，是不忍先其兄。若輒之拒蒯聵，則是忍於抗其父矣，是可忍也孰不可忍也？如何安得！○雲峯胡氏曰：人心誰無天理？能合乎天理之正，方可即乎人心之安，乃謂之「仁」。伯夷以父命爲重，是伯夷之心合乎天理而後伯夷之心方安；叔齊以天倫爲重，是叔齊之心合乎天理而後叔齊之心方安。《集註》下一「安」字，便見夷、齊不怨，若怨則不安矣。輒之拒父，全無人心天理，於心安乎？　○程子曰：「伯夷、叔齊遜國而逃，諫伐而餓，終無怨悔，新安陳氏曰：兼「諫伐」言，所以廣其不悔之實。夫子以爲賢。故知其不與輒也。」問子貢問衛君事。朱子曰：若使子貢當時徑問輒事，不唯夫子或不答，便做答時，亦不能如此詳盡。若只問「伯夷、叔齊何人也」，曰「古之賢人也」，亦未見分曉。所謂「賢人」，如「君子而不仁者有矣」，亦如何便見得出處一時皆當，豈無怨悔處？只再問「怨乎」，便見得子貢善問。纔説道「求仁而得仁，又何怨」，便見得夷、齊兄弟所處無非天理，蒯輒父子所向無非人欲。二者相去奚啻碔砆、美玉？直截天淵矣。○問：子貢欲知爲衛君，何故問夷、齊？曰：一箇是父子争國，一箇是兄弟讓國，此是則彼非可知。問：何故又問怨乎？曰：此又審一審。所以夫子言「求仁得仁」，是就身上本原處説。凡讓出於不得已，便有怨。夷、齊之讓是合當恁地，乃天理之當然，又何怨？大綱衛君底固爲不是，到此越見得衛君没道理。又問：子欲正名，是公子郢否？曰：此又是第二節事。第一節須先正輒父子之名。問：輒尚在，則如何正？曰：上有天子，下有方伯，他不當立，如何不正？○問：子貢有「怨乎」之問，何也？曰：夫子謂夷、齊是賢人，恐賢者亦有過之者，於是問以決之，看這事是義理合如此否。如其不必讓而讓之，則未必無怨悔之心矣。夫子告以「求仁而得仁」者，謂是合恁地；若不恁地，是「去仁而失仁」矣。若衛君事，則大不然矣。子貢所以知其必不爲也。○問：伯夷不敢安嫡長之分以違君父之命，叔齊不敢從父兄之命以亂嫡庶之義，這便是「求仁」；伯夷安於逃，叔齊安於讓，而其心舉無隉杌之慮，這便是「得仁」否？曰：然。衛君便是不能求仁耳。○問：夫子以夷、齊爲賢，則其不爲衛君之意明矣。而子貢復有「怨乎」之問，至聞「得仁」之語然後知夫子之不爲，何耶？曰：夷、齊之賢，天下孰不知之？子貢蓋不待夫子之言而知之矣。然意二子雖賢，而其所爲或出於激發過中之行而不能無感慨不平之心，則衛君之争猶未爲甚得罪於天理也，故問「怨乎」以審其趣。而夫子告之如此，則子貢之心曉然知夫二子之爲是，非其激發之私，而無纖芥之憾矣。持是心以燭乎衛君父子之間，其得罪於天理而見絶於聖人，尚何疑哉？故其所以必再問而後知所決也。○慶源輔氏曰：世俗知其一不知其二，見其一節之或得，而於其大義之乖則不知察也。蒯聵固得罪於父矣，而以輒言之，則子獨可以拒父乎？輒，嫡孫，固在所當立矣，然上不禀命於天王，下不受命於君父，又其可以擅有其國乎？是故爲國家者不可無君子之倫，而世俗之説未可遽以爲信也。○齊氏曰：父子也，兄弟也，君臣也，人之倫也，三才之所以立也。二子之交讓也，所失者國而所得者父子兄弟之紀；其非武王而餓以死也，所舍者生而所取者君臣之義。是皆脱然有見於富貴貧賤、死生之外而一毫私己不與焉，謂非仁乎？冉求有見於夷、齊之仁，必有見夫輒之不仁；知夷齊於人紀爲有功，必知輒爲名教之所不容。

○子曰：「飯疏食，飲水，曲肱而枕之，樂亦在其中矣；不義而富且貴，於我如浮雲。」

飯，扶晚反。食音嗣。枕，去聲。樂音洛。

飯，食之也；疏食，麤飯也。聖人之心渾上聲。然天理，雖處困極，而樂亦無不在焉。新安陳氏曰：他人視爲困極，聖人樂無不在，自不知其困極。其視不義之富貴如浮雲之無有，漠然無所動於其中也。朱子曰：聖人表裏精粗無不昭徹，其形骸雖是人，其實只是一團天理，所謂「從心所欲不踰矩」，左來右去盡是天理，如何不快活？○「樂亦在其中」，此樂與貧富自不相干，是別自有樂處。如氣壯底人，遇熱亦不怕，遇寒亦不怕；氣虚，則爲所動矣。○「樂」字在先。理會得「樂」後，方見「不義而富貴，於我如浮雲」。○程子曰：「非樂疏食、飲水也，雖疏食、飲水不能改其樂也。不義之富貴，視之輕如浮雲然。」又曰：「須知所樂者何事。」朱子曰：聖人之心，無時不樂，如元氣流行天地之間，無一處之不到，無一時之或息也，豈以貧富貴賤之異而有所輕重於其間哉？夫子言此，蓋即當時所處以明其樂之未嘗不在乎此而無所慕於彼耳。記此者列此以繼衛君之事，其亦不無意乎？○「富貴」非指天位、天職而言，但言勢位、奉養之盛耳。此等物，若以義而得，則聖人隨其所遇，若固有之，無鄙厭之心焉；但以不義而得，則不易吾飯疏飲水之樂耳。○「如浮雲」只説不義之富貴視之如浮雲，不以彼之輕易吾之重。若義而得富貴便是當得，如何掉脱得？如舜禹有天下，固説道「不與」，亦只恁地安處之。又如「所以長守貴也，所以長守富也」，義當得之，亦自當恁地保守。堯命舜云：「天之曆數在爾躬，允執其中。四海困窮，天禄永終。」豈是不要保守？○孔顔之樂不必分。「不改」是從這頭説入來，「在其中」是從那頭説出來。○南軒張氏曰：「崇高莫大乎富貴。」富貴本非可以浮雲視也。惟其非義，則浮雲耳。○陳氏曰：欲知樂之實味，須到萬理明徹，私欲净盡後，胸中灑然無纖毫窒礙而無入不自得處，庶幾有以得之矣。又曰：「樂在其中」與「不改其樂」誠有間，但程子於此却用「不改」字，主意全别。其添一「能」字而又繫於「疏食飲水」之下者，是雖疏食飲水亦不能改聖人之樂，便見本然渾然之樂元不曾動，比之顔子「不改」繫之「回也」之下，是回不爲簞瓢陋巷所改，語意輕重自不同矣。○雙峯饒氏曰：樂是聖人之所固有，富貴貧賤是時之適然。人不處富貴則處貧賤。聖人之樂，處富貴則在富貴中，處貧賤則在貧賤中。然樂在富貴中見得不分曉，在貧賤中方别出，故多於貧賤處説。○新安陳氏曰：孔顔所樂何事及自有其樂，程子之引而不發者也；從事於博文約禮，庶得其所以樂，朱子發程子之未發者也。必於顔子樂處言而不於孔子樂處言之者，知顔子之樂而後可知孔子之樂，故以孔所以誘顔，顔所以學孔之工夫，於顔樂處言之也。「在中」之云，不求樂而樂在其中，見其樂之安焉；「不以貧窶累其心」而改其所樂，微見其樂之勉焉。

○子曰：「加我數年，五十以學《易》，可以無大過矣。」

劉聘君見元城劉忠定公，名安世，字器之，大名府元城人。自言嘗讀他《論》，「加」作「假」，「五十」作「卒」。蓋「加」、「假」聲相近而誤讀，「卒」與「五十」字相似而誤分也。愚按，此章之言，《史記》作「假我數年，若是我於《易》則彬彬矣」，「加」正作「假」，而無「五十」字。蓋是時孔子年已幾平聲。七十矣，「五十」字誤，無疑也。《孔子世家》：

「孔子晚而喜《易》，序《彖》、《繫》、《象》、《説卦》、《文言》。讀《易》，韋編三絶。曰：『假我數年。若是，我於《易》則彬彬矣。』」學《易》則明乎吉凶消長上聲。之理、進退存亡之道，胡氏曰：「吉凶消長」以卦體言，「進退存亡」以人事言。故可以無大過。蓋聖人深見《易》道之無窮而言此以教人，使知其不可不學，而又不可以易去聲。而學也。朱子曰：聖人一生學問，未嘗自説無過。至此境界方言「無大過」，猶似有小過在。雖是謙辭，然道理真實，無窮盡期。説者當看此等爲聖人氣象。○所謂「大過」，如當潛不潛，當見不見，當飛不飛，皆是過。《乾》卦純陽固好，大亨之中須利於貞正，非正則過矣；又如《坤》六二，❶須知「履霜」有「堅冰」之漸，要人恐懼脩省，不知恐懼脩省則過矣。「無大過」者，爲此自謙之辭以教學者，深以見《易》道之無窮。又曰：「無大過」是聖人不自足之意。○聖人學《易》，於天地萬物之理、吉凶悔吝進退存亡皆見得盡，自然無差失。聖人説此數句，非是謾然且恁地説。聖人必是見得是如此，方如此説。○覺軒蔡氏曰：進退存亡之正，《易》之道也；知進退存亡不失其正，學《易》之道也。聖人雖曰「生知」，亦必有驗乎《易》。蓋聖人之道即《易》之道也。聖人進退存亡不失其正，所謂「先天而天弗違，後天而奉天時」者也，豈有過差乎？夫子謂「加我數年」，則於學《易》也不敢易；謂「可以無大過」，則合於《易》也無甚差：皆不敢當之謙辭也。謂無甚差，則爲無差矣。○聖人學《易》，明乎天理之吉凶消長，所以進退存亡而不失其正，而人與天合矣，尚何過之可言？要之，聖人所以謙辭者，非是自以爲聖而有意於謙，蓋亦真見《易》道之無窮而有俛焉孳孳之意；又因以教人，使人知《易》道之不可以不學，而又不可以易學。○慶源輔氏曰：《易》道無窮，皆自然而然，非年高德卲，心與理協，默識神會，未易學也。人之處世，履于憂患之塗，又不可以不學《易》。故抑揚其辭以垂教如此。學者察乎二者之間，則知《易》固不可不學。且以夫子之德與年而尚欲假之以數年，則又見其不可以輕易而學耳。○西山真氏曰：聖人作《易》，不過推明陰陽消長之理而已。陽長則陰消，陰長則陽消：一消一長，天

❶「六二」，按下引文出初六爻辭。

之理也。人而學《易》，則知吉凶消長之理。以「陰」「陽」對言，則陽爲善爲吉，陰爲惡爲凶；獨言陽，則陽自有吉有凶。蓋陽得中則吉，不中則凶；陰亦然。以天理言，則爲消息盈虛；以人事言，則爲存亡進退。蓋消則虛，長則盈，如日中則昃，月盈則虧，暑極則寒，寒極則暑，此天道所不能已也。人能體此，則當進而進，當退而退，當存而存，當亡而亡。如此，則人道得而與天合矣。故孔子「可以進則進，可以退則退；可以久則久，可以速則速」，「用之則行，舍之則藏」，此孔子之身，全體皆《易》也。○雲峯胡氏曰：朱子謂夫子言此以教人，使人知夫子老且學《易》。所謂「無大過」者，《易》占辭於「吉」、「凶」、「悔」、「吝」之外，屢以「無咎」言之，大要只欲人無過。故曰「無咎」者，善補過也；「悔」則過能改而至於吉，「吝」則過不改而至於凶。使人人皆知學《易》，則皆可以無大過。此夫子教人之深意也。○新安陳氏曰：「加我數年」，味「我」之一辭，則所謂「無大過」者，夫子自謂之辭耳。

○子所雅言：《詩》、《書》、執禮，皆雅言也。

雅，常也。執，守也。《詩》以理情性，新安陳氏曰：治之使情性得其正。《書》以道政事，述帝王之政事。禮以謹節文：皆切於日用之實，故常言之。禮獨言「執」者，以人所執守而言，非徒誦説而已也。朱子曰：《詩》、《書》尚是口説得底，惟禮要當執守。「執禮」亦是當時自有此名。○雙峯饒氏曰：禮有五禮。夫子所常言者，只是言人日用所常執守之禮不可闕者爾；若宗廟、郊社、朝覲、會同非常所用者，則講之有時，亦不常及之也。○雲峯胡氏曰：誦説屬知，執守屬行。○程子曰：「孔子雅素之言止於如此。若性與天道，則有不可得而聞者，要在默而識之也。」識音式，謂不言而自得之。謝氏曰：「此因學《易》之語而類記之。」朱子曰：古之儒者只是習《詩》、《書》、禮、樂。言「執禮」，則樂在其中。如《易》，則掌於太卜，《春秋》掌於史官，學者兼通之，不是正業。只這《詩》、《書》，大而天道之精微，細而人事之曲折，無不在其中；禮則節文度數。聖人教人亦只是許多事。○慶源輔氏曰：《詩》所以吟詠情性，故誦之者可以理情性，「理」猶「治」也；《書》所以紀載政事，故誦之者可以道政事，「道」猶「述」也；禮所以著天理之節文，故執之者可以謹節文，「謹」謂毫釐有所必計也。情性，在內者；政事、節文，在外者。政事、節文雖在外，而又有廣狹之殊，然皆切於日用之實，故夫子常言之。又曰：《詩》、《書》雖假誦讀，然後能知其義而達諸用，禮則全在人執守而行之，故禮獨言「執」也。然《詩》、《書》雖始假於誦讀，然後亦必須見於所行；禮固在於執守而行之，然始亦不可不講讀之也。○厚齋馮氏曰：《易》道精微，《春秋》紀變，樂在有司：非所常言也。《詩》可以興觀羣怨以事君父，《書》乃齊家治國平天下之常道，禮又朝夕之所從事者：皆切於日用常行之實，故常言之。○勿軒熊氏曰：《詩》即樂也。孔子言「興於《詩》，立於禮，成於樂」，語伯魚「學《詩》、學禮」，可見平日常言不過如此。前章學《易》，則其晚年也。

○葉公問孔子於子路，子路不對。葉，舒涉反。

葉公，楚葉縣尹沈諸梁，字子高，僭稱公也。新安陳氏曰：楚子僭王，其臣皆僭。葉公不知孔子，必有非所問而問者，故子路不對。抑亦以聖人之德實有未易去聲。名言者與？音余。○新安陳氏曰：一則葉公不足以知聖人，一則子路自難以言語形容聖人。

子曰：「女奚不曰：其爲人也，發憤忘食，樂以忘憂，不知老之將至云爾。」

未得則發憤而忘食，已得則樂之而忘憂。以是二者俛焉日有孳孳音茲。而不知年數之不足，但自言其好去聲。學之篤爾。《禮·表記》：「《小雅》曰：『高山仰止，景行行止。』子曰：『《詩》之好仁如此。鄉道而行，中道而廢，忘身之老也，不知年數之不足也，俛焉日有孳孳，斃而後已。』」○朱子曰：聖人未必有未得之事，且如此說。若聖人有這般事，他便發憤做將去。○忘食忘憂是逐事上說。一憤一樂，循環代至，非謂終身只此一憤一樂也。逐事上說，故可遂言不知老之將至，而爲聖人之謙辭。若作終身說，則憤短樂長，不可并連下句，而亦不見聖人自貶之意矣。然深味之，則見其全體至極，「純亦不已」之妙，有非聖人不能及者。

蓋凡夫子之自言類如此，學者宜致思焉。朱子曰：「發憤忘食，樂以忘憂，不知老之將至云爾」，泛説若是謙辭，然聖人之爲人自有不可及處，直要做到底，不做箇半間不界底人。非是有所因，真箇或有所感，發憤而至於忘食，所樂之至而忘憂，蓋有不知其然而不自知其老之將至也。又如「好古，敏以求之」自是謙詞，「學不厭，教不倦」亦是謙詞。當時如公西華、子貢，自能窺測聖人不可及處。蓋聖人處己之謙若平易，而其所以不可及者亦在其中矣。○「發憤忘食」是發憤便能忘食，「樂以忘憂」是樂便能忘憂，更無些小係累，無所不用其極。但見義理之無窮，不知身世之可憂、歲月之有變也。衆人縱如何發憤，也有些無緊要心在；雖如何樂，終有些係累乎其中。「不怨天，不尤人」，樂天安土，安於所遇，無一毫之私意。聖人便是天。聖人有此理，天亦有此理，故其妙處獨與之契合。○聖人直是脱洒，私欲自惹不著。這兩句雖無甚利害，細看來見得聖人超出乎萬物之表。○南軒張氏曰：子路以葉公不知聖人，且欲擬其形容而未知所對也；夫子之意則以爲即其近者告之，斯可矣。夫子所言「發憤忘食，樂以忘憂，不知老之將至」者，亦好學之至者也，然則聖人之所以異於人者，果獨在於好學耶？蓋生知而好學，則是其所爲生知者固亦莫揜矣。謂聖人所以異於人者在於好學，亦豈不可乎？○雙峯饒氏曰：「憤」與「樂」相反。聖人發憤便至忘食，樂便至忘憂，是兩邊各造其極，如寒到寒之極，暑到暑之極，故曰「全體至極」。兩者循環不已，所以不知老之將至。此是聖人之心純乎天理，別無他嗜好，所以自然學之不厭，故曰「純亦不已」。「全體」説憤、樂，「至極」説忘食、忘憂，「純亦不已」説不知老之將至。

○子曰：「我非生而知之者，好古，敏以求之者也。」好，去聲。

生而知之者，氣質清明，義理昭著，不待學而知也。敏，速也，謂汲汲也。○尹氏曰：「孔子以生知之聖每云『好學』者，非惟勉人也。蓋生而可知者，義理爾；若夫音扶。禮樂名物、古今事變，亦必待學而後有以驗其實也。」朱子曰：聖人此等語皆是移向下以教人。亦是聖人看得地步闊，自視猶有未滿足處，所以其言如此，非全無事實而但爲設辭也。○「好古，敏以求之」，聖人是生知而學者，然其所謂「學」，豈若常人之學也？「聞一知十」不足以盡之。○聖人於義理，合下便恁地。「固天縱之將聖，又多能也。」「敏求」則「多能」之事耳。其義理完具，禮樂等事，便不學，也自有一副當。但力可及，故亦學之。○聖人雖是生知，然也事事理會過，無一之不講。這道理不是只就一件事上理會見得便了。學時要無所不學，理會時却是逐件上理會去。○南軒張氏曰：門人見夫子之聖，謂生而知之，不可跂及也，故夫子以是告之。使果能好古敏以求之，則是聖人亦豈不可希？玩味辭氣，其循循然善誘，可謂至矣。○勉齋黃氏曰：聖人雖生知義理，然其爲道廣大無窮，故未嘗有自足之心。亦必博學審問，參之古人，不能自已，此其所以爲聖人也。○慶源輔氏曰：孔子以生知之聖每云「好學」者，諸家多以爲勉人之辭，故尹氏辨之，以爲生而可知者，自然昭著之義理耳；若夫禮樂名物、古今事變，亦必待學而後有以驗其實也。又曰：好古敏求非生知者不能。既知其義理，則自然敏於學以驗其實也。故生而知之者，義理也；好古敏求者，事實也。理與事一貫，知與行相資。○雙峯饒氏曰：生知是合下知得此理，好古敏求是又於事物上參究此理。○勿軒熊氏曰：「信而好古」、「好古敏以求之」，「信」字、「敏」字當玩。

○子不語怪、力、亂、神。

怪異、勇力、悖音佩。亂之事，非理之正，固聖人所不語；鬼神，造化之迹，雙峯饒氏曰：「造化之迹」指其屈伸往來之可見者言也。天地造化之妙不可得而見，所可見者，其屈伸往來之迹耳。雖非不正，然非窮理之至，有未易去聲。明者，故亦不輕以語音御。人也。新安陳氏曰：「神」與「怪」不同。故以「怪」、「力」、「亂」總言，表「神」而出之。○謝氏曰：「聖人語常而不語怪，語德而不語力，語治去聲。而不語亂，語人而不語神。」或問：夫子於《春秋》紀災異、戰伐、篡亂，於《易》、《禮》論鬼神，今曰「不語」，何也？朱子曰：聖人平日常言蓋不及是。其不得已而及之，則於三者必有訓戒焉，於神則論其理以曉當世之惑，非若世人之徒語而反以惑人也。然其及之亦鮮矣。○問：

「子不語怪、力、亂、神」，《集註》言鬼神之理難明易惑，而實不外人事。鬼神之理在人事中如何見得？曰：鬼神只是二氣之屈伸往來。就人事中言之，如福善禍淫，便可以見鬼神道理。《論語》中聖人不曾說此。問：如動静語默亦是此理否？曰：固是。聖人全不曾說這話與人。這處無形無影，亦自難說。所謂「敬鬼神而遠之」，只恁地說。○南軒張氏曰：聖人一語一默之間，莫不有教存焉。語怪則亂常，語力則妨德，語亂則損志，語神則惑聽，故聖人之言未常及此。然就是四者之中，鬼神之情狀聖人亦豈不言之乎？特明其理，使人求之於心而已；若其事，未常言之也。○慶源輔氏曰：異，非常也；勇力，非德也；悖亂，非治也。三者皆非正理，而聖人之心廣大光明，隱惡揚善，自然不語及此。至於鬼神，雖非不正，然乃造化之迹、二氣之良能，其理幽深，非格物致知者而驟以語之，則反滋其惑，故亦不輕以語人。然能知所以爲人，則知所以爲鬼神矣。○齊氏曰：「索隱行怪，吾弗爲之」，故不語怪；「好勇過我，無所取裁」，故不語力；「身爲不善，君子不入」，故不語亂；「務民之義，敬而遠之」，故不語神。○問：孔子所不語，而《春秋》所紀皆悖亂非常之事。陳氏曰：《春秋》，經世之大法，所以懼亂臣賊子，當以實書；《論語》，講學之格言，所以正天典民彝，故所不語。

○子曰：「三人行，必有我師焉。擇其善者而從之，其不善者而改之。」

三人同行，其一我也；彼二人者一善一惡，則我從其善而改其惡焉。是二人者，皆我師也。朱子曰：人若以自脩爲心，則舉天下萬物凡有感乎前者無不足以發吾義理之正。善者固可師，見不善者便恐懼脩省，亦吾師也。○雙峯饒氏曰：此姑以「一善」、「一惡」對言，以見善惡皆吾師。或兩人皆善則皆當從，兩人皆惡則皆當改，便是與一人行亦有我師。此則言外之意。南軒張氏云：一人之身有善有不善，亦莫非吾師也。

○尹氏曰：「見賢思齊，見不賢而内自省，則善惡皆我之師，進善其有窮乎？」汪氏炎昶曰：尹氏以「見賢思齊」章合此章說，蓋取「思齊」、「自省」可足此章之義也。善固當從，然不思與之齊，未必能從；不善固當改，然不内自省，則己有不善未必能改。

○子曰：「天生德於予，桓魋其如予何？」

魋，徒雷反。

桓魋，宋司馬向式亮反。魋也。出於桓公，故又稱「桓氏」。魋欲害孔子。孔子言天既賦我以如是之德，則桓魋其奈我何？言必不能違天害己。程子曰：「天生德於予」，此聖人極斷制以理。○問：聖人見其事勢不可害己，還以理度其不可邪？朱子曰：若以勢論，則害聖人甚易，唯聖人自知其理有終不能害者。○《史記》：孔子適宋，與弟子習禮大樹之下。魋伐其樹，孔子去之。弟子曰：「可以速矣。」子曰：「天生德於予，桓魋其如予何？」遂之鄭。疑遭伐樹，遂微服去之，弟子欲其速行而以此語之也。聖人雖知其不能害己，然避患未嘗不深；避患雖深，而處之未嘗不閒暇，所謂「並行而不悖」也。○問：「桓魋其如予何」，此便是聖人樂天知命處。見定志確，斷然以理自信，絕無疑忌顧慮之意。曰：是聖人自處處驗之已然，而知其決不能害己也。又問：聖人既知天生德於我，決無可害之理矣，而避患又必周詳謹密者，何耶？曰：患之當避，自是理合如此。衆人亦然，不必聖人爲然也。○吴氏曰：夫子平日未嘗以聖自居，及遭匡人、桓魋之難，則曰「天生德於予」、「文不在兹乎」，辭氣毅然，無復退託推讓之意。蓋至是亦不能揜其聖矣。一以德言，一以道言。有此德則能任此道，其實一而已矣。○「其如命何」，聽命於天也；「其如予何」，則天命在己，而己與天爲一矣。故其論公伯寮也，猶以廢興不可知之辭道之；若匡人、桓魋，則爲斷斷然自信之說。

○子曰：「二三子以我爲隱乎？吾無隱乎爾。吾無行而不與二三子者，是丘也。」

諸弟子以夫子之道高深不可幾平聲。及，故疑其有隱，而不知聖人作止語默，無非教也。故夫子以此言曉之。與，猶「示」也。朱子曰：要緊只在「吾無行不與二三子」處，須子細認聖人無不與二三子處在那裏。凡日用飲食間皆要認得。○所謂「吾無隱乎爾」者，居鄉黨便恂恂，在宗廟便便便，與上大夫言便誾誾，與下大夫言便侃侃，自有許多實事。○新安陳氏曰：「作止語默」四字所包甚闊。「作」與「語」之爲教，人易知之；「止」與「默」之亦爲教，所當知也。○程子曰：「聖人之道猶天然。門弟子親炙而冀及之，然後知其高且遠也。使誠以爲不可及，則趨向之心不幾於怠乎？故聖人之教常俯而就之如此，非獨使資質庸下者勉思企及，而才氣高邁者亦不敢躐易去聲。而進也。」問：伊川言「聖人教人常俯就若是」。捺下一著教人，是聖人有隱乎爾，何也？朱子曰：道有大小精粗。大者精者固道也，小者粗者亦道也。觀《中庸》言「大哉，聖人之道，洋洋乎發育萬物，峻極于天」，此言道之大處；「優優大哉！禮儀三百，威儀三千」，是言道之小處。聖人教人就其小者近者教人，便是俯就，然所謂大者精者亦只在此，初無二致，要在學者下學上達，自見得耳；在我，則初無所隱也。○慶源輔氏曰：庸下者失之不及，易以懈怠而止；高邁者失之過，易以陵躐而進。懈怠者病在苦其難，陵躐者病在忽其易。今夫子自以爲無隱，且曰「無行而不與二三子」，則庸下者不至病其難，而發勉思企及之志；高邁者不敢忽其易，而致謹重密察之功。在我者一施之，在彼者各以其資之高下而有益焉，是即聖道如天垂象昭然，而有目者莫不見之驗也，豈終於高遠而不可冀及耶？呂氏曰：「聖人體道無隱，與天象昭然，莫非至教。常以示人，而人自不察。」延平李氏曰：孔子之示人，其道昭然，常存乎動静俛仰視聽嚬笑謦欬之間而未嘗隱也，彼見之者自有淺深。○朱子曰：夫子嘗言「中人以下不可以語上也」，而「言性與天道則不可得而聞」，想是不曾得聞者疑其有隱，而不知夫子之坐作語默無不是這箇道理。風霆流形，庶物露生，無非教也。聖人雖教人洒掃應對，這道理也在裏面。○范陽張氏曰：「天何言哉？四時行焉，百物生焉。」使天徒頹然在上，何足以爲天？惟其不言而四時行、百物生，故凡春生夏長、根荄枝葉，一皆天理之所寓。孔子於日用間視聽言動、出入起居無非道之所在，羣弟子由而不知，習而不察，所以疑聖人爲隱。故夫子指之曰：「吾無行而不與二三子者，是丘也。」觀「是丘」之一言，則知夫子平日機用盡於此而決之。❶當時羣弟子自夫子一指之

❶「用」，四庫本、孔本、陸本作「栝」。

後，皆知用意以觀聖人，故《鄉黨》所載，上而朝廷下而衣服飲食，莫不屢書特書者，正謂此爾。○新安陳氏曰：「體道」與「鬼神體物而不可遺」之「體」同。道無形體可見，聖人一身渾然此道，動静語默之間無非此道之所呈露。無形體之道於聖人身上形見出來，是所謂與道爲體，而無所隱於人也。○汪氏曰：《鄉黨》一篇是門人有得於此言，故記得詳密如此。

○子以四教：文、行、忠、信。行，去聲。

程子曰：「教人以學文脩行而存忠信也。忠信，本也。」朱子曰：教不以文，無由入。説與事理便是文，《詩》、《書》六藝皆文也。如講説如何是「孝弟」只是文，行所謂「孝弟」方是行。又恐行之未誠實，故又教以忠信。到得爲忠爲信時，全在學者自去做，方是實事。○此是表裏互説。教人之道，自外約入向裏去，故先文後行，而忠信者又立行之方也。○「文行忠信」如説事親是如此，事兄是如此，雖是行之事，也只是説話在；須是自家體此而行之方是行，藴之於心無一毫不實處方是忠信。可傳者只是這「文」，若「行忠信」乃是在人自用力始得。雖然，若不理會得這箇道理，不知是行箇甚麽，忠信是箇甚麽，所以文爲先。又曰：其初須是講學。講學既明而後脩於行。所行雖善，然更須反之於心無一毫不實處，乃是忠信。○問：子以四教，何以有四者之序？曰：文便是窮理，豈可不見之於行？然既行矣，又恐行之有未誠實，故又教之以忠信也。所以伊川言以忠信爲本。蓋非忠信則所行不誠故耳。因問：「行有餘力則以學文」，何也？曰：彼將教子弟而使之知大概也，此則教學者深切用工也。問：然則彼正合小學之事歟？曰：然。「文行忠信」是從外做向内，「則以學文」是從内做向外。聖人言此類者多，要人逐處自識得。○西山真氏曰：「行有餘力則以學文」是以力行爲先。「子以四教：文、行、忠、信」。文者，講學之事，主乎知；忠信者，脩身之事，主乎行。此又以知爲先。此二章實相表裏，正當合而觀之。大抵致知、力行，二者不可闕一。既知其理，不可不行其事；既行其事，不可不知其理。二者並進，則爲學之功至矣。○雙峯饒氏曰：聖人施教之序，且先使學者讀書講明義理，故先之以文。既曉得義理，然後可以使之脩行，故次之以行。行是外面行底，外面能行，然後方可責其裏面誠；若外面顯顯見處尚未能行，況裏面隱微之地乎？故忠信是結合處。《中庸》先説「智仁勇」而後終之「誠」，亦是此意。○陳氏曰：學文，所以窮理；脩行，所以體是理於身；存忠信，所以萃是理於心。○勿軒熊氏曰：忠是實心，就己上看；信是實理，就事物上看。○雲峯胡氏曰：教以學文、脩行，知行當俱盡也；教以存忠信，表裏當俱實也。○新安陳氏曰：學文者，致知之事；脩行者，力行之事；存忠信，所以誠實於力行，而忠其體，信其用也。所以謂之「四教」。

○子曰：「聖人，吾不得而見之矣。得見君子者，斯可矣。」

聖人，神明不測之號；君子，才德出衆之名。朱子曰：有德而有才，方見於用。如有德而無才，則不能爲用，亦何足爲君子？

子曰：「善人，吾不得而見之矣。得見有恒者，斯可矣。恒，胡登反。

「子曰」字疑衍文。恒，常久之意。張子曰：「有恒者，不二其心；善人者，志於仁而無惡。」朱子曰：善人是資質好底人，自然無惡；有恒只是把捉得定，又未到善人自然好處在。然善人、有恒皆未知學問者也。○問：善人是資質大故粹美，其心常在於善道，所以自不至於有惡；有常者則是箇確實底人否？曰：是。有常底也不到事事做得是，只是有志於爲善而不肯爲惡耳；善人則從來恁地好，事事依本分。但人多等級，善人雖是資質好，雖是無惡，然不踐迹，亦不入於室，緣不甚曉得道理。不可以道聖人只是恁地便住了。○此但爲思其上者而不可得，故思其次之意。○雙峯饒氏曰：聖人是天生底，君子是學而成底；善人是氣質好底，有恒是有常守底。次乎聖人者爲君子，次乎善人者爲有恒。

「亡而爲有，虛而爲盈，約而爲泰，難乎有恒矣！」「亡」讀爲「無」。

三者皆虛夸之事。凡若此者，必不能守其常也。問「亡而爲有」。朱子曰：正謂此皆虛夸之事，不可以久，是以不能常，非謂此便是無常也。○以亡爲有，以虛爲盈，以約爲泰，則不能常。謂如我窮約，却欲作富底舉止，縱然時暫做得，將來無時又做不得。如此便是無常。「亡」對「有」而言，是全無；「虛」是有，但少；「約」是就用度上說。○張敬夫曰：「聖人、君子以學言，善人、有恒者以質言。」新安陳氏曰：以學言者兼乎質，以質言者則未學者也。愚謂有恒者之與聖人，高下固懸絶矣，然未有不自有恒而能至於聖者也，故章末申言有恒之義。其示人入德之門，可謂深切而著明矣。朱子曰：聖人也只是這箇道理，但是他理會得爛熟後，似較聖樣，其實只是這道理。君子是事事做得去，所謂「君子不器」。善人則又不及君子，只是知得有善有惡，肯爲善而不肯爲惡耳。有常者又不及善人，只是較依本分。○問此章。曰：吴氏、曾氏説亦得之。吴氏曰：「君子，蓋有賢德而又有作用者，特不及聖人爾；若善人，則粗能嗣守成緒，不至於爲惡而已，非若君子之能有爲也。」曾氏曰：「當夫子時，聖人固不可得而見，豈無君子、善人、有恒者乎？而夫子云然者，蓋其人少而思見之也。及其見，則又悅而進之曰：『君子哉，若人！』凡此類當得意而忘言。善人，明乎善者也；有恒雖未明乎善，亦必有一節終身不易者。若本無一長而爲有之狀，未能充實而爲盈之狀，貧約而爲泰之狀，此亦妄人而已矣，孟子所謂『雨集，溝澮皆盈，其涸可立而待也』，烏能久矣？」曰：有無、虛實、約泰之分，奈何？曰：「無」，絶無也；「虛」則未滿之名耳。二者兼内外學之所至、事之所能而言，「約」之與「泰」則貧富貴賤之稱耳。「爲」之云者，作爲如是之形、作爲如是之事者也。爲而無以繼，則雖欲爲有恒，不可得矣。○南軒張氏曰：聖人者，肖天地者也；君子者，具其體而未能充實者也。故聖人不得而見，得見君子斯可矣。善人，資禀醇篤無惡之稱；有恒者，則能謹守常分而已。故善人不得而見，得見有恒者斯可矣。以善人之資而進學不已，聖蓋可幾；有恒而力加勉焉，亦足以有至也。若夫己無而以爲有，己虛而以爲盈，在約而以爲泰，則是驕矜虛浮不務實者，其能以有恒乎？未能有恒，況可言學乎？○勉齋黃氏曰：亡爲有，虛爲盈，約爲泰：三者誇大欺妄之意，不實之謂也。人惟實也，則始終如一，故能有常。今其人不實如此，又豈敢望其有常哉？夫子稱聖人、君子、有恒不可得見而卒及乎此，又以明夫有恒者之亦不可見也。○慶源輔氏曰：學至於聖人，則造乎極而無以復加矣；君子雖未及乎聖人，然其才德超出於衆，則其爲學亦以成矣；善人雖未必知學，然其資質之美，自然至於善而不至於惡；至於有恒者，則資質又有不及善人，但亦純固而不務虛誇，守其一端則終身不易者也。○新安陳氏曰：入德有門户，進德有閫奥。自有恒而入學，而充之以造於極，有至聖域之理；虛誇無恒者尚無入德之門户，況敢望進德造於閫奥乎？末三句言不常之失以明有恒之義。學者以希聖爲標準而能以有恒爲入門，其庶幾焉。

○子釣而不綱，弋不射宿。射，食亦反。

綱，以大繩屬音燭。網，絶流而漁者也。弋，以生絲繫矢而射也。宿，宿鳥。勿軒熊氏曰：多能鄙事，此亦可見。○洪氏曰：「孔子少去聲。貧賤，爲養並去聲。與祭，或不得已而釣弋，如獵較音角。是也。然盡物取之，絶流而漁。出其不意，射宿。亦不爲也。此可見仁人之本心矣。慶源輔氏曰：不曰「聖人之本心」而曰「仁人之本心」，據此事只可謂之仁。然曰「本心」，則聖人亦不能加毫末於此矣。○新安陳氏曰：於取物之中有愛物之仁，於此可見其本心。待物如此，待人可知；小者如此，大者可知。」南軒張氏曰：聖人之心，天地生物之心也。其親親而仁民，仁民而愛物，皆是心之發也。然於物也，有祭祀之須，有奉養賓客之用，則其取之也有不得免焉。於是取之有時，用之有節。若夫子之不絶流、不射宿，則皆仁之至、義之盡而天理之公也。使夫子之得邦家，則王政行焉，鳥獸魚鼈咸若矣。若夫窮口腹以暴天物者，則固人慾之私也。而異端之教遂至於禁殺茹蔬，殞身飼獸，而於其天性之親、人倫之愛，反恝然其無情也，則亦豈得爲天理之公哉？故梁武之不以血食祀宗廟與商紂之暴殄天物，事雖不同，然其咈天理以致亂亡，則一而已。

○子曰：「蓋有不知而作之者，我無是也。多聞，擇其善者而從之，多見而識之，知之次也。」識音志。

不知而作，不知其理而妄作也。厚齋馮氏曰：《桑柔》詩云「予豈不知而作」，古有此語。孔子自言未嘗妄作，蓋亦謙辭，然亦可見其無所不知也。識，記也。所從不可不擇，記則善惡皆當存之以備參考。如此者，雖未能實知其理，亦可以次於知之者也。朱子曰：「知」以心言，得於聞見者次之。聞見皆欲求其多，否則聞見孤寡，不足以爲學矣。「擇」字生於「從」字，「識」則未便有從意，故不言「擇善」。聞見亦是互相發明，不可泥看。○「多聞」，已聞得好話了，故從中又揀擇；「多見」，只是平日見底事都且記放這裏。○問：「不知而作」，「作」是「述作」，或只是凡所作事？曰：只是作事。又曰：「聞」、「見」大畧争不多。較所「聞」畢竟多聞，須别識善惡而從；「見」則見得此爲是，彼爲非，則當識之，他日行去不差也。○未擇時則未辨善惡，擇了則善惡别矣。譬如一般物，好惡夾雜在此，須是擇出那好底，擇去那惡底。擇來擇去，則自見得好惡矣。○「聞」是聞前言往行，「從之」是擇其尤善者而從之；「見」是泛泛見得，雖未必便都從他，然也記著他終始首尾得失。○南軒張氏曰：天下之事莫不有所以然。不知其然而作焉，皆妄而已。聖人之動，無非實理也，其有不知而作者乎？雖然，知未易至也，故又言知之次者，使學者有所持循，由其序而至焉。多聞，擇善而從，多見而識其善，雖未及乎知之至，然知之次也。擇焉識焉而不已，則其知將日新矣。○慶源輔氏曰：夫子言此雖是謙辭，然於無所不通之聖自有不可掩者。○新安陳氏曰：《集註》全不説「聞」、「見」二字，其不可拘泥明矣。「學干禄」章亦只總之云「多聞見者，學之博」，未嘗拘拘分别「聞」與「見」也。

○互鄉難與言，童子見，門人惑。見，賢遍反。

互鄉，鄉名。其人習於不善，難與言善。惑者，疑夫子不當見之也。

子曰：「與其進也，不與其退也。唯何甚？人潔己以進，與其潔也，不保其往也。」

疑此章有錯簡。「人潔」至「往也」十四字當在「與其進也」之前。潔，脩治也。與，許也。往，前日也。言人潔己而來，但許其能自潔耳，固不能保其前日所爲之善惡也；但許其進而來見耳，非許其既退而爲不善也。依改正次序釋五句。蓋不追其既往，「不保其往」。不逆其將來，「不與其退」。以是心至，「潔己以進」。斯受之耳。「與潔」、「與進」。「唯」字上下疑又有闕文。「唯」字全無意。大抵亦「不爲已甚」之意。○程子曰：「聖人待物之洪如此。」南軒張氏曰：以互鄉之俗惡，而童子又非得與先生、長者抗禮者，而夫子見之，故門人惑焉。夫子謂其進之志則善，與其進而志善也，而不與其退而不善也。若於進而志善之時，以其退而不善而拒之，則何甚也！聖人之心，天也，其有已甚者乎？則又反復言之，謂凡人潔己以進則當與其潔耳，固不可保其往也。此所謂「顯比，王用三驅」，至公之心也。○慶源輔氏曰：人前日爲不善而今日向善未可知，今日向善而後日爲不善亦未可知。若追其既往，又逆其方來，則已甚而待人狹隘矣。○厚齋馮氏曰：童子年少，未嘗深染於其習俗而不可轉移，聖人何忍遽絶之？孟子「不爲已甚」之説蓋出於此。

○子曰：「仁遠乎哉？我欲仁，斯仁至矣。」

仁者，心之德，非在外也。放而不求，故有以爲遠者；反而求之，則即此而在矣。夫音扶。豈遠哉？○程子曰：「爲仁由己，欲之則至，何遠之有？」朱子曰：「欲」有好底，如「我欲仁」、「可欲之謂善」，不是「情欲」之「欲」。○仁本固有，欲之則至；志之所至，氣亦至焉。○問：「斯仁至矣」，「至」若「來至」之意？曰：昔者亡之，今忽在此，如自外而至耳。如《易》言「來復」，實非自外而來也。○孔門許多弟子，聖人竟不曾以仁許之。雖以顔子之賢而尚或違於三月之後，而聖人乃曰「我欲斯至」，盍亦於日月體驗：我若欲仁，其心如何；仁之至，其意又如何。又如非禮勿視、聽、言、動，蓋欲每事省察何者爲禮，何者爲非禮，而吾又何以能勿視勿聽。若每日如此讀書，庶幾看得道理自我心而得，不爲徒言也。○南軒張氏曰：仁豈遠於人乎？患人不欲之耳。欲之斯至，不曰「至仁」而曰「斯仁至矣」，蓋仁非有方所而可往至之也。欲仁而仁至，我固有之也。○覺軒蔡氏曰：時人皆以仁道遠而難爲，故夫子以工夫之切近者勉而進之。謂仁豈遠乎哉？我欲仁，斯仁至矣。蓋仁者心之德，纔一收斂，則此心便在。所以甚言其近且易，不待他求也。○慶源輔氏曰：仁者心之德，我固有之，非在外也。如手之執、足之履、目之視、耳之聽，不假外求，欲之則至，何遠之有？而人不知反求而病其遠，此夫子所以發此論也。○雙峯饒氏曰：欲仁仁至，其至也固易，其去也亦易。須於既至之後常加操存之功，方能不違仁也。○新安陳氏曰：「斯」字甚緊。如「時人斯其惟皇之極」之「斯」，即此二字貼「斯」字。

○陳司敗問：「昭公知禮乎？」孔子曰：「知禮。」

陳，國名。司敗，官名，即司寇也。胡氏曰：《左氏傳》註：「陳、楚名『司寇』爲『司敗』。」昭公，魯君，名稠。音疇。習於威儀之節，當時以爲知禮，故司敗以爲問，而孔子答之如此。

孔子退，揖巫馬期而進之，曰：「吾聞君子不黨，君子亦黨乎？君取於吴，爲同姓，謂之『吴孟子』。君而知禮，孰不知禮？」取，七住反。

巫馬，姓；期，字。孔子弟子，名施。魯人。司敗揖而進之也。相助匿非曰黨。禮，不取同姓。而魯與吴皆姬姓，謂之「吴孟子」者，諱之使若宋女子姓者然。《禮·坊記》：「取妻不取同姓，以厚別也。故買妾不知其姓則卜之，以此坊民。魯《春秋》猶去夫人之姓曰『吴』，其死曰『孟子卒』。」○厚齋馮氏曰：古者男子稱氏，辨其族也；女子稱姓，厚其別也。故制字「姓」從女，百世而婚姻不通者，周道也。稱孔子時孔子在陳，蓋記於陳也。○慶源輔氏曰：婦人稱姓。周女曰「姬」，宋女曰「子」，齊女曰「姜」，楚女曰「芈」，是也。○吴氏曰：「謂」者，何人謂之？《春秋》哀十二年書「孟子卒」，不書「葬」，疑謂之「孟子」者魯人諱之，而謂之「吴孟子」者當時譏誦之語也。○新安陳氏曰：不稱「姬」而冠之以「吴」，終有不可掩者。

巫馬期以告。子曰：「丘也，幸。苟有過，人必知之。」

孔子不可自謂諱君之惡，又不可以取同姓爲知禮，故受以爲過而不辭。○吴氏曰：「魯蓋夫子父母之國，昭公，魯之先君也，司敗又未嘗顯言其事而遽以知禮爲問，其對之宜如此也。及司敗以爲有黨，而夫子受以爲過。蓋夫子之盛德，無所不可也。慶源輔氏曰：且以有過而人知爲幸，又可垂教以警夫護疾忌醫者。然其受以爲過也，亦不正言其所以過，初若不知孟子之事者。可以爲萬世之法矣。」問：昭公取同姓之事，若天王舉法，則如何斷？朱子曰：此非昭公故爲之也。當時吴盛强，中國無伯主，以齊景公猶云「既不能令，又不受命」，涕出而女於吴。若昭公亦是藉其勢，不得已之故，非貪其色而然也。天王舉法則罪固不免，亦須原情，自有處置，况不曰「孟姬」而曰「吴孟子」，則昭公亦已自知其非矣。○南軒張氏曰：他國之大夫問吾國之君知禮與否，則但可告之以知禮而已；及巫馬期以司敗之言告，則又豈可謂娶同姓爲知禮乎？若言爲君隱之意，則淺露已甚而失前對之本意矣，故但引己之過而已。然而娶同姓之爲非禮，其義固已在其中矣。聖人辭氣之間，其天地造化與？○吴氏曰：夫子受以爲過，則昭公不得爲知禮可知。隱諱者，臣子之私；是非者，天下之公。夫子答司敗與期，可謂兩盡其旨矣。葉公以證父之惡爲直，司敗以隱君之惡爲黨，彼蓋知直之爲公、黨之爲私，而於父子君臣之義，蔑如也。微夫子，大道其隱乎！○雲峯胡氏曰：使夫子而直指君之非，則自無君臣之禮；使夫子而不自引己之過，則遂無婚姻之禮，何以爲萬世之法哉？

○子與人歌而善，必使反之而後和之。和，去聲。

反，復也。必使復歌者，欲得其詳而取其善也；而後和之者，喜得其詳而與其善也。朱子曰：子與人歌而善，必使反之而後和之。今世間人與那人説話，那人正説得好，自家便從中截斷，如云「已自理會得，不消説」之類。以此類看聖人是甚氣象！與人歌，且教他自歌一終了，方令再歌而後和之，不於其初歌便和，恐混雜他，不盡其意。此見聖人與人爲善。○若不待其反而後和，則他有善亦不得而知。今必使之反之而後和之，便是聖人不掩人善處。○慶源輔氏曰：「詳」謂首尾節奏之備。○雙峯饒氏曰：「子與人歌」是與之同歌，「反」者使之自歌，「和」則己之自歌也。○新安陳氏曰：《集註》「取」、「與」二字如孟子「取諸人以爲善，是與人爲善者也」。初則取之，既取而許與奬勸之。

此見聖人氣象從七容反。容，誠意懇至，而其謙遜審密、不掩人善又如此。蓋一事之微，而衆善之集有不可勝平聲。既者焉。讀者宜詳味之。

朱子曰：聖人天縱多能，其於小藝，不待取於人而後足，乃欲得其詳如此，其謙遜謹審可知也。然若不待其曲終而遽和之，則幾於伐己之能以掩彼之善矣，故必俟其曲終以盡見其首尾節奏之善，然後又使復歌而始和之，則既不失其與人爲善之意，而又不掩其善也。然此亦聖人動容周旋自然而中，非有意於爲之也。抑又見其從容不迫，不輕信而易悦之意。○問：「子與人歌而善，必使反之而後和之」，晦翁云「蓋一事之微而衆善之集有不可勝既者」，如何？潛室陳氏曰：必使復歌者，既欲彰其善之實，又欲暢其歌之情；而後和之者，示我樂善之無倦，詠歎而淫泆之也。只一歌詩耳，而意思綢繆容與若此，豈非衆善之集乎？○慶源輔氏曰：氣象從容故謙遜，誠意懇至故審密。○雲峯胡氏曰：此不過歌之善者爾，夫子所以取之與之者如此，則凡所以取人之善與人之善者可知矣。

○子曰：「文，莫吾猶人也；躬行君子，則吾未之有得。」

莫，疑辭。猶人，言不能過人而尚可以及人；未之有得，則全未有得。皆自謙之辭，而足以見言行去聲。之難易去聲。緩急，欲人之勉其實也。

慶源輔氏曰：勉人爲其實而不廢其文，但有先後緩急之序耳。○雙峯饒氏曰：身行君子之道而有得，則爲君子之德矣。

○謝氏曰：「文雖聖人無不與人同，故不遜；

能躬行君子，斯可以入聖，故不居。猶言『君子道者三，我無能焉』。」朱子曰：「文莫吾猶人也」，「莫」是疑辭，猶今人云「莫是如此否」。言「文則吾與人一般」，如云「聽訟，吾猶人也」；若「躬行君子，則吾未之有得」，此與「君子之道四，丘未能一焉」之意同。○問此章。曰：於文，言其可以及人，足見其不難繼之意；言其不能過人，又見其不必工之意。且合而觀之，又見其雖不遜其能，而亦不失其謙也。於行，言其未之有得，則見其實之難焉，見其必以得爲效焉，見其汲汲於此而不敢有毫髮自足之心焉。一言之中而指意反覆，更出互見，曲折詳盡，至於如此，非聖人而能若是哉？○雲峯胡氏曰：此「文」字輕，不過著於言辭者爾。○新安陳氏曰：「文不在茲」之文，「文」字重，此以「文」對「躬行」而言，可見「文」爲言而「躬行」爲行，故《集註》以「言行之難易緩急」釋之。

○子曰：「若聖與仁，則吾豈敢？抑爲之不厭，誨人不倦，則可謂云爾已矣。」公西華曰：「正唯弟子不能學也。」

此亦夫子之謙辭也。聖者，大而化之；仁，則心德之全而人道之備也。勿軒熊氏曰：聖則仁之熟而至於化矣。聖非出於仁之外也。○新安陳氏曰：此專言之「仁」包義、禮、智，故爲「心德之全」。「立人之道曰仁與義」，仁體而義用，言仁則義在其中，故爲「人道之備」。「爲之」謂爲仁聖之道，「誨人」亦謂以此教人也。朱子曰：他也不曾說是仁、聖，但「爲之」畢竟是箇甚麽，「誨人」是箇甚麽。○新安陳氏曰：自「爲」觀「十五志學」章可見，「教人」觀「博文約禮」可見，皆不外乎知行。然不厭不倦非己有之則不能，所以弟子不能學也。雲峯胡氏曰：此雖夫子不敢當聖與仁之名，而愈見夫子有聖與仁之實。○新安陳氏曰：夫子雖不居仁、聖之名，而所行所教無非不息於仁、聖之道。「不厭」、「不倦」即「純亦不已」也。非己實有此仁、聖之道，則有時而厭倦矣。○晁音潮。氏曰：名說之，字以道，清豐人。「當時有稱夫子聖且仁者，以故夫子辭之。苟辭之而已焉，則無以進天下之材，率天下之善，將使聖與仁爲虛器而人終莫能至矣。新安陳氏曰：聖仁之道若天下無一人能與於此，是終爲虛器而無人能實之矣。故夫子雖不居仁、聖而必以爲之不厭、誨人不倦自處上聲。也，『可謂云爾已矣』者，無他之辭也。公西華仰而歎之，其亦深知夫子之意矣。」朱子曰：夫子固多謙辭，到得説「抑爲之不厭，誨人不倦」，公西華便識得，所以有「正唯弟子不能學也」之説，便説道聖人有不讓處。○其他人爲之、誨人不能無厭倦時，惟聖人則不厭不倦。「正唯弟子不能學也」，言正是弟子不能學處。這若不是公西華親曾去做來，親見是恁地，如何解恁地説？○「仁」之與「聖」所以異者，「大而化之之謂聖」，若大而未化之，只可謂之「仁」，此其所以異。○南軒張氏曰：夫子雖不居聖，然玩味辭氣，其所以爲聖者亦可得而見矣。夫盡人道，聖人也；「爲之不厭，誨人不倦」，聖人之仁，天之無疆也。○慶源輔氏曰：「爲之不厭」者，仁、聖之實；「誨人不倦」者，仁、聖之施。非在己者有仁、聖之德，豈能如是？公西華蓋即「爲之不厭，誨人不倦」而見夫子實全仁、聖之道，非學者所能效也。○雙峯饒氏曰：前以「學不厭，誨不倦」爲「何有於我」，此却以二者自任，何也？蓋前章是泛説，所以雖非聖人之極至而亦不敢當；此章是見人以仁、聖歸之己，既遜了第一、第二等，只得且承當第三等底事，所以勉人也。

○子疾病，子路請禱。子曰：「有諸？」子路對曰：「有之。誄曰：『禱爾于上下神祇。』」子曰：「丘之禱久矣。」誄，力軌反。

禱，謂禱於鬼神。有諸，問有此理否？誄者，哀死而述其行去聲，下「素行」同。之辭也。厚齋馮氏曰：士有誄，累生時德行以賜之命則誄。《周官》「六辭」，「六曰誄」是也。禱疾亦誄其功德，故謂之「誄云」。「上下」謂天地。天曰「神」，地曰「祇」。禱者，悔過遷善以祈神之佑也，朱子曰：只是引此古語以明有禱之理，非謂欲禱皇天后土也。禱雖臣子之禮，其辭則述君父悔過遷善之意，以解謝鬼神之譴怒。無其理則不必禱。既曰「有之」，則聖人未嘗有過，無善可遷，其素行固已合於神明，故曰「丘之禱久矣」。問：「聖人與天地合其德，與鬼神合其吉凶」，我即天地鬼神，天地鬼神即我。何禱之有？朱子曰：自他人言之，謂聖人如此，可也；聖人之心豈以此自居？惟味「某之禱久矣」一句，語意深厚，聖人氣象與天人之分，「自求多福」之意可見。○雙峯饒氏曰：「誄」如哀公誄孔子，是也。古誄文之意蓋曰：往者疾病時嘗禱爾于神祇矣，而卒莫之救。蓋哀其死之辭也。○新安陳氏曰：聖人素履無愧。少壯迨老，無非對越神明之時，豈待疾病而後禱哉？所謂「禱久矣」乃因子路引「禱爾」而言，蓋不禱之禱也。又，《士喪禮》：疾病「行禱五祀」。《儀禮》第十三篇。註云：「謂門、户、竈、行、中霤，盡孝子之情。『五祀』，博言之。士二祀，曰門，曰行。」蓋臣子迫切之至情有不能自已者，初不請於病者而後禱也。故孔子之於子路不直拒之，而但告以無所事禱之意。朱子曰：在臣子則可，在我則不可。聖人也知有此理，故言我不用禱，而不責子路之非也。疾病行禱者，臣子之於君父各禱於其所當祭。子路所欲禱，必非淫祀，但不當請耳。○病而與聞乎禱，則是不安其死而諂於鬼神以苟須臾之生，君子豈爲是哉？祈禱卜筮之屬，皆聖人之所作，至於夫子，而後教人一決諸理而不屑於冥漠不可知之間。其所以建立人極之功於是而備。○問：嘗疑《集註》曰：「聖人未嘗有過，無善可遷，其素行固已合於神明，故曰『丘之禱久矣』。」夫自其論聖人所以無事於禱者，其義固如此。然此一句乃聖人自語也，聖人之意豈自謂我「未嘗有過，無善可遷，其素行固已合於神明」哉？曰：聖人固有不居其聖時節，又有直截擔當無所推讓時節，如「天生德於予」、「未喪斯文」之類，蓋誠有不可揜者。○南軒張氏曰：子路請禱而夫子告之以有諸，蓋欲子路深省夫禱之理也。苟知其有是理，則知夫子之何用禱也？而子路未達，獨舉誄以爲證，於是從而告之曰：「丘之禱久矣。」蓋禱者，悔過遷善之意。平日之思慮云爲，神之聽之未嘗斯須離也，一有未順則逆于神理，是則當禱也。若夫聖人之心，則所謂天且弗違，而況於鬼神乎？獨曰「丘之禱久矣」，辭氣謙厚，而所以啓告子路者亦至矣。○慶源輔氏曰：疾病而行禱乃臣子迫切之至情，在周公猶爲之。然周公則可，武王則不可。子路則可，夫子則不可。領子路之至情，明在己之正理，夫子之心即天地神祇之心也。○厚齋馮氏曰：觀夫子答媚竈之問，以爲「獲罪於天，無所禱也」，然則行與天合，禱何所用？在子路爲夫子禱則可，請於夫子而後禱則夫子不爲也。○雲峯胡氏曰：禱自是臣子之至情，無所事禱自是聖人之素行。不必以夫子之言遂謂禱爲無，亦不必以子路之言直謂禱爲有。要之，鬼神之有無不必問，但人之素行自不可失爾。

○子曰：「奢則不孫，儉則固。與其不孫也，寧固。」孫，去聲。

孫，順也；固，陋也。奢、儉俱失中，而奢之害大。雲峯胡氏曰：「與其奢也，寧儉」是言禮之弊也如此，「與其不孫也，寧固」是言弊之極也，其終必至於此。○新安陳氏曰：奢失之過，儉失之不及，皆非中道。然奢而僭犯爲害甚，儉陋之害止此而已，即「與其奢也，寧儉」之意。○晁氏曰：「不得已而救時之弊也。」問「奢則不孫」。朱子曰：纔奢便是不孫，他自是不戢斂也。且看奢底人意思，儉底人意思。那奢底人便有驕傲底意思，須必至於過度僭上而後已。○問：奢非止謂僭禮犯上之事，只是有夸張侈大之意便是否？曰：是。

○子曰：「君子坦蕩蕩，小人長戚戚。」

坦，平也；蕩蕩，寬廣貌。程子曰：「君子循禮，故常舒泰；小人役於物，故多憂戚。」○程子曰：「君子坦蕩蕩，心廣體胖。」南軒張氏曰：正己而不求諸人，故坦蕩蕩；徇欲而不自反，故長戚戚。「坦蕩蕩」非謂放懷自適，無所憂慮之謂也，謂求之在己而無必於外，故常舒泰云耳。○胡氏曰：循理、役於物，乃蕩蕩、戚戚之所由生也。理本自然，循而行之則坦然而平，不愧不怍，所以舒泰；爲物所役則求名役於名，求利役於利，行險僥倖，患得患失，所以憂戚。○厚齋馮氏曰：「蕩蕩」曰「坦」，其心無適而不寬廣也；「戚戚」曰「長」，無時而不憂慮也。

○子溫而厲，威而不猛，恭而安。

厲，嚴肅也。人之德性本無不備，而氣質所賦鮮上聲。有不偏。慶源輔氏曰：德性根於無極之眞，所以本無不備；氣質稟於陰陽五行之氣，有剛柔、過不及之分，所以鮮有不偏。惟聖人全體

渾上聲。**然，陰陽合德，**雙峯饒氏曰：「全體渾然」應上文「德性」而言，「陰陽合德」應上文「氣質」而言。**故其中和之氣見**賢遍反。**於容貌之間者如此。**朱子曰：「厲」便自有「威」底意思，「不猛」便自有「温」底意思。「温」、「威」、「恭」三字是主，「厲」、「不猛」、「安」是帶説。如伯夷、柳下惠猶未免偏，下惠則温勝厲，伯夷則厲勝温。○問：《集註》云「陰陽合德」，竊嘗因其言而分之，以上三截爲陽而下三截爲陰，似乎有合；然又以上三截爲陰而下三截爲陽，亦似有合。未知所決。抑聖人渾是一元氣之會，無間可得而指，學者强爲之形容？如且以其説自分三才而言，則温然有和之可挹而不可屈奪，則人之道也；儼然有威之可畏而不暴於物，則天之道也；恭順卑下而恬然無所不安，則地之道也。自陽根陰而言，則温者陽之和，厲者陰之嚴；威者陽之震，不猛者陰之順；恭者陽之主，安者陰之定。自陰根陽而言，則温者陰之柔，厲者陽之剛；威者陰之慘，不猛者陽之舒；恭者陰之肅，安者陽之健。蓋渾然無適而非中正和平之極，不可得而偏指者也。曰：此説推得亦好。○「温厲」之説，若直以厲爲主，誠可爲一偏之論矣。或恐以氣質之偏而欲矯以趨中，則有當如是者，亦不爲過矣。然聖人之温而厲乃是天理之極致，不勉不思，自然恰好，豪髮無差處。要須見此消息則用力矯揉，隨其所當，自有準則，不至偏倚矣。○此雖是説聖人之德容如此，然學者也當如此舉偏補弊。蓋自舜之命夔已如此，而皐陶陳九德亦然。○初學如何便得安？除是孔子方恭而安。初要持敬，也須勉强，久後自熟。○南軒張氏曰：和順充積者，其發見必温然，「温而厲」也；德盛者，其威必著於外，「威而不猛」也；從容中禮者，其貌必恭，「恭而安」也。温而不厲則和而無制，有害於温矣；威而猛則爲物所憚，有病於威矣；恭而不安則不可以持久，有損於恭矣。從容而全盡者，其惟聖人乎？○新安陳氏曰：常人偏於温則不厲，偏於威則易猛，勉於恭則不安。聖人「温而厲」，陽中有陰也；「威而不猛」，陰中有陽也。「恭而安」，恭者，嚴威儼肅，陰也；安者，和順自然，陽也。亦陰中有陽也。惟其不偏而中，是以不戾而和。惟聖人有中和自然之德性，所以有中和自然之德容也。**門人熟察而詳記之，亦可見其用心之密**

矣。抑非知去聲。足以知聖人而善言德行去聲。者不能記。慶源輔氏曰：用心不密則見其温不見其厲，餘皆然。故程子以爲曾子之言，學者所宜反復方服反。而玩心也。問：此章是總言聖人容貌，《鄉黨》是逐事上説否？朱子曰：然。此章就大體上看。

論語集註大全卷之七

論語集註大全卷之八

泰伯第八

凡二十一章。

子曰：「泰伯其可謂至德也已矣。三以天下讓，民無得而稱焉。」

泰伯，周大音泰。王之長上聲。下同。子。至德，謂德之至極，無以復扶又反。加者也。三讓，謂固遜也。朱子曰：古人辭讓以三爲節：一辭爲禮辭，再辭爲固辭，三辭爲終辭。無得而稱，其遜隱微，無迹可見也。蓋大王三子，長泰伯，次仲雍，次季歷。大王之時，商道寖衰而周日彊大。季歷又生子昌，有聖德。大王因有翦商之志，而泰伯不從，問：「《詩》云至于大王，『實始翦商』，恐是推本得天下之由如此？」朱子曰：若推本說，不應下「實始翦商」。翦商自是周人說。若無此事，他豈有自誣其祖？《左氏》分明說「泰伯不從」，不知是不從甚事。大王遂欲傳位季歷以及昌。泰伯知之，即與仲雍逃之荆蠻。洪氏曰：仲雍之讓，一也，何以獨稱泰伯？泰伯，當立者也。於是大王乃立季歷。傳國至昌，而三分天下有其二，是爲文王。文王崩，子發立，遂克商而有天下，是爲武王。夫音扶。以泰伯之德，當商周之際，謂二代交會之間。固足以朝音潮。諸侯，有天下矣。乃棄不取，而又泯其迹焉，則其德之至極爲如何哉！蓋其心即夷、齊扣馬之心，而事之難處上聲。有甚焉者，朱子曰：夷、齊諫武王，不信便休。泰伯不從大王翦商，却是一家内事，與諫武王不同。所以謂之難處。○夷、齊處君臣間，道不合則去；泰伯處父子之際，不可露形迹，只得不分不明且去。某書謂大王有疾，泰伯採藥不返，疑此時去也。宜夫子之歎息而贊美之也。泰伯不從事見賢遍反。《春秋傳》。《吳越春秋》：「古公三子，古公，周大王之本號，後乃尊爲大王。名亶父。長曰泰伯。次曰仲雍，一名虞仲。少曰季歷。季歷娶大任，生子昌。古公知昌聖，欲傳國以及昌。曰：『興王業者，其在昌乎！』泰伯、仲雍望風知指。古公病，二人託名採藥于衡山，遂之荆蠻。荆者，楚舊號，以州言曰荆。蠻者，南夷之名。《正義》曰：「泰伯奔吳，所居城在蘇州北、常州無錫縣界梅里村。其城及冢見存。而云『亡荆蠻』者，楚滅越，其地屬楚，秦滅楚，其地屬秦。秦諱楚，故通號吳越之地爲荆。及北人書史，加云蠻，勢之然也。」斷髮文身，因其俗爲夷狄之服，示不可用。古公卒，泰伯、仲雍歸赴喪畢，還荆蠻。國民君事之，自號爲勾吳。吳言「勾」者，夷之發聲，猶言「於越」耳。吳名始於泰伯，明以前未有吳號。古公病，將卒，令季歷讓國於泰伯，而三讓不受，故云『泰伯三以天下讓』。」○問：「泰伯逃必之荆蠻，斷髮文身者，蓋不示以不可立，則王季之心不安，其位未定，終無以仁天下、遂父志，而成其遠者大者。泰伯之讓，上以繼大王之志，下以成王季之業，無非爲天下之公而不爲一身之私。其事深遠，民莫能測識而稱之。」曰：此意甚好。非惟說得泰伯之心，亦說得王季之心。泰伯之讓，權而不失其正，所以爲時中也。逃父非正，但事須如此，必用權然後得中，雖變而不失其正也。○大王見商政日衰，是以有翦商之志；泰伯惟知君臣之義截然不可犯，是以不從。二者各行其心之所安。聖人未嘗說一邊不是。泰伯之心即夷、齊扣馬之心，天地之常經也；大王之心即武王孟津之心，古今之通義也。於二者中，須見得道並行而不相悖，乃善。○《論語》兩稱「至德」，一爲文王發，是對武王誓師而言；一爲泰伯而發，則是對大王翦商而言。若論其志，則文王固高於武王，而泰伯所處又高於文王；若論其事，則泰伯、王季、文王、武王皆處聖人之不得已，而泰伯爲獨全其心，表裏無憾也。○或問：「其爲至德，何也。」曰：讓之爲德，美矣。至於三，則其讓誠矣。以天下讓，則其讓大矣。而又隱晦其迹，使民無得而稱焉，則其讓非有爲名之累矣。此其德所以至極而不可加也。曰：「大王有立少之意，非禮也。泰伯又探其邪志而成之，至於父死不赴，傷毀髮膚。皆非賢者之事，不合於中庸之德矣。」曰：大王之欲立賢子聖孫，爲其道足以濟天下，非有愛憎利欲之私也，是以泰伯去之不爲狷，王季受之不爲貪。不赴毁傷，不爲不孝。蓋處君臣父子之變而不失乎中庸，所以爲至德也。○陳氏曰：泰伯讓國，人得見其迹；其讓天下，人莫知其心，所以聖人表而出之。蓋其處父子兄弟之變而欲全天性之恩，處商周興亡之際而欲全君臣之義，其事類夷、齊而又泯其迹也。○雙峯饒氏曰：泰伯逃以成父之志，所以上順天命於幾微，而下爲他日開拯民水火之地，非特遜國，而實以天下遜也。○新安陳氏曰：泰伯既不從大王翦商之志，苟不併與仲弟逃之，則大王無由傳之季歷，不得遂其志矣。今日泰伯與仲雍俱逃，遂傳季歷，以及武王而有天下，是周有天下，由於泰伯之逃。人但見泰伯之逃，而不知其實以天下讓。其讓隱微，無迹可見，更涉三世，事幾漫滅，人安得而稱之？必待夫子推原周得天下之由，發其潛德之幽光，而後人始知之歟！

○子曰：「恭而無禮則勞，慎而無禮則葸，勇而無禮則亂，直而無禮則絞。葸，絲里反。絞，古卯反。

葸，畏懼貌。絞，急切也。朱子曰：絞，如繩兩頭絞得緊，都不寬舒。無禮則無節文，故有四者之弊。朱子曰：禮只是理，只是看合當恁地不恁地。若不合恭後却要去恭，則必勞。若合當謹後謹，則不葸；若合當勇後勇，則不亂。若不當直後却要直，如證攘羊之類，便是絞。○南軒張氏曰：恭而無禮則自爲罷勞，慎而無禮則徒爲畏懼，勇而無禮則流於陵犯，直而無禮則傷於急切。然則其弊如此，何所貴於恭、慎、勇、直者哉？蓋有禮以節之，則莫非天理之當然；無禮以節之，則是人爲之私而已。是故君子以「約諸己」爲要矣。○慶源輔氏曰：恭、慎，柔德也；勇直，剛德也。四者雖皆美德，然無禮以爲之節文，則過而爲四者之弊。○雙峯饒氏曰：恭而過則病于夏畦者有之，是謂勞；慎而過則畏首畏尾者有之，是謂葸；勇而過則犯上作亂者有之，是謂亂；直而過則證父攘羊者有之，是謂絞。四德以得中爲貴，禮是中底準則。無準則則失之過，故有弊。

「君子篤於親則民興於仁，故舊不遺則民不偷。」

君子，謂在上之人也。興，起也。偷，薄也。雲峯胡氏曰：「君子不弛其親，故舊無大故則不棄。」周公之言，與此同一忠厚之至也。○新安陳氏曰：親親，仁也，上仁則下興仁；不遺故舊，厚也，上厚則下歸厚。上行下效也。○張子曰：「人道知所先後，則恭不勞、慎不葸、勇不亂、直不絞，民化而德厚矣。」○吴氏曰：「『君子』以下當自爲一章，乃曾子之言也。」愚按：此一節與上文不相蒙，而與首篇「謹終追遠」之意相類，吴説近是。朱子曰：横渠説未敢決以爲定，不若吴氏分作兩邊説爲是。

○曾子有疾，召門弟子曰：「啓予足，啓予手。《詩》云：『戰戰兢兢，如臨深淵，如履薄冰。』而今而後吾知免夫！小子！」夫音扶。

啓，開也。曾子平日以爲身體受於父母，不敢毀傷，見《孝經》。故於此使弟子開其衾而視之。新安陳氏曰：「此」字指今病時，與上「平日」字對。《詩》，《小旻》之篇。戰戰，恐懼；兢兢，戒謹。臨淵，恐墜；履冰，恐陷也。曾子以其所保之全示門人，而言其所以保之之難如此，至於將死而後知其得免於毀傷也。新安陳氏曰：述前日常恐難保此身，幸今日得以全保此身也。小子，門人也。語畢而又呼去聲。之，以致反復方服反。丁寧之意，其警之也深矣。○程子曰：「『君子曰終，小人曰死。』見《記・檀弓》，乃子張將死之言。君子保其身以没，爲終其事也，故曾子以全歸爲免矣。」慶源輔氏曰：終者成其始之辭，死則澌盡泯没之謂。君子平日以保身爲事，故於將没可以言「終」。尹氏曰：「父母全而生之，子全而歸之。曾子臨終而啓手足，爲去聲。是故也。非有得於道，能如是乎？」范氏曰：「身體猶不可虧也，況虧其行去聲。以辱其親乎？」新安陳氏曰：此推廣餘意。形體固全受，德性尤全受之大者。身體雖全，德行有虧，不可謂之全歸，尤爲辱親也。《記・祭義》：樂正子春曰：「吾聞諸曾子，曾子聞諸夫子，曰：『父母全而生之，子全而歸之，可謂孝矣。不虧其體，不辱其親，可謂全矣。』」亦謂德行之不可虧也。○朱子曰：曾子云「戰戰兢兢，如臨深淵，如履薄冰」，此乃敬之意。此心不存，則常昏矣。今有人昏睡著，遇身有痛痒，則蹶然而醒。蓋心所不能已，則自不至於忘。《中庸》「戒謹」、「恐懼」，皆敬之意。○曾子奉持遺體，無時不戒謹恐懼，直至啓手足之時，方得自免。這箇身己，直是頃刻不可不戒謹恐懼。如所謂孝，非止是尋常奉事而已。當念慮之微，有毫釐差錯，便是悖理傷道，便是不孝。只看一日之間，内而思慮，外而應接事物，是多多少少，這箇心略不檢點，便差失了。至危者無如人之心，所以曾子常常恁地「戰戰兢兢，如臨深淵，如履薄冰」。○南軒張氏曰：曾子當死生之際，其言如此，與「易簀」之意同。啓手足，示保其身而無傷也；戰兢臨履，曾子平日之心所以爲敬而無失也。至是而知免於戾，所謂「全而歸之」也歟？○慶源輔氏曰：「父母全而生之，子全而歸之」，此《祭義》所載曾子述孔子之言也。今若此，可謂「非苟知之，亦允蹈之」矣。曾子平日見道明，信道篤，故能始終不息如此。○西山真氏曰：曾子之啓手足也，蓋以爲知免矣。而「易簀」一節，猶在其後。使其終於大夫之簀，猶爲未正也。全歸之難如此，學者其可不戰兢以自省歟？○雲峯胡氏曰：范氏正恐學者但以曾子不虧其身而已，則將有僥倖苟免之意，故又特以不虧其行申言之，所以厲中人也。曾子嘗曰：「仁以爲己任，死而後已。」至此，可謂能實踐其言矣。

○曾子有疾，孟敬子問之。

孟敬子，魯大夫，仲孫氏，名捷。問之者，問其疾也。

曾子言曰：「鳥之將死，其鳴也哀；人之將死，其言也善。

言，自言也。鳥畏死，故鳴哀；人窮反本，故言善。慶源輔氏曰：人性本善，其惡者，役於氣、動於欲而陷溺也。至將死，氣消欲息，故反本而言善。此凡人也。曾子平日所言，何嘗不善？自謙云爾。此曾子之謙辭，欲敬子知其所言之善而識之也。識音志，記也。

「君子所貴乎道者三：動容貌，斯遠暴慢矣；正顔色，斯近信矣；出辭氣，斯遠鄙倍矣。籩豆之事，則有司存。」遠、近，皆去聲。

貴，猶重也。容貌，舉一身而言。暴，粗厲也。慢，放肆也。朱子曰：暴，剛者之過；慢，柔者之過。人之容貌少得和平，不暴則慢。如人狠戾固是暴，稍不温恭亦是暴；倨肆固是慢，稍怠緩亦是慢。信，實也。正顔色而近信，則非色莊也。朱子曰：正顔色，亦著力不得，須是裏面正後顔色自正。正其顔色即近於信，表裏如一，正顔色而不近信，却是色莊。多見人顔色自恁地而中不恁地者，如色厲而内荏，色取仁而行違，皆外面有許多模樣，所存却不然，便是與信遠了。只將不好底對看，便見。「近」字是對上「遠」字説。○新安陳氏曰：顔色，以見於面者言。辭，言語；氣，聲氣也。鄙，凡陋也。倍，與「背」同，倍、背並音佩。謂背理也。朱子曰：今人議論，有雖無甚差錯，只是淺陋者，此是鄙；又有説得甚高，而實背於理者，此是倍。○「斯」字來得甚緊。「斯遠暴慢」，猶云「便遠暴慢」。正顔色，便須近信。○動、出都説自然，惟「正」字却似方整頓底意思。蓋縁顔色亦有假做恁地而内實不然者，若容貌之動，辭氣之出，即容僞不得。籩，竹豆；豆，木豆。新安陳氏曰：《三禮圖説》籩盛棗、栗、脩、脯、糗、餌之屬，豆盛菹、醢之屬。言道雖無所不在，新安陳氏曰：此語甚闊，籩、豆器物皆包在内。然君子所重者在此三事而已。是皆脩身之要，爲政之本，學者所當操存省悉井反。察而不可有造七到反。次顛沛之違者也。若夫音扶。籩豆之事、器數之末，道之全體固無不該，然其分扶問反。則有司之守而非君子之所重矣。和靖尹氏曰：曾子所謂容貌，乃「睟然見於面」者；出辭氣，如「脩辭立其誠」，「有德必有言」是也。暴慢鄙倍非謂人也，謂己所有爾，故曰「遠」。○朱子曰：「君子所貴乎道者三」，是指夫道之所以可貴者爲説，故云：道之所以可貴者，有三事焉。故下數其所以可貴之實。且看世上人，雖有動容貌者，而便辟足恭，不能遠暴慢；雖有正顔色者，而色取仁而行違，多是虛僞，不能近信；雖有出辭氣者，而巧言飾辭，不能遠鄙倍：這便未見道之所以可貴矣。道之所以可貴者，惟是動容貌自然便會遠暴慢，正顔色自然便會近於信，出辭氣自然便會遠鄙倍：此所以貴乎道者，此也。○以道言之，固不可謂此爲道，彼爲非道。然其本在此則其末在彼，所貴在此則其賤在彼矣。籩豆之事非是説置之度外，不用理會，只去理會「動容貌」三者。蓋此三者却是自家緊要合做底，籩豆是付有司管底，其事爲輕耳。今人於制度文爲一一致察，未爲不是，然於己身都不照管，於大體上欠闕，則是棄本而求末者也。籩豆之事亦道之所寓，但非在所當先而可貴耳。○問：「《集註》舊以三者爲脩身之驗、爲政之本，非其平日莊敬誠實，存省之功積之有素，則不能也，專是做效驗説。如是則『動』、『正』、『出』三字只是閑字。改本以驗爲『要』，『非其』以下，改爲『學者所當操存省察，而不可有造次頃刻之違者也』。如此，則工夫却在『動』、『正』、『出』三字上。某疑『正』字尚可説做工夫，『動』字、『出』字豈可以爲工夫耶？」曰：這三字雖不是做工夫底字，然便是做工夫處。作效驗似有病，故改之。若專以爲平日莊敬持養方能如此，則不成未莊敬持養底人，便不要遠暴慢、近信、遠鄙倍耶？○此章之指，蓋言日用之間，精粗本末，無非道者，而君子於其間所貴者，在此三事而已。然此三者皆其平日涵養工夫至到之驗，而所以正身及物之本也，故君子貴之。若夫籩豆之事，則道雖不外乎此，然其分則有司之守，而非君子之所有事矣。蓋平日涵養工夫不至，則動容貌不免暴慢，正顔色不出誠實，出詞氣不免鄙倍矣。一身且不能治，雖欲區區於禮文度數之末，是何足以爲治哉？此乃聖門學問成己成物着實效驗，故曾子將死，諄諄言之，非如異端揚眉瞬目、妄作空言之比也。○陳氏曰：此章重在「貴」字上。《集註》舊本則平時涵養之説也，改本則臨事持守之説也。舊説雖有根源，却在三言之外起意，其工夫全在日前，而目下則疎闊，任其自爾。不若今本工夫縝密親切，既可以包平日涵養在内，又從目今臨事以至於一息未絶之前，皆無有頃刻之違。其所謂「操存」，則在上三句；所謂「省察」，則在下三句。本末不偏，始終兼貫，其義爲長。○汪氏曰：《集註》合操存、省察爲説，乃朱子欲爲學者計，故以「學者」二字提出。所謂「其分則有司之守」，如《樂記》曰：「鋪筵席，陳尊俎，列籩豆，以升降爲禮者，禮之末節也，故有司掌之。」又如《周禮》有籩人，皆有司也。〇新安陳氏曰：所貴乎道，不求之高虚，而在乎容色辭氣之間，可謂切實矣。「操存」即平日涵養於静時者，「省察」即目前致察於動時者。如動容貌，便省察其「斯遠暴慢矣」可也，下二節倣此。内外交盡，動静兼該，工夫周密，始無欠闕。又，此必因敬子之失而告之。其爲人得非忽略於脩身之本，而煩瑣於名物器數之末者乎？　程子曰：「動容貌，舉一身而言也。周旋中去聲。禮，暴慢斯遠矣。正顔色則不妄，斯近信矣。出辭氣，正由中出，斯遠鄙倍。此即《集註》舊説。三者正身而不外求，故曰『籩豆之事則有司存』。」尹氏曰：「養於中則見賢遍反。於外。亦即《集註》舊説。曾子蓋以脩己爲爲政之本，若乃器用事物之細，則有司存焉。」勉齋黄氏曰：曾子之意則但欲其在外之無不正，而《集註》之意則以爲未有不正其内而能正其外者也。況夫暴慢也，信也，鄙倍也，皆心術之所形見者也。不正其内，安能使其外之無不正乎？有諸中必形諸外，制於外必養其中，則心可正，理可明，敬可存，誠可固。脩身之要，孰有急於此者乎？　此曾子將死之善言，不獨可爲孟敬子之師法而已。〇胡氏曰：曾子之疾，見於《語》者二，見於《檀弓》者一。此章最先，前章次之，易簀最後。又曰：曾子是時氣息奄奄，性命僅存須臾，而聲律身度，心與理一乃如此。釋氏坐忘幻語，不誠不敬，豈能做其萬一哉？

〇曾子曰：「以能問於不能，以多問於寡，有若無，實若虚，犯而不校：昔者吾友嘗從事於斯矣。」

校，音教。計校也。友，馬氏融。以爲顔淵是也。厚齋馮氏曰：曾子之亡友多矣，獨以爲顔淵者，非顔子不能以與此。然顔子與曾皙爲輩行，父之執友也。曾子亦可謂之吾友乎？曰：同師門則皆友也。顔子之心，惟知義理之無窮，該「以能」至「若虚」。不見物我之有間，去聲。○此謂「犯而不校」。故能如此。王氏曰：二句包盡。上句知之事，下句仁之事。○問「以能問於不能」。朱子曰：想是顔子自覺得有未能處，但不比常人十事曉得九事，那一事便不肯問人。顔子深知義理之無窮，惟恐一善之不盡，故雖能而肯問於不能，雖多而肯問於寡，以求盡乎義理之無窮者而已。○犯而不校，蓋是他分量大。有犯者如蚊蝨過前，自不覺得，何暇與之校耶？○問：「從事於斯，是著力否？」曰：若是著力，却是知自己能自己多，須要去問，不幾於詐乎？曾子是見得顔子如此，非謂其著力也。○謝氏曰：「不知有餘在己，不足在人；慶源輔氏曰：以理言也，釋上四句。不必得爲在己，失爲在人。慶源輔氏曰：以事言也，釋下一句。非幾平聲。於無我者不能也。」問「幾」字。朱子曰：聖人全是無我。顔子是不以我去壓人，却尚有箇人與我相對。在聖人便和人、我都無了。○問：「『以能問於不能，以多問於寡，有若無，實若虚，犯而不校』，此聖人之事也，非與天同量者不能。顔子所以未達一間者正在此，故第曰『嘗從事於斯』，非謂已能爾也。」曰：此正是顔子事，若聖人則無如此之迹。有如此説處，便有合内外之意。如舜善與人同，舍己從人，好察邇言，用中於民，必兼言之。惟顔子行而未成，故其事止於如此爾。○或問：「顔子深知義理之無窮，惟恐一善之不盡，非挾其能而故問之也？」雙峯饒氏曰：仁者之心，視人猶己，故人雖有犯，不忍與之校曲直。纔校，則直在己，曲在人，而物我相形矣，便非包含偏覆之意。又曰：分言之，則如上文所云。合言之，則能問不能、犯而不校，皆是無我，故又引謝説以包之。○吴氏曰：子貢多聞，故於顔子見其聞一知十；曾子力行，故又見其如此。○雲峯胡氏曰：聖賢無我之心常如太虚，然能容天下之理而不見己之有餘，能容天下之人而不見人之不是。

○曾子曰：「可以託六尺之孤，可以寄百里之命，臨大節而不可奪也：君子人與？君子人也！」與，平聲。

其才可以輔幼君、攝國政，其節至於死生

之際而不可奪，可謂君子矣。朱子曰：託孤寄命，有才者能之；臨大節而不可奪，非有德者不能也。○問君子才德出衆之名。曰：有德而有才，方見於用；如有德而無才，則不能爲用，亦何足爲君子？○新安胡氏曰：《周禮》疏云：「六尺，年十五。」故知爲幼君。《孟子》曰：「公侯皆方百里。」故知爲國政也。才者德之用，節者德之守，二者不可偏廢。有其節無其才，雖無欺人之心，而未足以託，恐不免爲他人所欺也；雖無竊人之心，而未足以寄，恐不免爲他人所竊也。爲人欺、竊而徒死，無益矣，苟息死於奚齊是也。有其才無其節，則大者不足觀矣，霍光奪於妻顯是也。二者雖若概言，而節爲之本。**與，疑辭；也，決辭。設爲問答，所以深著其必然也。**問：「此章本是兼才、節說，然緊要處却在節操上？」朱子曰：不然。三句都是一般說。須是才、節兼全，方可謂之「君子」。若無其才而徒有其節，雖死何益？如受人託孤之責，自家雖無欺之之心，却被別人欺了，也是自家不了事，不能受人之託矣；如受人百里之寄，自家雖無竊之之心，却被別人竊了，也是自家不了事，不能受人之寄矣。自家徒能臨大節而不可奪，却不能了得他事，雖能死，也濟得甚事？故伊川說「君子者，才德出衆之名」。孔子曰：「君子不器。」既曰「君子」，須是事事理得方可。若但有節而無才，也喚做「好人」，只是不濟得事耳。○問：「託孤寄命，雖資質高者亦可及；臨大節而不可奪，非學問至者恐不能？」曰：資質高底也都做得，學問到底也都做得。大抵是上兩句易，下一句難。譬如說有猷有爲有守，託孤寄命是有猷有爲，臨大節而不可奪却是有守。○新安陳氏曰：既有可託可寄之才，又有不可奪之節，則始之疑其爲君子人者，今決知其爲君子人矣。大意以節爲重，而才以成之。節也者，才之所恃以立；才也者，節之所賴以成者歟？○

程子曰：「節操如是，可謂君子矣。」雙峯饒氏曰：既以才、節並言，復引程子「節操」之說者，以明重在於節也。○問：「『臨大節而不可奪也』貫上二句，蓋惟臨大節而不可奪，方見得可以託可以寄耳。夫託孤寄命幸而無大變，未見其難也。唯其幾微之間，義理精明，危疑之時，志意堅定，雖國勢搶攘，人心搖兀，猶能保輔幼孤而安其社稷，維持百里而全其生靈，利害不能移其見，死生不能易其守，故曰『臨大節而不可奪』也。斯足以當夫所謂『可以託』、『可以寄』矣。」朱子曰：此段亦好，鄙意正如此說。然「可以」二字，蓋猶以其才言之；「不可奪」處乃見其節，重處正在此也。

○曾子曰：「士不可以不弘毅。任重而道遠。

弘，寬廣也；新安胡氏曰：寬則容受之多，廣則承載之闊。毅，魚既反。强忍也。新安陳氏曰：强則執守之堅，忍則負荷之久。非弘不能勝平聲。下「能勝」同。其重，非毅無以致其遠。朱子曰：「弘」只是寬廣，却被人只把做度量寬容看了，便不得。弘是「執德不弘」之弘，是無所不容。心裏無足時，道理事物都著得。若「容民畜衆」也是弘，但是外面事。今人多作「容」字說了，則「弘」字裏面無用工夫處。○「弘」字只對「隘」字看便見得。如看文字只執一說，見衆說皆不復取，便是不弘。若弘底人，便包容衆說。又非是於中無所可否，包容之中又爲判別，此便是弘。○弘乃能勝得箇重任，毅便能擔得遠去。弘而不毅，雖勝得重任，恐去前面倒了。○毅是立脚處堅忍强厲，擔負得去底意。○潛室陳氏曰：弘言其量之容，猶大車之足以載重；毅言其力之勁，猶健馬之足以致遠。○雲峯胡氏曰：惟弘能勝重，不以一善而自足也；惟毅能致遠，不以半途而自廢也。○吕氏曰：自小者無敢爲之心，自怠者無必爲之志：此弘毅之反也。

「仁以爲己任，不亦重乎？死而後已，不亦遠乎？」

仁者，人心之全德。而必欲以身體而力行之，可謂「重」矣。一息尚存，此志不容少懈，居隘反。可謂「遠」矣。朱子曰：須是認得箇仁，又將身體驗之，方真箇知得這擔子重，真箇是難。世間有兩種：有一種全不知者，固全無摸索處；又有一種知得仁之道如此大，而不肯以身任之者。今自家全不曾擔著，如何知得他重與不重。所以學不貴徒說，須要實去驗而行之方知。○慶源輔氏曰：仁包四者，無物不體。「以爲己任」，可謂重矣，非寬洪容受，何以勝其任？且曰「必欲身體而力行之」，則異乎說仁而但欲知之者矣。與生俱生，無有間斷，死而後已，可謂遠矣。非强忍堅決，何以致其遠？且曰「此志不容少懈」，則信乎求仁者不可有造次、顛沛之違矣。○覺軒蔡氏曰：弘毅不可執一而廢一。蓋弘者易失之不毅，毅者易失之不弘。然弘毅之任重道遠又惟歸於仁，何也？蓋仁道最大，孔門傳道莫大於求仁。蓋仁之道，非全體而不息者不足以當之。惟其全體也，則無一理之不該，所以不可不弘；惟其不息也，則無一念之間斷，所以不可不毅。仁之任重而道遠如此，是豈可以易爲哉？曾子平日三省、一貫，致力於《大學》格致誠正脩齊治平，不使有一理之或違，非弘而何？啓手、啓足，猶戰兢而不已，易簀之際得正而斃，非毅而何？此所以卒任傳道之責也。○程子曰：「弘而不毅，則無規矩而難立；毅而不弘，則隘陋而無以居之。」此是「寬以居之」之居。又曰：「弘大剛毅，然後能勝重任而遠到。」朱子曰：曾子言以能問於不能，見曾子弘處；又言臨大節而不可奪，見他毅處。○新安陳氏曰：此章初以弘、毅二者並立對說，細味之，「任重而道遠」，「而」字已作一意貫說下來。又，所謂「死而後已」者何事哉？即是已所以任此仁者身體力行，至死而後已也。程子謂「弘大剛毅然後能勝重任而遠到」，不假訓釋，辭約而意貫矣。

○子曰：「興於《詩》，

興，起也。《詩》本性情，有邪有正。新安胡氏曰：如二《南》之正始爲正，《鄭》、《衛》之淫奔爲邪。其爲言既易去聲。下同。知，《詩》辭明白而近人情。而吟詠之間抑揚反覆，新安陳氏曰：抑揚，謂聲音高下；反覆，謂前後重複翻倒。其感人又易入，故學者之初，所以興起其好去聲。善惡去聲。惡之心而不能自已者，必於此而得之。新安陳氏曰：「此」字指《詩》而言。學者之初，得力在此。

「立於禮，

禮以恭敬辭遜爲本，而有節文度數之詳。新安胡氏曰：恭主一身而言，敬主一心而言，處己之道也。辭者，解使去己；讓者，推以與人，接物之方也。節文，品節文章也；度數，制度數目也。既有以爲處己接物之本，而周旋曲折又能纖悉如此。○新安陳氏曰：恭敬辭遜，禮之本也；節文度數，禮之文也。可以固人肌膚之會，筋骸音斤、諧。之束。出《記・禮運》。〇新安胡氏曰：人肌膚本有所會，筋骸本有所束，至此又愈堅固。故學者之中，所以能卓然自立而不爲事物之所摇奪者，必於此而得之。新安陳氏曰：「此」字指禮而言，學者之中，得力在此。〇慶源輔氏曰：禮雖本於恭敬辭遜，然規矩森嚴，節目明備，外足以固人之肌膚筋骸，而內足以禁人之非心逸志。學者之中於此固執而允蹈焉，則足踏實地，卓然自立，而外物不足以摇奪之。

「成於樂。」

樂有五聲十二律，更平聲。唱迭和去聲。以爲歌舞八音之節。《前漢志》：「聲，宫商角徵羽也。」《晉志》：「土音宫，其數八十一，爲聲之始。屬土者，以其最濁，君之象也。火音徵，三分宫去一以生，其數五十四。屬火者，以其微清，事之象也。金音商，三分徵益一以生，其數七十二。屬金者，以其濁次宫，臣之象也。水音羽，三分商去一以生，其數四十八。屬水者，以其最清，物之象也。木音角，三分羽益一以生，其數六十四。屬木者，以其清濁中，民之象也。凡聲尊卑，取象五行。數多者濁，數少者清。大不過宫，細不過羽。」〇《漢志》：「律有十二。陽律爲律，陰律爲吕。律以統氣類物，曰黄鐘、大簇、姑洗、蕤賓、夷則、無射。吕以旅陽宣氣，曰林鐘、南吕、應鐘、大吕、夾鐘、中吕。皆曰律，陽統陰也。」〇《白虎通》曰：「土曰塤，竹曰管，革曰鼓，匏曰笙，絲曰絃，石曰磬，木曰柷敔，金曰鐘鏞：此八音也。」〇朱子曰：《書》云「聲依永，律和聲」，蓋人聲自有高下，聖人制五聲以括之。宫聲洪濁，其次爲商；羽聲輕清，其次爲徵；清濁洪纖之中爲角。又制十二律以節五聲。五聲又各有高下，每聲分十二等。謂如黄鐘爲宫，則太簇爲商，姑洗爲角，林鐘爲徵，南吕爲羽；還至無射爲宫，便是黄鐘爲商，太簇爲角，中吕爲徵，林鐘爲羽。然而無射之律，只長四寸六七分，而黄鐘長九寸，太簇長八寸，林鐘長六寸，則宫聲概下而商角羽三聲不過，故有所謂「四清聲」，夾鐘、大吕、黄鍾、太簇是也。蓋用其半數，謂如黄鍾九寸，只用四寸半，餘三律亦然。如此則宫聲可以概之，其聲和矣。看來十二律皆有清聲。只説四者，意其取數之多者言之。可以養人之性情而蕩滌其邪穢，消融其查滓。壯里反。○新安陳氏曰：邪穢，謂私欲之汙惡，皆蕩滌而無餘；查滓，謂道理勉强未純熟者，皆消融而無迹也。故學者之終，所以至於義精仁熟，《易》曰：「精義入神。」《孟子》曰：「仁在乎熟之而已。」而自和順於道德者，《易》曰：「和順於道德而理於義。」必於此而得之，是學之成也。新安陳氏曰：「此」字指樂而言。三節當看「始」、「中」、「終」三字及三箇「得之」字，皆學之得力處也。○問：「五聲十二律作者非一人，不知如何能和順道德？」朱子曰：如金石絲竹匏土革木雖是有許多，却打成一片，清濁高下、長短大小，更唱迭和皆相應，渾成一片，有自然底和氣，不是各自爲節奏，歌者歌此而已，舞者舞此而已，所以聽之可以和順道德。學者須是先有興《詩》立禮工夫，然後用樂以成之。○「興於詩」，此三句上一字謂成功而言也；非如「志於道」四句，上一字以用功而言也。○只是這一心，更無他説。興於《詩》，興此心也；立於禮，立此心也；成於樂，成此心也。古之學者必先學《詩》。學《詩》，則誦讀其善惡是非勸戒，有以起發其意，故曰「興」。人無禮以爲規矩，則身無所處，故曰「立」。此禮之文也。中心斯須不和不樂則鄙詐之心入之，不和樂則無所自得，故曰「成」。此樂之本也。古者玉不去身，無故不徹琴瑟。自成童入學，四十而出仕，所以養之者備矣。理義以養其心，禮樂一作「舞蹈」。以養其血氣，故其才高爲聖賢，下者亦爲吉士，由養之至也。○學之興起，莫先於《詩》。《詩》有美刺，歌誦之以知善惡治亂廢興。禮者，所以立也，「不學禮無以立」。樂者，所以成德，「樂則生矣，生則惡可已也？惡可已，則不知手之舞之，足之蹈之」也。○《詩》較感發人，故在先。禮則難執守，須是常常執守得。樂則如太史公所謂「動盪血脉，流通精神」者，所以涵養前所得也。○興於《詩》是小底成於樂，成於樂是大底興於《詩》。初間只是因他感發興起，到成處却是自然恁地與理爲一。凡有毫髪不善，都蕩滌得盡了，這是甚氣象！○慶源輔氏曰：樂雖始於詩歌，而聖人依之以五聲，和之以十二律，更唱迭和而以爲歌舞八音之節。所以合天人之和，以養人之耳目，説人之情性，蕩滌其邪穢而使之不存，消融其查滓而使之盡化。學者於此涵泳而優游焉，則能至義精仁熟之地，而於道德各極其和順，而無一毫勉强拂戾之意也。興則起，立則不反，成則渾全，此三節其間甚闊，學者於此真積而力久焉，則自知之。○吴氏曰：古，詩、樂相表裏，言之不足而歌生焉，歌之不足而舞生焉，歌舞生而樂作矣。聖人以爲未也，又爲之金石絲竹匏土革木以相其歌，羽旄干戚以飾其舞，而樂於是乎大備。君子於樂或親爲其事，或觀聽其聲容，或講習以知其意，内而一心，外而衆體，蓋莫不有養焉。○齊氏曰：十三學樂誦《詩》，則已通於樂章；學舞，則已通於舞節。至「成於樂」，則淪肌浹髓而莫能名，手舞足蹈而不可已。○雲峯胡氏曰：興於《詩》，知之事；成於樂，則知之精，故曰「義精」；立於禮，行之事；成於樂，則行之熟，故曰「仁熟」。○新安陳氏曰：夫子屢以《詩》禮教人，至此則參及於樂。成於樂，所以成就其始焉中焉之興於《詩》、立於禮者也。

按《内則》，十歲學幼儀，十三學樂誦《詩》，二十而後學禮。則此三者非小學傳授之次，乃大學終身所得之難易去聲。下同。先後淺深也。朱子曰：古人自少時習樂誦《詩》學舞，不是到後來方始學《詩》學禮學樂。興《詩》、立禮、成樂不是説用工次第，乃是得效次第。○《詩》者，樂之章也，故必學樂而後誦《詩》。所謂樂者，蓋琴瑟塤篪，樂之一物，以漸習之而節夫《詩》之音律者也。然《詩》本於人之性情，有美刺風喻之旨，其言近而易曉。而從容詠歎之間，所以漸漬感動於人者又爲易入。故學之所得，必先於此而有以發起其仁義之良心也。至於禮，則有節文度數之詳，其經至於三百，其儀至於三千，其初若甚難强者，故其未學《詩》也，先已學幼儀矣。蓋禮之小者，自爲童子而不可闕焉者也。至於成人，然後及其大者。又必服習之久而有得焉，然後内有以固其肌膚之會、筋骸之束，而德性之守得以堅定而不移；外有以行於鄉黨州閭之間，達於宗廟朝廷之上，而其酧酢之際得以正固而不亂也。至於樂，則聲音之高下，舞蹈之疾徐，尤不可以旦暮而能。其所以養其耳目，和其心志，使人淪肌浹髓而安於仁義禮智之實，又有非思勉之所及者。必其甚安且久，然後有以成其德焉。所以學之最早，而其見效反在《詩》禮之後焉。○

潛室陳氏曰：此章先禮而後樂，《内則》先樂而後禮。此章非爲學之序，乃論其終身所得之先後也。學之序，當如《内則》。至其將來得力處，其先善心興起，是於《詩》上得力；其次操守植立，是於禮上得力；至末梢德性純熟，是於樂上得力。○慶源輔氏曰：《詩》易於禮，禮易於樂。興者淺，立者深，成則又其深者也。故其先後之序如此。程子曰：「天下之英才不爲少矣。特以道學不明，故不得有所成就。夫音扶。古人之詩如今之歌曲，雖閭里童稚皆習聞之而知其說，故能興起。今雖老師宿儒尚不能曉其義，況學者乎？是不得『興於《詩》』也。古人自灑掃並去聲。應對以至冠去聲。昏喪祭，莫不有禮。今皆廢壞，是以人倫不明，治家無法，是不得『立於禮』也。古人之樂，聲音所以養其耳，采色所以養其目，歌詠所以養其性情，舞蹈所以養其血脉。今皆無之，是不得『成於樂』也。是以古之成材也易，今之成材也難。」問：「成於樂，是古人真箇學其六律八音，習其鍾鼓管絃，方底於成。今人但借其意義以求和順之理，如孟子『樂之實，樂斯二者』，亦可以底於成否？」朱子曰：古樂既亡，不可復學，但講學踐履間可見其遺意耳。故曰：今之成材也難。○此章與「志道據德」章不同。彼就德性上説，此就工夫上説，只是「游藝」一脚意思耳。○西山真氏曰：自周衰，禮樂崩壞，然禮書猶有存者，制度文爲尚可考尋，樂書則盡缺不存。後之爲禮者既不合先王之制，而樂尤甚焉。今世所用，大抵鄭衛之音，雜以夷狄之聲而已，適足以蕩人心，壞風俗，何能有補乎？然禮樂之制雖亡，而禮樂之理則在。故《樂記》謂致禮以治身，致樂以治心：「外貌斯須不莊不敬，而慢易之心入之矣；中心斯須不和不樂，而鄙詐之心入之矣。」莊敬者，禮之本也；和樂者，樂之本也。學者誠能以莊敬治其身，和樂養其心，則於禮樂之本得之矣，亦足以立身而成德也。三百篇之《詩》雖云難曉，今諸老先生發明其義，了然可知。如能反復涵泳，真可以感發興起，則所謂「興於《詩》」亦未嘗不存也。○胡氏曰：程子因世變而歎傷，學者當因其尚存者而深考之，不可以自畫也。○雲峯胡氏曰：無程子之説，後世不知所以成材之難；無真氏之説，後世遂真以成材爲難矣。況《詩》自性情中流出，非吾心外物。天高地下，合同而化，天地間自然之禮樂，禮是敬，樂是和，亦非吾心外物也。

○子曰：「民可使由之，不可使知之。」

民可使之由於是理之當然，而不能使之知其所以然也。朱子曰：民但可使由之耳，至於知之，必待其自覺，非可使也。由之而不知，不害其爲循理；及其自覺此理而知之，則沛然矣。必使知之，則人未知之心勝，而由之不安。甚者遂不復由，而惟知之爲務。其害豈可勝言？由之而自知，則隨其淺深自有安處；使之知，則知之必不至，至者亦過之，而與不及者無以異。此機心惑志所以生也。○所由雖是他自有底，却是聖人使之由，如「道以德，齊以禮」，教以人倫，皆是使之由。不可使知，不是愚黔首，是不可得而使知之，無緣逐箇與他解説。○問：「不知與『百姓日用而不知』同否？」曰：彼是自不知，此是不能使之知。○「不可使」之「知」，謂凡民爾。學者固欲知之，亦須積累涵泳由之而熟，一日脱然自有知處乃可，亦不可使之强知也。○「理之所當然」者，所謂「民之秉彝」，百姓所日用者也。聖人之爲禮樂刑政，皆所以使民由之也。「其所以然」，則莫不原於天命之性。雖學者，有未易得聞者，而況於庶民乎？其曰「不可使知之」，蓋不能使之知，非不使之知也。○潛室陳氏曰：謂政教號令但能使民由行於中，不能使民洞曉其理。非不欲使之曉也，勢有所不能，故曰：「百姓日用而不知。」○陳氏曰：「所當然」，如父當慈，子當孝之類；「所以然」，乃根原來歷，是性命之本處。○新安陳氏曰：此理當然之則，必有所以然之故。當然之理，雖凡民可律以持循；其所以然之妙，在學者難遽求其領會，而況於凡民乎？○雙峯饒氏曰：兩「之」字皆指此理而言。民可使之由此理，不可使之知此理。堯舜帥天下以仁而民從之，桀紂帥天下以暴而民亦從之，以其無知故也。若知得仁爲是，暴爲非，則帥之以暴而不從矣。以此觀之，民不特不曉其所以然，於所當然者亦未易使之曉。

○程子曰：「聖人設教，非不欲人家喻而户曉也。然不能使之知，但能使之由之爾。若曰聖人不使民知，則是後世朝四暮三之術也。新安陳氏曰：借狙公之愚羣狙，以比後世之愚黔首，不使之知也。豈聖人之心乎？」《列子》云：「宋有狙公者，善養猿猴之人，故號「狙公」。愛狙，養之成羣。將限其食，先誑之曰：『與若芧，音序，栗也。一云橡子也。朝三而暮四，足乎？』衆狙皆起而怒。俄而曰：『與若芧，朝四而暮三，足乎？』衆狙皆笑而喜。物之以能鄙相籠，皆由此也。」○慶源輔氏曰：所謂聖人不使民知者，乃老氏愚民，莊子以智籠愚之說。朝三暮四，朝四暮三，詭譎不誠，聖人而肯爲是哉？使民家喻而户曉者，聖人之本心；不能使之知之，但能使之由之者，聖人之不得已也。○西山真氏曰：聖人之教，惟恐不能開明下民之心。如申、韓、斯、鞅之徒，所以治其國者專用愚黔首之術，不知民可欺以暫，不可欺以久，故卒以此亡，可不戒哉？

○子曰：「好勇疾貧，亂也。人而不仁，疾之已甚，亂也。」

好勇而不安分，去聲。則必作亂；惡去聲。不仁之人而使之無所容，則必致亂：二者之心，善惡雖殊，然其生亂則一也。程子曰：人而不仁，君子當教養之。不盡教養而惟疾之甚，必至於亂。○慶源輔氏曰：好勇者有果於作亂之資，而又不安分，是不知義也。所謂有勇而無義爲亂，此其亂在我。惡不仁，本善也。惡之過，當使其人無所容，事窮勢迫，彼將以不肖之心應之，肆其不仁之毒以求免，未有不激而生亂者。此其亂在人而致亂亦在我也。○雙峯饒氏曰：好勇而不疾貧，未必遽至於亂；疾貧而不好勇，亦不能爲亂。不仁之人，力能誅則誅之，不能誅而疾之至於無所容身，則致亂必矣。《大學》之屏諸四夷，是力能誅而誅之，如舜之誅四凶是也，何自而致亂乎？

○子曰：「如有周公之才之美，使驕且吝，其餘不足觀也已。」

才美，謂智能技藝之美。驕，矜夸；吝，鄙嗇音色。也。朱子曰：誇人所無是驕，挾己所有是吝。○南軒張氏曰：古聖人才藝之多莫如周公，觀其自言多才多藝可見。故借以明之。○雲峯胡氏曰：

本文「如」字、「使」字，皆假設之辭。○程子曰：「此甚言驕吝之不可也。蓋有周公之德，則自無驕吝；若但有周公之才而驕吝焉，亦不足觀矣。」慶源輔氏曰：德出於理，才出於氣。世固有優於德而短於才者，然德極其盛，則才亦無不足。若但有其才而無其德，則雖有智能技藝之美，必不能居廣居，立正位，行大道，爲向上一著事。○鄭氏曰：不言周公之德而言才美，蓋有德則必無驕吝，有才美則驕吝容或有之。又曰：「驕，氣盈；吝，氣歉。」苦忝反。愚謂驕吝雖有盈歉之殊，然其勢常相因。蓋驕者吝之枝葉，吝者驕之本根。故嘗驗之天下之人，未有驕而不吝，吝而不驕者也。」朱子曰：聖人只是平說。有周公之才美而驕吝，連他才美壞了，況無周公之才美而驕吝者乎？甚言驕吝之不可也。程子所云「有德則自無驕吝」，與驕吝相因，又是發餘意。先説得正意分曉，然後説此方得。○問：「氣歉則不盈，盈則不歉，如何却云『使驕且吝』？」曰：如曉此文義，吝惜不肯與人説，便是要去驕人。非驕無所用其吝，非吝無以爲驕。驕者，吝之所發；吝者，驕之所藏。吝之所有，驕之所恃也。驕而不吝，無以保其驕；吝而不驕，無所用其吝。此盈於虚者所以歉於實，而歉於實者所以盈於虚也。○吝爲主。蓋吝其在我，則謂我有你無，便是要驕人。爲是要驕人，所以吝。○西山真氏曰：程子謂「驕，氣盈；吝，氣歉」，文公曰「驕者吝之枝葉，吝者驕之本根」，「未有驕而不吝，未有吝而不驕」。此一章更當熟思。盈與歉各是一病，文公乃以爲二者相因而生，又謂驕生於吝，何也？蓋吝者，氣不足也。惟其無浩然之氣，所以鄙陋局促，容受不得。内而德善未有少進，便自以爲有餘；外而勢位稍或高人，便有陵忽之意。俗諺所謂「器小易盈」，正此謂也。惟其小而吝，是以易盈而驕。使其有江河之量，無不容受，則雖德至於聖賢而不以爲足，位至於王公不以爲可矜。前章所謂「弘毅」，弘則規模廣大而不吝矣，不吝則不驕矣。正當參玩也。○胡氏曰：驕，張王；❶吝，收縮。姑以驕吝於財觀之。其所以閉藏，乃欲資以矜夸；其所以矜夸，

❶「王」，四庫本、孔本作「大」。

即閉藏者爲之地也。根本、枝葉，相爲貫通。《集註》特發此義以示人，欲人知其病根而藥之。驕之證發於外，吝之病藏於內。發者易見，藏者難知。學者欲翦其枝葉，當先拔其本根也。

易，去聲。

○子曰：「三年學，不至於穀，不易得也。」

穀，祿也。至，疑當作「志」。爲學之久而不求祿，如此之人不易得也。朱子曰：此處解不行，作志稍通耳。○慶源輔氏曰：後世之士，求祿之志皆在爲學之先，不然則不學矣。○楊氏曰：「雖子張之賢，猶以干祿爲問，況其下者乎？然則三年學而不至於穀，宜不易得也。」

○子曰：「篤信好學，守死善道。好，去聲。

篤，厚而力也。朱子曰：篤信，是信得深厚牢固；守死，只是以死守之。「善道」猶「工欲善其事」之「善」，又如「善吾生」、「善吾死」之善，不壞了道也。不篤信則不能好學。然篤信而不好學，則所信或非其正。不守死，則不能以善其道。然守死而不足以善其道，則亦徒死而已。蓋守死者，篤信之效；善道者，好學之功。朱子曰：篤信乃能好學。亦有徒篤信而不能好學者，不好學以明理，愈篤信而愈不正，不可回矣。故篤信又須是好學。守死乃能善道。不能守死，臨利害又變了，則不能善道。然亦有守死而不足以善其道者，如荆軻、聶政之死，徒死而已。比干之死，方能善其道。若不善道，但知守死，也無益，故守死又須是善道。然雖曰篤信，而未能至死不變，則其信亦不篤矣。故能守死，方見篤信之效。雖曰好學而不能推以善道，則其學亦無用矣。故能善道，方見好學之功。能篤信好學，乃能守死善道。而篤信好學，又須要守死善道。數義錯綜，其義始備。此四者之所以更相爲用，而不可有一闕焉者也。○鄭氏曰：許行、陳相非不篤信，曰好學則未也；召忽、荀息非不守死，曰善道則非也。

「危邦不入，亂邦不居。天下有道則見，無道則隱。見，賢遍反。

君子見危授命，則仕危邦者無可去之義。在外則不入可也。亂邦未危，而刑政紀綱紊音問。矣，故潔其身而去之。朱子曰：未仕、在外則不入，已仕、在内，見其紀綱亂，不能從吾之諫，則當去之。不早見幾而作，則亂必危亡，不可去矣。○齊氏曰：君子在危之外則不入，在亂之中則不居非徒以遠害也。去就不審以及於難，則其死也，亦死於愚而已，非死於義也。是故貧賤患難之中，君子貴於守死而亦不徒死。守死將以善其道也，徒死豈得爲善哉？天下，舉一世而言。無道則隱其身而不見賢遍反。也。此惟篤信好學、守死善道者能之。朱子曰：有道不必待十分太平然後出，無道亦不必待十分大亂然後隱。有道如天將曉，雖未甚明，然自此只向明去，不可不出爲之用；無道如天將夜，雖未甚暗，然自此只向暗去，知其後來必不可支持，須見幾而作可也。○慶源輔氏曰：好學以善道，則見道明矣；篤信而守死，則信道篤矣。見道明，信道篤，必能審去就出處之宜。守常固必行其道，遇變亦必能守死以善其道也。○雙峯饒氏曰：危亂不入不居，尚有可入可居之邦。若天下無道，則無適而可，惟有隱而已。

「邦有道，貧且賤焉，恥也；邦無道，富且貴焉，恥也。」

世治去聲。而無可行之道，世亂而無能守之節，碌碌音禄。庸人，不足以爲士矣，可恥之甚也。慶源輔氏曰：所貴於士者，爲其進而用則有可行之道，退而藏則有能守之節，故退不失己，進不失義。若咸無焉，則是碌碌庸人而不足以爲有亡矣。冒士之名而無士之實，豈不可恥之甚哉？○洪氏曰：邦無道而富貴固可恥，邦有道而貧賤，何足恥乎？蓋有道之邦必用有道之士，無可用之道，所以爲恥也。○晁氏曰：「有學有守，而去就之義潔，出處上聲。之分去聲。明，然後爲君子之全德也。」雙峯饒氏曰：邦有道而貧賤，是無學也；邦無道而富貴，是無守也。○勿軒熊氏曰：學者先須辯得篤信守死底心，又做得好學善道底事，然後於出處去就見得明，守得定，用之有可行，舍之有可藏也。篤信，是知之真；守死，是行之篤。○雲峯胡氏曰：首兩句雖四者相爲用，不可缺一。然《集註》曰「守死者篤信之效，善道者好學之功」，則第一句最重。蓋有學貴乎有守，然必有學然後能有守。學問之深者雖以之處死生之變可也，而況於去就之義、出處之分哉？危邦而入，亂邦而居；雖死不足以爲善。有道，無可見而貧賤；無道，不能隱而富貴：雖生而深爲可恥。此皆無學力者之所爲也。故夫子曰「信而好古」，曰「好古敏求」，曰「好學」，其教人獨於此拳拳焉。

○子曰：「不在其位，不謀其政。」

程子曰：「不在其位，則不任其事也。若君大夫問而告者，則有矣。」新安陳氏曰：本文不過「思不出其位」之意。問而告，乃推廣餘意也。○或問「不在其位，不謀其政」。朱子曰：此各有分限。田野之人，不得謀朝廷之政。身在此間，只得守此。○夫子之言無上下之異，但爲不在此位，則不謀此政耳。自下而推，如士不可侵大夫之職，以至於天子不可過於天道，乃爲備耳。然不止此，又當知前後彼此之間各有分守，皆不可以相踰，乃爲大備而盡得聖人之意。○慶源輔氏曰：不在其位而謀其政，不義而不可爲也；問而不以告，不仁而不可爲也。○雙峯饒氏曰：此章本意只當自下而上。不在大夫之位，則不謀大夫之政。不在公卿之位亦然。范氏又自上而下，以爲天子不可治三公之職，三公不可爲卿大夫之事，乃是推說。蓋經筵告君之語也。若又從而旁推之，則左不可侵右，右不可侵左。雖同寮亦有分守。聖人之言，無所不包，故可推而無適不通也。

○子曰：「師摯之始，《關雎》之亂，洋洋乎盈耳哉！」摯，音至。雎，七余反。

師摯，魯樂師，名摯也。亂，樂之卒章也。《史記》曰：「《關雎》之亂，以爲風始。」洋洋，美盛意。孔子自衛反魯而正樂，適師摯在官之初，故樂之美盛如此。程子曰：「洋洋盈耳」，美也。孔子反魯，樂正，《雅》、《頌》各得其所。其後自太師而下入河蹈海，由樂正，魯不用而放棄之也。○或問：「《關雎》之亂，何謂樂之卒章？」朱子曰：自「關關雎鳩」至「鐘鼓樂之」，皆是亂。想其初必是已作樂，只無此詞。到此處便是亂。○《楚辭》註曰：「亂者，樂節之名。」《國語》云：「以《那》爲首。其輯之亂曰：『自古在昔。』」輯，成也。凡篇章既成，撮其大要以爲亂辭。《樂記》曰：「既奏以文，又亂以武。」古賦「亂曰」，皆卒章也。○師古曰：古賦末有亂。亂，理也。總理一賦之終。○南軒張氏曰：聖人自衛反魯，然後樂正，《雅》、《頌》各得其所。師摯實傳其聲音者也。○新安陳氏曰：據《國語》，則當以《關雎》之末章爲亂。以夫子之聖而正樂，以師摯之賢而任樂，故一時音樂美盛如此。自師摯適齊，繼者皆不能及，所以追思而歎美之。《論語》言魯樂者四章：「語魯大師樂」在先，「自衛反魯」次之，「摯適齊」又次之，此章其最後歟？

○子曰：「狂而不直，侗而不愿，悾悾而不信，吾不知之矣。」侗音通。悾音空。

侗，無知貌。愿，謹厚也。悾悾，無能貌。吾不知之者，甚絶之之辭，亦不屑之教誨也。朱子曰：狂，是好高大，便要做聖賢，宜直。侗，是愚模樣，不解一事底人，宜謹愿。悾悾，是拙模樣，無能爲底人，宜信。今皆不然，夫子所以絶之。○慶源輔氏曰：狂者多率直，無知者多謹厚，無能者不解作爲。今乃不然，非常理也。事出非常，則非聖人之所知。此雖是甚絶之之辭，然天地無棄物，聖人無棄人，故又知其爲不屑之教誨也。○新安陳氏曰：狂、侗、悾悾者，氣稟之偏蔽；不直、不愿、不信者，氣習之不美。既拘於氣稟，而氣習又不美如此，真棄才矣。雖曰甚絶之之辭，使其知爲聖人所絶而改焉，則不屑之教誨，是亦教誨之也。○蘇氏曰：「天之生物，氣質不齊，其中材以下有是德則有是病，有是病必有是德。故馬之蹄齧倪結反。者必善走，新安陳氏曰：此「有是病必有是德」之譬也。其不善者必馴。新安陳氏曰：不善走者必馴熟，此「有是德則有是病」之譬也。有是病而無是德，則天下之棄才也。」慶源輔氏曰：氣質不齊，中才以上有德而無病，信矣；中才以下有是德必有是病，有是病必有是德，猶可取也；若有是病而無是德，則下之下者，棄才也。以是三者品量天下之才，無餘藴矣。○

潛室陳氏曰：狂者只是説大話，立大論底人，這是狂人。凡心下有事都説出在外，亦無遮蔽，但直行將去也好。今有狂人者，都恁地説大話、立大論，至於到利處，但知有己，反以義責人却不直。侗者凡事只是恁地謹愿，不敢妄動也好。而今侗者却不愿，要妄動。悾悾者，無能爲底人，都一向恁地朴厚也好。而今無能爲底人，也都會用許多詭詐。狂、侗、悾悾，這是得之於氣如此；至於不直、不愿、不信，都却習得如此。有是病而無是德，也是天下之棄人。

○子曰：「學如不及，猶恐失之。」

言人之爲學，既如有所不及矣，而其心猶竦苟勇反。然惟恐其或失之。警學者當如是也。朱子曰：「學如不及，猶恐失之。」如今學者却恁地慢了。譬如捉賊相似，須是著氣力精神，千方百計去趕捉他。如此，猶恐不獲。今却只在此安坐熟視他，不管他，如何奈得他何？○新安陳氏曰：爲學之道，當如湯之檢身若不及，成王之夙夜不逮，常如有所不及，然此心尚恐其或失之。苟自謂已至，失之也必矣。一説也。又一説：如追逐然。既如不及矣，尚恐果不能及而竟失之。又一説：如撐上水船之追前船，不可少緩，既如不及而不能前進，又恐失之而反退流也。學貴日新，無中立之理。不日進者必日退。「如不及」者，如不能日進也；「猶恐失之」者，恐其反日退也。○程子曰：「學如不及，猶恐失之，不得放過。才説姑待明日，便不可也。」新安陳氏曰：即是「莫謂今日不學有來日」之意。○朱子曰：此君子所以孳孳焉愛日不倦而競尺寸之陰也。○陳氏曰：此章大意説爲學用工如此之急。程子「不得放過」，又發明「恐失」之義。才放過待明日，便緩，便「失」了。

○子曰：「巍巍乎，舜禹之有天下也而不與焉！」與，去聲。

巍巍，高大之貌。不與，猶言不相關。言其不以位爲樂音洛。也。朱子曰：與天下不相關，如不曾有這天下相似。今人纔富貴，便被他勾惹。此是爲物所役，是自卑了。若舜禹直是高，所謂「首出庶物」，故夫子稱其「巍巍」。○問：「舜禹有天下而不與，莫是物各付物，順天之道否？」曰：據本文説，只是崇高富貴不入其心，雖有天下而不與耳。巍巍是至高底意思。大凡人有得些小物事，便覺累其心。今富有天下，一似不曾有相似，豈不是高？〇新安陳氏曰：舜禹不以天下動其心，於「不與」上見其「巍巍」。

〇子曰：「大哉，堯之爲君也！巍巍乎唯天爲大，唯堯則之，蕩蕩乎民無能名焉。唯，猶「獨」也。則，猶「準」也。蕩蕩，廣遠之稱也。言物之高大莫有過於天者，而獨堯之德能與之準。故其德之廣遠亦如天之不可以言語形容也。朱子曰：「惟天爲大，唯堯則之」，只是尊堯之詞。不必謂堯獨能如此，而他聖人不與也。〇雙峯饒氏曰：天之巍巍，以形體言；堯則之，以德言。「則」乃準則，非法則也。「準」如「易與天地準」，言與天地平等也。天如此大，堯德亦如此大，與之平等。若言法天，特賢君之事耳。

「巍巍乎其有成功也，煥乎其有文章！」成功，事業也。新安陳氏曰：上文「巍巍」言天之高，此「巍巍」言堯功業之高。煥，光明之貌。文章，禮樂法度也。堯之德不可名，其可見者此爾。新安陳氏曰：「此」字指成功與文章而言。堯德之與天同高大者不可得而名，其功業文章猶可得而見；功業文章之可見者，皆其德之不可名者之所發見呈露也。〇尹氏曰：「天道之大，無爲而成。唯堯則之以治天下，新安陳氏曰：此似「以爲法則」之「則」，朱子想以末二句取之。故民無得而名焉。所可名者，其功業文章巍然煥然而已。」雲峯胡氏曰：天之德，難名也，所可見者，其四時生成之功、日月星辰之文耳。聖人與天地一也。

〇舜有臣五人而天下治。治，去聲。五人，禹、稷、契、私列反。皋陶、音遥。伯益。勿軒熊氏曰：按《虞書》：命禹宅百揆，禹讓稷、契、皋陶。禹治水，益稷爲有功。舜欲讓位於皋陶，禹欲讓位於益。則功德之著可知矣。〇新安陳氏曰：虞廷之臣，五人其尤也。

武王曰：「予有亂臣十人。」

《書・泰誓》之辭。馬氏曰：亂，治也。慶源輔氏曰：《荀子》云：治亂謂之亂，猶治污謂之污也。則「亂」之訓「治」久矣。十人，謂周公旦、召實照反。公奭、施隻反。太公望、畢公、榮公、太顛、閎夭、於沼反。散上聲。宜生、南宫适，其一人謂文母。新安陳氏曰：此馬融説。文德之母，文王妃大姒也。《雝》詩曰：「亦右文母。」劉侍讀以爲子無臣母之義，蓋邑姜也。武王后，太公女。九人治外，邑姜治内。南軒張氏曰：邑姜，亦婦人之有聖德者。或曰：「亂」本作「乿」，古「治」字也。

孔子曰：「『才難』，不其然乎？唐虞之際，於斯爲盛。有婦人焉，九人而已。

稱「孔子」者，上係武王君臣之際，記者謹之。才難，蓋古語，而孔子然之也。才者，德之用也。西山真氏曰：聖賢言才有與德合言者，「才子」、「才難」是也；有與德分言者，「有才而驕吝」、「小有才而未聞大道」是也。「才子」，以「齊聖廣淵」、「忠肅恭懿」之德言，與此「才難」即德也。然不曰「德」而曰「才」者，德專以本體言，才兼以著於用者言。「才子」、「才難」之才，體用兼全者也。若與德分言，則所謂「才」者專指智能技藝耳。才本於德，雖才未備，不害爲君子；才不本之於德，雖其才可喜，不免爲小人。唐、虞，堯、舜有天下之號。厚齋馮氏曰：堯以唐侯升爲天子。虞，河東太行山西地，舜居之以爲氏，堯封之虞爲諸侯。後升帝位，遂以爲號。際，交會之間。言周室人才之多，惟唐虞之際乃盛於此。問：「《集註》此句，恐將『舜有臣五人』一句閑了。」朱子曰：寧將上一句存在這裏。若從元註説，則是「亂臣十人」却多於前，「於今爲盛」却是舜臣五人，不得如後來之盛。○新安陳氏曰：舜即位初，九官多堯舊臣，可見唐虞交會間人才之盛。降自夏、商，皆不能及。新安陳氏曰：《集註》補此八字，方解得去。此處必有缺誤。看「三分有二」一節，突起無頭，缺文可見。然猶但有此數人爾，是才之難得也。慶源輔氏曰：詳味夫子之言，便使人有敬重愛惜人才之意。○新安陳氏曰：此言人才難得，自古而然。堯、舜以聖聖繼作，而後禹、皐之徒，聖賢之才出焉；文、武亦以聖聖繼作，而後周、召之徒，聖賢之才出焉。此天地間真元會合之運，亘古而僅兩見者也。五人反以爲盛者，即晉「三卿爲主，可謂衆矣」之意。況唐虞人才之尤者五人，豈五人之外無人乎？

「三分天下有其二，以服事殷。周之德，其可謂至德也已矣！」

《春秋傳》曰：「文王率商之畔國以事紂。」蓋天下歸文王者六州：荆、梁、雍、去聲。豫、徐、揚也。惟青、兗、冀尚屬紂耳。

勿軒熊氏曰：雍，今陝西諸路。后稷、公劉居豳，大王遷岐，文王都豐，武王都鎬京，皆雍州境。《詩》有江、沱、漢廣，則荆、梁州境。殷都朝歌，衛地，則兗、冀固在畿内。青在冀之東，屬紂可知。若徐、揚則未有考。

范氏曰：「文王之德足以代商。天與之，人歸之，乃不取而服事焉，所以爲至德也。孔子因武王之言而及文王之德，且與泰伯皆以『至德』稱之，其指微矣。」

朱子曰：孔子稱「至德」只二人，皆可爲而不爲者也。○問：「三分天下有其二，以服事商。使文王更在十三四年，將終事紂乎？抑爲武王牧野之舉乎？」曰：看文王亦不是安坐不做事底人。如《詩》中言：「文王受命，有此武功。既伐于崇，作邑于豐。文王烝哉！」武功皆是文王做來。《詩》載武王武功却少，但卒其伐功耳。觀文王一時氣勢如此，度必不終竟休了。○又曰：文王之事紂，惟知以臣事君而已，都不見其他，兹其所以爲至德也。若謂三分天下紂尚有其一，未忍輕去臣位，以商之先王德澤未忘，曆數未終，紂惡未甚，聖人若之何而取之？則是文王之事紂，非其本心，蓋有不得已焉耳。若是，則安得謂之至德哉？至於武王之伐紂，觀政于商，亦豈有取之之心？而紂「罔有悛心」，武王灼見天命人心之歸己也，不得不順而應之，故曰「予弗順天，厥罪惟均」。以此觀之，足見武王之伐紂，順乎天而應乎人，無可疑矣。○厚齋馮氏曰：不曰「文王之德」而曰「周之德」，以對殷而言也。○新安陳氏曰：泰伯不從翦商，文王三分有二而事商，其於名分之際嚴矣。宜夫子皆以「至德」稱之。范氏謂「其指微矣」，微指，得非專爲名分言歟？以泰伯、文王爲至德，以武爲未盡善，非微指歟？或曰：宜斷音短。「三分」以下別以「孔子曰」起之而自爲一章。

○子曰：「禹，吾無間然矣。菲飲食而致孝乎鬼神，惡衣服而致美乎黻冕，卑宮室而盡力乎溝洫。禹，吾無間然矣！」間，去聲。菲音匪。黻音弗。洫，呼域反。

間，罅虛訝反。隙也。謂指其罅隙而非議之也。菲，薄也。致孝鬼神，謂享祀豐潔。新安陳氏曰：《書》云「奉先思孝」，此云「致孝」，必廟焉而人鬼享之鬼神。衣服，常服。黻，蔽膝也，以韋爲之。朱子曰：韋，熟皮也。祭服謂之黻，朝服謂之韠。○厚齋馮氏曰：黻，其色皆赤。尊卑以深淺爲異：天子純朱，諸侯黄朱，大夫赤。冕，冠也。胡氏曰：冕，冠上板，前低後高，因俛以得名。皆祭服也。溝洫，田間水道，以正疆界備旱潦音老。者也。或問溝洫之制。朱子曰：見於《周禮》遂人、匠人之職詳矣。蓋禹既平水患，又治田間之水，使無水患之災。所謂「濬畎澮距川」是也。○胡氏曰：《匠人》職云：「九夫爲井，井間有溝。十里爲成，成間有洫。洫深、廣皆八尺，溝半之。」夏制當不異也。既用以定經界，又旱則瀦水，潦則泄水也。或豐或儉，各適其宜，所以無罅隙之可議也。故再言以深美之。○楊氏曰：「薄於自奉，而所勤者民之事，所致飾者宗廟朝音潮。廷之禮，所謂『有天下而不與』音預。也。夫音扶。何間然之有？」胡氏曰：禹之自奉常薄，而宗廟朝廷之禮、百姓衣食之源，則未嘗不盡心。所以不容於非議也。○雲峯胡氏曰：舜稱禹「克儉」，於此見之。授禹以「執中」，亦於此見其能行之。《集註》以爲「或豐或儉，各適其宜」，即各適其中也。若能儉而不能豐，則墨氏之儉，非中矣。○新安陳氏曰：禹素履儉勤，不以位爲樂，「有天下而不與」之實也。

論語集註大全卷之八

論語集註大全卷之九

子罕第九

凡三十章。

子罕言利與命與仁。

罕，少也。程子曰：「計利則害義，命之理微，仁之道大：皆夫子所罕言也。」龜山楊氏曰：夫子對問仁多矣。曰「罕言」者，蓋言求仁之方而已，仁之本體則未嘗言。○朱子曰：「罕言」者，不是不言，特罕言之耳。罕言利者，蓋凡做事只循這道理做去，利自在其中矣。如「利涉大川」、「利用行師」，聖人豈不言利？但所以罕言者，正恐人求之則害義矣。○命只是一箇命。有以理言者，有以氣言者。天之所以賦與人者，是理也；人之所以壽夭窮通者，是氣也。理精微而難言，氣數又不可盡委之，而至於廢人事，故聖人罕言之也。仁之理至大，數言之，不惟使人躐等，亦使人有玩之之心。蓋舉口便説仁，人便自不把當事了。○問：「竊謂『夫子罕言』者，乃『放於利而行』之利。若『利用出入』，乃義之所安處。」曰：「利用出入」之利，亦不可去尋討。尋討著，便是「放於利」之利。如言「利物足以和義」，只云「利物」，不言「自利」。又曰：只「元亨利貞」之利，亦不可計較。計較著即害義。爲義之人，只知有義而已，不知利之爲利。○勿軒熊氏曰：《易》六十四卦皆言「利」，尤詳於「性命」之原。「罕言」者，非與門人常言之道。○慶源輔氏曰：義者，天理之公也；利者，人欲之私也。天理人欲不兩立，計於彼則害於此矣。○「命」乃天之所賦予萬物者。以理言之，則聲臭俱無；以氣言之，則雜糅難辨。是其理爲甚微。「仁」乃五性之首，所以包乎四德而無物不體。是其道爲甚大。理之微，則人有所難識。知未及而驟語之，則反滋其惑，且使之棄人事而不脩。道之大，則人有所難盡。德未至而强語之，則反起其妄，且或使之忽庸行而不謹。此夫子所以罕言。○雙峯饒氏曰：夫子有常言者，「《詩》、《書》執禮」是也；有不言者，「怪力亂神」是也；有罕言者，利、命、仁是也。無非教人者，故門人皆謹記之。○新安陳氏曰：《集註》言「命之理微」，則此「命」字以理言。「罕言利」者，防學者趨乎此；罕言命與仁，以學者未易及此也。既慮學者没溺於利欲之卑汙，又慮學者躐等於命與仁之精微弘大，其爲慮遠矣！

○達巷黨人曰：「大哉孔子，博學而無所成名！」

達巷，黨名，其人姓名不傳。博學而無所成名，蓋美其學之博，而惜其不成一藝之名也。節齋陳氏曰：孟康註《董仲舒傳》「達巷黨人」，乃項橐。○雙峯饒氏曰：黨人見聖人無所不知不能，遂以此爲聖人之大，不知聖人所大，在於道全德備耳。

子聞之，謂門弟子曰：「吾何執？執御乎，執射乎？吾執御矣。」

執，專執也。射、御皆一藝，而御爲人僕，所執尤卑。言欲使我何所執以成名乎？然則吾將執御矣。聞人譽平聲。己，承之以謙也。○尹氏曰：「聖人道全而德備，不可以偏長目之也。達巷黨人見孔子之大，意其所學者博，而惜其不以一善得名於世，蓋慕聖人而不知者也。故孔子曰：『欲使我何所執而得爲名乎，然則吾將執御矣。』」雙峯饒氏曰：六藝，禮、樂爲大，夫子只説射、御。射、御，藝之卑者，御又最卑。○朱子曰：達巷黨人本不知孔子，但歎美其博學而惜其無所成名，謂不以一善得名也。此言至爲淺近。然自察邇言者觀之，則於此便見聖人道德純備，不可以一善名。「愚夫愚婦可以與知」，而其所以然者，「聖人有所不知」。故孔子不欲以黨人所稱者自居，而曰必欲使我有所執而成名，則吾將執御矣。○南軒張氏曰：達巷黨人大孔子之博學，而疑其不能以偏成也。夫豈知本末精粗一以貫之之道哉？故夫子但舉一藝自居，而又於藝之中復居其次者，以見夫道之無乎不在。○厚齋馮氏曰：執射成名，王良、造父是也。大凡專於一善，精於一業者，乃能成名。如信人、善人、惠人，則其善專故也；如稷之穡、羿之射、秋之奕，則其業精故也。學之博雖各極其專且精，不可得以一事名矣。無所成名，乃夫子之所以爲大，而黨人不悟也。堯之民無能名，此堯之所以爲大也歟！○新安陳氏曰：惟道全德備，故不可以一善名。使可以一善名，則所長止於此，不足以爲大矣。黨人惜聖人之大而不以一善得名，豈知聖人之所以爲大，正在於不可以一善名歟！

○子曰：「麻冕，禮也。今也純儉，吾從衆。

麻冕，緇莊持反。布冠也。純，絲也。儉謂省約。緇布冠以三十升布爲之，升八十縷，隴主反。則其經二千四百縷矣。細密難成，不如用絲之省約。朱子曰：八十縷爲升，古尺一幅只闊二尺二寸。如深衣用十五升布，已似如今極細絹一般。這處又曉未得。古尺又短於今尺，若盡一千二百縷，須是一幅闊不止二尺二寸方得。○胡氏曰：麻，績麻爲布；冕，冠上板也。謂之緇布冠者，染布爲赤黑色也。冠者，首服之總名；冕者，冠中之別號。禮，朝服十五升，冠倍之。鄭註：「八十縷爲升，『升』字當爲『登』，登，成也。」○雙峯饒氏曰：《前漢書・食貨志》：「周布幅廣二尺二寸。」程子言古尺當今五寸五分弱，如此則二尺二寸，只是今一尺二寸爾。却用二千四百縷爲經，是一寸布用二百經也。其細密難成可知。

「拜下，禮也。今拜乎上，泰也，雖違衆，吾從下。」

臣與君行禮，當拜於堂下。君辭之，乃升成拜。泰，驕慢也。慶源輔氏曰：按燕禮，君燕卿大夫禮也，「公坐取大夫所酬觶興以酢。賓降西階下再拜稽首。公命小臣辭，賓升成拜」。鄭註：「升成拜，復再拜稽首也。」又《覲禮》：天子賜侯氏以車服。侯氏拜賜，禮亦如之。○雙峯饒氏曰：先已拜於堂下而君辭之，則是不曾受其拜，故升堂再拜以成之。孔子時，君弱臣强，徑自拜於堂上，故孔子云然。人以爲諂，想是此類。○程子曰：「君子處上聲。世，事之無害於義者，從俗可也；害於義，則不可從也。」范氏曰：衆人之所爲，君子酌焉，或從或違，唯其是而已。以衆爲公義而舉從之，非也；以衆爲流俗而舉違之，非也。聖人之道若權衡，輕重不可以銖兩欺。故純儉雖不及禮而可從。拜上則虧君臣之義，雖舉世而行之，亦不可從也。○尹氏曰：聖人處世可見於此。蓋非有意於從違，合乎義而已。○慶源輔氏曰：君子之於世俗，或從或違，無適無莫，一於義而已。以是而違俗，則人亦不得以爲異也。○趙氏曰：制度節文之細，猶可以隨時。至於繫乎三綱五常者，萬世而不容易。○雙峯饒氏曰：此聖人處事之權衡，所謂「君子以同而異」。○新安陳氏曰：程子欲學者凡處世事，皆當以義裁之，以此爲例，而推其餘也。

○子絶四：毋意，毋必，毋固，毋我。

絶，無之盡者。毋，《史記》作「無」是也。意，私意也。程子曰：意是發動處。意發而當，即是理也；發而不當，是私意也。問：「聖人莫是任理而不任意否？」曰：是。○胡氏曰：理本於天，意出於己。《大學》以「誠意」爲言，蓋好善惡惡一有不實，則所謂「意」者爲私意。意不可以孤行，必根於理而後可。此獨以「意」言，即私心之發也。必，期必也。固，執滯也。我，私己也。四者相爲終始，趙氏曰：四者分之，則各爲一事；合之，則相爲終始。起於意，遂於必，遂，謂將成而勢不容已。留於固，而成於我也。蓋意、必常在事前，固、我常在事後。胡氏曰：意、必在方有作爲之先，故曰事前；固、我在已有作爲之後，故曰事後。至於我又生意，則物欲牽引，循環不窮矣。華陽范氏曰：私意動於内而係於事，則有必；必則守而不移，故有固；固則不能忘己，故有我。是三者皆出於意，故意爲之先。○問：「意如何毋得？」朱子曰：凡事順理，則意自正。毋意者，主理而言。不順理，則只是自家私意。○問「意必固我」。曰：「意」是初創如此。有私意，便到那「必」處。必便到「固」滯不通處。固便到有「我」之私處。○凡人做事必先起意，不問理之是非，必期欲事成而已。事既成，是非得失已定，又復執滯不化，是之謂「固」。三者只成就得一箇「我」。及至我之根源愈大，少間三者又從這裏生出。意又生必，必又生固，固又歸宿於我。○必者迎之於前，固者滯之於後；意是爲惡先鋒，我是爲惡成就。此四字，如元亨利貞循環不已。但元亨利貞是好事，此是不好事。貞是好底成就，我是惡底成就。○「無意」者，渾然天理，不任私意；「無必」者，隨事順理，不先期必也；「無固」者，過而不留，無所凝滯也；「無我」者，大同於物，不私一身也。四者始於「意」而行於「必」，留於「固」而成於「我」。「必」之時淺，「固」之時長。「意」是始，「我」是終，「固」、「必」在中間，一節重似一節也。○黄氏曰：即事而言，❶其別有四。以心而論，其本則一。天理流行，廓然大公，物各付物，泊然順應，此心如鑑空水止，而一毫之繫累無所容焉。此其所以自始至終而絶無四者之病也。○新安陳氏曰：《集註》「四者相爲終始」以下，乃以常人之私欲細分之，有此四者相爲終始。又平分之作兩截，判以事前事後。又翻轉説終而復始，如元而亨、利、貞，貞下又起元。有三節意。皆説常人之累於私如此，非謂夫子之心無私，亦有此三件節數也。聖人之心惟純乎大公而渾然一無私耳。細察之則皆無常人此四者之累也。○程子曰：「此『毋』字非禁止之辭。聖人絶此四者，何用禁止？」張子曰：「四者有一焉，則與天地不相似。」新安陳氏曰：天地大公而已。四者才有一，則累於私小，無復大公氣象，何由與天地相似？○問：「横渠説略有疑。」朱子曰：人之爲事，亦有其初未必出於私意，而後來不能化去者。若謂絶私意，則四者皆無。則曰「子絶一」便得，何用更言「絶四」？以此知四者又各是一疵也。○雲峯胡氏曰：心兮本虚。聖人絶此四者，亦不失其本虚之心而已。意似微雲點翳，我則昏霾之甚矣。大虚中本無一物，聖人此心渾是天理，亦無一物也。楊氏曰：「非知去聲。足以知聖人，詳視而默識之，不足以記此。」

○子畏於匡，

畏者，有戒心之謂。新安陳氏曰：恐人誤以畏爲怵迫懼死，故本《孟子》「予有戒心」訓之。匡，地名。《史記》云：陽虎曾暴於匡，夫子貌似陽

❶「事」，原作「是」，今據四庫本、孔本、陸本及《輯釋》改。

虎，故匡人圍之。厚齋馮氏曰：匡，宋邑。陽虎曾暴於匡，夫子弟子顔尅時與虎俱。夫子適陳過匡，顔尅御，匡人識尅，夫子貌又似虎，匡人以兵圍之五日，弟子懼，故子曰如下所云。

曰：「文王既没，文不在兹乎？

道之顯者謂之「文」，蓋禮樂制度之謂。新安陳氏曰：道者，禮樂制度之本；禮樂制度者，道之寓。道無形體，顯設於文而後乃可見爾。不曰「道」而曰「文」，亦謙辭也。兹，此也，孔子自謂。

「天之將喪斯文也，後死者不得與於斯文也；天之未喪斯文也，匡人其如予何？」喪、與，皆去聲。

馬氏曰：「文王既没，故孔子自謂『後死者』。言天若欲喪此文，則必不使我得與於此文；今我既得與於此文，則是天未欲喪此文也。」天既未欲喪此文，則匡人其奈我何？言必不能違天害己也。程子曰：於「天之將喪斯文」下便言「後死者不得與於斯文」，則是文之興喪在孔子，與天爲一矣。蓋聖人德盛，與天爲一，出此等語自不覺耳。○朱子曰：後死者，是對上文「文王」言之，如曰「未亡人」之類，此孔子自謂也。與「天生德於予」意思一般。斯文既在孔子，孔子便做著天在。○南軒張氏曰：文也者，所以述是道而有傳也。文王既没，聖人以斯文爲己任也。己之在與亡，斯文之喪與未喪係焉。是二者，豈人之能爲哉？天也。不曰「喪己」而曰「喪斯文」，蓋己之身即斯文之所在也。○雙峯饒氏曰：天生聖人以任斯道，達則爲天地立心，爲生民立命，窮則繼往聖、開來學，天意如此，人安能違天而害之？有夫子之德，有夫子之道，而後可以如夫子之自任，否則妄也。○雲峯胡氏曰：「文不在兹」之文，即文王之所以爲「文」也。文王接堯、舜、禹、湯之統，夫子接文王之統，皆天也。紂能囚文王，不能違天而害文王；匡人能圍夫子，不能違天而害夫子。

○大宰問於子貢曰：「夫子聖者與？何其多能也！」大音泰。與，平聲。

孔氏曰：「大宰，官名。或吴或宋，未可知也。」與者，疑辭。大宰蓋以多能爲聖也。杜氏曰：按春秋之時，以「大宰」名官者，惟吴、宋與魯耳。吴有大宰嚭。宋有大宰華督，事殤公，其後九世至平公，乃以向帶爲大宰。平公即位之歲，距孔子過宋，歷二公八十餘年，其間或廢或否雖未可知，然《左氏》及《史記》亦不復載，不可考也。況孔子過宋時，遭桓司馬之厄，遂微服而去，豈復有問子貢者歟？疑此大宰即吴嚭也。吴與魯會繒，嚭召季康子，康子使子貢往焉。則此當是吴大宰，而亦當在此年也。魯自公子翬請於隱公，欲殺桓以求大宰。其後不復見。

子貢曰：「固天縱之將聖，又多能也。」

縱，猶「肆」也。言不爲限量去聲。也。將，殆也。謙若不敢知之辭。朱子曰：天放縱他作聖得恁地，不去限量他。問：「愚不肖是天限之乎？」曰：也是天限量他一般。如這道理，聖人知得盡。愚不肖要增進一分不得，拘定在這裏。殆，庶幾也。如而今説「將次」。聖無不通，多能乃其餘事，故言又以兼之。

子聞之曰：「大宰知我乎！吾少也賤，故多能鄙事。君子多乎哉？不多也。」

言由少賤，故多能，而所能者鄙事爾，朱子曰：鄙事，如釣弋獵較之類。非以聖而無不通也。且多能非所以率人，故又言君子不必多能以曉之。朱子嘗問學者曰：大宰云：「夫子聖者歟？何其多能也！」是以多能爲聖也。子貢對以夫子「固天縱之將聖，又多能也」。是以多能爲聖人餘事也。子曰：「吾少也賤，故多能鄙事，君子多乎哉？不多也。」是以聖爲不在於多能也三者之説不同，諸君且道誰説得聖人地位著。諸生多主夫子之言。曰：大宰以多能爲聖固不是，若要形容聖人地位，則子貢之言爲盡。蓋聖主於德，固不在多能，然聖人未有不多能者，夫子以多能不可以律人，故言君子不多，尚德而不尚藝之意。而其實聖人未嘗不多能也。○又曰：「大宰知我乎」以下，煞有曲折意思。聖人不直謂大宰不足以知我，只説大宰也知我，這便見聖人待人恁地温厚。○南軒張氏曰：多能雖不害其爲君子，然爲君子不在乎多能。○慶源輔氏曰：若以多能率人，則人將徇末而忘本，尚才而不務德，卒無以入聖賢之域矣。

牢曰：「子云：『吾不試，故藝。』」

牢，孔子弟子。姓琴，字子開。一字子張。衛人。試，用也。言由不爲世用，故得以習於藝而通之。○吳氏曰：弟子記夫子此言之時，子牢因言昔之所聞有如此者，其意相近，故并記之。問「吾不試故藝」。朱子曰：想見聖人事事會，但不見用，所以人只見小小技藝。若使其得用，便做出大功業來，不復有小小技藝之可見矣。○新安陳氏曰：多能亦聖德無不通之驗。大宰認多能爲聖，知其末不知其本也；子貢謂聖而又多能，知其由本而該末也；孔子自言，與琴牢所聞，皆謙辭耳。

○子曰：「吾有知乎哉？無知也。有鄙夫問於我，空空如也，我叩其兩端而竭焉。」

叩音口。孔子謙言己無知識。但其告人，雖於至愚不敢不盡耳。叩，發動也。趙氏曰：叩，乃叩擊，有發動之意。兩端，猶言「兩頭」。言終始本末，上下精粗，無所不盡。朱子曰：兩端，就一事而言，説這淺近道理，那箇深遠道理也便在這裏。「吾有知乎哉，無知也」，此聖人謙辭。凡聖人謙辭未有無因而發者，這上面必有説話，門人想記不全，須求這意始得。如達巷黨人稱譽孔子博學而無所成名，聖人乃曰吾執御矣，皆是因人譽己，聖人方承之以謙。此處想必是人稱道聖人無所不知，誨人不倦，有這般意思，聖人方道是我無知識，亦不是誨人不倦，但鄙夫來問，我則盡情向他説。若不如此，聖人何故自恁地謙？自今觀之，人無故説謙話，便似要人知模樣。○慶源輔氏曰：「終始」以事言，「本末」以物言；「上下」以道器言，「精粗」以事理言。必如是而後該括得盡。夫子之告人，必發動其兩端而盡告之。○新安陳氏曰：聖人雖謙言己無所知，然教人而竭盡其理如此，非上智周知之者不能也。○程子曰：「聖人之教人，俯就之若此，猶恐衆人以爲高遠而不親也。聖人之道必降而自卑，不如此則人不親；賢人之言則引而自高，不如此則道不尊。觀於孔子、孟子可見矣。」朱子曰：聖人極其高大，人自難企及，若更不俯就，則人愈畏憚而不敢進；賢人有未熟處，人未甚信服，若不引而自高，則人將必以爲淺近不足爲。不是要人尊己，蓋使人知斯道之大，庶幾竦動著力去做。孔子嘗言「如有用我者，期月而已可也」，又言「吾其爲東周乎」，只作平常閑說。孟子言「如欲平治天下，當今之世舍我其誰」，便説得廣，是勢不得不如此。尹氏曰：「聖人之言，上下兼盡。即其近，衆人皆可與音預。知；極其至，則雖聖人亦無以加焉。是之謂『兩端』。如答樊遲之問仁智，兩端竭盡無餘蘊委粉、於問二反。❶矣。雙峯饒氏曰：如答樊遲問仁智，只是眼前事；子夏推之，則舜、湯之治亦不過此。故於兩端爲竭焉。若夫音扶。語上而遺下，語理而遺物，則豈聖人之言哉？」慶源輔氏曰：程子論佛氏之學，如管中窺天，只見上去，不見四旁，是「語上而遺下」也。又曰：言爲無不周徧，實則外於倫理者，是「語理而遺物」也。○問「執兩端」與「竭兩端」如何。朱子曰：兩端也只一般，猶言「頭尾」也。執兩端，方識得一箇中；竭兩端，言徹頭徹尾都盡也。問：「只此是一言而盡這道理如何？」曰：有一言而盡者，有數言而盡者。如樊遲問仁，曰「愛人」，問知，曰「知人」，此雖一言而盡，推而遠之，亦無不盡。如子路「正名」之論，直説到「無所措手足」。如子路問政、哀公問政，皆累言而盡。但只聖人之言，上下本末，始終小大，無不兼舉。○雲峯胡氏曰：大舜是取人之言，「執」其兩端而用其一；夫子是教人之言，「竭」其兩端而未嘗遺其一也。

○子曰：「鳳鳥不至，河不出圖，吾已矣夫！」夫音扶。

鳳，靈鳥。舜時來儀，文王時鳴於岐山。河圖，河中龍馬負圖，伏羲時出。皆聖王之瑞也。已，止也。○張子曰：「鳳至圖

❶「二」，原作「一」，今據四庫本、孔本、陸本及《輯釋》改。

出，文明之祥。伏羲、舜、文之瑞不至，則夫子之文章知其已矣。」南軒張氏曰：鳳至圖出，蓋治世之徵也。聖人歎明王之不興，而道之終不行耳。○慶源輔氏曰：聖人之道行，則文章著見於外，禮樂制度之類也。故鳳至圖出，以兆文明之祥。鳳以其文采，圖以其卦畫。文明之祥不至，則夫子之道不行，故知其文章已矣。○新安陳氏曰：吾道文明，必有其應。鳳至圖出，文明祥瑞之應也。夫子有其德無其時，鳳不至，圖不出，天未欲聖道之行可知矣。夫子所以深歎也。麟出似矣而踣焉，《春秋》所以作也。斯歎也，其在獲麟之前乎？

○子見齊衰者、冕衣裳者，與瞽者，見之，雖少必作；過之，必趨。齊音咨。衰，七雷反。少，去聲。

齊衰，喪服。邢氏曰：言齊衰，則斬衰從可知也。冕，冠也。衣，上服；裳，下服。冕而衣裳，貴者之盛服也。《禮・玉藻》曰：「衣，正色；裳，間色。」鄭曰：「冕服，玄上纁下。」瞽，無目者。作，起也。趨，疾行也。或曰：少，當作「坐」。○范氏曰：「聖人之心，哀有喪，尊有爵，矜不成人，其作與趨，蓋有不期然而然者。」尹氏曰：「此聖人之誠心，內外一者也。」問：『作』與『趨』者，敬之貌也，何爲施之於齊衰與瞽者？」朱子曰：作與趨固是敬，然敬心之所由發則不同。見冕衣裳者，敬心生焉而因用其敬；見齊衰者、瞽者，則哀矜之心動于中而自加敬也。○慶源輔氏曰：聖人之心寂感自然，內外如一。方其未感也，如止水，如明鏡。一有所感，則隨感而應，敬愛之心感於內，而作趨之容見於外，皆自然而然，不知其所以然也。○雙峯饒氏曰：范氏説外面作與趨，皆由其裏面哀有喪，尊有爵，矜不成人而然。尹氏又説他人裏面雖有此，未必便見於外。聖人裏面如此，外面也如此。二説互相發明。蓋裏面不如此，而外面如此者，僞也；裏面如此，而外面不如此者，誠不至也。聖人至誠，所以表裏皆如此。

○顏淵喟然歎曰：「仰之彌高，鑽之彌堅。

瞻之在前，忽焉在後。喟，苦位反。鑽，祖官反。喟，歎聲。仰彌高，不可及；鑽彌堅，不可入。在前在後，恍惚不可爲象。新安陳氏曰：象，形也，初未有的見時如此。此顔淵深知夫子之道無窮盡，彌高、堅。無方體，在前、後。而歎之也。程子曰：仰之彌高，見其高而未能至也；鑽之彌堅，測其堅而未能達也。此顔子知聖人之道而善形容者也。○朱子曰：高、堅，是説難學；前、後，是説聖人之道捉摸不著。皆是譬喻如此。聖人只是一箇中底道理，高堅前後，只是箇「中庸不可能」。蓋聖人之道是箇恰好底道理，不著意，又失了；纔著意，又過了。只是難到恰好處。○顔子仰之彌高，鑽之彌堅，瞻之在前，忽焉在後，不是別有箇物事，只是做來做去，只管不到聖人處。若做得緊，又大過了；若放慢做，又不及。聖人則動容周旋，都是這道理。

「夫子循循然善誘人，博我以文，約我以禮。

循循，有次序貌。朱子曰：所謂「次序」者，非特以博文約禮分先後次序，博文約禮中各有次序先後淺深。誘，引進也。博文約禮，教之序也。言夫子道雖高妙，雙峯饒氏曰：高，説彌高彌堅；妙，説在前在後。而教人有序也。上蔡謝氏曰：顔子學得親切。仰之彌高，鑽之彌堅，無限量也，以見聖人之道大；瞻之在前即不及，忽焉在後又蹉却，以見聖人之道中。觀此一段即知顔子看得親切。博我以文，使知識廣；約我以禮，歸宿處也。○朱子曰：「博我以文，約我以禮」，聖門教人只此兩事，須是互相發明。約禮底工夫深，則博文底工夫愈明；博文底工夫至，則約禮底工夫愈密。○覺軒蔡氏曰：博文條目多，事事著去理會。禮却只是一箇道理，如視也是這禮，聽也是這禮，言也是這禮，動也是這禮，若博文而不約之以禮，便是無歸宿處。詳此數條解釋已極分明，學者合下便有著力處，若更推之，則「文」非特「文章」、「文華」之「文」，凡剛柔之往來，上下之交錯，微而天理之節文，著而法度之煥然者，皆是也。極其博，則貫通融會而天下之理洞然於吾心而無所蔽。「禮」非特「儀禮」、「典禮」之「禮」，凡天理之本然，人心之固有，截然而有定則者，皆是也。極其約，則操持固執，而天下之理渾然於吾身而無所虧。博文近於致知，約禮近於力行。不博則無以造乎約，不約則無以盡乎博。○雙峯饒氏曰：先博我以文，以開廣我之知識；然後約我以禮，使我於視聽言動上，皆由乎規矩準繩而所守得其要。○侯氏曰：「博我以文，致知格物也；約我以禮，克己復禮也。」朱子曰：「博我以文，約我以禮」，與「博學於文，約之以禮」一般。但「博學於文，約之以禮」，孔子是泛言人能博文而又約禮，可以弗畔夫道。而顏子則更深於此耳。侯氏謂博文是致知格物，約禮是克己復禮分曉。○慶源輔氏曰：致知格物，知之事也；克己復禮，行之事也。所行即是所知，非於知之外別有所謂行也。程子曰：「此顏子稱聖人最切當去聲。處。聖人教人，唯此二事而已。」朱子曰：博我以文，是要四方八面都見得周匝無遺；至約我以禮，又要收向身己上來，無一毫之不盡。兩事須互相發明。若博文而不約以禮，便無歸宿處。○覺軒蔡氏曰：不說「窮理」，又不說「格物」，只說「博文」，蓋文字，上該乎理，而比之理，則尤顯；下該乎物，而比之物，則尤精。不說理只說禮，便是與「復禮」之「禮」同。此「禮」字便有檢束，便有規矩準繩。若只說理便泛了。更味兩箇「我」字，尤見以身體之切實用功處。○雙峯饒氏曰：「博學於文，約之以禮」，是我自去博約，以學言也；「博我以文，約我以禮」，是夫子博我約我，以教言也。○厚齋馮氏曰：博文約禮，夫子教人之法皆然。惟子淵求道之力、認道之真，有以見夫子之爲我設爾。

「欲罷不能。既竭吾才，如有所立卓爾。雖欲從之，末由也已！」

卓，立貌。末，無也。此顏子自言其學之所至也。蓋悅之深，「欲罷不能」。而力之盡，「既竭吾才」。所見益親，「如有所立卓爾」。而又無所用其力也。「欲從末由」。吳氏曰：「所謂『卓爾』，亦在乎日用行事之間，非所謂『窈伊小反。冥昏默』者。」朱子曰：卓爾，是聖人之大本立於此，以酧酢萬變處。即前曰「高堅前後」底。今看得確定親切，不似向來無捉摸處。不是離「高堅前後」之外，別有所謂「卓爾」者也。

○勉齋黄氏曰：吴氏所釋卓爾之意，最爲切實，嘗以其意推之，夫聖人之道，固高明廣大不可幾及，然亦不過性情之間、動容之際，飲食起居、交際應酧之務，君臣父子兄弟夫婦之常，出處去就辭受取舍，以至於政事施設之間，無非道之寓。○雙峯饒氏曰：「窈窈冥冥，至道之精；昏昏默默，至道之極」，列子之言也。此章學者易得求之高遠，故引吴氏之説以明之。程子曰：「到此地位，工夫尤難，直是峻絶，又大段著力不得。」慶源輔氏曰：地位，指「既竭吾才，如有所立卓爾」之地位也。至此地位，則其理爲至精至微，非淺智浮識之所能知、疾趨大步之所能至也。惟寬以居之，勿忘勿助長，則不日而化矣。夫能爲之謂「才」，竭其才，則是盡其所能爲之才。則其工夫蓋非才所能及矣，此其所以著力不得也。楊氏曰：「自『可欲之謂善』，充而至於『大』，力行之積也；『大而化之』，則非力行所及矣。」新安陳氏曰：此將孟子善、信、美、大、聖、神之次第，以配此章。「大」猶是力行積累之功，「化」則久久純熟、自然無迹之妙。此顔子所以未達一間如字。也。問：「夫子教人不出博文、約禮二事，門人莫不知。惟顔子有所進有所見，故高者有可攀之理，堅者有可入之理，在前在後者有可從而審其的之理。非若其他僅能弗畔而已。此門人所以不可企及也。」朱子曰：得之。○顔子到這裏自覺得要著力而無所容其力。緣聖人不勉而中，不思而得，賢者若要著力不勉不思，便是思勉了，所以大段著力不得。今日勉之，明日勉之，勉而至於不勉；今日思之，明日思之，思而至於不思。自生而至熟。到這裏，直待他自熟。○仰高鑽堅，瞻前忽後，此猶是見得未親切在；如有所立卓爾，方始親切。雖欲從之，末由也已，只是脚步未到，蓋不能得似聖人從容中道也。○潛室陳氏曰：前此猶可以用力，到此則自「大」趨於「化」，自思勉而至「不思不勉」，介乎二者之境，所未達者一間，非人力所能爲矣。但當據其所已然，從容涵養，勿忘勿助，至於日深月熟，則亦將忽不期而自到，而非今日之所預知也。○程子曰：「此顔子所以爲深知孔子而善學之者也。」胡氏曰：「無上事而喟然歎，非如孔子因曾點而喟歎。此顏子學既有得，故述其先難之故，後得之由，新安陳氏曰：先難，指仰鑽瞻忽；後得，指如有所立卓爾。「由」字，指「善誘」、「博約」。而歸功於聖人也。高堅前後，語道體也；仰鑽瞻忽，未領其要也。惟夫子循循善誘，先博我以文，使我知古今、達事變；然後約我以禮，使我尊所聞、行所知，如行者之赴家、食者之求飽。是以欲罷不能，盡心盡力，不少休廢，然後見夫子所立之卓然。雖欲從之，末由也已，是蓋不怠所從，必求至乎卓立之地也。抑斯歎也，其在『請事斯語』之後，『三月不違』之時乎？」問：「程子言『到此大段著力不得』，胡氏又曰『不怠所從，必欲至乎卓立之地』，何也？」朱子曰：末由也已，不是到此便休了不用力，但工夫用得細，不似初間用得許多粗氣力。這處也只是循循養將去，如何大段著力得？只恁地養熟了。因舉橫渠云：「大可爲也，化不可爲也，在熟之而已。」欲罷不能，便只是就這博文約禮中做工夫。合下做時，便是下這十分工夫去做。到得這歎時，便是「欲罷不能」之效。衆人與此異者，只是争這箇「欲罷不能」。做來做去，不知不覺地又住了。顏子則雖欲罷而自有所不能，不是勉强如此，顏子用功精專，方見得夫子「動容周旋無不中」處，皆是天理之流行，「卓然」如此分曉。到這裏顏子些小未能渾化如夫子，故曰「雖欲從之，末由也已」。○高堅前後，始時之所見也；博文約禮，中間用力之方也；「欲罷不能」以後，後來得力之效驗也。○問：「顏子此説，亦是立一箇則例與學者求道用力處，故程子以爲學者須學顏子有可依據，孟子才大難學者也。」曰：然。○南軒張氏曰：仰之彌高，愈進愈難攀也；鑽之彌堅，愈鑽愈難入也。瞻之在前，則若不及；忽焉在後，則又過之。蓋得其中者爲難也。夫子則循循然善誘人，從容不迫，以其序而進之。博文約禮，使之集衆義於見聞之間，宅至理於隱微之際，使我自不能已，盡吾之才以極其至，則見夫所立卓爾。蓋至此非力之所能爲，此顏子所以喟然而歎歟？反覆詳味，則顏子學聖人始終之功，孔子教人先後之序，與夫聖人之道之至，皆可得而研求矣。○潛室陳氏曰：「雖欲從之，末由也已」，到此際力無所施。乃冰消雪釋，査滓融化之境。雖聖人不能授顔子，顔子亦不能受之於聖人。今欲學顔子，且把博文約禮作依據，日積月累，人十己千，將來不知覺自有豁然融會處。○雙峯饒氏曰：「不怠所從」，是發明「雖欲從之末由也已」，言不是恁地住了。「請事斯語」，是「約我以禮」時事；「三月不違仁」，是「有所立卓爾」時事。○新安陳氏曰：此章顔子初見聖道之無窮盡，無方體，非特不能從之，亦未的於見之也。及夫子博以文，約以禮，知行功深，方「見」聖「道」之「卓」然有立，的於見之，與初之「仰鑽瞻忽」大不同矣。但雖見其「卓爾」者，猶未能進；而從其「卓爾」者，雖欲用力，又無所容力也。使天假之年，則由勉而安，由大而化，不特見到聖人地步，亦進到聖人地步矣。

○子疾病。子路使門人爲臣。

夫子時已去位，無家臣。子路欲以家臣治其喪。其意實尊聖人，而未知所以尊也。胡氏曰：此必夫子失司寇之後，未致其事之前也。若夢奠則子路死於衛久矣。大夫老而致仕後得從其列。無家臣者，無禄故也。

病間，曰：「久矣哉，由之行詐也！無臣而爲有臣。吾誰欺？欺天乎？間，如字。

病間，少差楚懈反。下同。**也。病時不知，既差乃知其事。故言我之不當有家臣，人皆知之，不可欺也。而爲有臣，則是欺天而已。人而欺天，莫大之罪。引以自歸，其責子路深矣。**朱子曰：久矣哉，不特指那一事，是指從來而言。子路一時不循道理，本心亦不知其爲詐。然子路平日强其所不知以爲知，只有一毫不誠，便是詐也。○慶源輔氏曰：子路之意，以夫子之聖，其喪不可以俯同衆人，必當有以尊異之。而夫子嘗爲大夫有家臣矣，故欲爲家臣治其喪以尊異之也。然不知聖人之喪豈以家臣之有無爲輕重也哉？○既斥子路以行詐，而又自謂其欺天，蓋以見義理之不可犯也如此。

「且予與其死於臣之手也，無寧死於二三子之手乎？且予縱不得大葬，予死於道

路乎？」

無寧，寧也。惟有「無」字、「乎」字，故可訓「無寧」爲「寧」。大葬，謂君臣禮葬；死於道路，謂棄而不葬。又曉之以不必然之故。○范氏曰：「曾子將死，起而易簀，音責。曰『吾得正而斃音弊。焉斯已矣』。子路欲尊夫子，而不知無臣之不可爲有臣。是以陷於行詐，罪至欺天。君子之於言動，雖微不可不謹。夫子深懲子路，所以警學者也。」楊氏曰：「非知至而意誠，則用智自私，不知行其所無事，往往自陷於行詐欺天而莫之知也。其子路之謂乎？」《禮記·檀弓》篇：曾子寢疾病。樂正子春曾子弟子。坐於牀下，曾元、曾申曾子二子。坐於足，童子隅坐而執燭。童子曰：「華而睆，華板反。華，畫也。睆，明貌。大夫之簀與？」平聲。子春曰：「止。」曾子聞之，瞿音句。驚貌。然曰呼。虛憊之聲。曰：「華而睆，大夫之簀與？」曾子曰：「然。斯季孫之賜也，我未之能易也。」元起易簀。曾元曰：「夫子之病革矣，革，紀力反，急也。不可以變。變動。幸而至於旦，請敬易之。」曾子曰：「爾之愛我也不如彼。君子之愛人也以德，細人之愛人也以姑息。吾何求哉？吾得正而斃焉斯已矣。」舉扶而易之，反席未安而沒。○勉齋黃氏曰：久矣哉，責子路之素行如此也；欺天者，曉之以理之正；「且予」以下則告之以利害之實。聖人之言，委曲詳盡如此。○汪氏曰：《禮記》「易簀」章，一「正」字足以斷此章而責子路，故引之。曾子易簀而死，爲得其正；夫子苟死於家臣之手，不正甚矣。彼執燭之童子，尚知大夫之簀不可不易；子路乃不知無臣之不可爲有臣乎？況夫子席不正且不坐，割不正且不食，況臨死生之際乎？范氏引此見聖人心安於正，生死一而已矣。○新安陳氏曰：有家臣而用家臣，理也；無而用之，非理也。天者，理而已。非理則欺天矣，子路欲尊夫子，豈知陷於欺天？尊夫子者，反所以累夫子歟？

○子貢曰：「有美玉於斯，韞匵而藏諸，求善賈而沽諸？」子曰：「沽之哉，沽之哉！

我，待賈者也！」韞，紆粉反。匵，徒木反。賈音嫁。

韞，藏也。匵，匱也。沽，賣也。子貢以孔子有道不仕，故設此二端以問也。孔子言固當賣之，但當待賈而不當求之耳。南軒張氏曰：子貢以美玉爲喻，疑夫子將終藏而不售也。若夫子之意，則以爲君子豈不欲施用於世乎？然其不輕售者，必待其可而後出耳。如子貢所謂求善賈則非矣。待賈者，循乎天理；而求善賈者，則己心先動矣。○慶源輔氏曰：「沽之哉」二句，見理則當沽而意則不求沽也。此亦子貢初年語。至答武叔、子禽之問，必不尚以夫子出處爲疑矣。○范氏曰：「君子未嘗不欲仕也，又惡去聲。不由其道？士之待禮，猶玉之待賈也。若伊尹之耕於野，伯夷太公之居於海濱，世無成湯、文王，則終焉而已。必不枉道以從人，衒音眩。玉而求售音壽。也。」雲峯胡氏曰：子貢嘗答子禽曰：「夫子之求之也，其諸異乎人之求之與？」蓋以子禽之問病在一「求」字也。今子貢之問，亦自病在一「求」字。豈問夫子者在先而答子禽者在後歟？○新安陳氏曰：此章當味「求」字與「待」字。不待賈而求之，則併與本然之美失之矣。待賈者，安於命義之正；求賈者，涉於奔競之私。席珍待聘其可也。

○子欲居九夷。

東方之夷有九種。上聲。○《後漢・東夷傳》：「夷有九種：曰畎夷、于夷、方夷、黃夷、白夷、赤夷、玄夷、風夷、陽夷。」○九種見《書・旅獒》。欲居之者，亦「乘桴浮海」之意。

或曰：「陋，如之何？」子曰：「君子居之，何陋之有？」

君子「所居」則「化」，何陋之有？問：「此及『浮海』，莫是戲言否？」朱子曰：只見道不行，偶發此歎，非戲言也。○問：「九夷尚可化，何故不化中國？」曰：當時中國未嘗不被聖人之化。但時君不用，不得行其道耳。○問：「子欲居九夷，使聖人居之，真有可變之理否？」曰：然。○南軒張氏曰：欲居九夷，與「乘桴浮海」之歎同。或人未之諭，則以爲真欲往也，故疑其陋以爲不可居。夫子之所以告之者，乃行乎夷狄之道。蓋忠信篤敬何入而不自得也？○慶源輔氏曰：聖人能必居夷之化，而不能於中國必使其道之行，則天也。○厚齋馮氏曰：箕子封於朝鮮，東夷之地也，何陋之有？雖然，夫子去父母之國，尚遲遲其行，況舍中國而之夷狄乎？是蓋有激而姑云爾，非素志也。○新安陳氏曰：陋在彼，不陋在我。君子所過者化。若居夷狄，必將用夏變夷，陋習自可化矣。

○子曰：「吾自衛反魯，然後樂正，《雅》、《頌》各得其所。」

魯哀公十一年冬，孔子自衛反魯。是時周禮在魯，然《詩》、樂亦頗殘缺失次。孔子周流四方，參互考訂以知其說。晚知道終不行，故歸而正之。朱子曰：是時王迹熄而《詩》亡，其存者謬亂失次。孔子自衛反魯，復得之他國以歸，定著爲三百五篇，於是《雅》、《頌》各得其所。○南軒張氏曰：聖人未刪《詩》以前，篇章交錯，不以其序者亦多矣。故反魯之後，然後樂正，《雅》、《頌》各得其所。獨舉《雅》、《頌》，蓋其大者耳。○陳氏曰：不及《風》者，列國多不正之聲，廟朝所不奏，二《南》亦用之房中耳。故正樂只言《雅》、《頌》。○胡氏曰：聖人雖生知，然於聲音節奏必考而後詳，必驗而後信。在齊聞《韶》，學之三月，亦其事也。○新安陳氏曰：晚知道不行於當時，故歸而正《詩》、樂以傳之來世。《詩》者，樂之章。《詩》得其所而後樂得其正。聖人追言其效，故先樂而後《詩》耳。

○子曰：「出則事公卿，入則事父兄，喪事不敢不勉，不爲酒困，何有於我哉？」

說見形甸反。第七篇。「默而識之」章亦言「何有於我」。然此則其事愈卑而意愈切矣。新安陳氏曰：彼三者以爲雖非聖人之極至猶不敢當，謙而又謙之辭。此則視前三者事愈卑而其謙謙之意愈切矣。○朱子曰：此說本卑，非有甚高之行。然工夫却愈精密，道理却愈無窮，故曰「知崇禮卑」。○聖人自謙言不曾有此數者，常有慊然不足之意。衆人雖見他仁之至熟、義之至精，他只管自見得有欠缺處。○南軒張氏曰：此章視之若易能，然行之無憾，則未易也。蓋於天理之當爲者求盡其道，而於人情之易動者不踰其則，雖聖人亦極乎是理而已。夫子教人每指而示之近，使人皆可勉焉。○慶源輔氏曰：此章所以警學者使自察於踐履之間，不忽於卑近，不違於微小之意益深切矣。○雙峯饒氏曰：事公卿父兄，事生之禮；喪事，事死之禮。常情多謹於事生而易忽於事死。不特三年之喪，如期、功、緦之輕者，皆不可以不勉。三件皆是大節目。不爲酒困是至小底，然亦甚難。有時被人勸而稍多飲，便能使人神昏氣亂。常人往往忽視以爲小事。聖人之心無時不存。亦因可以勉人耳。

○子在川上曰：「逝者如斯夫！不舍晝夜。」夫音扶。舍，上聲。

天地之化，往者過，來者續，無一息之停。乃道體之本然也。此五句所包甚闊。然其可指而易去聲。見者莫如川流，吴氏曰：「逝者」不指水，「斯」字方指水。○問：「『逝』訓『往』。《集註》謂『往過來續』，似多了『來』字？」雙峯饒氏曰：不説「來」者，無以見往者之無窮。「往」是前面已去底，「來」是後來接續去底。二者皆往也。○新安陳氏曰：必有來者續，方見道體之無窮。使往過而來不續，則其機息而非生道矣。故於此發以示人。欲學者時時省悉井反。察，而無毫髮之間去聲。斷徒玩反。也。朱子曰：天理流行之際，如少有私欲以間之，便如水被些障塞，不得恁地滔滔流去。又曰：才不省察便間斷。○慶源輔氏曰：天理流行，無處不然，無時或已。但隱於人心者，不若形於川流者易見。人能即此而有發焉，則當自强於體察，致力於謹獨，使之無一息之間斷，則庶幾乎不虧其本體矣。○新安陳氏曰：此又發言外意，欲學者於川流上察識道體之自然不息，而法之以自强不息也。○程子曰：「此道體也。天運而不已，日往則月來，寒往則暑來。水流而不息，物生而不窮，皆與道爲體。運乎晝夜，未嘗已也。朱子曰：此是形容道體。伊川所謂「與道爲體」，此一句最妙。某嘗爲人作《觀瀾詞》。其中有兩句云：「觀川流之不息兮，悟有本之無窮。」道之本然之體不可見，觀此則可見無體之體，如陰陽五行爲太極之體。○日往月來等未是道。然無這道，便無這箇了；有這道，方有這箇。既有這箇，就上面便可見得道，是「與道」做箇骨子。若説天只如此高，地只如此厚，便也無説了。須看其所以如此者如何。○道本無體，此四者非道之體也，但因此可見道之體耳。那無聲無臭底便是道。只於無聲無臭上推究如何見得道。因有四者，方見得那無聲無臭底，所以説「與道爲體」。○道無形體，却是這物事盛載那道出來。所以指物以見道。道之體便在這許多物事上。只是水上較親切易見。○胡氏曰：夫子因所見之一物而言，程子因夫子之説併舉三者而言。夫道體可見，固不專於水，亦不專於四者。大而造化之流行，近而口鼻之呼吸，莫不皆然。○勉齋黄氏曰：夫子所云，蓋合道器、兼體用而言。○新安陳氏曰：「天」之「運」，日月寒暑之往來；「水」之「流」，萬物之生，皆自然不息者。程子雜水流於其中言之，水流蓋其一端耳。道無形體之可見，就此有形體之數端上發見出來，所謂「與道爲」形「體」也。是以君子法之自强不息。新安陳氏曰：《易・乾卦・象傳》曰：「天行健，君子以自强不息。」《集註》之意本此，是乃「勉而行之」者。及其至也，純亦不已焉。」朱子曰：大抵過去底物不息，

猶天運流行不息如此。亦警學者要當如此不息。蓋聖人之心純亦不已，所以能見之。○問：「道無一息之停。其在天地，則見於日往月來，寒往暑來，水流而不息，物生而不窮，終萬古未嘗間斷。其在人，則本然虚靈知覺之體常生不已，而日用萬事亦無非天理流行而無少息。故舉是道之全而言，合天地萬物、人心萬事，統是一無息之體。分而言，則『於穆不已』者，天之所以『與道爲體』也；生生不已者，心之所以『與道爲體』也；『純亦不已』者，聖人之心『與天』道『爲』一『體』也；『自强不息』者，君子之所學聖人存心事天而體夫道也。」曰：此亦得之，但『與道爲體』四字甚精。蓋物生水流非道之體，乃『與道爲體』者也。○覺軒蔡氏曰：夫子川上之歎，有感於道體之無窮，勉人進學以求造乎『純亦不已』耳。○新安陳氏曰：進於此，則『安而行之』矣。又曰：「自漢以來，儒者皆不識此義。此見聖人之心，純亦不已也。純亦不已，乃天德也。有天德便可語王道。其要只在謹獨。」朱子曰：有天德，則便是天理，便做得王道；無天德，則便是私意，是計較。人多無天

德，所以做王道不成。○人多於獨處間斷。才不慎獨，便去隱微處間斷了。○能慎獨，則無間斷而其理不窮；若不慎獨，便有欲來參入裏面，便間斷了，如何便會如川流底意？○慶源輔氏曰：人心即天德所寓。天地之道常久而不已也，則「純亦不已」，非天德而何？聖人之心，則全具得此天德者也。即是而推之，便是王道。人心、天德、王道，只是一理。愚按，自此至終篇，皆勉人進學不已之辭。新安倪氏曰：《楚辭辨證·騷經》「忍而不能舍也」：「洪氏註引顏師古曰：『舍，止息也。』『屋舍』、『次舍』皆此義。《論語》『不舍晝夜』，謂曉夕不息耳。今人或音捨非是。」按《辨證》文公著於慶元己未三月，明年庚申四月公易簀矣。《集註》「舍，上聲」者舊音，讀如「赦」者定説也。

○子曰：「吾未見好德如好色者也。」好，去聲。

謝氏曰：「好去聲。好色，惡去聲。惡臭，誠也。好德如好色，斯誠好德矣。然民鮮上聲。能之。」慶源輔氏曰：好色惡臭與好德，皆出於性。然人之常情於好色惡臭則誠實好之惡之，至於好德，則多虛僞不實。故謝氏有此説，而又言「民鮮能之」。大凡至誠而好，則内外表裏如一，而心志容色皆應有不可掩者。○《史記》：孔子居衛，靈公與夫人南子。同車。使孔子爲次乘，去聲。○第二乘，次其後。招摇市過之。孔子醜之，故有是言。朱子曰：「招摇」如「翱翔」。○新安陳氏曰：夫人不翟茀自蔽。公與同車，翱翔過市，無恥孰甚焉？孔子此言，因靈公好色而發也。

○子曰：「譬如爲山，未成一簣，止，吾止也；譬如平地，雖覆一簣，進，吾往也。」簣，求位反。覆，芳服反。

簣，土籠也。韻書「籠」字平聲者，註云「舉土器」，則此合平聲。《書》曰：「爲山九仞，功虧一簣。」夫子之言，蓋出於此。言山成而但少一簣，其止者吾自止耳；平地而方覆一簣，其進者吾自往耳。蓋學者自强不息，則積少成多；中道而止，則前功盡棄。其止其往，皆在我而不在人也。南軒張氏曰：學以成德爲貴也。止者，吾止也；進者，吾往也。進止係乎己，而由乎人哉？○慶源輔氏曰：其止者非有尼之者也，乃吾自止耳；其進者非有趣之者也，乃吾自往耳。反觀内省而自强不息，而爲學之終始，蓋不待外求而得之矣。○新安陳氏曰：其往乃自强，其止乃自棄。自强者，不成不止；自棄者，止而必不成。《語》有三四章，純如《詩》六義之比。此止言爲山而未嘗言爲學，然爲學之義見於言外。此外「松栢」、「驥力」、「苗秀」章是也。

○子曰：「語之而不惰者，其回也與？」語，去聲。與，平聲。

惰，懈居隘反。怠也。范氏曰：「顏子聞夫子之言，而心解力行，造七到反。次顛沛，未嘗違之。如萬物得時雨之潤，發榮滋長，上聲。何有於惰？此羣弟子所不及也。」朱子曰：語之而不惰，惟於行上見得。顏子不惰，如「得一善則拳拳服膺而不失」，「欲罷不能」，皆是其不惰處。又曰：顏子聽得夫子説話自然住不得。若他人聽過了半疑半信，若存若亡，安得不惰？○慶源輔氏曰：心解，謂知得透徹，「聞一知十」是也；力行，謂行得至到，「既竭吾才」是也。○雙峯饒氏曰：惟其「心解」，所以「力行」。夫子稱顏子，所以厲群弟子也。○新安陳氏曰：顏子惟明睿，故聞夫子之言而心解；惟健決，故聞夫子之言而力行。一知一行皆不懈也。又以「物得時雨」比之，此意自「如時雨化之」來，《孟子集註》謂「孔子之於顏、曾是也」。惟顏子能化於時雨，惟孔子能當其可化之時而化以時雨。發榮滋長，所謂「則苗勃然興之」者也。

○子謂顏淵曰：「惜乎，吾見其進也，未見其止也！」

「進」、「止」二字説見形甸反。上章。顏子既死而孔子惜之，言其方進而未已也。朱子曰：顏子未到那成就結果處。❶蓋他一箇規模許大，若求到成就結果處，必大段可觀。○勉齋黃氏曰：

❶「果」，原作「裹」，今據《語類》卷三六改。下句同。

智、愚、賢、不肖之分，惰與不惰、止與不止之間耳。知「逝者如斯」之意，則誠不容於止且惰矣。

○子曰：「苗而不秀者有矣夫，秀而不實者有矣夫！」夫音扶。

穀之始生曰「苗」，吐華曰「秀」，成穀曰「實」。蓋學而不至於成有如此者。是以君子貴自勉也。朱子曰：苗須是秀，秀須是實方成。不然何所用？學不至實，亦何所用？此聖人勉人進學意也。○南軒張氏曰：養苗者不失其耘耔，無逆其生理，雨露之滋，日夜之養，有始有卒而後可以臻厥成。或舍而弗耘，或揠而助長，以至於一暴十寒，則苗而不秀，秀而不實矣。學何以異於是？有質而不學，「苗而不秀」者也；學而不能有諸己，「秀而不實」者也。○新安陳氏曰：此章或謂孔子惜顏子，非也。此以比始學而不發達，發達而不成就者。學者不可以方苗而秀自止，當以既秀且實自勉也。

○子曰：「後生可畏，焉知來者之不如今也？四十五十而無聞焉，斯亦不足畏也已。」

孔子言後生年富力彊，方來之年多曰「年富」。足以積學而有待，其勢可畏，安知其將來不如我之今日乎？然或不能自勉，至於老而無聞，則不足畏矣。言此以警人，使及時勉學也。曾子曰：「五十而不以善聞，則不聞矣。」蓋述此意。《大戴禮·脩身》篇：曾子曰：「年三十四十之間而無藝，則無藝矣；五十而不以善聞，則不聞矣；七十而未壞，雖有後過亦可以免矣。」○問：「後生可畏，是方進者也；四十五十而無聞，是中道而止者也。」朱子曰：然。○慶源輔氏曰：年富，則進學有餘日；力彊，則進學有餘功。故足以積學而有待。年少而德業進脩，則未易量而可畏；已老而實隕名銷，❶則不足畏而可哀。《集註》謂「警人使及時勉學」爲盡之矣。尹氏曰：「少去聲。下同。而不勉，老而無聞，則亦已矣。自少

❶「隕」，原作「陰」，今據四庫本、孔本、陸本改。

而進者，安知其不至於極乎？是可畏也。」南軒張氏曰：有至于四十五十而知好學者，如《中庸》所謂困而知、勉而行，聖人猶有望焉。若後生雖有美質而悠悠歲月，則夫所謂「四十五十」者將轉眄而至，可不懼哉！○雙峯饒氏曰：曰「可畏」，期望以勉勵之；曰「不足畏」，絶望以警戒之。尹氏先釋後二句，却轉來釋前二句，見勉勵之意重，不成只說他不足畏了便休？

○子曰：「法語之言，能無從乎？改之爲貴。巽與之言，能無說乎？繹之爲貴。說而不繹，從而不改，吾末如之何也已矣。」

法語陸氏音魚據反，下同。者，正言之也；巽言者，婉而導之也。繹，尋其緒也。新安陳氏曰：如絲有端緒，尋求其端緒而思慮紬繹之也。法言人所敬憚，故必從。然不改，則面從而已。巽言無所乖忤，五故反。故必說。音悅。下同。然不繹，則又不足以知其微意之所在也。朱子曰：如漢武帝見汲黯之直，深所敬憚，至帳中可其奏，可謂「從」矣。然武帝内多欲而外施仁義，豈非面從？如孟子論好色好貨，齊王豈不悅？若不知繹，則徒知古人所謂好色，不知其能使内無怨女，外無曠夫；徒知古人所謂好貨，不知其能使居者有積倉，行者有果糧也。○楊氏曰：「法言，若孟子論行王政之類是也；巽言，若其論好去聲。貨好色之類是也。語之而不達，拒之而不受，猶之可也。新安陳氏曰：謂全不從不說者，此等不足責。其或喻焉，則尚庶幾平聲。其能改繹矣。從且說矣，而不改繹焉，則是終不改繹也已。新安陳氏曰：既曉諭，則有能改繹之機矣，而止於此，此等深可責。雖聖人其如之何哉！」朱子曰：巽，謂巽順與他說，都是教他做好事。重處在「不改」、「不繹」。聖人謂如此等人與他說得也不濟事，故曰「吾末如之何也已」。○南軒張氏曰：法言明義而正告之，巽言委曲而開導之也。自非肆於惡而無忌憚者，其聞之能無面從與說意乎？然聞善將以善其身也，苟惟暫說而不改其故，面從而不改其非，則亦何有於己哉？○慶源輔氏曰：從法語，説巽言，秉彝之性也。從而不改者，物欲堅强而不屈就於理；説而不繹者，志氣昏惰而不反求諸心爾。學之不進，德之不脩，家之不齊，國之不治，皆由是基之。若此之人，雖聖人亦莫如之何也已。

○子曰：「主忠信。毋友不如己者。過則勿憚改。」重平聲。出而逸其半。新安陳氏曰：弟子各記所聞，有詳有略。

○子曰：「三軍可奪帥也，匹夫不可奪志也。」

侯氏曰：「三軍之勇在人，匹夫之志在己，故帥可奪而志不可奪。如可奪，則亦不足謂之『志』矣。」此借上句以明下句意。○南軒張氏曰：志者，中有所主也。三軍雖衆，其帥可奪者，資諸人故也；匹夫雖微，其志則不可奪者，存諸己故也。夫使志而可奪，則不得謂之「志」矣。雖然，此所謂「志」，謂守其道而不渝，如虞人非其招不往之類是也。若守認私意而不知徙義，則是失其所主，謂之「任意」則可耳，非志也。○勉齋黄氏曰：共姜，一婦人也，而以死自誓，其志之不可奪如此，況志於仁，志於道，可得而奪乎？○慶源輔氏曰：以三軍之勇而衛一人，宜若不可奪也。然其可奪者，勇非在我也。以匹夫而守其志，宜若可奪也。然其不可奪者，志非在外也。○「志」與「意」不同。意是發動處，志是存主處。夫子所謂「志士仁人，有殺身以成仁，無求生以害仁」，其可得而奪乎？如可奪，則豈足以爲「志」哉？○洪氏曰：志，氣之帥也。故以爲喻。○雙峯饒氏曰：三軍有千萬箇心，匹夫只是一心。若三軍離心，則帥便被人奪了；匹夫之志在我而已，故不可奪。此是教人立志。○新安陳氏曰：「志」公而「意」私。初守得定，故不可奪，此是「志」；後守不定，爲人所奪，便非「志」矣。志搖奪於私意，只可言「意」耳。李密云：「舅奪母志。」非也。若其志如共姜，可奪乎？

○子曰：「衣敝緼袍，與衣狐貉者立而不恥者，其由也與？衣，去聲。緼，紆粉反。貉，胡各反。與，平聲。

敝，壞也。緼，枲想里反。著展吕反。也。袍，衣有著者也。蓋衣之賤者。勿軒熊氏曰：「緼，枲著」，出《記·玉藻》，云：「纊爲繭，緼爲袍。」鄭云：「衣有著之稱。纊，今之新綿；緼，今之纊及舊絮。」疏：「好者爲綿，惡者爲絮。」朱子云：「袍謂夾衣有綿在胎底。」趙氏曰：「枲著，則雜用枲麻以著袍也。」如今麻苧筋類可置之夾襖中者。○雲峯胡氏曰：《禮韻》「貯」字亦作「著」。通作「褚」作「緒」，以綿裝衣之謂。狐貉，以狐貉之皮爲裘，衣之貴者。子路之志如此，則能不以貧富動其心而可以進於道矣。故夫子稱之。厚齋馮氏曰：與美衣服者並立而此心不動，其志足以帥氣而不可奪矣，烏得不與之？然特其立志之初也。

「『不忮不求，何用不臧？』」忮，之豉反。

忮，害也。求，貪也。臧，善也。言能不忮不求，則何爲不善乎？此《衛風·雄雉》之《詩》。孔子引之以美子路也。吕氏曰：「貧與富交，彊者必忮，弱者必求。」朱子曰：李閎祖云：「忮是疾人之有，求是恥己之無。」推明得吕氏説好。○問「彊必忮，弱必求」。○曰：世人見富貴底，不是心裏妬嫉他，便羨慕他。○慶源輔氏曰：忮者，嫉人之有而欲害之也；求者，恥己之無而欲取之也。是皆爲外物之所累者也。能於外物一無所累焉，則何往而不善哉？

子路終身誦之。子曰：「是道也，何足以臧？」

終身誦之，則自喜其能而不復扶又反。下同。求進於道矣。問：「子路終身誦之，此子路所以不及顔淵處，蓋此便是『願車馬衣輕裘，與朋友共，敝之而無憾』底意思。然他將來自誦，便是無那無伐善施勞底意思。」朱子曰：所謂「終身誦之」，亦不是他矜伐，只是將這箇做好事，終身誦之要常如此，便別無長進矣。○問：「人惟中無所養，而後飢渴得以害其心也，故不能自安於貧而有慕乎彼之富。此心一動，物欲行焉，故雖可已而不已。孟子所謂『宮室之美，妻妾之奉，所識窮乏者得我』而爲之類。蓋有不可勝窮之私，由是以失其本心，而忌嫉『忮害』生焉。否則諂曲以求之而不自知其爲卑污淺陋之甚也。子路之志，不牽乎外物之誘。夫子稱之欲以進其德，惜乎不能充此而上之，至有『終身誦之』之蔽。不然，簞瓢陋巷之樂當與顏子同之。日用工夫，信乎不可遽已也！」曰：然。○新安陳氏曰：子路能如此，本可進於道。今誦所引《詩》而自喜其能，則不復求進於道矣。夫子所以一揚之一抑之也。故夫子復言此以警之。新安陳氏曰：是道，謂不忮不求之事。何足以臧，承「何用不臧」之語而反之。○謝氏曰：「恥惡衣惡食，學者之大病。善心不存，蓋由於此。子路之志如此，其過人遠矣。然以衆人而能此，則可以爲善矣；子路之賢宜不止此，而終身誦之，則非所以進於日新也。故激而進之。」慶源輔氏曰：義理無窮。此特一事之善，若遽自以爲喜，則不復求進於道。蓋喜心生於自足，而怠心生於自喜，故夫子又言此以警之。○潛室陳氏曰：子路好勇，必無忮求，自足於此而道之，故孔子因其無日新之功而進焉。又曰：子路於世間名利關大界限分明處，已見得破。但其工夫粗疎，未入聖賢閫室，所以聖人常欲抑其所已能，進其所未能。

「彫」字，當作「凋」。

○子曰：「歲寒，然後知松柏之後彫也！」

范氏曰：「小人之在治去聲。世，或與君子無異。惟臨利害，遇事變，然後君子之所守可見也。」南軒張氏曰：力量之淺深，平時未易見也。惟當利害艱難之際，則可見其所守者矣。人徒見其臨事之能處也，而不知其所守之有素也。松柏之質堅剛矣，獨於歲寒之時而後人知其後凋耳。○慶源輔氏曰：小人之在世，或被化而彊於爲善，或畏威而覬其免罪，故其迹或與君子無異也。臨利害遇事變，則彊於爲善者，或汩於欲而忘其勉彊之心，則惟利之趨；覬於免罪者，或乘其變而以爲罪之未必及己，則放僻邪侈。故其真情發露而不可揜。惟成德之君子，則素其位而行，雖造次顛沛而未嘗違也，故其所守然後可見。○物之受於天者獨正，故不凋於歲寒；人之得於天者必周，故能不變於邪世。○胡氏曰：小人在治世或與君子無異者，猶春夏之交萬物青葱，雖有堅脆之不齊，然未可辨也。及事變之來，小人則隨時變遷。君子則所守不易，非死生禍福可得而移，亦猶重陰沍寒，生意憔悴，而松柏獨蒼然不變。○厚齋馮氏曰：歲寒，今之建丑月也。木葉無不凋。而是時松柏獨不凋，則知後於衆木之凋也。○新安陳氏曰：松柏在春夏，無異衆木，必經歲寒，方見其後衆木而凋零；以比君子在平時無異衆人，必經事變，方見其異衆人而特立。後凋雖待歲寒而後可見，松柏之有心，則貫四時而有常，托物以比君子，其意深矣！此章如《詩》六義之比。○謝氏曰：「『士窮見節義』，『世亂識忠臣』。欲學者必『周于德』。」新安陳氏曰：「士窮乃見節義」，韓退之語。「疾風知勁草，板蕩識誠臣」，❶唐太宗語。孟子曰：「周于德者邪世不能亂。」○雙峯饒氏曰：松柏至春後方易葉，故曰「後凋」。必有松柏之操，然後能不爲歲寒所變，以比必有君子之德，然後能不爲利害事變所移。臨利害，遇事變，是兩件。士窮見節義，以利害言；世亂識忠臣，以事變言。

○子曰：「知者不惑，仁者不憂，勇者不懼。」

明足以燭理，故「不惑」；理足以勝私，故「不憂」；程子曰：仁者不憂，樂天者也。○朱子曰：仁者天下之公，私欲不萌而天下之公在我，何憂之有？○胡氏曰：公理不能勝私欲，則憂患多端。仁者至公無私，與理爲一，理所當然，則貧賤、夷狄、患難皆素其位而行，無往而不自得，所以不憂也。氣足以配道義，故「不懼」。朱子曰：孟子説「配義與道，無是餒也」。今有見得道理分曉而反懾怯者，氣不足也。○慶源輔氏曰：勇而謂「氣足以配道義」者，配則合而有助之意，如陰配陽也。有義理之勇，有血氣之勇，氣本麤厲，惟配乎道義，則爲道義之助而可以言勇，所謂「不懼」者非悍然不顧也。主乎義理而言，故以「配」乎「道義」明之。此學之序也。朱子曰：成德以仁爲先，進學以知爲先，此「誠而明，明而誠」也。《中庸》三者之序，亦爲學者言。問：「何以勇皆序在後？」曰：末後做工夫不退轉，此方是勇。○問：「知者不惑，明理便能無私否？」曰：也有人明理而不能去私欲者。然去私欲，必先明理。無私欲，則不屈於物，故勇。

❶「誠」，四庫本、孔本、陸本作「忠」。

惟聖人自誠而明，可以先言仁後言知。至於教人，當以知爲先。○有仁知而後有勇，然而仁知又少勇不得。雖曰「仁能守之」，只有這勇，方能守得到頭，方能接得去。若無這勇，則雖有仁知，少間亦恐會放倒了，所以《中庸》説仁、知、勇三者。勇本是箇没緊要底物事，然仁知不是勇，則做不到頭，半塗而廢。○問：「人之所以憂惑懼者，只是窮理不盡故如此。若窮盡天下之理，則何憂何懼之有？因其無所憂，故名之曰『仁』；因其無所惑，故名之曰『知』；因其無所懼，故名之曰『勇』。不知二説孰是？」曰：仁者隨所寓而安，自是不憂；知者所見明，自是不惑；勇者所守定，自是不懼。夫不憂、不惑、不懼，自有次第。○問：「知之明，非仁以守之則不可；仁以守之，非勇而行之亦不可。三者不可闕一，而知爲先。」曰：此説甚善。正吾人所當自力也。○慶源輔氏曰：仁者知之體統，故論德則以仁爲先；知者仁之根柢，故論學則以知爲首。勇則仁知之發也。未能仁知而勇，則血氣之爲耳。蓋學之序，不惑而後不憂，不憂而後不懼；德之序，不憂則自然不惑，不惑則自然不懼。

○子曰：「可與共學，未可與適道；可與適道，未可與立；可與立，未可與權。」

可與者，言其可與共爲此事也。程子曰：「可與共學，知所以求之也；可與適道，知所往也；可與立者，篤志固執而不變也。權，稱去聲。下同。錘直追反。也。所以稱物而知輕重者也。可與權，謂能權輕重使合義也。」程子曰：權，與「權衡」之權同。人無權衡，則不能知輕重。聖人則不以權衡而知輕重矣，聖人則是權衡也。○有求爲聖人之志，然後可與共學，而善思然後可與適道。思而有所得，則可與立。立而化之，則可與權。○朱子曰：可與共學，有志於此；可與適道，已看見路脉；可與立，能有所立；可與權，遭事變而知其宜。此只是大綱如此説。○問：「權便是義否？」曰：權是用那義底。問：「中便是時措之宜否？」曰：以義權之而後得中。義似秤，權是將這秤去稱量，中是物得其平處。○「義」字包得經與權。經自是義，權亦是義。義當守經則守經，義當用權則用權。經是萬世常道，權是不得已而用之，須是合義。如湯、武放伐，伊尹放太甲，此是權。若時時用之，成甚世界？○可與共學底，未必便可與適道。然共學須教可與適道。以下皆然。○慶源輔氏曰：權與物鈞而生衡。而銖兩斤鈞，皆著於衡。物加於衡之首而權移於衡之尾，所以能知其輕重也。○新安陳氏曰：「權」字之得名以此。此推原器物以論理也。○楊氏曰：「知爲去聲。己，則可與共學矣；學足以明善，然後可與適道；信道篤，然後可與立；知時措之宜，然後可與權。」朱子曰：可與立未可與權，亦是甚不得已，方説此話。然須是聖人方可與權。若以顔子之賢，恐也不敢議此。「磨而不磷，涅而不緇」，而今人才磨便磷，才涅便緇，如何更説權變？所謂未學行先學走也。○權處是道理上面更有一重道理，如君子小人，君子固當用，小人固當去。然方當小人進用時，猝乍要用君子也未得。當其深根固蔕時，便要去他，適爲所害。這裏斟酌時宜，便知箇緩急淺深始得。○雲峯胡氏曰：程子是專就權上説義，朱子只分經與權説義。洪氏曰：「《易》九卦終於『巽以行權』。《易·繫辭》：「履以和行，謙以制禮，復以自知，恒以一德，損以遠害，益以興利，困以寡怨，井以辨義，巽以行權。」○潛室陳氏曰：舉《易》一語，見權者聖人之終事。《易》三陳九卦，凡二十七節，道理最微，末一語方以權終之，見得不可驟語。○新安陳氏曰：九卦，謂履、謙、復、恒、損、益、困、井、巽是也。詳見《易·繫辭下傳》。權者，聖人之大用。未能立而言權，猶人未能立而欲行，鮮上聲。不仆音赴。矣。」雲峯胡氏曰：洪氏之説，上文有曰：「可與共學，七十子是也；可與適道，游夏之徒是也；可與立，顔閔之徒是也；權，即孔子是也。」然則權者聖人之大用，非如文王孔子而用權，鮮有不差者矣。程子曰：「漢儒以反經合道爲權，故有權變、權術之論，皆非也。權只是經也。自漢以下無人識『權』字。」《公羊傳》桓公十一年：「九月，宋人執祭仲。」「何賢乎祭仲？以爲知權也。權者何？權者反於經然後有善者也。」○韓康伯註《繫辭》云：「權反經而合道，必合乎巽順而後可以行權也。」○程子曰：反經合道爲權，公羊唱之，何休和之。何休註《公羊傳》。其實未嘗反經，古人多錯用

「權」字。才說「權」，便是變詐。不知「權」只是經所不及者，權量輕重使之合義。才合義，便是「權」也。愚按，先儒誤以此章連下文「偏其反而」爲一章，故有「反經合道」之說。程子非之是矣。然以孟子「嫂溺援平聲。之以手」之義推之，則「權」與「經」亦當有辨。朱子曰：「經」與「權」之分，諸人說皆不合。若說權自權，經自經，不相干涉固不可；若說事須用權，經須權而行，權只是經，則權與經又全無分別。觀孔子曰「可與立，未可與權」，孟子曰「嫂溺援之以手」，則權與經須有異處，雖有異而權實不離乎經也。這裏所争只毫釐。伊川說權只是經，恐也未盡。嘗記龜山云：「權者經之所不及。」這說却好。蓋經者只是存得箇大經大法，正當底道理而已。若精微曲折處，固非經之所能盡也。所謂「權」者，於精微曲折處曲盡其宜，以濟經之所不及耳。所以說中之爲貴者權。權者，即是經之要妙處也。如漢儒說「反經合道」，此語亦未甚病，蓋事也有那反經底時節，只是不可說事事要反經，又不可說全不反經。如君令臣從，父慈子孝，此經也。若君臣父子皆如此固好。然事有必不得已處，經所行不得處，也只得反經，依舊不離乎經耳。所以貴乎權也。孔子曰：「可與立，未可與權。」立便是經。可與立，則能守箇經。有所執立矣，却說未可與權。以此觀之，權乃經之要妙微密處，非見道理之精密透徹純熟者，不足以與權也。○「立」是見得那正當道理分明了，不爲事物所遷惑。「可與立」者，能處置得常事；「可與權」者，能處置得變事。天下之事，有常有變；而處事之方，有經有權。當事之常而守其經，雖聖賢不外乎此，而衆人亦可能。至於遭事之變而處以權，則惟大賢能不失其正。可與立未可與權，蓋言其難如此。○經有不可行處而至於用權，此權所以「合經」也。○君臣父子，定位不易，事之常也。君令臣行，父傳子繼，道之經也。事有不幸而至於不得盡如其常，則謂之「變」，而所以處之之術，不得全出於經矣，是則所謂「權」也。夷、齊、季札之徒，所以輕千乘之國以求即乎其心之所安，寧隕其身、亡其國而不敢失其區區之節者，亦爲此也。又曰：經是已定之權，權是未定之經。○權是時中。不中，則無以爲權矣。○漢儒「反經」之說，只緣將下文誤作一章解，故其說相承曼衍。且看《集義》中諸說，莫不連下文。唯范氏、蘇氏不如此說。程子說漢儒之誤固如此，要之「反經合道」一句思之亦通。緣「權」字與「經」字對說。纔是權，便是變却那箇經，雖謂之「反經」可也。然雖是反那經，却不悖於道。雖與經不同而道一也。○經者道之常，權者道之變。道則是箇體統貫乎經與權。○漢儒說權是離了箇經說，伊川說權便道權只在經裏面。且如周公誅管、蔡，與唐太宗殺建成、元吉，其推刃於同氣雖同，而所以殺之則異。蓋管、蔡與商遺民謀危王室，此是得罪於天下，得罪於宗廟，不得不誅之。若太宗分明是爭天下，故周公可謂之「權」，太宗不可謂之「權」。○伊川見漢儒言反經是權，恐無忌憚者得借權以自便，因有此論。○伊川將經做箇大底物事，經包得權，此說本好。只是據聖人說「可與立未可與權」，須還他是兩箇字。經自是經，權自是權。若如伊川說，便廢了「權」字始得。權只是經之變，這便是「反經」。今須曉得孔子說，又曉得伊川之說，方得。○「權」與「經」固是兩義。然論權而全離乎經，則不是。蓋權是不常用底物事。如人之熱病者當用涼藥，冷病者當用熱藥。此是常理。然有時有熱病却用熱藥發他熱病者，有冷病却用冷藥發他冷病者，此皆是不可常用者。然須下得是方可。若有豪釐之差，便至於殺人。若用得是，便是少他不得，便是合用這箇物事。既是合用茲權也，茲所以爲經也。○勉齋黃氏曰：常者一定之理，變者隨時之宜。遇事之常，但當守一定之理；遇事之變，則不得不移易以適時之宜。此經權不可無變之說然也。然天下之理，惟其當然而已。當經而經，當然也；當權而權，亦當然也。權雖異於經，而以其當然，則亦只是經。此程子「權只是經」之說然也。有有辨之說，則經權之說始明；有程子之說，則經權之義始正。○問「權」、「經」二字如何分別。潛室陳氏曰：經猶秤衡，銖兩斤鈞一成畫定；權即秤錘，隨物低昂以求合於銖兩斤鈞。○陳氏曰：經所不及，須用權以通之。然非理明義精便差却。到用權處，亦看不出。權雖經之所不及，實與經不相悖。柳宗元謂「權者所以達經者也」。蓋經到那裏行不去，非用權不可濟。如君臣定位，經也。桀、紂暴橫，天下視爲獨夫，此時君臣之義已窮，故湯、武征伐以通之，所以行權。男女授受不親，此經也。嫂溺不援，便是豺狼，故援之者所以通乎經也。用權須是地位高方可，但非可以常行。如太宗殺建成，是不當用權而用權；王、魏不死於建成而事太宗，是合守經而不守經。魏晉以下，皆於國統未絶而欺人孤寡，託爲受禪，是當守經而不守經，不當用權而用權者也。又如季札終於固遜而不肯立，卒自亂其宗國，是於守經中見義不精者也；張柬之等反正中宗，誅諸武而留一武三思，卒自罹慘禍，是於用權中見義不精者也。○雲峯胡氏曰：程子矯漢儒之弊，而謂權只是經。朱子謂經與權當有辨。無程子之説，則權變、權術之説可行於世矣；無朱子之説，則經權之辨則不復明於世矣。此其説不得不異也。先儒謂朱子每於程子之説，足其所未盡，補其所未圓，實有功於程子，愚於此亦云。

○「唐棣之華，偏其反而。豈不爾思？室是遠而。」棣，大計反。

唐棣，郁李也。朱子曰：此「唐棣」自是一篇《詩》，與今《常棣》詩別。《論語》及《召南》作「唐棣」，《爾雅》作「棠棣」，無作「常」者。而《小雅》「常」字亦無「唐」音。《爾雅》又云：「唐棣，棣。常棣，移。」❶則唐棣、常棣自是兩物，而夫子所引非《小雅》之《常棣》矣。偏，《晉書》作「翩」。或問「偏」之爲「翩」。朱子曰：非獨《晉史》爲然。《角弓》之《詩》，固有「翩其反矣」之句矣。然則「反」亦當與「翻」同。言華與「花」通。之摇動也。而，助語也。此逸《詩》也。於六義屬興。去聲。上兩句無意義，但以起下兩句之辭耳。其所謂「爾」，亦不知其何所指也。讀「反」爲「翻」，則「遠」字亦叶於圓反。○汪氏曰：韻書「移」下註云：「其華反向後合。《詩》云『翩其反而』。」據此讀如字亦可，尤與「遠」叶。

子曰：「未之思也。夫何遠之有？」夫音扶。

夫子借其言而反之。蓋前篇「仁遠乎哉」之意。○程子曰：「聖人未嘗言易去聲。以驕人之志，以爲易，則忽心生而驕。亦未嘗言難以阻人之進，以爲難，則畏心生而阻。但曰『未之思也，夫何遠之有』。此言極有涵蓄，意思去聲。深遠。」慶源輔氏曰：是理之在人，以爲易知乎，則精深微妙，未易可知也；以爲難知

❶「移」，四庫本、孔本作「棣」，合《爾雅・釋木》。然《爾雅・釋木》「唐棣棣」作「唐棣栘」。

乎，則其在人之理本自不隱也。❶若言其易，則驕人之志，而不肯下堅苦之功；若言其難，則阻人之進，而遂生疑畏之意。但曰「未之思也，夫何遠之有」，則只是平鋪地道著，無一毫助長益生之意。所以極有含蓄，意思深遠。極有涵蓄者，該道體之微顯、進學者之工夫，皆寓其中；意思深遠者，令人涵泳之，但覺意味淵永，無有窮盡也。非聖人之言，疇克爾哉？○新安陳氏曰：逸《詩》所謂「爾思」，以思其人言；夫子所謂「未之思」，以思此理言。理之所在，思則得之，何遠之有？不思則不得，始見其遠耳。何以知「爾思」之爲思其人？以「室」字知之。但不知所謂「爾」者，指何人耳。然辭意婉而平和，無褻狎態。東坡以爲思賢之詩，亦或然也。

論語集註大全卷之九

❶「在人」，《四書纂疏》、《四書通》作「天然」。

論語集註大全卷之十

鄉黨第十

楊氏曰：「聖人之所謂道者，不離去聲。乎日用之間也。故夫子之平日一動一静，門人皆審視而詳記之。」尹氏曰：「甚矣，孔門諸子之嗜學也！於聖人之容色言動，無不謹書而備録之，以貽後世。今讀其書，即其事，宛然如聖人之在目也。雖然，聖人豈拘拘而爲之者哉？蓋盛德之至，動容周旋自中去聲。乎禮耳。學者欲潛心於聖人，宜於此求焉。」程子曰：《鄉黨》分明畫出一箇聖人。○朱子曰：《鄉黨》一篇自「天命之性」至「道不可須臾離」皆在裏面。許多道理皆自聖人身上迸出來。惟聖人做得甚分曉，故門人見之熟，是以記之詳。○《鄉黨》説聖人容色處，是以有事時觀聖人；説燕居申申夭夭處，是以無事時觀聖人。學者須知聖人無時無處而不然。○南軒張氏曰：此篇於夫子言語容貌、衣服飲食之際，察之精矣。聖人之道如是其高深也，茫然測度，懼夫泛而無進德之地，故即其著見之實而盡心焉。存而味之，則而象之。於此有得，則内外並進，體用不離，而其高深者可馴致矣。❶ ○慶源輔氏曰：聖人之道無精粗，無本末。大至於平天下治國家，立經陳紀，制禮作樂，小至於容貌辭色，一動一静，皆自此廣大心中流出。但愈細則愈密，愈近則愈實。故《鄉黨》一篇記聖人之容貌辭色如是之詳且悉者，正所以示聖學之正傳，以垂教於後世

❶「致」，原作「到」，今據四庫本、孔本、陸本及宋張栻《癸巳論語解》卷五改。

也。○問：「《鄉黨》一書盡言『孔子』，中間又言『君子』。朱子謂『君子』即孔子。何不便說『孔子』？」潛室陳氏曰：即孔子做底便是衆人合依底，故間稱「君子」。聖人以身爲教，故記者以教法書之。○雲峯胡氏曰：《鄉黨》形容夫子之一動一静，可得而直遂其辭者，曰必，曰不；不可得而直遂其辭者，曰如，曰似。其皆隨時變易，而無非道之所在者歟！ 舊說凡一章，今分爲十七節。

孔子於鄉黨，恂恂如也，似不能言者。恂，相倫反。

恂恂，信實之貌。似不能言者，謙卑遜順，不以賢知去聲。先人也。鄉黨，父兄宗族之所在，故孔子居之，其容貌辭氣如此。朱子曰：鄉黨不是不說，但較之宗廟朝廷爲不敢多說耳。○或問「恂恂」。曰：以《詩》、《書》訓詁考之，宜爲信實，然亦有温恭之意。○慶源輔氏曰：似不能言者，所以形容信實之意。大凡人纔信實，則言自簡默，況聖人之表裏如一者乎？ 謙卑遜順，不以賢智先人，即温恭之意。○吴氏曰：恂恂似不能言，信實在心而訥於發言之貌。人倫之序，自近達遠，由親及疎。家之外，則鄉黨矣。生於斯，長於斯，父兄宗族聚於斯，故夫子居之，其貌言如此。

其在宗廟朝廷，便便言，唯謹爾。朝，直遥反。下同。便，旁連反。

便便，辯也。宗廟，禮法之所在；朝廷，政事之所出。言不可以不明辯，總言。故必詳問據「入太廟，每事問」而言。在宗廟如此。而極言之，在朝廷如此。但謹而不放爾。吴氏曰：宗，尊也。尊奉之，故曰「宗」。宗廟、朝廷，皆謂魯也。○此一節記孔子在鄉黨、宗廟、朝廷言貌之不同。胡氏曰：在宗廟而「明辯」，則可以識制度文物之精微，升降揖遜之委折；在朝廷而「明辯」，則上之所布者不悖於理，下之所受者不被其害。○厚齋馮氏曰：古人於言語所不能形容，輒以連綿字狀之。如《詩》之詠文王曰「穆穆」、「亹亹」、「雝雝」、「肅肅」，如見文王之德容心志也。此篇最工於形容。夫子之動容周旋，睟然於言辭之表見之。○雲峯胡氏曰：此篇記夫子之容貌言動。然紀動莫先於紀言，故首一節以言先之。夫子在鄉黨非不言而似不能言，在宗廟朝廷則當言必言而猶謹於言。言，心聲也。此心信實則訥而不發，此心謹慎，雖不訥而亦不輕發。信實謹慎，不足以言夫子之聖，而愈見夫子之所以聖。

○朝，與下大夫言，侃侃如也；與上大夫言，誾誾如也。侃，苦旦反。誾，魚巾反。

此君未視朝時也。胡氏曰：以下文「君在」互觀之，知此爲君未視朝時。既視朝則不當歷位而相與言矣。《王制》：「諸侯上大夫卿。下大夫五人。」胡氏曰：《王制》：「上大夫卿。」又云：「大國三卿，下大夫五人。」今合此二節以爲上大夫、下大夫之別也。上大夫曰卿。大國、次國、小國並下大夫五人。○厚齋馮氏曰：夫子仕魯，自下大夫爲上大夫。此當記爲下大夫之時。許氏《說文》：後漢許慎，字叔重，著《說文》。「侃侃，剛直也。」慶源輔氏曰：侃侃，謂能守理義而無所回屈。「誾誾，和悅而諍也。」朱子曰：下大夫位不甚尊，故言可得而直遂。上大夫前雖有所諍，須有含蓄不盡底意，不如侃侃之發露得盡也。○「和悅」則不失事上之恭，「諍」則又不失在己義理之正。○「和悅」終不成一向放倒了，到合當辨處，須辨始得。○內不失其事上之禮而外不至於曲從。如古人用這般字，不是只說字義，須是想象這意思是如此。如「恂恂」，皆是有此意思，方下此字。如《史記》云：「魯道之衰，洙泗之間，齗齗如也。」齗、誾字同。這正見「和悅而諍」意思。○北溪陳氏曰：先言「和悅」後言「諍」，和悅者，事長順也，諍則不詭隨矣。

君在，踧踖如也，與與如也。踧，子六反。踖，子亦反。與，平聲或如字。

君在，視朝也。踧踖，恭敬不寧之貌。與與，威儀中適之貌。南軒張氏曰：此君在位之時。在朝，在廟燕見，皆然也。○胡氏曰：「中」者不至於過，「適」者當其可。○慶源輔氏曰：「踧踖」二字皆從足，蓋心懼而立不寧也。「踧踖」雖是恭敬不寧，「與與」又却威儀中適，此所以爲聖人也。○新安陳氏曰：

中適，得其中而且安適也。若作「中節」解，何不曰「適中」乎？○張子曰：「與與，上聲。不忘向君也。」亦通。勉齋黄氏曰：下大夫侃侃，接下以嚴；上大夫誾誾，事上以和。敬而「不忘向君」，忠敬之道備矣。○雙峯饒氏曰：「與與」作平聲讀者，威儀中適之貌。言雖恭敬不寧而威儀却皆從容中適，恭敬之中有和意也。作「如」字讀者，與之又與，「不忘向君」之意。踧踖，敬君之至也；與與，愛君之至也。敬有餘而愛不足則疎，愛有餘而敬不足則褻。聖人兩皆具足，蓋莫非中和氣象。○慶源輔氏曰：「恭敬不寧」如此，而意又不忘「向君」，亦非聖人不能也。○此一節記孔子在朝廷事上接下之不同也。齊氏曰：君未視朝，則其待同列也或莊或和，所施各異；君既視朝，則其視君也，一於齊栗專篤而已。觀諸上下之間，而其辭貌各得其當可見矣。

○君召使擯，色勃如也，足躩如也。擯，必刃反。躩，驅若反。

擯，主國之君所使出接賓者。勃，變色貌；躩，盤辟貌。辟音璧，與「躄」同。○盤辟，乃盤旋曲折之意。皆敬君命故也。慶源輔氏曰：擯，人主使之接賓。此見《儀禮》。所以接賓者，盡人主之禮意而欲賓之無違於禮也。勃如，顔色之變；躩如，容止之變。心敬于中則容變於外，自然之符也。聖人固未嘗不敬，但君命之臨則敬心愈至耳。

揖所與立，左右手，衣前後，襜如也。襜，赤占反。

所與立，謂同爲擯者也。擯用命數之半，如上公九命則用五人以次傳命。《周禮·行人》，上公九介，侯伯七介，子男五介，各隨其命數。賓次於大門之外，主人使擯者出而請事。卿爲上擯，大夫爲承擯，士爲紹擯。主國之君，公則擯者五人，侯、伯四人，子、男三人，各用其命數之强半，下於賓，以示謙也。若其傳命之制，賓立於庫門之外，即大門。直闑西北面，介者以次立於西北東面，每介相去三丈六尺。主君出接，立於庫門之外，直闑西南面，擯者以次立於君之東南西面，每擯相去亦三丈六尺。末擯與末介相對，東西亦相去三丈六尺。主君命上擯請問來故，蓋雖知其來朝，不敢自許其朝己，恐其或爲他事而來，所以示謙也。上擯受君命而傳之承擯，迤邐傳至末擯，末擯傳至末介，末介以次繼傳，上至于賓。賓命上介復命，復以次傳之擯而達於主君。然後主君進而迎賓以入。○朱子曰：古者相見之禮，主人有擯，賓有介。賓傳命於上介，上介傳之次介，次介傳之末介，末介傳之末擯，末擯傳之次擯，次擯傳之上擯，上擯傳之主人，然後賓主方相見。○蔡氏模。曰：賓主各有副。賓副曰介，主副曰擯。

揖左人則左其手，揖右人則右其手。

襜，整貌。《周禮・春官・大宗伯》：「以九儀之命正邦國之位。壹命受職，始見命爲正吏，受職事。再命受服，受祭衣服，爲上士。三命受位，受下大夫之位。四命受器，受祭器，爲上大夫。五命受則，則者，法也，地未成國之名。王之下大夫四命，出封加一等。五命賜之以方百里、二百里之地者。方三百里以上爲成國。六命受官，子男入爲卿，治一官也。此王六命之卿賜官者，使得自置其臣，治家邑。七命賜國，王之卿六命，出封加一等者，就侯伯之國。八命作牧，侯伯有功德者，加命得專征伐於諸侯，爲一州之牧。九命作伯。」上公有功德者，加命爲二伯，得征五侯。九命者，長諸侯，爲方伯。○《秋官司寇・大行人》：「以九儀辨諸侯之命，等諸臣之爵，以同邦國之禮而待其賓客。九儀，謂命者五，公、侯、伯、子、男也；爵者四，孤、卿、大夫、士也。上公之禮，執桓圭九寸，冕服九章，介九人，禮九牢，擯者五人。諸侯之禮，執信圭七寸，信音身。冕服七章，介七人，禮七牢，擯者四人。諸伯執躬圭，其他皆如諸侯之禮。諸子執穀璧五寸，冕服五章，介五人，禮五牢，擯者五人。諸男執蒲璧，其他皆如諸子之禮。」○朱子曰：揖左人，傳命出；揖右人，傳命入也。○慶源輔氏曰：左右手，如賓自南而北，則居東者在賓之右而賓在其左，故用左手以揖賓；居西者在賓之左而賓在其右，故用右手以揖賓。如此，然後兩相向也。又曰：襜如，言其衣之前後襜如其齊整也。

趨進，翼如也。

疾趨而進，張拱端好，如鳥舒翼。慶源輔氏曰：凡人疾走則手易散，臂易掉。今「疾趨而進」，而「張拱端好，如鳥舒翼」，所謂「造次不違」者是也。

賓退，必復命曰：「賓不顧矣。」

紓音舒。君敬也。朱子曰：古者賓退，主人送出門外，設兩拜，賓更不顧而去。國君於列國之卿大夫亦如此。○新安陳氏曰：紓，緩也，解也。賓雖退，主君敬猶存。擯告「賓去不顧」，則主君之敬可緩解也。○

此一節記孔子爲去聲。君擯相去聲。之容。○問：「夾谷之會，孔子相禮，恐即擯相之相。」朱子曰：相自是相，擯自是擯。相是相禮儀，擯是傳道言語。故擯用命數之半，是以次傳説。○勉齋黄氏曰：色勃足躩，被命之初也；揖與趨進，行禮之際也；賓退，禮畢之後也：皆天理之節文所當然。至於揖之左右、衣之前後、手之翼如，皆禮文之至末者。聖人於此動容周旋，無不中禮，盛德之至也。

○入公門，鞠躬如也，如不容。

鞠躬，曲身也。公門高大而若不容，敬之至也。南軒張氏曰：入公門則改容而不敢少肆也。○慶源輔氏曰：高大則宜無所不容矣。今以眇然之身，入之如不容焉，則心小而敬謹可知矣。

立不中門。行不履閾。閾，于逼反。

中門，中於門也，謂當棖除庚反。闑倪結反。之間，君出入處也。閾，門限也。禮，士大夫出入公門由闑右，不踐閾。見《禮記》。謝氏曰：「立中門則當尊，行履閾則不恪。」克各反。○朱子曰：棖，如今「衮頭」相似。闑，當中礙門者，今城門有之。古人常掩左扉，人君多出在門外見人。當棖闑之間，爲君位。○或問「中門」之説。曰：疏云：「門中有闑，兩旁有棖。中門，謂棖闑之中。然則門之左右扉各有中，所謂『闑門左扉，立于其中』是也。」○南軒張氏曰：立不中門，避所尊也；行不履閾，行以度也。非獨入公門爲然，特於此記之耳。○雙峯饒氏曰：中間有闑，兩旁有棖。棖是大門兩旁之木，如今「壁尺」相似。闑是中間兩扉相合之處，又有一木常設而不動。東西兩扉各有中，君出入則皆由左，出則以東扉爲左，入則以西扉爲左。士大夫出入君門則皆由右，出以闑西爲右，入以闑東爲右。然雖由右，亦不敢正當棖闑之中，但挨闑旁而行，蓋避君出入處也。行既不敢當中，則立亦不可當中，故「立不中門」。○吴氏曰：按《鄉黨》所記夫子之事有常禮者，有夫子所行不與他人同者。如「入太廟，每事問」，此夫子不與他人同者；如「立不中門，行不履閾」，此常禮也。

過位，色勃如也，足躩如也，其言似不足者。

位，君之虚位，胡氏曰：言「過」，則「虚」可知矣。謂門屏音丙。之間，人君宁仲呂反。立之處，所謂「宁」也。《禮記·曲禮下》：「天子當依上聲。而立，諸侯北面而見天子曰『覲』。天子當宁而立，諸公東面、諸侯西面曰『朝』。」依，狀如屏風，以絳爲質，高八尺，東西當户牖之間，綉爲斧文也。亦曰「斧依」。《爾雅》曰：「門屏之間謂之宁。」○問：「『過位』註云：『君之虚位，謂門屏之間。』」朱子曰：如今人廳門之内，屏門之外，似《周禮》所謂「外朝」也。○問：「『過位，色勃如也』，『位，謂門屏之間，人君宁立之處』。」曰：古今之制不同。今之朝儀，用秦制也。古者朝會，君臣皆立，故《史記》謂「秦王一旦捐賓客而不立朝」。君立於門屏之間。屏者，乃門間蕭牆也，今殿門亦設之。三公九卿以下，設位於廷中，故謂之「三槐九棘」者。廷中有樹處，公卿位當其下也。○雙峯饒氏曰：天子至尊，何以立而不坐？曰：古無坐見臣下之禮。至秦尊君卑臣，始有君坐臣立之制。○門屏之間，謂治朝也。但天子外屏，其屏在路門外；諸侯内屏，其屏在路門内。則宁立之處，天子當在門外屏内，諸侯當在屏外門内，此爲不同爾。問：「屏制何如？」曰：樹小牆於當門，以蔽内外也。君雖不在，過之必敬，不敢以虚位而慢之也。言似不足，不敢肆也。

攝齊升堂，鞠躬如也，屏氣似不息者。齊音咨。

攝，摳驅侯反。也。齊，衣下縫也。縫，房用反。禮，將升堂，兩手摳衣使去地尺，恐躡之而傾跌音迭。失容也。屏，音丙。藏也。息，鼻息出入者也。近至尊，「氣容肅」也。朱子曰：攝齊者，是畏謹，恐上階時踏着裳，有顛仆之患。○或問：「升堂攝齊，則手無所執歟？」曰：古者君臣所執五玉、三帛、二生、一死，皆以爲贄而已；笏則搢之，插於腰間，用以記事而已，不執以爲儀也。宇文周欲復古，乃不脩贄而執笏，於是攝齊鞠躬之禮廢。升堂而蹴齊者多矣。○胡氏曰：初則身如不容，次則言似不足，又次則氣似不息，君愈近則敬愈加也。至於舒氣解顔，若少放矣，而踧踖餘敬，久猶未忘。則聖人所以存心也，可見矣。○慶源輔氏曰：升則肅，降則舒，氣之有張弛也。○鼻息出入，人之所不能無也。但心敬則氣肅，其息微細，自不覺其出入，一似不息者也。○趙氏曰：古者諸侯之堂七尺，尺一級，使裳之齊去地尺，則升階不躡之也。○兩手摳衣去齊尺，出《記·曲禮上》；氣容肅，出《玉藻》篇，註云：「似不息。」

出，降一等，逞顔色，怡怡如也。没階，趨進，翼如也。復其位，踧踖如也。

陸氏曰：「『趨』下，本無『進』字。俗本有之，誤也。」○等，階之級也。逞，放也。漸遠所尊，舒氣解顔。怡怡，和悦也。没階，下盡階也。趨，走就位也。復位踧踖，敬之餘也。朱子曰：此是到末梢又加整頓。衆人末梢便撒了，聖人則始乎敬，終乎敬。問：「何以知『進』字爲衍文？」曰：降而盡階，則爲趨而退，不得復有「進」字。○南軒張氏曰：出降一等，色始舒也。没階翼如，復其位踧踖，始終以敬也。○此一節記孔子在朝之容。勉齋黄氏曰：此記在朝之容有五節。一入門，二過位，三升堂，四下階，五復位。○雲峯胡氏曰：始入門而如不容，其敬即已可見；至其出也，既怡怡而復踧踖，則其敬愈可見。故《集註》始以爲「敬之至」，末以爲「敬之餘」。○新安陳氏曰：此章當玩「入」與「出」字。自入以至出，始終一於敬也。

○執圭，鞠躬如也，如不勝。上如揖，下如授，勃如戰色，足蹜蹜如有循。勝，平聲。蹜，色六反。

圭，諸侯命圭。聘問鄰國，則使大夫執以通信。《周禮·冬官考工記》：❶「命圭九寸，謂之桓圭，公守之。命圭七寸，謂之信圭，侯守之。命圭七寸，謂之躬圭，伯守之。」命圭者，王所命之圭也。朝覲執焉，居則守之。子守穀璧，男守蒲璧，不言之者，闕耳。○《禮·郊特牲》云：

❶「工」，原作「功」，今據四庫本、陸本及《輯釋》改。

「大夫執圭而使，所以申信也。」○朱子曰：圭自是贄見通信之物。❶只是捧至君前而已，少間仍退還。○或問命圭。曰：古者諸侯受封，天子授之以圭，以爲瑞節。如不勝，執主器，執輕如不克。出《記・曲禮下》。敬謹之至也。慶源輔氏曰：一圭之重，能有幾何，豈有不勝之理？但敬謹之至，容儀一似不勝者耳。上上聲。如揖，下如授，謂執圭平衡，手與心齊，高不過揖，卑不過授也。問：「執圭『上如揖，下如授』，既曰『平衡』，而又有上下，莫是心與手齊，如步趨之間其手微有上下，但高不至過揖，下不至過授否？」朱子曰：得之。○上如揖，下如授，舊説謂「上階」之上，「下階」之下，亦好。但此方説升堂時其容如此，既升堂納圭於君前，即不復執之以下，故説做下堂不得，所以只用平衡之説言之。上下，謂執圭之高低也。○厚齋馮氏曰：太高則仰，太卑則俯。上下如此，則升降之間得其節矣。戰色，戰而色懼也。吳氏曰：臨事而懼，莫過於戰，故以「戰」喻。過位、使擯但言「色勃如」也，此加「戰」字，則莊而且懼矣。蹜蹜，舉足促狹也。如有循，《記》所謂「舉前曳踵」，之隴反。言行不離去聲。地，如緣物也。《禮・玉藻》：「執龜玉，舉前曳踵，蹜蹜如也。」踵，足後跟也。略舉前趾，拖曳後跟，行不離地也。○朱子曰：蹜蹜如有循，緣手中有圭，不得攝齊，亦防顛仆。

享禮，有容色；

享，獻也。既聘而享用圭璧，有庭實，新安陳氏曰：《記》曰：「庭實旅百，奉之以玉帛。」此云用「圭璧」，即「玉帛」之「玉」，與上文「執圭」不相妨。彼乃命圭也。有容色，和也。《儀禮》曰：「發氣滿容。」問「聘享」之禮。朱子曰：正行聘禮畢而後行享禮。聘是以命圭通信，少間仍舊退還命圭；享是獻其圭璧琮璜，非命圭也，皮幣輿馬之類，皆拜跪以獻。退而又以物獻其卿大夫。凡三四次方畢。所獻之物皆受，但少間別有物以回之。又問「庭實」。曰：皮幣輿

❶「是」，原作「通」，今據《輯釋》、《語類》卷九一改。

馬皆陳於庭，故曰「庭實」。○問：「饗禮有容色，《儀禮》謂『發氣滿容』，何故如此？」曰：聘是初見時，故其意極於恭肅；既聘而享，則用圭璧以通信，有庭實以將其意，比聘時漸紓也。

私覿，愉愉如也。

私覿，以私禮見形甸反。也。愉愉，則又和矣。朱子曰：享禮，乃其君之信；私覿，則聘使亦有私禮物與所聘之國君及其大臣。○私覿，是所遣之大夫既以君命行聘享之禮畢，却行私禮參見他國之君也。○問：「私覿見於《聘禮》，孔子行之，而記禮者以爲非禮，何也？」曰：胡氏以爲若《聘禮》所記，孔子所行者，正也。當時大夫僭於邦君，於是乎有庭實旅百，如享禮然，則非匹矣。故《記》曰：「庭實旅百，何爲乎諸侯之庭？」此説是也。雲峯胡氏曰：非敬無以盡聘問之禮，非和無以通聘問之情。○新安陳氏曰：方聘則專於敬，既聘則漸而和。○此一節記孔子爲去聲。君聘於鄰國之禮也。勉齋黄氏曰：此章言出使，有三節。執圭，禮之正也，享禮則稍輕，私覿則又輕矣。故其容節之不同也如此。晁氏曰：「孔子定公九年仕魯，至十三年適齊，其間絶無朝音潮。聘往來之事。疑使擯、執圭兩條，但孔子嘗言其禮當如此爾。」厚齋馮氏曰：據《左氏》、《史遷》所載，恐不無軼事。是書出於門人之親記，烏得而疑之？○雙峯饒氏曰：按《史記》定公十四年，孔子去魯適衛，無十三年適齊事，不知晁氏何據而云？以上數節必夫子朝見、擯、聘時，弟子隨從，見而記之。

○君子不以紺緅飾，紺，古暗反。緅，側由反。

君子，謂孔子。紺，深青揚赤色，齊側皆反。服也。緅，絳色。三年之喪，以飾練服也。飾，領緣俞絹反。也。問：「『緅以飾練服』，緅是絳色，練服是小祥後喪服，如何用絳色爲飾？」朱子曰：便是不可曉。此箇制度差異。絳是淺紅色。紺是青赤色，揚者，浮也，如今人「鴉青」也。○齊服用絳，三年之喪既朞而練其服，以緅爲飾。○雙峯饒氏曰：《集註》本古註説也。然《檀弓》云「練衣縓緣」，古註誤以縓爲緅，疑當闕。○新安陳氏曰：縓，取絹切。縓是淺絳色，緅則赤多黑少之色。古註以緅當纁，殊不相似。至於紺近齊服，考之註疏，亦無明證。要之二色皆似赤非赤，其色不正，故不用爲飾歟？

紅紫不以爲褻服。

紅紫，間去聲。色，不正，且近於婦人女子之服也。朱子曰：紅紫非正色。青、黄、赤、白、黑，五方之正色也；緑、紅、碧、紫、騮，五方之間色也。蓋以木之青克土之黄，合青、黄而成緑，爲東方之間色；以金之白克木之青，合青、白而成碧，爲西方之間色；以火之赤克金之白，合赤、白而成紅，爲南方之間色；以水之黑克火之赤，合赤、黑而成紫，爲北方之間色；以土之黄克水之黑，合黑、黄而成騮，爲中央之間色。褻服，私居服也。言此，則不以爲朝音潮。祭之服可知。朱子曰：自隋煬帝令百官以戎服從，一品賜紫，次朱，次青，後世遂爲朝服。然唐人朝服猶着禮服，京師士人行道間猶着衫帽。南渡後變爲白衫，後來變爲紫衫，皆戎服也。○南軒張氏曰：紺，齊服；緅，練服。不以飾，別嫌疑而重喪祭也。紅紫，間色，不以爲褻服，無時而不居正也。○慶源輔氏曰：朝祭之服，禮服也。○陳氏用之。曰：❶不以飾則不以爲服可知，不以爲褻服則不爲正服可知。○齊氏曰：後世朝祭，服緑、服緋、服紫，蓋不特制度盡變於拓拔魏，而其色已失其正矣。故《集註》有微意焉。

當暑，袗絺綌，必表而出之。

袗，單也。葛之精者曰絺，麤者曰綌。表而出之，謂先著陟略反。裏衣，表絺綌而出之於外，欲其不見形甸反。體也。《詩》所謂「蒙彼縐絺」，是也。新安陳氏曰：《詩傳》：「蒙，覆也。縐，絺之蹙蹙者。蒙謂加絺綌於褻衣之上，所謂表而出之也。」見《鄘風·君子偕老》篇。

緇衣，羔裘；素衣，麑裘；黄衣，狐裘。麑，研奚反。

緇，黑色。羔裘，用黑羊皮。麑，鹿子，色白。狐，色黄。衣以裼先的反。裘，欲其相稱。去聲。○朱子曰：緇衣羔裘，乃純用獸皮而加裏

❶「氏」，《輯釋》無此字。

衣，如今之貂裘。○覺軒蔡氏曰：按邢氏云：「中衣外裘，皆相稱也。」緇衣羔裘之上，必用布衣爲裼。緇衣羔裘，是諸侯君臣日視朝之服也；素衣麑裘，視朔之服，卿大夫士亦然。受外國聘享，亦素衣麑裘。黄衣狐裘，則大蜡息民之祭服也。○胡氏曰：古者衣裘不欲其文之著，故必加單衣以覆之。然欲其色之稱，《玉藻》所謂「羔裘，緇衣以裼之」是也。○厚齋馮氏曰：羔裘，朝服。鄭詩刺朝，晉詩刺在位，是也。麑裘，聘享之服，見《聘禮》。狐裘，蜡祭之服，見《郊特牲》。○新安陳氏曰：裘之上加單衣以袒裼見裘之美曰裼，加全衣重襲於裼衣上以充蔽其美曰襲。故《玉藻》曰：「裘之裼也，見美也；服之襲也，充美也。」

褻裘長，短右袂。

長欲其温。短右袂，所以便作事。趙氏曰：此私家所著之裘，長之者，主温也。袂是裘之袖。短右袂者，作事便也。

必有寢衣，長一身有半。長，去聲。

齊側皆反。主於敬，不可解衣而寢，又不可著陟略反。明衣而寢，故別有寢衣，其半蓋以覆敷救反。足。程子曰：「此錯簡，當在『齊必有明衣，布』之下。」愚謂如此，則此條與明衣、變食既得以類相從，而褻裘、狐貉亦得以類相從矣。南軒張氏曰：程子云：「疑上文當連『齊』而言，故曰『必有』。」蓋齊日不用常日之寢衣，所以致其嚴也。長一身有半，因是而言寢衣之制也。○新安陳氏曰：齊寢不以衾，致嚴也。半以覆足，可寢不可行，專爲齊之寢衣而已。

狐貉之厚以居。

狐貉毛深温厚，私居取其適體。厚齋馮氏曰：《豳》詩云：「一之日于貉，取彼狐狸，爲公子裘。」則從古固然。居不厭温，故取其厚者以爲燕服。若出，則以輕裘爲便也。

去喪，無所不佩。去，上聲。

君子無故，玉不去身。觹音攜。礪之屬，亦皆佩也。南軒張氏曰：異吉凶也，佩亦有所當佩。○慶源輔氏曰：凡佩玉，所以比德，固不可舍。其他如觹礪之屬，亦所當有事而不可闕者。故唯居喪則可去，去喪則無所不佩也。○覺軒蔡氏曰：按《玉藻》云：「古之君子必佩玉，右徵角，左宮羽。凡帶必有佩玉，唯喪則否。佩玉有衝牙。君子無故，玉不去身。君子於玉比德焉。孔子佩象環五寸而綦組綬。」此是明去喪則佩。但曰「無所不佩」，則又不止於玉爾。又按《内則》，子事父母，左右佩用：「左佩紛帨、刀、礪、小觿、金燧，右佩玦、❶捍、管、遰、大觿、木燧。」觿，貌如錐，以象骨爲之。礪，礱也。皆所以備尊者使令也。此是明「無所不佩」，但去喪之時恐不同子事父母之時爾。紛帨，拭物之巾也。觿之大小，以解大小結。金燧可取火於日。捍，謂拾也，言可以捍弦也。管，筆彄也。遰，刀鞞也。木燧，鑽火也。

非帷裳，必殺之。殺，去聲。

朝音潮。祭之服，裳用正幅如帷，要與「腰」同。有襞音璧。積而旁無殺所戒反。縫。房用反。其餘若深衣，要半下，齊倍要，齊音咨。則無襞積而有殺縫矣。問：「襞積，恐若今裙製近要有殺也。要半下，謂近要者狹，半於下面齊也。齊倍要，謂向下者闊，倍於上面要也。不知旁無殺縫如何？恐是深衣之制，裳下面是裁布爲之，近要者殺從其小以打半下之法，所以旁有殺縫也。」朱子曰：「帷裳，如今之裙是也。襞積即是摺處耳。其幅自全，安得謂近要者有殺縫邪？」○慶源輔氏曰：禮服取其方正，故裳用正幅。而人身之要爲小，故於要之兩旁爲襞積，即今衣摺也。○雙峯饒氏曰：要半下，取《深衣》篇「要縫半下」之語；齊倍要，取《玉藻》篇「縫齊倍要」之語。○胡氏曰：裳之如帷者，上衣之裳皆然。惟深衣則以布幅斜裁而易置之，下齊倍於要三之一，不爲襞積。○新安陳氏曰：深衣之裳，以布六幅，斜裁爲十二幅，三分之一皆在上，三分之二皆在下。要狹齊闊，要不用襞積而旁有斜裁之殺縫。惟朝祭之服帷裳用正幅者不殺之，非帷裳而如深衣者必殺之。殺，謂要殺於齊者一半也。

羔裘、玄冠不以弔。

喪主素，吉主玄。弔必變服，所以哀死。李氏曰：羔裘，朝服；玄冠，祭服：用之於吉，故不以

❶「玦」，原作「佩」，今據四庫本、孔本、陸本及《輯釋》、《禮記・玉藻》改。

弔。○南軒張氏曰：弔必變服，稱其情也。○胡氏曰：吉凶異服，故色之黑者不以弔。○慶源輔氏曰：誠於哀死，故内外如一也。

吉月，必朝服而朝。

吉月，月朔也。孔子在魯致仕時如此。李氏曰：《周禮》云「正月之吉」，又云「月吉，讀邦法」。皆因吉禮以別凶、賓、軍、嘉爾，所謂「月吉」也。○慶源輔氏曰：若未致仕時，乃常禮，有不必記。○此一節記孔子衣服之制。勉齋黄氏曰：古人衣服不苟如此。蓋衣，身之章也。輕用之，是輕其身也。後世朝祭之服皆不如古，而士君子之服，其色其制，無一合於禮矣。蘇氏曰：「此孔氏遺書雜記曲禮，❶非特孔子事也。」朱子曰：前註「君子謂孔子」，此謂「非特孔子事」，二義兼存，以待學者之自擇。○南軒張氏曰：程子云：「孔子在魯致仕時，月朔朝也。」蓋雖致其事，而猶往月朔之朝，盡爲臣之恭也。○雲峯胡氏曰：此以前紀夫子之容貌，此後紀夫子之衣服飲食。容貌無一定之象，故以「如」字「似」字形容之，而「不」字僅二見焉；衣服飲食有一定之則，故但以「必」字「不」字直言之，而「如」字僅一見焉。○新安陳氏曰：吉月之朝，豈亦雜記曲禮乎？《孟子》曰「君子之戹於陳蔡之間」，君子，亦正謂孔子也。

○齊必有明衣，布。齊，側皆反。

齊必沐浴，浴竟即著陟略反。明衣，所以明潔其體也。以布爲之。明衣布，浴衣，見《玉藻》註。○陳氏用之。曰：明衣，以其致精明之德；用布，以其有齊素之心。此下脱前章「寢衣」一簡。

齊必變食，居必遷坐。

變食，謂不飲酒，不茹葷。朱子曰：不茹葷，是不食五辛。○今致齊有酒，非也。但禮中亦有「飲不至醉」之説。遷坐，易常處也。南軒張氏曰：變食、遷坐，蓋皆變易其常，致敬而不敢違寧也。○慶源輔氏曰：變食必致潔，❷遷坐以易常：君子致敬，無所不用

❶「氏」，四庫本、孔本作「子」。
❷「必」，四庫本及《四書纂疏》作「以」。

其至也，豈箇細故、一思慮而已哉？○勉齋黄氏曰：或曰：「齊必有明衣，布」并所脱「寢衣」一簡當屬上章，「齊必變食，居必遷坐」當屬下章。則上章言衣服，下章言飲食，似有倫理，當存之。○此一節記孔子謹齊之事。楊氏曰：「齊所以交神，故致潔明衣。變常變食、遷坐。以盡敬。」

○食不厭精，膾不厭細。食，音嗣。

食，飯也。精，鑿也。雲峯胡氏曰：鑿，通作「糳」，即各反。糲米一斛，舂米九斗。牛羊與魚之腥，聶而切之爲膾。《禮記·少儀》篇注云：「聶之爲言牒也。先藿葉切之，復報切之，則成膾。」《郊特牲》疏云：「先牒而大臠切之，而復報切之。」聶，《少儀》音之涉反，一音泥涉反。牒，《少儀》音直輒反。《郊特牲》註：「聶，本作攝，又作牒。皆之涉反。」食精則能養人，膾麤則能害人。不厭，言以是爲善，非謂必欲如是也。慶源輔氏曰：以是爲善，理也；必欲如是，欲也，其流則爲窮口腹之欲矣。

食饐而餲，魚餒而肉敗不食。色惡不食，臭惡不食。失飪不食，不時不食。「食饐」之食音嗣。饐，於冀反。餲，烏邁反。飪，而甚反。

饐，飯傷熱濕也。餲，味變也。魚爛曰餒，肉腐曰敗。色惡、臭惡，未敗而色臭變也。吴氏曰：餒自内出，敗自外入。臭，氣也。色惡、臭惡，廣言衆物。物壞而食，必害人。常人且謹，況聖人乎？或問：「聖人譏『恥惡食』者，何也？」曰：惡食，謂疏食菜羹之類，以其粗菲，故曰「惡」爾。非謂腐壞之物，不可食而食之也。飪，烹調生熟之節也。不時，五穀不成，果實未熟之類。此數者，皆足以傷人，故不食。《禮·王制》：「五穀不時，果實未熟，不粥於市。」物未成，不利人。粥，音育。○朱子曰：不時不食，漢詔所謂「穿掘萌芽，鬱養强熟」之類。○慶源輔氏曰：「食饐」以下數者之不食，不使害於身也。

割不正不食，不得其醬不食。

割肉不方正者不食，造七到反。次不離去聲。於正也。漢陸績之母，切肉未嘗不方，斷音短。葱以寸爲度。蓋其質美，與此暗合也。《後漢・陸續傳》：「續詣洛陽詔獄。明帝時，楚王英謀反，逮及太守尹興。續時爲尹興掾，故坐就獄。續被掠考，肌肉消爛，終無異辭。母遠至京師，覘候消息。獄事特急，無緣與續相聞。母但作饋食，付門卒進之。續雖見考苦毒，而辭色慷慨，未嘗容易，唯對食悲泣，不能自勝。使者怪而問故。曰：『母來不得相見，故泣耳。』使者大怒，以爲獄門吏卒通傳意氣。續曰：『因食餉羹，識母自調和，故知來耳。非人告也。』使者問：『何以知母所作乎？』曰：『母切肉未嘗不方，斷葱以寸爲度，是以知之。』使者問諸謁舍，停主人之舍也。續母果來。於是陰嘉之。上書説續行狀，帝即赦興等事還里，禁錮終身。續以老病卒。」食肉用醬各有所宜，不得則不食，惡去聲。其不備也。《禮記・內則》：「濡豚，包苦實蓼；濡，亨煮之，以汁調和也。以苦荼包豚，殺其惡氣。破開腹，實蓼其中，更縫合也。濡雞，醢醬實蓼；濡魚，卵醬實蓼；卵，鄭氏讀爲鯤。鯤，魚子也。以魚子爲醬。濡鼈，醢醬實蓼。魚膾，芥醬；麋腥，醢醬。」〇朱子曰：醬非今所謂醬，如《內則》中數般醬，隨其所用而不同。〇雙峯饒氏曰：當看「其」字。「其」是指其所食物而言。醬之爲品非一，飲食各有所宜。如食魚膾，宜用芥醬；食濡魚，用卵醬；食麋腥、濡雞、濡鼈，用醢醬，❶如《內則》所云是也。古之制飲食者，使人食某物則用某醬，必有意義。不是氣味相宜，必是相制。不得之則非特不備，食之亦必有害，故不食也。此二者無害於人，但不以嗜味而苟食耳。朱子曰：一言語，一動作，一飲食，都有是有非。是底便是天理，非底便是人欲。如孔子失飪不食，不時不食，割不正不食，無非天理；如口腹之人，不時也食，不正也食，失飪也食，便都是人欲，都是逆天理。

肉雖多，不使勝食氣。唯酒無量，不及亂。

食音嗣。量，去聲。

食如字。以穀爲主，故不使肉勝食氣。朱子曰：肉雖多，不使勝食氣。非特肉也，凡蔬果之類，皆不可使勝食氣。〇北山陳氏曰：❷聞之老壽者言，人

❶ 「醢」，原作「醯」，今據《四書通》及上文改。

❷ 「北」，依凡例及全書文例，當作「三」。

得元氣以生，穀氣以養，肉氣以輔。肉氣勝則滯穀氣，穀氣勝則滯元氣。元氣充行者壽。❶夫子不使多肉勝穀食氣者，養生之理當然也。酒以爲去聲。人合懽，《樂記》曰：「酒食者，所以懽合也。」故不爲量，但以醉爲節而不及亂耳。程子曰：「不及亂者，非唯不使亂志，雖血氣亦不可使亂，但浹洽而已可也。」慶源輔氏曰：酒以爲人合懽，而人之飲量各不同也，故不預爲之量而以醉爲節。雖以醉爲節，而又不及於亂。此亦聖人「從心所欲不踰矩」之一端。○覺軒蔡氏曰：《集註》謂「以醉爲節」，或者猶過疑其或導人於醉也。殊不知「醉」字所以釋經文之「無量」，而繼之以「爲節」二字，而以「不及亂」承之，正所以戒人之溺於醉也。況《詩》中如「既醉如賓」之初筵，未嘗不言醉，但醉甚至於亂威儀，則爲失耳。所謂《集註》一字不可增減移易者，正謂此也。○胡氏曰：亂者，內昏其心志，外喪其威儀，甚則班伯所謂「淫亂之原，皆在於酒」是也。聖人飲無定量，亦無亂態。蓋「從心所欲不踰矩」，是以如此。○新安陳氏曰：無量不及亂，以夫子則可。程子是以「浹洽而已」爲限量，此學者所當法。學者當以有量學聖人之無量，否則恐致亂矣。

沽酒，市脯，不食。

沽、市，皆買也。恐不精潔，或傷人也。與不嘗康子之藥同意。

不撤薑食，

薑通神明，去上聲。穢惡，故不撤。《本草》云：「薑味辛微温，久服去臭氣，通神明。」

不多食。

適可而止，無貪心也。慶源輔氏曰：沽酒，市脯，不食，聖人衛生之嚴也；不撤薑食，聖人養生之周也；不多食，當食者不去，可食者不多，惟理是從，所欲不存也。

祭於公，不宿肉。祭肉不出三日，出三日，不食之矣。

助祭於公所得胙肉，歸即頒賜，不俟經宿

❶「充」，《輯釋》作「流」。

者，不留神惠也。家之祭肉則不過三日，皆以分賜，蓋過三日則肉必敗而人不食之，是褻鬼神之餘也。但比君所賜胙可少緩耳。朱子曰：若出三日，則人將不食而厭棄之，非所以敬神惠也。○南軒張氏曰：公家之祭不宿肉，受神惠於公所，欲亟以及人也；家祭之肉不出三日，懼其或敗而起人之褻易，非事神之道也，故或出三日則寧不食焉。

食不語，寢不言。

答述曰語，自言曰言。新安陳氏曰：二字他處通用，此則有辨。○朱子曰：食對人，寢獨居，故即其事而言之。范氏曰：「聖人存心不他，當食而食，當寢而寢，言語非其時也。」楊氏曰：「肺爲氣主而聲出焉。寢食則氣窒而不通，語言恐傷之也。」亦通。《素問·五藏生成》篇：「諸脉者皆屬於目，諸髓者皆屬於腦，諸筋者皆屬於節，諸血者皆屬於心，諸氣者皆屬於肺。」肺藏主氣故也。○新安陳氏曰：范説主理，楊説主氣。范爲優，楊亦不可廢。

雖疏食菜羹，瓜祭，必齊如也。食音嗣。

陸氏曰：「《魯論》『瓜』作『必』。」新安陳氏曰：「瓜」字本《齊論》。然瓜即菜，意重，作「必」爲是。○古人飲食，每種上聲。各出少許，置之豆間之地，新安陳氏曰：古席地而坐，置豆於地，故置祭物於豆間之地。以祭先代始爲飲食之人，不忘本也。齊，嚴敬貌。孔子雖薄物必祭，其祭必敬，聖人之誠也。朱子曰：曰「必祭」則明無不祭之食也，曰「必齊如」則明無不敬之祭也。○此一節記孔子飲食之節。勉齋黄氏曰：飲食以養生，故欲其精；然亦能傷生，故惡其敗。至於失節縱欲，無不致其謹焉。聖人一念之微，莫非天理。學者不可以不戒也。謝氏曰：「聖人飲食如此，非極口腹之欲，蓋養氣體不以傷生當如此。然聖人之所不食，窮口腹者或反食之，欲心勝而不暇擇也。」慶源輔氏曰：

養氣體不以傷生，聖人飲食之正也；窮口腹以快其欲，常人飲食之流也。

○席不正不坐。

謝氏曰：「聖人心安於正，故於位之不正者，雖小不處。」上聲。問：「『席不正不坐』，此是聖人之心純正，故日用間纔有不正處，便與心不相合，心亦不安。」朱子曰：聖人之心無豪釐之差。謂如事當恁地做時，便硬要恁地做。○慶源輔氏曰：形於外者，雖小不正不處，則存於中者密矣。○覺軒蔡氏曰：此句與「割不正不食」同。○葉少緼曰：席南鄉北鄉，以西方爲上，此以方爲正者也；有憂者側席而坐，有喪者專席而坐，此以事爲正者也。○吴氏曰：危坐爲跪，安坐爲居，凡禮坐皆謂跪也。○雲峯胡氏曰：此曰「不正不坐」，後曰「必正席」。一席之微，亦致嚴於「不」與「必」之二字。聖人之心，無不正也。

○鄉人飲酒，杖者出，斯出矣。

杖者，老人也。六十杖於鄉，未出不敢先，既出不敢後。《禮·王制》：「五十杖於家，六十杖於鄉，七十杖於國，八十杖於朝，九十者，天子欲有問焉，則就其室，以珍從。」○慶源輔氏曰：鄉黨尚齒，故其出視老者以爲節。

鄉人儺，朝服而立於阼階。儺，乃多反。

儺，所以逐疫。《周禮》方相氏掌之。《夏官》：「方相氏，掌蒙熊皮，黄金四目，玄衣朱裳，執戈揚盾，方相，猶言「放想」，如今「魌頭」是也。帥與「率」同。百隸「隸」同。而時難，「儺」同。以索室敺疫。」以索室中疫鬼而驅逐之也。阼階，東階也。儺雖古禮而近於戲，亦朝服而臨之者，無所不用其誠敬也。或曰：恐其驚先祖五祀之神，欲其依己而安也。問：「子孫之精神即祖考之精神，故祖考之精神依於己。若門庭户竈之屬，吾身朝夕之所出處，則鬼神亦必依己而存。」朱子曰：一家之主則一家之鬼神屬焉，諸侯守一國則一國之鬼神屬焉，天子有天下則天下鬼神屬焉。看來爲天子者，這一箇神明是多少大，如何有些子差忒得？若縱欲無度，天上許多星辰，地下許多山川，如何不變怪？○問：「『鄉人儺』，古人此禮節目不可考。想模様亦非後世俚俗之所爲者。」曰：《後漢志》中有此，想亦近古之遺法。○厚齋馮氏曰：

《禮・郊特牲》云：「鄉人禓，音傷。夫子朝服立於阼，存室神也。」以其達陽氣，故禓於文從示從昜。以逐疫去難，故儺於文從人從難。蓋鄉人之意主於逐疫，而先王制禮不禁，因以達陽氣也。禓儺，通稱也。儺出於鄉俗，其事幾於戲矣，而儼然朝服以立于阼階，外示其敬，而鄉人亦知所止，不敢升階以驚室神，神亦得以依己而安也。○此一節記孔子居鄉之事。

○問人於他邦，再拜而送之。

拜送使去聲。者，如親見之，敬也。朱氏曰：❶古人有此禮。遣使問人於他邦，則主人從背後拜而送之。❷○慶源輔氏曰：使者，所以將我之命。往見其人，拜而送之，則如親見其人矣。不以遠而廢敬也。

康子饋藥，拜而受之。曰：「丘未達，不敢嘗。」

范氏曰：「凡賜食，必嘗以拜。藥未達則不敢嘗，受而不飲則虛人之賜，故告之如此。然則可飲而飲，不可飲而不飲，皆在其中矣。」朱子曰：古者賜之車則乘以拜，賜之衣服則服以拜，賜之飲食則嘗而拜之。蓋今未達，故不敢拜而嘗耳。已而達焉，則可飲而飲，不可飲而不飲，皆在其中矣。楊氏曰：「大夫有賜，拜而受之，禮也；未達，不敢嘗，謹疾也；必告之，直也。」南軒張氏曰：於此一事之間而得三善焉。○胡氏曰：孟子謂大夫有賜於士而得受於其家，此必拜其賜之禮也。「未達」者，所用之品、所療之病皆不知也，一有不宜則疾生焉。聖人謹疾，不敢嘗也，受之以禮而告之以實。○龜山楊氏曰：君子之治心養氣、接物應事，唯直而已。直則無所事矣。康子饋藥，孔子既拜而受之矣，乃曰「丘未達，不敢嘗」，此疑於拂人情。然聖人慎疾，豈敢嘗未達之藥？既不敢嘗，則直言之。○此一節記孔子與人交之誠意。

○廄焚。子退朝，曰：「傷人乎？」不問馬。

❶「氏」，陸本作「子」。按，引文見《語類》。

❷「主」，原作「王」，今據四庫本、孔本、陸本及《輯釋》、《語類》卷三八改。

非不愛馬，然恐傷人之意多，故未暇問。蓋貴人賤畜，許六反。理當如此。南軒張氏曰：「仁民」、「愛物」，固有間也。方退朝始聞之時，惟恐人之傷，故未暇及於馬耳。○邢氏曰：孔子家廄也，以退朝知之。○吴氏曰：廄焚問馬，人之常情。聖人恐人救馬而傷，故問人傷否而已，更不問馬。記之所以示教。《雜記》、《家語》皆載此事。《家語》云國廄，恐非。國廄則馬當問，路馬則又重矣。

○君賜食，必正席先嘗之。君賜腥，必熟而薦之。君賜生，必畜之。

食恐或餕音俊。餘，故不以薦。《曲禮》曰：「餕餘不祭。」正席先嘗，如對君也。言「先嘗」，則餘當以頒賜矣。或問：「『不正不坐』，豈必賜食而後正之？」朱子曰：席固正矣，至此又正，以爲禮也。《曲禮》：「主人請入爲席」矣，賓既升，又「跪正席」。豈先爲不正之席，至此然後正之哉？蓋敬慎之至耳。○雙峯饒氏曰：賜食有親，當先以奉親。夫子先嘗，時已孤故也。腥，生肉。熟而薦之祖考，榮君賜也。畜許六反。之者，仁君之惠，無故不敢殺也。慶源輔氏曰：所賜既殊，所處亦異。如鑑照形，毫釐不差：聖人之時中也。

侍食於君，君祭，先飯。

《周禮》：「王日一舉，古註云：殺牲盛饌曰舉。每日一番盛饌也。膳時戰反。夫授祭，飲食必祭，授王所祭之物。品嘗食，每品物皆先嘗之，示無毒也。王乃食。」故侍食者，君祭則己不祭而先飯，若爲去聲。君嘗食然，不敢當客禮也。南軒張氏曰：禮，賜之食而君客之，則命之祭然後祭。今於君之祭，己則先飯，恐君之客己也。必先飯者，以食爲先也。

疾，君視之，東首，加朝服，拖紳。首，去聲。拖，徒我反。

東首，以受生氣也。新安陳氏曰：天地生氣始於東方。病卧不能著陟略反。衣束帶，又不可以褻服見君，故加朝服於身，又引大帶於上也。問：「疾，君視之方東首，常時首當在那邊？《禮記》自云寢常當東首矣，平時亦欲受生氣，恐不獨於疾時爲然。」朱子曰：常時多東首，亦有隨意卧時節。如《記》云「請席何向，請衽何趾」，這見得有隨意向時節。然多是東首，故《玉藻》云「居常當户，寢常東首」也。常寢於北牖下，君問疾，則移於南牖下。○南軒張氏曰：雖不能興，不忘恭也。○雙峯饒氏曰：君未視疾，容有隨意所適者。但君視，則必正東首之禮。○慶源輔氏曰：一息尚存，不敢廢禮，況有疾而君視之乎？加朝服拖紳，蓋禮之變也，亦禮之宜也。然亦必病不能支，方可如此。

君命召，不俟駕行矣。

急趨君命，行出而駕車隨之。○此一節記孔子事君之禮。

○入太廟，每事問。

重平聲。出。

○朋友死，無所歸，曰：「於我殯。」

朋友以義合。死無所歸，不得不殯。胡氏曰：朋友，人倫之一。其死也，無父族、母族、妻族，無旁親主之，是「無所歸」也。爲朋友者不任其責，則轉於溝壑而已。故曰「於我殯」。此節獨記一「曰」字，必嘗有是事，人莫知所處而夫子有是言也。古者三日而殯，三月而葬。但曰「殯」而不曰「葬」，則其親者在遠，必訃告之未及故也。○吴氏曰：殯於堂曰「殯」，瘞於野曰「葬」。殷人殯於兩楹之間，周人殯於西階之上。此殯蓋有館於夫子者，故死而就使殯於其館耳。《檀弓》曰：「賓客至，無所館。夫子曰：『生於我乎館，死於我乎殯。』」

朋友之饋，雖車馬，非祭肉，不拜。

朋友有通財之義，故雖車馬之重不拜。祭肉則拜者，敬其祖考同於己親也。新安陳氏曰：車馬不拜，義也；祭肉必拜，禮也。○此一節記孔子交朋友之義。雲峯胡氏曰：此節《集註》於「義」之一字凡三見之。朋友既「以義合」，當殯而殯，義也；當饋而饋，亦義也。義所當爲不可辭，義所當受不必拜。

○寢不尸，居不容。

尸，謂偃卧似死人也。居，居家；容，容儀。范氏曰：「寢不尸，非惡去聲。其類於死也，惰慢之氣不設於身體，雖舒布其四體，而亦未嘗肆耳；居不容，非惰也，但不若奉祭祀、見賓客而已，『申申、夭夭』是也。」慶源輔氏曰：容儀，謂奉祭祀、見賓客之容貌威儀也。然居家亦自有居家之容，所謂「申申、夭夭」是也，但不若奉祭祀、見賓客之極乎莊敬耳。聖人德盛仁熟，雖寢與居亦有常則也。○厚齋馮氏曰：寢，所以休息，易於放肆也，放肆則氣散而神不聚；居，所以自如，無事乎容儀也，爲容則體拘而氣不舒。蓋寢而尸則過於肆，居而容則過於拘，二者皆非養心之道。

見齊衰者，雖狎必變；見冕者與瞽者，雖褻必以貌。

狎，謂素親狎；褻，謂燕見。貌，謂禮貌。餘見形甸反。前篇。南軒張氏曰：狎，謂與習熟者；褻，謂見之頻數者。○洪氏曰：雖少必作，過之必趨，謂不相識者也；雖狎必變，雖褻必以貌，謂素所親比者也。

凶服者式之。式負版者。

式，車前横木，有所敬則俯而憑之。負版，持邦國圖籍者。式此二者，哀有喪，重民數也。人惟萬物之靈，而王者之所天也。《前漢書》：酈食其音異基。曰：「王者以民爲天，民以食爲天。」天者，人資而生者也。故《周禮》「獻民數於王，王拜受之」。況其下者，敢不敬乎？《周禮·秋官》：「司民，掌登萬民之數，自生齒以上皆書於版。男八月，女七月而生齒。版，今户籍也。歲登下其死生。及三年大比，以萬民之數詔司寇，司寇獻其數于王，王拜受之，登于天府。」

有盛饌，必變色而作。

敬主人之禮，非以其饌也。慶源輔氏曰：變色而作，謂改容而起以致敬也。○新安陳氏曰：主敬客，故爲設盛饌；客敬主，故變色而作，若不敢當也。怡然當之，則爲不敬，不知禮矣。

迅雷風烈，必變。

迅，疾也；烈，猛也。必變者，所以敬天之怒。《詩》變《大雅・板》篇曰：❶「敬天之怒。」《記》曰：「若有疾風迅雷甚雨，則必變。雖夜必興，衣服冠而坐。」問：「有終日之雷、終夜之雨，如何得常如此？」朱子曰：固當常如此，但亦主於疾風迅雷甚雨。若平平底風雨，也不消如此。問：「當應接之際，無相妨否？」曰：有事，也只得應。○王氏曰：迅雷風烈，天之威也。天子當自察於天下，諸侯卿大夫當自察於國，士庶人當自察於身：恐懼修省，何可已哉？　○此一節記孔子容貌之變。

○升車，必正立執綏。

綏，挽以上上聲。車之索也。范氏曰：「正立執綏，則心體無不正而誠意肅恭矣。蓋君子莊敬無所不在，升車則見形甸反。於此也。」慶源輔氏曰：正立則身不偏倚，執綏則不忘有事。范氏所謂「心體無不正而誠意肅恭」者得之。○新安陳氏曰：古人乘車必立，惟老人安車則坐，婦人亦坐。

車中不內顧，不疾言，不親指。

內顧，回視也。禮曰：「顧不過轂。」三者皆失容且惑人。問「車中不內顧」一章。朱子曰：「立視五巂，式視馬尾。」蓋「巂」是車輪一轉之地。車輪高六尺，圍三徑一，則闊丈八，五轉則正爲九丈矣。立視雖遠，亦不過此。○南軒張氏曰：三者非獨恐其惑衆也，蓋以其非在車之容故耳。○覺軒蔡氏曰：《曲禮》篇：「車上不廣欬，不妄指。立視五巂，式視馬尾，顧不過轂。」正義曰：「車上不廣欬者，欬，聲也。廣，弘大。車高大也，欬以驕矜，又驚衆也。不妄指者，妄，虛也。在車上無事忽虛以手指，亦爲惑衆也。顧不過轂者，車轂也。轉頭不得過轂，❷過轂則掩人私也。」此三句正與此篇相合。○此一節記孔子升車之

❶「變」，四庫本、孔本、陸本作「之」。

❷「轉」，原作「轎」，今據四庫本、孔本、陸本及《禮記注疏・曲禮上》改。

容。新安陳氏曰：大夫得乘車，觀瞻所係。夫子謹之，非勉而能。蓋「動容周旋」，自「中」乎「禮」，其見於乘車者如此。

○色斯舉矣，翔而後集。

言鳥見人之顔色不善則飛去，回翔審視而後下止。人之見幾平聲。而作，審擇所處，上聲。亦當如此。程子曰：色斯舉矣，不至悔吝；翔而後集，審擇其處。○南軒張氏曰：色斯舉矣，炳先見於幾微也；翔而後集，從容審度而後處之也。如是則悔吝何從生乎？然此上下必有闕文矣。胡氏曰：上不知爲何人之言，下不知爲何事而發，故以爲有闕文也。

曰：「山梁雌雉，時哉時哉！」子路共之。三嗅而作。共，九用反，又居勇反。嗅，許又反。

邢氏曰：邢氏，名昺，濟陰人。「梁，橋也。時哉，言雉之飲啄得其時。子路不達，以爲時物而共具之；共，九用反。孔子不食，三嗅其氣而起。」晁氏曰：「石經『嗅』作『戛』，謂雉鳴也。」劉聘君曰：「『嗅』當作『狊』，❶古闃反，闃，古璧反。張兩翅也。見《爾雅》。」愚按，如後兩説，則「共」字當爲「拱執」之義。然此必有闕文，不可强上聲。爲之説。姑記所聞，以俟知者。《爾雅·釋獸》須屬：「獸曰釁，許靳反。獸之自奮迅動作名『釁』。人曰撟，紀小反。人之罷倦，頻伸夭撟，舒展屈折，名撟。魚曰須，魚之鼓動兩頰，若人之欠須，導其氣息者，名『須』。鳥曰狊。」鳥之張兩翅，狊狊然摇動者，名『狊』。此皆氣倦體罷，所須若此，故題云「須屬」也。○慶源輔氏曰：退當見幾，進當審義。○西山真氏曰：色斯舉矣，去之速矣。衛靈公問陳而孔子行，魯受女樂而孔子去，即此義也。翔而後集，就之遲也。伊尹俟湯三聘而後幡然以起，大公、伯夷聞文王善養老而後出，即此義也。古人所謂「三揖而

❶「狊」，原作「臭」，今據《爾雅注疏·釋獸》改。下同逕改，不一一出校。

進，一辭而退」，雖相見會聚之間，猶謹諸此，況「仕止久速」之際乎？ 賈誼賦所謂「鳳縹縹而高逝兮，夫固自引而遠去」，此即「色斯舉矣」之意；又曰「鳳凰翔于千仞兮，覽德輝而下之」，此即「翔而後集」之意。後世如漢穆生以楚王戊不設醴而去，諸葛武侯必待先主三顧而後從之，皆有得乎此者。○新安陳氏曰：此章文義略不順而意亦可通。色舉、翔集即謂雉也。夫子見雉如此，曰：「此山橋邊之雌雉，其見幾而舉，詳審而集，時哉時哉！」蓋謂時當飛而飛，時當下而下，皆得其時也。子路不悟，以爲時物，取雉供之。夫子不食，三嗅而起，聖人寬洪不直拒人也。雉，一禽耳，去就猶得其時如此，君子之去就，何可不得其時哉？ 若移「山梁雌雉」一句冠於此章之首，則辭意似尤明云。○蔡氏曰：士之脩於身，行乎族里者，至鄉黨而備；立乎朝，行乎天下者，自鄉黨而出。此篇所係，不亦重乎？ 夫子，萬世之標準也。父兄宗族之間，君臣朋友之際，莫不曲盡其道。非屑屑於是也，蓋其一理渾然而泛應曲當。人見其動容周旋無不中禮，一言語一容貌一舉動無不盡其道者，當知其德盛禮恭，自不期而合也。告曾子「一貫」之說，與此篇相發明。學者可不思學孔子以自立於鄉黨哉？

論語集註大全卷之十

鳴謝

《儒藏》精華編惠蒙善助，共襄斯文；謹列如左，用伸謝忱。

本煥法師　壹佰萬元

智海企業集團董事長　馮建新先生　壹佰萬元

NE·TIGER時裝有限公司董事長　張志峰先生　壹佰萬元

張貞書女士　壹佰萬元

方正控股有限公司、金山軟件有限公司創始人　張旋龍先生　壹佰萬元

北京大學《儒藏》編纂與研究中心

本册審稿人　甘祥滿
本册責任編委　王豐先

圖書在版編目(CIP)數據

儒藏.精華編.一一四/北京大學《儒藏》編纂與研究中心編.—北京：北京大學出版社，2022.4

ISBN 978-7-301-11832-0

Ⅰ.①儒… Ⅱ.①北… Ⅲ.①儒家 Ⅳ.①B222

中國版本圖書館CIP數據核字（2022）第040351號

書　　名	儒藏（精華編一一四） RUZANG（JINGHUABIAN YIYISI）
著作責任者	北京大學《儒藏》編纂與研究中心　編
責任編輯	周　粟
標準書號	ISBN 978-7-301-11832-0
出版發行	北京大學出版社
地　　址	北京市海淀區成府路205號　100871
網　　址	http://www.pup.cn　　新浪微博：@北京大學出版社
電子信箱	dianjiwenhua@126.com
電　　話	郵購部 010-62752015　發行部 010-62750672　編輯部 010-62756449
印 刷 者	北京中科印刷有限公司
經 銷 者	新華書店
	787毫米×1092毫米　16開本　46.25印張　572千字
	2022年4月第1版　2022年4月第1次印刷
定　　價	1200.00元

ISBN 978-7-301-11832-0
9 787301 118320 >
定價：1200.00元